城田俊　尹相實　著

ことばの
結びつきかた

新日本語語彙論

ひつじ書房

本書の構成

1. 本書は、序論2章と本論28章より成る。
2. 序論第1章で、いかなる語彙を考察の対象とするかを解説し、本書執筆の意図・目的を明らかにする。第2章で、本書で用いる重要用語を規定し、意味をとらえる手段について簡潔に解説する。
3. 本論では、「強調語」「真正語」「称賛語」「動詞化動詞」…のような一定の基準で折出された語彙群の具体例を掲げ、できる限り秩序付け、理論上の問題点を掘り下げる。語彙群の名称は巻頭目次に掲げる。
4. 1つの語彙群に1章を割くことを原則とする(よって、語彙群の名称が各章の章名となる。例えば、第1章「強調語」、第2章「真正語」、…)。大きな語彙群に取組む章は、必然的に、大きくなり、小さな語彙群を扱う章は小さくなり、章の長短にはばらつきがでる。
5. 第1章から第20章までは、結びついて用いられる(連項的な〈シンタグマティック〉)語彙、第21章から第28章までは、交代して用いられる(選項的な〈パラディグマティック〉)語彙を扱う。
6. 本論各章の一番始めに、扱う語彙の結合・交代の代表例を図表化して提示する(提示順序は、連項的結合ではなるべく自然な語順に従い、選項的関係では出発点になる語、本書でいう「出だし語」を左欄に、交代する語彙を右欄に配置する)。
7. 結合・交代の例証となる〈例文〉を次に掲げることを原則とする。
8. 次に基本的必要事項を〈基本事項〉として簡明に記す。
9. 図表〈例文〉との関連で〈基本事項〉を次に解説する。その部分を〈説明〉と呼ぶ。
10. 必要な場合、〈類例〉を補う。
11. 注意事項を〈注意〉の欄で重要順に列挙する。
12. 理論面、実用面での補遺を〈参考〉として書き加える。
13. よって、本書は基本的に、図表〈例文〉〈基本事項〉〈説明〉〈注意〉〈参

考〉の順序で叙述が進められる（序論第 1 章は、執筆意図・目的を説くものであり、このような叙述順序をとらない）。
14. 内容が詳しくうかがえる詳細目次を巻頭目次の後に付す。

本書の利用法

1. どこから読み始めてもよい——

   本論各章の冒頭に示した章題にある語彙名称の中で興味をひくものがあったら、そこから読み始めて頂きたい。普段気になりながら、まとめられなかったことが取り扱われていることに気付かれるのではないかと著者は密かに考えている。読み進められれば、本書がいかなる方法論を持ち、何をめざし、何をもたらすか、直ちに感じ取って頂けると信じている。理論面でのきっちりした規定の必要性が感じられるようになったら序論に戻って、読んで頂きたい。本書がいかなる観点から語彙の慣用的結合特性の秘密を明らかにしようとするのか、そのためにいかなる理論的基礎を持つのか、序論の2章に簡潔にまとめられている。「本書の構成」5で記した区別以外本論各章の順序に必然性はない。

   （著者の1つの提案であるが、結びついて用いられる語彙に関しては、まず第1章「強調語」から読んでみることをおすすめしたい。「ほれ込む」などは「とてもほれ込む」というより「ぞっこんほれ込む」といった方が生き生きした日本語になる、というように、それぞれの語はそれぞれ独自ともいっていいような強めるための語を持つ様子が理解され、それに類する結びつきを見ていくうちに、「強調の縁」という意味関係が把握でき、それをとっかかりにして、「よい」（「称賛の縁」）「正しい」（「真正の縁」）、「あるようにする／なる」（「生成の縁」）…のような意味関係がいもづる式にたぐり寄せられ、関連する語彙に関心が自然に向いてくるようになると期待される。交代して用いられる語彙に関しては、第25章「反転語」あたりから読んでみることをおすすめしたい。「売る」「買う」、「教える」「教わる」、「預ける」「預かる」というような能動態と受動態のごとき対応を持つ語は思ったより多く存在し、それらを調べていく過程で、事柄の主役・相手役・脇役などという区別が気になり始めるかもしれない。その時、はじめて、序論に帰れば、登場者、格

座、役柄、…などの概念がきちんとつかめるようになるであろう)。

2. 図表〈例文〉〈基本事項〉の活用——
各語彙群(例えば、「強調語」「真正語」「反転語」「総括語」…)のアウトラインをまずつかもうとする方は、図表〈例文〉(〈例〉)を参考にしつつ、〈基本事項〉〈説明〉を読まれれば十分である。〈注意〉〈参考〉には、読者の関心によっては、瑣末と思われる理論上の問題に議論が集中している所や記述的資料の羅列と思われる箇所がある。それらは適宜省略して読んで頂きたい。

3. 例文について——
本書に掲げた例文の多くは巻末に記した参考文献、辞書、新聞、雑誌より借用した。出典、作者名がはっきりしている場合、出典、作者名のみを記した。出典、作者の明示のない例は、文献・辞書・新聞・雑誌名のみを記した。作者・文献・辞書・新聞・雑誌名および〔Yahoo ウェブ検索〕と表示のないものは作例である。多くの例文において、出だし語(序論第2章I〈基本事項〉3)には＿＿(二重下線)、関係する語(縁語。同所4)には＿＿(下線)を付した。本文に書かれた語彙の表記(例えば、おもちゃ)と〈例文〉における表記(「玩具」)が異なる場合があるが、採集例では原文の表記を尊重した。ただし、学習者の便のため原文にないルビを付した所がある。

4. 用語がわからない時は——
「事項索引」により参照箇所に当たって頂きたい。例えば、「生成語」という用語がわからない場合、索引を引いて頂きたい。p.296(第6章I〈基本事項〉)を見よとでてくる。そこに当たると「出だし語が示すものや事柄を／があるようにする／なるという意味を表わす語を生成語という」ことがわかる。「(を)炊く」などは「かゆ」の生成語である(詳しくは、ヲ格生成動詞であることもその後を読み続ければわかる)。
また、例えば、「ヲ格能動化要求充足動詞」という用語がわからない場合、索引を引くと、p.274, 275(第5章VIII(iii)〈基本事項〉、〈説明〉1)を見よとでてくる。そこに当たると出だし語(名詞)の示す事柄の主役をガ格に立てるヲ格要求充足動詞をヲ格能動化要求充足動詞という。ヲ格能動化要求充足動詞において、動詞の示す要求充足の主役と、名詞の示

本書の利用法　vii

す事柄の主役は一致することがわかる。「夢」に対し「(を)実現する」がヲ格能動化要求充足動詞である、という例も示され、夢を持つ人が夢を実現する人である、と解説される。

(各語彙の名称や意味関係(「縁」)の定義・規定が〈基本事項〉にある場合と、〈説明〉の個所にまで渡る場合とがある。記述の流れに従い、わかりやすい場所、適切な場所を選んだがため、このような不統一が生じた。なお、序論と記されていない章の番号はすべて本論の章の番号である)。

5. 略記・略号がわからない時は——

巻末に「主な記号・略記一覧」(アイウエオ順)を付したので、それに当たって頂きたい。例えば、[強]。常識的な漢字音でキョウと読み、「主な記号・略記一覧」に当たると、「強調の縁」の略記であり、p.40(第1章Ⅰ〈基本事項〉2、3)に規定がなされていることがわかる。[強]ほれ込む＝ぞっこん(「ほれ込む」の強調語として「ぞっこん」がある)[強]警戒＝厳重な(「警戒」の強調語として「厳重な」がある)のような例が見出される。

6. 「語彙索引」の利用——

単語、例えば、「雨」「ほれ込む」がいかなる他の語といかなる関係で結びつくかを知りたい場合、「語彙索引」に当たって頂きたい。「雨」では動詞化動詞として「降る」(p.204)、強調語として「滝のような」「大雨」「豪雨」「どしゃぶり」(p.75, 76)、「バケツをひっくりかえしたような」(p.47)「ざあざあ」(動詞化動詞結合で。p.85)、終結相動詞化動詞として「やむ」(p.223)、真正語として「本格的な」「本降りの」(p.110)、称賛語として「恵みの」「慈雨」(p.154)、指小語(ないし弱め語)として「小雨」(p.419)、雨粒の指大語として「大粒の」(p.426)を持ち、「ほれ込む」では強調語として「ぞっこん」(p.39, 40, 50)をとることがわかる。「語彙索引」を活用すれば、本書は実用作文辞典としても役立つと信じたい。

目次

本書の構成　　　　　　　　　　　　　　iii
本書の利用法　　　　　　　　　　　　　v

序論

第1章　ことばの結びつきと意味　　　　3
第2章　主な用語と意味をとらえる手段　9

本論

第1章　強調語　　　　　　　　　　　　39
第2章　真正語　　　　　　　　　　　　105
第3章　称賛語　　　　　　　　　　　　113
第4章　動詞化動詞　　　　　　　　　　163
第5章　機能発揮語と要求充足語　　　　233
第6章　生成語　　　　　　　　　　　　295
第7章　無化語　　　　　　　　　　　　313
第8章　悪化語　　　　　　　　　　　　341
第9章　加害語　　　　　　　　　　　　355
第10章　結果語　　　　　　　　　　　 365
第11章　集団語　　　　　　　　　　　 381
第12章　成員語　　　　　　　　　　　 389
第13章　首長語　　　　　　　　　　　 395
第14章　性別語　　　　　　　　　　　 405
第15章　指小語　　　　　　　　　　　 417
第16章　指大語　　　　　　　　　　　 425
第17章　中心・頂点語　　　　　　　　 431
第18章　役柄名詞と状況名詞　　　　　 437

第 19 章	助数詞	457
第 20 章	様態と鳴き声のオノマトペ	477
第 21 章	同義語	485
第 22 章	尊敬語	501
第 23 章	丁寧語	539
第 24 章	反義語	575
第 25 章	反転語	591
第 26 章	自動詞・他動詞	625
第 27 章	総称語	635
第 28 章	品詞転換語	641

主な記号・略記一覧	651
引用辞書、新聞、雑誌の略記表	663
参考文献	665
引用辞書、新聞、雑誌	667
あとがき	669
索引	
事項索引	673
語彙索引	681

詳細目次

本書の構成 　　　　　　　　　　　　　　　　　　　iii
本書の利用法 　　　　　　　　　　　　　　　　　　v

序論

第1章　ことばの結びつきと意味　　　　　　　　3
　I　語はどのようにして他の語に結びつくのか　　3
　　(i)　オトと意味と語感　　　　　　　　　　　3
　　(ii)　文法の規則に従って結びつく　　　　　　4
　　(iii)　文体的統一がはかられる　　　　　　　　4
　　(iv)　意味・機能は同じでも異なる語が選ばれる　5
　II　本書の目的　　　　　　　　　　　　　　　　7

第2章　主な用語と意味をとらえる手段　　　　　9
　I　主な用語の規定―縁・出だし語・縁語　　　　9
　II　文法的意味関係と語彙的意味関係　　　　　　11
　III　連項的縁と選項的縁　　　　　　　　　　　　13
　IV　意味をとらえる手段　　　　　　　　　　　　15
　　(i)　事柄の登場者　　　　　　　　　　　　　15
　　(ii)　登場者の表わし方―格座　　　　　　　　17
　　(iii)　支配　　　　　　　　　　　　　　　　　19
　　(iv)　格座と登場者の役柄　　　　　　　　　　21
　　(v)　二重ガ格　　　　　　　　　　　　　　　25
　　(vi)　意味の異なりと支配の違い　　　　　　　27
　　(vii)　名詞における登場者の役柄の定め方　　　30

本論

第1章　強調語　39

- I　強調語とは　39
- II　連用強調語と連体強調語　43
- III　単語による強調と連語による強調　45
- IV　オノマトペと普通の語　48
- V　汎用的強調語と個性的強調語　49
- VI　汎用的強調語　50
    - (i)　主に連用用法で用いられるもの　51
    - (ii)　主に連用・連体用法で用いられるもの　53
    - (iii)　述語用法もあるもの　54
    - (iv)　連体用法で用いられるもの　56
- VII　強調の度合　57
- VIII　例解(1)―動詞にかかる強調語　57
    - (i)　喜怒哀楽　58
    - (ii)　思考・知覚　61
    - (iii)　行為・状態(自動詞)　63
    - (iv)　行為(他動詞)　66
- IX　例解(2)―形容詞にかかる強調語　68
    - (i)　形容詞(ア―ウ)　69
    - (ii)　形容詞(オ―サ)　70
    - (iii)　形容詞(シ―ニ)　71
    - (iv)　形容詞(ハ―ラ)　72
- X　例解(3)―名詞にかかる強調語　73
    - (i)　自然・身体現象　74
    - (ii)　心的現象・抽象概念　76
    - (iii)　綿密さを必要とする行為　78
    - (iv)　量や規模が目安となるものなど　79
    - (v)　人の特質　81
- XI　常套的強調語と創作的強調表現　82
- XII　連語にかかる強調語　84

	XIII		述語として用いられる強調表現	86
	XIV		否定強調語	88
		(i)	否定強調語とは	88
		(ii)	否定意強調語と否定形強調語	89
		(iii)	叙述的用法と話法的用法	91
		(iv)	叙述的によく用いられるものと話法的によく用いられるもの	91
		(v)	例解	93
	XV		弱め語	102

第2章　真正語　105

I		真正語とは	105
II		非真正語	107
III		例解	108
	(i)	人	108
	(ii)	もの、こと	109
	(iii)	副詞用法	110

第3章　称賛語　113

I		称賛語とは	113
II		「よい」とする側面	117
III		あってほしい姿	121
IV		真正語と称賛語	124
V		尊敬語・丁寧語と称賛語	126
VI		強調語と称賛語	128
VII		称賛内包語	130
	(i)	名詞	130
	(ii)	動詞	131
VIII		称賛の強調	143
	(i)	強調的称賛語	143
	(ii)	強調的称賛語による称賛内包語の修飾	147
	(iii)	呼応一致・贅語・枕詞	148

	（iv）	強調的称賛内包語	149
IX	称賛連語・表現の構成		150
X	若干の例		153
XI	誹謗語		159
XII	問題点		161

第4章　動詞化動詞　　163

I	動詞化動詞とは	163
II	動詞化動詞と1語動詞―動詞化動詞の認定	165
III	個性的動詞化動詞と汎用的動詞化動詞	166
IV	動詞化動詞の種類(1)―ヲ格・ニ格・ガ格動詞化動詞	167
V	動詞化動詞の種類(2)―能動化と受動化	169
VI	ヲ格動詞化動詞概観	171
VII	例解(1)―ヲ格能動化動詞	175
	（i）　［ヲ動能］刺激／影響／許可／…＝与える	175
	（ii）　［ヲ動能］探り／疑い／詫び／…＝入れる	176
	（iii）　［ヲ動能］投げ／逃げ／寝返り／…＝打つ	177
	（iv）　［ヲ動能］間違い／失敗／殺人／…＝犯す	178
	（v）　［ヲ動能］錯覚／反応／故障／…＝おこす	178
	（vi）　［ヲ動能］期待／磨き／ゆさぶり／…＝かける	179
	（vii）　［ヲ動能］決断／評価／命令／…＝下す	179
	（viii）　［ヲ動能］釣り／背伸び／働き／…＝する	180
	（ix）　［ヲ動能］注文／指示／熱／…＝出す	180
	（x）　［ヲ動能］誓い／覚悟／響き／…＝立てる	181
	（xi）　［ヲ動能］しめくくり／交渉／注文／…＝つける	182
	（xii）　［ヲ動能］遅れ／連絡／睡眠／…＝とる	183
	（xiii）　［ヲ動能］暴行／盗み／乱暴／…＝働く	183
	（xiv）　［ヲ動能］警告／質問／指令／…＝発する	184
	（xv）　［ヲ動能］注意／努力／尊敬／…＝払う	184
	（xvi）　［ヲ動能］疑い／ひろがり／意図／…＝持つ	184
	（xvii）　［ヲ動能］期待／回答／信頼／…＝寄せる	185
VIII	例解(2)―ヲ格受動化動詞	186
	（i）　［ヲ動受］注目／信頼／尊敬／…＝集める	186

		(ii)	［ヲ動受］注視／非難／長打／…＝浴びる	188
		(iii)	［ヲ動受］もてなし／取調べ／迫害／…＝受ける	189
		(iv)	［ヲ動受］反発／顰蹙／恨み／…＝買う	190
		(v)	［ヲ動受］指導／理解／賛成／…＝得る	191
		(vi)	［ヲ動受］めった打ち／懲罰／長打／…＝くらう	192
	IX	ニ格動詞化動詞概観		194
	X	例解(1)―ニ格能動化動詞		197
		(i)	［ニ動能］人任せ／折半／あて／…＝する	197
		(ii)	［ニ動能］指導／警護／診察／…＝当たる	198
		(iii)	［ニ動能］考え／考慮／計算／…＝入れる	199
	XI	例解(2)―ニ格受動化動詞		200
		(i)	［ニ動受］攻撃／追撃／質問攻め／…＝あう	200
		(ii)	［ニ動受］伝授／お尋ね／お招き／…＝あずかる	201
	XII	ガ格動詞化動詞概観		202
	XIII	例解(1)―現象を表わす名詞と結びつくガ格動詞化動詞		204
		(i)	自然現象	204
		(ii)	身体的現象	208
		(iii)	感覚的現象	211
		(iv)	心的現象	213
	XIV	例解(2)―動作を表わす名詞と結びつくガ格動詞化動詞		215
	XV	ヲ格動詞化動詞に対応するガ格動詞化動詞		216
	XVI	アスペクトも示す動詞化動詞		219
		(i)	アスペクトも示す動詞化動詞とは	219
		(ii)	種類	222
		(iii)	名詞との意味関係と表記	223
		(iv)	開始相動詞化動詞	224
		(v)	終結相動詞化動詞	226
		(vi)	完成相動詞化動詞	229
		(vii)	継続相動詞化動詞	230
		(viii)	反復相動詞化動詞	231

第5章 機能発揮語と要求充足語　　233

　　I　人工物の機能　　233

II		ヲ格・ニ格・ガ格機能発揮動詞	235
III		動詞化動詞と機能発揮動詞	237
IV		使用的機能発揮と消費的機能発揮	239
V		使用的機能発揮動詞	240
	(i)	着用物	240
	(ii)	乗り物	243
	(iii)	楽器、音を出す道具	246
	(iv)	遊具	248
	(v)	用具、装置	250
	(vi)	建物、組織、見せ物、その他	262
VI		消費的機能発揮動詞	263
	(i)	飲食物	263
	(ii)	薬、化粧品、その他	266
VII		機能発揮のオノマトペ	268
VIII		要求充足動詞	272
	(i)	要求を持つ事柄	272
	(ii)	ヲ格・ニ格・ガ格要求充足動詞	273
	(iii)	能動化要求充足動詞と受動化要求充足動詞	274
	(iv)	充足の段階	276
	(v)	能動化要求充足動詞	277
	(vi)	受動化要求充足動詞	280
	(vii)	要求充足動詞による反転	282
	(viii)	要求充足動詞と機能発揮動詞	284
IX		機能発揮のための準備、調整	285
	(i)	準備調整動詞とは	285
	(ii)	準備調整の段階	289
	(iii)	準備調整語と機能発揮語・要求充足語の関係	290
X		機能発揮結合を含む称賛の強調表現	291

第6章　生成語　　295

I		生成語とは	295
II		例解	298
	(i)	飲食物	298

		(ii)	製品	301
		(iii)	建造物	303
		(iv)	作品、記録、組織など	306
		(v)	自然生成物	309

第7章　無化語　　　313

	I	無化語とは	313
	II	個性的無化動詞と汎用的無化動詞	316
	III	例解	317
		(i)　ヲ格無化動詞	317
		(ii)　ガ格無化動詞	319
	IV	生成動詞と無化動詞	323
	V	動詞化動詞と無化動詞	326
	VI	終結相動詞化動詞と無化動詞	329
	VII	機能発揮動詞の反義語と無化動詞	331
	VIII	要求充足動詞の反義語と無化動詞	334
		(i)　能動化要求充足動詞の反義語	334
		(ii)　受動化要求充足動詞の反義語	338

第8章　悪化語　　　341

	I	悪化語とは	341
	II	例解	344
		(i)　飲食物、機器、自然現象	344
		(ii)　心身	347
		(iii)　社会現象	351

第9章　加害語　　　355

	I	加害語とは	355
	II	加害に敏感な名詞—被攻撃性と攻撃性	359
	III	汎用的加害動詞「やる」	361

第 10 章　結果語 … 365

- I　結果語とは … 365
- II　能動化結果動詞と受動化結果動詞 … 367
- III　結果の段階 … 373
- IV　結果語をめぐる問題 … 375
  - (i)　認定の基準 … 375
  - (ii)　他動詞に対応する自動詞 … 375
  - (iii)　ヲ格とガ格の機能発揮動詞・生成動詞 … 376
  - (iv)　受動化結果動詞と出だし語の受動態形 … 378

第 11 章　集団語 … 381

- I　集団語とは … 381
- II　集団語の造語法 … 384
- III　集団の表現 … 385
- IV　集合を表わす手段(いわゆる「複数」) … 386

第 12 章　成員語 … 389

- I　成員語とは … 389
- II　成員語の造語法 … 391
- III　成員の表現 … 392
- IV　集団語と成員語の関係 … 393

第 13 章　首長語 … 395

- I　首長語とは … 395
- II　首長語の造語法 … 398
  - (i)　出だし語+「長」 … 398
  - (ii)　「主」「首」「立」などによるもの … 401
- III　集団語と成員語と首長語の関係 … 401

第 14 章　性別語　　　　　　　　　　　　　　　　　　405

- I　性別語とは　　　　　　　　　　　　　　　　　405
- II　修飾語による性別表示と内包語による性別表示　　411
- III　修飾による性別表示の 2 つの型　　　　　　　　412
- IV　雌雄の対応　　　　　　　　　　　　　　　　　413

第 15 章　指小語　　　　　　　　　　　　　　　　　　417

- I　指小語とは　　　　　　　　　　　　　　　　　417
- II　指小語の造語法　　　　　　　　　　　　　　　421

第 16 章　指大語　　　　　　　　　　　　　　　　　　425

- I　指大語とは　　　　　　　　　　　　　　　　　425
- II　指大語の造語法　　　　　　　　　　　　　　　428

第 17 章　中心・頂点語　　　　　　　　　　　　　　　431

- I　中心・頂点語とは　　　　　　　　　　　　　　431
- II　例解　　　　　　　　　　　　　　　　　　　　433
- III　中心・頂点語の造語法　　　　　　　　　　　　435

第 18 章　役柄名詞と状況名詞　　　　　　　　　　　　437

- I　役柄名詞とは　　　　　　　　　　　　　　　　437
- II　状況名詞とは　　　　　　　　　　　　　　　　443
  - (i)　場所名詞　　　　　　　　　　　　　　　445
  - (ii)　手段名詞　　　　　　　　　　　　　　　450
  - (iii)　方法名詞　　　　　　　　　　　　　　　451
  - (iv)　様子名詞　　　　　　　　　　　　　　　453
  - (v)　所産名詞　　　　　　　　　　　　　　　454
- III　必要性　　　　　　　　　　　　　　　　　　　455

第 19 章　助数詞　　457

　　Ⅰ　助数詞とは　　457
　　Ⅱ　個性的助数詞と汎用的助数詞　　459
　　Ⅲ　和語・漢語・外来語助数詞　　461
　　Ⅳ　例解　　463
　　　　(i)　個体・物事　　463
　　　　(ii)　年齢　　464
　　　　(iii)　日数、日付け　　465
　　　　(iv)　長いもの　　465
　　　　(v)　薄いもの　　466
　　　　(vi)　粒状のもの　　466
　　　　(vii)　飲食物　　467
　　　　(viii)　機械、道具　　468
　　　　(ix)　建物　　469
　　　　(x)　部屋　　469
　　　　(xi)　書物、手紙など　　470
　　　　(xii)　和歌、俳句、川柳　　471
　　　　(xiii)　ひと　　471
　　　　(xiv)　動物　　471
　　　　(xv)　植物　　472
　　Ⅴ　助数詞結合の用法　　473

第 20 章　様態と鳴き声のオノマトペ　　477

　　Ⅰ　オノマトペとは　　477
　　Ⅱ　オノマトペが表わすコトの様態　　478
　　Ⅲ　典型的様態を表わすオノマトペ　　480
　　Ⅳ　典型的機能発揮様態と発声様態　　481

第 21 章　同義語　　485

　　Ⅰ　同義語とは　　485
　　Ⅱ　語種が異なる同義語　　489

	III	文体が異なる同義語	491
	IV	位相が異なる同義語	494
	V	略称・通称	497
	VI	1語相当の慣用句	498
	VII	待遇が異なる同義語（尊敬語・丁寧語）	499

第22章　尊敬語　　　　　501

	I	尊敬語とは	501
	II	軽蔑語とは	504
	III	主役尊敬語	507
		(i) 動詞	507
		(ii) 形容詞	516
		(iii) 名詞	518
	IV	主役軽蔑語	521
		(i) 動詞	521
		(ii) 形容詞	523
		(iii) 名詞	523
	V	非主役尊敬語（主役以外の尊敬語）	525
		(i) 動詞	525
		(ii) 形容詞	532
		(iii) 名詞	533
	VI	非主役尊敬動詞の用法	534
	VII	非主役尊敬動詞の本質	535

第23章　丁寧語　　　　　539

	I	丁寧語とは	539
	II	乱暴語	544
	III	丁寧動詞	546
	IV	丁寧名詞	549
		(i) 単なる丁寧名詞	549
		(ii) 持ち上げ名詞	552
		(iii) へりくだり名詞	553

V	丁寧応答詞・終助詞・前置き	555
VI	あいさつ	558
VII	文法形態	563
	(i) デス・マス形	563
	(ii) ゴザイマス・イタシマス形	565
VIII	尊敬語の丁寧用法	569
	(i) 主役尊敬語	569
	(ii) 非主役尊敬語	572

第 24 章　反義語　　　　　　　　　　　　　　575

I	反義語とは	575
II	一類(有無類)	578
III	二類(大小類)	580
IV	三類(乗降類)	583
V	四類(冷凍解凍類)	584
VI	方位・位置の反義語	586
VII	その他の対比的反義語	587

第 25 章　反転語　　　　　　　　　　　　　　591

I	反転語とは	591
II	反転の縁―簡略・細密・精密表記	593
III	反転の種類(1)―主・相転換、主・脇転換、相・脇転換	594
IV	反転の種類(2)―対称型と非対称型	597
V	動詞以外の反転語	599
VI	主・相転換	601
	(i) 対称型	601
	(ii) 非対称型	607
VII	主・脇転換	610
	(i) 対称型	610
	(ii) 非対称型	612
VIII	相・脇転換	616
IX	動詞による反転―まとめ	617

	X	文法的手段による反転—受動態	618
	XI	動詞化動詞による反転	622

第 26 章　自動詞・他動詞　　　　　　　　　　　　　625

	I	自動詞と他動詞	625
	II	自・他の対応(1)—意味	626
	III	自・他の対応(2)—かたち	628
	IV	「他動化の縁」と「自動化の縁」	630
	V	反転語と自他対応語	631

第 27 章　総称語　　　　　　　　　　　　　　　　　635

	I	総称語とは	635
	II	総称語の用法と例解	637

第 28 章　品詞転換語　　　　　　　　　　　　　　　641

	I	品詞転換語とは	641
	II	品詞分類	646

主な記号・略記一覧	651
引用辞書、新聞、雑誌の略記表	663
参考文献	665
引用辞書、新聞、雑誌	667
あとがき	669
索引	
事項索引	673
語彙索引	681

序論

第1章　ことばの結びつきと意味

I　語はどのようにして他の語に結びつくのか

(i)　オトと意味と語感

　私達がある程度よく知る言語には単語という単位がある。日本語にも、もちろん、ある。本、エプロン、俺、捜査、着る、かぶる、美しい、あでやかな、など例をあげるまでもない。以下単語を語と呼ぶことにする。

　語はオトと意味を持つ。オトが外容、意味が内容。オトが意味を担い、表わしているといっていいだろう。例えば、ホン[hoɴ]というオトは、「書物」という内容を担い、意味としてそれを表わす。

　語が持つのはオトと意味だけではない。いわゆる語感というものがある。語を耳にしたり、目にしたりする時に受ける印象のごときものである。例えば、「俺」。話し手が話し手自身をいう語であるが、耳にすると、話し手は男であり、乱暴な調子で語っているか、気の置けない聞き手に対して、打ち解けた感じで話していることが感じられる。「本」「エプロン」などにはそのような感じはない。これがいわゆる語感である。

　語は、新しく造られることがあるが、文のように発話に当たって常時新たに造られるわけではない。基本的には数が限られる。文と比べれば限りある存在である。この限りある存在で無限の事象を表現するためには、語を結びつけたり、文に仕立てたりして、新しく組み合わせ、千変万化する事象に対応するしかない。

　では、語は他の語にどのようにして結びつき、文へと展開されるのだろう。

(ii) 文法の規則に従って結びつく
（１）　花子は美しい<u>着物</u>を<u>着ていた</u>
（２）　花子はピンクの<u>スカート</u>を<u>はいていた</u>
（３）　花子はシックな<u>帽子</u>を<u>かぶっていた</u>
（４）　花子は度の強い<u>眼鏡</u>を<u>かけていた</u>

　「着る」［（1）］、「はく」［（2）］、「かぶる」［（3）］、「かける」［（4）］は他動詞であり、これら動詞を用いる限り、着用者（主役―例文では花子）を表わす名詞はガ格に、着用物（相手役―着物、スカート、帽子、眼鏡）を示す名詞はヲ格に立たなければならない（主役、相手役などの用語は次章で定める）。ガ格は、また、ハでとりたてられると、ガという外容は「強制消去」され、ハのかたちで現れる（デなどではそのようなことはおこらない。「花子は会場では美しい着物を着ていた」）。以上のような結びつき上の決まりは文法が定める。語は各語の性質（品詞）によって文法的特性を持ち、文法の力（主として「支配」の強制力。「支配」については序論第2章IV（iii）参照）によって他の語に結びついたり、結びつけられたりする。

　もちろん、語と語の結びつきが、文法的に正しくても、意味があまり事象と離れ、あり得ない、荒唐無稽なことを表わすなら、結びつきは通常おかしくなる。「花子は美しく着物を殺した」などは文法的に正しくても普通つくられない語と語の結びつきが文中にあり、変に感じられる。このような良識からはずれるという意味上の制限についてはここでは触れないことにする。

(iii) 文体的統一がはかられる
　「着ていた」を「着用していた」にかえると、（1）の文は書きことばという感じになる。「着用する」は硬い感じをかもし、日常の会話で使うと、場にそぐわない感じを聞く者に与える。「着用する」となると「登校の際は制服を着用すること」などの使い方がすすめられる。

　「花子はあでやかな衣装を着ていた」といっても別におかしくない。しかし、何かしっくりしない感じがぬぐい切れない。「あでやかな衣装」となると、やはり、「身にまとっていた」の方が整った感じになる。語には先に述べた語感というものがあり、場の雰囲気に合わせたり、文にする場合、他の

語とのバランスを調整したりする。一般的には文は文体の規制を受け、文体的統一がはかられる。文体がちぐはぐな語は結びつきにくい。

(iv) 意味・機能は同じでも異なる語が選ばれる

「着る」「はく」「かぶる」「かける」は着用動作を表わす。ヲ格に立つ名詞「着物」［（1）］、「スカート」［（2）］、「帽子」［（3）］、「眼鏡」［（4）］は着用物を表わす。動詞と名詞の関係は全く同じであり、動詞は1つ（例えば「着る」）にしても何らの支障はないはずである。現に英語なら、a coat（コート）だろうが、a hat（縁のある帽子）、a cap（縁なしひさしつきの帽子）だろうが、a pair of glasses（眼鏡）だろうが、put on で表現することができる。ロシア語もこれに近い。надеть で間に合う。しかし、日本語では、「着物」だったら「着る」、「スカート」だったら「はく」、「帽子」だったら「かぶる」、「眼鏡」だったら「かける」といいかえなければならない。着用するものによって、着用動作を表わす動詞が異なるのである。語彙上の慣用的な結合規制のようなものが働いていると見ていいであろう。

（5） 警察は事件直後ただちに綿密な捜査を行ったが、犯人はわからずじまいだった
（6） 精密機械の運送に際しては細心の注意を払わねばならない
（7） 花子は重い病気にかかっていた
（8） 学校側は彼にバイクで通学する許可を与えた〔新和英大〕

「綿密な捜査」［（5）］とはすみずみまで注意を払った詳しい「捜査」である。捜して調べるに当たっての細心さの程度が高いことを表わす。「細心の注意」［（6）］の「細心の」は「細かいところまで」という意味で、「注意」の程度が高いことを表わす。「重い病気」［（7）］の「重い」は「病気」の「程度がはなはだしい」〔辞〕ことを表わす。3つとも結びつく語が示す事柄の程度の高いことを表現する。修飾語と被修飾語の意味上の関係は同じであり、前者は後者の意味の程度を強調する。しかし、「重い」では「捜査」や「注意」の程度の高さを強めることができないし、「綿密な」や「細心の」では「病気」の程度を強調することは不可能である。強調する語は強調される

語によって様々に変わるのである。もっといえば、ある程度相互予定的に定まっているのである。例えば、「ほれる」を強調する場合、「ぞっこん」がよく用いられるが、「ぞっこん」が強調できるのは「ほれる」のような少数の語しかない。(4)の「度の強い眼鏡」でも同じようなことが見てとれる。「度」とは「近視」の程度を表わす単位であるが、その程度が高いことは「高い」「深い」「重い」「激しい」などでは表わせない。「強い」が通常用いられる。

「美しい衣装」「あでやかな着物」といっても別におかしくない。しかし、「衣装」をほめていおうとすると「あでやかな」がよくでてくる。「よい」という意味を表わして、ほめるために用いられる語も被修飾語によって様々に用意されているようである。「英語を流暢に話す」「パンをこんがりと焼き上げる」

「捜査を行う」[(5)]は「捜査する」と、「注意を払う」[(6)]は「注意する」と、「病気にかかる」[(7)]は「病気する」と、「許可を与える」[(8)]は「許可する」と、さほど意味が違わない。だいたい、同じような意味を表わしている。一方は名詞＋格助詞ヲ・ニ＋動詞という2つの自立語によって成り立つが、他方は1語動詞である。前者において、「行う」「払う」「かかる」「与える」に実質的意味はあまりない。実質的意味は「捜査」「注意」「病気」「許可」という名詞が担っている。動詞「行う」「払う」「かかる」「与える」は上記の名詞を動詞のように働かせるだけである（「(を)する」と大体同じ意味である）。実質的意味はすでに名詞が示し、動詞は「意味上の任務の負担から大なり小なり解放されて」(村木 1980: 18)、ただ名詞を動詞のように働かせているだけである。機能は同じなのであるから、動詞は1つで足りるはずである。現に、「(を)する」という動詞が使われている。「捜査をする」「注意をする」「病気をする」「許可をする」。しかし、一方、「捜査」に関しては「行う」、「注意」に関しては「払う」、「病気」に関しては「かかる」が用いられ、これを用いるとよりなめらかな、より豊かな日本語のように感じられる。機能は同じなのに、結びつく語によって多様な語が用意されている。これらは法則化ができない。文法規則とは異なり、一個、一個おぼえていく他ない言語上の現象である。

II　本書の目的

　私達は、ことばを使って生活する。日常の言語生活の中でオトと意味と語感を意識するが、語が持つ文法的性質や語の結合の特性は特に意識しない。意識しないが、使っているのだから身についているのである。意識せず運用しているということは自動化しているということである。自動化しているからこそ、私達は、母語(例えば、日本語)を自由に、なめらかに、時に美しく使用できるのである。相当努力を重ねながら、知らない(ないし、不十分に知る)がゆえに習得外国語を、もちろん習熟度によるが、うまく使いこなせない。そもそも、外国語を習得するということは、各言語の文法と慣用上の結合特性をよく知り、身につけ、自動的に使えるようにすることなのだ。

　自動化していることを意識の上にのぼらせたい。こう考えて、文法家は文法を文法規則のかたちで書いてきた。それは、母語の鍛錬、運用能力向上に多大な寄与をもたらした。また、外国語習得、教育に多大の成果をあげてきた。必須のものになってきた。

　しかし、語が持つ慣用上の結合特性を意識の上にのぼらせることはいまだ、うまくできていない。手つかずの状態で残されている。解明を待っている。

　本書の目的は語が持つ慣用上の結合特性の一部をあきらかにすることである。慣用上の結合特性の全てをあきらかにしようとするものではない。その一部、Iの(iv)で述べた、結びつく語と語の間に同じ意味上の関係があるのに、それぞれの語で異なった語が選ばれるという現象の意識化であり、規則があるなら、その規則の解明である。これだけでも、各語彙のより正確な把握を可能にする。運用能力をはぐくみ、増大させる。辞書編纂に多大の寄与をもたらすだけではない。語彙習得の自己訓練と教育に役立つ。国語教育だけではない。外国人のための日本語教育の現場に実りある貢献をもたらすと期待される。

　本書は、もともと外国人の日本語教育(上級)を念頭に置いて書き始められた。しかし、語彙教育のはじめての体系化の試みであるため、理論面での探求にも力を注がざるを得なかった。本書は日本語語彙の教育・習得、自己鍛

練の体系的実用参考書であるとともに、辞書編纂、語彙文法、語彙の慣用的結合の研究書・理論書でもある。

　以上、本書の執筆意図・目的を述べた。以下、今後用いる重要用語の規定、意味をとらえるめやすについて、「本書の構成」13で記した順序に準じ、説明する。

第2章　主な用語と意味をとらえる手段

I　主な用語の規定―縁・出だし語・縁語

〈基本事項〉
1. 結び合う語と語の間に成り立つ意味上の関係(意味関係)を縁と呼ぶ。
2. 縁には大きな縁と小さな縁がある(〈説明〉6 参照)。
3. 出発点となる語を出だし語と呼ぶ。
4. 出だし語に、一定の縁で結ばれる多様な語を(その出だし語の)縁語という。
5. よって、出だし語とは縁語が縁を結ぶ語(結縁語)のことになる。
6. 出だし語との関係で成り立つ縁に従い縁語にはそれぞれ名称を与えることができる(例えば、機能発揮語、強調語、称賛語、動詞化動詞…)。

〈説明〉
1. 「着物」に対して「(を)着る」、「スカート」に対して「(を)はく」、「帽子」に対して「(を)かぶる」、「眼鏡」に対して「(を)かける」の間には着用物と着用動作の関係が成り立つ(序論第1章I(iv))。より抽象化すれば、人工物と人工物が持つ機能を発揮させる、という関係である。このような意味関係を「機能発揮の縁」と呼ぶことにする。「機能発揮の縁」において、「着物」「スカート」「帽子」「眼鏡」は出だし語であり、「着る」「はく」「かぶる」「かける」はそれぞれその縁語である。「機能発揮の縁」で出だし語に結ばれる縁語を機能発揮語と呼ぶ。
2. 「捜査」「注意」「病気」が表わす意味には程度がある。「捜査」の程度が高いことは「綿密な」、「注意」の程度が高いことは「細心の」、「病気」の程度が高いことは「重い」によって表わされる(序論第1章I(iv))。

「捜査」「注意」「病気」と「綿密な」「細心の」「重い」の間には強調という意味関係が存在する。この意味関係を「強調の縁」と呼ぶ。「強調の縁」において「捜査」「注意」「病気」は出だし語である。「綿密な」「細心の」「重い」はそれぞれの縁語である。このような縁語を強調語と呼ぶ。

3. 「あでやかな」は「衣装」に、「流暢に」は「(外国語を)話す」に、「こんがり」は「(パンを)焼き上げる」に、プラスの評価を与え、ほめるために用いられる。このような意味関係を「称賛の縁」と呼ぶ。「衣装」「話す」「焼き上げる」を出だし語にして、「あでやかな」「流暢に」「こんがり」は「称賛の縁」で結ばれる縁語である。このような縁語を称賛語と呼ぶ。

4. 「捜査」「注意」「病気」「許可」を「(を)行う」「(を)払う」「(に)かかる」「(を)与える」は動詞のように働かせる。前4者と後4者の間には「動詞化動詞の縁」という意味関係が成り立つ。「動詞化動詞の縁」において、前4語は出だし語、後4語はその縁語である。このような縁語を動詞化動詞と呼ぶ。

5. このような縁と縁語は文章の中によく見出される。例えば、次のような例文を見てみよう。「縞の<u>エプロン</u>をかけた素人産婆と見える婆さんが膝で立って、手を押しもみながら<u>一心不乱のていでお祈り</u>をあげていた」(井伏鱒二)。「エプロン」と「かける」は、「機能発揮の縁」で結びつく。「かける」は「エプロン」の機能発揮語である。「お祈り」と「あげる」は「動詞化動詞の縁」で結びつく。「あげる」は「お祈り」の動詞化動詞である。「お祈りをあげる」と「一心不乱のていで」は「強調の縁」で結びつく。「一心不乱のていで」、ないし「一心不乱に」は「お祈りをあげる」の強調語である。「素人産婆」については第2章III(i)参照。

6. 多数の多様な語彙がとらえられる意味関係は大きな縁である。「強調の縁」などでは多数の多様な語彙がとらえられるので大きな縁の例となる。少数の多様な語彙がとらえられる意味関係は小さな縁である。ものや事柄が持つ典型的加害行為を表わす「加害の縁」(犬―噛みつく、猫・猿―ひっかく、のみ・蚊―さす、車―(人を)はねる)などではあまり多

くの語彙をとらえ込まない。これらは小さな縁の例となる(第9章参照)。

〈参考〉
鎌倉時代の代表的歌人の一人に藤原為家(1198–1275)がいた。定家の子で『続後撰和歌集』を単独で編み、『続古今和歌集』の編集に参与した。和歌の理論家であり、「歌には、よせ(縁語のこと)あるがよきこと」と和歌における縁語の使用をすすめ、次のように書いた。「衣には、たつ・きる・うら、舟には、さす・わたる、橋には、わたる・たゆ、かやうのことのありたきなり」(『八雲口伝』)

このうち、「衣―着る」「舟―さす・渡る」「橋―渡る」では出だし語に応じて個性的かつ多様な語が対応しているが、機能発揮という単一の意味関係で結びつく典型的例をあげるにすぎない。「衣―たつ」はモノと生成の関係に立つ語彙であるが、同様の関係にあるものとしては「橋―かける」「家―たてる」「小供―生む」などがあげられよう。「橋―たゆ」は第7章で扱うが、モノと無化(ゼロにする/なる)の関係で結びつく多様な語の一例である。「毛―抜ける」「予約―キャンセルする」「縁―切る」もその例となる。

このように、古来縁語といわれてきたものは、一定の意味関係に立ちながら、出だし語に応じて、個性的に対応する語彙と見てさほどあやまたない。ここで、縁語という用語を用いるのはかかる理由による。

II 文法的意味関係と語彙的意味関係

〈基本事項〉
1. 文法的意味関係で形成される形態は基本的に同一であり、予測可能である。
2. 語彙的意味関係(ここでいう「縁」)で結ばれる語は(内容が同一であっても)多様であり、予測不可能である。

〈説明〉
1. 動詞における「現在」と「過去」の対立は文法的意味関係である。文法を知っていれば、書クから書イタ、食ベルから食ベタをつくることができる。未知の動詞でも間違いなく過去形をつくることができる。ハグル

（抱きしめる）—ハグッタ

2. 「強調」という意味関係は日本語では語彙的意味関係である。「捜査—綿密な」「注意—細心の」「病気—重い」などに働く内容と外容の関係は規則化できない。ただ、個々に当たっておぼえ、習練によって増やし、精度を磨いていくほかない。「機能発揮」「動詞化」というものも同様である。すべて個別に当たっておぼえていくほかない。

3. 人工言語であったら、つまり、論理的観点からすれば1つですませていいものを、日本語を含め、自然言語は多様な表現を用意し、語と語を贅沢な慣用によって結びつける。これは世界のすべての言語が病む事態である。「病む」といったのは論理とか効率の観点からいったに過ぎず、この病弊があるからこそ、言語は豊かで美しく、人を飽かせず、解放感を与える。しかし、それがまた、書くのが面倒だという感じをおこさせる原因の1つともなり、ことばの芸に深みを与え、習練・熟練を要求してくる（城田 1992: 32）。本書は、この豊饒な贅沢さをとらえるために、語と語を慣用的・定形的に結びつける意味関係をしっかりととらえ、その意味関係（縁）で結びつく語の例を多数あげ、語彙習得・習練・教育のめやすを得るために書かれる。

4. 「同一の意味（内容）を表わしながら、かたち（外容）は異なる」ということが「慣用」というものの1つの特質である。

〈参考〉

1. 例えば、英・仏・独・露語などの形容詞の「最上級」は文法的形態をとった「強調」である。原級からある程度規則的に最上級を形成することができる。
   great 偉大な—greatest 偉大この上ない、big でかい—biggest ばかでかい、beautiful 美しい—most beautiful 目もくらむほど美しい

2. 日本語の動詞において「尊敬」は文法的にも語彙的にも出現する（図表1）。

図表1　「尊敬」の表現形態（文法形態と語彙）

出だし語	意味	文法形態			語彙
		語幹形	結合形	複合動詞	
飲む	主役への尊敬	飲まれる	お飲みになる	お飲みなさる	召しあがる
死ぬ		（死なれる）			お亡くなりになる、逝去される
歌う		歌われる	お歌いになる	お歌いなさる	
聞く	主役以外への		お聞きする	お聞きいたす	伺う、拝聴する
見せる			お見せする	お見せいたす	お目にかける
待つ			お待ちする	お待ちいたす	

　繰り返しになるが、ここでは語彙的意味関係のみを「縁」としてとらえる。縁語はあくまで語彙的存在である。「尊敬」は、規則的（予測可能的）外容（つまり文法形態）をとって現れることも、また、一部では不規則的（予測不可能的）外容（つまり語彙）をとって現れることもある意味（内容）である。ことばをかえていえば「尊敬」は文法と語彙が支えあう意味（内容）である。「態」（ボイス）については25章X〈参考〉4参照。

III　連項的縁と選項的縁

〈例文〉

（1）（a)この子のためにおむつを買ってこなければならない―(b)この子のためにおしめを買ってこなければならない

（2）（a)品質に問題がある場合、知らせてほしい―(b)品質に問題がございます場合、御一報賜(たま)われば幸いです

（3）（a)先生がそういった―(b)先生がそうおっしゃった

（4）（a)花子は太郎に本を貸した―(b)太郎は花子から本を借りた

〈基本事項〉

1. 出だし語に結びついて用いられる縁語を「連項的縁語」、そのような縁語を主に持つ縁を「連項的縁」と呼ぶ。
2. 出だし語と入れ代わって用いられる縁語を「選項的縁語」、そのような縁語を主に持つ縁を「選項的縁」と呼ぶ。

〈説明〉
1. 例えば、「綿密な」は「捜査」に強調の縁で結びつく。それは「捜査」に(話す場合、時間的に直前先行し、書く場合、縦書きなら、上から、横書きなら、左から)結びついて用いられる。「強調の縁」で用いられる縁語はほとんどこのように用いられる。「細心の注意」「重い病気」。「強調の縁」は「連項的縁」であり、その縁語は「連項的縁語」である。「称賛の縁」(「あでやかな衣装」「流暢に話す」)、「機能発揮の縁」(「着物を着る」「帽子をかぶる」「眼鏡をかける」)、「動詞化の縁」(「注意を払う」「許可を与える」)なども基本的には「連項的縁」であり、その縁による縁語は「連項的縁語」である。
2. 同義語(おしめ―おむつ[(1)]、病気―やまい)、丁寧語(ある―ございます[(2)]、どう―いかが)、尊敬語(いう―おっしゃる[(3)]、聞く―伺う)、反転語(貸す―借りる[(4)]、教える―教わる)なども縁語としてとらえることができる。意味的関係は同一ながら出だし語に対し多様な外容の語が対応するからである。しかし、1で述べた類とは異なり、相互に結びついては用いられず、交代するかたちで使用される。このような縁語は「選項的縁語」であり、出だし語と縁語の間に成り立つ意味関係は「選項的縁」である。

「おしめ」を出だし語にすれば「おむつ」は「同義の縁」(詳しくは第21章)で結ばれるが、「おむつ」は「おしめ」に結びついては用いられず、代りに用いられるだけである。これは「選項的縁語」であり、「同義の縁」は「選項的縁」である。

同様の説明を「ある―ございます」、「いう―おっしゃる」「貸す―借りる」に関して加えることができる。「尊敬の縁」(第22章)「丁寧の縁」(第23章)「反転の縁」(第25章)などは「選項的縁」であり、それぞれの縁で出だし語に関係する縁語は「選項的縁語」である。

〈注意〉
1. 「歓喜する」は「非常に喜ぶ」〔辞〕という意味であり、(文体の差はあるが)「喜ぶ」の強調語である。しかし、「喜ぶ」と結合して用いられるわけではない。出だし語の意味と強調という意味を1語で同時に表わしている。このように、出だし語の意味を内包しつつ、ある縁による意

味も1語で同時に表わす語を内包語と呼ぶ。「嘘─大嘘」「病気─重病」なども同様の関係に立ち、「大嘘」「重病」は「嘘」「病気」に「強調の縁」で結びつく内包語である。「友人」に対して「良友」、「声」に対して「美声」などは称賛語であるが、すでに出だし語の意味を内に包んでいる。このような語は「友人」「声」に「称賛の縁」で結びつく内包語である。
2. 「内包語」という存在を考慮すると、「連項的縁」と「選項的縁」の差は絶対的でなく、相対的なものに過ぎないことがわかる。内包語は、単語という単位で考えれば、出だし語に結びついて用いられるわけではなく、どちらかといえば入れ代わって用いられるからである。

〈参考〉
語と語の結合の妙と秘密を探るに当たって2つの立場がある。(1)当該語はいかなる語を修飾するか、できるか、(2)当該語はいかなる語によって修飾されるか、され得るか。(1)は能動的立場であり、現在までの言語研究・教育・習得に当たって用いられて来た基本的立場である。日本語辞典の語の意味の記述も基本的にこの立場に立つ。本書の立場は、発想を180度転換して、(2)の受動的立場に立つ。出だし語を固定し、この語が強調される場合、称賛される場合、いかなる強調語、称賛語をとるか、とり得るか、という見方に立つ。それに対し、(1)の立場は、強調語、称賛語を固定し、これがいかなる語を強調、称賛するか、し得るか、という見方をとる。2つの立場は、言語習得に当たり、決して相互に排除するものではなく相互に補いあうものである。本書は現在まで、研究・教育・習得に当たって軽視されてきた(2)の立場に基本的に立つが、(1)のような記述態度もそれを補うかたちでとることがある。

IV 意味をとらえる手段

(i) 事柄の登場者
〈例文〉
(1) 花子は朝7時に<u>起きた</u>
(2) 私は今日学校で頭が<u>痛かった</u>

（3） あの人は髪が<u>きれいだ</u>
（4） 花子の太郎に対する<u>いじめ</u>はまだ続いている

〈基本事項〉
1. 自立語(動詞・形容詞・名詞。本書における品詞分類については第28章II参照)は想像されるものや事柄を含め、現実の何らかの切片・断片を示す。
2. 現実の切片には2種類がある。1つは単なるモノ(物体)、もう1つはコト(事柄)である。
3. 自立語は事柄を表わす限り、必ず登場者が存在する。

〈説明〉
1. 例えば、「石」という名詞は、ものを示し、何らの事柄を表わさない。それに対し、「起きる」という動詞は事柄を表現する。この語を耳にすると、生き物(主に人)が目を覚まし、寝床から出る、という事柄が目に浮かぶ。事柄を今舞台や映画の場面(シーン)に見立てると、「起きる」には一人の人物が眼前に現れる。A.「目を覚まし、寝床から出るという行為を行う人物(起床者)」である。〈例文〉(1)では「花子」がその登場者を体現する。
2. 「痛い」はイ形容詞である。それは、まず、「身体に痛みを感じる」という事柄を表わし、登場者としてA.「Bを含む全体・Bの持主」[(2)では「私」]、B.「痛みを感じる身体部分」[(2)では「頭」]を持つ。
3. 「きれいだ」はナ形容詞。「(華やかに)美しい」という事柄を表わし、「痛い」と同様、登場者としてA.「Bを含む全体・Bの持主」[(3)では「あの人」]、B.「美しい部分」[(3)では「髪」]を持つ。
4. 「いじめ」は名詞。これが表わす事柄には、A. 強い立場にあり、肉体的・精神的に苦しめるもの(強者)と、B. 弱い立場にあり、Aから何らかのかたちで攻撃を受けるもの(弱者)があることは疑い得ない。それは動詞「いじめる」が示す事柄と同じ登場者であるはずである。なぜなら、動詞「いじめる」が意味を変えずに「いじめ」という名詞に「品詞転換」したものであるからである(「品詞転換」については第28章参照)。

〈注意〉
「朝7時に」[(1)]は「起きる」という事柄の成り立つ時間を表わし、「今日

学校で」[(2)]は「(頭が)痛い」という事柄の成り立つ時間・空間を表わす。これは登場者ではない。事柄が成立する状況である。

〈参考〉
1. バーチャル・リアリティーという語が新しく出現したIT技術に関連して世に広く流布したが、ことばこそ人間が原初の昔から持つバーチャル・リアリティー創出の手段である。事柄を表わす語には、必ず登場者が存在する仕組みになっていることにこの手段の巧妙さがまず見て取れよう。
2. 事柄を舞台・場面に見立てると、状況は舞台や場面の背景・大道具・小道具・音響効果・伴奏音楽に相当する。

(ii) 登場者の表わし方―格座

図表2　動詞「起きる」の支配図

登場者	A. 起きる人
格助詞	ガ

図表3　イ形容詞「痛い」の支配図

登場者	A. Bを含む全体・Bの持主	B. 痛みを感じる身体部分
格助詞	ガ	ガ

図表4　ナ形容詞「きれいだ」の支配図

登場者	A. Bを含む全体・Bの持主	B. 美しい部分
格助詞	ガ	ガ

図表5　名詞「いじめ」の支配図

登場者	A. 強者	B. 弱者
格助詞、後置詞的なもの	ノ、ニヨル	∅(ゼロ)、ノ、ヘノ、ニ対スル、ニ向カッテノ

〈例文〉
（1）　花子が朝7時に起きた
（2）　私が今日学校で頭が痛かった
（3）　あの人が髪がきれいだ
（4）-1　花子の太郎いじめはまだ続いている
　　-2　花子の太郎へのいじめはまだ続いている

-3 花子<u>の</u>太郎<u>に対する</u>いじめはまだ続いている
-4 花子の太郎<u>に向かっての</u>いじめはまだ続いている
-5 花子<u>による</u>太郎いじめはまだ続いている
-6 花子<u>による</u>太郎<u>の</u>いじめはまだ続いている
-7 花子<u>による</u>太郎<u>への</u>いじめはまだ続いている
-8 花子<u>による</u>太郎<u>に対する</u>いじめはまだ続いている
-9 花子<u>による</u>太郎<u>に向かっての</u>いじめはまだ続いている

〈基本事項〉

1. 動詞・形容詞(用言)の登場者は通常格助詞によって表わされる。
2. 名詞の登場者は通常連体格助詞、後置詞的なものによって表わされる。造語法的表わし方もある。
3. 登場者は意味的分析によって把握されたものであり、そのままではあくまで意味上の存在であるが、格助詞、後置詞は文の中で実体的に出現し、かたちあるものとして把握できる。
4. それぞれ登場者を体現する語を文中で表現する手段をここでは格座と呼ぶ。
5. 格座は、登場者を体現する語の文中での地位を表わす。
6. 自立語は事柄を示す限り、必ず、登場者が存在し、登場者を示す手段(格座)を持つが、それは常に文中で実現するわけではない。

〈説明〉

1. 「起きる」で、Aはガによって示される[図表2、(1)]。
2. 「痛い」で、AもBもガによって示される[図表3、(2)]。
3. 「きれいだ」で、AもBもガによって示される[図表4、(3)]。
4. 「いじめ」でのA・Bの表現の基本的なものを示すと図表5のようになる(組み合わせは多様となり、(4)にその代表的なものを掲げる)。

〈注意〉

1. (1)は、「誰が朝7時に起きたか」、(2)は「誰が今日学校で頭が痛かったか」、(3)は「誰が髪がきれいか」という質問に対する直接的返答としてあり得ても、頻度高く出現するわけではない。特に、(2)(3)は二重ガ格文という特徴をそなえ、普通避けられる構成を持つ。これらは、通常、(i)の(1)(2)(3)で掲げたようなかたちをとる。

2. (1)でＡが、(2)(3)で全体（持主）たるＡがハでマークされることに注目したい。
3. ハはとりたて助詞といわれ、舞台において登場者にスポット・ライトを浴びせ、観客の注目を誘う役を主に持つ。
4. ハはいわゆる主語をマークするわけではない。「テレビは見ないが、本は読む」ではハは行為・作用が向けられる対象を表わしている。ハは直接目的語にも後接する。
5. 格助詞ガとヲはとりたて助詞がつくと強制的に消去されてしまうと考えておくと、このような文法現象の理解がたやすくなるように思われる。「花子(*)がは朝7時に起きた」→「花子は朝7時に起きた」。「テレビ(*)をは見ないが、本(*)をは読む」→「テレビは見ないが、本は読む」。
6. 格助詞ニ・デ・カラ・マデなどはハがついても消去されることがない。「花子には手紙を書いた」「花子からは手紙をもらった」
7. ハは文中で登場者をとりたてるために用いると述べたが、語られる内容の主題を表わす役もはたす。このような役をはたすハは提題のハといわれる。
8. ハでとりたてられる登場者は、通常文脈の中に導入されており、話し手、聞き手にとり既知のものである。このようにして用いられるハは英語などの定冠詞に近い役を担う。ガは新たに文脈の中に導入された新登場者をマークし、不定冠詞に近い役を務める。ハは一般に、古い情報の中から選ばれる話題（主題）を提示する。「犬が人に噛みついた。（その）犬は保健所に連れて行かれた（A dog bit a man. The dog was brought to a veterinary clinic.）」

(iii)　支配

〈基本事項〉
1. 自立語は登場者を表わすために格座を用意するが、これは他の何物によっても用意されるものではないので、その格座に立つ語は当該自立語に支配されるということになる。格座に立つ語は当該自立語に支配されるということは、それに従属するということである。
2. 格座に立つ語は、それを支配する自立語の意味を補充、充足させ明確化

する役割を持つ。このような語を補語、そのような機能を補充機能と呼ぶことがある。
3. 格座に立つ語は、通常、名詞である。
4. 当該自立語の登場者とそれを示す手段を対応させた図をその自立語の支配図という(図表 2–5 はその例)。

〈説明〉
1. 「起きる」は A. 起きる人をガ格に立てるが、この事実はこの動詞がガ格を支配するとみなすことができる。この時ガ格名詞はこの動詞の補語(それも必須の補語)である。
2. 「痛い」は A.B の持主、B. 痛みを感じる身体部分をともにガ格に立てるが、これは、この形容詞が 2 つのガ格を支配する、とみなすことができる。この時、A を示す名詞も、B を示す名詞もこの形容詞の必須の補語である。
3. 「きれいだ」も 2 と同様に考えられる。

〈注意〉
1. ガ格に立つ語も補語である。
2. (述語である)自立語の登場者を示す語を必須補語ということがある。
3. 美シクナル、静カニスルの美シク(形容詞)、静カニ(形容詞)は合成述語の一部であり、支配を受ける補語とは考えないことにここではしておきたい。

〈参考〉
インド・ヨーロッパ諸言語の主格主語は述語の形態を決定する (I live in Tokyo. She lives in Kyoto.)。それゆえに主語と呼ばれる。日本語のガ格名詞は文中で述語の支配を受けるだけで、述語の形態を決定することがない。

(iv) 格座と登場者の役柄

図表6 「起きる」の登場者と役柄

登場者	A. 起きる人
格助詞	ガ
文での役割	第1補語
役柄	主役

図表7 「いじめる」の登場者と役柄

登場者	A. 強者	B. 弱者
格助詞	ガ	ヲ
文での役割	第1補語	第2補語
役柄	主役	相手役

図表8 「噛みつく」の登場者と役柄

登場者	A. 歯で食いつくもの	B. 食いつく相手
格助詞	ガ	ニ
文での役割	第1補語	第2補語
役柄	主役	相手役

図表9 「貸す」の登場者と役柄

登場者	A. 貸し手	B. 貸借対象	C. 借り手
格助詞	ガ	ヲ	ニ
文での役割	第1補語	第2補語	第3補語
役柄	主役	相手役	脇役

図表10 「売る」の登場者と役柄

登場者	A. 売り手	B. 売り物	C. 買い手	D. 値段
格助詞	ガ	ヲ	ニ	デ
文での役割	第1補語	第2補語	第3補語	第4補語
役柄	主役	相手役	脇役$_1$	脇役$_2$

〈例文〉

（1） <u>花子が</u>　朝7時に起きた
　　　 第1補語

（2） <u>花子が</u>　<u>太郎を</u>　いじめた
　　　第1補語　第2補語
（3） <u>犬が</u>　　<u>人に</u>　　噛みついた
　　　第1補語　第2補語
（4） <u>花子が</u>　<u>太郎に</u>　<u>本を</u>　　貸した
　　　第1補語　第3補語　第2補語
（5） <u>花子が</u>　<u>太郎に</u>　<u>本を</u>　　<u>1000円で</u>　売った
　　　第1補語　第3補語　第2補語　第4補語

〈**基本事項**〉

1. 格助詞・後置詞的なものによって表現される格座は登場人物を表わす語の文論上の役割をも示す。それは文での役割と同じことである。
2. ガ格に立つ語を第1補語と呼ぶ[(1)]。
3. 支配がガ・ヲとなる場合、(ガ格に立つ語を第1補語、)ヲ格に立つ語を第2補語と呼ぶ[(2)]。
4. 支配がガ・ニとなる場合、(ガ格に立つ語を第1補語、)ニ格に立つ語を第2補語と呼ぶ[(3)]。
5. 支配がガ・ヲ・ニとなる場合、(ガ格に立つ語を第1補語、ヲ格に立つ語を第2補語、)ニ格に立つ語を第3補語と呼ぶ[(4)]。
6. 支配がガ・ヲ・ニ・デとなる場合、(ガ格に立つ語を第1補語、ヲ格に立つ語を第2補語、ニ格に立つ語を第3補語、)デ格に立つ語を第4補語と呼ぶ[(5)]。
7. 他の格がある場合、以上の基本を動かさず、適宜に定める。
8. 補語としての現れを考慮して、登場者の役柄を定めると、第1補語になるものは主役、第2補語になるものは相手役、第3補語になるものは脇役、第4補語になるものは脇役$_2$(その場合、第3補語になるものは脇役$_1$)と定める。
9. 登場者とそれを示す格助詞、格助詞から見ての文論上の役割、役割から見ての登場者の役柄を表わす図を当該自立語の支配・役柄図、必要な場合、略して役柄図と呼ぶ。図表6から10までは動詞の支配・役柄図の例である。

〈説明〉
1. 「起きる」では、A.「起きる人」がガ格に立つことは(ii)で見た。ガ格を支配する動詞においてガ格に立つ語を第1補語と定める。第1補語として現れる登場者を主役と定める。
2. 「いじめる」は、A. 強い立場にある者(強者)が、B. それより弱い立場にある者(弱者)を肉体的・精神的に苦しめることを表わす。事柄は、A. 攻撃を加える強者とB. 攻撃を受ける弱者の2登場者によって成り立つ。この2者が「いじめる」という事柄の登場者である。Aはガを、Bはヲをとる。これが「いじめる」の支配図である。ガ格、ヲ格を支配する動詞においてガ格に立つ語を第1補語、ヲ格に立つ語を第2補語と定める(第1補語はいわゆる主語、第2補語はいわゆる直接目的語に一致する)。第1補語として現れる登場者を主役、第2補語として現れる登場者を相手役と呼ぶことにする。「いじめる」において、Aが主役、Bが相手役である。
3. 「噛みつく」は、A. 人ないし動物が歯で、B. 人ないし動物に食いつき、危害を加えることを表わす。事柄は、AとBが揃ってはじめて成り立つ。この2者が「噛みつく」の表わす事柄の登場者である。Aはガ、Bはニをとる。これが「噛みつく」の支配である。ガ格、ニ格を支配する動詞においてガ格に立つ語を第1補語、ニ格に立つ語を第2補語と定める。第1補語となって現れる登場者を主役、第2補語となって現れる登場者を相手役と呼ぶ。「噛みつく」において、Aが主役、Bが相手役である。
4. 「貸す」は、A. 貸し手が後に返却を受ける約束のもとにB. 貸借対象を、C. 借り手に一時的に渡し、使わせることを表わす。事柄は、A、B、Cの3者が揃った時に成立し、この3者が「貸す」の表わす事柄の登場者である。Aはガを、Bはヲを、Cはニをとって表わされる。これが「貸す」の支配である。ガ格、ヲ格、ニ格を支配する動詞において、ガ格に立つ語を第1補語、ヲ格に立つ語を第2補語、ニ格に立つ語を第3補語と定める(第1補語はいわゆる主語、第2補語はいわゆる直接目的語、第3補語はいわゆる間接目的語に一致する)。第1補語となって現れる登場者を主役、第2補語となって現れる登場者を相手役、第3補

語となって現れる登場者を脇役と呼ぶ。「貸す」において、Aが主役、Bが相手役、Cが脇役である。

5. 「売る」は、A.売り手が、B.売り物の所有権を、C.買い手に、D.値段によって表わされる代価を得て、移動させることを表わす。事柄は、A、B、C、Dによって成り立ち、この4者が「売る」という事柄の登場者である。Dも必須の登場者であり、状況を示すものではない。なぜなら、D（値段）がない場合「売る」という事柄は成立しないからである。AはガＢはヲ、CはニＤはデ（…ノ値デ、…ノ値段デ、…ノ代価ヲ得テ）によって表わされる。これが「売る」の支配である。ガ格、ヲ格、ニ格、デ格を支配する動詞において、ガ格に立つ語を第1補語、ヲ格に立つ語を第2補語、ニ格に立つ語を第3補語、デ格に立つ語を第4補語と定める。第1補語となって現れる登場者を主役、第2補語となって現れる登場者を相手役、第3補語となって現れる登場者を脇役$_1$、第4補語となって現れる登場者を脇役$_2$と呼ぶ。「売る」において、Aが主役、Bが相手役、Cが脇役$_1$、Dが脇役$_2$である。

〈注意〉

1. 「いじめる」ではヲ格に立つ登場者（B）が相手役であるが、「噛みつく」ではニ格に立つ登場者（B）が相手役である。
2. 「噛みつく」ではニ格に立つ登場者（B）が相手役であるが、「貸す」ではニ格に立つ登場者（C）は脇役である。
3. 以上のように、相手役・脇役は各語において他の登場者との相対関係によって定められ、何らかの指標によって絶対的に定められるものではない。
4. 第1補語（ガ格名詞）は普通主語と呼ばれるが、それは必ずしも主体的動作者、主体的状態保持者を表わすわけではない。「起きる」では確かに主体的動作者であるが、「なぐられる」のような受動態の動詞では被動作者を表わす。被動作者であっても主役であることに変わりはない。
5. 支配は文において必ず十全に実現されるわけではない。例えば、「花子は1000円で本を売った」ではCは表現されていない。「花子が太郎に1000円で売った」はBが表現されていない。「花子は太郎に本を売った」ではDが表現されていない。

（v） 二重ガ格
〈例文〉
（1） 私が頭が痛い ［(ii)（2）］
（2） あの人が髪がきれいだ ［(ii)（3）］
（3） 象が鼻が長い
（4） 私が胸が痛む
（5） 父が金がある
（6） 花子がフランス語ができる
（7） 私が父が恐ろしい
（8） 私が奥様がなつかしい
（9） 私が水が欲しい

〈基本事項〉
1. (ii)〈説明〉2、3〈注意〉1、2で指摘したように、二重にガ格を支配する形容詞がある。二重にガ格を支配する動詞もある。
2. 2つの補語が同じガをとる場合、(iv)〈基本事項〉2から6に記したような形式的手段では、どちらが主役で、どちらが相手役であるか定めることはできない。
3. 定めるためには、意味的基準を導入する必要がある。
4. （登場者が…ガ…ガで並んだ場合）全体、持主（気持や能力の持主をも含む）を示す登場者が第1補語で主役と定める。部分・持ちもの（気持が向けられる相手や能力の対象を含む）を示す登場者が第2補語で相手役と定める。

〈説明〉
1. 例えば、「痛い」では、B. 痛みを感じる身体部分［(1)では「頭」］が第2補語で相手役、A、Bを含む全体、つまりBの持主［「私」］が第1補語で主役である（図表11）。
2. 例えば、「ある」では、B. 存在するもの（持ちもの）［(5)では「金」］が第2補語で相手役、A. Bの存在する所、Bの持主［「父」］が第1補語で主役（図表12）。
3. 例えば、「なつかしい」では、B. なつかしいという気持が向けられる相手［(8)では「奥様」］が第2補語で相手役、A. なつかしいという気持を

持つ人[「私」]が第1補語で主役(図表13)。

〈注意〉
1. 全体・持主は、ハをとって、通常、出現するが、背後にあるのはガであることは(ii)〈注意〉参照。
2. ここで扱ったタイプの支配は、構造上の不備と感じられるのかもしれない。二重ガ格を解消しようとして、全体、持主、主体をニ格(時にデ格)に変えることがある。(1)(あなたはどうかわからないけど)私には頭が痛い。(5)父に金がある。あの家では金がある。(6)花子にフランス語ができる(とは知らなかった)。(7)私には父が恐ろしい。(8)私には奥様がなつかしい。
3. このような格座の変更は、二重ガ格の解消のため表層上でおこったもので、基本(二重ガ格)はかわらず、全体(持主)は(ニ格に立とうが)第1補語で主役であり、部分(持ちもの)は(ガ格に立とうが)第2補語で相手役である、と定めておくことにする(〈参考〉3)。この決定は、二重ガ格解消のために出現したとすることができるニ(デ)に限ることにする。

〈参考〉
1. 二重ガ格文の主なタイプは次のようなものである。
   (1) 全体(持主)ガ＋部分(持ちもの)ガ＋形容詞[(1)(2)(3)]
   (2) 全体(持主)ガ＋部分(持ちもの、能力を含む)ガ＋動詞[(4)(5)(6)]
   (3) 気持の持主ガ＋気持が向けられる相手ガ＋形容詞(願望態形容詞を含む)[(7)(8)(9)]
   願望態形容詞の例。「私が水が飲みたい」
2. 「花子がフランス語をできる」「私が水を欲しい」のように二重ガ格を解消した場合、ガ格登場者が第1補語で主役、ヲ格登場者が第2補語で相手役となり、問題はおこらない。
3. ニは二重ガ格解消のために日本語の表層でとられた処置で、ガの位置的バリエーションに過ぎないと考えることができるかもしれない(〈注意〉2、3)。あるいは、二重ガ格を表層で履い隠すとりたて助詞ハに近い存在であると考える、という案も出し得るかもしれない。背後に確固としてあるのはやはりガである。「僕は頭が痛い」「父は金がある」
4. ニは二重ガ格解消のために発生したガのバリエーションであり、とりた

て助詞に近い存在であるという解釈は、ニの存在に対する苦しい説明であることは否めない。しかし、全体を単純・平易な論理でまとめるためにやむを得ずとられた処置である。「痛い」［(1)］、「ある」［(5)］、「なつかしい」［(8)］の支配・役柄図を以下に掲げる（図表11、12、13）。

図表 11 「痛い」の登場者と役柄

登場者	A. Bを含む全体・Bの持主	B. 痛みを感じる身体部分
格助詞	ガ（ニ）	ガ
文での役割	第1補語	第2補語
役柄	主役	相手役

図表 12 「ある」の登場者と役柄

登場者	A. Bが存在する所・Bの持主	B. 存在するもの
格助詞	ガ（ニ）	ガ
文での役割	第1補語	第2補語
役柄	主役	相手役

図表 13 「なつかしい」の登場者と役柄

登場者	A. 思い出して、なつかしく思う人	B. 思い出される対象
格助詞	ガ（ニ）	ガ
文での役割	第1補語	第2補語
役柄	主役	相手役

(vi) 意味の異なりと支配の違い

図表 14 「援助する」(1)の登場者と役柄

	援助する(1)		
登場者	A. 助ける人	B. 助ける相手	C. 助ける手段
格助詞	ガ	ヲ	デ
文での役割	第1補語	第2補語	第3補語
役柄	主役	相手役	脇役

図表 15 「援助する」(2) の登場者と役柄

	援助する(2)		
登場者	A. 与える人	B. 与えるもの	C. 受けとる人
格助詞	ガ	ヲ	ニ
文での役割	第1補語	第2補語	第3補語
役柄	主役	相手役	脇役

〈例文〉
（1） 日本政府はアフガニスタンを資金で援助した
（2） 日本政府はアフガニスタンに資金を援助した

〈基本事項〉
1. 1つの語でも多数の意味を持つことがある。これを語の多義性という。
2. 意味が異なれば必ず支配が異なるわけではないが、同一の語で支配が異なれば意味が異なる場合が多い。

〈説明〉
1. (1)の「援助する」は「困った状況にある人を助ける」〔日国〕という意味を持ち、登場者と役柄は図表14のようになる。この意味およびその顕現としての支配は、B.「困難な状況にある人」（例文では「アフガニスタン」）を「助ける相手」としてヲ格に立て、より前面に出し、A が「助ける人」（例文では「日本政府」）という性格を明確化し、C.（例文では「資金」）は B にとり不足するものであり、不足するがゆえに困難な状況にあるとしても、助ける手段の性格付けを舞台上で受け、脇役の扱いになる（あるいは、これは状況語としてもよいかもしれない。「資金面で」といった方がよりなめらかな日本語である）。「援助する」はこの意味で「助ける」「救う」に近づき、支配の仕方（ガ・ヲ・デ）は同一となる。
2. (2)の「援助する」は「困難な状況にある人に不足するものを与える」の意味を持ち、登場者と役柄は図表15のようになる。この意味と支配において、B.「与えるもの」（例文では「資金」）をヲ格に立て、相手役としてより前面に出し、A がガ格に立ち「与える人」（「日本政府」）という性格を明確化する。C はニ格に立ち「受け取る人」（例文では「アフ

ガニスタン」)として性格付けられ、脇役の位置につく。意味および支配は「与える」に近づき、支配の仕方はそれと同一となる。同一の存在、同一の名詞（日本政府、アフガニスタン、資金）が (1)(2) において文での役割をかえ、それによって意味上の性格付けを変化させ、（文論上からみて）役柄を変更しているのである。その変化、変更を表示すると図表 16 のようになる。

図表 16　「援助する」(1)(2) における登場者の意味上の性格付けと役柄の変更

	日本政府			アフガニスタン			資金		
	格	性格付け	役柄	格	性格付け	役柄	格	性格付け	役柄
援助する(1)	ガ	助ける人	主役	ヲ	助ける相手	相手役	デ	手段・方法	脇役
援助する(2)	ガ	与える人	主役	ニ	受けとる人	脇役	ヲ	与えるもの	相手役

「日本政府」は文での役割と（それから見ての）役柄の変更はないが、舞台上における性格付け（役づくり）は「助ける人」から「与える人」へと動く。

〈参考〉

「援助する」(1) の例を掲げる。「…野党も、…積極的姿勢を示すようになってきている。それは自民党の族議員を側面から援助する役割を果たしている」〔エコ〕。「援助する」(2) の例を掲げる。「競り落としたのはシカゴの自然史博物館で、ハンバーガーのマクドナルドやディズニーランドが資金を援助」〔毎日、朝〕。「米政府は…国連の支援要請に答え、北朝鮮に対して 17 万 7000 トンの食糧を援助」〔毎日、朝〕（ここでの「援助」は「援助する」の「する」を落としたかたち。動詞であることはヲの出現でわかる）

(vii)　名詞における登場者の役柄の定め方
1　動詞に転換できる場合

図表17　「いじめ」の登場者と役柄

いじめ	名詞	登場者	A. 強者	B. 弱者
	↕	役柄	←	←
いじめる	動詞	登場者	A. 強者	B. 弱者
		格助詞	ガ	ヲ
		文での役割	第1補語	第2補語
		役柄	主役	相手役

〈基本事項〉

1. 名詞の表わす事柄の登場者は連体格助詞、後置詞的なものその他（例えばゼロ、つまり造語法）によって示されるが、これでは第1補語であるのか、第2補語であるのか、第3、第4補語であるのかはにわかに定めがたい。

2. しかし、名詞を動詞に「品詞転換」（第28章I）することによって、文での役割ひいては役柄を定めることができる。

3. 意味的に同一である登場者が、動詞において第1補語（主役）である場合、名詞においても主役、動詞において第2補語（相手役）である場合、名詞においても相手役、動詞において第3補語（脇役）である場合、名詞においても脇役、動詞において第4補語（脇役$_2$）である場合、名詞においても脇役$_2$（その時、第3補語に相当する登場者は脇役$_1$）…、とする。

〈説明〉

1. 「いじめ」においても、A.「強者」、B.「弱者」という登場者は意味分析によって認められることは、(i)〈説明〉4で述べた。「いじめ」の支配図は図表5参照。

2. 名詞「いじめ」は意味を特にかえずに動詞「いじめる」に転換することができる。

3. 「いじめる」において、Aがガをとり第1補語となり、主役、Bがヲをとり第2補語となり、相手役。よって、名詞においてもAが主役、B

が相手役と定めることができる。

〈注意〉
名詞の登場者の役柄は、動詞化動詞（第4章）、要求充足語（第5章）、反転語（第25章）などの用法を理解するために必要である。

〈類例〉
1. 名詞「噛みつき」が表わす事柄には、A.「歯で食いつく生き物」、B.「食いつく相手」の2者が登場者として存在する。この名詞は動詞「噛みつく」に「品詞転換」を行う。「噛みつく」においてもA・Bが認められ、Aが第1補語で主役、Bが第2補語で相手役（図表8）。よって、名詞においてもAが主役、Bが相手役である。
2. 名詞「貸し」(貸すこと)が表わす事柄には、A.「貸し手」、B.「貸借対象」、C.「借り手」の3者が登場者として存在する。この名詞は動詞「貸す」に「品詞転換」を行う。「貸す」においてもA・B・Cが認められ、Aが第1補語で主役、Bが第2補語で相手役、Cが第3補語で脇役（図表9）。よって、名詞においてもAが主役、Bが相手役、Cが脇役。
3. 名詞「売り」(売ること)が表わす事柄には、A.「売り手」、B.「売り物」、C.「買い手」、D.「値段」の4者が登場者として存在する。この名詞は動詞「売る」に「品詞転換」を行う。「売る」においてもA・B・C・Dが認められ、Aが第1補語で主役、Bが第2補語で相手役、Cが第3補語で脇役$_1$、Dが第4補語で脇役$_2$（図表10）。よって、名詞においてもAが主役、Bが相手役、Cが脇役$_1$、Dが脇役$_2$。
4. 名詞「注目」が表わす事柄には、A.「意識や視線を集中的にそそぐもの」(注目者)、B.「そそがれる対象」(被注目者)の2者が登場者として存在する。この名詞は動詞「注目する」に「品詞転換」を行う。「注目する」にもA・Bが認められ、AガBニ注目スルという支配の中に置かれ、Aが第1補語で主役、Bが第2補語で相手役と認められる。よって、名詞においてもAが主役、Bが相手役。2語の関係を表示すると図表18のようになる。

図表 18　「注目」の登場者と役柄

注目	名詞	登場者	A. 注目者	B. 被注目者
		役柄	←	←
注目する	動詞	登場者	A. 注目者	B. 被注目者
		格助詞	ガ	ニ（ヲ）
		文での役割	第1補語	第2補語
		役柄	主役	相手役

5. 名詞「信頼」が表わす事柄には、A.「信頼する主体」、B.「信頼する対象」の2者が登場者として存在する。この名詞は動詞「信頼する」に「品詞転換」を行う。「信頼する」においてもA・Bが認められ、Aが第1補語で主役、Bが第2補語で相手役。よって、名詞においてもAが主役、Bが相手役。2語の関係を表示すると図表19のようになる。

図表 19　「信頼」の登場者と役柄

信頼	名詞	登場者	A. 信頼する主体	B. 信頼する対象
		役柄	←	←
信頼する	動詞	登場者	A. 信頼する主体	B. 信頼する対象
		格助詞	ガ	ヲ
		文での役割	第1補語	第2補語
		役柄	主役	相手役

6. 名詞「尊敬」が表わす事柄には、A.「尊敬する主体」、B.「尊敬する対象」の2者が登場者として存在する。この名詞は動詞「尊敬する」に「品詞転換」を行う。「尊敬する」においてもA・Bが認められ、Aが第1補語で主役、Bが第2補語で相手役。よって、名詞においてもAが主役、Bが相手役。2語の関係を表示すると図表20のようになる。

図表 20　「尊敬」の登場者と役柄

尊敬	名詞	登場者	A. 尊敬する主体	B. 尊敬する対象
		役柄	←	←
尊敬する	動詞	登場者	A. 尊敬する主体	B. 尊敬する対象
		格助詞	ガ	ヲ
		文での役割	第1補語	第2補語
		役柄	主役	相手役

〈参考〉
繰返しになるが、一般論として次のような整理が可能である。理解の便のため参考として記す。
(1) ある登場者が動詞でガ格をとり第1補語となる場合、名詞におけるそれと同一の登場者は主役。
(2) ある登場者が動詞でヲ格、ないし、ヲ格なしのニ格をとり第2補語となる場合、名詞におけるそれと同一の登場者は相手役。
(3) ある登場者が動詞で第3補語となる場合、名詞におけるそれと同一の登場者は脇役。
(4) ある登場者が動詞で第4補語となる場合、名詞におけるそれと同一の登場者は脇役$_2$（その時、第3補語となる登場者に対応する名詞の登場者は脇役$_1$）。

2　転換の可能性が複数ある場合

図表21　「援助」(1)の登場者と役柄

援助(1)	名詞	登場者	A. 助ける人	B. 助ける相手	C. 助ける手段
		役柄			
援助する(1)	動詞	登場者	A. 助ける人	B. 助ける相手	C. 助ける手段
		格助詞	ガ	ヲ	デ
		文での役割	第1補語	第2補語	第3補語
		役柄	主役	相手役	脇役

図表22　「援助」(2)の登場者と役柄

援助(2)	名詞	登場者	A. 与える人	B. 与えるもの	C. 受けとる人
		役柄			
援助する(2)	動詞	登場者	A. 与える人	B. 与えるもの	C. 受けとる人
		格助詞	ガ	ヲ	ニ
		文での役割	第1補語	第2補語	第3補語
		役柄	主役	相手役	脇役

〈基本事項〉
名詞に異なる意味が複数あり、それぞれで登場者が異なる場合、それぞれが

品詞転換する動詞の登場者に対応させて、その役柄を定める必要がある。

〈説明〉

1. 「援助」には少なくとも2つの意味がある。「援助」(1)は「困難な状況にある人を何らかの手段で助ける」、「援助」(2)は、「困難な状況にある人に不足するものを与える」ことを表わす。2つの意味は非常によく似るが、意味上の登場者はそれぞれ異なる。

2. 「援助」(1)の登場者は、A.「助ける人」、B.「助ける相手」、C.「助ける手段」である。
「援助」(1)は「援助する」(1)に品詞転換する(図表14、21)。両語の意味上の登場者は同一である。この同一性により、動詞で定められた役柄((vi)参照)を名詞の役柄に移しかえることができる。A.「助ける人」が主役、B.「助ける相手」が相手役、C.「助ける手段」が脇役と定めることができる。

3. 「援助」(2)の登場者は、A.「与える人」、B.「与えるもの」、C.「受けとる人」である。
「援助」(2)は「援助する」(2)に品詞転換する(図表15・22)。両語の意味上の登場者は同一である。この同一性により、動詞で定められた役柄((vi)参照)を名詞の役柄に移しかえることができる。A.「与える人」が主役、B.「与えるもの」が相手役、C.「受けとる人」が脇役と定められる。

〈参考〉

1. 「日本政府のアフガニスタンに対する資金による(資金面での)援助」という場合の「援助」は「援助」(1)。ここでは「日本政府」はA.「助ける人」、「アフガニスタン」はB.「助ける相手」(相手役)、「資金」はC.「助ける手段」(脇役)。

2. 「日本政府のアフガニスタンへの資金援助」という場合の「援助」は「援助」(2)。ここでは「日本政府」はA.「与える人」、「資金」はB.「与えるもの」(相手役)、「アフガニスタン」はC.「受けとる人」(脇役)。
「腎臓病に悩むハンサムな富豪男性が結婚をエサに女性に接近。女性の弟に資金援助を約束して片側の腎臓を提供してもらい、…」〔毎日、朝〕において「援助」は「援助」(2)で「資金」はB.「与えるもの」(相

手役)、「弟」がC.「受けとる人」で脇役。ただし、この「弟に」のニは「約束する」の支配によって出現したもの。

3　動詞に転換できない場合

図表23　「雨」の登場者と役柄

名詞	雨		
登場者	A. 水滴	B. 着点	C. 起点
役柄	主役	相手役	脇役

図表24　「涙」の登場者と役柄

名詞	涙			
登場者	A. 持主	B. 涙粒	C. 着点	D. 起点
役柄	主役	相手役	脇役$_1$	脇役$_2$

図表25　「熱」の登場者と役柄

名詞	熱	
登場者	A. 持主(病人)	B. 温度
役柄	主役	相手役

〈基本事項〉

名詞が動詞に「品詞転換」できない場合、できたとしても支配が明確でない場合、転換できるほかの名詞との整合性をはかりつつ、「常識」により、登場者の役柄を決定する。ただし、各個に関し役柄の決定を明記し、(場当たり的に)変更しない。

〈説明〉

1. 「雨」は水の粒(雨粒)とかその総体とかいう物体ではない。「上空の水蒸気が、気温が下ったため水滴となって落ちてくる」〔岩波〕という事柄である。登場者は、意味的に考えると、A.「水滴」、B.「着点」、C.「起点」がある。これらの表現は通常あまり見られない。ただ、「大粒の雨」といった場合、Aへの言及であり、特定化である。B.「着点」は常識的にも様々なものがある。地上・屋根・海・かさ・樹木・人々など。C.「起点」は空・天。「雨」に関して詳しくは第4章XIII(i)〈説明〉1、2参照。

2. 「涙」は涙の粒という物体(液体)ではない。感情が高まった時などに涙腺から透明な液体が分泌され目から出るという事柄である。「涙」の登場者は、意味的に考えると、A.「持主」、B.「涙粒」、C.「着点」、D.「起点」がある。Aは「涙をこぼす(流す)人」。「マリアの涙」。「大粒の涙」といった場合、Bへの言及が認められる。Dは通常「目」。「目からの涙」。「ほほへの涙」はCへの言及。「涙がこぼれる」については第4章 XIII (ii)〈説明〉1、2参照。

3. 「熱」は単に温度ではない。「人(動物)が病気になり、体温が平熱(約36度〜36.9度)より高くなる」という事柄である。登場者はA.「持主(病人)」、B.「温度」が考えられるが、Bは平熱(起点)より高い温度(着点)を含意するのが普通である。「子供の熱」で「子供の」はAへの言及。「子供の39度の熱」の「39度の」はBへの言及。「(子供が)熱を出す」については第4章 XIII (ii)〈基本事項〉3参照。

〈参考〉

あまりにも便宜的である、という指摘もあろう。しかし、厳密な手段がないからといって放置しておいてよいというものでもない。ここでは記述をある程度納得いくかたちですすめるため、常識に信を置きつつ、以上のような便宜的手段をとることにした。

本論

第1章　強調語

I　強調語とは

図表 26　強調語と表記

	強調語		出だし語		表記
(1)	ぞっこん	連用強調語	ほれ込む	動詞	[強]ほれ込む＝ぞっこん
(2)	がんじがらめに		縛る（しば）		[強]縛る＝がんじがらめに
(3)	鬱蒼と（うっそう）		生い茂る		[強]生い茂る＝鬱蒼と
(4)	とびきり	連用強調語	うまい	形容詞	[強]うまい＝とびきり
(5)	破格に（はかく）		安い		[強]安い＝破格に
(6)	かえすがえすも		残念だ		[強]残念だ＝かえすがえすも
(7)	重い	連体強調語	病気	名詞	[強]病気＝重い
(8)	深い		絶望		[強]絶望＝深い
(9)	厳重な		警戒		[強]警戒＝厳重な

〈例文〉
（1）　この笑顔に<u>ぞっこんほれ込ん</u>でしまった〔類大〕
（2）　村人達は捕まえた泥棒を荒縄（あらなわ）で<u>がんじがらめに縛り</u>ました（しば）
（3）　この<u>鬱蒼と</u>（うっそう）<u>生い茂る</u>密林をどう通り抜けたらよいかわからない
（4）　<u>とびきりうまい</u>てんぷらを食べさせる店に案内しよう〔類大〕
（5）　豪邸（ごうてい）が<u>破格に安い</u>（はかく）値段で売りに出された
（6）　ようやくお会いできたというのに、お話しする時間が十分になかったのは<u>かえすがえすも残念</u>です〔類大〕
（7）　太郎は<u>重い病気</u>にかかっている
（8）　両親の焼死の報に接し、彼は<u>深い絶望</u>に襲われた
（9）　空港周辺は<u>厳重な警戒</u>のもとにおかれた

〈基本事項〉
1. 程度の高低・強弱がある事柄を表わす語がある。
2. 出だし語の示す事柄の程度の高さ・強さを強調する語を（その出だし語の）強調語という。
3. 出だし語と強調語との関係を「強調の縁」と呼び、[強]と略記すると、両者の関係は、図表26の右欄のように表記される。

〈説明〉
1. 「ほれ込む」とは「深く好意を抱く」〔辞〕こと。その「深さ」を強める語が副詞(形)「ぞっこん」である。「ほれる」とは「異性に、ないし、人物や物事の魅力に心ひかれ夢中になる」ことを示す。それに「込む」が後接すると、旺盛・強化相動詞「ほれ込む」が形成される。これ自身すでに強調を示す。黙る―黙り込む(深く黙る)、老いる―老い込む(非常に老いる)。そのような強調を内包する語「ほれ込む」を「ぞっこん」はさらに強調する。旺盛・強化相動詞と強調語との「相性」についてはVIII(iii)〈説明〉4参照。
2. 「縛る」にも強弱がある。「がんじがらめに」はその強さを強調的に表現する副詞(形)である。辞書では「厳重に」と語釈され〔辞〕、「厳重に縛る」ともいう。「きつく縛る」も可。
3. 「生い茂る」は「草木が枝葉を広げて生え重なる」。「鬱蒼と」は「樹木が茂ってあたりが薄暗くなるさま」を表わすタル(ト)形容詞(第28章II、図表229)。「茂る」様子がさかんであることを強調する。
4. 「とびきり」は並はずれていることを示す形容詞(…な／の)の副詞形。「とびきりの品」のような結合では称賛語。「とびきりすばらしい贈物」〔辞〕。
5. 「破格に」は「通例を破って並はずれている」ことを示す形容詞(…な／の)の副詞形。「破格な(の)安値」〔辞〕。
6. 「かえすがえすも」は「強く悔やむさま」を表わす。「残念だ」に個性的に結びつく強調語である。
7. 「病気」にも程度がある。日常生活を阻害するものもあれば、しないものもある。「重い」はその程度がある程度高いことを表わすイ形容詞連体形。

8. 「絶望」にも程度がある。「深い」はその程度が高いことを表わすイ形容詞連体形。
9. 「厳重な」は「きびしい態度で対処する」ことを表わし、「戸締り、監視、警戒態勢」などを強調するナ形容詞連体形。

〈注意〉
1. 本章では〈説明〉の番号は、原則として、言及する図表の語彙・〈例文〉の番号と一致する。
2. (a)「重い本」といったら本の目方が大きいことをいう。「本」の重量の記述である。それに対し(b)「重い病気」といったら「病気」の程度が高いことをいう。(a)「大きな箱」といったら「箱」の大きさが大きいことをいう。「箱」の形状の描写である。(b)「大きな喜び」といったら「喜び」の程度が高いことをいう。(a)「深い穴」といったらえぐりとられたくぼみの表面から底までの距離が長いことをいう。「穴」の形状の記述である。(b)「深い感銘」といったら「感銘」の程度が高いことをいう。(b)のように通常の描写的意味から離れて当該結合において強調を行う強調語がある。一方、「<u>とても</u>美しい」や「<u>わんわん</u>泣く」のように強調だけを行う強調語もある。
3. 1つの出だし語に対し強調語は多数あり得る。例えば、「ほれ込む」には「とても、心底(しんそこ)」、「縛る」には「きつく、厳重に、身動きできぬように」、「嘘」には「全くの、完全な、まるっきりの」、内包語として「大嘘、嘘っぱち(俗)、嘘の皮、嘘八百」などがある。「真っ赤な(嘘)」も同じく強調語であるが、全体が慣用句の扱いを受ける。
4. 図表26の(1)から(6)までの連用強調語は副詞形である。「副詞」でかまわないが、「形」をつけたのは「ぞっこん<u>の</u>ほれこみよう」「がんじがらめ<u>の</u>縛り方」「とびきり<u>の</u>うまさ」「破格<u>の</u>安さ」のように、連体形もあり、後述のように、「ぞっこんだ」「がんじがらめだ」のように述語形もあるからである。このような品詞論上の問題に関しては第28章II参照。
5. (a) 池の水は<u>氷のように</u>冷たい
   (b) 池の水は<u>絶対</u>冷たい
   (a)の「氷のように」は叙述的に「冷たい」を強調する。(b)の「絶対」

は「冷たい」ということの話し手の確信を強調的に示す。(a) は叙述的強調語。(b) は話法的強調語である。「きっと、必ず、間違いなく、断じて」も (b) の類である。ここでは基本的に叙述的強調語を扱う。叙述的強調語（ここで扱う強調語）は相対的に慣用性が高く、結合力に限定があるが、話法的強調語には結合力の限定が少なく肯定でも否定でも強調する。叙述的強調語は基本的に語にかかり、語の意味を強調するが、話法的強調語は文全体にかかり、文意を話し手の確信において強調する。

〈参考〉

1. 形容詞の出だし語を反復しても強調することができる。「苦い苦い薬」「寒い寒い冬がやってくる」「かすかなかすかな音」
2. 強調語を反復すると更なる強調が可能となる。「重い病気＜重い重い病気」「とても痛い＜とてもとても痛い」「すごく寒い＜すごくすごく寒い」。ただし、全ての強調語がそうであるわけではない。例えば、「不治の病」はあるが「不治の不治の病」はおかしい。
3. 異なる強調語を重ねると更なる強調が可能となる。「とほうもない財産」「莫大（ばくだい）な財産」＜「とほうもない莫大な財産」
4. 語という単位に限っても、強調には音声的な手段・造語手段が数多く備わる（図表 27 参照）。
5. 接頭手段「ばか」「くそ」「ぼろ」は、程度の高さ・強さが標準を超え、適切さを失っているというマイナス評価の強調を行う。「あの人の頭はばかでかい」「ばか丁寧なものいいをする」「くそ真面目な小説を書く」「ぼろもうけ」。「ひょろ」を加えてよいかもしれない。「この猫は胴がひょろ長い」。「まっかっか」などは接頭手段と反復の複合。
6. 「摩訶（まか）（＜梵 mahā）不思議な」（非常に不思議な）は 1 語。
7. プロミネンスは促音化、長音化と複合しても出現する。「すごい＜**すごい**＜**すごーい**＜**すっごーい**」（太字は強い発音を示す）
8. 不等号＜については VII 参照。
9. 形容詞・副詞の「最上級」を持つ言語がある。これは、文法化された強調である。日本語には「最上級」はないが、相当する意を示す語彙はある。「最も」「一番」「この上なく」などはその一部である（序論第 2 章 II〈参考〉1 参照）。「最も速い列車と最も遅い列車では到着時間に 2 時

間の差がある」「日本で一番高い山は富士山です」

図表 27　強調手段

手段				例
音声手段	強い発音(プロミネンス)			すごい＜**すごい**
	促音化			すごい＜すっごい(話しことば)
	長音化			すごい＜すごーい
	濁音化			かたかた＜がたがた(オノマトペ)
造語手段	接頭	和語	ま	真新しい、真北、まん丸、真っ正直、真っ赤
			ど	ど素人、ど真ん中、どぎつい
			ばか・ぼろ	馬鹿正直、馬鹿騒ぎ・ぼろもうけ、ぼろ負け
			くそ・ずぶ	くそ真面目、くそ力・ずぶ濡れ、ずぶ酔い
			おお・押し	大雪、大汗、大間違い、大負けする・押し黙る、押しせまる
		漢語	大・特	大発見、大ファン、大敗する・特大、特上
			超・完・惨	超高速度、超高層・完敗、完勝・惨敗、惨落
	接尾	旺盛・強化相動詞	―かえる・―さかる	静まりかえる・燃えさかる
			―たてる・―たつ	書きたてる・わきたつ
			―こむ・―こくる	黙りこむ・黙りこくる
		完成相動詞	―あげる・―きる	調べあげる、縛りあげる・澄みきる、枯れきる
		過剰相動詞	―すぎる	骨が折れすぎる、からすぎる、静かすぎる

II　連用強調語と連体強調語

〈基本事項〉

強調語には、動詞・形容詞にかかるものと名詞にかかるものがある。前者が連用強調語、後者が連体強調語である。連用強調語は、基本的に、副詞(形)のかたちをとり、連体強調語は連体形のかたちをとる(図表 26)。

〈説明〉

1. 図表 26 の(1)から(6)までは連用強調語で、副詞(形)のかたちを持つ。(7)から(9)までは連体強調語で、形容詞連体形のかたちを持つ((7)(8)はイ形容詞、(9)はナ形容詞)。
2. 本章では、まず、動詞にかかる強調語を扱い(VIII)、ついで、形容詞にかかる強調語を瞥見し(IX)、最後に、名詞にかかる強調語の例を見る(X)。

3. 述語として用いられる強調表現に関してはXIII参照。

〈注意〉
1. 同一の強調語が連用的にも連体的にも、かつ、述語的にも用いられる場合がある。
   (1) テロの情報があったので、空港を<u>厳重に警戒した</u>―連用強調語(副詞形)
   (2) テロの情報があったので、あたりの住民に<u>厳重な警戒</u>を呼び掛けた―連体強調語(連体形)
   (3) テロの情報があったので、官邸付近の<u>警戒は厳重だった</u>―述語用法の強調語(述語形)

   同様の例は多数ある。「とびきりうまい―とびきりのうまさ―うまさはとびきりだ」
   このような用法の転換は、被修飾語の特性(例えば、「警戒―警戒する」、のような品詞転換の可能性)、および、強調語の形態論的特性(純副詞か、完全な形容詞か、不完全な形容詞か、また、語形の転換に当たって語義の統一性が保たれる[例えば、<u>厳重な</u>警戒(連体形)―<u>厳重に</u>警戒する(副詞形)―警戒は<u>厳重だ</u>(述語形)]か、保たれない[恐ろしい暑さ(連体形)―恐ろしく暑い(副詞形)―暑さが恐ろしい(述語形)「(暑さのことが)不安だ」の意となり意味が変わる]か、という、被修飾語・修飾語の文法的特性に深く関わる(完全な形容詞か、不完全な形容詞か、という問題については第28章II、城田(1998: 226–233)参照)。

2. 連体形のみの強調語がある。これらは「連体詞」的強調語である。VI (iv)参照。「<u>大の</u>仲良し」「<u>大いなる</u>怒り」「<u>並々ならぬ</u>努力」

3. 副詞形のみの強調語がある。深く寝入っているさまを表わす「昏々と」などは「眠る」という動詞かその派生語(「眠り続ける」)にしか結びつかないのが現在普通である。これらは個性的な「純副詞」的強調語である。汎用的なものであるが、「うんと稼いで仕送りしてやる」の「うんと」、「いたく気に入る」の「いたく」も用言にしか結びつかない。これらは汎用的な「純副詞」的強調語の例となる。

4. 基本的に述語形で用いられる強調表現がある。例えば、「開いた口がふさがらない」「呆れてものがいえない」(非常にあきれる)「痛くてたまら

ない」(非常に痛い)「しゃくにさわるといったらありゃしない」(非常にくやしい)。これらは、強調を内包する表現であり、基本的に「非常に」＋「出だし語」に近い意味を表わす。XIII 参照。

III 単語による強調と連語による強調

図表 28　単語による強調と連語による強調

			強調語	出だし語	
(1)	(a)	単語	激しく	怒る	動詞
	(b)	連語	烈火のごとく		
(2)	(a)	単語	激しく	泣く	
	(b)	連語	火が／のついたように		
(3)	(a)	単語	とびきり	うまい おいしい	形容詞
	(b)	連語	ほっぺたが落ちそうに		
(4)	(a)	単語	べらぼうに	高い	
	(b)	連語	目玉が飛び出るように		
(5)	(a)	単語	深い	絶望	名詞
	(b)	連語	眼の前が真っ暗になるほどの		
(6)	(a)	単語	詳しい	説明	
	(b)	連語	微に入り細を穿った		

〈基本事項〉
1. ある語を修飾して強調を示すものには単語と連語(語結合)がある(図表 28)。
2. 強調を行う連語を強調表現と呼ぶ。
3. 強調表現の中には慣用句とされるものがある。
4. 形容詞を強調する単語は少なく、強調表現が多い(IX 参照)。
5. 本書で扱うのは基本的に語(単語)であるが、語に限ると強調という現象を十全にとらえることが困難になる。よって、第 2 章では扱う範囲を連語にまで拡げる。

〈説明〉
1. 図表 26 の強調語は全て単語。図表 28 の(a)は単語、(b)は連語。

2. 図表 28 の (1) (b) を除き、全ての (b) は慣用句として何らかのかたちで辞書に登録されている。

〈注意〉
1. 語とは自立語のこと。
2. 強調語の出だし語へのかかり方は、前述のように、副詞形および連体形のかたちをとる。副詞形の中には動詞テ形、名詞＋格助詞のかたちも含ませる。よって「踊り上がって喜ぶ」の「踊り上がって」も「血眼で探す」の「血眼で」も単語の(副詞的)強調語である。連体形の中には動詞現在(非以前)形／過去(以前)形もある。<u>「みなぎる自信」</u><u>「積もり積もった借金」</u>

〈参考〉
強調表現には図表 29 に示したような構成手段が目立つ。

図表 29　強調表現の主な構成手段

	連語の構成	例 副詞形	出だし語	連体形	出だし語
(1)	名詞＋動詞テ形／の	腹を抱えて	笑う	腹を抱えての	大笑い
(2)	名詞＋のごとく／のごとき	烈火のごとく	怒る	烈火のごとき	怒り
(3)	語＋ように／な	氷のように	冷たい	氷のような	冷たさ
(4)	動詞「連用形」＋そうに／な	凍えそうに	寒い	凍えそうな	寒さ
(5)	語＋ほど／の	猫の手も借りたいほど	忙しい	猫の手も借りたいほどの	忙しさ
(6)	動詞ル形＋く(ぐ)らい／の	ぞっとするくらい	美しい	ぞっとするくらいの	美しさ

以下類例を示す。
（１）名詞＋動詞テ形／の―「足を棒にして」(歩く)「耳をすませて」(聞く)「全身を耳にして」(聞く)「身を粉にして」(働く)「…の」(働き振り)「目を皿にして」(探す)
（２）名詞＋のごとく／のごとき―「矢のごとく」(早い)「蛇蝎のごとく」(憎む)「鋼のごとき」(厳とした気迫)
（３）語＋ように／な。(a) 名詞＋のように／な―「嵐のような」(拍手)「滝

のような」(汗)「鉛のように」(沈黙する)「…な」(沈黙)「海のように」(青い)「…な」(青さ)「墨のように」(黒い)「血／りんご／火のように」(赤い)「石のように」(固い)「こまねずみ／馬車馬のように」(働く)「貝のように」(黙る)「山のように」(積む)「泥のように」(眠る) (b) 動詞ル形＋ように／な―「抜けるような」(青空)「割れるような／割れんばかりの」(拍手)「うだるように」(暑い)「…な」(暑さ)「絹をさくような」(悲鳴)「肌を刺すような／身を切るような」(寒さ)「目が回るように」(忙しい)「…な」(忙しさ) (c) 動詞タ形＋ように／な―「死んだように」(眠る)「バケツをひっくりかえしたような」(雨)「墨を流したような」(闇)「水を打ったように」(静かだ)「…な」(静けさ)

（4） 動詞「連用形」＋そうに／な―「ほっぺたが落ちそうに(なるくらい)」(おいしい)「…な」(おいしさ)

（5） 語＋ほど／の。 (a) 名詞＋ほど／の―「猫の額ほどの」(狭さ) (b) 動詞ル形＋ほど(に)／の―「浴びるほど」(飲む)「死ぬほど」(つらい)「…の」(つらさ)「穴があくほど」(しげしげと見る)「いやというほど」(思い知らされる／聞かされる)「腹の皮がよじれる／涙が出る／おなかが痛くなるほど」(笑う) (c) 形容詞＋ほど―「痛いほど」(よくわかる／感じる) (d) …ナイ＋ほど／の―「目に入れても痛くないほど」(可愛い)「足の踏み場もないほど」(ちらかる)

（6） 動詞ル形＋く(ぐ)らい／の―「ぞっとするくらい」(美しい)「…の」(美しさ)

これ以外に「…よりも」を使うものもある―「赤子の手をひねるよりも」(たやすい) (cf. 矢のように速い―矢よりも速い)(p.71)。並立助詞や格助詞を重ねるものもある―「裏(足)の裏まで」(知りつくす)「鐘と太鼓で」(探す)「頭のてっぺんからつまさきまで」(じろじろ見る)。また、「倦まず弛まず」(働く)「今迄にない」(斬新な)などの連なりもある。

IV　オノマトペと普通の語

図表30　強調のオノマトペと普通の語

		強調語		出だし語
(1)	(a)	オノマトペ	かんかんに	怒る
	(b)	普通の語	猛烈に	
(2)	(a)	オノマトペ	わんわん	泣く
	(b)	普通の語	火のついたように	
(3)	(a)	オノマトペ	ぴったり	あてはまる
	(b)	普通の語	正確に	

〈基本事項〉

1. 強調語にはオノマトペ[(a)]もある。
2. オノマトペは強調を写像(アイコン)的に行う。普通の語(非オノマトペ)[(b)]は強調を象徴(シンボル)的に行う。

〈説明〉

1. オノマトペは、実際のオトや様子を言語音によって写すかまえの語である。それによる強調は、より直接的・感覚的・具体的である(いわば「熱い」、文字通りの意味で「熱心(ホット)な」強調を行う)。
2. 普通の語のオトと意味は本来無関係であり、両者が連合するのは社会的約束事である。無関係なオトと意味が結びついているという意味で普通の語は象徴(シンボル)である。それによる強調は意味を介して行われ、間接的、記述的である(「冷静(クール)な」強調を行う)。

〈注意〉

1. 「昏々と(眠る)」「懇々と(さとす)」「霏々として(降る)」のような漢語起源の畳語(じょうご)はオノマトペと意識されないよう思われる。
2. オノマトペは動詞の強調語として多数見出されるが、形容詞・名詞のそれとしてもないわけではない。形容詞に対する例。「(傷が)ずきずき痛い」「(頭が)がんがん痛い」「ひりひりと辛い」。名詞に対する例。「ちゃきちゃきの江戸っ子」(生粋の江戸っ子の意。[強]=[贅])「ぱりぱりの現役」

3. 強調のオノマトペは造語要素としても働く。「かんかん照り」「びしょ濡れ」「わんわん泣き」

〈類例〉
（1） とことん調べあげる〔辞〕
（2） げっそり痩せて病人のようになる（椎名麟三）
（3） ぐっしょり／びっしょり濡れる
（4） からからに乾く／干からびる
（5） かちんかちんに凍る
（6） けちょんけちょんにけなす

〈参考〉
ヤコブソンによると、記号に、写像(アイコン)、象徴(シンボル)、指標(インデクス)があることを指摘したのはパース Peirce である（Jakobson1956: 131–132）。ジェスチャーも記号としては写像(アイコン)である（第 20 章 I〈説明〉1 参照）。

V　汎用的強調語と個性的強調語

〈例文〉
（1） この笑顔にすごく／ものすごく／大変ほれ込んでしまった
（2） かわるがわる追っかけて来るのですから、彼はとても／非常に／すごく／ものすごく／大変つかれました
（3） 花子のはだはとても／非常に／すごく／ものすごく／大変白い
（4） 実は、このとき私は、すごい／大変な嘘をついていたのである

〈基本事項〉
1. 強調語には汎用的なものと個性的なものがある。
2. 汎用的なものは多くの出だし語に、個性的なものは限定された出だし語に結びつく。
3. 汎用的なものを汎用的強調語、個性的なものを個性的強調語と呼ぶ。

〈説明〉
1. 「とても、非常な／に、すごい／く、ものすごい／く、大変な／に」などは様々な語を強調することができる（〈例文〉参照）。これらは汎用的強調語の例。

2. それに対し、「ぞっこん」は「ほれ込む」に、「がんじがらめ」は「縛る」に、「へとへとに」は「疲れる」に、通常、結びついて強調を示す。これらは個性的強調語の例。

〈注意〉
1. この区別は相対的なものに過ぎない。多くの強調語は上記のような汎用的なものと「ぞっこん」「がんじがらめ」のような純個性的なものの中間にある。
2. 中間に位置している語も色々とある。例えば、「はげしい」などは「はげしい痛み／交通渋滞／暑さ／変化／人の出入り…」など相当数の語彙の強調語たり得るが、「重い」は「病気／罪／責任」など或程度限られた語彙の強調語として用いられる。

〈参考〉
1. 慣用句とされるものの中の強調語こそ純粋に個性的強調語である。「真っ赤な嘘」「矢の催促」。「真っ赤な」は「嘘」にのみ、「矢の」は「催促」にのみ強調語として結びつく。
2. 強調語とは、簡単にいうと、「とても、非常な／に、すごい／く」という意味を出だし語(被修飾語)に加えるものである。

VI　汎用的強調語

〈基本事項〉
汎用的、ないし、或程度汎用性を持つ強調語がいかなる語に結びつき、いかなる語に結びつかないか、という問いに答えることは今のところできない。

〈説明〉
1. 使って慣れていくほかない。
2. 汎用的・準汎用的・準個性的・個性的を問わず、いかなる強調語をとるか、とらないかを各見出し語に関し国語辞典が規範として記載することが問題の解決になる筈だが、そのような辞典が作製できる見通しを現在立てることはほとんど不可能。
3. 文筆業者を含め日本語話者の性別、年令(時代)、職業、教養、修練、また、使用場面、文体、などにより、結合可能性・不可能性は著しく変化

するので、上記理想の実現には著しい困難が伴われると予想される（同じ人でも結合可能性はその日の気分？で変わるかもしれない）。
4. 以下、汎用的ないし或程度汎用性を持つと思われる強調語を使用される形態によって分類し、例を掲げる（〔類大〕に例の多くを負う）。

(i) 主に連用用法で用いられるもの

（1） とても＜とっても
「空が<u>とても</u>きれいだ」「心のこもったプレゼントを貰って<u>とても</u>嬉しかった」
形容詞とよく結びつき、動詞との結合には省略ないし、はしょりが感じられる。例えば、「<u>とても</u>勉強する」は「<u>とても良く</u>勉強する」、「<u>とても</u>飲む」は「<u>とてもたくさん／よく</u>飲む」の意である。「縛る」「捜査する」「すべって体を打つ」などとは結びつかない。不可能性を強調する否定強調語としての用法もある（XVI (v) (25)）。「<u>とても</u>できない相談だ」「<u>とても</u>食べられない」。促音化されたものはより口語的。「試験に受かり<u>とっても嬉しかった</u>」

（2） 甚だ（文章語）
「<u>はなはだ恐縮</u>です」「<u>はなはだ遺憾</u>に存じます」「<u>はなはだ心もとない状況</u>」のような硬いいい方で用いる。「縛る」「捜査する」「有難う」などとは結びつかない。

（3） 頗る（文章語）
「この頃、<u>すこぶる体調</u>がいい」「結果に<u>すこぶる満足</u>している」。「すこぶるつきの」は連体用法のみ。「<u>すこぶるつきの豪華版</u>」

（4） 随分（と）
「今日は<u>ずいぶん寒い</u>ね」「病院では<u>ずいぶん待たされた</u>」「<u>ずいぶん大げさ</u>なことをいう人だ」「年の割には<u>ずいぶん（と）老けて</u>見える」

（5） うんと（俗語）
「学校をさぼったのがばれて、親に<u>うんとしかられた</u>」

（6） 極めて（やや硬いいい方）
「ビルの建設にあたって<u>極めて困難</u>な問題に直面している」「彼は<u>極めて健康</u>だ」

(7) 至極(やや改まったいい方)

「父は至極当然という表情で私を見た」「至極ごもっともな話で、返すことばもありません」「至極便利だ」。造語用法もある。(ナ／ノ)形容詞語幹につき、述語的に用いられる。「残念至極だ」(非常に残念だ)「迷惑至極だ」(非常に迷惑だ)

(8) 極＜極々

「ごくありふれた事件」「ごくまれに起こる現象」「ごくごく少量の薬液」

(9) 至って

「祖母は高齢ですが、至って元気です」「今日は至って機嫌が悪い」

(10) 全く＜全く以て

「全く」は「極限的とでもいうべき性質をもっており、普通の程度性を含んでいない」。よって、「多い」「高い」「古い」「うれしい」などとは結びつきにくい(西尾 1972: 156)。

「今日はまったく寒い」「まったくけしからん話しだ」「まったく君のいう通りだ」「まったくもってけしからん話しだ」。「まったくの作り話し」のような連体用法もある。「全面的に」「全然」の意で、否定強調語にもなる(XVI(v)(33))。「まったく酒を飲まない」

(11) たまらなく

「映画がたまらなく好きだ」「たまらなく腹がへった」。連体用法もあり得るが、よく用いられるわけではない。「たまらないおいしさ」「たまらない寒さ」。テ形＋タマラナイについては XIII 参照。

(12) その他

「突然の訃報に少なからず驚いた」「少なからず喜んだ」「娘はおみやげに頂いたブローチがいたく気に入ったようです」「いたく感動した」「やけに寒い」「やけにのどが渇く」「やけに機嫌がいい」「今日は大いに飲もう」「ぜんぜん愉快だ」(「全然」は否定の強調語。XIV(v)(19)参照。上記のような用例は俗語)「本当に困った子だ」「本当にうれしく思います」「本当にお気の毒な方です」(「本当に」は話し手の気持が込められ、話法的用法で用いられる。「実に」も同様。「実にうまそうに食べるね」「実によく気がつく男だ」)「若いころさんざん(に)

世話になった人」〔辞〕「やたら(と)のどが渇く」〔辞〕(「めちゃくちゃに、むやみに」の意)

(ii) **主に連用・連体用法で用いられるもの**
(1) 非常に・非常な(文章語)
「非常に」は「こだかい」「うすぐらい」のような意味の程度が弱められた語や、「まっくらな」「いっぱい」のような意味の程度が強められた語には結びつかない。「同じ」にも結びつかない(西尾 1972: 157)。「彼は念願を達成するために非常に努力した」「彼は非常な努力を積み重ねて念願を達成した」
(2) 大変(に)・大変な
「このたびは大変(に)お世話になりました」「大変よくできました」「七転八倒の大変な苦しみをじっとこらえる」。「非常な誤解」より「大変な誤解」の方がなめらか。「大変有難う」は少し違和感をおぼえるが、使えないとはいえない。「有難さ」「縛り方」、「縛る」「捜査する」「思い知らされる」などとは結びつかない。「大変だ」は「一大事だ」の意。
(3) 大層・大層な(やや古風、改まった場面で用いられる)
「父は、突然帰省した私を見て、大層驚いた様子だった」「大層な人出ですな」「大層困惑いたしております」。「大変な傷を負った」はよいが「大層な傷を負った」には違和感をおぼえる人がある。
(4) 偉く・偉い
「今日は先生にえらくほめられた」「犯人とおぼしき男がえらい勢いで建物からとび出してきた」。「有難さ」「病気」「縛り方」「傷」などとは結びつかない(あったとしたら俗語的で、誤用に近づく)。「えらい」が副詞として用いられることがあるが、俗語的である。「今日はえらい寒い」。称賛語として用いられる場合については図表52(6)参照。
(5) ど偉く・ど偉い(俗語)
「今日はどえらく暑い」「株でどえらい損をした」。「偉い」に接頭語「ど」をつけ強めた語。近世以降関西を中心に用いられ、共通語には

いった。図表27参照。「縛り方」「有難さ」「有難う」などとは結びつかない。

（6）恐ろしく・恐ろしい
「恐ろしく暑いと思ったら、温度計は38度を超えていた」「今日は恐ろしい暑さになると天気予報がいっていたよ」。プラス評価にも用いられる。「おそろしく元気のいい少年」「おそろしく頭の回転の早い人」。「こんなことも知らないとは恐ろしい」は「驚きあきれる程だ」。「戦争になるのが恐ろしい」は「不安である、こわい」。これらは、当然、強調語ではない。

（7）その他
「途方もなく高い値段」「一枚の絵に途方もない高値がつく」「途方もない大酒飲み」「途轍もなく大きな計画」「途轍もない力の持ち主」「極度に緊張する」「極度の緊張」。

(iii) 述語用法もあるもの

（1）すごく・すごい・すごい＜すっごく・すっごい・すっごい
「今日はすごく寒いね」「すごくこみいった小説だ」「すごい美人だってね、彼の奥さんは」「評判どおりすごい迫力のある絵だね」「すごい人出だね、何かあったんだろう」「今日のお祭りは天気がいいせいか人出がすごいね」。プラス・マイナス両面の強調として、話しことばでよく用いられる。「縛り方」「有難さ」「異なり」などとの結合はあまりない。「力作」「捜査」「警戒」などとの結合も書きことばでは避けられる。同様に「縛る」「捜査する」「有難う」「お世話になりました」には結びつきにくい。「すごく愛する」も話しことばのみ。現在「すごい」はそのままで連用的に用いられる。「すごい寒い」「ゆうべはすごい飲んだ」。マイナス評価の場合、多く「ひどい／ひどく」でいいかえられる。「今日はひどく寒いね」「金メダル取ったんだってね。すごいね」は「感嘆に値するほどすばらしい」〔明〕の意で［賛・強］。

（2）ものすごく・ものすごい・ものすごい
「ゆうべはものすごく暑くて眠れなかった」「先生はものすごく怒っ

た」「ものすごい寒波が日本列島を襲った」「一台の車がものすごいスピードで走り去った」「先生の怒り方はものすごかった」。「すごい」を強調したもの。ともに本来イ形容詞であるが、そのままで副詞的に用いる用法が話しことばで現在広まっている。「ものすごい暑い」「ものすごいむずかしい」「すごい」と同程度の結合制限がある。

（3）著しく・著しい・著しい
「中国経済は、かつて例を見ないほど著しく発展した」「中国経済の発展は、かつて例を見ないほど著しいものがあった」「最近の中国経済の発展は、かつて例を見ないほど著しい」。程度の高さが「目立つほどの」の意で、「進歩・進歩する」「伸び・伸びる」「成長・成長する」など、感覚的にはっきり気付かれるものに用いられる。「著しい進歩」「著しく進歩する」。「ほれ込む」「捜査（する）」「有難う」「誤解（する）」「お世話になりました」「しかられる」「気に入る」「愛する」などとは結びつかない。

（4）ひどく・ひどい・ひどい
「レポートを提出しなかったら、先生にひどくしかられた」「今日はひどくむし暑い」「疎開地では田舎の子にひどくいじめられた」「今日はひどいむし暑さだ」「毎日春になるとひどい花粉症に悩まされる」「ひどいいじめにあって自殺を図る子供がふえている」「降りがひどくて、びしょ濡れになった」。マイナスの評価に際し用いられる。「ひどい白さ」「ひどく白い」はあるとしても悪い評価。「ひどい寒さ」「ひどく暑い」はいいが、「空がひどくきれいだ」「あの人はひどくやさしい」には難があるか。「こっぴどい」は「手厳しい」の意で、「こっぴどくしかられた」はいいが、「こっぴどく寒い」は誤用。

（5）激しく・激しい・激しい
連体用法は通常マイナス評価。「ひどい」でいいかえられる。「激しい痛みに思わずしゃがみこんでしまった」「激しい渋滞をおこす交差点」。副詞用法では必ずしもマイナス評価ではない（最後の例参照）。「頭部が激しく痛む」「この交差点は激しく渋滞する」「激しく混雑する」「激しくふっとうする」。述語的用法もある。「痛みが激しいので、思わずしゃがみこんでしまった」「この交差点はいつも渋滞が激

しい」「暑さが激しい」
（6）甚だしく・甚だしい・甚だしい
「常識がはなはだしく欠如する」「はなはだしい被害」「非常識もはなはだしい」。以上のようにマイナス評価の例が多い。
（7）その他
「おびただしい」は連体的に用いられると量の強調。「おびただしい人出／混雑／からすの群れ」。しかし、「形容詞連体形＋ことおびただしい」のかたちで述語として用いられると悪いことの質的強調となる。XIII〈説明〉8参照。「すさまじい反対の声」「反対の声はすさまじかった」「(?)すさまじく反対した」。述語形が用いにくいものでも、形式名詞を修飾するかたちをとると「述語的」になる。「(*)80年代日本経済の勢いはえらかった」→「80年代日本経済の勢いはえらいものだった」。「(*)その喜びは大変だった」→「その喜びは大変なものだった」。「(?)戦後、日本経済の発展はかつて例を見ないほど著しかった」→「…著しいものがあった」

(ⅳ) 連体用法で用いられるもの
（1）大の
「彼は蛇が大の苦手だ」「大の仲よし」
（2）大した
「大した悪党だ」
（3）大いなる（文章語）
「わが子の晴れ姿を目にすることは、親にとって大いなる喜びだ」「大いなる怒りをおぼえる」
（4）並々ならぬ
「並々ならぬ努力の結果、彼は難関を突破した」
（5）一方ならぬ（文章語）
「一方ならぬご厚情にあずかり衷心よりお礼を申し上げます」
（6）身に余る（文章語）
「身に余るおほめのことばを頂き、かたじけなく存じます」

VII　強調の度合

〈例文〉
（1）　(a)父は<u>多額の借金</u>を残して死んだ
　　　(b)父は<u>巨額の借金</u>を残して死んだ
（2）　(a)花子は<u>重い病</u>の床に伏していた
　　　(b)花子は<u>不治の病</u>の床に伏していた
（3）　(a)太郎は花子のいうことを<u>深く信じていた</u>
　　　(b)太郎は花子のいうことを<u>信じて疑わなかった</u>
　　　(c)太郎は花子のいうことを<u>深く信じて疑わなかった</u>

〈基本事項〉
強調の度合が比較的に高いものと低いものがある。それは不等号＜で表わすことができる。

〈説明〉
1. 「借金」に関し、「多額の」より「巨額の」の方が、「病（やまい）」に関し、「重い」より「不治の」の方が強調の度合が高い。[強] 借金＝多額の＜巨額の、[強] 病＝重い＜不治の
2. 異なる強調語を重ねると、当然強調の度合は高くなる。[強] 信じる＝深く＜信じて疑わない（内包語）＜深く信じて疑わない（ただし、「多額の、巨額の(借金)」「重い、不治の(病)」のような度合が異なるものでは強調をさらに強めることにならない）

〈類例〉
[強] 要塞＝堅固な＜難攻不落（なんこうふらく）の(＝[賛])（第3章 VIII (i)〈説明〉5 参照）
[強] 風＝疾風＜強風＜暴風＜烈風（れっぷう）＜颶風（ぐふう）（内包語）
[強] けが＝大けが、重傷（内包語）＜瀕死（ひんし）の重傷
[強] 迷惑な＝はなはだ＜迷惑千万（せんばん）な（内包語）

VIII　例解（1）―動詞にかかる強調語

〈基本事項〉
1. 動詞にかかる連用強調語は、「<u>飛び上がって喜ぶ</u>」のように主役がとる

様子を描出するのが基本手段であるが、「蛇蝎のごとく忌み嫌う」のように相手役をたとえたり、「がんじがらめに縛る」のように相手役の(転化の)状態を示したり、「鐘と太鼓で探す」のように手段を引き合いに出すものなどがある。
2. 以下、動詞を、(i) 喜怒哀楽、(ii) 思考・知覚、(iii) 行為・状態(自動詞)、(iv) 行為(他動詞)、に分け強調語の例を示す。この分類は便宜的なものに過ぎない。

(i) 喜怒哀楽
図表31 喜怒哀楽の強調語

	強調語	出だし語
(1)	飛び上がって	喜ぶ
(2)	腹を抱えて、おなかが痛くなるほど、わははと	笑う
(3)	激しく、猛烈に、烈火のごとく、かんかんに、かっかと	怒る
(4)	激しく、強く	憎む
(5)	蛇蝎のごとく	嫌う、忌み嫌う
(6)	極端に	いやがる
(7)	深く、心から、死ぬほど	悲しむ
(8)	激しく、火が／のついたように、わんわん(と)	泣く
(9)	悔やんでも悔やみきれない(内包)	悔やむ
(10)	恨み骨髄に徹する(内包)	恨む
(11)	呆れて開いた口がふさがらない(内包)、心底	呆れる
(12)	心行くまで、(思う)存分に	楽しむ
(13)	こよなく、深く	愛する
(14)	目(の中)に入れても痛くないほど	可愛がる

〈例文〉
(1) 合格の知らせに飛び上がって喜んだ
(2) 笑って笑って狂ってしまうと思われるほど腹を抱えて笑う(小池真理子)
   お腹が痛くなるほど笑う(住井すゑ)
   先生は猫の踊るのを見てわははと笑った
(3) 子供のいたずらに烈火のごとく怒る〔類大〕
   養父の院長がかんかんに怒ってしまったので、たうとう病院を飛び出してしまった(水上瀧太郎)

あいつはすぐにかっかと怒るたちだ
（4）役人の不正を激しく憎む
（5）タバコの臭いを蛇蝎の如く忌み嫌う
（6）マラソン大会を極端にいやがる子供がいる〔類大〕
（7）住民の真摯な問にお答えにならなかったことを深く悲しみます
（8）赤子が、火のついたように泣く(萩野アンナ)
　　彼女は人目もはばからずわんわんと泣いた
（9）船に乗り遅れたことは悔やんでも悔やみきれない
（10）あれほどのひどい仕打ちを受ければ恨み骨髄に徹するのも無理からぬことだ
（11）あきれて開いた口がふさがらない(富岡多恵子)
　　心底呆れる〔辞〕
（12）どうか今夜は、すばらしいお酒と料理を心行くまでお楽しみ下さい
　　山海の珍味を思う存分(に)お楽しみ下さい
（13）酒をこよなく愛する〔類大〕
　　全力的に傷つけ合いはたき合う勢いで離れなければ離れることもできないほど、深く愛し合う(宮本百合子)
（14）目に入れても痛くないほど孫を可愛がる〔類大〕

〈説明〉
1. 「飛び上らんばかりに」「躍り上がって」とも。内包語・内包的表現に「大喜びする(大喜びだ)、歓喜する、随喜の涙をこぼす、感涙に噎ぶ、欣喜雀躍する、天にも昇る気持だ」。創作的なものの例はⅩⅠ〈参考〉3参照。
2. 「涙が出るほど、顎が外れるほど」ともいう。内包語として「大笑する、大笑いする、抱腹絶倒する(文章語)、笑い転げる、笑いこける、呵々大笑する(文章語)、腹の皮がよじれる、おなかを抱える」などがある。「爆笑する」は「多くの主役が一度に」の意が加わる。
　　オノマトペの代表的なものは「わはは」「わっはっは」。「からから」もある。「げらげら」は「しまりなく」、「けらけら」は「軽薄に」で、[賛・反](第24章Ⅶ〈注意〉2(3)参照)が混入。「どっと」は「多くの主役が一度に」の意が加わる。「くすくす」は[強・反](第24章Ⅶ〈注

意〉2(1)参照)。「にこにこ」(多回様態)「にっこり」(一回様態)は[賛]、「にたり」「にたにた」「にやり」「にやにや」は[賛・反]。

3. 「怒(いか)る」は「我慢できない気持になる」。「怒(おこ)る」は「我慢できない気持を外に表わす」とされるが、怒りが行為や表情となって外に現れる場合には、ほぼ共通して使える。内包語として「激怒する、怒り狂う、はらわたが煮えくりかえる」。「ぷんぷん」「目を三角にして」(慣用句)も用いられる。

4. 「蛇蝎のように」も使える。「蛇蝎のように憎まれる」(有島武郎)。内包語として「憎悪する」。「カンニングという行為を憎悪する」

5. 「嫌う」もあるが、よく「忌(い)み嫌う」のかたちで用いられる。

6. 「極端に」は「普通の程度から大きく外れている」。「激しく／強くいやがる」は可能としても「極端に」の方がなめらか。

7. 内包語として「嘆き悲しむ、悲しみに打ちのめされる、悲しみに打ちひしがれる」。「口がきけないほど悲しみに打ちひしがれる」(日野啓三)

8. 「声をあげて」も用いられる。「肩から背まで波を打たせ、声をあげて泣く」(石川達三)。オノマトペの代表は「わんわん」。「ぎゃーぎゃー」もある。内包語として「泣きわめく、泣きじゃくる、号泣(ごうきゅう)する、慟哭(どうこく)する」(以上2語は文章語)がある。「子供のように声を立てて泣きじゃくる」(向田邦子)。「火のついたように」(慣用句)は普通「赤ちゃん」が主役。

9. 「口惜しがる」では「地団駄(じだんだ)踏(ふ)んで(慣用句。踏むばかりにともいう)、歯ぎしりして」がある。「地団駄踏むばかりに絶叫して口惜しがる」(海音寺潮五郎)。「後悔する」では「深く、心の底から、激しく」などがある。以下の例は創作的。「胸を掻(か)きむしりたいほど後悔する」(有吉佐和子)。「悔やんでも悔やみきれない」は述語として用いられる強調表現。XIII〈注意〉参照。

10. 「激しく」は可だが、「蛇蝎のごとく」は不可。

11. 「呆(あき)れてものがいえない／二の句がつげない」とも。「呆れ返る、呆れ果てる」など旺盛・強化相動詞も使える。「あきれかえってものがいえない」(加太こうじ)。「開いた口が塞がらない」は述語的に用いられる。「今さらそんなことを言い出すなんて開いた口が塞がらないよ」〔類大〕

12. 「思い切り、フルに、じっくり、たっぷり」も使える。「満喫する、堪能する」など内包語もある。「実力を発揮する」のような要求充足結合(第5章VIII)には「遺憾無く」「フルに」が強調語となる。「彼は遺憾無く実力を発揮し、みごと入賞をはたした」
13. 「激しく、ひたすら」もある。
14. 「目の中へ入れても痛くない」は慣用句。「目の中へでも入れたいような可愛がりよう」(山本周五郎)は慣用句を踏まえた創作的表現。

(ii) 思考・知覚

図表32　思考・知覚の強調語

	強調語	出だし語
(1)	強く、しみじみ(と)、つくづく(と)	思う
(2)	いやというほど	思い知らされる
(3)	よく、深く、じっと、しみじみ(と)、じっくり(と)	考える
(4)	身にしみて、痛いほど、ひしひし(と)、しみじみ(と)	感じる
(5)	食い入るように、じっと、しげしげ(と)、つくづく(と)	見る
(6)	穴のあくほど、まじまじ(と)、じっと	見つめる
(7)	全身を耳にして、耳をすませて、じっと	聞く
(8)	よく、詳しく、(裏の)裏まで	知る

〈例文〉
(1) 昔のことを思い出して、あのころはよかったとしみじみ思う
(2) 人間関係を円滑に保つことの難かしさをいやというほど思い知らされた〔類大〕
(3) よく考えてみたら私が間違っていた
(4) 敵の爆撃に逃げまどう子供たちをまのあたりにして、平和の大切さをひしひしと感じた〔類大〕
　　世代の違いをしみじみと感じた
(5) これがモナリザかと食い入るように見た
　　一瞬ストップモーションにでもかかったようにじっと見る(小沢昭一)
　　生き別れた息子と再会してしげしげと見た
　　成長したわが子をつくづくと見て感無量だった
(6) 穴のあくほどじっと見詰める(永井荷風)

　　　　相手の顔を<u>まじまじ</u>と<u>見つめた</u>
　　　　呆気(あっけ)に取られたように<u>じっと</u>顔を<u>見つめる</u>（永井荷風）
（７）　裁判官のいうことを<u>全身を耳にして</u><u>聞く</u>〔類大〕
　　　　<u>耳を澄まして</u>虫の声を<u>聞く</u>
（８）　業界の内部事情を<u>詳しく</u><u>知って</u>いるものの仕業に違いない

〈説明〉

1. 「つくづく思う」は「強く思う」の意。
2. 「いやというほど」は「酒を飲まされた」「聞かされた」など受動態の動詞としばしば結びつく。
3. 「よくよく、とっくり(と)、つくづく(と)」も使える。「けんかの原因をつくづくと考えてみる」〔類大〕
4. 「ひしひし」は「身に迫ってくるように強く」の意。「しみじみ」は「深く」。
5. 「じっと」は「見る」「見つめる」「聞く」「考える」に使えるが「まじまじ」は「見る」「見つめる」のみ。
6. 内包語として「凝視する」。
7. 慣用句「耳をすます」「耳をそばだてる」は「注意を集中して聞く」の意。述語としても用いられる。「鳥の声に耳を澄ます」
8. 内包語として「知り抜く」「知りつくす」「熟知する」がある。「業界の裏の裏まで知りつくす」

(iii) 行為・状態（自動詞）

図表33　行為・状態（自動詞）の強調語

	強調語	出だし語
(1)	足を棒にして、足が棒になるほど、てくてく	歩く
(2)	大きく	うなずく
(3)	深く、正体なく、泥のように、昏々と、ぐっすりと	眠る、寝る
(4)	水を打ったように、しんと	静まりかえる
(5)	雷に打たれた／冷水を浴びたように	すくむ
(6)	棒のように	たちすくむ
(7)	ずきずき、きりきり、ひりひり、がんがん	痛む
(8)	かちんかちんに	固まる、凍る、緊張する
(9)	貝のように、じっと、うんともすんともいわない（内包）	黙る
(10)	ぶっ倒れそうに、ぐったり、綿のように、へとへとに	疲れる、疲れ切る
(11)	猫の目の／手の平を返したように、くるくる	変わる
(12)	がりがりに、げっそり	やせる
(13)	まるまると	太る
(14)	身を粉にして、一生懸命、必死になって、倦まず弛まず	働く
(15)	前後不覚に、ぐでんぐでんに、へべれけに、べろ（ん）べろ（ん）に	酔う、酔っ払う
(16)	からからに	乾く
(17)	ぐっしょり、びっしょり、ずぶぬぶに	濡れる

〈例文〉

（１）　足が棒になるほど歩く（向田邦子）

（２）　餅を呑み込むように大きく頷く（獅子文六）

（３）　深く眠っていて、何も気付かなかった

　　　あまりの疲れにベッドに入るやいなや翌日の午後まで正体なく眠った

　　　その夜、一日中歩き続けた彼らは、泥のように眠った

　　　昏々と眠り続けて一週間がたつ

（４）　あたりは水を打ったように静まりかえっていた

（５）　雷に打たれたように竦む（内田百閒）

　　　体が冷水を浴びたようにすくむ（国木田獨歩）

（６）　棒のようにたち竦む（獅子文六）

（７）　手の傷がずきずき痛む

　　　胃がきりきり痛む

　　　皮膚がひりひり痛む

　　　頭ががんがん痛む

(8)　零下20度にもなると地面が<u>かちんかちん</u>に<u>凍る</u>
(9)　相手は急に<u>貝のように黙って</u>しまった
(10)　<u>購後のように</u><u>ぐったり</u><u>疲れる</u>（木山捷平）
　　　一日中働きづめで、からだが<u>綿のように疲れる</u>〔辞〕
(11)　<u>猫の目のように変わる</u>（軍司貞則）
　　　態度が<u>掌（たなごころ）を返したように変わる</u>（梶井基次郎）
　　　大臣の答えは<u>くるくる</u>と<u>変わった</u>
(12)　過度のダイエットで<u>がりがり</u>に<u>やせて</u>しまった
　　　手術後<u>げっそりやせた</u>
(13)　丸々と<u>太った</u>赤ちゃんをだいていた
(14)　借金を返すため<u>身を粉にして働く</u>〔類大〕
(15)　<u>ぐでんぐでん</u>に<u>酔っぱらって</u>終電車に乗り遅れた〔類大〕
　　　<u>へべれけ</u>に<u>酔って</u>駅のホームから落ちそうになった〔類大〕
　　　<u>べろべろ</u>に<u>酔って</u>いたので、どうやって帰ったのか覚えてないんだ〔類大〕
(16)　日射しがきつかったので洗濯物が<u>からから</u>に<u>乾いた</u>
　　　のどが<u>からから</u>に<u>乾く</u>〔辞〕
(17)　雨にからだじゅう<u>ぐっしょり</u><u>濡れた</u>

〈説明〉
1. 「足を棒にする」は「極度に疲れるまで歩く」。行為後の主体の状態に言及しつつ、方向が多岐にわたることを示す強調の慣用句。「足を棒のようにして歩く」ともいう。「てくてく」は「ひたすら歩いて行くさま」〔辞〕（第20章II〈説明〉1、2、III〈参考〉）。
2. 「大きく」は動作の規模を示しての強調。「こくりと」については第20章III〈説明〉1参照。
3. 「寝る」と「眠る」は「睡眠をとる」の意ではほとんど同義。「泥のように」は「ひどく疲れたり、酔ったりした結果」の状態を示す強調語。「昏々と」は「眠り続ける」によく結びつく。「すやすや、ぐっすり」は［強］＝［賛］（第3章VI）。
4. 「静まりかえる」は「静まる」の旺盛・強化相動詞（城田1998: 146）。自身にすでに強調がある。慣用句「水を打ったように」はそれをさらに強

調する。「しんと」は「物音一つしない」の意。
5. 「ぎょっと」もある。「釘を踏んだようにぎょっと竦(すく)む」(吉川英治)
6. 「驚いた／石の／おののく／おびえた／呆気(あっけ)にとられた／幽霊でも見た／蛇に見すくめられた／蛇ににらまれた／蛇に見込まれた 蛙(かえる)のように」など主役の様子を形容する表現は多い。
7. 例文のように痛む箇所によって強調のオノマトペは異なる。
8. 「かちんかちんに」は主役が固くなるさまを強調的に示す。
9. 内包語として「黙り込む、黙りこくる」のような接尾的な手段、「押し黙る」のような接頭的な手段によるものがある。「じっと押し黙る」はさらなる強調。「むっつり押し黙る」は「無愛想(ぶあいそう)」に。「うんともすんともいわない」も「黙る」の内包的強調表現。「カキのようにだまりこむ」(開高健)はコピー翻訳(cf. clam up as an oyster.)。
10. 「くたくたに」も使われる。内包語として「疲れ切る」のような完成相動詞、「疲れ果てる」のような旺盛・強化相動詞(城田 1998: 144、146)がある。「疲労困憊(こんぱい)する」も同じ意味。「すべてを語り終えて、さながら大熊との死闘のあとのように疲れきる」(飯田栄彦)「さながら合戦をやらかした後のごとく疲れはてる」(北杜夫)
11. 「猫の目のように」は「変わりやすい」ことの強調。慣用句「手の平を返す」は「それまでとは急に、全面的に変わる」の意で、予期せぬ動作の突発性・完遂性の強調。「がらりと(変わる)」というオノマトペに近い。「くるくる」は変化が早く多様であることの強調。
12. 「がりがり」は「ひどくやせているさま」、「げっそり」は「急にやせ衰えるさま」〔辞〕。
13. 「まるまる」は「よく太っているさま」([強]=[賛])。「ぶくぶく」は「しまりなく太っているさま」で[賛・反]。
14. 表示したもの以外に、「夜の目も寝ずに(慣用句)、しゃにむに、必死で、一心不乱に(なって)、大車輪で、不眠不休で、死にもの狂いで／になって、しゃかりきで／になって、パワー全開で、命懸けで、たゆまず、なりふり構わず、髪を振り乱して、脇目もふらず、馬車馬のように、こまねずみのように、ばりばり(と)、ひたすら、営々として、孜孜(しし)として」(最後の2語は文章語)がある。これらの一部は「努める、励

む、努力する」とも結びつく。
15. 「前後不覚に」は「あとさきの区別もつかないほど、正体（しょうたい）を失う」〔辞〕。「酔う」によく結びつく。「ぐでんぐでん、へべれけ、べろ(ん)べろ(ん)」も「酔う」程度が非常に高いことを示すオノマトペ。
16. 「からから」は「水分が極度になくなっているさま」。
17. 「ぐっしょり」も「びっしょり」も「ひどくぬれているさま」〔辞〕。「ずぶずぶに」は「水分をたっぷり吸い込んでいるさま」〔辞〕。全て、動作の結果主体がとる状態を表わす強調のオノマトペ。

〈参考〉
出だし語たる動詞をテ形にたて、その結果の状態を強調語＋ダで示す述語用法がある。「(すごく)緊張してかちんかちんだ」「疲れ切ってぶっ倒れそうだ」「やせてがりがりだ」「酔っぱらって前後不覚だ」「のどが乾いてからからだ」「雨に濡れてぐっしょりだ」「怒ってかんかんだ」

(ⅳ) 行為（他動詞）

図表 34　行為（他動詞）の強調語

	強調語	出だし語
(1)	深く、心から	詫（わ）びる
(2)	とことん、徹底的に	追求する、つきつめる、調べあげる
(3)	強く、強硬に	反対する
(4)	頑強に	抵抗する
(5)	執拗に	食い下がる
(6)	首が回らないほど	借金する
(7)	固く	約束する
(8)	こんこんと	さとす、説教する
(9)	目を皿(のよう)にして、血眼（ちまなこ）で／になって、鐘と太鼓で	探す
(10)	一心不乱に、一生懸命、こつこつ、みっちり	勉強する
(11)	カメレオンのように	変える
(12)	きっぱりと	断る、あきらめる
(13)	がっぽり、たんまり、しこたま	もうける
(14)	こてんぱんに、けちょんけちょんに	やっつける、打ち(たたき)のめす
(15)	むんずと	(肩、腕を)つかむ
(16)	口をすっぱくして	いう、話す

〈例文〉
（1）　ご無礼を深くお詫びします
（2）　原因をとことんつきつめる〔類大〕
　　　真相を徹底的に追求する〔類大〕
（3）　強硬に反対する〔類大〕
（4）　野党が法案に対し頑強に抵抗したため、衆院通過をあきらめた
（5）　執拗に食い下がる〔類大〕
（6）　首が回らないほど借金する(藤沢周平)
（7）　必ず帰ってくると固く約束した
（8）　生徒にこんこんと説教する〔類大〕
（9）　彼女が落としたコンタクトレンズを目を皿にしてさがしたが見つからない〔類大〕
　　　彼はどこかに置き忘れた重要書類を血眼になってさがした
　　　三毛の様な可愛らしい猫は鐘と太鼓で探してあるいたって、二人とは居りませんからね(夏目漱石)
（10）　一生懸命勉強したが、希望の大学には入れなかった〔類大〕
　　　会計士の資格を取るために日夜一人でこつこつ勉強する
　　　1日4時間みっちりと勉強する
（11）　カメレオンのようにその時々によって考えを変える
（12）　彼女の申出をきっぱりと断る
　　　彼女のことはきっぱりとあきらめる
（13）　株でがっぽりもうける(俗語)
（14）　こてんぱんに相手をやっつける〔辞〕
　　　けちょんけちょんにやっつける〔辞〕
（15）　むんずと相手の肩をつかむ
（16）　私を信じて下さらないんならどれ程口を酸くしてお話しをしたって無駄ね(有島武郎)

〈注意〉
(iv)では〈説明〉を省略する。

〈参考〉
1.　すでに旺盛・強化相動詞や完成相動詞が強調語をとる例を見てきた。

「ぞっこんほれこむ」(図表26、(1))、「水を打ったように静まりかえる」(図表33、(4))、「ぶっ倒れそうに疲れ切る」(同、(10))、「とことん調べあげる」(図表34、(2))。これらの動詞にはすでに強調が内包されている(図表27)。強調語は、そのような単語の範囲で行う強調を補うかたちで、さらなる強調を行う。例えば、「静まりかえる」は「静まる」という動作・状態を純化・深化することを示して、強調を行うが、「水を打ったように」は、「大勢の人々が静まりかえる」〔辞〕と語釈されるように、主役の多数性と規模の大きさを付け加えて、強調を一層強める。造語手段による単語の範囲内での強調はより抽象的であるが、強調語による強調はより具体的である。「じっとおし黙る」のような強調は呼応反復的な強調の強化と見られる。

2. 「カメレオンのように変える」[(11)]で動物は主役のたとえ、「虫けらのように捻り潰す」で昆虫は相手役のたとえ。
3. 「首が回らない」[(6)]「目を皿にする」「鐘と太鼓で」[(9)]「口をすっぱくする」(何度も繰り返していうという反復の強調)[(16)]は慣用句として辞書に登録される。
4. 名詞「借金」の強調語はX(iv)〈説明〉2、3参照。

IX 例解(2)―形容詞にかかる強調語

〈基本事項〉
性質形容詞は意味に程度の高低・強弱が想定でき、それなりの強調語が備わる。その一部を例示する。

〈注意〉
1. 有意味な分類が見出せず、出だし語たる形容詞をアイウエオ順に並べ、例文を示す。
2. 例文には創作的なものも混ざる(XI参照)。
3. 〈説明〉〈参考〉を省略する。
4. 意味的には形容詞にかかりながら後続名詞にかかるかたちで連体形をとることがある。「燃えるような赤い実」((i)〈例文〉(1))「目の覚めるような紅い薔薇」(田山花袋)「とてつもない大きなスイカ」「言語を絶する悲

惨な光景」

(i) 形容詞（ア—ウ）

図表35　形容詞（ア—ウ）にかかる強調語

	強調語	出だし語
(1)	燃える／朱を注いだ／目の覚めるように	赤い
(2)	目が／のくらむほど、真昼のように	明るい
(3)	火を見るよりも、手にとるように	明らかな
(4)	目がさめる／目が痛くなるように	鮮やかな
(5)	蒸し風呂みたいに／のように、焼けるように、死ぬほど	暑い
(6)	火の／燃え（てい）るように	熱い
(7)	蜜のように	甘い
(8)	涙が出るほど	有難い
(9)	猫の手も借りたい／目が回るほど	忙しい
(10)	息をのむ／この世のものと思えないほど（に）、ぞっとするくらい	美しい
(11)	とびきり、ほっぺたが落ちそうに	うまい、おいしい
(12)	鬼の首でもとったように、涙がこぼれるほど	嬉しい

〈例文〉
（1）燃えるような赤い実をつけた、濃緑色のヒイラギ（小松太郎訳）
　　顔が首のつけ根まで朱を注いだように真っ赤（山本有三）
　　石榴の花が火の燃えるように赤く咲く（田山花袋）
（2）朝日が母屋の上からさしていて、雨戸を開けたらかっと目のくらむほど明るい
（3）火を見るよりも明らか（久間十義）
　　手にとるように明らか（石田精一訳）
（4）海の青色が目のさめるように鮮やかだ
　　目が痛くなるような鮮やかな海と空（今日出海）
（5）部屋の中が蒸し風呂みたいに暑い（田中小実昌訳）
（6）額に手を当てると火のように熱い（住井すゑ）
（7）蜜のように甘い夫婦仲に不安な影がさす（戸板康二）
（8）涙が出るほど有難い

(9) 猫の手も借りたいほど忙しい(三浦哲郎)
　　 目が回るほど忙しい
(10) 青い海と空を背景に構成された景色が息をのむほど美しい
　　 この世のものと思われないほど美しい
(11) とびきりうまいてんぷらを食べさせる店に案内しよう〔類大〕
(12) 鬼の首でもとったようにうれしい(武者小路実篤)
　　 涙がこぼれるほど嬉しい(海音寺潮五郎)

(ⅱ) 形容詞(オ―サ)

図表36 形容詞(オ―サ)にかかる強調語

	強調語	出だし語
(1)	腹の皮がよじれるほど	おかしい
(2)	借りてきた猫／羊のように	おとなしい
(3)	石／鋼(はがね)／鉄(板)／ダイヤモンドのように	固い
(4)	胸が張り裂けるほど	悲しい
(5)	ぞっとする／身ぶるいする／鳥肌だつほど	気味(が)悪い
(6)	目がさめるほど、輝くように	きれい
(7)	漆を塗った／鍋底のように	黒い
(8)	足／体がすくむ／叫び出したくなる／身の毛がよだつほど／くらい	怖い
(9)	今までにない、きわめて	斬新(ざんしん)な
(10)	かえすがえすも	残念な

〈例文〉

(1) 腹の皮がよじれるほどおかしい(高橋和巳)
(2) 借りてきたネコのようにおとなしい
　　 羊のようにおとなしい人たち(高橋源一郎)
(3) 凍みて石のように固い空模様(室生犀星)
　　 鋼(はがね)のように固い、しっかりした表情(小林多喜二)
(4) 胸が張り裂けるほど悲しい(長崎源之助)
(5) 鳥肌だつほど気味が悪い(有吉佐和子)
(6) 目がさめるほどきれい(石森延男)
　　 輝くように綺麗(山田太一)
(7) 漆を塗ったように黒い顔をしている

(8) 足がすくむほど怖い(内田康夫)
(9) いままでにない斬新な学説(景山民夫)
(10) ようやくお会いできたというのに、お話しする時間が十分になかったのはかえすがえすも残念です〔類大〕

(iii) 形容詞(シ―ニ)

図表37　形容詞(シ―ニ)にかかる強調語

	強調語	出だし語
(1)	水を打ったように、針一本落としても聞こえるほど、墓場のように	静かな
(2)	鋼(はがね)／獣のように	しなやかな
(3)	口が曲がりそうなほど	しょっぱい
(4)	雪の／透き通るように、眩(まぶ)しい／目に痛いくらい(に)／ほど	白い
(5)	胸のすくほど、猿(ましら)／リスのように	素早い
(6)	時計(の針)／機械のように	正確な
(7)	猫の額／穴蔵のように	狭い
(8)	目(玉)が飛び出るほど、べらぼうに、馬鹿高い(内包語)	(値段が)高い
(9)	赤子の手をひねるよりも	たやすい
(10)	針の先／芥子粒ほど、マッチ箱のように、人形よりも	小さい
(11)	氷の／死体の／肌を刺す／しびれるように	冷たい
(12)	死ぬ／身を切られるより、肺腑(はいふ)を抉(えぐ)られる／胸が締めつけられるように	辛い
(13)	(刺し)殺しても飽き足りないほど	憎い

〈例文〉

(1) 一座は水を打ったように静かになった(田山花袋)
針一本落としても聞こえるほどあたりは静かだ
休日の病院は墓場のように静かだった
(2) 体内に鋼(はがね)のようにしなやかで強靭(きょうじん)なものが張りつめるのを感じた(小林久三)
(3) 口が曲がりそうなほどしょっぱい(長崎源之助)
(4) 花子さんのはだは雪のように白い
透き通るように皮膚が白い(日野啓三)
砂が眩(まぶ)しいくらい白い(岡本かの子)

　　　　眼に痛いほど白い卓布(久米正雄)
(5)　決断が胸のすくほど素早い
(6)　時計の針のように正確に生きる(椎名麟三)
(7)　猫の額のような狭い庭(田山花袋)
(8)　このブラウスは目玉が飛び出るほど高い
　　　目の玉が飛び出すほどに高い値段(高橋三千綱)
(9)　赤子の手をひねるよりもたやすい
(10)　針の先ほどの小さい理由(石坂洋次郎)
(11)　氷のように冷たい床にもぐりこむ
　　　死体のように冷たい(市場泰男訳)
　　　風が肌を刺すように冷たい(西木正明)
　　　しびれるように冷たい海(畑正憲)
(12)　死ぬよりつらい苦しみ(山田美妙)
　　　死んでしまいたいほど辛い(宮部みゆき)
　　　身を切られるより辛い(有吉佐和子)
　　　涙が出るほど辛い(胡桃沢耕史)
　　　肺腑を抉られるように辛い
　　　胸が締めつけられるように辛い(森瑤子)
(13)　刺し殺しても飽き足りないほど憎い(谷崎潤一郎)

(iv)　形容詞(ハ—ラ)

図表38　形容詞(ハ—ラ)にかかる強調語

	強調語	出だし語
(1)	うたかた／夢のように	はかない
(2)	矢のように／よりも、目にも留まらぬほど	速い
(3)	はてしなく、はてもないほど、無限に	広い
(4)	喉から手が出るほど	欲しい
(5)	目がくらむ／痛いほど	まぶしい
(6)	お月様／(お)盆のように	丸い
(7)	はなはだ、迷惑千万な(内包語)	迷惑な
(8)	お話にならないくらい、破格に	(値が)安い
(9)	他人のように	よそよそしい
(10)	足の踏み場／場所もないほど	乱雑な

〈例文〉
（1） 泡沫のようにはかない世の中
　　　（花火が）夢のようにはかなく、一瞬の花を開いて、空の中に消えてゆく（中河与一）
（2） 急ぐ日脚が矢よりもはやい（石森延男）
（3） はてしなく広い草原
　　　はてもないほど広い湖（永井路子）
（4） これは敵国のスパイにとって喉から手が出るほど欲しい情報だ
（5） 天井の照明は目が痛いほどまぶしい
（6） 落ちかかる日輪が肉桃色の盆のように空虚に丸い（岡本かの子）
（7） 分に過ぎた行いは自他ともにはなはだ迷惑なもの（里見弴）
（8） 値がお話しにならないくらい安い（吉川英治）
　　　破格に安い月謝で生徒を集めた（内海降一郎）
（9） 他人のようによそよそしい態度をとる（吉村昭）
（10） 足の踏み場所もないほど乱雑な部屋（今東光）

Ⅹ　例解（3）―名詞にかかる強調語

〈基本事項〉
程度の高低・強弱が意味に想定できる場合、名詞にも強調語が当然ある。

〈説明〉
以下、出だし語を、(i)自然・身体現象、(ii)心的現象・抽象概念、(iii)綿密さを必要とする行為、(iv)量や規模が目安となるものなど、(v)人の特質、に分け、例を掲げ、〈説明〉〈参考〉を付す。この分類は便宜的なものに過ぎない。

(i) 自然・身体現象

図表39　自然・身体現象の強調語

	強調語	出だし語
(1)	身を切るような	寒さ
(2)	焼ける／焼けつくような	暑さ、日差し
(3)	荒れ狂う	嵐
(4)	抜けるような	青空
(5)	雲一つない	晴天
(6)	濃い	闇
(7)	輝くばかりの	健康
(8)	滝のような	汗
(9)	刺すような	痛み
(10)	激しい、身を焼くような	渇き
(11)	高い	熱
(12)	絹をさくような	悲鳴
(13)	目にも留まらぬ	早業

〈例文〉

（1）風が冷たくて、身を切るような寒さが数日続いた
（2）灼けるような暑さのため身動きもできない(佐山栄太郎訳)
（3）荒れ狂う嵐が島を襲い、小屋を吹き飛ばした
（4）抜けるような青空のもと、二人は美ヶ原を歩いた
（5）遠足の日は雲一つない晴天に恵まれた
（6）夜空も地上も見分けがたい濃い闇が一面にひろがる(杉本苑子)
（7）青年は輝くばかりの健康を体にみなぎらせていた
（8）太郎はまもなく意識を回復したが、血の気の失せた顔に滝のような汗を流して、横たわっていた
（9）足首に刺すような痛みが走る(勝目梓)
（10）身を焼くような渇きと飢えとが、烈しく身に追って来る(菊池寛)
（11）インフルエンザにかかり、39度という高い熱に悩まされる
（12）女が絹をさくような悲鳴をあげる
（13）彼は目にも留まらぬ早業で次々とクロッキーをかいていく

〈説明〉

1.　「厳しい」「すさまじい」のような語から始まって「情け容赦のない」

「肌を刺す」「底冷えする」「凍えそうな」など、「寒さ」の強調語は多様にある。作家はまた強調語ないし強調的表現を創作するが、似たものがある。「頭の動きまでを止めてしまいそうな寒さ」(村上春樹)「思考まで凍結するほどの寒さ」(加賀乙彦)「体の芯が凍えるほどの寒さ」(有吉佐和子)「身体の底までしみ通るような寒さ」(中河与一)「身が危険にさらされているような寒さ」(古井由吉)「全身を締め付けるような寒さ」(新田次郎)。XI 参照。「酷寒、極寒」のような内包語がある。

2. 「厳しい」「すさまじい」のような語から始まって「情け容赦のない」「うだるような」「息苦しいほどの」「息がつまるような」など、「暑さ」の強調語は多数ある。創作的な強調語の例をあげる。「クラクラするような暑さ」(飯田栄彦)「寝苦しいほどの暑さ」(三島由紀夫)「べたつくような暑さ」(新田次郎)「湯の中へ飛び込んだような暑さ」(高井有一)「気の狂ったような暑さ」(五木寛之)「じっとりとした暑さ」(小川洋子)「肌に粘りつくような暑さ」(山崎豊子)。XI 参照。「酷暑、猛暑、炎暑、極暑」のような内包語がある。

3. 次の例は汎用的な「ものすごい」では足りず、説明的・創作的表現を付加したもの。「虚空の隅々からあるだけの風を集めてたたきつけるような、ものすごい嵐」(阿川弘之)

4. 「雲一つない青空」〔類大〕ともいえる。「宇宙へ突き抜けるような青空」(飯田栄彦)、「澄みきってなめらかな玻璃のような青空」(加賀乙彦)などは創作的。

5. 「嘘のような晴天」(阿佐田哲也)の背後には「昨夜の雨が嘘のように晴れ上がった」のような表現がある。「日本晴れ」「快晴」のような内包語がある。「十八日は、空の色が目にしみる快晴であった」(宮本百合子)

6. 「濃い」の例が多いが、「深い、底知れぬ、漆黒の、黒い、真っ黒な、墨を流したような」も使える。

7. 名詞としての「健康」は「体にどこも悪いところがなく、調子がよい状態」を意味する。

8. 「汗」にも「雨」と同様に程度がある。「滝のような」は両語の強調語たり得る(「雨」にはおおげさな「バケツをひっくりかえしたような」があるが「汗」には使えない)。内包語として「大汗」「大雨」「どしゃぶ

り」「豪雨」がある。

9. 「強い、激しい、鋭い」がよく用いられる。「鋭い痛みが頭の後ろから足の裏まで走る」(清水俊二訳)「全身がばらばら砕けて勝手な方向に駆け出し飛び散っていくような激しい痛み」(安部公房)。「激痛」は内包語。
10. 「激しい」がしばしば用いられる。
11. 内包語として「高熱」がある。「熱」は量が目安になる名詞である。(iv)参照。
12. 「悲鳴」の常套的強調語。女性が上げる悲鳴と考えてよい。慣用句。「鋭い、耳をつんざく」もある。「霧笛が、群れをはぐれた仔牛のような鋭い悲鳴を上げる」(村上春樹)
13. 「目にも留まらぬ」は慣用句。通常「早業」に結びつく。

(ii) 心的現象・抽象概念

図表40　心的現象・抽象概念の強調語

	強調語	出だし語
(1)	強い、深い	愛情、愛
(2)	厚い	友情
(3)	深い、眼の前が真っ暗になるほどの	絶望
(4)	胸が張り裂けんばかりの、胸の底から湧いてくる	悲しみ
(5)	強い、激しい	憎しみ
(6)	強い、固い＜断固たる、搖るがぬ	決意
(7)	重い	罪、責任
(8)	重大な＜取り返しのつかない	過ち
(9)	全くの、根も葉もない、口から出まかせの	でたらめ
(10)	厚い、全幅の、絶大な＜絶対的な	信頼
(11)	たゆみない、並々ならぬ、不眠不休の	努力
(12)	身の毛も／がよだつ(ほどの)	恐ろしさ、恐怖
(13)	猫の手も借りたいほどの、目のまわるような	忙しさ
(14)	犯し／近寄り難い	威厳、気品
(15)	圧倒的な、一方的な、完全な	勝利

〈例文〉

（1）　青い空よりも高く、<u>深い</u>澄みきった<u>愛</u>(光瀬龍)
　　　千万の言葉に勝る<u>深い愛</u>を告げられた思い(宮尾登美子)
（2）　二人は少年時代から<u>厚い友情</u>で結ばれていた

第1章 強調語　77

(3)　眼の前が真っ暗になるほどの絶望に襲われた(杉本苑子)
(4)　胸が張り裂けんばかりの悲しみに襲われる
(5)　烈(はげ)しい憎しみが、五体をつんざくように走り抜ける(井上靖)
(6)　なにがなんでも目的をはたさねばならないという太郎の固い決意をひるがえさせることはもう誰もできませんでした
　　　断固たる決意を心に秘めて事に当る
(7)　重い罪を責められている者のように首をうなだれる(福永武彦)
　　　将校となれば重い責任を担わなければならない
(8)　(女を)追う側の一団に自分が加わっていたという事実が、とりかえしのつかない過ちのように感じられる(三田誠広)
(9)　口から出まかせに言ったでたらめ(川端康成)
(10)　社長は副社長に絶大な信頼を寄せていた
(11)　入選はたゆみない日々の努力の結果である
　　　偉業をなしとげるためには不眠不休の努力が必要だった〔類大〕
(12)　身の毛もよだつほどの恐怖(北杜夫)
(13)　猫の手も借りたいほどの忙しさ(里見弴)
　　　目のまわるような忙しさ(清水義範)
(14)　秋霜(しゅうそう)の如く犯し難い威厳(いげん)(菊池寛)
　　　近寄り難い気品のある人
(15)　圧倒的な勝利を収める

〈説明〉
1.　「強い、深い、厚い、固い、重い」など反義語の一方となる基本的なイ形容詞が常套的強調語としてよく用いられる。
2.　(13)はIX(i)の(9)(図表35)の慣用句の連体化。「ような」も使える。
3.　(14)の例文(菊池寛)の「秋霜」とは、秋の霜(しも)が草木を枯らすことから、権威・威厳の厳しさや意志の堅さなどの伝統的たとえ。
4.　表示したもの以外に次のような強調語があり得る。［強］信頼＝心からの、［強］努力＝血の滲むような、懸命の、必死の、涙ぐましい(＝［賛］)、［強］勝利＝輝かしい(＝［賛］)、かくかくたる(＝［賛］)、大勝、圧勝、完勝(以上3語は内包語。［強］＝［賛］については第3章VI参照)

(iii) 綿密さを必要とする行為

図表 41　綿密さを必要とする行為の強調語

	強調語	出だし語
(1)	綿密な、徹底的な、しらみつぶしの	捜査
(2)	厳重な、厳しい	警戒
(3)	厳密な、精密な	検査
(4)	精緻（せいち）な	観察
(5)	細かい、詳しい＜微に入り細を穿（うが）った	説明

〈例文〉

（１）　警察は綿密な捜査を開始した
　　　警察の威信をかけた徹底的なシラミつぶしの捜査（飯田栄彦）
（２）　数日経って、不意に、恐ろしく厳重な警戒の下に東京監獄（かんごく）へ送られた（大杉栄）
（３）　製品は厳密な検査を受けた後出荷される
（４）　レポートは精緻（せいち）な観察で光る文章に満ち満ちている
（５）　じれったくなるほど詳しい説明がなされた
　　　担当者は上司に微に入り細を穿（うが）った説明を行った

〈説明〉

1. ここで掲げるのは、行為の綿密さを示すことによって強調語となるものである。「綿密な」は「調査、計画」なども強調する。
2. 「厳重な」は「警戒」を強調し、「恐ろしく」は「厳重な」を強調する。「厳しい」「水も漏らさぬ」も使えるが、「きつい」は使えない（森田 1977（1）: 179）。「厳密な」も避けられる。「厳重な」は「決然たる」とともに「抗議」の強調語たり得る。
3. 「精緻を極めた観察」「厳密極まりない検査」など強調の度合の強い表現がある。
4. 「微に入り細を穿つ」は慣用句。「詳細な」「詳細にわたる」は「詳しい」の漢語的表現。

(iv) 量や規模が目安となるものなど

図表 42　量や規模が目安となるものなどの強調語

	強調語	出だし語
(1)	巨万の	富
(2)	莫大な、膨大な	財産、費用
(3)	積もり積もった、山のような	借金
(4)	多分の、大口の	寄付
(5)	潤沢な	資金
(6)	山積する	課題、(解決すべき)問題
(7)	大幅な	改正、上昇、値上げ
(8)	多大な、甚大な	被害、損失
(9)	大きな、月とすっぽんの(ような)、天と地ほどの	相違、違い
(10)	てんやわんやの、上を下への	(大)騒ぎ
(11)	芋を洗うような	人出、混雑、騒動
(12)	嵐のような、鳴りやまぬ	拍手

〈例文〉

（１）　彼は一代で巨万の富を築いた〔類大〕
（２）　運河の建設には莫大な費用がかかった(同上)
（３）　博打に負けて山のような借金をこしらえる(井上ひさし)
（４）　大口の寄付を募る〔類大〕
（５）　なにしろあの会社は潤沢な資金を持っています
（６）　山積する課題にどう対処してよいかわからない
（７）　今回、規約に大幅な改正が加えられる〔類大〕
（８）　地震により甚大な被害を受けた(同上)
（９）　両者には月とすっぽんの相違がある
（10）　上映中ふいに停電し、てんやわんやの大騒ぎになった
（11）　芋を洗うような人出であった(石坂洋次郎)
（12）　嵐のような、鳴り止まぬ拍手

〈説明〉

1.　「財産、費用、借金、寄付、資金」などとも結合するが、「巨万の」とくると「富」という語が予測されるくらい、両者の結びつきの慣用度は高い。

2. 「借金、寄付、資金」などとも結合する。
3. 「多額の」＜「巨額の」、莫大な、膨大な」も可。「甚大な」は使えない。「一生かかっても返しきれないほどの借金」（林真理子）もある。「首が回らない」は Ⅷ (iv)〈例文〉6 参照。
4. 「この度は多分の寄付を頂きましてまことに有難うございます」
5. 述語的には「潤沢にある」がよく用いられる。「あの会社には資金が潤沢にある」
6. 述語的には「山積している／されている」がよく用いられる。「山積(やまづ)みになっている」「山積(やまづ)みされている」ともいう。
7. 「小幅な」は［強・反］。ⅩⅤ 参照。
8. 「甚大な」は「被害、損害、損失」とよく結びつく。「多額の／甚大な損失」「大きな損」もある。
9. 「相違、差違、違い」には「大きな」という量的強調語がある。質的な相違には「月とすっぽんのような、天と地ほどの」が用いられる。「大違い、大差、雲泥の差」のような内包語もある。「月とすっぽんのような／ほどの」は両者は同じように丸いが、比較にならないほどの違いがあるたとえ。慣用句として辞書に登録される。「月とすっぽんほど違う」のように連用的にも「月とすっぽんだ」のように述語的にも用いられる。「提灯に釣鐘」も同様の慣用句。このように強調の連語は慣用句化されたものがある。(10) の「大騒ぎ」に結びつく「上を下への」、(11) の「人出」に結びつく「芋を洗うような」も慣用句として扱われる。
10. 創作的なものを含め、「騒ぎ」＜「大騒ぎ」の強調語・強調表現の例をもう少し掲げる。「森じゅうがひっくり返ったような騒ぎ」（飯田栄彦）「鶏小舎に鼬(いたち)が入りこんだような騒ぎ」（阿久悠）「梁(はり)に巣を食った鼠(ねずみ)も落ちそうな騒ぎ」（芥川龍之介）「救急車が来るような騒ぎ」（宮部みゆき）「戦場か火事場へでも行ったような騒ぎ」（芥川龍之介）「ちょっとした炊き出しのような騒ぎ」（飯田栄彦）「家が潰れるほどの大騒ぎ」（藤沢周平）「驚天動地の大騒ぎ」（野坂昭如）「蜂の巣をつついたような大騒ぎ」（筒井康隆）「オモチャ箱をひっくり返したようなドンチャン騒ぎ」（坂口安吾）
11. 狭い所で多数の人が込み合うようすを示す。慣用句として辞書に登録さ

れる。「芋を洗う騒動」(内田魯庵)、「芋を洗う混雑」などの結合もある。「芋(の子)を洗うようだ」のかたちで内包的な述語としても用いられる。芋によって人出の多さを、相互に接触するさまにより混雑の質的高さを表現したもの。

12.「拍手」の常套的強調語。

(v) 人の特質

図表 43 人の特質の強調語

	強調語	出だし語
(1)	底抜けの	お人好し
(2)	底無しの	飲兵衛、大酒飲み
(3)	生粋の	浪速っ子
(4)	ちゃきちゃきの	江戸っ子
(5)	ぱりぱりの	現役
(6)	ずぶの、全くの	素人
(7)	札つきの、極悪人(内包語)	悪人、悪党
(8)	極めつきの	不良
(9)	救いようのない、手が／のつけられない	馬鹿、阿呆
(10)	度し難い	頑固者、わからずや

〈例文〉
（１） 豹一は野崎の底抜けのお人善しに驚いてしまった(織田作之助)
（２） あいつは底無しの大酒飲みだ
（３） 彼女は生粋の浪速っ子だよ
（４） こちとらちゃきちゃきの江戸っ子だ〔類大〕
（５） こちらはまだぱりぱりの現役です
（６） ずぶの素人のくせに余計な口出しをするな
（７） 札つきの悪党〔辞〕
　　　極悪人をつかまえる役を演じる
（８） 極めつきの不良〔類大〕
（９） 手がつけられない馬鹿(安岡章太郎)
　　　救いようのない阿呆(飛田野裕子訳)
（10） まったくあの男は度し難い頑固者〔類大〕

〈説明〉

1. 「底抜けに明るい」のように連用的にも用いられる。
2. 「底抜けの飲兵衛(のんべえ)」はあり得ても、「底無しのお人好し」は特殊。
3. 「ちゃきちゃきの浪速っ子」はあってよい。
4. 「生粋の江戸っ子」もある。
5. 「現役」とは「現在ある地位・職などに就いて活動している人」。
6. 「ずぶの」ときたら通常「素人(しろうと)」。
7. 「極悪人」は内包語。
8. 「不良」「大酒飲み」につけば強調語。「演技」「芸」につけば称賛語。「折り紙つきの」は称賛語としてよく用いられる。「折り紙つきの技術」。第3章Ⅳ〈説明〉4参照。
9. 「どうしようもないバカ」(後藤明生)「救い難いまぬけ」〔類大〕もある。
10. 類語に「手に負えない」「手のつけられない」がある。(9)に掲げた語例を含め、これらは出だし語が持つ意味(愚かな人、かたくなな人)を強調する。

XI　常套的強調語と創作的強調表現

図表44　常套的強調語と創作的強調表現

		強調語／強調表現	出だし語
1. 常套的強調語	(1)	強い	よろこび
	(2)	大きな	
	(3)	深い	
	(4)	烈(はげ)しい	
	(5)	大喜び(内包語)	
2. 創作的強調表現	(1)	軀を灼きつくすような苦痛に近い	
	(2)	痺(しび)れるような	
	(3)	難破(なんぱ)した人が汽船をみつけたような	
	(4)	身も心もとろけるような	
	(5)	胸の底がどんと拡がるような	

〈例文〉

1. 常套的強調語

（1）　私はただなにげなく手を動かしながら、頭を撫(な)でてくれる母の手に母

の強い喜びを感じていただけでありました(川端康成)
（2）　そうして私は、そこに、もうなりふり構っていられない志乃の大きな歓(よろこ)びをみるような気がしたのである(三浦哲郎)
（3）　人間にはどうしてこんな深いよろこびが与えられているのだろう(武者小路実篤)
（4）　みよ子から聞いた意外な事実に心をうたれ、暫(しばら)く、ぼうとしていたが、さっと、烈(はげ)しい喜びが心に湧き起った(網野菊)
（5）　三平は大喜びで、にいちゃんのそばへよって来ました(坪田譲治)
2.　創作的強調表現
（1）　軀(からだ)を灼(や)きつくすような苦痛に近い歓(よろこ)び(立原正秋)
（2）　二人だけの生活に痺(しび)れるような歓びを抱く(宮本輝)
（3）　難破(なんぱ)した人が汽船をみつけたような喜び
（4）　身も心もとろけるような喜び(本庄陸男)
（5）　胸の底がどんと拡がるような歓びを感じる(黒井千次)

〈基本事項〉

強調語には、常套的なものと、語り手・書き手の創作が加味された創作的強調表現がある。

〈説明〉

1.　図表44の1(〈例文〉1)に掲げた語は常套的(慣用的・一般的)強調語の例である。
2.　図表44の2(〈例文〉2)に掲げた修飾表現もまた「喜び」を強調する。創作的強調表現の例である。

〈注意〉

1.　創作的強調表現の多くは図表29に掲げた構成手段をとる。
2.　本書で扱うのはよく用いられる常套的、慣用的な強調語であるが、創作的強調表現の存在も視野に収めておきたい。

〈参考〉

1.　〈例文〉で伺えるように作家も常套的強調語を用いる。これらをまず使いこなせるようにしたい。我々がまずめざすのは陳腐な表現である。
2.　パターン化し常套的と思われる「喜び」「喜ぶ」「喜びよう」の強調表現の例を掲げる。「魚が水に遭(あ)ったような喜び」(有島武郎)「旱魃(かんばつ)に滋雨(じう)を

得た百姓のような喜び」(広津和郎)「鬼の首でも取ったように喜ぶ」(佐藤愛子)「地獄に仏の喜びよう」(福永武彦)

3. 「喜ぶ」の創作的強調表現の例を3つ掲げる(最後の2つは常套的なものに創作的なものを加味する例)。「暗黒の扉の鍵が手に入ったかのように喜ぶ」(中勘助)「走り幅跳びの選手くらいとびあがって喜ぶ」(北杜夫)「他愛のない児童のように躍り上がって歓ぶ」(菊池寛)

XII 連語にかかる強調語

図表45 連語にかかる強調語

	強調語	連語 名詞	連語 動詞
(1)	めきめき(と)	腕を	上げる
(2)	ぺこぺこに	腹が	へる
(3)	ほとほと	愛想が	つきる
(4)	手鍋提げても	一緒に	なりたい
(5)	ひしひしと	危険が	せまる
(6)	きゅっと(きゅんと)	胸が	締めつけられる
(7)	ぱくぱく(と)	ご飯を	食べる
(8)	ぐいぐい(と)	オールを	こぐ
(9)	ごしごし(と)	たわしで	洗う
(10)	ざあざあ(と)、激しく	雨が	降る
(11)	しんしんと	雪が	降る
(12)	ぴたりと	風が	おさまる、止まる
(13)	とっぷり	日が	暮れる

〈基本事項〉

語というより語の結合に結びつく強調語がある(多くが個性的である)。

〈説明〉

1. 「腕を上げる」〔(1)〕、「腹がへる」〔(2)〕、「愛想がつきる」〔(3)〕は慣用句。「上達する」〔(1)〕、「空腹になる」〔(2)〕、「好意や信頼が持てなくなる」〔(3)〕の意。「めきめき」〔(1)〕、「ぺこぺこ」〔(2)〕、「ほとほと」〔(3)〕はこれら慣用句を強調する。「とことんしらを切る」も同様の例。「しらを切る」は「しらばっくれる」。「とことん」は「徹底的に」の意。

第 1 章　強調語　85

2. 「一緒になる」［(4)］も慣用句。「夫婦になる」の意。「たい」がついて願望態形容詞（城田 1998: 164, 165）になる。この結合が「手鍋提げても」という慣用句によって強調される。「好きな男との生活なら苦労はいとわないで」の意。

3. 「危険がせまる」［(5)］、「胸が締めつけられる」［(6)］は慣用句ではなく、或程度自由な語結合。「ひしひし（と）」［(5)］、「きゅっと」［(6)］はこれら語結合に随伴するオノマトペの強調語。

4. 「ぱくぱく」は「御飯を食べる」［(7)］、「ぐいぐい」は「オールをこぐ」［(8)］、「ごしごし」は「たわしで洗う」［(9)］という機能発揮動詞結合に随伴する強調語。「食べる」「こぐ」「洗う」だけを強調しているのではない。例えば、「キャラメルをぱくぱく食べる」とは普通いわない（第 5 章 VII 参照）。

5. (10) (11) (12) (13) は動詞化動詞結合に随伴的な強調語。例の大部分はオノマトペ。「降る」という動詞は同一でも「雨」だと「ざあざあ」、「雪」だと「しんしんと、霏々（ひ）として」。「こんこん」は強調というより単なる様態か（「雪やこんこん、霰（あられ）やこんこん」という童謡参照）。「風が吹く」だと「ぴゅうぴゅう」「びゅうびゅう」。

6. このうち (12) (13) は終結相動詞化動詞結合。「ぴたりと」［(12)］、「とっぷり」［(13)］はこの結合を強調する（第 4 章 XVI (v)〈参考〉6 参照）。

7. 痛む個所によって強調語が異なることについては、VIII (iii)〈例文〉(7)、〈説明〉7 参照。

〈注意〉

1. 慣用句にかかる強調語は句の前に立つのが普通の語順。「めきめき腕を上げる」「ぺこぺこに腹がへる」「ほとほと愛想がつきる」。その他の結合では、動詞の前につくのが通常の語順。「雨がざあざあ降る」「たわしでごしごし洗う」。名詞の前に強調語をたてると、ことさら強調語をとりたてる感じになる。「ざあざあと雨が降る」「ごしごしたわしで洗う」

2. 「めきめき」は「上達する」、「ほとほと」は単語「困る」「あきれる」、連語「手を焼く」「いやになる」などにも結びつく。

3. 強調語が単語を修飾しているのか、連語全体を修飾しているのか、判断にまようものがある（VIII、IX、X の例解では連語を修飾している例が

混ざる)。

〈参考〉
1. 「腹がぺこぺこだ」というが、「腕をめきめきだ」「愛想がほとほとだ」とは通常いわない。
2. 「危険がひしひしだ」「胸がきゅんだ」「御飯をぱくぱくだ」「雨がざあざあだ」は理解可能な文である。

XIII　述語として用いられる強調表現

図表 46　述語として用いられる強調表現

	かたち	例
(1)	「連用形」＋ニ＋同一動詞	よごれによごれる
(2)	テ形＋ナラナイ／タマラナイ／仕方ガナイ	寒くてならない／たまらない／仕方がない
(3)	形容詞＋トイッタラアリャシナイ	うるさいといったらありゃしない
(4)	…ノ極ミダ	無礼／痛恨の極みである
(5)	…ノ至リダ	感激／光栄の至りである
(6)	…ノ極ニ達スル	疲労／堕落の極に達する
(7)	…ノ最タルモノダ	俗悪／成り金趣味の最たるものだ
(8)	…コトオビタダシイ	だらしない／寒いことおびただしい

〈例文〉
（1）上着は泥にまみれ、よごれによごれていた
（2）話しの続きが気になってならない
　　蛇がこわくてたまらない
　　あの人に会いたくて仕方がない
（3）くやしいといったらありゃーしない
（4）父の臨終に立ち会えなかったことは痛恨の極みでございます
（5）喜寿を迎えられ、御同慶の至りです
　　恐縮の至りです
（6）朝からずっと働きづめで疲労の極に達する
（7）このけばけばしい服なんて、俗悪の最たるものだ
（8）不衛生なことおびただしい

〈基本事項〉
1. 文法形態を用いた強調表現がある［(1)(2)］。
2. その他強調を示すきまったいい方がある［(3)(4)(5)(6)(7)(8)］。
3. これらは主に述語的に用いられる。

〈説明〉
1. 「非常によごれていた」の意。基本的には反復の手法（I〈参考〉1）。ヒタ、オオ、ベタなどを接頭すると更なる強調が可能となる。「ヒタ押シニ押ス」「大揺レニ揺レル」「ベタボレニホレル」「平謝リニ謝ル」。連体形でも用いられるものがある。「待チニ待ッタ出所ノ日」。ヨリニヨッテはこの表現から派生した副詞（城田 1998: 106）。
2. 「とても気になる」「とてもこわい」「とても会いたい」の意。「呆れてものがいえない／二の句がつげない」は「非常にあきれる」の意。VIII(i)〈説明〉11 参照。
3. 「これほどくやしいことはない」の意。話しことば（城田 1998: 77–78）。
4. 「感情などの程度が、これ以上進めないところにまで行き着いた状態」〔類大〕だという表現だが、強調の一手法。
5. 「限界に近いところまで達した状態」〔類大〕だという表現だが、強調の一手法。「御同慶」は「聞き手にも話し手にも喜ばしい」。
6. 「これ以上はない」といって、程度の高まりを強調する。
7. 「同類の中で、いちばん程度がはなはだしい」〔類大〕ことを表わして強調に使う。
8. 主に悪いことに用いる。「だらしないことおびただしい」「寒いことおびただしい」。「…（コト）極まりない」も同様。「不衛生／無礼／迷惑（なこと）極まりない」。連体的にも用いられる。「不衛生（なこと）極まりない調理場で用意された食事」「巧妙（なこと）極まりない手口を用いる」「退屈（なこと）極まりない仕事に嫌けがさす」。

〈注意〉
「無礼／迷惑千万（せんばん）」「非常識／失礼も甚（はなは）だしい」「…しても…し切れない」(VIII(i)〈説明〉9)「…テ形＋強調語＋ダ」(VIII(iii)〈参考〉)「できたてのほやほや」など強調表現は多数ある。取り上げたのは一部に過ぎない。

XIV　否定強調語

(i)　否定強調語とは
〈例文〉
（1）　経営者側は、労働条件を改善するといっておきながら<u>いっこうに</u><u>着手しない</u>〔類大〕
（2）　…それとなく彼に訊ねてみたが、彼も私同様に<u>皆目</u>何のことだか<u>分らない</u>と答えた(横光利一)
（3）　彼女はもうやりきれないといった様子をさっきから見せている津田を<u>毫も</u><u>容赦しなかった</u>(夏目漱石)
（4）　挑戦してみたが<u>全然</u><u>だめだった</u>〔類大〕
（5）　私には<u>とても</u><u>無理だ</u>〔類大〕

〈基本事項〉
1.　否定を強調する語がある。そのような語を否定強調語という。
2.　否定を示す語には形態的否定形と否定内包語がある。

〈説明〉
1.　「着手しない」〔(1)〕、「分らない」〔(2)〕、「容赦しなかった」〔(3)〕は動詞の否定形であり、形態的否定形の1つである。これらが持つ否定的意味を「いっこうに」〔(1)〕、「皆目」〔(2)〕、「毫も」〔(3)〕は強調する。
2.　「だめだ」〔(4)〕、「無理だ」〔(5)〕は否定の意味を内包する語である。これを否定内包語という。これらが持つ否定的意味を「全然」〔(4)〕、「とても」〔(5)〕は強調して示す。

〈注意〉
1.　形態的否定形には、ひろくとって次のものがある。(1)動詞否定形―書カナイ、書カヌ(ン)、書クマイ、書クナ、書カナイデ、書カネバ、書カズ、書キハシナイ(2)形容詞否定形―赤ク(ハ)ナイ、静カデ(ハ)ナイ(3)名詞の否定形―宝デ(ハ)ナイ(4)存在の否定形容詞―宝ガナイ(5)「きっぱりと否定する意を表す」〔辞〕終助詞「モノカ」がついた述部―書クモノカ、アルモノカ、赤イモノカ、静カナモノカ、宝ナモノカ(6)マスの否定形―…マセン、…マスマイ、…マサネバなどなど。ハシタ<u>ナイ</u>、

イギタナイなどのナイは造語要素で形態的否定形にかぞえない。
2. 否定強調語は基本的に副詞(形)であり、連用用法で普通用いられる。ただし、「からきしの無収入」(宇野浩二)のような連体用法もなくはない。「だ」をとって述語形になるが、その「だ」は否定を示す語の代行形である。「あいつは球技はからきしだ」は「からきしだめだ」の意で、「だ」は「だめだ」を代行。「勉強はさっぱりだ」は「さっぱりしない」「さっぱりだめだ」の意で、「だ」は「しない」「だめだ」を代行。

〈参考〉
1. 「だめ(だ)」[(4)]は「しようとしてもできない」「しても効果がない」〔辞〕を表わし、否定の意味が語義の中に込められている。
2. 「無理(だ)」[(5)]は「実現するのがむずかしいこと」〔辞〕を表わし、これもまた否定の意味を語義の中に持つ。
3. 形態的否定形は肯定形の反義語である。[反]着手する＝着手しない。
4. 否定と呼応する副詞の多くは否定強調語であるが、強調せずに、かえって弱めるかたちで呼応するものがある。「高い山が必ずしも険しいとは限らない」「評判の映画を見たけれど、たいしておもしろくなかった」「昨日に比べたら、今日はそれほど寒くはない」。これらは話し手の判断を表わすのに用いられる。話法的用法については(iii)参照。

(ii) 否定意強調語と否定形強調語

〈例文〉
(1)　(a)そんなことは全く考えない
　　　(b)二人の性格は全く違う
(2)　(a)そんなことは少しも考えない
　　　(b)二人の性格は少しも違わない(*違う)

〈基本事項〉
1. 否定強調語には、広く否定の意味を持つ語(形態的否定形および否定内包語)と結びついて用いられるものと、形態的否定形に結びついてのみ、普通、用いられるものが区別できるように思われる。
2. 前者を否定意強調語、後者を否定形強調語と仮に呼ぶ。

〈説明〉
1. 形態的否定形のみならず、「違う、だめだ、平気だ(＝気にしない)、無理だ、禁止だ、不可能だ、音信不通だ」のような否定内包語と結びつき得る否定強調語が否定意強調語である。「全く」はその例で、「考えない」[(1)(a)]にも「違う」[(1)(b)]にも結びつく。
2. 形態的否定形に結びついて普通用いられるのが否定形強調語である。「少しも」はその例である。この語を「違う」と結びつけようとするとその否定形「違わない」が現れる[(2)(a)]。同様に、「無理だ」と結びつけようとするとその否定形「無理でない」が現れる。

〈注意〉
1. 両者の境界ははっきりしないかもしれない。どちらに属させてよいか、迷うものがある。例えば、「行方」「消息」に関して用いられる「とんと」「杳として」の用例は否定形強調語であることを思わせるが、「とんと御無沙汰だ」「杳として消息不明／行方不明」を許容する人がいる。この場合否定意強調語となる。
2. 否定形強調語にはとりたて助詞「も」によってとりたてられたかたちのものが目立つ。少しも、ち(ょ)っとも、毫も、夢にも、にっちもさっちも、みじんも、いささかも。「少しも／ちっとも面白くない」「毫も疑わない」「うまくいくとは夢にも考えていなかった」「にっちもさっちも行かない」「みじんも違いがない」「いささかも似ていない」

〈参考〉
1. 現在、話しことばで「全然いい」のように、肯定の強調にも「全然」が用いられる。これは「違う、駄目だ」のような否定内包語と結びつく結果おこる現象かもしれない。否定内包語は否定であるか肯定であるかかたちの上では見分けられないからである。
2. 「も」でとりたてた語が否定の強調によく用いられる。「どこへも行かない」「何分もかからない」「何もいわない」「どうにもならない」。1＋助数詞＋モという連なりをとるものもある。「一人もいない」「一日も忘れない」「一点もやらない」「一つもわからない」。「も」や「しか」などのとりたて助詞と否定との相性については別途考察の要がある。「日本語も話せない」「日本語しか話せない」

（iii） 叙述的用法と話法的用法

〈例文〉
（1） 父は賭け事には<u>一切</u>手を<u>出さなかった</u>
（2） 賭け事には今後<u>一切</u>手を<u>出しません</u>

〈基本事項〉
否定強調語には叙述的用法と話法的用法がある。

〈説明〉
1. （1）は第3者たる父が賭け事には全面的に手を出さなかったという事態を叙述するのみ。「一切」はただ「手を出さなかった」という事態の否定の強意的表現にすぎない。叙述的用法である。
2. （2）は今後賭け事に手を出さないという話し手の決意の表明である。「一切」は強い調子を与えるに一役かっている。話し手の態度表明に関与するので、話法的用法といえばいえるかもしれない。

（iv） 叙述的によく用いられるものと話法的によく用いられるもの

〈例文〉
（1） 御恩(ごおん)は<u>決して</u><u>忘れません</u>〔辞〕
（2） 家を建てたいが、<u>如何(いかん)せん</u>地価が高くて手が<u>出ない</u>〔辞〕
（3） <u>とてもじゃないが</u>、引き受ける余裕は<u>ない</u>〔類大〕
（4） <u>頑(がん)として</u>首を縦(たて)に<u>振らない</u>〔広〕
（5） 爾来(じらい)、今日まで彼の消息は、<u>杳(よう)として</u>わからない
（6） あいつは<u>からきし</u>意気地が<u>なくて</u>、情けないったらない〔類大〕

〈基本事項〉
否定強調語は、主に話法的用法で用いられるものとそうでないものがある。

〈説明〉
1. 「決して」[(1)]は話し手の決意の表明を強意的に表わす。「如何せん」[(2)]は話し手の残念な気持を表わしつつ否定を強調する。慣用句「とてもじゃないが」[(3)]は可能性ありと人は思うかもしれないが、そういう可能性はないという話し手の気持を表わす。上記の語、連語、慣用句は否定に当たり、一般に話し手の態度表明に用いられる。
2. 「頑として」[(4)]は通常話し手以外の主役に用いられ、「かたくなに他

人のいうことを受け入れない」という事柄を表わす。「杳として」[(5)]は「消息、行方、所在」などが「知れない、わからない」ことを強調する。話し手に関して用いられることは通常ない。「からきし」[(6)]は単なる否定の強調。話し手の態度表明は認められない。上記の語、連語は話し手の態度表明に用いられることは概して少ないと思われる。

〈注意〉

1. 「否定・肯定」とは「コトの論理的姿」をいうもので、コトに属し、話法的意味はない。その強調を全て話し手の強調(つまり、話法的強調)と解するのは当を得ない。
2. 話法的意味は、語・連語が述部でいかに用いられるか、その用いられ方によって付与される。例えば、叙述法、一人称、現在形であると話し手の気持・態度が込められやすい。〈例文〉(2)参照。
3. (a) 絶対／断じてやり遂げてみせる(肯定の述部への話法的強調)
   (b) 絶対／断じて許せない(否定の述部への話法的強調)
   (a)(b)における「絶対、断じて」は話法的強調語である。話法的強調語はⅠ〈注意〉5で記したよう、話し手の確信的態度や決然たる態度を強調し、肯定(a)でも否定(b)でも結びつく。
4. 話法的強調語の否定述部の強調(絶対／断じて許せない)と否定強調語の話法的用法(一切／決して許せない)とは機能(話し手が否定を強調する)は同じであっても、語彙の素性は異なる(繰返しになるが、「絶対、断じて」は話法的強調語、「一切、決して」は否定強調語である)。

〈参考〉

「決して」は「話し手の強い打消し意志を表す」(〔基礎〕: 408)とされるが、三人称・過去形で用いられる時、話法的意味が薄れるか、消えるかする場合がある。「彼は常に先頭に立って戦い、決して自分を遮蔽しなかった」(大岡昇平)。上例において、「決して」は「一度として」という叙述的意味で用いられている。また、例えば、「おくびにも出さない」という慣用句を「物事を深く隠して、決して口に出さず、それらしいようすも見せない」と辞書〔辞〕が意味を説明する時、この「決して」は話し手(辞書の執筆者の一人)が態度を表明しているわけではなく、叙述的な否定の強調を行っていると見るのがより適切と思われる。連体修飾の例も掲げておきたい。「このたびの

戦闘で決して自分を遮蔽しなかった上等兵が司令部に呼び出された」。この「決して」に話し手の態度の表明ではない。

(v) 例解
〈基本事項〉
1. 否定強調語は陳述副詞としてよく扱われる（北原他 1981: 173）が、全てが話し手の気持や態度を表わすわけではない。話法的意味を確固として内在させる否定強調語は少ないというのが実情である。(iv)参照。
2. 以下、否定強調語の例をアイウエオ順に並べ、必要に応じコメントを加え、例文を掲げる。
   (1) 如何（いか）にも
       具体的に何かをしたり、変えたりできない。「こんな状態では、いかにも手の施しようがない」〔類大〕
   (2) 如何（いかん）せん
       （話し手にとり）残念だが、できない。「助けてやりたかったが、如何せん私も金に困っているので、どうしてやることもできなかった」〔類大〕。(iv)〈例文〉(2)、〈説明〉1 参照。
   (3) 如何（いかん）とも
       文章語。いろいろやってみたがうまくいかず、どうにもしようがない。非常に個性的で、「しがたい」に結びついてよく用いられる。「治癒の兆しは見えず、もはや如何ともしがたい状況である」〔類大〕
   (4) いささかも
       少しも、全く…でない／しない。「いささかも似ていない」「いささかも反省の色が見えない」〔辞〕
   (5) いっかな
       やや古風ないい方、現在用いられるのは稀である。いつまでたっても終らなかったり、変化・進展がない。どうしても、どのようにしても。何をしても。「待てど暮らせど、いっかな連絡はこない」〔類大〕「いくら頼んでも、彼女はいっかな聞こうとしない」（同上）「子供はいっかな手を離さなかった」（里見弴）

(6) 一向(いっこう)(に)

予測・予想・期待される通りに事が実現しない、変化・進展がない。時間の経過を前提にして逆条件的状況で用いられる。全然、まったく、ちっとも、少しも。「彼は人にどう思われようといっこうにかまわない男だ」「どんなにプレッシャーをかけられても、彼はいっこうに平気だ」「雨ごいする農民をあざ笑うかのように、いっこうに雨は降らない」(以上〔類大〕)「いっこうに存じません」「服装にはいっこうに構わない」(以上〔辞〕)

(7) 一切(いっさい)

まったくそうではない(そうしない)。全然、まったく。「賭け事は一切やりません」「そんなことは一切知りません」(以上〔類大〕)「謝礼は一切受け取らない」「今後一切干渉しない」(以上〔辞〕)「お世話は一切しません」〔広〕。「一切まかせる」といった場合、「一切を」の意味で、「一切」は名詞。否定強調語の場合は副詞(形)で、ヲをとることはできない。

(8) いまだかつて

今までに一度も。「いまだかつて師の命に背いたことはない」〔辞〕

(9) およそ

全く、全然。「これはおよそ面白くない本だ」〔辞〕

(10) 皆目(かいもく)

「わからない、見当がつかない」と結びついてよく用いられる。「皆目見当がつかない」〔広〕「皆目事情がわからない」〔類大〕。「彼女がどこへ行ったか皆目不明だ」は許容されるか。

(11) からきし＜からっきし、からきり

当該場面での不可能、無能力というより、能力・体質・性質上「全然できない」の意で用いられる。「球技はからきしだめだ」〔類大〕「酒はからきし飲めない」。「全然…でない、…がない」の意でも用いられる。「この本はからきし面白くない」〔辞〕。(iv)〈例文〉(6)、〈説明〉2参照。

(12) 頑(がん)として

かたくなに否定的態度を押し通そうとすることを表わす個性的否

定意強調語。(iv)〈説明〉2参照。「頑として受け入れない／聞き入れない」「頑として否定する」「頑として首を縦に振らない」〔広〕

(13) 口が腐っても／裂けても
「いう、いえる、漏らす、頼む」の否定形を強調する慣用句。しばしば話法的に用いられる。「口が腐っても言わない」〔辞〕「彼は口が裂けても秘密を漏らさない」

(14) 決して
何か前提があっても、そうではない、そうしない、そうにならないという話し手の強い打消しの意志を表わすのが通常の用法。(iv)〈説明〉1参照。「君は不満かもしれないが、決して悪い話ではないと思う」〔類大〕「彼は決して大きい方ではない」〔辞〕「決してあの場所に近づいてはいけない」〔類大〕「決してご遠慮はありません」(宮沢賢治)「決して行くものか」「君などに決して負けるものか」
話法的意味の弱化・消失については(iv)〈参考〉参照。

(15) 毫も
改まった文章語的いい方で用いられる。「少しも、ちっとも」と同義。「彼は告発されても毫も痛痒を感じない」〔類大〕「毫も疑わない」〔辞〕「毫も動じない」〔広〕。XIV(i)〈例文〉(3)参照。

(16) さっぱり
「この子は、さっぱり食べない／読まない／いうことを聞かない」といった場合、「食べる、読む、いうことを聞く」ということが望ましい状態として期待されるという前提がある。「少しも望ましい状況・状態にならない」という意で用いられる。「いくら考えてもさっぱりわからない」〔類大〕「さっぱり売り上げが伸びない(売り上げがさっぱりだ)」「さっぱり理由がわからなかった」(横光利一)「さっぱり面白くない」

(17) 更々
「少しもそういう考えや必要などない」〔類大〕。「動詞連体形＋気／気持／覚え／考え／必要…ガ＋ナイ」、「考えない／思わない…」などとよく結びついて用いられる個性的否定強調語。「歩け

ない、通じない、着手しない、ごぶさたしている、話しにならない、許せない、帰れない…」などとは普通結びつかない。「いくら注意されても直す気は<u>さらさらない</u>」〔類大〕「謝る／別れる気は<u>さらさらない</u>」〔辞〕「わるぐちをいった覚えは<u>さらさらない</u>」〔表現類〕「帰国しようなんて<u>さらさら考えない</u>」「うとましくこそあれ、<u>さらさら</u>興味なんて<u>持てませんでした</u>」(金井美恵子)

(18) 少しも

代表的な否定形強調語。(ii) 参照。否定形をとる語の意味内容が全面的に欠除することを表わす。「彼はしっかりしているから<u>少しも心配していない</u>」「そんなふうにほめられても<u>少しもうれしくない</u>」(以上〔類大〕)「<u>少しも寒くない</u>」〔辞〕「<u>少しも騒がず</u>」〔広〕。「ちっとも」は話しことば。

(19) 全然(ぜんぜん)

「ひとつの例外もなく可能性のない」〔類大〕「ほんのわずかも成立しない」「全く、まるで、少しも」〔広〕〔辞〕のような意味が辞書に記載される。「挑戦してみたが<u>全然だめだった</u>」「自信満々で臨んだが、<u>全然通じなかった</u>」(以上〔類大〕)「<u>全然食欲がない</u>」「その話しは<u>全然知らない</u>」「スポーツは<u>全然だめです</u>」(以上〔辞〕)「<u>全然わからない</u>」〔広〕「其代わり子供の戸籍(こせき)については主家(しゅか)では<u>全然</u>与(あずか)<u>り知らない</u>」(永井荷風)

(20) 誰も、誰一人

まったくそういう人がいない、どの人も、一人も。「そんな話しは<u>誰も知らない</u>」〔類大〕「<u>だれひとり気がつかない</u>」〔広〕

(21) 絶(た)えて

「それ以後まったくとだえる」ことを表わし、「聞かない」「聞いたことがない」「耳にしない」などとよく用いられる。「久しく」がつくことがある。「彼のうわさはその後<u>絶えて聞かない</u>」〔類大〕「<u>絶えて久しくお目にかかりません</u>」〔広〕

(22) ちっとも

「少しも」と同義。否定形強調語。汎用的。「あんな話<u>ちっともおもしろくない</u>」〔類大〕「<u>ちっともうまくない</u>」〔辞〕「<u>ちっとも気</u>

にしてない」〔辞〕「ちっともかまわない」〔広〕「ちっとも意味が通じない」「ちっとも勉強すすまないじゃないの」(太宰治)

(23) 露＜露程も
「少しもあり得ない」〔類大〕「少しも、まったく」〔辞〕〔広〕。「そんなことは露知らず、どなりつけてしまった」「私の心は露変わりません」「彼のことばを露程も疑ったことはない」(以上〔類大〕)

(24) てんで
「初めから可能性のない」〔類大〕。「てんで＋話し／試合／相撲／相手／戦い／問題…＋にならない」「てんで＋動詞連体形＋気／力／能力…＋がない」のかたちでよく用いられる。「てんで心配しない」のような結びつきではガ格登場者は話し手以外のことが多い。「あいつはそんなことてんで心配していない」。「てんで話しにならない」「てんで試合にならなかった」(以上〔類大〕)「てんで問題にならない」〔広〕「てんでやる気がない」「てんで相手にしてくれない」(以上〔辞〕)「てんでだめだ」〔広〕「てんで歯牙に掛けられない連中さへあります」(内田魯庵)「芝居などテンで面白くも無いのだが」(木下尚江)「梅子の噂はてんでなかった」(曽野綾子)。「てんから」もある。「てんから信用しない」

(25) とても
「どのような方法、手段あるいは状況の変化によっても、望ましいことが実現するとは思えない」〔類大〕。「どうしても、とうてい」〔辞〕。「なんとしても」〔広〕。「あの人にはとてもかないません」「この調子では明日はとても晴れそうもないね」「この時間だととても帰れない」「この問題は私にはとても無理だ」(以上〔類大〕)「とても食べられない量」〔辞〕「とてもできない」〔広〕

(26) とてもじゃないが
「少しは可能なように思えるかもしれないが、実際にはとてもそのようなことはできないと思える」〔類大〕。「とてもを強めた言い方」〔辞〕。「どんなにしても、とうてい」〔広〕。話しことば。辞典に掲げられる用例は全て話法的用法。「その値段ではとてもじゃないが買えない」〔辞〕「とてもじゃないが僕には出来ない」

〔広〕「とてもじゃないが、そんな金はすぐに用意できやしない」「とてもじゃないが、引き受ける余裕はない」(以上〔類大〕)

(27) とうてい

「どのような方法・手段あるいは状況の変化によっても、自分の意志ではそのことを実現できるとは思えない」〔類大〕。「どうやってみても。どうしても」〔辞〕。「いかにしても。とても」〔広〕。ほとんどの用例は話法的用法。「とうてい相手にならない」「とうていできない」(以上〔辞〕)「とうてい無理だ」〔広〕「30分で空港まで行くのはとうてい不可能だ」「プロのチームに勝つなんてとうていできっこない」「今までの経験からして、とうてい彼を信用することはできない」(以上〔類大〕)。「とても」についてはⅥ(i)(1)参照。

(28) とんと

口頭語で用いられるやや古めかしいいい方。「ある物事の状態に少しも変化が見られず、ずっと続いている」〔類大〕。「すこしも、たとえ、一向」〔広〕。「すこしも」〔辞〕。「家を出て行ったきりとんと行方がわからない」「とんとご無沙汰しています」(以上〔類大〕)「とんと覚えていない」〔広〕「何度聞いてもとんとわからない」「とんと姿を見せない」(以上〔辞〕)

(29) 何

「そういったことがまったくない」〔類大〕。「何一つとして。少しも」〔辞〕。「何不自由なく暮らす」〔辞〕

(30) 何一つ

「そういったこと・ものがまったくない(できない)」〔類大〕。「何も。ひとつも。少しも」〔辞〕。「どれ一つ」〔広〕。「不満なんて何一つありません」「当時の面影をとどめるものは、何一つ残っていない」「彼の言っていることは何一つ理解できなかった」(以上〔類大〕)「何一つ不自由ない生活」〔辞〕「何一つ不足のない家」〔広〕

(31) 何とも

「具体的に言ったりすることができない」〔類大〕。「どうという限

定のない」〔辞〕。「この先どうなるか何とも言えない」「その美しさといったら何とも表現のしようがない」(以上〔辞〕)

(32) にっちもさっちも
「二進も三進も行かない」は「窮地に追い込まれたりして身動きできない」の意で、慣用句として扱う辞書もある。「動か(け)ない／前に進ま(め)ない」などとも結びつく。非常に個性的否定形強調語。そろばんの用語から来たとされる。「借金は増えすぎてにっちもさっちも行かない」〔辞〕「カラキシ最う滅茶々々で二進も三進も方がつかなくなる」(内田魯庵)

(33) 全く
「完全に、そういう状態ではない」〔類大〕。「決して。全然」〔辞〕〔広〕。「けがをして全く歩けない」〔類大〕「彼は事件とは全く関係がない」〔辞〕「全く話しにならない」〔広〕「私は事件には全く無関係です」

(34) まるきり＜まるっきり
「完全にそういう状態ではない」〔類大〕。「全く。まるで」〔辞〕。「私はフランス語はまるきりできない」「予想していた結果とはまるきり違っていた」(以上〔類大〕)「まるきりなっていない」〔辞〕「まるきり知らない」〔広〕「料理はまるっきりだめだ」「まるっきり手も足も出ない」(以上〔辞〕)「僕には絵の才能なんかまるっきりない」〔類大〕

(35) まるで
「全体的に否定される状況にある」〔類大〕。「すっかり。まったく」〔辞〕。「全然、まるっきり」〔広〕。「まるで話しが違う」〔辞〕「まるでだめだ」〔辞〕「基本がまるでなってない」〔類大〕

(36) 微塵も
「量や程度がごくわずかである」〔辞〕。「少しも。ちっとも」〔広〕。「ある気持ちが少しもない」〔類大〕。「人に親切を施そうなんて考えは微塵もない」〔類大〕「約束を破る心は、みじんもなかった」(太宰治)「微塵も違いがない」〔辞〕。「微塵の同情もない」〔広〕で「微塵」は「の」をとって「同情心」にかかるが、否定の強調

であることに変わりはない。

(37) めったに
「まれにしか起こらない／ない」〔辞〕。「めったに外出しない」「めったに姿を見せない」(以上〔辞〕)

(38) 毛頭（もうとう）
意図／気／気持／ツモリガ…ナイのかたちでよく用いられ、意図・気持の不在を強調する。「毛頭食べない」とはいえない。「そういうつもりはもうとうございません」〔類大〕「やめる気は毛頭ない」〔表現類〕「疑う気持はもうとうない」〔辞〕

(39) 夢にも
「思う、考える、予想する」など思考の動詞の否定形とよく結びつく。「…なんて／…ことは夢にも思わない」は「…となる可能性があるとは決して思わない」の意。「歩く、通じる、理解できる、着手する、聞く、近づく、許す、憧れる、感じる」などの動詞の否定形、「面白い、嬉しい」などの形容詞の否定形とは結びつかない。「うまくいくとは夢にも考えなかった」〔辞〕「モデルになれるなんて夢にも思わなかった」〔類大〕

(40) ゆめゆめ
文章語。「決してそのようなことをしない」〔類大〕。用例は全て話法的用法を示す。「ゆめゆめよこしまな考えは持ちません」「ゆめゆめ時間に遅れることのないように」(以上〔類大〕)「ゆめゆめ忘れるな」〔辞〕「ゆめゆめ疑うことなかれ」〔広〕

(41) 杳（よう）として
文章語。「行方が／消息が／どうなったか／…杳として知ら(れ)ない／わからない」のかたちでよく用いられる。「杳として行方が知れない」〔広〕「杳として消息が知れない」〔辞〕「如何になりしぞ。杳として知る可からず」(徳冨蘆花)。(iv)〈例文〉(5)、〈説明〉2参照。

〈参考〉
1. 「連体形」＋ドコロ（ノ騒ギ）デハナイ（ジャナイ）はある事態をあげ、そのようななまやさしい程度ではなく、さらに程度の高い事態があること

を言外にいう述語的表現である。「勉強に追われて、遊ぶどころではない」「暑いどころの騒ぎじゃない」「暑かったどころの騒ぎじゃない」。名詞＋ドコロ（ノ騒ギ）デハナイもある。「昼寝どころ（の騒ぎ）じゃない」

2. 「連用形」＋ッコナイは「…する筈がない、…そのような可能性がない、…決してするとは思われない」という意の話しことば的表現をつくる。「こんな車、動きっこないよ」

3. 否定的事態を強調的に示し、述語的ないし連体的に用いられる慣用句や表現が多数ある。例を掲げる（カッコ内で示したように多くが否定強調語でいいかえることができる。例と意味は主に〔辞〕による）。「びくともしない」（何があろうとも確固として少しも動じない。「彼の理論は完璧だから、どんなに攻撃されてもびくともしない」「何をいわれても私の気持はびくともしない」）、「箸にも棒にも掛からない」（ひどすぎてどうにも手がつけられない）、「矢も盾もたまらない」（思いつめて、こらえることがとてもできない。「母親の病状が心配で矢も盾もたまらない」）、「血も涙もない」（全く人情味がない。冷酷だ。「血も涙もない借金の取り立て」）、「縁もゆかりもない」（何のかかわりもない。「縁もゆかりもない他人」）、「根も葉もない」（根拠が全くない。「根も葉もないうわさ」）、「歯が立たない」（相手が自分の技量をはるかに超えていて、とても取り組めない。「歯が立たない強敵／難問」）、「影も形もない」（全く跡をとどめない。「古い家並みは取り壊されて影も形もない」）、「おくびにも出さない」（物事を深く隠して、決して口に出さず、それらしいようすを見せない。「自分の苦労などおくびにも出さない」。「おくびにも見せない」ともいう）。「洟も引っ掛けない」（相手に全くしない。「あいさつしても洟も引っ掛けない」）、「及びもつかない」（到底及ばない。「あの人の才能には、私など及びもつかない」）、「猫の子一匹いない」（人が全くいない。「猫の子一匹いない夜の官庁街」）、「西も東も分からない」（その土地の地理が全くわからない。「西も東も分からないまま旅をする」）、「取り付く島もない」（頼りとしてすがるところが全くない。「つっけんどんで取り付く島もない」）、「歯牙にも掛けない」（全く無視して相手にしない。「世間のうわさなんか歯牙にも掛けない」）、「痛くも痒くもない」（全く影響がない。「何といわれようと痛くも痒くもな

い」)、「鼻をつままれても分からない」(真っ暗で全然見えない。「真っ暗闇で、鼻をつままれても分からない」)、「居ても立っても居られない」(心がいらだったり興奮したりして、全く落ち着いていられない。「入学試験の結果がわかるまで居ても立っても居られない」)、「横の物を縦にもしない」(ものぐさで全然何もしない。「横の物を縦にもしないぐうたら亭主」)

XV　弱め語

図表 47　弱め語

	強調語	弱め語	出だし語
(1)	鮮明に、はっきり	かすかに、ぼんやり	おぼえる
(2)	ぴゅうぴゅう	そよそよ	(風が)吹く
(3)	ざあざあ	しょぼしょぼ、しとしと	(雨が)降る
(4)	とても、非常に	少し、ちょっと、やや	(風が)強い
(5)	とびきり	まあまあ	うまい
(6)	重い	軽い	病気
(7)	深い	浅い	傷
(8)	嵐のような	まばらな	拍手

〈例文〉

(1)　そのことはかすかにおぼえている

(2)　春風がそよそよ吹く〔明〕

(3)　雨がしとしと降る〔明〕

(4)　明日は北西の風がやや強いでしょう

(5)　この店のトンカツはまあまあうまい

(6)　軽い病気にかかった

(7)　傷は浅いぞ。しっかりしろ

(8)　まばらな拍手〔新和英大〕

〈基本事項〉

1. 出だし語が示すコトの程度が低く、弱いという意味を表わす語を弱め語という。
2. 「コトの程度が低く弱い」は「強調」と「反義」の複合としてとらえら

れる。[強・反] 傷＝浅い。第 24 章 VII〈注意〉2(1)参照。
3. 弱め語は強調語の反義語である。[反] 浅い(傷) ＝ 深い(傷)

〈説明〉
1. 「かすかに」は感覚、記憶、動き、作用などがかろうじて認められることをいう。「香る、におう、感じられる、漂う、見える、微笑む、動く、ゆれる、息をする、光がさす」などと結びつく。連体的には、「声、息、線、色、匂い、記憶、痛み、微笑(ほほえ)、類似、不安、希望、(の)気配(けはい)」などに結びつく。
2. 「そよそよ」は「風が静かに心地よく吹くさま」〔辞〕を表わす(称賛の意味も混入する。p.155)。
3. 雨の勢いは、しょぼしょぼ＜しとしと＜ぽつぽつ＜ぱらぱら＜ばらばら＜ざあざあの順で激しくなる〔類語例解〕。
4. 天気予報で、風は、やや強く＜強く＜非常に強く、の順で激しくなる。
5. 「まあまあ」は「十分とはいえないが一応満足できる」〔明〕程度を表わす。
6. 「軽い」は負担や損害などが小さいことを表わす。「症状、頭痛、めまい、近視、罪、刑罰、処分、責任(主に述語用法。責任が軽い)、被害」などと結びつく。
7. 「浅い」は「程度や分量、また、かかわりなどが少ない」〔辞〕。「経験、眠り、傷、知識」などと結びつく。「浅い傷」はまた「軽傷」「かすりきず」ともいいかえられる。

〈参考〉
強調語より多様性に乏しく、汎用的なもの(少し、ちょっと、弱い、やや、まあまあ…)に頼る傾向があるが、記述するとなると紙幅を要することが予想される。

第2章　真正語

I　真正語とは

図表48　真正語

	真正語	出だし語
(1)	正しい、正答(内包語)	答
(2)	正式な／の、正規の	手続き
(3)	正統な	後継者
(4)	正規の、正(規)社員(内包語)	社員
(5)	本物の	ダイヤ(モンド)
(6)	血統書つきの	日本犬

〈例文〉
（1）　答案には<u>正しい答え</u>がほとんどなかった
（2）　申請には<u>正式／正規の手続き</u>をふんで頂かなければ困ります
（3）　彼こそ<u>正統な後継者</u>です〔類大〕
（4）　企業なら…非正規社員を<u>正規社員</u>に登用する道を広げること…〔朝日、朝〕
（5）　<u>本物のダイヤ</u>だといって紛（まが）い物のダイヤをつかませました
（6）　<u>血統書（けっとうしょ）つきの日本犬</u>は相当（そうとう）値がはる

〈基本事項〉
1.　ものや事柄にはかくあるべきという姿がある。
2.　出だし語が示すものや事柄のあるべき姿を表わす語を真正語という。
3.　出だし語とそれに結びつく真正語との関係を「真正の縁」と呼び、[正]と略記すると、例えば、「答」と「正しい」「正答」、「手続き」と「正式

な／の」「正規の」の関係は、次のように表記される。［正］答＝正しい、正答(内包語)　［正］手続き＝正式な／の、正規の

〈説明〉
1. 「答」は「正しい」ことがあるべき姿である。「正確な」「適切な」もある。「正答」「正解」は内包語。「正しい」は汎用的。「正しい選挙／姿勢／考え方／…」
2. 「手続き」とは「物事を行うのに必要な手順」。官庁などでは手順が定められ、それにのっとるのが「正式の」「正規の」である。
3. 地位を引き継ぐに当たり、血筋を正しく引くとか、教えを正しく受け継ぐとか、力を十分備えるとかする必要があると常識的に考えられ、それがかくあるべき姿である。「正統な」はそれに合致するの意。
4. 「正社員」「正規社員」(内包語)は「規則にもとづいて雇用された社員」。
5. 「正真正銘の」「本当の」「真正の」も用いられる。
6. 「血統書」とはペット用動物や競争馬などの血統の純粋性を証明する証書。「血統書つきの…」のかたちでこれら動物の真正語として働く。「純粋の」も使える。「この子は親も純粋の秋田犬です」〔Yahooウェブ検索〕

〈注意〉
1. 例文では全て連体形に立ち、名詞にかかる真正語をあげたが、連用形に立ち、副詞として動詞にかかる真正語も当然ある。「質問に対し正しく答えた解答は答案にはほとんどなかった」「このたびは受賞を正式に辞退いたします」「二人は正式に結婚するつもりだといっている」「作品が公正に評価されて嬉しい」「本日、この場で、我々は正々堂々と戦うことを誓います」
2. 当然、述語的にも用いられる。「この答えは正しい」「評価は公正である」
3. 「かくあるべき（姿）」は①「基準・標準に合致する」と②「事実・現実に合致する」とが事実上区別されることがある。例えば、「職業」は「生計維持のため日常従事する仕事」であるが、日常従事するという事実・現実に合致する面では「本業」(内包語)があり、世間一般の常識的基準に合致する面では「まっとうな」がある。一般に、①は「正しい」、②は「本当の」で区別される。「まっとうな職業」（正しい職業）―「本

業」(本当の職業)。よって、①を「正当語」、②を「真正語」といって区別すべきではないかという考えも成り立つかもしれない。ただし、この区別がつきにくいものもある。例えば、「答」(設問を解いて出される結果)。「正しい答」＝「本当の答」。つまり、「正しい」は①②を併せた意味を持つ。同様に「(漢字の)書き方」において「正しい」は①②両様の意味を持つ。「本物のダイヤ」においても①②の区別はない。「正しいダイヤ」でもあり、「本当のダイヤ」でもある。「かくあるべき」というのは①②を含む広い意味と理解したい。

II 非真正語

図表49　真正語と非真正語

	真正語	非真正語	出だし語
(1)	正しい、正答(内包語)	誤った、間違った、誤答(内包語)	答
(2)	正規(の)、正社員(内包語)	非正規(の)、派遣社員(内包語)	社員
(3)	正規の	偽の、偽学生(内包語)	学生
(4)	本妻(内包語)、正妻(内包語)	内縁の	妻
(5)	本物の	偽物の	ダイヤ
(6)		偽造／贋造紙幣(内包語)	紙幣

〈例文〉
（1）　答案には<u>間違った答え</u>がほとんどなかった
（2）　あの人は正社員ではありません。<u>派遣社員</u>ですから、苦情をいっても上に通じませんよ
（3）　昭和のはじめは学生はまだ特権階級だった。そのため<u>偽学生</u>も横行していた
（4）　<u>内縁の妻</u>に莫大な財産を残して死んだ
（5）　本物のダイヤだといって<u>偽物のダイヤ</u>をつかませられた
（6）　1万円の<u>偽造紙幣</u>が浅草で見つかった

〈基本事項〉
「真正の縁」はそのものとしてもあるが、よく「反義の縁」と複合して存在する。この複合を[正・反]と表記する。[正・反] 答＝誤った、間違った、

誤答(内包語)。出だし語に[正・反]で結びつく語を非真正語と呼ぶ(第24章VII〈注意〉2(2)参照)。

〈説明〉

1. 「誤った／間違った答」「誤答」は「正しくない答」。
2. 現在「派遣社員」は「非正規の社員」の意でよく用いられる。「アルバイト」という語もある。ともに「正規に雇用された社員でないもの」の意。
3. 「偽(の)学生」は「正規でない学生」。
4. 「内縁の妻」は「法律上の手続きをしていない妻」で様々なニュアンスを持つ差別的内包語を持つ。「内妻」「二号」「権妻」(古めかしい)「めかけ」「囲い者」「愛人」。これらは「本妻でない」というのが基本の意味。
5. 「イミテーションの／偽の」などの語もある(「人造ダイヤ」は研磨材などに用いられるので紛い物のニュアンスは薄い)。すべて、「本物でないダイヤ」の意。
6. 「偽札」「贋札」ともいう。「本物でない紙幣」の意。
7. 以上でわかる通り、真正語と非真正語は反義語であり、それも一方を否定すると他方となる一類(有無類)の反義語である(第24章II参照)。

〈注意〉
偽造紙幣、偽札は常用される非真正語であるが、対応する常用真正語を特に持たない。このように、非真正語の方がよく用いられ、真正語の対はあまり用いられないものが多くある。(正規の／免許を持つ医者)―「偽医者」、(正規の受験生)―「替え玉」(の受験生)、(政府発行の金)―「偽金」、(皮膚にできたほくろ)―「つけぼくろ」

III 例解

(i) 人

[正] 母＝生みの、本当の、実の、生母(内包語)、実母(内包語)。「太郎は生みの母の顔を知らずに一生をすごした」「実母は昨年死亡した」「生母とは生き別れになった」。[正・反] 母＝義母、継母、養母、ままはは(以上内包語)。「五歳の時に継母がきた」

［正］父＝本当の、実の。「実の父が死病で入院している」(宮部みゆき)。［正・反］父＝義父、継父、養父、ままちち(以上内包語)
［正］子＝実の、本当の、血を分けた、実子(内包語)。「子供を実子であると認知する」。［正・反］子＝まま子、貰いっ子、養子、養女(以上内包語)。「子がないので養子を迎える」「まま子にやさしく接する」
［正］親＝実の、生みの。「生みの親より育ての親」［正・反］親＝養父母、ままおや、仮親(かりおや)。「生れてすぐ他家にもらわれ養父母にかわいがられる」
［正］親子＝実の
［正］人間＝まともな。「まともな人間ならそんなこといわない」
［正］人＝正しい、まっとうな、まともな
［正］友人＝真の、本当の
［正・反］医者＝偽医者
［正・反］産婆＝素人産婆(しろうとさんば)(序論第 2 章 I〈説明〉5)

(ii) もの、こと

［正］文書＝正式の、公式の。「公式の文書に誤りがあってはならない」
［正］データ、答え＝正確な、正しい
［正］時計＝正確な、クロノメーター(内包語)
［正］真珠＝本物の。［正・反］真珠＝模造真珠(内包語)、紛いの
［正］懐石料理(かいせき)＝本式の／な。「本式の懐石料理を食べる機会はめったにありません」
［正］採用＝正式(な)採用。［正・反］採用＝仮(かり)(の)採用。「あの人はまだ正式採用になっていません。仮採用の段階です」
［正］根拠＝確実な、正確な
［正］裁判、審査、取引＝公正な。「国民は公正な裁判を期待する」「公正な審査の結果受賞作が決定した」
［正］権利、報酬、評価＝正当な。「悲しい時に悲しいというのは人間の正当な権利じゃないでしょうか」「身を粉(こ)にして働いたのに正当な報酬は貰えなかった」「一生正当な評価を受けなかった」

［正］批評＝正しい、正当な、適切な
［正］試合＝正式な、公式戦（内包語）。［正・反］試合＝練習試合（内包語）。「練習試合では良く打つが、公式戦になると三振ばかりだ」
［正］値段＝掛け値なしの、正価（内包語）。［正・反］値段＝闇値
［正］分配＝公平な
［正］服装＝正式の
［正］態度、やり方＝公明正大な、フェアな。「首長は公明正大なやり方で選んでほしい」
［正］主張＝まっとうな、正当な、正しい
［正］愛情＝真の、本当の、心からの
［正］発音＝正しい、正確な、標準的（な）、訛(なま)りのない。「アナウンサーになるには正確な発音をまず身につけておくことが必要だ」。［正・反］発音＝不正確な、訛(なま)った
［正］実力＝真の、本当の。「真の実力がどれほどのものなのか、いまの所見極(みきわ)めがつかない」
［正］訪問、招待＝正式な／の、公式の／な
［正］発育＝正常な
［正］食事＝まともな。「このところまともな食事をとっていない」
［正］暮らし＝まっとうな、まともな。「あの人がまっとうな暮らしをしているとはとうてい思えない」
［正］歌唱力＝本物の
［正］芸術、勇気＝真の
［正］コレラ＝真正の
［正］雨＝本格的な（＝［中］＝［強］）、本降りの（p.436）、しっかりした（雨になるのは午後から）（NHK天気予報で）

(iii) **副詞用法**

［正］発表する＝正式に、公式に
［正］採用する＝正式に。［正・反］採用する＝仮に
［正］裁判する、裁(さば)く＝公正に
［正］評価する＝正当に

[正] 分配する＝公平に。「援助物資を住民に公平に分配することは至難のわざだ」
　[正] 主張する＝正当に
　[正] 発音する＝正しく、正確に、標準的に、訛りなく。[正・反] 発音する＝不正確に、訛って
　[正] 訪問する、招待する＝正式に、公式に
　[正] 受け取る＝確かに。「上記の金額確かに受け取りました」
　[正] 受領する＝正に。「上記の金額正に受領しました」
　[正] 勝負する＝正々堂々と
　[正] プレーする＝フェアに
　[正] 暮らす＝まっとうに

〈参考〉
1.「本」を頭に持つ内包的真正語の例。
　[正] 放送＝本放送。「テレビの本放送を開始する」
　[正] 会議＝本会議。「本会議で決まったことは今更変更できない」
　[正] 課程＝本科。[正・反] 課程＝予科、別科、専科（選科）
　[正] 決定＝本決まり。[正・反] 仮決定、内定
　[正] 職業＝本業、本職。[正・反] 職業＝副業、副職
　[正] 契約＝本契約（＝正式契約）。[正・反] 契約＝仮契約
　[正] 絹＝本絹（＝純絹、正絹）。[正・反] 絹＝人絹
　[正] 妻＝本妻（＝正妻）
　[正] 採用＝本採用。[正・反] 採用＝仮採用
　[正] 試験＝本試験。「本試験で実力を出す」。[正・反] 試験＝予備試験、模擬試験
　[正] 葬儀、葬式＝本葬。[正・反] 葬儀＝仮葬（「かりそう」ともいう）、密葬
　[正] 仕立て、縫製＝本縫い。[正・反] 仕立て、縫製＝仮縫い、下縫い
　[正] 撮影、放送、演技＝本番。[正・反] 撮影、放送、演技＝練習、リハーサル、テスト
　[正] 名前＝本名。[正・反] 名前＝仮名、別名、偽名、変名、筆名、芸名、通称、ペンネーム

2. 「正」を頭に持つ内包的真正語の例。
　　［正］課業、課目＝正課。「ダンスが正課になった」
　　［正］答＝正答。［正・反］答＝誤答
　　［正］服装＝正装。「紋付き、羽織、袴の正装で式に臨む」。［正・反］
　　　　服装＝略装。「旅先なので、略装で失礼する」
　　［正］公文書の謄本＝正本。［正・反］公文書の謄本＝副本
　　［正］文字(漢字)＝正字(正しい字)。［正・反］文字＝当て字、俗字
　　［正］選手＝正選手
　　［正］会員＝正会員
　　［正］看護師＝正看護師

3. 「純」を頭に持つ内包的真正語はノをとって連体的に用いられるものが多い。
　　［正］綿＝純綿。「純綿のシャツ」
　　［正］金＝純金。「純金のペン」
　　［正］銀＝純銀。「純銀のスプーン」
　　（「純白な／の」は「白い」の強調語）

第3章　称賛語

I　称賛語とは

図表 50　称賛語

		称賛語	出だし語
（1）	連用	流暢に	（外国語を）話す
（2）		こんがり	（パン、菓子を）焼く
（3）		伸び伸び（と）	（子供が）育つ
（4）		すいすい（と）	泳ぐ
（5）		にっこり（と）	笑う
（6）	連体	色好い	返事
（7）		緑の	黒髪
（8）		粋な	計らい
（9）		雄渾な	筆使い
（10）		筋金入りの	党員
（11）		矍鑠たる	老人

〈例文〉
（1）　彼女一人が正確な英語を、それも殊更むずかしい単語や云い廻しを使い、仏蘭西語も独逸語も流暢に話した（谷崎潤一郎）
（2）　パンをこんがり（と）きつね色に焼く〔辞〕
（3）　伸び伸び育った子供〔学研〕
（4）　魚がすいすいと泳ぐ〔学研〕
（5）　おみやげを渡すと、娘はにっこりと笑った〔類大〕
（6）　明日の朝にならないうちに色好い返事をしてやるから（小林多喜二）
（7）　緑の黒髪をなびかせる乙女〔ことわざ成〕
（8）　その日学校では、偶然か粋なはからいなのかメニューにクレープが

入っていた(塚本有紀)
（9）　深山幽谷の壮大な景色を雄渾な筆づかいで描いた逸品です〔Yahooウェブ検索〕
（10）　庶民といっても筋金入りの党員だから無責任な大衆ではない〔Yahooウェブ検索〕
（11）　後宮は近郷きっての豪農で闘牛に関してはマニア近い性格の、一見古武士のような矍鑠たる七十をこした老人だった(井上靖)

〈基本事項〉
1. 出だし語に「よい」という意味を与えて、結びつく語を称賛語という。
2. 「よい」とは標準より上であることをいう(標準より上であるということは、望ましい姿に近づき、また、合致することである)。
3. 称賛語の多くは「よい」とする側面がある(新しさとか、美しさとか、耐久性とか)。
4. 称賛語には多くの語と結びつくものと比較的少数の語と結びつくものとがある。前者を汎用的称賛語、後者を個性的称賛語と呼ぶ。
5. ここで触れるのは個性的称賛語であるが、個性的称賛語とは、出だし語に「よい」という意味を与えつつ、慣用的にある程度定まったかたちで結びつく語である。
6. 出だし語と称賛語の関係を「称賛の縁」と呼び、[賛]と略記すると、例えば、「(外国語を)話す」と「流暢に」、「返事」と「色好い」の関係は、次のように表記される。[賛](外国語を)話す＝流暢に、[賛]返事＝色好い

〈説明〉
1. 1つの称賛語であっても、結合するものによって「よい」とする側面が異なる。例えば、最も汎用的な称賛語「よい(いい)」でも、「品」に結びつく時、質の高さが評価されるが、「景色」と結びつく時、美しさが評価される。同じく汎用的な「立派な」でも、「業績」や「人」に結びつく時、内容が優れていることを表わすが、「ひげ」や「門がまえ」と結びつく時は、外容が優れていることを表わす。「よい」が「影響」のような語と結びつく時、脇役(影響の受け手)に与えられる良好な結果を表わし、「よい」とする側面は複雑になる。

2. 「立派な」は汎用性に富むと 1 で記したが、「よい」が結びつく「影響」には通常結びつかない（「兄は弟に立派な影響を与えた」などはおかしい）。汎用的称賛語にもそれなりに結合上の制限がある。
3. 〈基本事項〉3 についてより詳しくは II 参照。

〈注意〉
1. 汎用的称賛語と個性的称賛語の区別の判断基準を明確に示すことはできない。
2. 〈説明〉1 で触れた、汎用的称賛語が結合するものによって意味を変える様子は、国語辞典（例えば、〔辞〕〔明〕…）にある程度詳しく記述されている。
3. 〈説明〉2 で触れた、汎用的称賛語の結合制限についてのしっかりした記述は本章を含めまだない。
4. 「伸び伸び（と）育つ」[(3)]の「伸び伸び」は「育つ」様子を表わし形態論的には副詞形、「こんがり（と）焼く」[(2)]の「こんがり」は「焼いた」結果の状態を表わし汎用形である（城田 1998: 241–248）が、ここでは区別せずに扱う。
5. いうまでもなく、称賛語は述語的にも用いられる。「筆づかいは雄渾である」「あの方は矍鑠としている」。

〈参考〉
1. オノマトペ[(a)]が称賛語としてよく用いられる（図表 51）（強調のオノマトペについては第 1 章 IV、図表 30）。

図表51　称賛のオノマトペと普通の語

			称賛語	出だし語
(1)	(a)	オノマトペ	すらすら	答える
	(b)	普通の語	よどみなく	
(2)	(a)	オノマトペ	こんがり	（パン・菓子を）焼く
	(b)	普通の語	きつね色に	
(3)	(a)	オノマトペ	すくすく	育つ
	(b)	普通の語	伸び伸び	
(4)	(a)	オノマトペ	すいすい	泳ぐ
	(b)	普通の語	軽やかに	
(5)	(a)	オノマトペ	さらりと	身をかわす
	(b)	普通の語	うまく・上手に・鮮やかに	
(6)	(a)	オノマトペ	とんとん拍子で	ことが運ぶ
	(b)	普通の語	順調に	

　これらオノマトペが類義・同義の普通の語と重複して用いられるのは、内容的には称賛の強調、形式的には連語における一種の「呼応一致」である。「すらすらとよどみなく答える」((1) 参照)「きらきらと光り輝く少女のひとみ」。「呼応一致」については後述。

2.　称賛語として用いられるオノマトペとそれに見紛う語の例を若干掲げる（アイウエオ順）。

　うっとり（と）（美しいものなどに心を奪われてこころよく）「＿＿＿＿聞きほれる」

　きびきび（と）（生き生きして気持ちよく）「＿＿＿＿動き回る／応対する」「＿＿＿＿した応対ぶり／態度で応対する」

　きらきら（と）（光り輝いて美しく）「星が＿＿＿＿輝く」「＿＿＿＿したひとみ」

　くっきり（と）（形がはっきりして、鮮明に）「画像が＿＿＿＿浮かぶ／見える」「＿＿＿＿した画像」

　こりこり（と）（歯触りよく）「＿＿＿＿した沢庵」

　さっぱり（と）（しつこさなく、あっさりと）「＿＿＿＿した味」

　さらさら（と）（よどみなく軽やかに）「（小川が）＿＿＿＿流れる」「筆で＿＿＿＿手紙を書く」

しみじみと（心を開いて）「友と＿＿＿＿＿語り合う」
しゃきしゃき（と）（活発で手際よく）「＿＿＿＿＿した性格」
しゃきっと（新鮮で歯切れよく）「＿＿＿＿＿した歯ごたえ」
しんみりと（心静かに落ち着いて）「親子水入らずで＿＿＿＿＿語り合う」
すくっと（軽快に）「演奏を終えたピアニストは観客の拍手に＿＿＿＿＿立ちあがり客席に向って礼をした」〔類大〕
すらすら（と）（なめらかに）「事が＿＿＿＿＿はこぶ」（図表51(1)(a)）
するする（と）（軽やかに）「＿＿＿＿＿木に登る」〔類大〕
つるつる（と）（おいしそうに）「＿＿＿＿＿うどんを食べる」
てきぱき（と）（処置や対応がはっきりしていて歯切れよく）「＿＿＿＿＿片づける／指示を出す／仕事をこなす、＿＿＿＿＿した動作」
どっしり（と）（重々しく落ち着いて）「＿＿＿＿＿かまえている社長」〔類大〕
はきはき（と）（態度・話し方などがはっきりしていて）「＿＿＿＿＿答える／意見をいう」「＿＿＿＿＿した子供／態度」
ぱっちり（と）（目もとがはっきりと）「目の＿＿＿＿＿した女の子」〔辞〕
ふっくら（と）（飯粒に弾力があってやわらかく）「ごはんが＿＿＿＿＿炊き上がった」
ほかほか（と）（心地よい暖かさが感じられ）「＿＿＿＿＿したご飯」「＿＿＿＿＿のやき芋／ふかし芋」
ほのぼのと（心の暖かさなどが感じられ）「＿＿＿＿＿した母子の情愛」
まんまと（みごとに成し遂げられ）「＿＿＿＿＿逃げおおせる」
めきめき（と）（目に見えて）「＿＿＿＿＿上達する」（＝［強］）
ゆったり（と）（落ち着いてのんびり）「＿＿＿＿＿くつろぐ」
りゅうと（身なりや態度が立派で）「話す姿が＿＿＿＿＿きまっている」「＿＿＿＿＿した服装」（漢語起源）

II 「よい」とする側面

〈例〉
（1）［賛_{主役・円滑さ}］（外国語を）話す、操る＝流暢に
（2）［賛_{主役・円滑さ}］泳ぐ＝すいすい（と）

（3）［賛_(主役・円滑さ)］育つ、仕事をする＝伸び伸び(と)
（4）［賛_(主役・美しさ)］黒髪(くろかみ)＝緑の
（5）［賛_(相手役・美しさ(結果))］（パン・菓子を）焼く＝こんがり
（6）［賛_(主役・喜び)］笑う＝にっこり
（7）［賛_(主役・強さ)］筆致(ひっち)、筆使い、文章＝雄渾な
（8）［賛_(主役・強さ)］党員、活動家＝筋金入りの
（9）［賛_(主役・強さ)］老人＝矍鑠とした／たる
（10）［賛_(脇役・益)］返事＝色好い
（11）［賛_(脇役・益)］計らい＝粋な

〈基本事項〉

称賛語が出だし語(被修飾語)に結びつく時、「よい」という評価は出だし語の表わす意味の特定的側面に特定的に与えられる。

〈説明〉

1. 「流暢に」［I(1)］は、外国語とその機能発揮動詞（…を話す、…を操る、…をしゃべる、…を使う、…で述べる、…で説明する、…）やその派生語・関連語（発音、口上(こうじょう)、口調(くちょう)、…）と結びついてよく用いられ、ことばが流れるようにすらすら出てよどみがない様子を表わす。「話す」主役（話者）のコトの遂行がなめらかになされるという、主役の遂行様態を表現する。この遂行様態を仮に［賛_(主役・円滑さ)］と抽象化して表記すると、称賛語と出だし語のより詳しい関係は〈例〉(1)のように表現することができるかもしれない。

2. 「すいすい(と)」［I(4)］は「泳ぐ」「(スケートで)滑る」などと結びつき、主役の動きが軽やかに、すばやくなされることを表わす。主役がコトの遂行に当たり、逆流・抵抗を内外から受けずにいて、「よい」という評価がなされている。「よい」とするのはとどこおりない遂行様態である。両語のより詳しい関係は〈例〉(2)のように表現してもよいかもしれない。

3. 「伸び伸び(と)」［I(3)］は「育つ」「萌(も)える」「仕事する、仕事ができる」などと結びつき、主役（子供・青草・働き手）がおさえられることなく成長したり、自由にコトを遂行することを表わす。「よい」とする側面は主役の成長やコトの遂行の様子である。「流暢に」「すいすい(と)」

と同じ表記が可能と思われる（〈例〉(3)参照）。

4. 「緑の」の普通使われる意味は草木の葉の色である。しかし、「黒髪」[I(7)]と結びつくと、「黒くつややかな色の」を表わし、称賛語となる。これは主役の美しさをいうものであり、[賛_{主役・美しさ}]と抽象化して表記すれば側面をある程度限定できる（〈例〉(4)参照）。

5. 「こんがり（と）」[I(2)]は「パン」や「（焼き）菓子」の生成動詞「…を焼く」「…が焼ける」と結びつき、「焼いた」ないし「焼けた」結果の状態がほどよい色を帯びることを表わす。例文のように「きつね色に」を伴ってもよい。「皮膚」だと「こんがり、小麦色に」が用いられる。「焼く」の場合、相手役（パンや菓子）に現れた結果が「おいしそうで、美しい」ことを表わす。「おいしそう」という面まで記入すれば精密表記に近づくであろう。暫定的ながら、〈例〉(5)のような表記にとどめたい。

6. 「にっこり（と）」[I(5)]は「ほほえむ」「うなずく」「笑う」などと結びつき、主役が嬉しげに、声をたてず、一回笑みをふくむことを表わす。これも主役のコトの遂行様態という側面に「嬉しげに」というプラスの評価を与える語である。それを仮に[賛_{主役・喜び}]と表わせば、「笑う」と「にっこり」の関係は、まがりなりにも〈例〉(6)のように表記できるかもしれない。

7. 「雄渾な」[I(9)]は「雄大で勢いのよい」を意味する。結びつくのは「筆致、筆使い、文章」が主で、「動き、叫び」などとは結びつかない。主役が力強くコトを遂行する様子を表わし、力強さに「よい」という評価がなされる。出だし語との関係は〈例〉(7)のように記してよいかもしれない。

8. 「筋金入りの」[I(10)]は「思想などが十分に鍛えられている」の意で、よく「党員、活動家、…主義者」と結びつく。「学生時代から環境問題に取り組んできた筋金入りの活動家であるとは驚いた」〔Yahooウェブ検索〕、「筋金入りの保守主義者」〔新和英大〕。主役の思想・節操（せっそう）上の「強さ」、耐久性に対するプラスの評価を行う語で、出だし語との関係をより詳しく表わそうとするなら、〈例〉(8)のような表記も一案かもしれない。

9. 「矍鑠と／たる」[I(11)]は「丈夫で元気な」ことを表わすが、老人に

関してのみ用いられる。この点、「元気な、丈夫な、達者な、壮健な」と異なるが、体力・気力の強さをプラス評価する点、共通性を持つ。出だし語との関係は試みに〈例〉(9)のように表記しておく。

10. 「色好い」[Ⅰ(6)]は「返事」と通常結びつき、その脇役（返事の受け手）の期待に合致するから「よい」ということを表わす。試みにそれを[賛_脇役・益_]と記しておく。〈例〉(10)はその種の称賛の表記の1つの試みである。

11. 「計らい」とは「考えて処置すること」。「寛大な計らい」「ありがたい計らい」〔新和英大〕ともいえるが、「称賛の縁」で最も結びつきやすいのは「粋な」[Ⅰ(8)]であり、〔広〕〔明〕でも例文として掲げる。「粋な」は「義理人情を解し、物分かりがよい」を意味する。脇役（受け手）に都合がよいという点において、「計らい」に対する「粋な」の関係は、「返事」に対する「色好い」の関係に近似的であると思われる（〈例〉(11)参照）。

〈注意〉

いかなる側面で「よい」のかということは称賛語にとり重要な問題であり、〈説明〉で記したような細密表記を行わなければ、記述の前進が期待できないよう思われる。しかし、「よい」とは何か「よい」にはいかなる構造があるのか（視・聴・触覚上の美感からの上下、精神・道徳上の上下、整然性、新鮮さ、明晰性、純粋性、神聖性、社会における上下、強さ、やさしさ、耐久性、豊富さ、利益性、進歩・発展性…などの諸関係をどうとらえるか）は取り組み難い難問であり、整然たる記述を行うことはできない（ここに掲げた細密表記は可能性の指摘にとどまる）。

〈参考〉

「緑の」のように、極めて限定された語と結びつくと、普通使われる意味から離れ、特殊な称賛的意味に変わるものの例に、「涼しい」「さわやかな」「甘い」などがある。「涼しい」は、普通、「温度や湿度が程よくて気持がいい」という意味であるが、「目もと」や「目」に結びつくと、「清らかで、すがすがしい」、「さわやかな」は、普通、「気分が晴ればれとして快い」という意味であるが、「弁舌」に結びつくと「はっきりして聞きやすい」、「甘い」は、普通、「砂糖や蜜のような味である」の意味であるが、「マスク」な

どと結びつくと「心がとろけるように快い」〔明〕の意味になる。

III あってほしい姿

〈例文〉
（1） 地元の腕の立つ大工さんと職人さんを擁し、石川県内だけで家を造ります〔Yahoo ウェブ検索〕
（2） 誰も彼を英明な君主とは評価していない（陳舜臣）
（3） お二人の合奏をききながら、こんな仲睦まじい夫婦がこの世にあるだろうか、と（童門冬二）
（4） 汲み上げた時の湯の温度は 51.5℃ですが、湯船に入った時には 42℃の程よい湯加減になります〔Yahoo ウェブ検索〕
（5） てんぷらをからりと揚げる〔辞〕
（6） たすきをきりりと締める

〈基本事項〉
理想の姿が多様なものの称賛語は多様にならざるを得ないが、あってほしい姿が限られるものの称賛語はある程度限定的である。

〈説明〉
1. 「大工」や「職人」では技量にすぐれることがあってほしい姿であるし、（「美しい」「いなせな」「勇敢な」必要は特にない）。かくして、これら語の称賛語は「腕の立つ」［(1)］がよく用いられる。「腕のいい」「腕ききの」もある。「庭師」「弁護士」にもこの語が用いられる。「腕の立つ弁護士がつけば無罪放免となってしまう」（田中光二）。「弁護士」では「凄腕の」もあるが、強調が混入する。「敏腕刑事」のような内包語もある。その他「力のある」「力量十分な」。

2. 「君主」は「英明」［(2)］であってほしいというのは昔からの臣民の願いである。「英明／英邁な」が称賛語としてよく用いられ、「賢君、賢主、明君、明主」のような称賛内包語が造語される。

3. 「夫婦」のそうあってほしい姿の有力な1つに「仲がよい」ことがある。「仲睦まじい」［(3)］「円満な」などは「夫婦（仲）」につきまとう称賛語である。「円満な夫婦仲」（莫邦富）、「その夫婦はしごく円満に暮ら

している」〔新和英大〕
4. 「湯加減」は熱くても、ぬるくても困る。「程よい」が求められる。この時「程よい」[(4)]は称賛語となる。
5. 「からり／からっと」[(5)]は「湿気なく心地よく乾いている」状態を表わす。「てんぷら」が揚がった時、かくあってほしい姿である。
6. 「きりりと」は「しっかり(と)」と大約同義。「たすき」や「鉢巻き」の機能発揮動詞「締める」と結びつき、対象のあってほしい状態を示す。

〈類例〉
（１） 霊験あらたかな神、全知全能の神
（２） 手厚い看病／看護／介護／もてなし
（３） 有能な秘書〔新和英大〕
（４） (前途)有望な新人〔明〕
（５） ふとい肝っ玉(動じない精神力)／腹(胆力)
（６） 得難い／貴重な／大切な人材
（７） 軽々と持ち上げる(いかにも軽そうに)
（８） 軽く持ち上げる(まだ余裕が十分ある)
（９） (生成動詞結合の例)パンをふっくらと焼く(ふっくらしたパン)、芋をほかほかに蒸す(ほかほかの芋)、パスタをアルデンテにゆでる(アルデンテにゆでられたパスタ)、腕によりをかけて料理をつくる(腕によりをかけた料理)、城を堅固に築く(堅固な城)、計画を綿密にたてる(綿密な計画)
（10） (機能発揮・要求充足動詞結合の例)着物をきちんと／美しく／上手に着る、鍵をしっかりかける、薬がよく効く、鮮やかな包丁さばき、シャツにアイロンをていねいにかける、ロープをしっかり結ぶ、オートバイをたくみに運転する、質問にすらすら答える、頼みをこころよくきく

〈参考〉
1. 「人」に対し「よい」という評価で用いられる形容詞の例を、極めて粗いながら評価の側面で分類しつつ掲げると図表52のようになる。図表でもわかる通り、「人」に関しては、数が多すぎて称賛語というくくり自身が拡散してしまう。

図表 52 「よい」とする側面(「人」の場合)

	側面		形容詞
(1)	美しさ、愛らしさ		きれいな、美しい、愛らしい、かわいらしい、かわいい
(2)	強さ	体力、気力	元気な、丈夫な、達者な、壮健な、逞しい、健康な
		胆力	勇ましい、勇敢な、凛々しい、雄々しい
(3)	円滑さ		上手な、器用な、うまい
(4)	知力		賢い、りはつな、りこうな
(5)	明るさ		明るい、明朗な、快活な
(6)	品格		偉い、立派な、生まれのよい、気高い、上品な、優雅な
(7)	柔軟さ		優しい、親切な、柔和な、おだやかな、おとなしい
(8)	誠実さ		誠実な、正直な、孝行な
(9)	正確さ		几帳面な、念入りな、丹念な、勤勉な、丁寧な、まじめな、一生懸命な、甲斐甲斐しい、

2. 美人、別嬪(べっぴん)、美女、名花、シャン、佳人(美しい女性)、賢婦(かしこい妻)、達人、偉人、英雄、鉄人、第一人者、秀才、人格者、切れ者(敏腕家)、太っ腹(度量の大きい人)…など、人に関する称賛内包語が多数ある(VII(ii)〈参考〉1以下参照)。これらをいかに組織的に記述するか、語彙論の課題の1つとして残される。

3. 「連用形」(汎用形)に・yasu-i を接合すると性向・容易態形容詞が形成される。kak-i∅・yasu-i 書キヤスイ、tabe-∅・yasu-i タベヤスイ。機能発揮動詞のこのかたちが容易態的意味(城田 1998: 168)で用いられると、称賛語的役割を担うことができる(一部はヨク＋可能態動詞／受動態動詞に意味上近づく)。ナイフで切る―切りやすいナイフ―よく切れるナイフ、ペンで書く―書きやすいペン―よく書けるペン、コートを着る―着やすいコート、辞書を引く―引きやすい辞書(便利な辞書)―よく引かれる辞書(人気のある辞書)、酒を飲む―飲みやすい酒―(よく飲める酒)―よく飲まれる酒(人気のある酒)、自転車に乗る―乗りやすい自転車、椅子に腰掛ける―腰掛けやすい椅子。「連用形」に・yo-i を接合して、形成される形容詞も近い意味を表わす。家に住む(機能発揮結合)―住みよい家、錠剤を飲む(機能発揮結合)―飲みよい錠剤

4. 「矍鑠たる」のように老人に関してのみ用いられる称賛語があるように、女性に関してのみ用いられる称賛語がある。「淑(しと)やかな」(外見、ふ

るまいが上品で落ち着いている)、「貞節な」(夫以外の男に身心を許さない)、「貞淑な」(貞節であり、淑やかな)、「甲斐甲斐しい」などはその例となる。「妙齢」「芳紀」は「女性の若くて美しい年ごろ」〔類語例解〕を表わす。「妙齢の婦人／女性」「芳紀まさに十八歳」。「しゃんしゃん(と)する」(「おばあちゃんはまだしゃんしゃんしていて、あちこち自分の足で出かけていく」〔類大〕)は女性の老齢者に用いられる傾向を持つ。「愛くるしい」は子供にのみ用いられる。老人、女性、子供などは社会学的見地からすれば差別の対象であるが、固有の称賛語を持つことから見て、言語学的には有標(有特徴)的存在といえよう。「貞節」「貞淑な」にしっかり対応する男性固有の語はないのではないか。

IV 真正語と称賛語

〈例文〉

（１） 英語を正確に話す

（２） 状況を的確に判断する〔明〕。的確な状勢判断〔広〕

（３） 適切に処置する〔広〕。適切な批評

（４） 折り紙つきの腕前〔新和英大〕

（５） 整然としたデモ行進〔類大〕

（６） よい行い〔基礎〕

（７） 晴れて二人は夫婦になった〔基礎〕

〈基本事項〉

真正語(第2章)が称賛語として用いられることがある。そのような場合、[正](= [賛])と表記する。

〈説明〉

1. 外国語を話す時そうあってほしい姿は「流暢」であることとともに「正確」「正しい」ことである。「正確に／正しく」は称賛語として用いられる。[正] (外国語を)話す＝正確に、正しく(＝[賛])。

2. 「まちがいない」ことはいいことである。[正]判断する＝的確に(＝[賛])

3. 「適切な」は「状況・目的などにぴったり当てはまる」ことを表わす。「判断、表現、批評」などの称賛語として使われる。[正]判断、表現、

批評＝適切な（＝［賛］）
4. 「折り紙つき」「極めつき」は真贋・価値に関する「鑑定書がついている」ことを示し、語源からすれば真正語であるが、称賛語として用いられる。［賛］腕前、壺、歌のうまさ＝折り紙つきの（＝［正］）、［賛］腕前＝確かな（＝［正］）
5. 「整然たる」は秩序が整い、きちんとしている様子を表わす。デモ行進、秩序などの称賛たり得る。［賛］デモ行進、秩序＝整然たる（＝［正］）
6. 「よい行い」は道徳的に見て正しい行いであり、立派だ、模範となる、役に立つと意味は広がる。［賛］行い＝よい（＝［正］）
7. 「晴れて」は「世間に遠慮せねばならない状態が解けて」「公然と」「正式に」の意味である〔基礎〕。夫婦のよろこばしい気持もまた表わす。［賛］夫婦になる＝晴れて（＝［正］）

〈類例〉
（1） 英語を<u>正確</u>に<u>発音</u>する。英語の<u>正確</u>な<u>発音</u>。<u>正確</u>な<u>射撃</u>。<u>正確</u>な<u>訳</u>
（2） 鍵を<u>きちんと</u>かける。家賃を<u>きちんと</u>納める
（3） <u>正しく理解</u>する
（4） <u>折り紙つきの研磨技術</u>〔ことわざ成〕
（5） <u>極めつきの演技</u>〔広〕／<u>品</u>〔PR 和英中〕
（6） <u>一糸乱れぬマスゲーム</u>〔類大〕
（7） <u>品行方正な学生</u>（日頃の行いが正しい学生）
（8） <u>折り目正しい青年</u>（行儀作法がきちんとしている青年）
（9） <u>敬虔な信徒／クリスチャン</u>（神仏を深く敬い、信じる人／クリスチャン）
（10） <u>確かな腕</u>、<u>確かな証拠</u>

〈注意〉
1. 「極めつきの逸品／強打者」「鑑定書／折り紙つきの名刀／銘刀」など<u>称賛内包語</u>と結びつく時は真正語は称賛語でもあり、称賛が重複することにより強調も行うことになる。
2. 被修飾語に程度の高低が考えられる場合、真正語は称賛語であり、強調語でもある。「<u>精密</u>に<u>検査</u>する」

〈参考〉
1. 適訳(よい訳文、訳語)、適例(適切な例)、適評(適切な批評)のように「適」で造語される[賛]＝[正]の内包語がある。
2. 銘酒(銘のある上等の酒)、銘茶(特別の名のある上質の茶)なども[賛]＝[正]の内包語。
3. 「核心をつく批評」「つぼをおさえた質問」「話の勘所(かんどころ)をおさえた質問」〔辞〕「的(まと)を射た批評」〔辞〕、「正鵠(せいこく)を射た指摘〔辞〕/批評/論評」などの下線部の表現にも「正しい」と「よい」が共存する。「核心」(物事の中心)、「つぼ」(大事なところ)、「勘所」(大事なところ)、「的」(標的)、「正鵠」(弓の的の中心にある黒点)は中心・頂点語(第17章)であり、下線部はそれを核としてつくられる成句・慣用句である。「女盛り」「男盛り」「花盛り」「(春)爛漫(らんまん)」なども称賛語として用いられる中心・頂点語である。

Ⅴ 尊敬語・丁寧語と称賛語

〈例文〉
（1） どうぞごゆっくりお休み下さい〔類大〕
（2） 喜んでお手伝いします
（3） 格調高いご講演をたまわり、誠に有難うございます
（4） 本日は数々の貴重なご提言を頂きまして、心よりお礼申し上げます

〈基本事項〉
称賛語はしばしば尊敬語(第22章)・丁寧語(第23章)とともに用いられる。

〈説明〉
1. 「どうぞお休み下さい」より、「ゆっくり」という「休む」の称賛語を付した方が丁寧になる。ゴを接頭して主役尊敬語にするとさらに丁寧になる。
2. 「お手伝いします」より、「喜んで」をつけると心がこもり丁寧になる。「お伴いたします」「ご一緒します」だけではぶっきらぼうな感じにならないとも限らない。「喜んで」を付せばそれが避けられる。
3. 「講演」の称賛語の1つに「格調高い」がある。講演者への(主催者な

どの)謝辞にはよくこの語が「講演」に伴って用いられる。
4. 発言者を前にして、その「意見・提言・提案・話し・アドバイス」などに言及する場合、オ・ゴを接頭し、さらに「有難い、有益な、示唆に富む、貴重な、建設的な、革新的な」などの称賛語をつけ加えることがしばしば行われる。

〈類例〉
（1） この場をお借りし、<u>厚く</u>／<u>心より</u>／<u>深く</u>（＝［強］）<u>お礼申し上げます</u>／<u>感謝いたします</u>
（2） そんなご生活がおできになるなんて<u>うらやましいご身分</u>ですね
（3） お手紙<u>うれしく</u><u>拝見させて</u>／<u>読ませて頂きました</u>
（4） …という<u>もったいない</u>／<u>かたじけない</u>／<u>恐れ多い</u>おことばを賜わり誠に有難うございます

〈参考〉
1. 称賛内包語（Ⅶ）にオ・ゴを接頭すると「聞き手（あなた）の／が…」という意になるので、盛んに行われる。「本日は<u>ご清聴</u>賜わり、誠に有難うございます」（講演の締めくくりのあいさつ）「<u>ご厚志</u>(あなたの心のこもった親切)誠にありがたく、ここに心よりお礼申し上げます」「フィールドでも<u>ご雄姿</u>(あなたの立派な姿)拝見いたしました」「永年の<u>ご厚誼</u>(あなたの心のこもった親切なつきあい)を感謝いたします」「<u>ご名答</u>！(あなたはみごとに正しい答を出しました。その通りです)」「<u>ご明察</u>！(あなたはみごとに見抜きました。あなたの推察通りです)」「現在の窮状をどうか<u>ご賢察</u>(お察し)下さい」〔新和英大〕「<u>ご高察</u>の通りです」〔明〕「この番組、<u>ご好評</u>を頂きましたが、スポンサーの都合により…」「<u>ご賢慮</u>下されば幸いです」〔広〕
2. 「…候となりましたが、…先生／様におかれましては、ますます<u>ご壮健に</u>／<u>ご清栄に</u>お過ごし／お暮らしのこととお喜びいたします」などは手紙の書き出しの1つ。「ご壮健に」「ご清栄に」は受信者の健康や繁栄を祝う丁寧語であるとともに、「過ごす」「暮らす」の連用的称賛語として働く。

VI 強調語と称賛語

〈例文〉

(1) 深い感銘を受ける
(2) でっかい希望の雲が湧(わ)く(歌詞)
(3) 君のいうことはよくわかる
(4) 亡き父の顔がありありと浮かんでくる〔類語例解〕
(5) 久しぶりにぐっすり眠れた〔類語例解〕

〈基本事項〉

1. (意味に)程度の高低・強弱がある出だし語を修飾するに当たり、程度の高さ・強さを強調するとともに、「よい」という称賛的意味を加える語がある。
2. 強調語(第1章)でもあり称賛語でもある。このような語を[強]=[賛]、ないし、[賛]=[強]と表記する。[強]感銘=深い(=[賛])、[賛]眠る=ぐっすり(=[強])

〈説明〉

1. 「感銘」には程度がある。程度の高さは(1)「深い」「大きな」で表わされる。程度が高い「感銘」はプラスの評価をうける。称賛語でもある。
2. (2)「でっかい」は「大きい」。「大きい」は「希望」の強調語でもあり、称賛語でもある。
3. (3)において「よく」は「わかる」程度が高いという意味では強調語、「明確に」「不明な所なく」の意味では称賛語。
4. (4)において、「ありありと」は「鮮やかに」の意味では称賛的、「目前に迫るかのように」の意味では強調的。2つの意味が混然一体化している。
5. (5)において「ぐっすり」は「深く」の意味では強調的、「熟睡している」の意味では称賛的。2つの意味を一体化して表わす。

〈類例〉

(1) [賛]向上心=たくましい(=[強])
(2) [賛]感謝=深い、心からの(=[強])
(3) [賛]団結する=しっかり、固く(=[強])

（4）［賛］練習する＝よく＜十分(に)＜一生懸命(に)
〈注意〉
本来の強調語が称賛語に使用されるもの、称賛語が強調語に使用されるもの、称賛的意味と強調的意味をかねそなえるもの、三者の区別をはっきりつけられないため、表記の順序に意味を与えない（［強］＝［賛］、［賛］＝［強］も同義）。
〈参考〉
「昏々と」「死んだように」「泥のように」「深く」は「眠る」程度が高いことを表わし、強調語と評価できる。「よく」「気持ちよく」「心地よく」「すやすや」「やすらかに」は「眠る」の称賛語であり、「快眠」は称賛内包語であることは疑いない。「ぐっすり」は「深く眠る」「熟睡するさま」〔辞〕と語釈され、「熟睡」とは「よく眠ること」と辞書〔辞〕に記される限り、強調語でもあり、称賛語でもある（VII(ii)〈類例〉(1)）。

　　［強］眠る＝昏々と、死んだように、深く、ぐうぐう（と）、爆睡する(内包語)(俗)
　　［賛］眠る＝よく、気持ちよく、心地よく、すやすや、やすらかに、快眠(内包名詞)
　　［賛］眠る＝ぐっすり、熟睡する(内包語)（＝［強］）

しかし、「眠る」のような出だし語(被修飾語)において、［強］(強調語)か、［賛］(称賛語)か、［賛］＝［強］（［強］＝［賛］。称賛語でもあり、強調語でもある。その逆)か、の区別はあいまいにならざるを得ない。「深く眠る」ことは事実上「よく眠る」ことである。

VII 称賛内包語

(i) 名詞

図表 53 称賛内包名詞

	出だし語	称賛内包名詞
(1)	友人	良友
(2)	思いつき	名案
(3)	見識	卓見
(4)	声	美声
(5)	知らせ	吉報
(6)	わざ	妙技

〈例文〉
（１）　(a)<u>よい友人</u>を持つ―(b)<u>良友</u>を持つ〔類大〕
（２）　(a)それは<u>よい思いつき</u>だ―(b)それは<u>名案</u>だ〔広〕
（３）　(a)あの人は<u>すぐれた見識</u>の持主だ―(b)あの人は<u>卓見</u>の持主だ
（４）　(a)<u>よい声</u>に聞き惚れる―(b)<u>美声</u>に聞き惚れる〔新和英大〕
（５）　(a)おーい、<u>よい知らせ</u>があるぞ―(b)おーい、<u>吉報</u>があるぞ
（６）　(a)二人は舞台で<u>すばらしいわざ</u>を披露した―(b)二人は舞台で<u>妙技</u>を披露した

〈基本事項〉
称賛を意味の内に含む語を称賛内包語と呼ぶ（名詞を称賛内包名詞、動詞を称賛内包動詞と呼ぶ）。

〈説明〉
1. 〈例文〉中、二重下線部(a)は称賛的意味を持つ連体修飾語＋名詞、下線部(b)は１語の名詞。
2. (a)と(b)はニュアンスの差はあるとしてもだいたい同義。
3. (b)は称賛内包名詞である

〈注意〉
1. 例示したものは「良・名・卓・美・吉・妙」などの称賛的意味を持つ漢字によって造語される漢語であるが、和語の称賛内包名詞も多数ある（…姿のかたちで造語された例を以下に掲げる）。あですがた（女性の

色っぽく美しい姿)、だてすがた(いきな姿)、玉のすがた(玉のように美しい姿)、花のすがた(花のように美しい姿)、晴れすがた(晴れ着を着た美しい姿)

2. 特定の造語法によらない称賛内包名詞もある。いいにおい―香り。(人にとって)ありがたいこと―幸い、幸せ。豪華な食事―ご馳走

3. 「よい場所」(桃源郷、別天地、別世界、理想郷、楽園、シャングリラ…)「よいにおい」(香り、香気、芳気、薫香、芳香…)、「よい人」(善人、賢者、美人、英雄、慈母、良妻…)など、称賛内包名詞に対して様々なせまり方があり得るが、ここでは称賛内包語を形成する漢字をとりあげる((ii)〈参考〉1)。

(ii) 動詞

図表54　称賛内包動詞

	出だし語	称賛内包動詞
(1)	引き受ける、承諾する	快諾する
(2)	もてなす、扱う	厚遇する
(3)	読む	熟読する
(4)	知る	精通する
(5)	処置する	善処する
(6)	見入る	見惚れる

〈例文〉
(1) (a)資金の援助を快く引き受ける―(b)資金の援助を快諾する〔辞〕
(2) (a)訪問先で手厚くもてなされた―(b)訪問先で厚遇された〔辞〕
(3) (a)名作をじっくり読む―(b)名作を熟読する〔辞〕
(4) (a)日本史を詳しく知っている―(b)日本史に精通している〔辞〕
(5) (a)事情に応じて適切に処置する―(b)事情に応じて善処する〔辞〕
(6) (a)あまりの美しさにうっとりと見入る―(b)あまりの美しさに見惚れる〔辞〕

〈説明〉
1. 〈例文〉中、二重下線部[(a)]は称賛的意味を持つ連用修飾語+動詞、下線部[(b)]は1語動詞。

2. (a)と(b)はニュアンスの差はあってもだいたい同義。
3. (b)は称賛内包動詞である。

〈注意〉
1. (1)から(5)までは称賛的意味を持つ「快・厚・熟・精・善」のような漢字を前接する2字漢字のサ変動詞。(6)は「連用形」＋惚レルによって造語される和語動詞。聞き惚れる、^(*)眺め惚れる、^(*)嗅ぎ惚れる。
2. 造語法によらない称賛内包動詞もある。<u>いい</u>においがする―香る。<u>都合のよい</u>結果になる―幸いする。<u>心をこめて</u>もてなす、<u>豪華な</u>食事をふるまう―ご馳走する
3. サ変動詞語幹は名詞としても用いられる。「徐々にではあったが、<u>快癒</u>に向かっているのだと、信じかけている時もないではなかった」(安部公房)「己が愛して居る猫がかく迄<u>厚遇</u>を受けて居ると思えば嬉しくもある」(夏目漱石)
4. 強調や完成の意味が加味されているものがある。<u>じゅうぶんによく</u>知る―熟知する、<u>たいへん詳しく</u>知る―通暁する、<u>すっかり</u>治る―快癒する

〈類例〉
(1) ぐっすり眠る―熟睡する(＝[強])
(2) よく慣れていて上手な腕前―熟練した腕前〔広〕
(3) 念を入れ、よく考えた上での行動―熟考した上での行動〔辞〕
(4) よく考えたすえ決意する―熟慮のすえ決意する
(5) 手に取ってつくづくと見る―手に取って熟視する／凝視する
(6) 英文学をたいへん詳しく知っている―英文学に通暁している(〈注意〉4)
(7) 友人と打ち解けて楽しく話す―友人と歓談する
(8) よく清元の師匠の窓下にたたずんで、うっとり、夢中で聞き入っていました―よく清元の師匠の窓下に佇んで、うっとりと聞き惚れて居ました(谷崎潤一郎)

〈参考〉
1. 長く古典中国語の影響下にあり、今もその造語法を保ち続ける日本語は称賛的意味の漢字で造語される称賛内包語を多数持つ。多くが文章語で読むだけの語(卓見、薫風)だが、話しことばでも用いられるもの(美

人、英雄)もある。以下、少々長くなるが日本語に称賛内包語がいかに多くあるかということの確認の一助にと思い、内包語形成に使われる重要漢字の一部(約30字)を取り上げ、語例を若干掲げる(漢字はアイウエオ順)。

(1) 英
英傑(非常にすぐれていて、りっぱなことをする人)「一代の英傑」〔類語例解〕、英主(すぐれている賢明な君主)、英俊(すぐれている人)「天下の英俊よ来たれ」〔類語例解〕、英雄(すぐれており、りっぱなことをなしとげる人)「英雄を必要とする国こそ不幸なんだ」、英姿(堂々として、りっぱな姿)「さっそうたる英姿」〔新和英大〕、英資(すぐれた生まれつき)「長じて英資を発揮する」〔明〕、英断(思いきったすぐれた決断)「政府の大英断が待たれる」〔PR和英中〕、英知(叡智。すぐれた知恵)「これは人類の英知を集めて解決しなければならない問題だ」〔新和英大〕、英図(すぐれた計画)「英図むなしく挫折する」〔難読〕

(2) 佳
佳人(美しい女性)「佳人薄命」、佳境(興味を感じさせる場面)「話が佳境に入る」、佳言(りっぱなことば。善言)、佳肴(おいしい料理)「珍味佳肴」、佳作(出来栄えのいい作品)「なかなかの佳作」〔新和英大〕、佳日(めでたい日。よい日)「佳日を期して結婚式を挙げた」〔PR和英中〕、佳話(よい話。おもしろい話。美談)「古今東西の佳話」〔明〕

(3) 快
快男子(児)(気性のさっぱりした人)「いざ行けわれらの快男子」〔類語例解〕、快感(こころよい感じ)「勝利の快感にひたる」〔明〕、快挙(痛快な行動・活動)「彼女はマラソン初挑戦で堂々一位の快挙を成し遂げた」〔新和英大〕、快哉(こころよいと思うこと)「快哉を叫ぶ」(痛快に思う)、快事(愉快で気持のよいできごと。多く述語用法)「我が校の野球チームの優勝は近来の快事だった」〔PR和英中〕、快諾する(動詞。VII(ii)〈例文〉(1))、快報(よい内容の知らせ)「野球部優勝という快報に校内は沸き返った」〔類語例解〕

(4) 吉
吉例(縁起のよい前例)「吉例により」〔新和英大〕、吉事(めでたいこと)「婚礼、出産と吉事が続く」、吉日(よい日、めでたい日)「思い立ったが吉日」、吉祥(きちじょう。吉兆。よい前兆)、吉兆(よいことのある前兆)「あのときの虹は、後の成功を知らせる吉兆だったのだ」〔類語例解〕、吉報(よい知らせ)「作品が入賞したという吉報を受けた」〔類語例解〕、吉夢(よい夢)

(5) 巨
巨匠(すぐれた芸術家)「画壇の／映画界の／ピアノの巨匠」、巨星(偉大な人物)「巨星墜つ」、巨材(偉大な才能を持った人)「建国に活躍した巨材」〔明〕、巨勲(偉大なてがら)〔新漢〕、巨歩(すぐれた業績)「医学界に巨歩を印す」

(6) 薫
薫香(かんばしいかおり)、薫風(おだやかな初夏の風)

(7) 賢
賢媛(かしこくて、美しい女)、賢王(才知のすぐれたりっぱな王)、賢士(才知・徳のあるすぐれた人物)、賢者(徳のあるすぐれた人物)、賢主(賢君)、賢人(賢者)、賢聖(人格・才能がすぐれた人物)、賢哲(賢人と哲人)、賢婦(かしこい妻)、賢夫人(かしこい夫人)、賢母(かしこい母)、賢友(賢明な友達)、聖賢(聖人と賢人)、賢察(聞き手の推察を敬っていう。「ご賢察」のかたちで用いられる)、賢慮(聞き手の考えを敬っていう。V〈参考〉1)

(8) 好
好漢(好男子)「好漢惜しむらくは酒に弱い」〔類語例解〕、好男子(りっぱな男)「上司にも部下にも人気がある好男子」〔類語例解〕、好好爺(円満でいいおじいさん)「全くの好々爺らしい優しさが漂ってゐた」(宮嶋資夫)、好意(好感)「好意を抱く」、好雨(よいおしめり)、好感(好ましい感じ)「その青年に好感を持つ」、好事(よいこと)「好事魔多し」(よいことにはじゃまが入りやすい)、好条件(都合のよい条件)「競技会は好条件に恵まれ、日本記録が続出した」〔新和英大〕、好取組(すもうの面白い取組)「たいへんな好

取組だった」〔新和英大〕、好評(よい評判)「世間の好評を博する」

(9) 幸
　　幸運(よいめぐり合わせ)、幸福(しあわせ)、幸便(とどけるのに好都合なついで)

(10) 厚
　　厚意(主に、他人の自分に対する思いやりのある親切な気持。ゴを接頭して丁寧語として用いられる)「ご厚意にすがります」「ご厚意感謝します」、厚誼(心のこもった親しいつきあい)、厚遇する(十分な待遇をする)「この会社で彼は厚遇されている」、厚志(深い思いやりの気持。V〈参考〉1)、厚情(相手の自分に対する親切な気持)「ご厚情を賜る」

(11) 豪
　　豪傑(才知・武勇の特にすぐれている人)「天下の豪傑」、豪商(財力に富み、広く商売する商人)「豪商紀国屋文左衛門」、豪勇(すぐれていさましい人)、豪農(その地方に勢力のある農家)「この土地の豪農」、豪族(その地方で、すぐれて勢力のある一族)、剣豪(剣術の達人)「養父は剣術では藩士中並ぶものがない剣豪で」(今日出海)、文豪(文学の大家)「文豪トルストイ」

(12) 才
　　偉才(すぐれた才能を持つ人)、英才(すぐれた才能。その持主)「英才教育」、異才(偉才。異材)、逸才(通常のわくをこえた才能を持つ人。逸材)、鬼才(めったにない才能。才能を持つ人)「演劇界の鬼才」、才媛(才能のすぐれた女性。特に、学問や詩・文にすぐれた女性)、才士(知能のすぐれた人)、才女(才媛)、才子(才能・知恵・人徳のすぐれた人)、才俊(才能あるすぐれた人物)、才人(才子)、秀才(才能のすぐれたもの)、機才(機敏にはたらく才気)、才気(才能の鋭い働き)、才色(すぐれた知恵・能力と美しい顔かたち)「才色兼備」、才筆(詩・文をつくるすぐれた能力)、才腕(才知とすぐれた腕前)

(13) 慈
　　慈父(愛情の深い父)「慈父のようなまなざしを注ぐ」〔新和英大〕、

慈母(愛情の深い母)「慈母に敗子あり」(母親が子供にやさしくすると、その子はわがままでやくざになる。韓非子)、慈雨(恵みの雨)「干天の慈雨」、慈訓(愛情のある深い教訓)

(14) 秀

秀才(才能のすぐれた人)、俊秀(才知のすぐれた人)、秀歌(すぐれた和歌)、秀吟(すぐれた詩歌)、秀作(すぐれた作品)、秀眉(すぐれてりっぱな顔かたち。主に男性に用いる)、秀峰(高くそびえ立つりっぱな山)「秀峰富士」

(15) 上

上医(すぐれた医者)、上客(りっぱな客)、上手(技術や芸などが巧みな人)、上策(すぐれた計画)、上田(地味が肥えたよい田地)

(16) 清

清栄(V〈参考〉2)、清影(きよらかな影)「山川の清影、人物の秀麗、歴々として」(増山守正)、清聴(V〈参考〉1)

(17) 聖

画聖(すぐれた画家)、詩聖(最もすぐれている詩人)

(18) 絶

絶才、絶景、絶唱(VIII(iv))

(19) 鮮

生鮮食料品(新鮮な食料。魚・肉・野菜など)「生鮮食料品がなくて実に困ったんです」(曾野綾子)、鮮魚(いきのよい、新鮮な魚)

(20) 善

善知識(徳の高い僧)、善人(善良な人)「根っからの善人」〔広〕、善意(よい心。親切な心)、善行(よい・りっぱな行い)、善言(ためになるりっぱなことば)、善政(よい政治)、善戦する(実力を出し尽くしてよく戦う。多く敗者の戦いぶりにいう)、善処する(適切に処置する)「事情に応じて善処する」

(21) 大

大作家、大小説家、大先輩、大作曲家、大監督、大歌手、大先生(りっぱな先生。大先生は先代の医者)、大作

(22) 達

達筆(字をうまく書くこと)、達弁(弁舌が達者なこと)、達見(すぐれた意見・見識)「彼の達見を拝聴する」〔類語例解〕、達識(すぐれた見識)

(23) 美

美人(美女)、美女(美しい女性)、美男(美しい男性)、美男子(美男)、美丈夫(美しくりっぱな男子)、美少年(美しい少年)「紅顔の美少年」、美声(美しい声)、美髯(りっぱなほおひげ)、美顔(美しい顔)、美貌(美しい顔だち)「美貌の持主」、美観(美しいながめ)「美観をそこなう」、美景(美しい景色)、美挙(りっぱな行い)、美辞(美しく飾ったことば)「美辞麗句」、美質(よい性質)、美称(ほめていういい方、よい評判)、美食(うまい食物、その食事)「美食に飽きる」、美酒(うまい酒)「勝利の美酒に酔う」〔辞〕、美談(りっぱな行いの話)、美田(よい田地)、美徳(りっぱな行い、美しい徳)「謙譲の美徳」、美風(よいならわし)、美服(美しい衣服)「美服をまとう」〔辞〕、美話(美談)

(24) 豊

豊穣(肥えた土地)、豊膳(豊かな食膳)

(25) 妙

妙案(すぐれた案、名案)、妙技(すぐれた技術、わざ)、妙計・妙策・妙略(すぐれたはかりごと)、妙味(すばらしい味わい)、妙薬(非常によくきく薬)

(26) 名

名医(よい医者、有名な医者)、名君(りっぱな君主)、名工(腕のすぐれた職人)、名コンビ(うまくことを進める二人組)、名手(すぐれた技量を持つ人)「射撃の名手」「バイオリンの名手」〔辞〕、名主(すぐれた君主)、名匠(名工)、名将(すぐれた武将)、名相(すぐれた宰相)、名人(名手、腕前のすぐれた人)、名筆(書道・絵画にすぐれた人、すぐれた書画)、名望家(名声・人望のある人)、名僧(知徳のすぐれた僧)、名優(演技のすぐれた俳優)、名馬(すぐれた馬)、名犬(すぐれた犬)、名案(よい思いつき、すぐれた案)、名園(すぐれた庭園)、名演(すぐれた演奏)、名家(名門)「名

家の出」、名菓(よい、有名な菓子)、名画(すぐれた名高い映画)、名器(すぐれた器物、才能のすぐれた人)、名曲(すぐれた有名な曲)、名言(事柄の本質をうまくとらえたことば)「けだし名言である」「名言を吐く」〔辞〕、名作(すぐれた、有名な作品)、名勝(景色のよいところ)「名勝の地」〔辞〕、名所(景色のよさ・史跡・風物などで有名な場所)「名所旧跡」、名声(名誉ある評判)「名声を博する」〔辞〕、名門(名望のある家柄)「名門の出」、名文句(物事をうまくいい表わしている文句)、名論(すぐれた議論)「名論卓説」、名説(すぐれた説)、名川(すぐれた特徴を持つ川、名水)、名著(すぐれた著作)、名調子(その人独特の、みごとな語り口)「得意の名調子で聴衆を酔わせる」〔辞〕、名刀(すぐれた刀)、名湯(すぐれている温泉)「名湯秘湯」、名答(みごとな答え)、名盤(すぐれた演奏の録音盤)、名品(すぐれた品)、名物(名産)、名文(すぐれた文章)、名宝(りっぱな宝物)、名峰(姿の美しい山)、名山(形がすぐれている、歴史があるなどで名高い山)「百名山」、名木(りっぱな樹木)、名門校(有名な学校、いいという評判を持つ学校)、名訳(すぐれた翻訳)、名薬(よくきくという評判の薬)

(27) 明

明君・明主・明王(りっぱな君主)、明眸皓歯(美人)、明鏡(よく映る鏡)、明窓浄机(きちんと整理された清らかな書斎)、明断(明快な決断)

(28) 勇

侠勇(男気・勇気のある人)、驍勇(強くて、勇ましい人)、勇侠(男気・勇気のある人)、勇士・勇者(勇気のある男)、勇将(強くて、勇ましい大将、雄将)、勇姿(いさましく意気さかんな姿)、勇断(思い切りよく決断すること)、勇名(勇気があって、強いという評判)

(29) 雄

驍雄(強くて勇ましい人)、英雄((1)「英」参照)、雄傑(才知・武勇にすぐれた人)、雄将(勇将)、雄姿(おおしくりっぱな姿)、雄志(すぐれた意気ごみ)、雄断(きっぱりとした決断)、雄図(堂々

としたりっぱな計画)、雄途(おおしい出発)、雄篇(構想が雄大なすぐれた著作)、雄弁(よどみない弁舌)
(30) 良
良医(よい医者・名医)、良工(腕のすぐれた職人)「良工材を選ばず」〔辞〕、良妻(よい妻)「良妻賢母」〔辞〕、良将(りっぱな将軍)「良将の下に弱卒なし」〔辞〕、良兵(精兵)、良民(順良な人民、一般の人民)、良縁(よい縁談)「良縁を得て結婚する」〔辞〕、良家(教養があり暮らし向きが水準以上の家庭)「良家の子女」〔辞〕、良貨(品質のよい貨幣)「悪貨は良貨を駆逐する」、良計(よい計画、良策)、良材(よい材木、すぐれた人材)「天下に良材を求める」〔辞〕、良識(健全な判断力)「良識ある行動を望む」、良書(よい書物)、良田(美田)、良風(よい風俗)、良薬(よく効く薬)「良薬は口に苦し」〔辞〕

2. 2字漢字の称賛的前接要素の例を掲げる。
(1) 一流(の)
一流(の)選手／批評家／学者／作家／人物／スター、一流(の)企業／商社／家電メーカー／レストラン／ホテル／大学、一流品─一流の品、一流のお茶
(2) 豪華(な)
豪華(客)船／本／版
(3) 高級(な)
高級車─高級な車、高級品─高級な品、高級魚─高級な魚、高級店〔新和英大〕─高級な店、高級牛肉〔経済ビジネス〕／(な)コーヒー／(な)ワイン／な仕立ての背広／な内容の話し…／(な)ホテル／(な)クラブ／(な)レストラン／(な)洋服店／アパート／マンション／住宅地
(4) 花形
花形役者／選手／産業／輸出品／株
(5) 有名(な)
有名人／選手／大学／校
(6) 優良(な)

優良食品〔新和英大〕／図書／株／品／物件／企業〔新和英大〕／種(の牛)

人に用いられる場合、分野が特定される。優良ドライバー、健康優良児、成績優良者。

 (7) その他

  ハイクラスのホテル／リゾート地

  ハイグレードなレストラン〔広〕／宿泊設備、長寿番組

3. 1で掲げた漢字は称賛的意味の形容詞の中でよく用いられる。いかなる語がいかなる称賛語をとるかという点に主眼を置く本書の主旨からはずれるが、称賛語として扱うべきものが、Ⅰ〈基本事項〉1、2で記したような単純な定義ではいかに多くなるかを確認する一助にと、このような漢字が用いられる形容詞の例を若干掲げる(「壮」「敏」も加える)。

 (1) 英

  英邁な(才知がぬきんでている)「英邁な君主」〔明〕、英明な(才知がすぐれ、事理に明るい)「英明な君主」〔明〕

 (2) 快

  快活な(はきはきして、活発な)「快活な子供／性質」「快活に笑う」、快心の(うまくいって、満足できる)「快心の作」、快適な(気持ちよく過ごしやすい)「快適な生活／住まい／温度／乗り心地／スピード／旅」、欣快の(よろこばしく気持がいい)「欣快の至りだ」(＋〔強〕)、軽快な(こころよいほどに軽やかな)「軽快な音楽／身のこなし／リズム／エンジン音」、爽快な(さわやかで、気持よい)「爽快な気分／目覚め／山上の空気」「気分は爽快です」、痛快な(とても気持よい、愉快な)「痛快な冒険小説／出来事／気分／勝ち越しホームラン」、明快な(はっきりしていて、わかりやすい)「明快な答弁／論理／解説」、愉快な(さばさばして、たのしい)「愉快な曲」「愉快に過ごす」

 (3) 賢

  賢明な(適切な)「賢明な処置」

 (4) 好

  絶好の(この上なくよい。Ⅷ(ⅱ)〈説明〉3)、好評な(よい評判を

持つ)「好評な番組／映画／企画」
(5) 幸
　　幸運な(運がよい)「幸運な人／出会い」、幸福な(しあわせな)「幸福な家庭／人生」
(6) 豪
　　豪華な(ぜいたくで、はでな)「豪華な舞台／衣裳／披露宴／執筆陣／食事」「豪華絢爛たる舞台」〔明〕、豪快な(規模が大きく、力強く、気持よい)「豪快なホームラン」「上手投げが豪快に決まる」「豪快に笑う」、豪(剛)毅な(意志が堅くて、強く、くじけない)「豪毅な性格」、豪気な(強く勇ましい)「豪気な気風」〔辞〕、豪儀な(すばらしくりっぱな)「遺産をすべて寄付するとは豪儀なものだな」〔辞〕、豪壮な(規模が大きく、りっぱな)「豪胆な人」、豪放な(度量が大きく、大胆で細かいことにこだわらない)「豪放な性格」、豪勇の「名だたる豪勇の士」
(7) 上
　　上々の(この上なくよい)「上々の出来／首尾」、上品な(品格のある、品のよい)「上品な味／着こなし」、上等な(すぐれてよい)「上等な品」、上質な／の(品質が上等である)「上質な／の皮革」
(8) 清
　　清潔な(よごれがなく、きれいな)「清潔なシャツ」〔広〕、清純な(きよくて、まじりけがない)「清純な乙女」〔広〕、清楚な(すっきりして、清らかな)「清楚な装い」〔明〕
(9) 鮮
　　新鮮な(新しくて、生きがよい)「新鮮な空気／発想／気持／レタス／肉／牛乳」、鮮明な(うつくしくはっきりしている)「鮮明な印象／映像」
(10) 善
　　善良な(性質がすなおで、おだやかな)「善良な市民／人間」
(11) 壮
　　強壮な(からだが丈夫で、元気な)「強壮な身体」、豪壮な(規模が大きく、りっぱな)「豪壮な構えの邸宅」

(12) 美
美麗な(きれいな)「美麗な衣服」〔明〕、優美な(品があって、美しい)「優美な立居振舞／和服姿」「優美に舞う」、甘美な(甘くて、うまい、心地よく、うっとりさせる)「甘美な菓子」「甘美な夢／音楽」

(13) 敏
鋭敏な(敏感な)「鋭敏な聴覚／頭脳／状況判断」「状況を鋭敏に感じとる」、機敏な(機に応じて、頭や体をすばやく適切に働かせる)「機敏な処置」「機敏に行動する」、俊敏な(頭の働きが鋭く、行動がすばやい)「俊敏な新聞記者／動き」、敏腕な(物事をすばやく、的確に処理する能力がある)「敏腕な刑事」(III〈説明〉1)

(14) 豊
豊穣の(穀物が豊かに実る)「豊穣の秋」、豊饒な(土地が肥えて作物がよく実る)「豊饒な土地」、豊潤な(豊かで、うるおいがある)「豊潤な果実／土地」、豊麗な(ゆったりして、うるわしい)「豊麗な美人画」、豊沃な(肥沃な)「豊沃な土地」

(15) 明
簡明な(すっきりしていて、わかりやすい)、賢明な(かしこくて、道理に通じている)、公明正大な(公正で、やましいところがない)「公明正大な態度」、聡明な(かしこくて、何事にもよく通じている)「聡明な指導」、明晰な(明らかで、はっきりしている)「明晰な文章」〔広〕、明鏡止水の(邪念もなく、静かに落ち着いている)「明鏡止水の心境／境地／心」、明敏な(頭がよい)「明敏な頭脳」「問題点を明敏に見抜く」、明朗な(明るくて、朗らかな)「健康で明朗な青年」〔辞〕、明眸皓歯の(美しい澄んだ瞳と白く輝く美しい歯を持つ)「明眸皓歯の人／女性／美少女／楚々たる美女」「振り向いて見ると、月光を浴びて明眸皓歯の二十ばかりの麗人がにっこり笑っている」(太宰治)、公明正大な(公平で、正しい)「公明正大な態度」「公明正大に事に当たる／取引する／ふるまう」

(16) 妙
軽妙な(気がきいていて、しゃれた味わいがある)「軽妙な筆致」

〔明〕、巧妙な(感心するほどに巧みな)「巧妙な手口」〔明〕、絶妙な(この上なく巧妙で、すばらしい)「絶妙な話しぶり」〔広〕、「絶妙なタイミング」〔明〕、当意即妙な(その場にあてはまった即座の機転をきかした)「当意即妙な受け答え」「当意即妙に答える」「当意即妙の才知」

(17) 勇
勇敢な(勇気があり、物事を恐れずする)「勇敢な兵士」、勇壮な(いさましく、元気な)「勇壮な行進曲」〔明〕

(18) 雄
雄勁な(雄々しく、力強い)「雄勁な筆致」、雄渾な(I〈例文〉(9)、II〈説明〉7)、雄大な(大きく、堂々としている)「雄大な山なみ」

(19) 良
温良な(おだやかで、すなおな)「温良な人柄」〔明〕、淳良な(かざりけなく、善良な)「淳良な住民」〔広〕、純良な(まじりけなく、品質がよい)「純良なバター」

VIII　称賛の強調

(i)　強調的称賛語

〈例〉
(1)　今日はすばらしい一日だった〔基礎〕
(2)　水も滴る若衆姿〔辞〕
(3)　玉を転がすような声〔明〕
(4)　千載一遇の瞬間
(5)　三国一の花嫁は世界一の花嫁と同義ということになります〔Yahooウェブ検索〕
(6)　ぜひ一騎当千のつわものどもに逢わせていただきとうございます(杉本苑子)
(7)　この西村勘九郎、いかなる敵をも寄せつけぬ金城鉄壁の城を作ってさしあげる自信はございます(司馬遼太郎)
(8)　超一流の演奏家をそろえてコンサートを催した

（9）　最高級のホテルに泊ろう
（10）　絶勝（ぜっしょう）の地〔辞〕
（11）　至福の時〔辞〕〔類大〕
（12）　卓抜（たくばつ）なアイデア〔明〕

〈基本事項〉
1. 強調を内に含む称賛語がある。強調的称賛語と呼ぶ。〔賛・強〕と表記する。〔賛・強〕若衆姿＝水も滴る
2. 強調的称賛語にも汎用的なものと個性的なものがある。「すばらしい」などは汎用性豊かな強調的称賛語の例。主に「花嫁」「花婿」に結びつく「三国一の」などは個性的称賛語の例。

〈説明〉
1. 「すばらしい」〔(1)〕は質・内容がきわめてすぐれていることを表わし、「よい」に強調を加えた語として辞書は記述する。強調を加えるに当たっての判断はかなり分析的であるが、瞬時に受ける印象にも使える。家、論文、庭、1日、成績、講演、小説、出来映（でき ば）え、目のつけどころ、アイデア、試合、腰の線、色彩、色艶（いろつや）、声、音色、香り、料理、威力、迫力、感触、快感、気分、雰囲気…などに結びつく〔基礎〕。「素敵（すてき）な」も辞書に「すばらしいと感じられるさま。非常に魅力があるさま」〔明〕とある。「すばらしい」と同じく汎用性を持つ強調的称賛語である（〈注意〉1、2参照）。
2. 「若衆姿」〔(2)〕、「声」〔(3)〕、「瞬間」〔(4)〕には称賛の意味はない。これらと結合する時、「水も滴る」〔(2)〕、「玉を転がす」〔(3)〕、「千載一遇の」〔(4)〕は強調的称賛語である。
3. 「花嫁」〔(5)〕が「結婚したばかりの女性、結婚式でこれから嫁となる女性」〔辞〕と語釈される限り、「三国一の」は「とてもいい」という意味を表わすと考えざるを得ない。1語の中に「とても」と「いい」が同時併存している。
4. 「つわもの」〔(6)〕が「兵士、軍人」と語釈されるなら、「一騎当千の」（文章語）は「一人で多数の敵に対抗できるほど強い」を表わし、強調称賛語と評価される。「千軍万馬（せんぐんばんば）の」（文章語）「百戦錬磨の」（文章語）など類語が多い。「忠義をつくす」という側面からの称賛語としては「忠勇

無双の」がある。
5. 「金城鉄壁の」[(7)]は「守りが非常に固い」を表わし、「城」「城塞」「要塞」にかかる強調的称賛語である。「難攻不落の」も使われる。
6. 「絶勝の」[(10)]は「景色・地勢が極めてよい」。「至福の」[(11)]は「この上なく幸せな」。「卓抜な」[(12)]は「他にぬきんでてすぐれている」。最・超・絶・至・卓などで造語される強調的称賛語が多くある（〈参考〉1 参照）。

〈類例〉
（1）［賛・強］腕前、味、釣ざお、話芸＝天下一品の（この世の中で比べるものがないほどすぐれている）
（2）［賛・強］働き、成績、能力＝抜群の（多くのものの中で特にすぐれてぬきんでている）
（3）［賛・強］作品、人物＝傑出した（多くのものの中でずばぬけてすぐれている）
（4）［賛・強］チーム、学者、資産家＝屈指の、指折りの（特に数え上げるに値するほどすぐれている）
（5）［賛・強］出来映え＝出色の（他より目立ってすぐれている）

〈注意〉
1. 汎用性を持つものとして「すばらしい」と「すてきな」をあげたが、「すてきな」は「すばらしい」と異なり、質・内容からの分析的判断ではなく、表面的な状態から感じられる印象をいう。「しゃれている」「気がきいている」「自分のものにしたいくらいだ」を強めていっている感じがある。「すばらしい絨毯」は上質でぜいたくな品物、「すてきな絨毯」はデザイン、色彩、柄、模様がしゃれている。「すばらしい先生」は学問や教育において感服に値することを表わすが、「すてきな先生」はハンサムとか外見の格好のよさをいう。「すてきな」は「成績」「試合」「内容」「成果」などとは結びつかない（「すばらしい」は可。以上〔基礎〕による）。
2. 両語とも一般的強調語で修飾できる。「とてもすばらしい庭」「とてもすてきな庭」。口頭語で頻発されて用いられる時など、内包される強調は薄らぐ。「とても」で更なる強調がなされるのはその稀薄性を埋めるた

めかもしれない。この点、個性的な強調的称賛語は強調の弱化はない（「とても玉を転がすような声」とはいわない）。

3. 「大会に出場しようと＿＿＿＿練習しました」の空所にはいる称賛語（＝強調語）として①「よく」②「十分（に）」③「一生懸命に」がある（Ⅵ〈類例〉(4)）が、称賛（＝強調）の程度は、①より②が、②より③が高い。これは不等号で表わすことができる。［賛］練習する＝よく（＝［強］）＜十分に（＝［強］）＜一生懸命（に）（＝［強］）。

〈参考〉

1. 最・超・絶・至・卓で造語される強調的称賛語の例。
最高の（品）、最新の（技術）、超高級の（品）、超高感度の（フィルム）、超絶した（技巧）、（「超愉快な」などは俗語）、絶妙の（タイミング）、絶好の（機会）、絶賛する、至当な／の（処置）、至善至良の（人）、卓絶した（技巧）、卓出した（技術）、卓越した（技能）

2. 「晴れ上がる」のような称賛的意味を持つ動詞からつくられる完成相動詞は称賛部分と強調部分が分化していて、強調的称賛語であることが明確にとらえることができる。

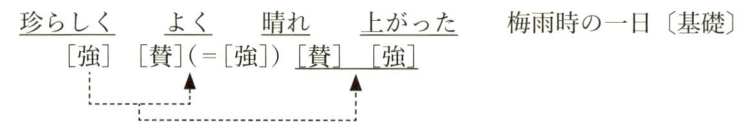

珍らしく　　よく　　晴れ　　上がった　　梅雨時の一日〔基礎〕
　［強］　　［賛］（＝［強］）　［賛］　［強］

完成相、旺盛・強化相動詞が強調を行うことについては図表27参照。「（空が）晴れる」の意味要素についてはⅫ〈参考〉参照。

3. 「一生懸命」は「一所懸命」（中世、生活の頼みとして、「命をかけて所領を守ろうとすること」〔日国〕）を語源とするが、今や「命をかけて」の意は薄れ、「力をつくして」ぐらいの意で用いられる。「すばらしい」も「いい」ですませていいものまでに使われるうちに価値下落をおこしている。耳目をひくために内実を伴わずになされる大げさな表現は、インフレに似てデノミ（単位の変更）を呼びおこす。強調的称賛語が単なる称賛語に移行することは通時的にもまた共時的にもおこる。

(ii) 強調的称賛語による称賛内包語の修飾

〈例〉
（１） すばらしい美声〔基礎〕。朗々玉を転がす様な美音をもって居るので（徳冨蘆花）
（２） 水も滴るいい男〔明〕
（３） 千載一遇の好機を逸する〔新和英大〕
（４） こんなにも心強いメッセージをもらえる私は三国一の幸せ者です〔Yahoo ウェブ検索〕
（５） 絶世の美人〔広〕

〈基本事項〉
強調的称賛語が称賛内包語（Ⅶ参照）を修飾することがある。「よい」という意味を二重に表わし（それですでに強調であるが）、その上強調を行うかまえの結合である。

〈説明〉
1. 「すばらしい」には「極めてよい」の意がある（(i)〈説明〉1）。「美声」は「よい声」である。「よい」が二重に表わされている上に、「とても」を添えるかまえの結合となる。「玉を転がす」は「高くて美しい声の形容」〔明〕であり、よく「美しい声」（連語）、「美声」、「美音」に結びついて用いられる。［強］＋［賛］＋［賛］という結合となる。
2. 「水も滴る」は「みずみずしい美しさの形容」〔明〕であり、よく「いい男／女」「美人」「美貌」に結びつく。出だし語（被修飾語）は主に称賛内包語である。「よい」が二重に表わされる上に強調が加えられる意味構造をなす。
3. 「千載一遇の」は「千年に一回しかあえないような」の意で、「好機」（よい機会）と結びつくと「よい」が二重に表わされ、かつ、強調を行うかまえとなる。同様な表現は多い。強めたいという意識が前面にでるが、贅語をなすという意識なく用いられるようだ。「もの書きの志郎にとっては、願ってもないチャンスである」（安西篤子）「…仇討ちの千載一遇の好機だった」（塚本青史）「権力志向の人物にとって勢力拡張のための千載一遇の機会である」（筒井康隆、柳瀬尚紀）「金利の下落で、小売店も飲食店も大改革する絶好のチャンスが到来している」（堺屋太一）「今

はまさにマイホーム購入の<u>絶好のタイミング</u>といえます」(岡部直人)。このような語が2語重なって内包称賛語「機会」(「事をするのに最も都合の<u>よい</u>時期」〔辞〕)を修飾する例を示す。「諸君の現在を過去から切断させないために、<u>またとない絶好の機会である</u>」(河合栄治郎)

4. (4)は「三国一の」(日本・中国・インド三国で最も<u>よい</u>)が「幸せ者」(運の<u>よい</u>人)を修飾する例。

5. 「絶世の」〔(5)〕は「世に比較するもののない、並はずれている」の意で、「美人」〔広〕「美女」〔PR和英中〕「美貌」〔明〕「才子」(徳冨蘆花)などと結びついてよく用いられる(意味が似かよう「希代の」は「名勝負」「名君」「英雄」など、称賛内包語のみならず、「悪漢」のような〔賛・反〕の語にも結びつくので、単なる強調語である)。

〈類例〉

（１）　えもいわれぬ美味
（２）　不世出の天才バレリーナ〔類語例解〕
（３）　屈指の強豪チーム
（４）　滅多にお目にかかれない珍獣〔基礎〕
（５）　無二の親友〔辞〕

〈参考〉

1. 「三国一の」は嫁入りや婿取りの祝辞に用いられた室町時代の流行語であるという。
2. 「たてば芍薬すわれば牡丹、歩く姿は百合の花」は「美人」を形容することば。慣用句とされる。

(iii) 呼応一致・贅語・枕詞

図表55　a.「とても美しい声」　b.「玉を転がす美声」　c.「3匹の犬」の意味構造

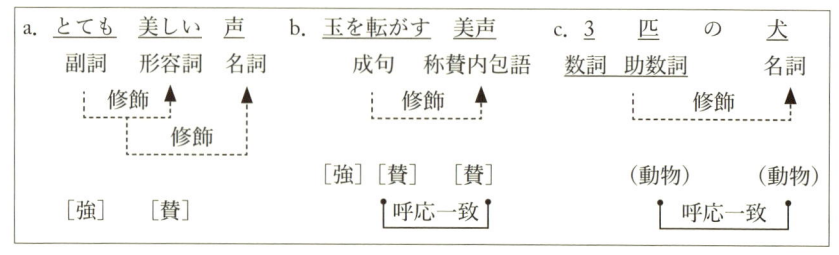

```
a. とても 美しい  声      b. 玉を転がす 美声      c. 3  匹  の  犬
   副詞  形容詞  名詞       成句    称賛内包語      数詞 助数詞    名詞
        修飾  ↑              修飾  ↑                     修飾  ↑
          修飾                                              
                            [強][賛]  [賛]         (動物)     (動物)
   [強]   [賛]                 呼応一致                呼応一致
```

〈基本事項〉
1. 強調的称賛語による称賛内包語の修飾では称賛が（継時的に）反復され「呼応一致」現象が見られる。
2. 語が結合していることに、文法は形式上の保証を与え、「呼応一致」は内容上の裏打ちを与える。

〈説明〉
1. 「呼応一致」とは（意味）要素の継時的「反復」である（図表55、b. c.）。「反復」は（音楽の例をひくまでもなく）リズム形成であり、構成体に安定性・恒常性をもたらす。要素の「反復」は、時に重複として剰余視されもしようが、文展開の重要構成手段であり、文芸の根本手法の１つとなる。
2. 「三国一の幸せ者」「水も滴るいい男／女」「玉を転がすような美声」において修飾語・修飾部は「たらちねの母／親」「あしひきの山／岩」「ひさかたの天(あめ)／空」のような枕詞に近づく。枕詞(まくらことば)は「語調を整える」〔明〕ために用いられるとされるが、文法上のジェンダー（性）と同じく語が結合していることを示す機能があることを忘れてはならない。「呼応一致」は本書を貫く主要テーマであるが、ジェンダーの如き文法の、また、枕詞のような文芸学の、基本問題に深く関わる。

〈参考〉
「すばらしく」は「ものすごく」という意味になり、よく強調に用いられる。しかし、「よい」という意味を持つ語（速い、面白い、美しい、しなやかだ、きれいだ、ハンサムだ…）にのみ結びつき、「悪い」という意味を持つ語（遅い、汚い、つまらない、固い、醜男(ぶおとこ)だ、ブスだ…）には結びつかない。「すばらしい」が本来持つ「よい」（称賛）との呼応一致性を保とうとするためであろう。「もう全くすばらしく痛いんですよ」（椎名麟三『深夜の酒宴』）などは破格である。

(iv) 強調的称賛内包語
〈例〉
（１）絶唱（非常にすぐれた詩や歌）「万葉集中の絶唱」〔辞〕
（２）絶景（非常にすばらしい景色）「これほどの絶景を見たことがない」〔類

語例解〕
〈基本事項〉
強調的称賛(非常にすぐれるという意味)を内に含む名詞がある。
〈説明〉
「絶」の接頭によって造語された例を掲げるが、「超一流演奏家」「最高級ホテル」などを1語とみなせば、強調的称賛内包語である。
〈類例〉
（1） 絶才(非常にすぐれた才能)
（2） 絶勝(このうえなく景色のすぐれた所)
（3） 絶品(非常にすぐれていて価値がある品)
（4） 超絶技巧(他よりはるかにとびぬけてすぐれるわざ)
〈参考〉
「山海の珍味」(山や海でとれる珍しい味の食べ物)などは強調的称賛を内包する慣用句。

IX　称賛連語・表現の構成

〈例文〉
（1） 社長の信任が厚い常務
（2） 情誼に厚い男
（3） 渋滞を見越して別の道を行くとは機転が利く運転手だ
（4） 陰影に富む文章
（5） 胸を打つ場面〔PR 和英中〕
（6） かもしかのような脚
（7） 快刀乱麻を断つように解決する
（8） 烏の濡れ羽色の髪
〈説明〉
1. 格助詞ガ・ニ・ヲで部分・局面を限定する称賛連語が多数ある。(1)は「名詞＋ガ＋形容詞」、(2)は「名詞＋ニ＋形容詞」、(3)は「名詞＋ガ＋動詞」、(4)は「名詞＋ニ＋動詞」、(5)は「名詞＋ヲ＋動詞」という構成。

2. 「常務ハ社長ノ信任ガ厚い」((1)参照)は［主題(全体)＋ハ＋合成述語(部分＋ガ＋述語)］と分析され［象ハ(鼻ガ長イ)］と同型の文で、二重ガ格文をなす。象ガ鼻ガ長イ。常務ガ信任ガ厚イ。
3. 合成述語としての(部分＋ガ＋述語)は結合度が強く、構造的にも準1語をなし、語彙によっては助詞が消失し、1語化の傾向をはっきりと見せる。アノ青年ハ筋骨ガタクマシイ→アノ青年ハ筋骨タクマシイ。
4. (3)のような「名詞＋ガ＋動詞」のタイプの文でもそれはおこる。「運転手ハ機転ガ利ク」((3)参照) 機転ガ利ク→機転利ク(運転手)
5. このようなガはノに交替できる。社長ノ信任ガ厚イ常務→社長ノ信任ノ厚イ常務、機転ガ利ク運転手→機転ノ利ク運転手
6. (3)(4)(5)「名詞＋ガ／ニ／ヲ＋動詞」という構成をとるものの動詞は現在(非以前)形(ル形)のみならず過去(以前)形(タ形)、接続形(テ形)、否定汎用形(ズ形)に立つものがある。腹が／のすわった(男)、心が／のこもった(贈物)、陰影に富んだ(文章)、意匠を凝らした(調度品)、数寄を凝らした(茶屋)―過去(以前)形(タ形)。親身になって(世話をする)、寝食を忘れて(制作に励む)、腕によりをかけて(料理をつくる)、手を取って(教える)―接続形(テ形)。骨身を惜しまず(働く)―否定汎用形(ズ形)。
7. 「水も滴るいい男」(非常にきれいな)「目から鼻に抜ける利発な子供」(非常に頭の働きのよい)「一を聞いて十を知る男」(少しのことを聞いて、他のすべてを理解できる)などの慣用句は動詞現在(非以前)形(ル形)を核に構成される。
8. 「名詞＋ノ＋ヨウナ／ニ」のような構成をとるもの［(6)］が多くある。玉のような(赤ちゃん)、白魚のような(指)。名詞が文で修飾される例も多い。水を得た魚のように(仕事をする)。
9. 上記のモデルの「名詞」を文で展開したのが(7)のようなタイプである。鈴を転がすような(声)、鈴を張ったような(目／ひとみ)、かゆいところに手が届くような(配慮／世話／もてなし／解説／説明／注意書き)、目をみはるような(成長ぶり／大活躍／名演技)、胸がすくような(ホームラン／啖呵／快挙／気分)、心が晴れやかになるような／洗われるような(美しい歌声)、舌がとろけるような(味)、噛んで含めるように

(説明する)。「ヨウニ」の代わりに「ゴトク」が用いられるものがある。快刀乱麻を断つごとく(解決する)。「ホドノ」も使われる。目をみはるほどの(成長ぶり)。「ヨウナ」を省略するものもある。かゆいところに手が届く(世話)

10. (8)は「名詞＋ノ」で構成され、辞書に成句として多く登録される。花の顔(かんばせ)(花のような美しい顔つき)、緑の黒髪、りんごのほっぺ、千客万来(せんきゃくばんらい)の大繁盛、快心の作、豊頬(ほうきょう)の美女

11. 「…におあつらえ向きの」(サーフィンにおあつらえ向きの波)「…に好都合な」(会うのに好都合な場所)、「手とり足とりで…」(手とり足とりで教える)、などのモデルもある。「「連用形」＋やすい／よい」についてはIII〈参考〉3。

〈注意〉

1. 動詞連体形現在(非以前)形・過去(以前)形で意味の変更が①さほどおこらないものと、②おこるものがある。
①心のこもる(贈物)—心のこもった(贈物)、陰影に富む(文章)—陰影に富んだ(文章)
②よく気の利く(人)(細かなところまで注意が及ぶ)—気の利いた(せりふ)(しゃれた)

2. 称賛連語や表現を形態的に分類してもあまり意味がないかもしれない。目立つタイプに触れたのは創作的称賛表現が主にこのようなモデルでつくられる傾向があるからである(〈参考〉2)。

〈参考〉

1. 助詞の消失が、省略なのか、1語化かなのかは、連語の熟成度による。以下のような称賛語にはガ／ノの出現は稀か、ないが、発生源は〈説明〉1、2、3、4で触れた連語である(城田: 1983)。垢抜(あかぬ)けた(服装)、身綺麗な(人)、眉目秀麗(びもくしゅうれい)な(青年)、見目(みめ)良い、見目麗(みめうる)わしい(乙女)、いさぎよい(身のひきかた)、歌唱力抜群の(歌手)、人気抜群の(選手)、前途有望な／洋々たる／有為(ゆうい)な(青年)、筋骨たくましい(青年)、才能豊かな(画家)

2. 創作的称賛表現の例を若干掲げる。
(1) 「名詞＋ガ／ノ＋形容詞」

店員の愛想のいい店
(2) 「名詞＋ガ＋動詞」
思いがけぬうまさが咽喉(いんこう)に未練(みれん)げに残る味(吉村昭)
(3) 「名詞＋ヲ＋動詞」
すっかり互を許しあった仲
(4) 「名詞＋ノ＋ヨウナ／ニ」
白い花のように笑う(川端康成)
もぎたての果実のように新鮮な軽い味(開高健)
(5) 「文＋ヨウナ／ニ」
花咲き匂うような人生(堀辰雄)
魂というギターでアルペジオを奏でているような笑い声(宮部みゆき)
微笑がきらきらと零(こぼ)れ散るような綺麗な笑い(外村繁)
(女性が)花の崩れるように笑う(獅子文六)
ぱっとひまわりの花でも咲いたような感じで明るく清潔に笑う(椎名誠)

X 若干の例

〈基本事項〉
称賛語(連語・表現を含む)の例を若干掲げる(アイウエオ順。例文省略)。
〈注意〉
網羅からは程遠く、たまたま見出された貧しい資料の一部に過ぎない。
あ
挨拶―懇(ねんご)ろな(心のこもる／こもった)、立派な(よくできた)、みごとな(聞く人を感心させる)、面白い(興味がわく)、うまい(上手にできた、その場を上手にきりぬける)、有難い／もったいないご挨拶(社交辞令的にも用いられる)
間柄(あいだがら)―心安い、気の置けない、親しい、昵懇(じっこん)な／の
アイデア―卓抜な(p.144)、斬新な、独創的な、すばらしい
味―おいしい、うまい、深い、芳醇(ほうじゅん)な、味わい深い、こくのある、滋味(じみ)／

風味豊かな、脂の乗った、いける、口にあう、口当たりのよい、舌触り(したざわり)のよい、まろやかな、マイルドな、喉越しのよい、頬が落ちそうな、舌がとろけるような、まるみのある、まろやかな、まったりとした(おだやかで、こくのある)、はんなり(と)した(関西地方で用いる。上品で、はなやかな)

雨―恵みの、(干天の)慈雨(内包語)

い

家―よい、しょうしゃな(よく「別荘」「洋館」に結びつく)、りっぱな(つくりの)、住みよい(III〈参考〉3)、快適な(「快適な家」より「快適な住まい」がよく用いられる)、豪華な(内包語として豪邸)、格好の良い、素晴らしい、非の打ち所のない、長持ちする、頑丈(がんじょう)な(「堅牢な」は特殊)

息づかい―おだやかな、静かな

意見―建設的な、前向きな/の

意志―不屈な、強固な(「意志強固」のかたちでよく用いられる)

衣裳―あでやかな「綺羅(きら)を極めたあでやかな衣装」(谷崎潤一郎)

一票―清き、尊い、貴重な、有難い

祈る―敬虔(けいけん)に(敬虔なる祈り)

う

ウィスキー―取っておきの、高価な、高級な、深い味の、芳醇な、こくのある

受け答え―打てば響く、才気煥発(さいきかんぱつ)な、当意即妙(とういそくみょう)な/の

歌う―美しく、上手に、みごとに、朗々と(朗々たる声で)、鈴を転がすような声で

腕前―みごとな、よい、磨かれた、磨きのかかった、鮮やかな

うどん―おいしい、こしのある、しこしこした(「こしのあるそば」はあるが「しこしこしたそば」はない)

え

エネルギー―クリーンな

演技―こなれた、円熟した、極めつきの、心憎い、水際立った、華麗な、はつらつとした、はつらつたる、ほれぼれするような

第3章 称賛語 155

演出―心憎い、みごとな
お
大海原(おおうなばら)―洋々(よう)たる
おぼえる―はっきり(と)、よく
思い出す―鮮やかに、はっきりと、生き生きと
か
介護―手厚い
会社――流、有望な、しっかりした、将来性のある
顔立ち―凛(りん)とした、凛々しい、美しい、上品な、端正な、彫りの深い(顔)、きりっとひきしまった(「甘いマスク」はあるが「甘い顔立ち」はない。「花の顔(かんばせ)」(IX〈説明〉10)のような慣用句〔日国〕がある
香り―甘い(果物など)、よい、香(かぐわ)しい(花の)、芳(かんば)しい、さわやかな、馥郁(ふくいく)たる(梅の)
風―さわやかな、おだやかな、薫風、涼風(すずかぜ)、そよ風(以上3語内包語)(「風が吹く」(動詞化動詞結合)には「そよそよと」「心地よく」「静かに」)
活躍(する)―目覚ましい(しく)、すばらしい(しく)、華々しい(しく)、目立つ
家庭―しっかりした、立派な
株―有望、優良、(将来)値上りが期待できる
勘―いい、みごとな、すごい、鋭い、鋭敏な
考え方―現実に即した、当を得た、妥当な、立派な、柔軟性のある、公正な
感性―豊かな、しなやかな
看病―手厚い、親身も及ばない
き
着飾る―華やかに、華麗に、美しく、みごとに、美々(びび)しく
企業―将来性のある、これから伸びる、一流の
キス―甘い
気分―いい、晴れやかな、晴れ晴れ(と)した、上々の、快い、明るい、満ちたりた、うれしい
休暇―有難い、楽しい、嬉しい、有意義な
教訓―(先生の)有難い、得難い、尊い、貴重な

業績―大変な、すぐれた、目覚ましい、立派な、すばらしい、目立つ／った（業績はない）、華々（はなばな）しい、抜群の

く

果物―新鮮な、おいしい、おいしそうな、みずみずしい

暮らす―のんびり、のどかに、ゆったりと、達者（たっしゃ）に、健康に、元気に、幸せに、幸福に、裕福に、恙（つつが）無く（事故や病気なく）、優雅に

け

経過―良好な（経過を経て、全快する）

結婚―幸福な、理想的な

結末―明るい

こ

交渉する―粘り強く、上手に

声―凛とした、凛々（り）しい、澄んだ、透き通った、清らかな、美しい、朗々たる、弾んだ（VII（i）〈例文〉（4）、VIII（i）〈例文〉（3）、（ii）〈例〉（1））

さ

財政―健全な、しっかりした

魚（料理として）―おいしい、うまい、美味な、新鮮な、とれたての、脂（あぶら）の乗った

酒―おいしい、うまい、美味な、口当たりがいい、豊潤（ほうじゅん）（芳醇（ほうじゅん）、芳潤（ほうじゅん））な（味の）、まろやかな（味の）、喉越しのよい、酔い心地のよい、美酒（以下内包語）、名（銘）酒、良酒

し

しぐさ―愛くるしい（子供・小動物の）

住宅地―閑静な、高級

承諾する―快（こころよ）く、気持ちよく、二つ返事で、快諾する（内包語。VII（ii）〈例文〉（1））

職場―明るい、働きやすい、楽しい

食欲―旺盛な（＝［強］）

調べ―妙（たえ）なる

人生―バラ色の、輝かしい、すばらしい

せ
政治―公正な(=[正])、正しい(=[正])、クリーンな、明るい、明朗な
成績―良好な、すばらしい、いい、みごとな、りっぱな、抜群の(成績を収める)
生命力―たくましい、驚くべき
説明―簡にして要を得た、懇切な、詳しい、丁寧な、噛み砕いた、明快な
説明する―懇切に、詳しく、丁寧に、噛み砕いて、やさしく、明快に
選挙―清潔な(=[正])、公正な(=[正])、明るい(不正がない=[正])

そ
空―澄んだ、澄みきった／わたった(+[強])、さわやかに／清く澄んだ、清らかな、きれいな、美しい、晴れわたった(+[強])。「晴れ上がる」についてはⅧ(i)〈参考〉2)

た
大地―豊饒な、地味(ちみ)豊かな、実り豊かな、母なる、大いなる
態度―真摯(しんし)な(Ⅺ〈例文〉(2))、まじめな、柔軟な
耐える―雄々しく、じっと
沢庵(たくあん)―こりこりした(Ⅰ〈参考〉2)
食べる―おいしく、舌鼓(したつづみ)を打つ(おいしく食べる)

ち
着想―斬新な、みごとな、面白い
茶室―数奇(すき)を凝らした

つ
月の光―冴(さ)え渡る、清らかな

て
手がかり―有力な

と
弔(とむら)う―(死者を)懇(ねんご)ろに

な
仲間―仲の良い、気強い、心強い、すばらしい、面白い

に
女房―…には過ぎた女房だ(…の奥さんはとても立派だ／きれいだ)

ね
(鐘／琴／笛の)音—澄んだ／冴えた／清らかな
の
能力—すばらしい、うらやましい、類いまれな、抜群の、卓越する
は
肌—滑らかな、つやのある、きめ細かな、みずみずしい、すべすべの、絹のような、もち肌(内包語)、玉の肌(内包語)
話し—面白い、有難い、貴重な、耳寄りな、取っておきの、心温まる
話し合う—和気藹々と、なごやかに、心をひらいて、とことん、じっくり、十分に
ひ
ひとみ—つぶらな(円く可愛らしい)「君が瞳はつぶらにて、君が心は知りがたし」(佐藤春夫)
ビール—うまい、おいしい、すっきりした喉越しの、喉越しのいい、口当たりがいい、豊潤な味の、こくのある、まろやかな味の
ふ
舞台—晴れの
文化水準—高い
文章—格調(の)高い、絢爛たる、流麗な、張りのある、めりはりのきいた、味わいのある／深い、興味深い、面白い、美しい、きれいな、達意の、こなれた、円熟した
へ
別荘—しょうしゃな、しゃれた、立派な、豪壮な(「家」参照)
勉強する—一心不乱に、一生懸命(に)、熱心に(=[強])
弁舌—立て板に水の如き、さわやかな
ほ
包丁の音—小気味よい
葬る—手厚く
ボクサー—打たれ強い
ほほえむ—にっこり、婉然と(しとやかで美しく)

み

見える―くっきり(と)、はっきり(と)

見通し―明るい

みなり―きちんとした、りゅうとした、立派な、すばらしい、豪華な、いかす、清楚(せいそ)な、しょうしゃな

未来―前途洋々たる(未来がひらけている)、明るい、輝かしい

見る／観る―うっとりとして、夢中になって、心奪われて、見惚れる(内包語。Ⅶ(ii)〈例文〉(6))

も

持ち上げる―軽々と(いかにも軽そうに)、軽く(まだ持ち上げる余力がある)

もてなす―手厚く、懇(ねんご)ろに〔広〕、温かく

や

やってのける―軽々と、難なく、やすやすと、もののみごとに、うまく、立派に

り

理念―崇高(すうこう)な、高邁(こうまい)な

料理―おいしい、うまい、美味な、味わい深い、滋味／風味豊かな、うまそうな、おいしそうな、豊潤な味の、腕によりをかけてつくった／かけた

わ

笑う―にっこり(一回)、にこにこ(多回)、にこやかに、うれしそうに、愛想よく、明るく、からから(と)(大声で屈託(くったく)なく)、会心(かいしん)の笑(え)み(内包語)

Ⅺ 誹謗語

〈例文〉

(1) 英語を流暢に話す―英語をたどたどしく話す

(2) 事に対して真摯(しんし)な態度で臨む―事に対してふまじめな態度で臨む

(3) 適度な運動は健康によい影響を与える―喫煙は健康に悪い影響を与える

(4) 名医として界隈(かいわい)に知られていた〔新和英大〕―やぶ医者として界隈に知られていた

（5） 手紙を達筆で書く―手紙を金釘流(かなくぎりゅう)で書く

〈基本事項〉

1. 「よい」の反義である「悪い」という意味を出だし語に与えて結びつく語を誹謗語と呼ぶ。
2. 誹謗語は称賛語の反義である。出だし語と誹謗語の関係を［賛・反］と略記すると、出だし語・称賛語・誹謗語の関係は、次の例のように表記される。

　　（1）　［賛］（外国語を）話す＝流暢に、［賛・反］（外国語を）話す＝たどたどしく、つたなく、［反］流暢に＝たどたどしく、つたなく

　　（2）　［賛］態度＝真摯な、まじめな、［賛・反］態度＝ふまじめな、不謹慎な、なってない、［反］真摯な、まじめな＝ふまじめな、不謹慎な、なってない

　　（3）　［賛］影響＝よい、好影響(内包語)、［賛・反］影響＝悪い、悪影響(内包語)、［反］よい＝悪い、［反］好影響＝悪影響

　　（4）　［賛］医者＝名医(内包語)、［賛・反］医者＝やぶ医者(内包語)、［反］名医＝やぶ医者

　　（5）　［賛］（手紙などを）書く＝達筆で、［賛・反］（手紙などを）書く＝金釘流で、［反］達筆で＝金釘流で

〈説明〉

説明の要はなく、類例を少々掲げるにとどめるが、記述するとしたら膨大になろう。

〈類例〉

（1）　［賛］役者＝千両役者(内包語)、［賛・反］役者＝大根(だいこん)役者(内包語)、［反］千両役者＝大根役者

（2）　［賛］作品＝秀作、傑作、佳作(以上内包語)、［賛・反］作品＝駄作、愚作、凡作(以上内包語)、［反］秀作、傑作、佳作＝駄作、愚作、凡作

（3）　［賛］声＝よい、美声(内包語)、［賛・反］声＝悪い、悪声(内包語)、［反］美声＝悪声

（4）　［賛］馬＝駿(しゅん)馬、名馬(以上内包語)、［賛・反］馬＝駄馬(内包語)、［反］駿馬、名馬＝駄馬

（5）［賛・反］将棋＝へぼ将棋(内包語)
（6）［賛・反］家＝陋屋(ろうおく)、乞食小屋、掘っ立て小屋、うさぎ小屋(ヨーロッパ共同体が1979年に出した日本に関する報告書の中のrabbit hutchの訳語)(以上内包語)。第15章Ⅰ〈参考〉4参照。
（7）［賛・反］足＝大根足(だいこんあし)(内包語)
（8）［賛・反］亭主＝甲斐性(かいしょう)のない、ぐうたら亭主(内包語)
（9）［賛・反］毎日＝味気(あじけ)ない(「砂を嚙むような味気ない毎日」のかたちでよく用いられる)、無味乾燥な

〈参考〉
称賛内包語と同様に誹謗内包語を形成する漢字が多くある。愚—愚民、愚作、愚挙、愚行… 駄—駄作、駄馬、駄弁… 悪—悪筆、悪妻、悪女、悪声、悪政、悪天候… 毒—毒婦、毒牙(どくが)(邪悪な手段・行為)… 凡—凡作(平凡でつまらない作品)、凡才… 俗—俗書(低級な内容の書物)、俗人(くだらぬ男性)、俗物(俗人)…

XII　問題点

〈基本事項〉
Ⅰで例示したような結合(例えば「流暢に(外国語を)話す」)がある限り、名称はともあれ、称賛語という課題を取り上げざるを得ないと思われるが、解決しなければならない課題が多く、記述に不満が多々残される。

〈説明〉
1. Ⅰ〈基本事項〉1、2で記した定義を用いると、Ⅶ(ⅱ)〈参考〉3で触れたように称賛語の数は膨大になる。膨大になれば称賛語というくくり自身の存在があやしくなる。定義に欠陥があるかもしれない。
2. Ⅱ〈注意〉で記したように、「よい」とする側面限定の細密化・組織化に成功しなければ、称賛語の正確な記述の前進は期待できないかもしれない。
3. 本章は称賛語調査開始のための試掘の1つに過ぎない。

〈参考〉
「空が晴れる」(雲などが消え、空の様子がきれいになる)、「水が澄む」(濁り

がなくなり、水の様子が透き通って、きれいになる)のように「よくなる」、「肌を磨く」(肌をこすって汚れをとり、つやをだし、美しくする)や「水を浄化する」(不純物を取り、水をよくする)、「心を清める」(けがれを取り、心を清らかにする)のように「よくする」を表わす語彙が多数ある。[賛](ヨイ)と[転化₁](アルヨウニナル)と[転化₂](アルヨウニスル)との合成的意味要素と理解される。

第4章　動詞化動詞

I　動詞化動詞とは

図表 56　動詞化動詞結合と 1 語動詞

	(a)動詞化動詞結合	(b)1 語動詞
(1)	においがする	におう
(2)	納得がいく	納得する
(3)	援助を与える	援助する
(4)	連絡をとる	連絡する
(5)	消火に当たる	消火する
(6)	考慮に入れる	考慮する

〈例文〉
（1）　(a)ガスのにおいがする
　　　(b)ガスがにおう
（2）　(a)十分に説明してやったので息子も納得がいったようだ
　　　(b)十分に説明してやったので息子も納得したようだ
（3）　(a)アメリカはイラクに援助を与えた
　　　(b)アメリカはイラクを援助した
（4）　(a)部長は社長に電話で連絡をとった
　　　(b)部長は社長に電話で連絡した
（5）　(a)消防車 5 台が消火に当たったので、まもなく鎮火した
　　　(b)消防車 5 台が消火したので、まもなく鎮火した
（6）　(a)交渉に当たっては相手の立場も考慮に入れなければならない
　　　(b)交渉に当たっては相手の立場も考慮しなければならない

〈基本事項〉
出だし語(名詞)を動詞のように働かせる動詞を動詞化動詞という。
〈説明〉
1. (b)は1語動詞で1単語であるが、(a)は名詞＋格助詞＋動詞という結合であり、単語より大きな単位である。しかし、(a)(b)の意味は相互によく似る。
2. (a)の「(が)する」、「(が)いく」、「(を)与える」、「(を)とる」、「(に)当たる」、「(に)入れる」という動詞には実質的な意味はほとんどないか、あまりない。
3. 実質的意味は、名詞「におい」、「納得」、「援助」、「連絡」、「消火」、「考慮」が担う。
4. 動詞は(本来の意味を失うか、それからやや離れつつ)、この実質的意味を持つ名詞を動詞のように働かせている。
5. 実質的意味を名詞にあずけ、ただ、それを動詞のように働かせる動詞が動詞化動詞である。
〈注意〉
動詞化動詞が持つ意味とそれが独立して用いられた場合の意味とでは著しく異なる。例えば、(4)の「とる」は「書棚の本をとる」のように独立して用いられる場合、「手に持つ」の意味を持つ。(5)の「当たる」は「ボールが頭に当たる」のように独立して用いられる場合、「ぶつかる」の意味を持つ。しかし、動詞化動詞として用いられると、これらの意味を失ったり、かけ離れたりして、実質的意味を持つ名詞を動詞のように働かせる機能を発揮するだけとなる。
〈参考〉
動詞化動詞の組織的研究を最初に手がけた村木は「機能動詞」の名を与える(村木 1980: 17 以下)。本章を書くに当たり、村木(1980)を参考にし、例文も多く借用した。

II 動詞化動詞と1語動詞—動詞化動詞の認定

図表57　動詞化動詞結合と1語動詞の対応

	(a)動詞化動詞結合	(b)1語動詞
(1)	香りがする	香る
(2)	音がする	
(3)	食事をとる	食事する
(4)	朝食をとる	

〈例文〉
(1) 　(a)バラの花の<u>香りがする</u>
　　　(b)バラの花が香る
(2) 　(a)かすかにピアノの<u>音がする</u>
(3) 　(a)12時にレストランで<u>食事をとった</u>
　　　(b)12時にレストランで食事した
(4) 　(a)6時にルームサービスで<u>朝食をとった</u>

〈基本事項〉
1. 名詞＋格助詞＋動詞という結合が1語動詞に大約同じ意味を示す場合、結合中の動詞は動詞化動詞であると判断できる。ただし、これは決め手の1つに過ぎない。
2. 1語動詞に対応しない動詞化動詞結合は多数ある。

〈説明〉
1. 〈例文〉(1)(3)では(a)と(b)は大約同じ意味を表わすが、(2)(4)では(a)に対応する1語動詞を見出すことはできない。
2. しかし、(2)の(a)「音がする」は(1)の(a)「香りがする」と、(4)の(a)「朝食をとる」は(3)の(a)「食事をとる」と全く同種の結合であり、それぞれの名詞（香り—音、食事—朝食）は平行的である。よって、「…がする」は名詞「香り」のみならず「音」（ひいては「味」「…という気」…）の、また、「…をとる」は名詞「食事」のみならず「朝食」（ひいては「夕食」…）の動詞化動詞と判断できる。
3. 結合が1語動詞と大約意味を同じくして対応するということは、結合中の動詞が動詞化動詞であることの十分条件であるが、必要条件では

ない。
4. 1語動詞に対応する動詞化動詞結合の構成と平行的であり、「実質的意味を持つ名詞を動詞のように働かせている」と認められる動詞は動詞化動詞と判断される。

〈参考〉

外国語で1語動詞で表現されることも判断材料の1つとなるかもしれない。少なくともヒントにはなるだろう。「雨が降る」を表わす1語動詞については、XIII(i)〈説明〉1参照。

III 個性的動詞化動詞と汎用的動詞化動詞

図表 58 個性的動詞化動詞と汎用的動詞化動詞

(1)	川が流れる、風が吹く
(2)	雨／雪／みぞれ／霜が降る
(3)	保護／援助／注意／影響／支援／解決／答え／裏づけ／命令／指示／示唆／暗示／感化／許可／承諾／説明／…を与える
(4)	あくび／決心／錯覚／盗み／研究／敗北／…をする

〈基本事項〉

動詞化動詞には、結合する名詞が限定されているものと、限定の少ないものとがある。前者を個性的、後者を汎用的動詞化動詞と呼ぶ。

〈説明〉

1. 「(が)流れる」は「川」に、「(が)吹く」は「風」に固有のもので、個性的な動詞化動詞の例である。「(が)流れる」「(が)吹く」だけで、前接する名詞をある程度予測することができるほどである。
2. 「(が)降る」は動詞化動詞として図表58(2)にあげた少数の自然現象を表わす名詞と結びついて用いられる。これもある程度の予測がつく。
3. 「(を)与える」は個性的と一見感じられるかもしれないが、図表58(3)で掲げたように相当広い結合能力を持つ。
4. 「(を)する」は動作を表わす広汎な名詞と結びつき、動詞化する。最も汎用的な動詞化動詞ということになろう。多くの動詞化動詞は、(1)と(4)の中間にある。それにも、(2)のようなものや(3)のようなものが

ある。

〈注意〉
1. 「川が流れる」が動詞化動詞表現であることについては、XIII (i)〈説明〉3 参照。
2. 「(を)する」は最も汎用的な動詞化動詞であるが、「(が)する」「(に)する」の結合特性はある程度限定されている。

〈参考〉
1. 日本語がよくできるという印象を与える手段の1つは、個性的動詞化動詞の適切な使用にある。「信頼をする」より「信頼をよせる」、「メモをする」より「メモをとる」といった方が流暢なことば遣いとなる。
2. 日本語の全ての動詞は、「連用形」+スルに分解できる（ただし、両者の間にはとりたて助詞が立つ）。<u>あり</u>はする、<u>研究し</u>さえする、<u>書き</u>もする。動詞化動詞結合およびスルの汎用性の構造的要因の1つは恐らくここにあろう。

IV 動詞化動詞の種類（1）―ヲ格・ニ格・ガ格動詞化動詞

図表59　ヲ格・ニ格・ガ格動詞化動詞

	種類	格助詞	例	表記
(1)	ヲ格動詞化動詞	ヲ	連絡をとる	［ヲ動］　連絡＝とる
(2)	ニ格動詞化動詞	ニ	消火に当たる	［ニ動］　消火＝当たる
(3)	ガ格動詞化動詞	ガ	納得がいく	［ガ動］　納得＝いく

〈基本事項〉
1. 結びつく名詞をいかなる格に立てるかにより、動詞化動詞は、(1)ヲ格動詞化動詞、(2)ニ格動詞化動詞、(3)ガ格動詞化動詞に分かたれる。
2. (1)ヲ格動詞化動詞は名詞をヲ格に立てる。
3. (2)ニ格動詞化動詞は名詞をニ格に立てる。
4. (3)ガ格動詞化動詞は名詞をガ格に立てる。

〈説明〉
1. 「連絡をとる」は「連絡する」と大約同じ意味を表わす。「とる」は「連

絡」をヲ格に立て、動詞のように働かせる。名詞とそれに結びつくヲ格動詞化動詞の関係を「ヲ格動詞化動詞の縁」と呼び、[ヲ動]と略記すると、「連絡」と「とる」の関係は、[ヲ動]連絡＝とる、と表記される。

2. 「当たる」は「消火」をニ格に立て、動詞のように働かせる。名詞とそれに結びつくニ格動詞化動詞の関係を「ニ格動詞化動詞の縁」と呼び、[ニ動]と略記すると、「消火」と「当たる」の関係は、[ニ動]消火＝当たる、と表記される(Ⅸ〈説明〉1)。

3. 「納得がいく」は「納得する」と大約同じ意味を表わす。「いく」は「納得」をガ格に立て、動詞のように働かせる。名詞とそれに結びつくガ格動詞化動詞の関係を「ガ格動詞化動詞の縁」と呼び、[ガ動]と略記すると、「納得」と「いく」の関係は、[ガ動]納得＝いく、と表記される。

〈注意〉

1. ニ格動詞化動詞の中にはニ格がト格に交替し得るものがある。
   「<u>誇りに／と</u>する」
   「<u>目的に／と</u>する」
   このような関係は[ニ／ト動]と略記する。[ニ／ト動]誇り、目的＝する

2. 動詞化動詞をとる名詞は事柄を表わす名詞である。代表的なものは動作・作用(盗み、決定、嘘、影響、信頼)を表わすものであるが、現象(雨、音、頭痛)を示すものも動詞化動詞をとる。<u>盗みを働く</u>、<u>決定を下す</u>、<u>嘘をつく</u>、<u>影響を与える</u>、<u>信頼をよせる</u>、<u>雨が降る</u>、<u>音がする</u>、<u>頭痛がする</u>。ただし、いかなる名詞が動詞化動詞をとるかを、一般論として抽象的にとらえることは重要ではない。個々の名詞がいかなる動詞化動詞に結びつくかを具体的に知り、実際に用いることが重要である。

3. 動詞化動詞の出だし語たる名詞には、必ず連体修飾を受けなければならないものがある。「…思いがする」「…色をする」「…形をする」「…顔をする」「…ふりをする」「…態度をとる」「…姿勢をとる」(村木1980:20)。「準次は、何か奇異な<u>思いがしていた</u>」(椎名麟三)「その白墨の色が、もう何日も経っているような、しめった<u>色をしていた</u>」(石川達三)

〈参考〉
動詞は、実質的意味を持つ場合漢字表記に、動詞化動詞として用いられる場合かな表記になる傾向がある。「巨人が虎を<u>食った</u>」─「阪神は巨人にめっ

た打ちをくった」、「花子は荷物を手に持った」―「花子は太郎の行動にある疑いをもった」、「網になった袋のなかに、さざえやとこぶしなどを三十ばかり、獲ってきたのだった」―「支部長は県教組(けんきょうそ)と密接な連絡をとりながら…」。最後の2例は同一の作家(石川達三)の同一の作品(『人間の壁』)における実質的意味を持つトルと動詞化動詞のトルの表記である(村木 1980: 69)。ただし、あくまで傾向。本書では現在の慣行・慣用になるべく従って表記する(従って漢字表記が多くなる)。

V 動詞化動詞の種類(2)―能動化と受動化

図表 60 能動化動詞化動詞と受動化動詞化動詞

	名詞	格	動詞化動詞	名詞の主役	動詞の主役(ガ格に立つもの)	名詞・動詞の主役の一致・不一致	能動・受動	表記
ヲ格動詞化動詞	保護	ヲ	与える	守る人	守る人	一致	能動化動詞	[ヲ動能]保護＝与える
			受ける		守る相手	不一致	受動化動詞	[ヲ動受]保護＝受ける
ニ格動詞化動詞	質問攻め	ニ	する	質問する人	質問する人	一致	能動化動詞	[ニ動能]質問攻め＝する
			あう		質問を受ける人	不一致	受動化動詞	[ニ動受]質問攻め＝あう

〈例文〉
（1）当時、フランス政府は亡命者に手厚い保護を与えていた
（2）当時、亡命者はフランス政府から手厚い保護を受けていた
（3）その夜くつろいだ自由時間に、二人の若い日本人女性がムーサさんを質問攻めにしていた
（4）ムーサさんが、その夜くつろいだ自由時間に、二人の若い日本人女性から質問攻めにあっていた〔毎日、朝〕

図表61 「保護」の登場者と役柄

保護	名詞	登場者	守る人	守る相手
		役柄	←	←
保護する	動詞	登場者	守る人	守る相手
		格助詞など	ガ	ヲ
		文での役割	第1補語	第2補語
		役柄	主役	相手役

〈基本事項〉

1. 名詞の登場者には主役と非主役(相手役・脇役)がある。
2. 動詞化動詞には、名詞の主役をガ格に立てるものと非主役をガ格に立てるものとがある。
3. 名詞の主役をガ格に立てるものとは動詞の主役と名詞の主役が一致するものである。これを能動化動詞と呼ぶ。
4. 名詞の非主役をガ格に立てるものとは動詞の主役と名詞の主役が一致せず、非主役(相手役/脇役)に一致するものである。これを受動化動詞と呼ぶ。
5. この区別はヲ格・ニ格動詞化動詞に関し重要だが、ガ格動詞化動詞では出だし語である名詞をガ格に立てるので、この区別は問題とならない。

〈説明〉

1. 「保護を与える」は「保護する」と大約同じ意味を示す。名詞「保護」は「保護する」に「品詞転換」する。「保護」の主役は「危険・破壊・困難などが及ばないように、かばい守る人や組織」である(図表61)。「(を)与える」はその主役をガ格に立て、名詞そのものをヲ格に立てて用いる。これは動詞の主役と名詞の主役が一致するものである。「保護」の主役ガ格のヲ格動詞化動詞、つまり、ヲ格能動化動詞である。
2. 「保護を受ける」は「保護される」と大約同じ意味を示す。名詞「保護」の相手役は「守る相手」である(図表61)。「(を)受ける」はその相手役をガ格に立て、名詞そのものをヲ格に立てて用いる。これは動詞の主役と名詞の相手役が一致するものである。「保護」の相手役ガ格のヲ格動詞化動詞、つまり、ヲ格受動化動詞である。

3. 「質問攻め」とは「質問を次々と相手に浴びせかけること」を示し、その主役は「質問をする人」である。「(に)する」はその主役をガ格に立て、名詞そのものをニ格に立てて用いる。これは動詞の主役と名詞の主役が一致するものである。「質問攻め」の主役ガ格のニ格動詞化動詞、つまり、ニ格能動化動詞である。「質問攻めする」という語は、あまり用いられないように思われる。ただし、よく理解できる、あり得る日本語である。「質問攻めにする」の意として間違いなく理解される。
4. 「質問攻めにあう」は「質問攻めにされる」(?「質問攻めされる」)と大約同じ意味を示す。「(に)あう」は、「質問攻め」の相手役「質問を受ける人」をガ格に立て、名詞そのものをニ格に立てて用いる。これは動詞の主役と名詞の相手役が一致するものである。「質問攻め」の相手役ガ格のニ格動詞化動詞、つまり、ニ格受動化動詞である。

VI ヲ格動詞化動詞概観

図表 62　ヲ格動詞化動詞

(1)	［ヲ動能］盗み＝働く
(2)	［ヲ動受］支持＝集める
(3)	［ヲ動受］期待＝集める

図表 63　「盗み」の登場者と役柄

盗み	名詞	登場者	A. 泥棒	B. 盗品
		役柄		
盗む	動詞	登場者	A. 泥棒	B. 盗品
		格助詞など	ガ	ヲ
		文での役割	第1補語	第2補語
		役柄	主役	相手役

図表64 「支持」の登場者と役柄

支持	名詞	登場者	A. 賛成し援助する人	B. 賛成・援助の対象
		役柄	←	←
支持する	動詞	登場者	A. 賛成し援助する人	B. 賛成・援助の対象
		格助詞など	ガ	ヲ
		文での役割	第1補語	第2補語
		役柄	主役	相手役

図表65 「期待」の登場者と役柄

期待	名詞	登場者	A. 実現を望む人	B. 望まれる結果・事態	C. 望む相手
		役柄	←	←	←
期待する	動詞	登場者	A. 実現を望む人	B. 望まれる結果・事態	C. 望む相手
		格助詞など	ガ	ヲ	ニ
		文での役割	第1補語	第2補語	第3補語
		役柄	主役	相手役	脇役

〈例文〉

（1）あの男が<u>盗み</u>を<u>働く</u>なんて、魔が差したとしか思えない
（2）新人候補が都市部を中心に住民の<u>支持</u>を集めていった
（3）我が校のチームは全校の<u>期待</u>を集めて試合に臨んだ

〈基本事項〉

1. ヲ格動詞化動詞は、名詞をヲ格に立て、［つまり第2補語（直接目的語）にし］、名詞が表わす事柄の登場者をガ格に立てる［つまり、第1補語（主語）にする］。
2. ガ格に立つ登場者には主役と非主役（相手役／脇役）がある。
3. 主役をガ格に立てるものを、主役ガ格のヲ格動詞化動詞、ないし、ヲ格能動化動詞という。
4. 非主役（相手役／脇役）をガ格に立てるものを非主役ガ格のヲ格動詞化動詞、ないし、ヲ格受動化動詞という。
5. 名詞とそれに結びつくヲ格能動化動詞の関係を「ヲ格能動化動詞の縁」と呼び、［ヲ動能］と略記する。［ヲ動能］盗み＝働く

6. 名詞とそれに結びつくヲ格受動化動詞の関係を「ヲ格受動化動詞の縁」と呼び、[ヲ動受]と略記する。[ヲ動受]支持＝集める、[ヲ動受]期待＝集める

以上の大半はすでに述べたこと、ないし、すでに明らかなことであるが、確認のために記した。

〈説明〉

1. 「盗みを働く」は「盗む」と大約同じ意味を示す。名詞「盗み」の主役は、A.「泥棒、盗む人」(図表63)。「(を)働く」はその主役をガ格に立て、名詞そのものをヲ格に立てて用いる。「(を)働く」は「盗み」の主役ガ格のヲ格動詞化動詞(ヲ格能動化動詞)であり、両者の関係は次のように表記される。[ヲ動能]盗み＝働く。これは、名詞「盗み」を動詞のように機能させる「働く」がヲ格動詞化動詞であり、かつ、「盗み」の主役をガ格に立てて用いることを表わす。〈例文〉(1)で、主役は「あの男」。

2. 「支持を集める」は「支持される」と大約同じ意味を示す(意味の微妙なずれはある)。名詞「支持」の主役は「賛成し援助する人」、相手役は「賛成・援助の対象」(思想・意見そのもの、ないし、その保持者・唱道者)(図表64)。「(を)集める」はその相手役をガ格に立てて、名詞そのものをヲ格に立てて用いる。「(を)集める」は「支持」の相手役ガ格のヲ格動詞化動詞(ヲ格受動化動詞)であり、両者の関係は次のように表記される。[ヲ動受]支持＝集める。これは、名詞「支持」を動詞のように機能させる「集める」がヲ格動詞化動詞であり、かつ、「支持」の非主役(相手役)をガ格に立てて用いることを表わす。〈例文〉(2)で、相手役は「新人候補」。

3. 「期待を集める」は「期待される」と大約同じ意味を示す(意味の微妙なずれはある)。名詞「期待」の主役は「よい結果や状態を予期して、その実現を待ち望む人」、相手役は「望まれる結果や事態」、脇役は「主役がよい結果や状態を望む相手、ないし、それを実現せんとする人」である(図表65)。「全校生は、母校チームに県大会での優勝を期待したが、期待はみごとに裏切られた」。「集める」はその脇役をガ格に立てて、名詞そのものをヲ格に立てて用いる。「集める」は「期待」の脇役ガ格の

ヲ格動詞化動詞（ヲ格受動化動詞）であり、両者の関係は次のように表記される。［ヲ動_受］期待＝集める。これは、名詞「期待」を動詞のように機能させる「集める」がヲ格動詞化動詞であり、かつ、「期待」の非主役（脇役）をガ格に立てて用いることを表わす。〈例文〉(3)で、脇役は「我が校のチーム」。

〈注意〉

1. ［ヲ動_受］支持＝集める、［ヲ動_受］期待＝集める、の例でわかるように、非主役ガ格のヲ格動詞化動詞が、相手役をガ格に立てるのか、脇役をガ格に立てるのかは、動詞化動詞そのものによっては決定されない。名詞の登場者（相手役・脇役）の構造によって決定される。「（を）集める」という動詞は同一であっても、ガ格に立つのは「支持」においては相手役であり、「期待」においては脇役である。

2. 相手役ガ格の受動態と、脇役ガ格の受動態があることは、受動態一般に認められる現象である。「母は息子に大成功を期待していた」（能動態）—「息子の大成功が期待されていた」（相手役ガ格の受動態）—「息子が（成功すると）期待されていた」（脇役ガ格の受動態）

3. 強調したいことは、ヲ格動詞化動詞には、(1)主役ガ格のものであるヲ格能動化動詞と、(2)非主役（相手役・脇役）ガ格のものであるヲ格受動化動詞の2種類があるということである。

4. もし、相手役ガ格か脇役ガ格かの区別が必要な場合、「受」の後に「相」ないし「脇」をカッコに入れて示すことにする。［ヲ動_受(相)］支持＝集める、［ヲ動_受(脇)］期待＝集める

5. 以後、VIIにおいて(i)から(xvii)までヲ格能動化動詞（主役ガ格のヲ格動詞化動詞）を例示、解説し、VIIIにおいて(i)から(vi)までヲ格受動化動詞［非主役（相手役／脇役）ガ格のヲ格動詞化動詞］を例示、解説する。相手役・脇役の区別などに関する細かな点は各項で説明する。

VII 例解(1)―ヲ格能動化動詞

(i) ［ヲ動能］刺激／影響／許可／…＝与える

〈例文〉
（1） 音読する自分の声が迫力を伴って頭脳に<u>刺激</u>を<u>与える</u>シカケなのだ〔文春〕
（2） 選挙の結果が株価に著しい<u>影響</u>を<u>与えて</u>いるように見受けられる
（3） 市役所は建築会社にその建物を建てる<u>許可</u>をロクな審査もせずに<u>与えて</u>しまった

〈説明〉
1. 「刺激を与える」は「刺激する」と大約同じ意味を示す。「刺激」は「刺激する」に「品詞転換」する。「刺激する」はガ・ヲという支配を持つ。「自分の新しい化粧法<u>が</u>こんな風に岡の目<u>を</u>刺激するか」（有島武郎）。よって、「刺激」において、「外部から働きかけるもの」が主役、「（それによって）感覚や心に反応がおこる人やもの」が相手役である。「（を）与える」は「刺激」をヲ格に立て、主役をガ格に、相手役をニ格に立てて用いる動詞化動詞（ヲ格能動化動詞）である。〈例文〉(1)で「自分の声」が主役、「頭脳」が相手役を体現。

2. 「影響を与える」は「影響する」と大約同じ意味を示す。「影響」は「影響する」に「品詞転換」する。「影響する」はガ・ニという支配を持つ。「選挙の結果<u>が</u>株価<u>に</u>影響する」。よって、「影響」において、「力を及ぼす人やもの」が主役、「（それを受けて）変化・反応をおこす人やもの」が相手役である。「（を）与える」は「影響」をヲ格に立て、主役をガ格に、相手役をニ格に立てて用いる動詞化動詞（ヲ格能動化動詞）である。〈例文〉(2)で「選挙の結果」が主役、「株価」が相手役を体現。

3. 「許可を与える」は「許可する」と大約同じ意味を示す。「許可」は「許可する」に「品詞転換」する。「許可する」はガ・ヲ・ニという支配を持つ。「理事一同は住民代表<u>に</u>理事会への出席<u>を</u>許可しなければならなかった」。よって、「許可」において、「願いを許す人や組織」が主役、「願いの内容」が相手役、「願いを出す人や組織」が脇役である。「（を）与える」は「許可」をヲ格に立て、主役をガ格に、脇役をニ格に立てて

用いる動詞化動詞（ヲ格能動化動詞）である。〈例文〉(3)で「市役所」が主役、「建築会社」が脇役を体現。相手役は名詞「許可」の連体修飾語として出現し得る。「市役所は建築許可を与えた」「市役所は建築の許可を与えた」「市役所はその建物を建てる許可を与えた」

〈注意〉
1. 上記以外に、保護、保証、援助、声援、注意、励まし、解決、答え、解答、裏づけ、命令、指示、示唆、暗示、一瞥、侮辱、感化、承諾、説明などに結びつく。
2. ガ格に立つのが主役であることは動かないが、ニ格に立つのは当該名詞の相手役か脇役かである。例えば「侮辱」の場合、相手役。「勝が福沢に侮辱を与えたという推察がある」。参考―「勝が福沢を侮辱したという推察がある」。「指示」の場合、脇役。「部長は部下に販売に関して細かな指示を与えた」。参考―「部長は部下に計画の中止を指示した」

(ii) ［ヲ動能］探り／疑い／詫び／…＝入れる
〈例文〉
（1）　二人は互いに探りを入れるような目つきで見つめ合った
（2）　環境問題は現在最も重要な問題であることは疑いを入れる余地がない
（3）　そういう時は、すぐに、先方に詫びを入れておかねばならない
〈説明〉
1. 「探りを入れる」は「探る」と、「疑いを入れる」は「疑う」と、「詫びを入れる」は「詫びる」と、大約同じ意味を示す。
2. 「探り」は「探る」に、「疑い」は「疑う」に、「詫び」は「詫びる」に、「品詞転換」し、「探り」では「探る人」が、「疑い」では「疑う人」が、「詫び」では「詫びる人」が、主役である。
3. 「(を)入れる」は「探り」「疑い」「詫び」の主役をガ格に立て、名詞をヲ格に立てて用いる動詞化動詞（ヲ格能動化動詞）である。
4. 〈例文〉(3)の「先方」は「詫び」の脇役を体現しつつニ格に立つ。参考―「先方に失礼を詫びる」

〈注意〉
1. 上記以外に、断り、連絡、電話などと結びつく。

2. 「考え／考慮に入れる」また「ご覧に入れる」の「入れる」はニ格動詞化動詞。「(を)入れる」と区別しなければならない。

(iii) ［ヲ動能］投げ／逃げ／寝返り／…＝打つ

〈例文〉
（1） 栃東は土俵際で投げを打ったが、かえって黒海により切られてしまった
（2） 婉曲にその旨を説明して、逃げを打つことです
（3） 子供は苦しい夢でも見ているのだろうか、何度も何度も寝返りを打った

〈説明〉
1. 「投げ」は、相撲や柔道で、相手をかかえ、腰を入れて投げ倒す技をいう。「投げを打つ」は「投げる」と大約同じ意味を示し、「(を)打つ」が動詞化動詞であることは疑いない。主役は「投げ技をかける人」で、それをガ格に立てて用いる。〈例文〉(1)で主役は「栃東」。
2. 「逃げ」は「責任などをのがれようと策を講じること」であるが、「逃げを打つ」は「逃げる」と大約同様の事柄を表わし、「(を)打つ」が「逃げ」を動詞のように働かせる(「打つ」には「たたく」のような意味はない)。主役は「策を講じる人」。これがガ格に立つ。
3. 「寝返り」は「寝たまま体の向きを変えること」を表わし、「(を)打つ」はそれを動詞のように働かせる。主役は「寝たまま体の向きを変える人」で、「(を)打つ」はそれをガ格に立てて用いる。「寝返る」という1語動詞がある。〈例文〉(3)で主役は「子供」。

〈注意〉
1. 上記以外に、芝居などに結びつく。
2. 注射、ワープロ、タイプなどにも使える。この場合、名詞が示すものを人工物ととらえると機能発揮動詞(第5章)、事柄ととらえると動詞化動詞となる。
3. 「寝返りを打つ」は「味方を裏切って敵方につくこと」という意味でも用いられる。「寝返る」という1語動詞にも同様の意がある。

(ⅳ) ［ヲ動能］間違い／失敗／殺人／…＝犯す
〈例文〉
（1） 生徒指導に当たっては、よほど控え目な態度で臨まないと大変な間違いを犯すことになります
（2） 実験には失敗がつきものだ。失敗を犯すことを恐れていては実験はできない
（3） 殺人を犯した米水兵に対し僅か懲役3年の刑が申し渡された
〈説明〉
「間違い」の主役は「間違える人」、「失敗」の主役は「失敗する人」、「殺人」の主役は「殺人者」。「(を)犯す」はこれら主役をガ格に、名詞をヲ格に立てて用いる。
〈注意〉
過ち、思いすごし、失敗、ミス、誤診、危険、罪、犯罪、矛盾など好ましくない事柄を表わす名詞と結びつく。

(ⅴ) ［ヲ動能］錯覚／反応／故障／…＝おこす
〈例文〉
（1） 調度があまりにも豪華なので、高級ホテルかと錯覚をおこしてしまった
（2） ペニシリンを使用した人のうち、約2.5パーセントぐらいの頻度でアレルギー反応をおこす人がおります
（3） 悪路にかかわらず昼夜兼行で走行したので、自動車が故障をおこしてしまった
〈説明〉
「錯覚」の主役は「錯覚する人」、「アレルギー反応」の主役は「抗原抗体反応をおこす人」、「故障」の主役は「不調が生じ円滑に働かない機械や身体」。「(を)おこす」はこれら主役をガ格に、名詞をヲ格に立てて用いる。
〈注意〉
1. 上記以外に、間違い、混乱、失敗、暴動、反射、流産、感動、爆発などと結びつく。
2. 「(が)おこる」という自動詞の対を持つ。XV〈類例〉(2)。

（vi）［ヲ動能］期待／磨き／ゆさぶり／…＝かける
〈例文〉
（１）　中国は外国の民間銀行や公的な輸出入銀行からの借款(しゃっかん)に期待をかけているとみられる〔毎日、朝〕
（２）　大会までに、守備を重点にさらに磨きをかけたい
（３）　自民党はメール問題で民主党にゆさぶりをかけてきた
〈説明〉
1. 「期待」の主役は「実現を望む人」、相手役は「望まれる結果や事態」である（図表65）。「（を）かける」は主役をガ格に、相手役をニ格に、「期待」をヲ格に立てる。〈例文〉(1)で、主役を「中国」、相手役を「借款」が体現。
2. 「磨き」の主役は「一段とすぐれたものにする人」、相手役は「一段とすぐれたものにする対象」。「（を）かける」は主役をガ格に、相手役をニ格に、「磨き」をヲ格に立てる。「監督は守備にもっと磨きをかけようとプランを練った」
3. 「ゆさぶり」の主役は「動揺を与える人や組織」、相手役は「動揺を受ける人や組織」。「（を）かける」は主役をガ格に、相手役をニ格に、「ゆさぶり」をヲ格に立てる。〈例文〉(3)で、主役は「自民党」、相手役が「民主党」。
〈注意〉
1. 上記以外に、誘い、疑い、おどし、追い討ち、攻撃、夜襲、号令などに結びつく。
2. 苦労、心配、迷惑、負担などに結びつく場合、主役はニ格に立ち、結合は「…させる」（使役態）の意味になる。苦労をかける≒苦労させる。

（vii）［ヲ動能］決断／評価／命令／…＝下す
〈例文〉
（１）　米政府関係筋は日本が石炭液化事業に共同参加する決断を下すことが先で…〔毎日、夕〕
（２）　しかし、世間が今回の入試改革に正当な評価を下すのはずっと後のことになるだろう

（3）　司令部は大隊に前進の命令を下した
〈説明〉
「決断」の主役は「きっぱりと心を決める人」、「評価」の主役は「価値を定める人」、「命令」の主役は「下位のものにあることをするようにいう上位のもの」である。「(を)下す」はこれら主役をガ格に立て、名詞をヲ格に立てて用いるヲ格能動化動詞。
〈注意〉
上記以外に、解釈、宣告、裁定、結論、判断、断定、決定、診断などに結びつく。

(viii)　［ヲ動能］釣り／背伸び／働き／…＝する
〈例文〉
（1）　退屈なので毎日釣りをして過ごした
（2）　君の学力ではどんなに背伸びをしても、あの難関校は無理だ
（3）　例えば指導者を見分けるのに勘もよい働きをすることがあるが…（武谷三男）
〈説明〉
1. 「(を)する」は動作・作用を表わす広汎な名詞と結びつき、それを動詞化する。多くはヲをおとし1語化するが、しないものもある。〈例文〉(3)はその例。
2. 「釣り」「背伸び」「働き」などの主役をガ格に立て、名詞そのものをヲ格に立てる汎用的ヲ格能動化動詞である。

(ix)　［ヲ動能］注文／指示／熱／…＝出す
〈例文〉
（1）　升田九段は、放送の撮影準備に、あれこれ注文を出した〔毎日、朝〕
（2）　我々は部下に対し「殺してはならない」という指示をきちんと出しています
（3）　あの子はまた熱を出した
〈説明〉
1. 〈例文〉(1)の「注文を出す」は「注文をつける」（自分のしてほしいこと

を相手にいう）に意味が近い。この場合の「注文」の登場者は、意味的に考えると、主役が「希望や条件をいう人」、相手役は「希望や条件が関わる事柄（何に対する希望や条件であるか）」、脇役は「希望や条件をいう相手」である。「（を）出す」においてガ格に立つのは主役。ニ格には通常、相手役が立つ。〈例文〉(1)の「放送の撮影準備」は相手役を体現する。脇役もニ格に立ち得る。「升田はディレクターに注文を出した」。ただし、一文において相手役、脇役が二重にニ格に立つことはできず、相手役には後置詞的なものを添える必要がある。「升田は準備に関し／について／に関連してディレクターに注文を出した」

2. 「指示」の主役は「指図する人」、相手役は「指図の内容、事柄」、脇役は「指図する相手」。「（を）出す」において、主役がガ格、脇役はニ格やニ対シテ、ニ向ッテなどの後置詞的なもの、相手役はノや例文のように「という」が用いられる。

3. 「熱」の主役は「持主（病人）」、相手役は「（平熱より高い）熱の温度」である。「（を）出す」は主役をガ格に立てて用いる。「熱が出る」では主役はガ格かニ格に立つ。

〈注意〉
「（を）出す」は、答え、許し、声明、通達、宣言、通知、指令、命令、許可、結論、解答、返事、サインなどのことばや記号による表現行為を示す名詞のみならず、熱、汗、鼻血、よだれ、涙など、身体的現象を示す名詞と結びつく。身体的現象を示す名詞と結びつく「（が）出る」については、XIII(ii)参照。

(x) ［ヲ動能］誓い／覚悟／響き／…＝立てる
〈例文〉
(1) 切支丹でないと誓えと云われれば平気で偽の誓いも立てますしね（長与善郎）
(2) …伴子は涙を見せまいとする覚悟を立てた（大佛次郎）
(3) それは人けのないこの廊下の中で烈しい金属的な響きを立てる（福永武彦）

〈説明〉
1. 「誓い」の主役は「誓う人」、「覚悟」の主役は「心構えをする人」、「響き」の主役は「遠くまで達する音をたてるもの」。「(を)立てる」はこれら主役をガ格に、名詞をヲ格に立てて用いる。
2. 〈例文〉(1)の「誓いも」は「誓いをも」の意。

〈注意〉
上記以外に、伺い、志(こころざし)、暮らしなど動作や志向を表わす名詞のみならず、音、声、いびきなど音響に関する現象名詞と結びつく。

(xi) ［ヲ動能］しめくくり／交渉／注文／…＝つける

〈例文〉
（１） 運命の奴が、皮肉な、しめくくりをつけようとしている（大佛次郎）
（２） 松子の母は待兼て、何時も物和かな有様の細君に、交渉をつけた（滝井孝作）
（３） 相手方はこちらの提案に色々と注文をつけてきた

〈説明〉
1. 「しめくくり」の登場者は「品詞転換」する「しめくくる」（「会議をしめくくる」）から見て、主役が「まとまり、結末をつける人・もの」、相手役が「まとまり、結末をつける対象」。「(を)つける」は主役をガ格に、名詞をヲ格に立てて用いる。ニ格に立つのは相手役。「運命が私の人生に皮肉なしめくくりをつけようとしている」
2. 「交渉」の登場者は「交渉する」（「値引きを交渉する」）から見て、主役が「ことを実現しようとして相手にかけあう人」、相手役が「実現しようとする事柄」、脇役が「主役がかけあう相手」。「(を)つける」は主役をガ格に、名詞をヲ格に立てる。ニ格には通常脇役が立つ。〈例文〉(2)の「細君」は脇役を体現。
3. 「注文をつける」の登場者は「注文を出す」と同じ。ニ格には通常相手役（〈例文〉(3)では「提案」）。

〈注意〉
上記以外に、つぐない、ねらい、見切り、見通し、区別、始末、解決、決着、連絡などと結びつく。

（xii）　［ヲ動能］遅れ／連絡／睡眠／…＝とる
〈例文〉
（１）　テレビ朝日が他局に比べて決定的に遅れをとっている…〔サンデー〕
（２）　逮捕当時もその人物とひそかに連絡をとっていたことが判明した〔毎日、朝〕
（３）　私は旅先ではよく食べ、かつ充分睡眠をとった
〈説明〉
1.　「遅れ」の登場者は「遅れる」（AがBに／より／から／に比べ遅れる）から見て、主役が「後になる人・もの」、相手役が「前になる人・もの」。「（を）とる」は主役をガ格に、名詞をヲ格に立てる。相手役は通常ニ格。ニ比較シテ、比シテ、クラベテ（〈例文〉(1)）もある。
2.　「連絡」の登場者は、「連絡する」（「出発時間を先方に連絡した」）から見て、主役が「（自己の存在を含め）情報を出す人」、相手役が「情報が関わる事柄（何に関する情報か）」、脇役が「情報を受ける人」。「（を）とる」は主役をガ格、名詞をヲ格に立てる。脇役は通常ニ格。ト格に立つのは主役と対等の脇役。
3.　「睡眠」の主役は「眠る人」。「（を）とる」は主役をガ格に、名詞をヲ格に立てる。
〈注意〉
上記以外に、やすみ、休養、休息、食事、指揮、表現、リード、メモなどと結びつく。

（xiii）　［ヲ動能］暴行／盗み／乱暴／…＝働く
〈例文〉
（１）　東京都内の中学生が、高校入試に失敗し、通行人の店員に暴行を働いたという〔毎日、朝〕
（２）　それでも懲りずに盗みをはたらく（丹羽文雄）
〈説明〉
1.　暴行、乱暴、強盗、横領、泥棒、盗みなどの悪事を表わす名詞をヲ格に立て、主役をガ格に立てて用いる。
2.　暴行、乱暴などでは、相手役をニ格に立てる。〈例文〉(1)の「店員」は

その例。

(xiv) ［ヲ動能］警告／質問／指令／…＝発する
〈例文〉
（1） 毎年、平和宣言で政府や世界に軍備拡張への<u>警告</u>を<u>発し</u>ております〔毎日、夕〕
（2） 他の講義のような話をにやにやと面白がっていた洋画家が<u>質問</u>を<u>発した</u>（野上彌生子）
（3） 各職員は本庁の<u>発する</u><u>指令</u>に従って行動する必要がある
〈説明〉
1. 警告、質問、指令、命令、勧告、声明、問いなどをヲ格に立て、主役をガ格に立てて用いる。
2. これらの名詞の表わす事柄の内容を受け取る人や組織は脇役。この脇役がニ格に立つ。〈例文〉(1)の「政府や世界」はその例。

(xv) ［ヲ動能］注意／努力／尊敬／…＝払う
〈例文〉
（1） 人々は彼の心眼を畏れるように挙措に細心の<u>注意</u>を<u>払って</u>いた（有吉佐和子）
（2） 今まで<u>払って</u>きた<u>努力</u>が一瞬にして水の泡になった
（3） この人物に私はかねがね深い<u>尊敬</u>を<u>払って</u>きた
〈説明〉
注意、努力、尊敬、考慮、配慮、観察などをヲ格に、主役をガ格に立てて用いる。
〈参考〉
「注意を払う」は英語の to pay one's attention の借用であるという（村木 1980: 71）。

(xvi) ［ヲ動能］疑い／ひろがり／意図／…＝持つ
〈例文〉
（1） 岡本は、耕一郎の兄月山（村井国夫）の行動に<u>疑い</u>を<u>もつ</u>〔毎日、夕〕

（2） この悲劇はもっと大きく、社会的なひろがりをもつはずであった〔毎日、朝〕
（3） あなたをおとしいれようという意図を持って行動したことはこれまで一度としてありません

〈説明〉
1. 疑い、ひろがり、意図、誇り、関わり、うらみ、恐れ、望み、憎しみ、目論見、発想、理解、交渉、執着などをヲ格に、主役をガ格に立てて用いる。
2. 疑い、うらみ、恐れ、憎しみ、理解などでは相手役がニ格。〈例文〉（1）の「行動」はその例。

（xvii）［ヲ動能］期待／回答／信頼／…＝寄せる
〈例文〉
（1） この日、好投した武藤のピッチングにひそかに期待を寄せているようだった〔毎日、朝〕
（2） この調査に回答を寄せたのはアメリカの政府高官であった
（3） 私はこの目利きの鑑定眼には深い信頼を寄せていた

〈説明〉
期待、回答、信頼、同情、支援、愛情、激励などをヲ格に立て、主役をガ格に立てて用いる。信頼の登場者と役柄については序論第2章Ⅳ（vii）1〈類例〉5、図表19参照。

〈類例〉
（1）［ヲ動能］成功／勝利／サヨナラ勝ち／…＝おさめる
　　大阪で60年代結成された当劇団は72年東京に初進出して大成功をおさめた
（2）［ヲ動能］影響／支配／迷惑／…＝及ぼす
　　この勝敗は、得点の出入りに相当な影響を及ぼすとみられる〔毎日、朝〕
（3）［ヲ動能］スタート／カーブ／…＝切る
　　セ・パ両リーグとも4月7日の開幕目ざし、本格的トレーニングのスタートを切った〔毎日、夕〕

…大型トラックが突然左にカーブを切って飛び出してきた〔文春〕
　　〈注意〉「始める」の意はスタートに、「向きを変える」の意は「カーブ」の内にあり、「切る」はそれを動詞化しているだけである。
（4）［ヲ動能］勝利／勝ち／…＝占める
　　　民主主義が全体主義に対し勝利を占めようが、人種的偏見はそのまま残る
　　　心配と嬉しいことが胸の中で、ごったになって争うけれど、とうとう嬉しい方が勝を占めて終った(伊藤左千夫)

VIII　例解(2)―ヲ格受動化動詞

(i)　［ヲ動受］注目／信頼／尊敬／…＝集める
〈例文〉
（1）　太平幹事長の動向が党内外の注目を集めているが…〔毎日、朝〕
（2）　仁科氏は全員の信頼を集めて「社長」というなれない経営者の位置につかねばならなかった(藤田信勝)
（3）　村長は村人達の尊敬を集めていた
〈説明〉
1. 「注目を集める」は「注目される」と大約同じ意味を示す。「注目」は「注目する」に「品詞転換」する。「注目する」は、「ある対象を大事なこと、興味あることとしてある人が意識を集中する」ことを表わし、ガ、ニをとる。「研究の成果に注目する」。「注目」の主役はA.「意識を集中する人」、相手役はB.「(Aが)意識を集中する対象」である。「(を)集める」は、相手役をガ格に立て、名詞をヲ格に立てて用いる。〈例文〉(1)では「動向」が相手役、「党内外」が主役。
2. 「信頼を集める」は「信頼される」と大約同じ意味を示す。「信頼」は「信頼する」に「品詞転換」する。「信頼する」は「信じて頼る」ことを表わし、ガ、ヲをとる。「人を信頼する」。「信頼」の主役はA.「信じ頼る人」、相手役はB.「(Aが)信じ頼る相手」である。「(を)集める」は相手役をガ格に立て、名詞をヲ格に立てて用いる。〈例文〉(2)では「仁科氏」が相手役、「全員」が主役。

3. 「尊敬を集める」は「尊敬される」と大約同じ意味を示す。「尊敬」は「尊敬する」に「品詞転換」する。「尊敬する」は「人格・識見・学問・経験などの優れた人を尊び敬う」ことを表わし、ガ、ヲをとる。「母親を尊敬する」。「尊敬」の主役は A.「尊び敬う人」、相手役は B.「(A が) 尊び敬う相手」である。「(を) 集める」は相手役をガ格に立て、名詞をヲ格に立てて用いる。〈例文〉(3)では「村長」が相手役、「村人達」が主役。

〈注意〉
1. 「党内外」は複雑な構成をとる存在。「全員」「村人達」は構成員が複数存在する。これらが主役を体現し、ノによって出だし語たる名詞に結びつく。主役が、このように、複雑であったり複数であったりする時に「(を)集める」はよく用いられる。よって、「反転関係」には微妙なずれが出る(〈注意〉4 参照)。
2. 上記以外に、羨望、評価、支持などに結びつく。これらの名詞は、同じく、スルによって動詞に「品詞転換」を行う。転換した動詞は語幹たる名詞が表わす事柄の対象・相手をヲ格に立てる。「友人の身の上を羨望する」「友人の力量を高く評価する」「友人の意見を支持する」。これらヲ格に立てられる対象・相手が相手役であることは明瞭である。「(を) 集める」がこれらの名詞と結びつき、その相手役をガ格に立てることは説明するまでもない。「友人の身の上が羨望を集める」「友人の力量が高い評価を集める」「友人の意見がクラスの支持を集める」
3. ただし、「期待」などと結びつく場合、ガ格に立つのは脇役である。「期待」は「期待する」に「品詞転換」する。「期待する」はガ、ヲ、ニをとる。「私達は我が校のチームに県大会での優勝を期待したが、期待は見事に裏切られた」。「よい結果や事態の実現」がヲ格に立ち、相手役。「実現を目指す人」は脇役である。よって「我が校のチームは全校の期待を集めて、試合に臨んだ」のような文において、ガ格に立つ「我が校のチーム」は脇役である。
4. これらの名詞の主役をガ格に立てる動詞化動詞がある場合、2つの動詞化動詞表現は反転の関係に立つ。例えばVII (xv)で扱った「(を)払う」は「尊敬」の主役をガ格に立てる。よって、次の関係が成立する。[反

転〕尊敬を払う＝尊敬を集める。「(を)する」は「注目」の主役をガ格に立てる。よって、次の関係が成立する。〔反転〕注目をする＝注目を集める。「反転」に関しては第25章参照。

(ii) ［ヲ動受］注視／非難／長打／…＝浴びる
〈例文〉
（1） カレン・アン・クインラン嬢の命をめぐっての法廷論争は、二年前全米の<u>注視をあびた</u>事件だった〔毎日、朝〕
（2） 野党の<u>非難を浴び</u>、パニックにおびえて…(開高健)
（3） 江川は3回まではまずまずの投球をしながら、6回、<u>長打を浴びて</u>降板した
〈説明〉
1. 「注視を浴びる」は「注視される」に近い意味を示す。「注視」は「注視する」に「品詞転換」する。「注視する」は「視力を集中して見つめる」ことを表わし、ガ、ヲをとる。「手元<u>を</u>注視する」。「注視」の主役は「視力を集中して見つめる人」、相手役は「見つめる対象」である。「(を)浴びる」は相手役をガ格に立てる。〈例文〉(1)で「法廷論争」が相手役、「全米」が主役。
2. 「非難を浴びる」は「非難される」に近い意味を示す。「非難」は「非難する」に「品詞転換」する。「非難する」は、ガ、ヲをとる。「不手際<u>を</u>非難する」「相手<u>を</u>非難する」。「非難」の主役は「欠点や過失を取り上げ責める人」、相手役は「責める対象、相手」である。「(を)浴びる」は相手役をガ格に立てる。〈例文〉(2)でノによって名詞を修飾する「野党」は主役。
3. 「長打を浴びる」は「長打される」に近い意味を示す。「長打」は「長打する」に「品詞転換」する。「長打する打者」がガ格に立つことは疑いないが、「投手」がいかなる格助詞をとるか必ずしも明確ではない。ただし、意味的にはそれが相手役であることは間違いなかろう。「(を)浴びる」は「長打」の相手役をガ格に立てる。〈例文〉(3)の相手役は「江川」。

〈注意〉
1. これら以外に、拍手、喝采、注目、痛打、攻撃、批判、質問などと結びつく。
2. 上記のように、「(を)浴びる」は相手役にとって有難くない「長打、非難」のみならず、有難い「拍手、喝采」にも結びつく。
3. 「(を)浴びる」は「(を)浴びせる」という対を持つが、こちらの方は「長打、非難」など有難くない事柄を動詞のように働かせるヲ格能動化動詞で、主役をガ格に立てて用いる。
4. よって、相手役にとって有難くない事柄を表わす名詞と結びつく時、「(を)浴びせる」と「(を)浴びる」は反転の関係に立つ。[反転] 痛打／攻撃／批判／…(を)浴びせる＝痛打／攻撃／批判／…(を)浴びる。このような場合、「(を)浴びる」は「(を)浴びせられる」(受動態)と大約同義。

　　(a) 野党の代表者は答弁に立った首相に激しい<u>非難を浴びせた</u>
　　(b) 答弁に立った首相は野党の代表者から激しい<u>非難を浴びた</u>（浴びせられた）

5. 「(を)浴びる」「(を)浴びせる」は行為の多回性ないし、複雑さを表わし、アスペクトの面からの考察も必要かもしれない。

(iii) [ヲ動受] もてなし／取調べ／迫害／…＝受ける
〈例文〉
(1) 私は女主人から小部屋で茶菓の<u>もてなしを受けた</u>
(2) 犯人は今検察官の<u>取調べを受けている</u>
(3) イスラム教徒はキリスト教徒から<u>迫害を受けた</u>
〈説明〉
「もてなし、取調べ、迫害」の相手役は、それぞれ「もてなされる人、取り調べられる人、迫害される人」である。「(を)受ける」はこれら相手役をガ格に立てる。主役は、カラ、ニ、ノなどで表わされる。
〈注意〉
1. これ以外に結びつく名詞。扱い、疑い、呼び出し、手当て、裁き、仕返し、注意、あおり、質問、尋問、詰問（きつもん）、拷問、待遇、厚遇、催促、勧

告、宣告、砲撃、攻撃、反撃、圧迫、報復、妨害、暴行、命令、勧誘、要請、依頼、祝福、援助、支援、非難、批判、侮辱、評価、影響、作用、制限、感化、抜擢、庇護、薫陶(くんとう)、尊敬、信頼、連絡、招待、歓迎、注文、号令、虐待、刺激、サービス

2. 上記のうち、「品詞転換」してガ、ヲ、ニをとるものは、脇役がガ格に立つ。例えば、「質問」(→「質問する」。「わからないところを先生に質問する」)では脇役がガ格。「先生が生徒から質問を受けた」
3. これらの名詞の表わす事柄の主役をガ格に立てる動詞化動詞がある場合、2つの動詞化動詞表現は反転の関係に立つ。
   (1) (a)父は息子に強い影響を与えた
       (b)息子は父から強い影響を受けた
   (2) (a)当時、政府はこのいかがわしい外国人に「国賓」としての待遇を与えていた
       (b)当時、このいかがわしい外国人は政府から「国賓」としての待遇を受けていた

(iv) ［ヲ動受］反発／顰蹙(ひんしゅく)／恨み／…＝買う

〈例文〉

(1) だが、性急な近代化の強行は、左右両派からの反発を買った〔毎日、朝〕
(2) 前任の課長は、酒の席で酌を強要して、女子社員の顰蹙(ひんしゅく)を買ってしまった
(3) 歯に衣着(きぬき)せぬ物言(ものいい)いにより、新任の副知事は部局長の恨みを買った

〈説明〉

1. 「反発を買う」は「反発される」に近い意味を示す。「反発」は「反発する」に「品詞転換」する。「反発する」はガ、ニをとる。「親に反発する」「親の意見に反発する」。「反発」の主役は「たてつき受けつけない人」、相手役は「受けつけない相手、たてつく対象」。「(を)買う」は相手役をガ格に立てる。〈例文〉(1)で「強行」が相手役。「左右両派」が主役。ここではカラノで表わされる。
2. 「顰蹙を買う」は「顰蹙される」に近い意味を示す。「顰蹙」は「顰蹙す

る」に「品詞転換」する。「顰蹙」の主役は「悪感情をもって、眉をひそめる人」。相手役は「悪感情を呼び起こし、悪感情が向けられる相手、対象」。「(を)買う」は相手役をガ格に立てる。〈例文〉(2)で「前任の課長」が相手役。「女子社員」が主役。ここではノで表わされる。

3. 「恨みを買う」は「恨まれる」に近い意味を示す。「恨み」は「恨む」に「品詞転換」する。「恨む」はガ、ヲをとる。「招待されなかったのを恨んでいた」「裏切った友人を恨む」。「恨み」の主役は「不満や不快感を心に抱き続ける人」、相手役は「不満や不快感を与える原因、ないし、原因をつくる人」。〈例文〉(3)で、「副知事」が相手役。「部局長」が主役。ここではノで表わされる。

〈注意〉
1. 上記以外に、やっかみ、反感、苦笑、非難、不興などと結びつく。相手役にとって好ましくない事柄を表わす。
2. 「(を)する」は「苦笑、非難」と結びつくヲ格動詞化動詞であるが、主役をガ格に立てる。よって、「(を)買う」と反転の関係に立つ。[反転] 苦笑／非難／…(を)する＝苦笑／非難／…(を)買う。

(v) [ヲ動受] 指導／理解／賛成／…＝得る

〈例文〉
（1） 生徒達は実力のある先生の指導を得て、競技の技をどんどんと伸ばしていった
（2） 需要産業界である組み立て加工産業に対し「共存共栄を目ざし、理解を得たい」と強く訴えている〔毎日、朝〕
（3） 改革案は代表者会議の賛成を得たので、実行に移される態勢が整ったといえよう

〈説明〉
1. 「指導を得る」は「指導される」に近い意味を示す。「指導」は「指導する」に「品詞転換」する。「指導する」はガ、ヲ、時にガ、ヲ、ニをとる。「生徒を指導する」「水泳を指導する」「生徒に水泳を指導する」。「指導」の主役は「教え導く人」。「生徒を指導する」という支配をとる時、「教え導く相手」が相手役。「生徒に水泳を指導する」という支配を

とる時、「教科」が相手役、「教え導く相手」は脇役。〈例文〉(1)の「生徒達」は相手役ないし脇役。この非主役がガ格に立つ。
2. 「理解を得る」は「理解される」に近い意味を示す。「理解」は「理解する」に「品詞転換」する。「理解する」はガ、ヲをとる。「生徒のいうことを理解する」「生徒を理解する」。「理解」の主役は「理解する人」、相手役は「理解する対象、相手」。「(を)得る」は相手役をガ格に立てる。
3. 「賛成を得る」は「賛成される」に近い意味を示す。「賛成」は「賛成する」に「品詞転換」する。「賛成する」はガ、ニをとる。「君の意見に賛成する」「君に賛成する」。「賛成」の主役は「同意する人」、相手役は「提案、意見」、ないし、「提案者、意見の開陳者」である。〈例文〉(3)で、相手役は「改革案」、主役は「代表者会議」。ノによって名詞に結びつく。

〈注意〉
1. これ以外に結びつく名詞。許し、あわれみ、許可、推薦、庇護、納得、承諾、承認、快諾、了承、啓示、支持、援助、拍手、協力、評価、賞讃
2. 主役をガ格に立てる動詞化動詞がある場合、2つの動詞化動詞表現は反転の関係に立つ。［反転］指導／理解／賛成／…(を)する＝指導／理解／賛成／…(を)得る

(vi) ［ヲ動受］めった打ち／懲罰／長打／…＝くらう
〈例文〉
(1) 期待の西本がめった打ちをくらった…〔毎日、朝〕
(2) 遅刻した生徒は先生から懲罰をくらった
(3) 江川は3回までまずまずの投球をしながら6回、長打をくらって降板した

〈説明〉
1. 「めった打ちをくらう」は「めった打ちされる」に近い意味を示す。「めった打ち」は「めった打ちする」に「品詞転換」する(少なくともその可能性を持つ)。「むやみに打つ打者」がガ格に立つことは疑いない。「むやみに打つ打者」が「めった打ち」の主役であり、「むやみに打たれる投手」が相手役である。

「(を)くらう」は「めった打ち」の相手役をガ格に立てる。〈例文〉(1)で相手役は「西本」。
2. 「懲罰をくらう」は「懲罰される」に近い意味を示す。「懲罰」は「懲罰する」に「品詞転換」する。「懲罰する」はガ、ヲをとる。「遅刻しただけで生徒を懲罰するのはいかがなものか」。主役は「懲罰する人」、相手役は「懲罰される人」である。「(を)くらう」は「懲罰」の相手役をガ格に立てる。〈例文〉(2)で相手役は「生徒」。主役は「先生」。カラで示される。
3. 「長打」については(ii)〈説明〉3 参照。「(を)くらう」は「(を)浴びる」同様、相手役をガ格に立てる。〈例文〉(3)で相手役は「江川」。

〈注意〉
1. これ以外に結びつく名詞。頭突き、ホームラン、併殺、平手打ち、うっちゃり、反撃。相手役にとって有難くない事柄を示す。
2. 主役をガ格に立てる動詞化動詞がある場合、2つの動詞化動詞表現は反転の関係に立つ。［反転］頭突き／平手打ち／反撃／…(を)する＝頭突き／平手打ち／反撃／…(を)くらう

〈類例〉
（1） ［ヲ動受］誤解／軽侮／反発／…＝招く
防衛庁長官として、また政府要人として、誤解を招きやすい軽率な発言といわなければならない〔毎日、朝〕
彼は強大に畏縮し円滑を主として曲げて彼の意に従順するときは軽侮を招き…(阿部次郎)
（2） ［ヲ動受］注目／怒り／注意／…＝呼ぶ
米人コンサルタント、ハリー・カーンの暗躍がクローズアップされて注目をよんでいるが…〔文春〕
死を選ぶ一方で、まぬがれて恥じない人たちもいることが世間の怒りを呼ぶのである〔毎日、朝〕
（3） ［ヲ動受］おとがめ／非難／…＝こうむる
お師匠様は道のために、お上のおとがめをこうむって御流刑におなりあそばしたのでございます(倉田百三)
世間の誤解―というのが既に自惚かも知れませんけど、とかく非難を

蒙った覚えもあります(里見弴)
〈注意〉
「迷惑をこうむる」では主役(不快になったり困ったりする人)がガ格に立ち、「迷惑する」と同義となる。[同]迷惑をこうむる＝迷惑(を)する。また、「迷惑をこうむる、迷惑する」と「迷惑をかける」は反転の関係に立つ。[反転]迷惑をかける＝迷惑をこうむる、迷惑する(VII(vi)〈注意〉2参照)

IX　ニ格動詞化動詞概観

図表66　ニ格動詞化動詞

(1)	［ニ動能］消火＝当たる
(2)	［ニ動能］誇り＝する
(3)	［ニ動受］袋叩き＝あう

図表67　「消火」の登場者と役柄

消火	名詞	登場者	A. 火事を消す人・組織	B. 火事
		役柄		
消火する	動詞	登場者	A. 火事を消す人・組織	B. 火事
		格助詞など	ガ	(ヲ)
		文での役割	第1補語	第2補語
		役柄	主役	相手役

図表68　「誇り」の登場者と役柄

名詞	誇り	
登場者	A. 名誉に感じる人	B. 名誉とする対象
役柄	主役	相手役

図表69　「袋叩き」の登場者と役柄

名詞	袋叩き	
登場者	A. 盛んに非難する人々	B. 非難の対象
役柄	主役	相手役

〈例文〉
（1） ポンプ車十八台が消火にあたった〔毎日、朝〕
（2） 日本海軍はこの戦果を誇りにしていた
（3） D新聞の某記者は"架空会見"をでっちあげ、世論の袋叩きにあった

〈基本事項〉
1. ニ格動詞化動詞は、名詞をニ格に立て、登場者をガ格に立てる［つまり、第1補語（主語）にする］。
2. ガ格に立つ登場者には主役と非主役（相手役／脇役）がある。
3. 主役をガ格に立てるものを主役ガ格のニ格動詞化動詞、ないし、ニ格能動化動詞という。
4. 非主役をガ格に立てるものを非主役ガ格のニ格動詞化動詞、ないし、ニ格受動化動詞という。
5. 名詞とそれに結びつくニ格能動化動詞の関係を「ニ格能動化動詞の縁」と呼び、［ニ動能］と略記する。［ニ動能］消火＝当たる
6. 名詞とそれに結びつくニ格受動化動詞の関係を「ニ格受動化動詞の縁」と呼び、［ニ動受］と略記する。［ニ動受］袋叩き＝あう
7. ニ格動詞化動詞の中には、ニ格がト格に交替できるものがある。［ニ／ト動能］誇り＝する

〈説明〉
1. 「消火に当たる」は「消火する」と大約同じ意味を示す。名詞「消火」の主役は、A．「火事を消す人・組織」。相手役は、B．「火事」である（図表67参照）。「（に）当たる」はその主役（〈例文〉(1)では「ポンプ車十八台」）をガ格に立て、名詞そのものをニ格に立てて用いる。「（に）当たる」は「消火」の主役ガ格のニ格動詞化動詞（ニ格能動化動詞）であり、両者の関係は次のように表記される。［ニ動能］消火＝当たる。これは、名詞「消火」を動詞のように機能させる「当たる」がニ格動詞化動詞であり、かつ、「消火」の主役をガ格に立てて用いることを表わす（相手役はよく、ノを介して名詞に結びつく連体修飾語で表わされる。「大規模火災の消火に当たる」。「一軒家の消火に当たる」）。
2. 「誇り」の主役はA．「名誉に感じる人」。相手役は、B．「誇りの対象（名

誉に感じる対象」である(図表68参照)。「(に／と)する」は主役(〈例文〉(2)では「日本海軍」)をガ格に、相手役(「戦果」)をヲ格に立て、名詞そのものをニないしト格に立てて用いる。「(に／と)する」は「誇り」の主役ガ格のニ格動詞化動詞(ニ格能動化動詞)であり、両者の関係は次のように表記される。[ニ／ト動能]誇り＝する。これは、名詞「誇り」を動詞のように機能させる「する」が(助詞をトと交替させることのできる)ニ格動詞化動詞であり、かつ「誇り」の主役をガ格に立てて用いることを表わす。「誇りに(と)する」は「誇る」と意味が離れる。少なくとも、〈例文〉(2)を「日本海軍はその戦果を誇っていた」にいいかえることは通常避けられる。

3. 「袋叩き」の主役はA.「盛んに非難する大勢の人々」、相手役は、B.「非難の対象」である(図表69参照)。「(に)あう」はB.相手役をガ格に立て、名詞そのものをニ格に立てて用いる。「(に)あう」は「袋叩き」の非主役ガ格のニ格動詞化動詞(ニ格受動化動詞)であり、両者の関係は次のように表記される。[ニ動受]袋叩き＝あう。これは、名詞「袋叩き」を動詞のように機能させる「あう」がニ格動詞化動詞であり、かつ「袋叩き」の非主役(相手役)をガ格に立てて用いることを表わす。〈例文〉(3)では「某記者」がB.でガ格(ハの背後にあるのはガ格)。「世論」がA.でノを介して名詞の連体修飾語として出現。カラも可能。「世論から袋叩きにあった」。「(に)する」は「袋叩き」をニ格に立て、A.をガ格に、B.をヲ格に立てる。「世論は"架空会見"をでっちあげたD新聞の某記者を袋叩きにした」。よって、次の関係が成立する。[反転]袋叩きにする＝袋叩きにあう

〈注意〉
1. ニ格動詞化動詞はヲ格動詞化動詞に比較し、数が少ない。
2. 「誇り、袋叩き、足蹴り、人任せ、あて、考え」など、連用形からの派生名詞(居体言)、「消火、折半、指導、診察」などスルによって動詞化する動作性名詞、「問題、前提、目的」などスルによって動詞化しない名詞などがニ格動詞化動詞との動詞化動詞結合を形成するように見受けられる。
3. 「お招き」や「お尋ね」のニ格受動化動詞は「(に)あずかる」である

が、ガ格に立つのは「お招き」の場合相手役であり、「お尋ね」の場合は脇役である（詳しくは、XI(ii)〈説明〉2、3参照）。このように、非主役ガ格のニ格動詞化動詞が、相手役をガ格に立てるのか、脇役をガ格に立てるのかは、動詞化動詞そのものによっては決定されず、それぞれの名詞の登場者の構造によって定まる。このことは非主役ガ格のヲ格動詞化動詞と同様である。

X 例解(1)—ニ格能動化動詞

(i) ［ニ動能］人任せ／折半／あて／…＝する

〈例文〉
（1）そんな重要なことまで<u>人任せ</u>にしていてはいけません
（2）出る利益はあなたと私で<u>折半</u>にしましょう
（3）あの男は人の援助を<u>あて</u>にしてばかりいる

〈説明〉
1. 名詞「人任せ」とは「自分のなすべきことを他人に任せてさせること」であり、主役はA.「任せる人」、相手役はB.「任せる対象」である。「(に)する」は名詞そのものをニ格に、主役をガ格に立てて用いる（〈例文〉(1)では主役は呼びかけられる相手、あなた）。
2. 名詞「折半」とは「半分に分けること」であり、主役はA.「分ける人達」、相手役はB.「分けられる対象」。「(に)する」は名詞そのものをニ格に、主役を基本的にはガ格に、相手役をヲ格に立てて用いる。「太郎と次郎が利益を<u>折半にした</u>」。主役は複数あり、その表現は多様である。太郎と次郎とが…、太郎と次郎とで…、太郎と次郎で…。「折半する」という1語動詞がある。
3. 名詞「あて」とは「期待し、頼ること」であり、主役はA.「頼る人」、相手役はB.「期待の対象」。「(に)する」は名詞そのものをニ格に、主役をガ格に、相手役をヲ格に立てて用いる（〈例文〉(3)では主役は「あの男」、相手役は「援助」）。
4. "［ニ／ト動能］誇り＝(に／と)する"については、IX〈説明〉2参照。
"［ニ動能］質問攻め＝(に)する"については、XI(i)〈説明〉3参照。

〈注意〉
「前提、根拠、目的、問題、誇り」などと結びつく場合、「(に)する」の(に)は(と)と交替し得る。「ルビーは、そう追及する前提として買取ったものであった」(大佛次郎)。よって、これら名詞と「する」との関係は次のように表記する必要がある。[ニ／ト動能] 前提／根拠／目的／…＝する。

(ii) [ニ動能] 指導／警護／診察／…＝当たる
〈例文〉
（1） 私は長年体操部の部員の指導に当たってきた
（2） 三郎は首相の身辺の警護に当たった
（3） 診察に当たった医師の話によると、少年の病状はあまりかんばしいものではなかった

〈説明〉
1. 「指導」は「ある意図された方向に教え導くこと」を表わし、主役はA.「教え導く人」、相手役はB.「教えを受ける人」である。「(に)当たる」は主役(〈例文〉(1)では「私」)をガ格に、相手役(「部員」)をノ格に立てて用いる。
2. 「警護」は「非常事態の発生を警戒して守ること」を表わし、主役はA.「警戒し、守る人」、相手役はB.「守る対象」である。「(に)当たる」は主役(〈例文〉(2)では「三郎」)をガ格に、相手役(「身辺」)をノ格に立てて用いる。
3. 「診察」は「病状を判断するため患者に質問したり、体を調べたりすること」を表わし、主役はA.「医者」、相手役はB.「患者」。「(に)当たる」は主役(〈例文〉(3)では「医師」)をガ格に、相手役(少年)をノ格に立てて用いる。

〈注意〉
1. 「(に)当たる」は仕事・用務・業務を表わす名詞と結びつき、それらを引き受け、従事することを表わす。
2. 「指導に当たる」は「指導(を)する」と、「警護に当たる」は「警護(を)する」と、「診察に当たる」は「診察(を)する」と交替できる。
3. "[ニ動能] 消火＝(に)当たる"については、IX〈説明〉1参照。

(iii)　[ニ動能]　考え／考慮／計算／…＝入れる
〈例文〉
（１）　他の仕事でも同じだと思うんですが、余計なことを考えに入れてはいけない、と思うんです（大佛次郎）
（２）　都市化が進み…名古屋の都市変容をまったく考慮に入れずに…〔毎日、朝〕
（３）　乗り換え時間を計算に入れていなかったので、遅れてしまいました
〈説明〉
1.　「考えに入れる」は「考える」に近い。ガ格に立つのはA.「考える人」（主役）、ヲ格に立つのはB.「考えの対象」（相手役。〈例文〉(1)では「余計なこと」）。
2.　「考慮に入れる」は「考慮する」に近い。ガ格に立つのはA.「考慮する人」（主役）、ヲ格に立つのはB.「考慮の対象」（相手役。〈例文〉(2)では「都市変容」）。
3.　「計算に入れる」は「計算するにあたり、計算の一部に含める」の意で、「計算する」よりやや意味が拡大している（拡大傾向は、(1)(2)でもあるが、(1)(2)では置き換え可能）。〈例文〉(3)では「乗り換え時間」が相手役を体現する。主役は話者。
〈注意〉
「ご覧にいれる」は「お見せする」（「見せる」＋ニ格に立つ人に対する尊敬）と同義。「ご覧」の主役は「見せる人」、相手役は「見せる対象」。相手役はヲ格、主役はガ格。ニ格に立つのが話し手によって敬意が表わされる人物。「ただいまから、手代のものが先生に当家に代々伝わる掛軸をご覧にいれる手筈になっているのですが…」。第22章V(i)参照。

XI 例解（2）—ニ格受動化動詞

(i) ［ニ動受］攻撃／追撃／質問攻め／…＝あう

〈例文〉
（1） アメリカ兵の小隊が山中でゲリラの<u>攻撃</u>に<u>あった</u>
（2） しかし直ぐに敵の騎馬兵の<u>追撃</u>に<u>遭った</u>（中島敦）
（3） ムーサさんが、その夜くつろいだ自由時間に、二人の若い日本人女性から<u>質問攻めにあっていた</u>〔毎日、朝〕

〈説明〉
1. 「攻撃」の主役はA.「攻撃する人」、相手役はB.「攻撃される人」。「(に)あう」は名詞そのものをニ格に、相手役をガ格に立てる。〈例文〉(1)では、相手役は「小隊」。主役は「ゲリラ」。
2. 「追撃」の主役はA.「追撃する人」、相手役はB.「追撃される人」。「(に)あう」は名詞そのものをニ格に、相手役をガ格に立てる。〈例文〉(2)では、相手役は表出されていない漢の軍隊。主役は「騎馬兵」。
3. 「質問攻め」の主役はA.「立て続けに質問する人」、相手役はB.「質問を受ける人」。「(に)あう」は名詞そのものをニ格に、相手役をガ格に立てる。〈例文〉(3)では、相手役は「ムーサさん」。主役は「二人の若い日本人女性」。主役はカラ格に立っている。ノでも可。〈例文〉(3)を「二人の若い日本人女性が、その夜くつろいだ自由時間に、ムーサさんを<u>質問攻めにしていた</u>」といいかえても、内容は変わらない。「(に)する」は主役をガ格に、相手役をヲ格に、名詞そのものをニ格に立てて用いる。「(に)する」は「質問攻め」のニ格能動化動詞、「(に)あう」はそのニ格受動化動詞である。「質問攻めにする」と「質問攻めにあう」は反転の関係にある。［反転］質問攻めにする＝質問攻めにあう

〈注意〉
1. 「(に)あう」は、ガ格に立つ非主役にとり好ましくない出来事、事態を示す名詞を動詞化し、その出来事、事態が非主役の身に及ぶことを表わす。
2. 上記以外に、襲撃、追い討ちなどと結びつく。

(ii) ［二動受］伝授／お尋ね／お招き／…＝あずかる
〈例文〉
（１）　菊作りの秘訣の伝授にあずかりたいという下心が…(中山義秀)
（２）　これはお尋ねにあずかって恐縮至極でございますな(芥川龍之介)
（３）　このたびはお招きにあずかり誠に有難うございます
〈説明〉
1. 「伝授」は「秘伝・秘法など重要な内容を持つ事柄を師から弟子に伝え授けること」を表わし、「伝授する」に「品詞転換」する。主役はA.「伝え授ける人」、相手役はB.「伝えられ、授けられる事柄」、脇役はC.「その事柄を受け取る人」である。「老師は奥義をその若い弟子に伝授した」。「あずかる」は脇役（〈例文〉(1)では「話し手」）をガ格に、相手役（「秘訣」）をノ格に立てて用いる。主役はカラ格。「この若い弟子が老師から奥義の伝授にあずかった」

2. 「お尋ね」は「尋ねる」と同じ内容を持つ。「尋ねる」で主役はA.「質問をする人」、相手役はB.「わからないこと」、脇役はC.「質問を受ける人」。「師が弟子に道を尋ねた」。〈例文〉(2)では脇役（「話し手」）がガ格に立つ。敬意は主役に向けられる。

3. 「お招き」は「招く」と同じ内容を持つ。「招く」で主役はA.「用意をととのえ、招待する人」、相手役はB.「招待を受ける人」。「（に）あずかる」は相手役をガ格に立てて用いる。〈例文〉(3)では相手役は「話し手」。敬意は主役に向けられる。

〈注意〉
1. 「（に）あずかる」は主として目上の人の好意ある行為や恩恵を示す名詞に結びついて用いられる。オ＋「連用形」のかたちの名詞や、「御」が接頭される漢語名詞が多い。
2. 上記以外に、(御)指名、大盤振る舞いなどと結びつく。

XII ガ格動詞化動詞概観

図表70　ガ格動詞化動詞

1. 現象を表わす名詞
   - (1) 自然現象　　［ガ動］雨／雪／霜/…＝降る
   - (2) 身体的現象　［ガ動］涙＝こぼれる
   - (3) 感覚的現象　［ガ動］におい／音／頭痛／…＝する
   - (4) 心的現象　　［ガ動］決心＝つく
2. ［ガ動］波／熱／連絡／報告／…＝ある
3. (a) ［ヲ動］熱／溜息／指示／命令／…＝出す（他動詞）
   (b) ［ガ動］熱／溜息／指示／命令／…＝出る（自動詞）

〈基本事項〉

1. ガ格動詞化動詞は、名詞をガ格に立てる［つまり、第1補語（主語）にする］。登場者をガ格に立てる場合があるが、その時（潜在的、顕在的）二重ガ格文が出現する。
2. ガ格動詞化動詞には特徴的な一群がある。それは（主に不随意的）現象を表わす名詞を動詞化する。現象を表わす名詞には、(1)自然現象、(2)身体的現象、(3)感覚的現象、(4)心的現象がある。
3. 「(が)ある」は、現象を示す名詞のみならず、出来事や動作・作用を示す名詞とも広く結びつき、ガ格動詞化動詞として働く。波／熱がある―連絡／報告がある
4. ヲ格動詞化動詞は他動詞である。それに対となる自動詞的ガ格動詞化動詞が存在する。結合する名詞はヲ格動詞化動詞と共通となる。熱／溜息／指示／命令／…(を)出す―(が)出る。

〈説明〉

1. 「どちらの湖が波がありますか」「こちらの湖が波があります」は可能な文であろう。「私は涙がこぼれた」「太郎はやっと決心がついた」において「総主語」はハでとりたてられているが、ガ格が背後にある。このように、多くのガ格動詞化動詞結合は潜在的・顕在的二重ガ格文を構成する。登場者の表現に関しては各項において順次触れることにする。
2. 「現象を表わす名詞」に結びつくものが、ガ格動詞化動詞中最も目立つものである。その4つの類については具体的にXIIIにおいて順次解説

する。
3. 「…がある」の…の位置につくのは、動作・作用・出来事・現象を表わす広汎な名詞であるが、それを有意味なかたちで規定することは、今のところできない。
4. ヲ格動詞化動詞に対応して存在する自動詞的ガ格動詞化動詞も同じく広汎な名詞と結びつく。注目を集める―注目が集まる、期待をかける―期待がかかる、汗をたらす―汗がたれる、涙をこぼす―涙がこぼれる
5. 上記の3区分は記述の過程で自然にできた類別であり、同一の基準で分類されたものではない。

〈注意〉
1. ヲ格・ニ格動詞化動詞に関しては、いかなる名詞がいかなる動詞化動詞を持つかという問いに対し、有意味なかたちで包括的答えを出すことができない。記述は、具体的に動詞化動詞を掲げ、それがどういう名詞と結びつくかを列挙するに尽きる。結論的に述べれば、これらは文法的、規則的事柄ではなく、個々におぼえていくべき語彙的事実であり、辞書に記載されるべき事柄である。
2. しかし、ガ格動詞化動詞には、結びつく名詞を有意味な(つまり、或程度明確に学び手に教えることができる)かたちで把握できる一群がある。「現象を表わす名詞」を動詞化する類である。かくして、ガ格動詞化動詞の記述方法は、ヲ格・ニ格動詞化動詞と少々異なることになる。

〈参考〉
ガ格動詞化動詞結合は「1語化」に最も近づいている結合である。それは「頭が痛い」「鼻が長い」のような部分主語を持つ形容詞結合と構造上同じである。伝統的見解に従って、「私は(が)頭が痛い」(部分主語を持つ形容詞述語の潜在的二重ガ格文)と「私は(が)頭痛がする」(ガ格動詞化動詞結合を述語とする潜在的二重ガ格文)を腑分けすると下図のようになる。

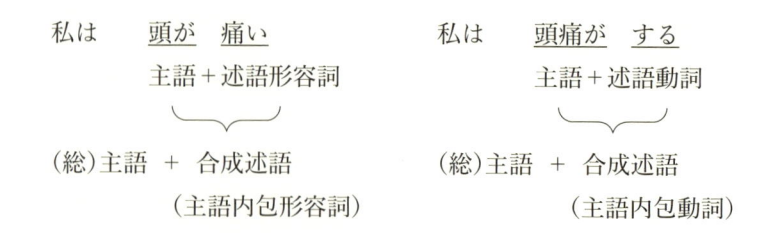

```
私は    頭が  痛い              私は    頭痛が   する
       主語+述語形容詞                   主語+述語動詞
         ‿                                ‿
(総)主語 + 合成述語             (総)主語 + 合成述語
    (主語内包形容詞)                  (主語内包動詞)
```

このような見方に立てば、ヲ格動詞化動詞結合は直接目的語(第2補語)内包動詞といっていいだろう。

```
私は    連絡を  取る
      直接目的語+述語動詞
         ‿
(総)主語 + 合成述語
    (直接目的語内包動詞)
```

ヲ格動詞化動詞結合が更なるヲ格補語をとることは通常避けられる。米1俵を注文した―米1俵の($^{(*)}$を)注文を出した。米1俵の((?)を)注文をした

ガ格動詞化動詞結合を述語とする文では二重ガ格が許されるが、ヲ格動詞化動詞結合を述語とする文では二重ヲ格は避けられるのである。ここにヲ格動詞化動詞と比較してのガ格動詞化動詞の特異性がある。

XIII 例解(1)―現象を表わす名詞と結びつくガ格動詞化動詞

(i) 自然現象

図表71 自然現象を表わす名詞と結びつくガ格動詞化動詞

(1)	[ガ動] 雨・雪・霜=降る
(2)	[ガ動] 虹・霧・霞・靄=かかる
(3)	[ガ動] 霜=降りる
(4)	[ガ動] 虹・霧・霞・靄・霜柱・煙=立つ
(5)	[ガ動] 風=吹く
(6)	[ガ動] 川=流れる

〈例文〉
（１）　さらさらと音を立てて霰(あられ)まじりの雪が降る(有島武郎)
（２）　意識が霧がかかったように遠のいていく(辻井喬)
　　　　冷たい感じのする白皙の秀才顔が、ぼんやりと春霞(はるがすみ)がかかったようになごんでいる(佐藤愛子)
　　　　自分が覚醒(かくせい)しているのか睡眠中なのかも判然としないくらいに、頭の中にもやがかかっている(鷺沢萌)
（３）　黄色な光が快(こころよ)く鮮やかに満ちている晩秋の水のような淡い霜(しも)が、窃(ひそ)かにおりる(長塚節)
（４）　湯気のように霧が立つ(大佛次郎)
（５）　五月の青い風が吹く(川端康成)
（６）　水量豊かな温和な川がゆるゆると流れる(太宰治)

〈基本事項〉
自然現象を示す名詞をガ格に立てる動詞化動詞には、「降る」［(1)］、「かかる」［(2)］、「降りる」［(3)］、「立つ」［(4)］、「吹く」［(5)］、「流れる」［(6)］がある。それ以外に、「ある」「でる」も用いられる。「今日は海に波がある」「今日は風がある」「月がでている」「虹がでた」

〈説明〉
1.　「雨」が事柄であることについては序論第2章Ⅳ(vii)3〈説明〉1参照。「(が)降る」は「雨」に結びつき、動詞のように働かせる。ラテン語・イタリア語・チェコ語は1語で表わされる。pluit, piove, prši「雨が降る」
2.　「雨」の登場者については図表23参照。A. 主役(雨粒、水滴)の形状などへの言及は「大(小)粒の雨が降る」の例で伺えるように、「雨」への連体修飾語として表現されることがある。小雨、小糠雨、糸のような雨、大雨などの合成語や語結合などには、雨の規模とともに雨粒への言及が認められる。B. 相手役(着点)は通常ニ格(ヘ格もあり得よう)。「海をいく船にも、街をさまよう私にもシトシト、シトシト雨が降る」。このBは、受動態になると迷惑を受けるものとしてガ格(ハ)をとって顕在化する。「私は雨に降られた」。C. 脇役(起点)は通常カラ格。「空から雨が降る」。空間を表わす名詞がガ格に立つことがある。「どの地帯が雨がたくさん降りますか」「熱帯が雨がたくさん降ります」。このガ格はB

（相手役）と見るべきか？

3. 「川（河）」も"もの"ではない。空からの雨、地中からの湧き水が、地表の細長い窪みに沿って高い所から低い所へと移動する現象である。「川（河）」を動詞のように働かせるのが「（が）流れる」である。
4. 「海に岩がある」は単に海中における岩の存在を表わすに過ぎないが、「海に波がある」は、海に波が立っていることを示し、「（が）ある」は「波」に対し特別の意味的かつ慣用的結合をなし、動詞化動詞と考えざるを得ない。

〈注意〉

1. 「ある」は自然現象の状態的存在を表わすのに対し、「でる」は発生や始動（「アリハジメル」）の意がある。「波がある」―「波がでる」。ただし、「ある」と直接対立しない「でる」は、始動の意が顕著でない場合がある。「虹が立った」と「虹がでた」はほとんど同じように用いられる。
2. 「ある」が自然現象のみならず、動作・作用を示す名詞の動詞化動詞としても働くことについては、XIVで詳説する。
3. 「風」などは「吹く」のみならず、「ある」「でる」と結びつくが、「川」などは「流れる」にしか結びつかない（「川がある」は単なる存在文。「川がでる」とはいわない）。
4. 「月」や「さび」も事柄としてとらえられる。「さび」に関しては説明の要がないと思うが、「月」は満ちたり欠けたりして1か月ほどで地球のまわりを廻り、昼は白っぽく夜は明るくひかる現象として把握できる。これらは「でる」と結びついてよく用いられる。「月がでる」「さびがでる」。「さびる」という1語動詞がある。
5. 「かび」は「生える」「でる」と結びつく。「かびる」という1語動詞がある。
6. たとえ登場者が意味上想定できるとしても、〈説明〉2でわかるようにこのタイプの動詞化動詞結合は登場者の表現に積極的関心をあまり払わない。

〈参考〉

1. 「雨」「風」とガ格動詞化動詞との結合には固有のオノマトペがある。このうち強調語となるものの代表格は「ざあざあ」「ばらばら」「ぴゅう

ぴゅう」。「ばらばら」には雨粒が大きく、急に降るという意が加わる。「しとしと」は[強・反]。「雪」には「霏々として」(文章語)「深々と」のような漢語系オノマトペがよく用いられる。

2. 「雨が降る」は英語では it rains、ドイツ語では es regnet、デンマーク語では det regner、フランス語では il pleut。日本語とは異なり、実質的意味は動詞が担い、名詞にあたるのは it、es、det、il のような形式的なものに過ぎない。ロシア語では идёт дождь、韓国語で비가 오다[pi ga oda]。日本語と同様実質的意味は名詞 дождь、비 が担い、動詞 идёт (行く)、오다 (来る) は形式的なものである。中国語では下雨 (雨が降る) という。「雨」に実質的意味があり、「下」が形式的動詞であろう。要素の並び順もロシア語が普通にとる語順 идёт (動詞) дождь (名詞) と同じである。露中韓日が、дождь、雨、비、アメという名詞を中心にして形式的ないし半形式的動詞を用い、英独デンマーク仏語などが動詞を中心にして形式的名詞を用いる点、対照言語学のみならず、言語地理学的にも興味深い (村木 1980: 30、イェスペルセン 1958: 10)。ポーランド語でもロシア語同様 deszcz (雨) pada (落ちる) である。ユーラシア大陸において、非口蓋化子音・口蓋化子音の対立がポーランド語から東に向かって分布する (Якобсон 1931) こととパラレルをなしている点もまた興味がそそられる。

3. 2で類型的にポーランド語、ロシア語、中国語、韓国・朝鮮語、日本語を同一とみなしたが、細かな点では異同がある。例えば、日本語では「雨が降る」一本槍で1語動詞がない。それに対し、ロシア語では идёт дождь と平行的に дождит という1語動詞 (無人称、無主語動詞) が話しことばで存在する。Весь день дождит.「一日中雨が降っている」。моросит「小雨が降る」という1語動詞もある。ロシア語は動詞化動詞結合と1語動詞が併存する言語ということになろう。

4. すでに述べたことであるが、例えば「連絡をとる」において「(を) とる」は、独立して用いられた場合の意味 (「手に持つ」) を失い、名詞「連絡」を動詞のように働かせる意味 (「(を) する」) へと減衰する。それに対し、「雨が降る」において「(が) 降る」は独立して用いられた場合の意味 (「空から、思いがけない所から、何かが (たくさん) 落ちてくる」) を

失っているとはいえない。「雨が降る」において「雨」にも「水蒸気が凝固して水滴となり空から地上に落ちる」という意味があり、「降る」にもそれに近い意味がある。名詞と動詞が似通った意味を相互に呼応するように反復している結合である。この意味の呼応、反復が著しい例が、「雷が鳴る」「雷鳴が轟く」「火が燃える」「光が輝く」である。これは、「三頭(大きな動物を数えるための助数詞)の馬(大きな動物)」、「先生(尊敬すべき人)がお書きになった(主役尊敬形態)」のような呼応一致現象を想起させ、ことばの結びつきの妙への思いを誘う(第3章 VIII(iii)、第22章 VII〈参考〉2、3、4参照)。

5. 「霜」は「物体となって天から落ちてくるもの」とは把握されないだろう。よって「霜が降る」において「降る」は意味の減衰を起こし、普通の動詞化動詞になっている可能性がある。

(ii) 身体的現象

図表72　身体的現象を表わす名詞と結びつくガ格動詞化動詞

(1)	［ガ動］あくび＝出る
(2)	［ガ動］熱＝ある
(3)	［ガ動］よだれ＝たれる
(4)	［ガ動］汗＝流れる

〈例文〉

（1）あくびが出るほど退屈する(常盤新平訳)
（2）あの子は39度も熱がある
（3）ご馳走の前に座ったら、よだれがたれてきた
（4）汗が滝のように身体を流れる(高橋三千綱)

〈基本事項〉

1. 「くしゃみ、あくび、しゃっくり、げっぷ、咳」など特徴的動作や音声を伴う身体現象を表わす名詞には、基本的に「(が)出る」が用いられる。「熱」は「(が)出る」とともに「(が)ある」が使われる。
2. 「汗、(鼻)血、鼻水、よだれ、涙」など分泌物の体外出現現象を示す名詞には「(が)出る」とともに「流れる、たれる、浮かぶ、こぼれる」な

3. 自然現象を示す名詞のガ格動詞化動詞とは異なり、ほとんどが対応するヲ格動詞化動詞を持つ（くしゃみ、しゃっくり、あくびなどでは「（が）出る」と「（を）する」の対応になる）。
<u>虹／霧が出る</u>—^(*)<u>虹／霧を出す</u>、<u>熱が出る</u>—<u>熱を出す</u>、<u>よだれがたれる</u>—<u>よだれをたらす</u>、<u>汗がこぼれる／流れる／浮かぶ</u>—<u>汗をこぼす／流す／浮かべる</u>、<u>くしゃみ／しゃっくり／あくびが出る</u>—<u>くしゃみ／しゃっくり／あくびをする</u>
4. ガ格動詞化動詞結合は身体現象の存在、出現を示し、出来事中心の表現をつくる。対応するヲ格動詞化動詞結合は身体現象と登場者との関係を明示し、その間に成立する作用中心の表現となる。

〈説明〉
1. 「涙」は涙の粒のような物体ではない。感情が高まった時などに涙腺から多量に透明な液体が分泌され、目から出るという事柄である。「（が）こぼれる」はそれと結びつき、動詞のように働かせる。「（が）浮かぶ、流れる、あふれる」など、ニュアンスは異なるが同様の動詞がいくつかある。文体的限定が強いが、「涙する」という1語動詞がある。
2. 「涙」の登場者を図表24のように考えておきたい。A. 主役（持主）は通常ガ格に立つが、ハでとりたてられる。「私が（は）涙がこぼれた」。Aと「涙」の関係は、全体（持主）と部分（所有物）の関係に立つ（「象は鼻が長い」に見られる関係と同じになる）。ニもあり得るか。「私<u>に</u>はとめどなく涙がこぼれた」。B. 相手役（涙の粒）は「涙」に含意されるが、形状などは涙への連体修飾語として表現されることがある。「<u>大粒の</u>涙がこぼれた」（「涙の粒」について序論第2章Ⅳ(vii)3〈説明〉2参照）。C. 脇役$_1$（着点）の補充は典型的にはないが、ニ、ヘ（ト）などで行い得る。「涙が床<u>に</u>こぼれた」「涙がほほ<u>へ</u>（と）こぼれた」。D. 脇役$_2$（起点）は通常カラ格。「私は目<u>から</u>涙がこぼれた」。AはDの連体修飾語として出現できる。「私<u>の</u>目から涙がこぼれた」
3. 「またあの子に熱が出た」というガ格動詞化動詞を用いる表現に対応して「またあの子は熱を出した」というヲ格動詞化動詞による表現が存在する。前者は出来事の表現、後者は登場者と作用の関係の表現である。

〈注意〉

1. 「汗、(鼻)血、鼻水、よだれ、涙」を「分泌物」ととらえると「(が)出る」は「からだの外への移動」を表わす実質的意味を獲得する。これらを身体現象としてとらえると「(が)出る」は半形式的であるガ格動詞化動詞ということになる。現実の言語生活においてこれら表現は2つの把握の間を揺れ動いているように思われる。ここでは後者の立場で記述を進める。

2. 「汗、涙」などには「浮かぶ」や「落ちる」も用いられる。出現・落下の意が前面にでる。「額から汗がひとすじ落ちる」(落合恵子)「鼻の頭にポツポツと玉のような汗が浮かぶ」(志賀直哉)

3. 「涙が出る」は「かなしい、泣く」、「冷汗が出る」は「はずかしい」などの意で用いられ、慣用句に近づく。「涙を拭く／拭う」は無化動詞(第7章Ⅵ〈説明〉3)。

4. 「垢が出る」は出現、「垢がたまる」は累加の意がある。

5. 「いびき、溜息」は「出る」。「いびき」には「(を)かく」という個性的なヲ格動詞化動詞がある。「溜息」にもヲ格動詞化動詞が多様にそろっている。(を)出す、(を)する、(を)つく

6. 〈説明〉2で、「涙」に関して述べたことであるが、このタイプの動詞化動詞結合において、A.持主(主役)は通常ガ。ハによってとりたてられても潜在的に二重ガ格文を構成する。ニも可であることも述べた。「私には溜息が出た」

7. ヲ・ニ格動詞化動詞では、出だし語たる名詞が示す事柄のいかなる登場者がガ格に立つかで、主役ガ格と非主役ガ格の区別を立て、関係の表記にあたって[ヲ動能]、[ヲ動受]、[ニ動能]、[ニ動受]の区別を行った。ガ格動詞化動詞では名詞自身がガ格に立つので、このような区別は必要ない。

(iii) 感覚的現象

図表73　感覚的現象を表わす名詞と結びつくガ格動詞化動詞

| (1) | ［ガ動］音＝する |
| (2) | ［ガ動］頭痛＝ある |

〈例文〉
（1）コンコンと金属をたたくような音が遠くでする
（2）頭痛があるので、今日は休ませてもらいます

〈基本事項〉
「腹痛、頭痛、悪寒、音、におい」など、痛覚、内部感覚、聴覚、嗅覚など感覚でとらえられる現象を示す名詞のガ格動詞化動詞としては、「する、ある、出る」が用いられる。

〈説明〉
1. 「においがする」は「におう」という1語動詞と大約同じ意味を表わす。「におい」（物から発散され、鼻で感じる刺激）が実質的意味を持ち、「(が)する」はそれを動詞のように働かせる。
2. 「におい」は「におう」に「品詞転換」を行う。

図表74　「におう」の登場者と役柄

動詞	におう	
登場者	A. 刺激の持主、発生源	B. 刺激を感じる人
格助詞	ガ、カラ	ニ
文での役割	第1補語	第2補語
役柄	主役	相手役

（1）バラがにおっている
（2）カメ虫がにおっている
（3）動物の死体からにおっている
（4）私には何かがにおっている

「におい」にも、A、Bがあり、Aが主役、Bが相手役となる。「においがする」において、Aは持主と発生源に分化され、発生源は「におい」の連体修飾語で表わされる。「あの人は(が)バラのにおいがする」「この小袖は(が)あの人のにおいがする」。潜在的に二重ガ格文。「総主語」は

ハでとりたてられるのが通例。発生源はカラ（ノ）でも表わされる。「動物の死体からにおいがする」「動物の死体からのにおいがする」。Aはまたニでも表わされる。「あの人にはにおいがする（持主、発生源の分化なし）」「あの人にはバラのにおいがする」（持主、発生源の分化）」。B. 相手役（刺激を感じる人、嗅覚の持主）はニ。「私にはバラのようなにおいがする」「(?)私にはあの人にはバラのにおいがする」

3. 「する」が最も形式（抽象）化された動詞化動詞である。「ある」は存在、「出る」は発生の意がある。においがする―においがある―においが出る、味がする―味がある―味が出る、腹痛がする―腹痛がある―腹痛が出る、音がする―音がある―音が出る

〈注意〉

1. 「腹（頭）痛、悪寒、寒気」など内在するものの感じ手（持主で主役）はガ（ハ）で表わされ、二重ガ格文となる。「私は腹痛がする」。ニも可能。「私には頭痛がする」

2. 「音、におい」など外在するものの感じ手はニで表わされる。「私には音がする」「私にはバラのにおいがする」。音、においの持主もニであり、上掲文は二義的である。(1)「私はバラのにおいを感じる」(2)「私からはバラのにおいがただよう」

3. 「私（に）は頭痛がする」は、"今「私」は「頭痛」を感じている"の意。「私（に）は頭痛がある」は同様の意味とともに、"「私」は頭痛持ちである"の意も出る。

4. 「（が）ある」の広い結合可能性についてはXIV参照。

5. 「（を）する」は広汎な結合力があるが、「（が）する」は感覚的現象を示す少数の名詞にしか結合しない。「寒気がする」「吐き気がする」（もし、「いや気がする」という結合が許容されるなら、「いや気」は意味類型として「悪寒」のような名詞に近づいているのであろう）。「（に）する」なども「人任せ」など少数の名詞にしか結びつかない。

〈参考〉

「痛み、激痛、緊張」などに関し「（が）走る」も動詞化動詞に考えてよいかもしれない（強調的意味も認められるか？）。

(ⅳ) 心的現象

図表75　心的現象を表わす名詞と結びつくガ格動詞化動詞

(1)	［ガ動］決心＝つく
(2)	［ガ動］納得＝いく
(3)	［ガ動］飽き＝くる
(4)	［ガ動］いや気＝さす
(5)	［ガ動］恐怖＝襲う

〈例文〉
（1）　今朝になってやっと決行の<u>決心がついた</u>
（2）　夜中の二時にねぼけてパジャマの上に背広をはおりネクタイを締めながら「あれ？」と小首を傾げている男のように、どこか<u>納得がいかない</u>（荻野アンナ）
（3）　そんなおもちゃにはすぐ<u>飽きがくる</u>よ
（4）　いつまでたっても終わらない仕事に<u>嫌気がさした</u>
（5）　突然、<u>恐怖が私の心を襲った</u>

〈基本事項〉
1.　心的現象を表わす名詞と結びつくガ格動詞化動詞として、「つく」「いく」「くる」「さす」などがある。「(が)ある」も「興味、関心、不満、記憶、迷い」などと結びつき、動詞化動詞として用いられる。「私には決行に当たり、深い<u>迷いがありました</u>」「私はアフリカの現状に<u>関心があります</u>」
2.　ガ格動詞化動詞は通常自動詞であるが、「恐怖、不安」などと結びつく「(が)襲う」は他動詞で、心的現象の持主（主役）をヲ格に立て、例外をつくる。欧文脈的(翻訳調)表現である。

〈説明〉
1.　「決心がつく」は「決心する」という1語動詞と大約同じ意味を示す。「決心」(ある物事をしようと心にきめること)が実質的意味を担い、「(が)つく」はそれを動詞のように働かせる。
2.　「決心」の登場者と役柄は図表76のように表示できる。

図表 76 「決心」の登場者と役柄

決心	名詞	登場者	A. 決心する人	B. 決心の内容
		役柄	←	←
決心する	動詞	登場者	A. 決心する人	B. 決心の内容
		格助詞など	ガ	ヨウ形＋ト、ル形＋ト
		文での役割	第1補語	第2補語
		役柄	主役	相手役

　　A. 主役（決心する人）はガ（ハ）、ニ。「私は決心がついた」「私に（は）決心がついた」。B. 相手役（決心の内容）の表現として、まず、ノ、ヨウ形＋ト、動詞連体形（通常ル形）をあげておく。「私はやっと決行の決心がついた」「敢行しようと決心がついた」「敢行する決心がついた」

3. ガ格動詞化動詞がヲ格・ニ格動詞化動詞ほどバラエティーに富まないのは、日本語ではガ格に立つものが、自然現象とか感覚などを除くと多く生きものであるという傾向によって説明されるかもしれない。事実、基本的なガ格動詞化動詞は前述のように自然現象、身体的現象、感覚的現象、心的現象に限られ、かつ、全て自動詞である（「風が野原を吹く」の「吹く」も自動詞とみなしてよい）。欧文脈的（翻訳調）日本語はその制約を乗り越えて、〈例文〉5のような結合を形成しつつある。

〈注意〉

1. 「いや気」は「（が）さす」「（を）おこす」と結びついて用いられる。「嫌／厭気」とも書く。
2. 「（が）ある」が動作、作用を表わす名詞と結びつき、動詞化動詞として働くことについてはXIV参照。
3. 「決心がつく」は「決心する」と近い意味を示すが、「想像がつく」（想像し得る、想像できる）は「想像する」とは意味が離れる。「（が）つく」は「想像」の動詞化動詞とは考えられない。
4. 〈説明〉(2)で「決心」に関して述べたことであるが、このタイプの動詞化動詞結合において、A. 主役（心的現象の持主）はガ格ないしニ格で表わされる。例外は他動詞の動詞化動詞結合である。A. 主役はヲ格に立つ。「驚きが私をとらえた」

XIV 例解(2)—動作を表わす名詞と結びつくガ格動詞化動詞

[ガ動]連絡／報告／プロポーズ／…＝ある

〈例文〉
（1） たった今、社長から連絡がありました
（2） ただ今、町会長から防災関連の活動の進捗状況に関する報告がありましたが、一つご質問申し上げます
（3） 「君からプロポーズがあったから、今夜はホテルをリザーブしたんだよ」（山田信夫）

〈基本事項〉
すでに述べたように、「(が)ある」は自然現象（波がある、XIII(i)）、身体的現象（熱がある、XIII(ii)）、感覚的現象（味がある、XIII(iii)）、心的現象（興味がある、XIII(iv)）など、現象を示す名詞と結びついて動詞化する働きを持つ。「(が)ある」はこれのみならず、動作や作用を示す名詞とも広く結びつき、動作や作用が出来事として成立することを表わす。

〈説明〉
1. 「連絡をする」(＝連絡する)、「連絡をとる」(≒連絡する)、「連絡を受ける」(≒連絡される)の下線部分の動詞が動詞化動詞であるなら、「連絡がある」の「(が)ある」も動詞化動詞と考えざるを得ない。
   (1) 「社長は部長に連絡をとった」
   (2) 「部長は社長から連絡を受けた」
   上掲例文で見られる通り、ヲ格動詞化動詞は、登場者をガ格に立て、動作や作用を重視する表現をつくる。それに対し、「(が)ある」は動作・作用をひとくくりにして出来事そのものをまるごと提示する。
2. 〈例文〉(2)の「…から報告がある」、〈例文〉(3)の「…からプロポーズがある」も同様に説明されよう。

〈注意〉
「連絡」や「プロポーズ」のような動作を表わす名詞では、主役はカラ、相手役はニで多く表わされる。「社長から部長に連絡があった」「太郎から花子にプロポーズがあった」「社長と組合の委員長との間で激しい議論の応酬が

あった」。「説明、指摘、批判、評価、助言、支援、援助、応援」なども同様である。

〈参考〉
1. ヲ格動詞化動詞を受動態にすると、名詞はガ格をとり、登場者間での動作・作用中心の表現から、出来事中心の表現になることを指摘したが、「(が)ある」はそれよりも出来事中心の表現となる。3者の関係を図示すると次のようになる。

図表77　ヲ格動詞化動詞とその受動態および「(が)ある」による表現

	ヲ格動詞化動詞表現	ヲ格動詞化動詞の受動態表現	(ガ)アルによる表現
名詞の格	ヲ	ガ	
表現の中心	登場者間に働く動作や作用	まるごとの出来事	
例	社長が部長に連絡をとった	社長から部長に連絡がとられた	社長から部長に連絡があった

2. 「決着をみる」における「(を)みる」はヲ格動詞化動詞であるが、「(が)ある」にやや近い出来事中心の表現をつくる。相手役は表現されても、主役は普通表現されないように見受けられる。「金大中の選挙違反裁判はまだ決着をみていないが、…」〔毎日、朝〕「このような早急な解決をみるとは誰も予想がつかなかった」

XV　ヲ格動詞化動詞に対応するガ格動詞化動詞

図表78　ヲ格・ガ格動詞化動詞の対応

(1)	(a)…を下す	―	(b)…が下る
(2)	(a)…をかける	―	(b)…がかかる
(3)	(a)…を集める	―	(b)…が集まる

〈例文〉
(1)　(a)コミッショナーは巨人軍の提訴に「却下」の裁定を下した
　　(b)巨人軍の提訴にコミッショナーから「却下」の裁定が下った

（２）　(a)友人が息子に<u>誘いをかける</u>と、息子は私のとめるのもきかずに家から出ていってしまうのです

　　　　(b)友人から息子に<u>誘いがかかる</u>と、息子は私のとめるのもきかずに家を出ていってしまうのです

（３）　(a)自民党の幹事長の動向が党内外の<u>注目を集めている</u>

　　　　(b)自民党の幹事長の動向に党内外の<u>注目が集まっている</u>

〈基本事項〉

1. ヲ格動詞化動詞は他動詞である。それに対となる自動詞的ガ格動詞化動詞が存在する。結合する名詞はヲ格動詞化動詞と共通である。

2. 他動詞たるヲ格動詞化動詞結合は、登場者を中心にして他の登場者に及ぼす動作・作用を重視する表現をつくる。対応する自動詞的ガ格動詞化動詞は登場者間にいき交う動作・作用をひとくくりにして、出来事の全体像を表出する。

〈説明〉

1. 「裁定」のA.主役は「物事の是非を考えて決定するもの」(裁定者)であり、B.相手役は「その決定を受けるもの」(被裁定者)である。「(を)下す」(他動詞)は、A.主役をガ格に立て、B.相手役をニ格に立てる。それに対応して存在する自動詞「(が)下る」は、A.主役をカラ格、B.相手役をニ格に立てる。主役はカラノ、ないし、ノによっても表わされる。「巨人軍の提訴にコミッショナー(から)<u>の裁定が下った</u>」。相手役はニ対シ、ニ関シなど後置詞的なものによっても表わされる。「巨人軍の<u>提訴に対しコミッショナーの裁定が下った</u>」。(a)(b)は反転の関係に立つ。

2. 「誘い」のA.主役は「誘うもの」(勧誘者)であり、B.相手役は「誘いを受けるもの」(被勧誘者)である。「(を)かける」(他動詞)は、A.主役をガ格に立て、B.相手役をニ格に立てる。それに対応して存在する自動詞「(が)かかる」は、A.主役をカラ格(カラノ、ノも可)、B.相手役をニ格(ニ対シも可)に立てる。(a)(b)は反転の関係に立つ。

3. 「注目」のA.主役は「意識や視線を集中的にそそぐもの」(注目者)であり、B.相手役は「そそがれる対象」(被注目者)である。「(を)集める」(他動詞)は、B.相手役をガ格に立て、A.主役をカラ格(カラノ、ノも

可)に立てる。それに対応して存在する自動詞「(が)集まる」は、B. 相手役をニ格(ニ対シも可)に立て、A. 主役をカラ格(カラノ、ノも可)に立てる。(a)(b)は反転の関係に立つ。第25章XI参照。

〈注意〉
1. 一般的に、ヲ格動詞化動詞を受動態にすると、出だし語たる名詞はガ格に転換する。
   (a)当時、政府はこのいかがわしい外国人に「国賓」としての<u>待遇を与えていた</u>
   (b)当時、このいかがわしい外国人は政府から「国賓」としての<u>待遇が与えられていた</u>
   これはいわば文法的反転であり、ここで述べた他動詞・自動詞の対応は語彙手段による反転である。
2. 「…を下す」の…にはいる名詞は原則的に「…が下る」の…にはいり得る。命令を下す―命令が下る、診断を下す―診断が下る。
3. 「…をかける」の…にはいる名詞は原則的に「…がかかる」の…にはいり得ると決めこむわけにはいかないかもしれない。「斬り込みをかける」といえるが、「斬り込みがかかる」という結合の実際上の出現度は低いかもしれない。一般的に自動詞表現の方に制限が多いように思われる。疑いをかける―疑いがかかる、追い討ちをかける―追い討ちがかかる、おどしをかける―おどしがかかる、期待をかける―期待がかかる、攻撃をかける―攻撃がかかる、スパートをかける―スパートがかかる、ゆさぶりをかける―ゆさぶりが(県警側から)かかる
4. 「…を集める」の…にはいる名詞は原則的に「…が集まる」の…にはいり得る。期待を集める―期待が集まる、支持を集める―支持が集まる、視線を集める―視線が集まる、信頼を集める―信頼が集まる

〈類例〉
(1)　(a)…をあげる　―　(b)…があがる
(2)　(a)…をおこす　―　(b)…がおこる
(3)　(a)…を及ぼす　―　(b)…が及ぶ
(4)　(a)…を出す　―　(b)…が出る
(5)　(a)…をつける　―　(b)…がつく

〈例文〉
（１）（a）参加者達は市側の一方的かつ性急な説明に対し不満の<u>声をあげた</u>
　　　（b）市側の一方的かつ性急な説明に対し参加者達から不満の<u>声があがった</u>
（２）（a）見学者達は広い芝生を見て、これはゴルフ場だと<u>錯覚をおこした</u>
　　　（b）広い芝生を見た見学者達には、これはゴルフ場に違いないという<u>錯覚がおこった</u>
（３）（a）この汚職の摘発は、選挙の結果に相当の<u>影響を及ぼす</u>のではないかと見られていた
　　　（b）選挙の結果に相当の<u>影響が及ぶ</u>のではないかという見方も一方であった
（４）（a）司令部は民事には介入するなという<u>指示</u>を各地区の責任者にすでに<u>出している</u>
　　　（b）司令部からは民事には介入するなという<u>指示</u>が各地区の責任者に対しすでに<u>出ている</u>
（５）（a）皮肉なまわりあわせがこのことに意地の悪い<u>しめくくりをつけた</u>
　　　（b）皮肉なまわりあわせによりこのことに意地の悪い<u>しめくくりがついた</u>

XVI　アスペクトも示す動詞化動詞

(i)　アスペクトも示す動詞化動詞とは

図表 79　アスペクトも示す動詞化動詞結合と 1 語動詞

	動詞化動詞結合	1 語動詞
(1)	ダンスを始める	ダンスし始める
(2)	接触を保つ	接触し続ける
(3)	留学を終える	留学し終わる

〈例文〉
（１）　全員がそろったので、私達は<u>ダンスを始めた</u>
（２）　花子はいつまでも音楽界との<u>接触を保って</u>いたいと思った

（3） 2年間のアメリカ留学を終えて花子は日本に帰ってきた

〈基本事項〉

アスペクトも示す動詞化動詞とは、出だし語（名詞）を動詞のように働かせるとともに、アスペクト上の意味を付け加える働きを持つ動詞である。

〈説明〉

1. 「ダンスし始める」は「ダンスする」というサ変動詞の「連用形」に「始める」という接尾辞的動詞がつき、開始相動詞となったもので、単語の水準にある。複合動詞であるが、1語である。「ダンスを始める」は2語によって構成され、語結合の水準にあるが、「ダンスし始める」と同義である。その対応から、「ダンスを始める」には「ダンスする」という意味とそれを「開始する」という2つの意味が入っていることがわかる。「ダンスする」の「する」は動詞化する働きをなし、「開始する」はアスペクト上の意味を表わす。「(を)始める」は名詞「ダンス」を動詞のように働かせるとともに「開始」の意味を付加する。動詞化動詞というのでは足りない。アスペクト上の意味をも付け加える動詞化動詞ということになる。

2. 「接触し続ける」は「接触する」というサ変動詞の「連用形」に「続ける」という接尾辞的動詞がつき、継続相動詞となったもので、単語の水準にある。複合動詞であるが、1語である。「接触を保つ」は2語より成り、語結合の水準にあるが、「接触し続ける」と大約同義である。その対応から、「接触を保つ」には「接触する」という意味とそれを「続ける」という2つの意味が入っていることがわかる。「接触する」の「する」は動詞化する働きを持ち、「続ける」はアスペクト上の意味を表わす。「(を)保つ」は名詞「接触」を動詞のように働かせるとともに「続行」の意味を付加する。継続相をも示す動詞化動詞と認定しなければならない。

3. 「留学し終わる」は「留学する」からつくり得る終結相動詞であり、単語の水準にある。「留学を終える」は語結合の水準にあるが、「留学し終わる」と大約同義である。その対応から、「留学を終える」には「留学する」という意味とそれを「終わる」という2つの意味が込められていることがわかる。「留学する」の「する」は動詞化の機能、「終わる」

はアスペクト上の意味。「(を)終える」は名詞「留学」を動詞のように働かせるとともに「終結」の意味を付加する。終結相をも示す動詞化動詞と考えられる。

〈注意〉
1. アスペクトとは動詞が示す動作・状態の流れの様子を表わす文法上の意味である（ここで用いる動作相という用語はそれをいいかえたものである）。
2. アスペクト（動作相）には、普通、段階相と状態相が区別される。
3. 段階相は、動作がいかなる遂行段階（始め、終わり、その中間）にあるかを示す。
4. 状態相は、動作がいかなる様子で展開されるかを示す。
5. 日本語の動作相は、主に、動詞「連用形」＋接尾辞的動詞によって示される。書き始める、書き終わる、書き続ける、書きまくる、書き返す、書き加える。また、テ形＋イルなどによっても表わされる。書いている、書いてしまう

〈参考〉
アスペクト上の意味だけでなく、動詞化するという2つの意味がある。よって、アスペクトを表わす動詞化動詞といって良いわけだが、正確さを期すために「アスペクトも示す動詞化動詞」と呼ぶことにする。必要に応じ、それを「動作相動詞化動詞」と呼ぶことがある。

(ⅱ) **種類**

図表80　アスペクトも示す動詞化動詞の種類

	種類	例
(1)	開始相動詞化動詞	<u>基礎工事</u>を<u>起工</u>する
(2)	終結相動詞化動詞	<u>受け付け</u>を<u>締め切る</u>
(3)	完成相動詞化動詞	<u>カムバック</u>を<u>果たす</u>
(4)	継続相動詞化動詞	<u>沈黙</u>を<u>守る</u>
(5)	反復相動詞化動詞	<u>犯行</u>を<u>重ねる</u>

〈例文〉

（１）　本日本社ビルの<u>基礎工事</u>を<u>起工</u>する〔類大〕
（２）　入札希望の<u>受け付け</u>は10月31日午後4時に<u>締め切り</u>ます
（３）　山本氏は総選挙で遂に<u>カムバック</u>を<u>果たし</u>た
（４）　太郎は花子の出生の秘密に関しては<u>沈黙</u>を<u>守ろう</u>と心にきめた
（５）　犯人はこの10年間、次々と<u>犯行</u>を<u>重ね</u>てきた

〈**基本事項**〉

1. 出だし語（名詞）の示す事柄（以下、事柄）が動きとしてはじまりの段階にあることを表わす動詞化動詞を開始相動詞化動詞という。
2. 事柄が予定された過程をへて、終結することを表わす動詞化動詞を終結相動詞化動詞という。
3. 事柄が完成・完了するにあたっての様々なニュアンスを伝える動詞化動詞を完成相動詞化動詞という。
4. 事柄が同じ状態を保って持続される様子を伝える動詞化動詞を継続相動詞化動詞という。
5. 事柄が繰り返し行われる様子を伝える動詞化動詞を反復相動詞化動詞という。

〈**説明**〉

1. 基礎を置く工事が開始され、その工事が開始段階にあることを表わす。
2. 申し込み・応募などに期限や定員を設け、それに達したので受け付けを終わることを表わす。
3. 落選していたものが当選し、議員であるというもとの地位に復帰・返り咲くことを達成させたことを表わす。

4. 誰にも話さないという状態をずっと続けることを表わす。
5. 犯行を何回も繰り返し行うことを表わす。

〈注意〉
1. ここでは名詞をヲ格に立てるものを例にとったが、ヲ格のみならず、ニ格(ニ／ト格)、ガ格に立てるものもある(図表81)

図表81　格助詞による動作相動詞化動詞の分類

	動作相動詞化動詞	格助詞	例
(1)	ニ格開始相動詞化動詞	ニ	準備に入る
(2)	ヲ格開始相動詞化動詞	ヲ	基礎工事を起工する
(3)	ガ格終結相動詞化動詞	ガ	雨がやむ

2. 慣用句的なものではノが用いられることがある。「討論の口火を切る」「選挙戦の(が)火蓋を切る」

(iii)　名詞との意味関係と表記

図表82　動作相動詞化動詞の表記

```
［ヲ動・始］ダンス＝始める
［ニ動・始］準備＝入る
［ガ動・終］雨＝やむ
［ニ動・完］結論＝達する
［ヲ動・続］沈黙＝守る
［ヲ動・復］犯行＝重ねる
```

〈基本事項〉
名詞とそれに結びつくアスペクトも示す動詞化動詞の関係は「動詞化する」という意味関係(縁)に開始、終結、完成、…などアスペクト上の意味が付加され、合成されるものである。つまり、複合的意味関係である。それを図表82のようなかたちで示すことにする。

〈説明〉
1. (i)の〈説明〉参照。
2. 「開始相」は始、「終結相」は終、「完成相」は完、「継続相」は続、「反復相」は復と［　］内に略記する(図表82参照)。

(iv) 開始相動詞化動詞

〈例文〉
（１） 椅子とテーブルを片付けてその室で<u>ダンスをはじめた</u>（伊藤整）
（２） <u>仕事をし始めたら</u>、電話がなった
（３） <u>宿題をやり始めたら</u>友達が誘いにきた
（４） 真夜中になって復旧<u>作業を開始した</u>
（５） 東京メトロは新路線の<u>工事を昨年12月に起工し</u>ながら、地震のため工事が遅れ、予定を大幅に変更せざるを得なくなった
（６） 太郎は今度大学病院を退職して<u>医院を開業した</u>
（７） いつもの<u>けんか</u>が夫婦の間でまた<u>始まった</u>
（８） 深夜になって復旧<u>工事が開始された</u>
（９） 閣僚も全員入れ替わり、<u>新政権が発足した</u>
（10） 原水爆禁止を目指す全世界的な<u>運動</u>はこの時まだ<u>緒に就いた</u>ばかりだった
（11） お昼になると全社いっせいに<u>大掃除にとりかかった</u>
（12） カメラ好きが高(こう)じた結果、太郎は中古カメラの<u>販売に手を染めた</u>
（13） Ａ社は今年度中に新薬<u>開発に着手する</u>予定

〈基本事項〉
1. 名詞によって示される事柄がはじまりの段階にあることを示し、開始相動詞（「連用形」＋始メル・始マル・ダス）に対応する。
2. 名詞をヲ格に立てるもの、ガ格に立てるもの、ニ格に立てるものがあり、それぞれをヲ格開始相動詞化動詞、ガ格開始相動詞化動詞、ニ格開始相動詞化動詞と呼ぶことができる。
3. それら動詞と名詞との意味関係は次のように表記される。［ヲ動・始］ダンス＝始める、［ガ動・始］けんか＝始まる、［ニ動・始］開発＝着手する
4. 汎用的なものと個性的なものがある。

〈説明〉
1. （１）から（６）までヲ格、（７）から（10）までガ格、（11）からはニ格開始相動詞化動詞。
2. ガ格のものは、ヲ格開始相動詞化動詞（当然他動詞）に対応する自動詞［（７）］、ヲ格開始相動詞化動詞を受動態化したもの［（８）］、慣用句的な

もの[(10)]、その他[(9)]がある。
3. ニ格のものが比較的多数見出される(〈注意〉4)。
4. ヲ格のもののうち(1)から(4)までは汎用的、それ以外は個性的。例えば、(5)の「起工する」は「工事」、(6)の「開業する」は「事業・商売・医院」などの業務。例文にはないが「開設する」は「施設・業務」など。「オープンする」は「店」「(小規模の)会社」など。

〈注意〉
1. 開始相動詞化動詞には「開」で始まる2字漢字＋スルによって造語されるものがある。2番目の漢字で事柄が大約予測できる。開廷、開店、開院、開園。これらは内包語的にも、また、呼応反復的にも用いられる。「これより(法廷を)開廷します。私語を慎んでください」「パン店を開店する」「総合病院を開院する」「幼稚園を開園する」「診療所を開所する」
2. 呼応反復的なものはトートロジー tautology として避けられもするが、気にされない向きもある。「パン店を店開きする」「ダムの工事に着工してから20年が経った」
3. 「花屋」「病院」「幼稚園」などを事柄として意味記述をすると上記動詞は開始相動詞化動詞となるが、人工物(組織)として記述すると生成動詞(第6章)となる。
4. 開始相動詞化動詞には名詞をニ格に立てるものが多く見られる。「…計画をなかなか実行に移すことが出来なかった」(大岡昇平)「ベトナム当局は同日、進攻した中国軍に対し総攻撃に移るよう全国民に訴えた」〔毎日、朝〕「彼女は、大地震の跡片づけにかかったが、…」(獅子文六)「巨人は7回になってやっと反撃に出た」「遺族計三十七人で原告団を結成、本格的な訴訟準備に入った」「いよいよ本格的に自社ブランド製品の販売に乗り出そうと思う」「A社は事業拡大に向けて、多角経営に踏み出そうとしている」
5. 例えば、〈例文〉(4)の「(を)開始する」は「復旧作業」という複合名詞に結びついている。ただし、ここでは、結合する名詞を示す下線を主要な事柄を示す語である「作業」にのみ付し、それを修飾する部分にまで及ぼさない。以下同様の処置をとる。

〈参考〉
1. 「おっばじめる」は俗語。時・所をわきまえずに始めるというニュアンスがある。「花子はところかまわず議論をおっばじめるので困ったものだ」
2. 「しかける」は、不完全起動相動詞(「連用形」＋カケル：食べカケル)に対応し、しはじめたり、途中まで…する場合に用いられる。「洗濯をしかけたら電話がなった」「相談をしかけて途中でやめた」

(v) 終結相動詞化動詞
〈例文〉
（1） 2年間のアメリカ留学を終えて妹は帰ってきた
（2） 修士論文のための文献調査をし終えたばかりで、まだ論文そのものは書き始めていない
（3） 宿題をやり終えたら遊びに行っていいよ
（4） 屋外での壁面塗装作業を終了してから、室内での作業を開始する
（5） 安吉はまばたきをやめて迫っている(中野重治)
（6） 最後に今後の展望についてお話しして、私の話を締めくくりたいと思います
（7） 一通りの挨拶、短い応答が終わると、…(宮本百合子)
（8） 新たな拍手が起った。その拍手がやまないうちに、…(徳永直)
（9） 野外コンサートも曇天であったが無事終了した
（10） 連休が明けたので電車が混んでいる
（11） このままでは不景気が終息するようなことはないから、なんらかのてこ入れ策が必要となる
（12） 降り続いていた雨が、糸が切れたようにフッと止む(長野まゆみ)
（13） 芝居が跳ねてから飲みに行こう
（14） いちばんの争点であった部分が解決したので、紛争はまもなく落着する見通しとなった
（15） 今日が最終日なので、懸案にかたをつけようと各委員は意気込んでいたが、突然の対案がでて、意気込みはしぼんでしまった
（16） 裁判によって隣家との土地の境界線問題に決着をつけた

(17) 遺産相続をめぐる兄との<u>ごたごた</u>に<u>決まりをつける</u>べく、弁護士に相談に行った

〈基本事項〉
1. 名詞によって示される事柄が予定された過程を経て、終了することを示し、終結相動詞(「連用形」＋終ワル・終エル)に対応する。
2. 名詞をヲ格に立てるもの、ガ格に立てるもの、ニ格に立てるものがあり、それぞれをヲ格終結相動詞化動詞、ガ格終結相動詞化動詞、ニ格終結相動詞化動詞と呼ぶことができる。
3. これら動詞と名詞との意味関係は次のように表記される。[ヲ動・終] 留学＝終える[(1)]、[ガ動・終] 応答＝終わる[(7)]、[ニ動・終] 懸案＝かたをつける[(15)]
4. 汎用的なものと個性的なものとがある。

〈説明〉
1. (1)から(6)までヲ格、(7)から(14)までガ格、(15)からはニ格終結相動詞化動詞。
2. ガ格のものは、ヲ格終結相動詞化動詞に対応する自動詞[(を)終える[(1)]―(が)終わる[(7)]、(を)し終える[(2)]―(が)し終わる、(を)やり終える[(3)]―(が)やり終わる]であるものがある。ヲ格終結相動詞化動詞を受動態化すれば当然ガ格のそれになる。(を)終了する―(が)終了される
3. ヲ格のもののうち(1)から(5)、ガ格のもののうち(7)から(9)は汎用的。(10)の「(が)明ける」は期間[梅雨、年、年季(年季奉公の期限)]などに用いられる。(11)の「(が)終息する」は書きことば。伝染病、戦争、紛争、不景気などに用いられる。(13)の「(が)跳ねる」は「芝居」に関して用いられる。
4. ニ格のものは連語であり、結果を示す名詞(決着、決まり)＋ヲ／ガ＋ツケル／ツクで構成される。ケリ・カタでは慣用句化が著しい。「<u>ストライキにケリをつける</u>」「<u>離婚話し</u>に金銭で<u>カタがついた</u>」。「カタがつく」はガ格でも用いられる。「紛争は(が)片(方)がついた」

〈注意〉
1. 「終わる」は名詞をガ格にもヲ格にも立てることができる。ガ格―「<u>食</u>

事が終ると、永松は胸のポケットから煙草を出し、」(大岡昇平)、ヲ格―「やがて校長は役所から来た金の調べを終った」(島崎藤村)

2. 「名詞ガ＋名詞ニ＋終ワル」という構成をとる時、ニ格に立つ名詞は結果を表わす。「アルヴィグ夫人の努力は、遂に破滅に終らざるを得なかった」(阿部次郎)「全ての努力が失敗に終わった時、太郎の目は過去へと向った」

3. 内的に予定された過程を経て、動きが最終段階を終えることを終結といい、コトが未発展のまま終わることを停止という。停止は「コトの否定」の「開始」と大約同じ内容を持つ。停止≒(コト＋否定)＋始める。タベヤメル≒タベナイコトヲ始メル。終結と停止は区別してしかるべきである。「金の調べを終わった」(終結)―「金の調べをやめた」(停止)、「交渉を終結する」(終結)―「交渉を打ちきる」(停止)

〈参考〉

1. 「(が)おさまる」は乱れた状態が終わって落ち着くことを表わす。「騒ぎ／紛争／風／波」などと結びつく。

2. 「終わり／お仕舞／閉会にする」も連語であるが、ヲ格終結相動詞化動詞として用いることができる(ニナルの場合はガ格)。「閉廷／閉館にする」は内包語的。「閉館にする」は「1日の業務を終わる」「業務を完全に止めてしまう」「一時的に業務を休む」の意になり得る。

3. 「(が)幕切れと／になる」はひとつながりでとらえられる事柄(例えば「事件」)に関して用いられる。「政府高官の逮捕によって事件はあっけなく幕切れとなった」

4. 「(が)一巻の終わりとなる／になる／だ」の例。「この失敗で俺の人生はもう一巻の終わりだ」

5. 「日、年」に対し「暮れる」、「夜」に対し「明ける」は終結相動詞化動詞。「日が暮れた」「途中で夜が明けて来た」(志賀直哉)。ただし、「年」に対し「明ける」は開始相動詞化動詞。「それに大晦日の夜のあの不安な思ひは、年が明けても今日まで妙なしこりとなってさき子の心に残っていた」(井上靖)。「あける」は「年期(年季とも書く)」「梅雨(入梅ともいう)」に対しても終結相動詞化動詞。「その菊勇は年期があけて生れた町へ帰るといふが」(川端康成)「間もなく梅雨があけて夏になる」

6. 終結相動詞化動詞結合に随伴する強調のオノマトペがある。「風／騒ぎがぴたりと／ぴたっとおさまる」「日がとっぷり(と)暮れる」

(vi) 完成相動詞化動詞
〈例文〉
（１） Ａ社は業界が驚嘆するような急成長を遂げた
（２） 昨年の総選挙で宮沢氏はカムバックをみごとにはたしたので有頂天になっていたのかもしれない
（３） 我がチームは念願の優勝を成し遂げた
（４） 太郎は英和辞典の執筆をひとりでやり遂げた
（５） 何があっても改革をやり抜く覚悟です
（６） 通信講座の受講を最後までやり通すのは主婦には大変だった
（７） 当初考えていた以上の協力体制がつくり得るという結論に達した

〈基本事項〉
1. 名詞によって示される事柄が完成・完了したことを示す。完成相動詞（「連用形」＋アゲル・ヌク・ハタス・トオスなど）に対応する。
2. 名詞をヲ格に立てるもの、ニ格に立てるものがあり、それぞれをヲ格完成相動詞化動詞、ニ格完成相動詞化動詞と呼ぶことができる。
3. それら動詞と名詞との意味関係は次のように表記される。［ヲ動・完］カムバック＝はたす［(2)］、［ニ動・完］結論＝達する［(7)］
4. 汎用的なものと個性的なものがある。

〈説明〉
1. (1)から(6)までヲ格、(7)はニ格完成相動詞化動詞。
2. ヲ格完成相動詞化動詞を受動態化すれば名詞はガ格に立つことはいうまでもない。「急成長が遂げられる」「カムバックがはたされる」
3. 「(を)遂げる」［(1)］、「(を)成し遂げる」［(3)］、「(を)やり遂げる」［(4)］は、達成・実現困難な事柄を完成させる意を示す。「悲願の優勝／長足の進歩／急成長を遂げる」「偉業／全国制覇を成し遂げる」
4. 「(を)やり抜く」［(5)］は「あきらめずに続行し、完成する」のニュアンスがある。
5. 「(に)達する」［(7)］は「結論」以外にも「合意」などに結びつく個性

的なニ格完成相動詞化動詞である。「結論／合意に到達する／至る」といういい方もある。

(vii)　継続相動詞化動詞
〈例文〉
（1）　雨が降り出したがそのまま<u>作業を続けた</u>
（2）　花子は音楽界との<u>接触を一生保っていた</u>
（3）　雨はひとしきり強く降ったが、<u>試合は続行された</u>
（4）　深夜まで<u>審議を継続した</u>
（5）　仙台に於ける早月親佐は暫くの間は深く<u>沈黙を守っていた</u>が、…（有島武郎）
（6）　私があれこれと<u>思いをめぐらしている</u>と、巨人軍の関係者から呼び出しがかかった〔週文〕
（7）　暫く<u>沈黙が続いた</u>（大岡昇平）
（8）　この<u>長雨</u>はいつまで<u>打ち続く</u>ことやら
（9）　ワールドカップで日本のチームは攻撃にまわることができず、<u>守りに終止した</u>

〈基本事項〉
1.　名詞によって示される事柄が続く様子を示し、継続相動詞(「連用形」＋続ケル・続ク)に対応する。
2.　名詞をヲ格に立てるもの、ガ格に立てるもの、ニ格に立てるものがあり、それぞれをヲ格継続相動詞化動詞、ガ格継続相動詞化動詞、ニ格継続相動詞化動詞と呼ぶことができる。
3.　これら動詞と名詞との意味関係は次のように表記される。［ヲ動・続］接触＝保つ［(2)］、［ガ動・続］沈黙＝続く［(7)］、［ニ動・続］守り＝終止する［(9)］
4.　汎用的なものと個性的なものがある。

〈説明〉
1.　(1)から(6)までヲ格、(7)(8)がガ格、(9)はニ格継続相動詞化動詞。
2.　ガ格のものは、ヲ格継続相動詞化動詞に対応する自動詞であるものがある。(を)続ける［(1)］―(が)続く［(7)］

3. 「(に)終止する」[(9)]は事柄が始めから終わりまで変らず続くことを示す。
4. 「(が)続行された」[(3)]は「(を)続行する」の受動態過去。
5. 「続ける」[(1)]、「続行する」[(3)]、「継続する」[(4)]、「続く」[(7)]などは汎用的。「保つ」[(2)]、「守る」[(5)]、「めぐらす」[(6)]などは個性的。

〈注意〉

「継続」とは「停止」((v)〈注意〉3)の否定である。継続(続ける)＝停止(やめ)＋否定(ない)。

〈参考〉

1. 「連用形」に「続ける」を接尾するだけでなく、「続」の接頭によって造語される継続相動詞がある。上演する—続演する(＝上演し続ける)、掲載する—続載する(＝掲載し続ける)、上映する—続映する(＝上映し続ける)。これら継続相動詞は継続相動詞化動詞の内包語としてもとらえ得る。[ヲ動・続]上演＝続演する(内包語)、[ヲ動・続]上映＝続映する(内包語)
2. 「暑さが続く」は「ずっと暑い」と大約同義。形容詞にはアスペクトを示す文法手段が欠除する。名詞化し、継続相動詞化動詞と結びつくことによって、その構造的不備？を補うとも考えられる(村木 1980: 62)。

(viii)　反復相動詞化動詞

〈例文〉

(1)　太郎は、もう二度と過ちを繰り返すまいと心に誓った
(2)　前回の会議で決まったはずなのに、反対派がまた議論を蒸し返している
(3)　犯人は過去20年の間、次々と犯行を重ねていた
(4)　人身事故により一時不通となっていた東海道線も運転を再開した

〈基本事項〉

1. 名詞によって示される事柄が再度ないし繰り返し行われる様子を伝える。
2. 名詞をヲ格に立てるものが主である。それをヲ格反復相動詞化動詞と呼ぶことができる。ガ格反復相動詞化動詞もあり得るよう思われる。「失

敗が(たび)重なり、遂に破局に至った」
3. これら動詞と名詞との意味関係は次のように表記される。[ヲ動・復]過ち＝繰り返す[(1)]、[ガ動・復]失敗＝重なる(上掲例)

〈説明〉
1. 「(を)繰り返す」[(1)]は「返答、哀願、攻撃、作業」などと結びつく。
2. 「(を)蒸し返す」[(2)]は、いったん収拾がついて収まった事柄を再び問題にすることを示し、「議論、話し、問題、話題」などと結びつく。
3. 「(を)重ねる」[(3)]は名詞によって表わされた事柄を繰り返す、ないし、強化することを示す。「失敗、議論、研究、交渉」などと結びつく。
4. 「(を)再開する」[(4)]は、いったん停止していたものを再び開始することを示す。「再行相」として区別する向きもある。ここでは「反復相」の中に入れておく。「運転、国会、討議、研究、活動、交渉」などと結びつく。「再行相」に近いものとして「修正相」がある。「合うまで計算をやり／し直す」
5. ヲ格反復相動詞化動詞を受動態化すれば当然ガ格のそれになる。「議論を蒸し返す―議論が蒸し返される」「犯行を重ねる―犯行が重ねられる」「運転を再開する―運転が再開される」

〈参考〉
1. 出だし語を最初ニ格に、その後にヲ格に立てると強調される。[ヲ動・復・強]研究＝研究に研究を重ねる。「俺がこれほど苦闘に苦闘を重ねているというのに」
2. (1)「(を)積む」、(2)「(を)強める」、(3)「(を)深める」などを強化相動詞化動詞の名のもとにまとめることができるかもしれない。(1)「厳しい修業を積まなければ一人前になれない」(2)「全農家に特集号を配って、意識改革を目指した指導を強める」〔毎日、朝〕(3)「さらに天草の島々を訪れて、このあたりの地理と歴史に対する理解を深めることができた」〔文春〕
3. (1)「(を)こぼす」、(2)「(を)もらす」、(3)「(が)小止みになる」などは「強化相」の「反義」としてとらえられるかもしれない。(1)「あの男はいつも仕事について愚痴をこぼす」(2)「大佐は、微笑を漏らした」(大佛次郎)(3)「雨が間歇的に小止みになる」(堀辰雄)

第 5 章　機能発揮語と要求充足語

I 人工物の機能

図表 83　人工物と機能発揮動詞

	出だし語(人工物)	機能発揮動詞
(1)	着物	(を)着る
(2)	橋	(を)渡る
(3)	弓	(を)射る
(4)	飯	(を)食べる
(5)	スープ	(を)飲む
(6)	口紅	(を)塗る、(を)つける

〈例文〉
（１）　着物を若々しく襟を合わせて着る(幸田文)
（２）　流されかかっている危険な橋を注意深く渡る(大江健三郎)
（３）　弓道場で弓を射るのを日課にしている
（４）　落胆して飯も食べたくないほどしょげこむ(木山捷平)
（５）　豚のように音を立ててスープを飲む(玉村豊男)
（６）　唇に、赤い口紅が外側にまではみ出るほど一杯に塗られている

〈基本事項〉
1.　人工物とは使うため人がつくりだした物である。
2.　人工物にはそれぞれ典型的な機能がある。
3.　出だし語が示す人工物の機能を／が発揮させる／するという意味を表わす語を機能発揮語という。
4.　出だし語とそれに結びつく機能発揮語の関係を「機能発揮の縁」と呼

ぶ。出だし語に機能発揮語は「機能発揮の縁」で結ばれる。
5. 機能発揮語が動詞である場合、機能発揮動詞、名詞である場合、機能発揮名詞という。

〈説明〉
1. 「着物」には肉体を隠す、保温する、飾るなどの機能がある。機能は「着る」ことによって発揮される。「着る」は「着物」の機能発揮動詞である。
2. 「橋」は通路となりにくい場所に架設し通路たらしめる人工物であるが、その機能は「渡る」ことによって発揮される。「渡る」は「橋」の機能発揮動詞である。
3. 「弓」は矢を発射する機能を持つが、それは「射る」ことによって発揮される。「射る」は「弓」の機能発揮動詞である。
4. 「飯」は食物としての機能を持つ。それは「食べる」ことによって発揮される。「食べる」は「飯」の機能発揮動詞である。現代語では「ご飯を食べる」が普通用いられる。
5. 「スープ」は液体状の食物としての機能を持つ。それは「飲む」ことによって発揮される。「飲む」は「スープ」の機能発揮動詞である。
6. 「口紅」には唇に赤い色を与えるという機能がある。それは「塗る」ことによって発揮される。「塗る」は「口紅」の機能発揮動詞である。

〈注意〉
1. 機能発揮語は全て動詞であるわけではない。名詞もあり得る。例えば、「学らん」(詰め襟の学生服。特に、丈の長いもの)に対し「着用」は機能発揮語であるが、名詞である。「学らんの着用は認められない」。「薬」に対し「服用」、「倉庫」に対し「保管」も同様の例となる。ここでは主に機能発揮動詞に注目し、記述を進める。
2. 中でも注目したいのは、人工物を示す出だし語たる名詞に典型的に結びつく代表的機能発揮動詞である。それも日常語として用いられるものを主に扱う。「カメラにおさめる」のような文章語的なものはあまり扱わない。また、「デジカメにとる」「新聞に読む」「つえで歩く」などの結合も機能発揮を示すとしても、典型的、代表的な機能発揮表現から除外することにし、「新聞を読む」「つえをつく」などを基本的に扱う。

〈参考〉
国語辞書は多数あるが、人工物と機能発揮動詞の結合の様子の記載は偶発的なものが多い。その点、大型の和英辞典の方が日本語の自然な姿をきめこまかに記述する。ここで〈例文〉としたものは〔新和英大〕からとったものが多い。

II　ヲ格・ニ格・ガ格機能発揮動詞

図表 84　ヲ格・ニ格・ガ格機能発揮動詞

格	車・自動車	鏡	凧	座布団	串	ベッド	着物	椅子
ヲ	運転する	見る	あげる	敷く	刺す		着る	
ニ	乗る	映る、映す		座る	刺す	入る		腰掛ける
ガ	走る		あがる					

〈例文〉
（ 1 ）　酒を飲んで<u>車を運転して</u>はならない
（ 2 ）　こんな立派な<u>車に乗る</u>のは今日が初めてだ
（ 3 ）　ヘッドライトをつけた大きな闇が、前へ前へ押し寄せてゆくかのように、<u>自動車が走る</u>（梶井基次郎）
（ 4 ）　今朝、<u>鏡を見て</u>、自分の疲れた顔にびっくりした
（ 5 ）　今朝、<u>鏡に映る</u>自分の姿を見てびっくりした
（ 6 ）　お正月には<u>凧をあげて</u>遊びましょう
（ 7 ）　大きな<u>凧が</u>青空高く<u>あがって</u>いった
（ 8 ）　どうか、<u>座布団をお敷き</u>下さい
（ 9 ）　太郎は出された<u>座布団に</u>黙って<u>座った</u>
（10）　花子はアジに<u>串を刺して</u>、一時間ほど天日にさらした
（11）　花子はリンゴを<u>串に刺し</u>、庭に置いた
（12）　もう遅いですよ、早く<u>ベッドに入りなさい</u>
（13）　早く<u>着物を着</u>なさい
（14）　太郎はすすめられた<u>椅子に</u>黙って<u>腰掛けた</u>

〈基本事項〉

1. 人工物を示す名詞をいかなる格に立てるかにより、機能発揮動詞は、(1)ヲ格機能発揮動詞、(2)ニ格機能発揮動詞、(3)ガ格機能発揮動詞に分かたれる。

2. 1つの出だし語が3つの異なる格をとる機能発揮動詞を持つ場合もあれば(例「車、自動車」)、1つの機能発揮動詞しか持たない場合もある(「ベッド、着物、椅子」)。また、その中間もある(「鏡、凧、座布団」)(図表84)。

〈説明〉

1. 人は「(を)運転する」「(を)動かす」ことにより、「(に)乗る」ことにより、何かを「(に)乗せる」ことにより、「車」の機能を発揮させ、「車」を「車」たらしめる。また、「車」は「動く」「走る」ことによりその機能が発揮され、「車」たり得る。

2. 人は、「(を)見る」ことにより、何かをそれ「(に)映す」ことにより、「鏡」の機能を発揮させ、「鏡」を「鏡」たらしめる。また、「鏡」は何かがそれ「(に)映る」ことにより「鏡」たり得る。

3. 同様の説明を「凧」「座布団」「串」「ベッド」「着物」「椅子」に関して行い得る(図表84)。

4. 出だし語(名詞)とそれに結びつくヲ格機能発揮動詞の関係を「ヲ格機能発揮動詞の縁」と呼び、[ヲ発]と略記すると、例えば、「車」と「(を)運転する」「(を)動かす」の関係は、次のように表記される。[ヲ発]車＝運転する、動かす。同様に、「鏡」と「(を)見る」、「凧」と「(を)あげる」、「座布団」と「(を)敷く」、「着物」と「(を)着る」の関係は[ヲ発]鏡＝見る、[ヲ発]凧＝あげる、[ヲ発]座布団＝敷く、[ヲ発]着物＝着る、と表記される。

5. 出だし語(名詞)とそれに結びつくニ格機能発揮動詞の関係を「ニ格機能発揮動詞の縁」と呼び、[ニ発]と略記すると、例えば、「車」と「(に)乗る」、「(に)乗せる」の関係は、次のように表記される。[ニ発]車＝乗る、乗せる。同様に、「鏡」と「(に)映る」、「(に)映す」、「座布団」と「(に)座る」、「串」と「(に)刺す」、「ベッド」と「(に)入る」、「椅子」と「(に)腰掛ける」の関係は[ニ発]鏡＝映る、映す、[ニ発]座布

団＝座る、[ニ発]串＝刺す、[ニ発]ベッド＝入る、[ニ発]椅子＝腰掛ける、と表記される。
6. 出だし語(名詞)とそれに結びつくガ格機能発揮動詞の関係を「ガ格機能発揮動詞の縁」と呼び、[ガ発]と略記すると、例えば、「車、自動車」と「(が)動く」「(が)走る」の関係は、次のように表記される。[ガ発]車、自動車＝動く、走る(〈例文〉(3)は「自動車」)。同様に、「凧」と「(が)あがる」の関係は[ガ発]凧＝あがる、と表記される。
7. 以上のように、「車、自動車」はヲ、ガ、ニ格に立つ様々な機能発揮動詞を持つ。それに対し、「着物」「椅子」の機能発揮を典型的に示すのは「着る」「腰掛ける」というように1つの格に結びつくものしかない。「鏡」「凧」「座布団」「串」などでは2つ(以上)の異なる格に結びつくものがある。

〈注意〉
人工物をデ格に立ててその機能発揮を示す動詞が多数ある。図表84で示した名詞でも、「車で行く」「鏡で見る」「串で刺す」のような結びつきを行い、同じく、その機能の発揮を表わす。これらは名詞を手段、道具、時に、場所の意にするという特殊性がある。これらについて詳しくはV(v)2を参照。

III 動詞化動詞と機能発揮動詞

〈例文〉
（1） 昨日私は花子に電話を長々と掛け、つまらぬおしゃべりをして時を過ごした
（2） この電話を掛けるには、まず、受話器を手に取り、発信音を確かめて下さい
（3） 口笛を吹きながら波打際をさまよった
（4） ラッパを吹きながら波打際を歩いて行った
（5） 丸ビルの食堂でおいしいランチを食べた
〈基本事項〉
1. 同一の結合(名詞＋動詞)に見えても、動詞化動詞結合であることもあ

り、機能発揮動詞結合であることもある。
2.　名詞が事柄を表わす場合前者、人工物の意の場合後者となる。

〈説明〉

1. 電話には2つの意味がある。(1)電話機を用いて通話すること、(2)電話機〔辞〕。(1)は事柄を表わし、(2)は人工物を表わす。
2. (1)の意味において「(を)掛ける」は「電話」のヲ格動詞化動詞である(〈例文〉(1))。結合は「電話する」という1語動詞に置きかえることができる。
3. (2)の意味において「(を)掛ける」は「電話」のヲ格機能発揮動詞である(〈例文〉(2))。結合は「電話する」という1語動詞に置きかえることができない。
4. 「口笛」は「口をすぼめて、笛のように音を出したり、メロディーを奏でたりすること」という意味規定がなされる限り、「(を)吹く」は動詞化動詞である(〈例文〉(3))。「ラッパ」は「(金管)楽器」であるので「(を)吹く」は機能発揮動詞となる(〈例文〉(4))。
5. 「ランチ」にも2つの意味がある。(1)洋風の簡単な食事、(2)(昼食時に出される)一皿の盛り合わせ定食。もし、(1)の意味での「ランチ」に「(を)食べる」が結びついた場合、動詞化動詞といわざるを得ない。しかし「(を)食べる」は、通常、(2)の意味の「ランチ」に結びついて用いられる(〈例文〉(5)では機能発揮動詞と見るのが適当である)。

〈類例〉

(1)　タイプを打つ

　　「タイプ」にも(1)タイプライターという機器の意味と(2)それで印字すること、という意味が辞書に記載されている〔広〕。「タイプを打つ」において(1)の意味ではヲ格機能発揮動詞、(2)の意味においてヲ格動詞化動詞となる。

(2)　羽根をつく

　　「羽根」は「ムクロジの実に穴をあけ、数本の羽をさしたもの」であるが、「羽根をつく」はそれを羽子板で打って遊ぶことを表わす。「羽根つきをする」と同義とみなされ、「(を)つく」は動詞化動詞と考えられる。

（3） マリをつく
　　「マリつきをする」と同義なら、「（を）つく」は同じく動詞化動詞。
〈注意〉
1. 繰り返しになるが、動詞化動詞であるか機能発揮動詞であるかは、名詞の意味規定による（〈基本事項〉）。
2. 機能発揮動詞は名詞をヲ格、ガ格、ニ格に立てることにおいて動詞化動詞に似る。しかし、動詞化動詞に結びつく名詞は意味が濃く、事柄を表わし、動詞の方はそれを動詞化するだけで実質的意味を欠くのに対し、機能発揮動詞に結びつく名詞は人工物を表わし、動詞はその機能を発揮するという或程度実質的意味を有する。

IV　使用的機能発揮と消費的機能発揮

〈基本事項〉
機能発揮において、人工物を使用したり、操作したりするにしても、対象の消費が目立たない場合を使用的機能発揮、対象の消費が目立つ場合を消費的機能発揮と呼ぶ。

〈説明〉
1. Ⅰの(1)(2)(3)において、「着る」は「着物」を、「渡る」は「橋」を、「射る」は「弓」を使用、操作してその機能を発揮するが、「着物」「橋」「弓」は対象として減少することが特にないか、目立たない。それに対し、(4)(5)(6)において「食べる」は「飯」の、「飲む」は「スープ」の、「塗る」は「口紅」の機能を発揮させるが、「飯」「スープ」「口紅」は消費され、対象として減少ないし無化する。
2. 使用的機能発揮と消費的機能発揮との区別は絶対的なものではないが、意味の把握に役立ち、区分けに便利なのでここに使用する。

V 使用的機能発揮動詞

(i) 着用物

図表85 着用物のヲ格機能発揮動詞

	出だし語(着用物)	ヲ格機能発揮動詞
(1)	帽子、ヘルメット、かつら、頭巾	かぶる
(2)	着物、洋服、スーツ、ブラウス、外套	着る
(3)	靴、ストッキング、靴下、足袋	はく
(4)	手袋、指輪、手錠	はめる
(5)	眼鏡、たすき	掛ける
(6)	バッジ、首輪	つける
(7)	ネクタイ、ネックレス、マスク	する
(8)	ネクタイ、帯、ベルト	締める

〈例文〉

(1) 二サイズばかり小さな帽子をかぶったように、何かが頭のまわりをしめつける嫌な気分(村上春樹)

(2) 思う存分化粧をして一番の晴れ着を着る(有島武郎)

(3) 一番良い靴をはいて会場に出掛けた

(4) 花子はプラチナの指輪をはめ、流行の美しい帯を締めていた

(5) クレイグ先生は近眼のせいか、眼鏡を掛けていた

(6) 宗男は再び背広のえりのボタン穴に議員バッチをつけて登院してきた

(7) 風邪がはやっていますよ。外に出るときは必ずマスクをするのですよ

(8) 今日の会合には必ずネクタイを締めて来て下さい

〈基本事項〉

着用物に或程度即応して異なる機能発揮動詞が(日本語では)用意されており(図表85)、着用対象に従い着用を示す動詞(着用動詞)を相当細かく使い分ける必要がある(汎用性に優れる「(を)身につける」ですますわけにはいかない)。

〈説明〉

1. 「かぶる」は頭部着用物(帽子、ハンチング、ベレー、麦わら帽、かぶと、ヘルメット、王冠、すげ笠、編笠、頭巾、かつらなど)の機能発揮

動詞である（〈注意〉1参照）。[ヲ発] 帽子、かぶと、ヘルメット、…＝かぶる

2. 「着る」は広い意味での着物類（和服、ひとえ、あわせ、丹前、ちゃんちゃんこ、晴れ着、訪問着、羽織）、洋服類（スーツ、背広、セーラー服、セーター、外套、レーンコート、ジャンパー、アノラック）、肌着類（シャツ、下着）の機能発揮動詞である（〈注意〉2参照）。[ヲ発] 和服、洋服、下着、…＝着る

3. 「はく」は両脚を入れて身につける着用物（ズボン、はかま、スカート、もんぺ、ももひき、ぱっち、ズボン下、さるまた、ズロース、パンツ、ショーツ）、両足を入れて身につける着用物（靴、下駄、スリッパ、ぞうり、わらじ、たび、ソックス、靴下、ストッキング）の機能発揮動詞である。[ヲ発]ズボン、スカート、靴、…＝はく

4. 「はめる」は主として手につける着用物（手袋、グローブ、指輪、腕時計など）の機能発揮動詞として用いられ、「手錠」にも結びつく。「手錠を嵌められて、五、六人が、巡査に連れられてゆく姿も」（獅子文六）。ただし、手に限られるわけではなく、「コルセット」に関しても用いられた。「そして手ばしこくコルセットをはめたり、漸く着なれたペチコオトを着けたりした」（徳田秋声）

5. 「掛ける」は、着用物では「眼鏡」「たすき」とともに用いられる。「ものの一部につけてぶら下げる、つりさげる」〔日国〕という意味においてこの結合はおこるとしても、機能発揮という側面を見落しては辞書記述は十全ではない。用具（例えば「鍵、レコード」）と結びつく「掛ける」については(v)1〈説明〉2参照。

6. 「つける」は「バッジ、首輪、ネックレス、ブラジャー、はかま」などと結びついて用いられる。[ヲ発]バッジ、首輪、ネックレス、…＝つける。「つける」は或程度汎用性を持つ。汎用性は「身につける」で一挙にあがる（〈注意〉2参照）。

7. 「ネクタイ」は「締める」（〈例文〉(8)）だけでなく、「する」とも結びつく。「する」は「マスク、ブラジャー、指輪」などに結びつき、相当程度汎用性を持つ。しかし、「着物、帽子、眼鏡」との結合は適格性を欠く。

8. 「締める」は「帯」(腰に)、「ネクタイ」(首に)、「はちまき」(額に)など長い布製のものの着用を示す機能発揮動詞である。「結ぶ」も用いられる。「京都の舞子の帯のようにだらりと結んだ、赤い半幅帯」(川端康成)「しゅうしゅうと泣くようになる博多帯(はかたおび)をきゅっと結ぶ」(宮尾登美子)。「ひもを締める」は通常着用の意。「ひもを結ぶ」は着用に限らないが、機能発揮であることはかわらない。これら結合に随伴する「きり」についてはⅦ〈説明〉6参照。

〈注意〉

1. Ⅵ(ⅱ)〈説明〉1で示すように、「薬」の機能発揮動詞には人工物の形状や特性を明確化する働きがある。「薬を飲む」といったら「薬」は「飲み薬」であり、「薬を打つ」といったら「薬」は「注射液」である。着用動詞においてもそのことはしかりで、「エプロン」は普通「かける、つける」が用いられるが、「着る」が敢て用いられると、エプロンにはそでがあることが予測される。本来かぶるものではない「手拭、布団、マント」などを「かぶる」に結びつけたり、本来着るものではない「布団、毛布、わら束」などを「着る」に結びつけたりすると、これら人工物が臨時にかぶるもの、着るものに転化することを示す。「八春先生は安心して蒲団(ふとん)を頭からかぶった」(井伏鱒二)「…蒲団を着たまゝ、すくっと立ち上って、…」(田山花袋)。これらも機能発揮動詞の重要な役割である。

2. 着用を表わす機能発揮動詞のうち最も汎用性に優れるのは、「(を)身につける」であると思われる。例えば、「これも、アメリカ風のフチの広いソフト、女の羽織裏地のようなネクタイ、ボール箱のような仕立の上衣に、炎色ギャバのズボン、コードバンの赤靴―いずれも、真新しいのを、身に着けてはいるが」(獅子文六)を通常の機能発揮動詞でいい直したら大変である。「ソフトをかぶり、ネクタイを締め、上着を着、ズボンと靴をはき」となってしまう(宮島1972: 197)。「する」も汎用性に富むが「身につける」にはかなわない。

〈参考〉

1. 「かぶる」[(1)]、「着る」[(2)]、「はく」[(3)]、「はめる」[(4)]、…などとその対象たる人工物との関係はまったく一様で、着用物と着用動

作との関係に過ぎない。動詞の方は1つにしてしまってもかまわないはずである。現に英語なら a hat（帽子）、a coat（外套）、shoes（靴）、gloves（手袋）、glasses, spectacles（眼鏡）、a badge（バッジ）、a necklace（ネックレス）、a necktie（ネクタイ）は put on, wear で間にあわすことができる。ロシア語でも одеваться「身につける」という動詞の使用範囲は（日本人から見ると）非常に広い。このような言語を母語とする日本語学習者には日本語の着用動詞の用法に誤用がでることが予測される。

2. 「もんぺ」は通常ズボンと同じく「はく」が用いられるが、「着る」と結びつく用例がある。「地味な<u>もんぺを着て</u>、髪に黄いろいリボンを結んでゐる」（三島由紀夫）。作者は着用動作に関し、「着る」に汎用性を与えているのかもしれない。筆者が聞いた札幌での北海道方言では「はく」が脚や足から手へと進出し、「手袋をはく」という。次のような用例では、人工物（うわばき）と機能発揮動詞（はく）は慣用的結合特性を守るが、人工物（うわばき）と着用個所（手）が常識から離れる点でユーモアがかもされる。「<u>うわばきを手にはいて</u>、かおをなでました」（中川李枝子）

3. 「着こなす」は「着る」の称賛語。真正語でもある。［賛］着る＝着こなす（＝［正］）。「おしゃれを自認しているだけあって、原色系の服もうまく着こなしている」

上掲例において「うまく」をとっても意味はさほどかわらない。

(ii) 乗り物

図表86　乗り物のヲ格機能発揮動詞

	出だし語（乗り物）	ヲ格機能発揮動詞
(1)	舟、ボート、カヤック	こぐ
(2)	船、モーターボート	操縦する
(3)	飛行機、爆撃機、グライダー	操縦する
(4)	自転車	こぐ
(5)	自動車、車、市電、列車、汽車、オートバイ、バイク、スクーター	運転する
(6)	かご、みこし、担架	担ぐ（かつぐ）

〈例文〉

（１）　ボートをこいで島に渡った
　　　　舟が矢のように走る(本多勝一)
（２）　荒天下に２時間モーターボートを操縦したので腰が痛くなった
　　　　船がすうと流れるように動き出す(内田百閒)
　　　　青い海の上を白い穂先を見せ、真っ白な航跡を曳いて船がはしる(阿川弘之)
　　　　船に乗っているように上体をぐらぐら動かす(円地文子)
（３）　爆撃機が絹針ほどの機体を光らせて、一万メートルの高空を飛ぶ(林京子)
（４）　自転車をゆっくりこいで隣町まで出たお島は、小野田の勧めで、自転車に乗る練習をはじめてみた(徳田秋声)
（５）　学生時代、アルバイトで市電を運転したことがある
　　　　汽車が目まぐるしいほどの快速力で走る(有島武郎)
　　　　オートバイにまたがって北海道を走り廻った
（６）　かごを担いで方便を得ている

〈基本事項〉

乗り物に共通するのはニ格機能発揮動詞「乗る」である(〈例文〉(2)(4))。「馬、竹馬、そり、スキー、スケート、エレベーター、ロープウェイ、ブランコ」などにも用いられる。「どっちの馬にのるかといわれても、返事のしようがなかったが」(野間宏)「田圃で村の子供がスキイに乗ってゐた」(川端康成)「竹馬に乗って遊ぶ」「ブランコに乗るとめまいがする」

〈説明〉

1. 汎用的ガ格機能発揮動詞としては「走る」「動く」があるが、空中の交通手段には「飛ぶ」が用いられる。「飛行機が飛ぶ」
2. 「かご、みこし、担架」のような人力で運ぶものは「(を)担ぐ」が用いられるが、「かご」(〈例文〉(6))「みこし」と「担架」では担ぐ動作が異なる。前２者では肩にかけてになう。後者では両手で２本の棒を持つ(宮島 1972: 314)。動作が異なるとしても機能発揮という共通性がそこにある。「になう」も可。「担ぐ」は「天秤棒」(荷物を運ぶ用具)にも用いられる。〈例文〉(6)の「方便」は「生活の手段」の意。

3. 「こぐ」は「舟」「ボート」「カヤック」などオールやかいを駆動力とする水上移動手段で用いられるが、「自転車」「ブランコ」にも使える。「自転車をこぐ」と「ペダルを踏む」とは同じ事柄を表わす。「がに股のように膝を開いて、ゆっくり自転車のペダルを踏む」(三浦哲郎)。「ぐいぐい」についてはⅦ〈説明〉7参照。
4. 「操縦する」「運転する」は主に動力を駆動力とする移動手段に関して用いられる。「操縦する」はグライダー、飛行機など高度の技を必要とするものに使用される。「電車」などと結びつくことは稀。「操る」は「たくみに」の意([賛])が加わる。「急流で舟を操る」

〈注意〉
1. 「(に)乗る」以外に「オートバイ、バイク、スクーター、自転車、馬」には「(に)またがる」というニ格機能発揮動詞がある。「(に)乗っかる」は俗語。
2. 部位、部品に特有の機能発揮動詞がある。ヲ格をとる代表的なものを表示する(図表87)。

図表87 部位、部品のヲ格機能発揮動詞

出だし語(部位、部品)	ヲ格機能発揮動詞
ハンドル	とる、握る、まわす
操縦桿	握る
アクセル	踏む
スロットル	まわす
ペダル	踏む、こぐ
ブレーキ	踏む(自動車)、かける
エンジン	かける、まわす
プロペラ	まわす
帆	かける、あげる、張る
オール	こぐ
舵	とる

3. 「馬」には「乗馬する」「騎乗する」、「船」には「操船する」「操舵する」、「軍艦」には「乗艦する」のような個性的な内包的機能発揮動詞がある。
4. 使役態形や対応する他動詞を含めると機能発揮動詞の数は多くなる。乗る―乗せる、渡る―渡す、飛ぶ―飛ばせる、(馬が)走る―(馬を)走らせ

る、(馬が)駆ける—(馬を)駆けさせる。「戞々と蹄の音を響かせて馬を駆けさせる」(中島敦)

5. 乗り物の機能発揮動詞結合には特有の主役名詞(第18章I)が存在する。［主名］(自動車を)運転する＝運転手(仕事として)、ドライバー。［主名］(タクシーを)運転する＝運転手、運チャン(俗語)。［主名］(オートバイを)運転する、(オートバイに)乗る＝ライダー。［主名］(飛行機を)操縦する＝操縦士(仕事として)、操縦者、パイロット。［主名］(かごを)担ぐ＝かごかき

(iii) 楽器、音を出す道具

図表88 楽器、音を出す道具のヲ格機能発揮動詞

	出だし語(楽器、音を出す道具)	ヲ格機能発揮動詞
(1)	ピアノ、バイオリン、ギター、三味線	弾く
(2)	琵琶、琴	弾く、弾じる
(3)	木魚、太鼓、鼓	叩く、打つ
(4)	ラッパ、トランペット、フルート、笛	吹く
(5)	鈴	振る
(6)	ブザー、呼びリン	押す

〈例文〉
(1) バイオリンを弾く門附の流行唄が聞え出した(永井荷風)
(2) 琵琶を弾じる〔類大〕
(3) 太鼓を叩くように尻を叩く(小島信夫)
　　シラベの二つの太鼓は、羽根田が、一人で打つことにすれば(獅子文六)
(4) 笛を吹くような息を繰り返す(渡辺淳一)
(5) 遠くから鈴を振るような音が聞えてくる
(6) ブザーを押したが、応答がない

〈基本事項〉
1. 弦楽器は「弾く」、打楽器は「叩く」、管楽器は「吹く」を用いる。
2. 共通するヲ格機能発揮動詞として「鳴らす」がある。チャイム、ベル、オルゴールなどではこれが用いられる。

〈説明〉
1. 「弾く」はオルガン、木琴などにも用いられる。
2. 「弾じる」は「琵琶、琴」など伝統楽器に用いる文章語。
3. 「吹く」は合図の笛にも用いられる。「車掌は発車の<u>笛を吹いた</u>」(田山花袋)
4. 「太鼓」のように「打つ」「叩く」がともに用いられるものもあれば、「ドラム、シロフォン」のように「打つ」が使いにくいものもある。両動詞は楽器ではないものにも用いられる。「遠くの寺でゆっくり<u>鐘を打つ</u>のが響いて来る」(林芙美子)「小さな<u>鐘を</u>たゝいて田の虫追に行ったことや」(徳冨蘆花)

〈注意〉
1. ピアノ、バイオリン、…に対し「楽器」が総称語(第27章)であるように、「弾く」「叩く」「吹く」の総称語として「演奏する」「奏でる」がある。
2. 「演奏する」は「人に聴かせるために」というニュアンスがある。
3. 「演奏する」「奏でる」は個別楽器にも使用され、汎用性を持つ。「<u>ヴァイオリンの一手も奏でたりした</u>」(有島武郎)
4. 「鳴らす」も汎用的であるが、「奏でる」段階迄行かないことを表わすことがある。「七号室ではお 姿(めかけ) さんが<u>三味線(しゃみせん)を鳴らしている</u>」(林芙美子)「広間に家来を集めて、<u>鉦太鼓(かねたいこ)を鳴らさせ</u>」(森鷗外)「父に習い、はじめて<u>ウクレレをならした</u>」
5. 「鳴らす」の自動詞「鳴る」もよく用いられる。「<u>チャイムが鳴る</u>」「はじけるように<u>トランペットが鳴る</u>」(柴田翔)

〈参考〉
1. 楽器をデ格に立てると曲がヲ格になる。「ピアノで『アルハンブラの思い出』<u>を</u>弾いてみた」
2. 「鳴らす」は弦・管・打に応じて3種の複合動詞をつくる。「三味線を<u>掻き鳴らす</u>」「<u>笛を吹き鳴らして</u>、危険を知らせた」「<u>鐘を打ち鳴らして</u>、火事を知らせた」
3. 「演奏する、奏でる、弾く」が出だし語を特定しない場合の主役名詞(第18章I)は「演奏者、演奏家、奏者、プレーヤー(ポピュラー音楽)」で

あるが、特定する場合には特有のものがある。［主名］(ピアノを)弾く＝ピアニスト、［主名］(バイオリンを)弾く＝バイオリニスト。その他、チェリスト、ギタリスト、ベーシスト、トランペッター、ドラマー、笛吹き、三味線弾〔日国〕。

4. 「指揮棒」は音楽に関わる道具だが、音は出ない。「鈴」と同じく「振る」が用いられる。
5. 英語、ロシア語などでは弦楽器、管楽器で動詞を特に区別しない。
играть на скрипке/флейте. play the violin/the flute. バイオリンを弾く／フルートを吹く。

（ⅳ）遊具

図表89　遊具のヲ格機能発揮動詞

	出だし語(遊具)	ヲ格機能発揮動詞
(1)	まり、手まり	つく
(2)	ボール	投げる、打つ、ける
(3)	こま	廻す
(4)	ビー玉	ころがす
(5)	花火	あげる
(6)	さいころ	振る、ころがす
(7)	凧	あげる
(8)	シャボン玉	飛ばす、吹く

〈例文〉

（1）　お正月になったらまりをついて遊びましょう
　　　ゴムまりをついて遊んでいる女の子
　　　心がゴムまりのように弾む(壺井栄)
（2）　ボールを投げる
　　　ボールをバットで打つ／たたく
　　　良いボールを放るピッチャー
　　　ボールをける
（3）　独楽のようにいつまでも全速力で廻っていなければ倒れてしまう(中島敦)
　　　お正月になったらこまを廻して遊びましょう

（4）　ビー玉をころがして遊ぶ
（5）　花火をあげて遊んだ
　　　目の前でバカーンと花火があがった気がして、いっぺんに惚れてしまう（田辺聖子）
（6）　さいころを振ったとき、偶数の目が出る確率を求めなさい
　　　さいころをころがして5と2を出す
（7）　お正月には凧をあげて遊びましょう
　　　風で凧がぐんぐん高くあがっていく
（8）　シャボン玉を飛ばそう

〈基本事項〉
ヲ格機能発揮動詞をテ形（接続形）に立て、「遊ぶ」に結びつけることができる。「まりをついて遊ぶ」「凧を揚げて遊ぶ」

〈説明〉
ここではヲ格のもののみを表（図表89）に掲げたが、ガ格のものも多数ある。まず、対応の自動詞。こまを廻す／が廻る、さいころをころがす／がころがる、ビー玉をころがす／がころがる、花火をあげる／があがる、凧をあげる／があがる、シャボン玉を飛ばす／が飛ぶ。その他、まりが弾む、ボールが飛ぶ。

〈注意〉
「ボールを投げる／放る」といえば、小型のボール、「ボールをける」といえば基本的にサッカーボール様のもの、「ボールを打つ／たたく」といったら野球のボール。このように機能発揮動詞によってボールの形態が明確化される。

〈参考〉
「碁を打つ」「将棋をさす」は「トランプをする」と同様、動詞化動詞と考えた方がわかりやすい。ただし、繰り返すように、動詞化動詞と機能発揮動詞の区別は名詞の意味の規定による。事柄と規定されれば前者、人工物とされれば後者。

(v) 用具、装置
1 ヲ・ニ格機能発揮動詞

図表90 用具、装置のヲ・ニ格機能発揮動詞

	出だし語(用具・装置)	機能発揮動詞 ヲ格	機能発揮動詞 ニ格
(1)	弓、矢	(弓を)引く、射る	
(2)	鉄砲、ピストル、大砲	撃つ、発射する	
(3)	弾、弾丸、銃弾	撃つ、浴びせる	
(4)	かんな	かける	
(5)	のこぎり	ひく	
(6)	のみ	打つ	
(7)	きり	もむ	
(8)	こて	あてる	
(9)	すき、くわ	いれる	
(10)	たわし、ブラシ、アイロン	かける	
(11)	ミシン	かける、踏む	
(12)	針	刺す、はこぶ	
(13)	はんこ、烙印	押す、つく	
(14)	フラッシュ	たく	
(15)	レコード、ラジオ	かける、聴く	
(16)	はかり、ふるい		かける
(17)	かすがい、くさび、釘、鋲	打つ	
(18)	網	かける、打つ、はる	かける、かかる
(19)	罠	かける	かける、かかる、はめる、はまる
(20)	旗	あげる、掲げる、振る、出す	
(21)	杖	つく	
(22)	傘	さす	
(23)	しおり	はさむ	
(24)	本、新聞、手紙、字幕	読む	
(25)	辞書、電話帳	引く	
(26)	包帯	巻く	
(27)	重石	載せる、置く	
(28)	(服の)ボタン、ホック	かける、(ボタンを)はめる	
(29)	(カメラの)シャッター、(機械・スイッチの)ボタン	押す	
(30)	鍵	かける、しめる	
(31)	縄、ロープ、紐	むすぶ	

(32)	照る照る坊主	つるす	
(33)	切り札	出す	
(34)	風呂		はいる、いれる
(35)	シャワー	浴びる	
(36)	蚊帳(かや)	つる	はいる
(37)	椅子、ソファー		座る、腰掛ける、かける
(38)	座布団	敷く	座る
(39)	掛け布団	かける	
(40)	敷き布団、カーペット、じゅうたん、ござ、たたみ	敷く	
(41)	ベッド		はいる
(42)	こたつ		はいる、あたる
(43)	火鉢		あたる
(44)	かまど	たく	
(45)	テーブル、食卓		つく
(46)	テーブルクロス	掛ける、敷く	
(47)	戸、障子、カーテン	しめる、引く	
(48)	シャッター（巻き上げ式の扉）	降(お)ろす	
(49)	電燈、明かり	ともす、つける、点じる	
(50)	屏風	立てる	
(51)	回覧板	廻す	
(52)	風呂敷		包む
(53)	門松	立てる、飾る	
(54)	掛軸、絵	かける	

〈例文〉

（1） 弓に矢をつがえて、射る
　　　城壁から一斉に弓を射る
　　　弓を引く
（2） 男はいきなりピストルをパンと撃つと人込みの中に走り去った
　　　敵艦に向けて大砲をどかんと撃つ
（3） 銃弾を驟(しゅう)雨のように相手に浴びせる
（4） 鉋(かんな)をかけて板を平らにする
（5） 鋸(のこぎり)をひいて板をつくる
（6） 鑿(のみ)を打つ
（7） 一日中きりをもんでいたので手の平(ひら)が痛い

(8) 髪に鏝をあてる
    焼き鏝をあてられるような熱い疼くものが全身を駆けめぐる（中島敦）
(9) 処女地に鍬を入れる
(10) 靴にブラシをかける
(11) ミシンをかけて洋服をつくる
    五百助君が、ミシンを踏んだ日には、何台あっても、壊してしまう（獅子文六）
(12) 悔しさが胸に針を刺す（子母沢寛）
(13) あの証文にはもうはんこを押して（ついて）しまったので、どうしようもない
    人間性の欠落した人間という烙印を捺される（藤本義一）
(14) フラッシュがひっきりなしに焚かれ、花火のような盛大さ（今日出海）
(15) グレン・グールドがバッハを弾いているレコードをかける
(16) 経験と体力を秤にかけるような鋭い眼（新田次郎）
    土をふるいにかけて小石を取り除く
(17) 気持ちに釘を打つように云う（新田次郎）
(18) 網をかけて、魚をとる
    クモは空中に網をはって虫を捕る
(19) いのししの通り道に罠をかけた
    いのししを罠にかけて捕えた
    罠にかかった獣のように身もだえする（武田泰淳）
(20) 会場周辺には大会の期間中ずっと各国の旗があげられていた
    するすると旗を掲げる〔新和英大〕
    赤い旗を振って止める
    通りに旗を出す
(21) 杖をついて歩く
(22) 人々は皆傘をさしていた
(23) 本にしおりをはさむ
(24) 本を読んで1日を過ごした
(25) 辞書をたくさん引かなければ、この小説は読めない
(26) 傷を負った腕に包帯をぐるぐると巻いた

(27) 漬物に重石(おもし)を載せる
(28) ボタンをかけてあげるからこっちへおいで
(29) このボタンを押すと機械が動きだす
　　 機関銃より早くシャッターを押す(北杜夫)
(30) 金庫に鍵をかけて宝石をしまっておく
　　 玄関の鍵をしめて、寝る
(31) 息子はもう一人で靴の紐をむすぶようになった
　　 財布の紐をしっかり結んでおく(源氏鶏太)
(32) 照る照る坊主を軒先につるし、晴天を祈る
(33) 最後になって切り札を出す
(34) 目白の押し合いのようにして、夫妻が小さい風呂に入っている(田山花袋)
(35) からだにまつわりつく魚の匂いを落とすようにシャワーを浴びる(向田邦子)
(36) 蚊が出るようになったので蚊帳(かや)をつって寝た
　　 蚊帳つるや晦日(みそか)の宵の更けにけり(久保田万太郎)
(37) 椅子に倒れるようにして坐る(宮本輝)
　　 ぐらつく椅子に腰かけているように心もとない(高樹のぶ子)
　　 どうかそこの椅子におかけ下さい
(38) 座布団を敷いて坐る
　　 せんべいのような薄っぺらの(な)座布団に坐った
(39) 寒いので掛け布団を2枚かけて寝た
(40) 敷き布団を洋間のじゅうたんの上に敷いて寝た
(41) 12時になったので、ベッドにはいって寝た
(42) こたつにはいる
　　 こたつにあたる
(43) 火鉢にあたる
(44) かまどをたく
(45) 食事をするためにテーブルにつく
　　 食卓につく
(46) 雪白の卓布(クロース)を掛けた食卓(テーブル)(二葉亭四迷)

(47) ガラガラピシャンとガラス戸を締める(永井龍男)
　　　戸がすうと息を引くような音を立てて引かれる(室生犀星)
(48) 思考がシャッターを降ろしたように中断される(鷺沢萠)
(49) もう暗いから電燈をつけなさい
　　　心のなかに一点の明かりを点じる(山本有三)
(50) 屏風を立てたようになって襲いかかる高波(竹西寛子)
(51) トントントンカラリンと隣組。障子を開ければ顔なじみ、廻してちょうだい回覧板。教えられたり、教えたり
(52) 風呂敷に包む
(53) 門松を立てる／飾る
(54) 掛軸をかける

〈基本事項〉

1. 用具・装置の汎用的ヲ格機能発揮動詞としては「使う」「用いる」「使用する」がある。「包丁を使う、刀を使う、はしを使う」「のこぎりを用いる」「のみを使用する」

2. 「(を)かける」が相当広汎な名詞に関し機能発揮動詞として用いられることは興味深い。すだれ、帆、看板、眼鏡、たすき、テーブルクロス、布団、ボタン、ホック、鍵、目覚まし(時計)、レコード、ブレーキ、アイロン、ミシン、かんな、ブラシ、網、罠、絵、掛軸(「掛ける」「懸ける」「架ける」「かける」と表記がいろいろある。本書でも収集例を反映し、まちまちとなる)

〈説明〉

1. ここではヲ格・ニ格をとるものを表に掲げたが、受動態、自発・可能態化されたものを除いても、ガ格をとる機能発揮動詞は多数ある。「銃弾／弾丸が飛ぶ」「針が刺す」「フラッシュが光る」「カメラが彼女の姿を鮮明に撮る」「網／罠がかかる」「旗がひるがえる」「旗があがる」「たくさんの豆電灯が千の蛍でも集まったようについている」(宮沢賢治)「…座敷に電燈が点く」(泉鏡花)「心のずっと奥にぽかっと灯がともる」(石森延男)。自動詞が多く、他動詞の使用は欧文脈。

2. (ア)高いところからぶらさげる。「すだれをかける」(イ)目につくように高い所に掲げる。「看板を掛ける」(ウ)高く上げて張る。「帆をかけ

る」(エ)他の物の上にかぶせるようにして物をのせ置く。「布団をかける」「テーブルクロスをかける」(オ)ひっかけて留める。「ボタンをかける」(カ)仕掛けを働かせて、本体が動かないように固定する。「鍵をかける」(キ)機械・装置などを作動させる。「目覚ましをかける」「レコードをかける」「ブレーキをかける」(ク)道具を用いて他に作用を及ぼす。「アイロンをかける」「雑巾をかけた廊下」

　以上はどの国語辞書でもとる「掛ける」という動詞の常套的な語釈である。しかし、これは用具・装置が本来持つ様態が動詞の語義であるかのようにしてとらえられている。高い所から下へさげるのが「すだれ」であり、テーブルの上にかぶせるようにして置くのが「テーブルクロス」である。「掛ける」にこのような多様な意味があるのではなく、人工物にそのように使われる性質があり、多様な結合の中で「掛ける」が統一して保持するのは機能発揮という意味であることを見逃したくない。

3. 「書物を繰って求める語を探し出す」と国語辞典(例えば〔辞〕)では「引く」の意味が説明されるが、「引く」にはこのような意味はない。「辞書、電話帳」[(25)]が「(人名・番号を含め)語を探し出すように配列されている書物」なのである。そちらの方に具体的意味があり、「引く」は相当意味を減衰させた機能発揮動詞であることに気づく必要がある。
4. 武器、大工道具、農具、家具、…などに分類可能であろうが、図表90では分類がなされていない。
5. 用具をデ格に立てることについては次項で述べる。

〈注意〉
1. 「弓を射る」「矢を射る」はほとんど同義。「引く」は「矢」とは結びつかない。「(矢を)つがえる」は準備調整動詞(IX(i)〈説明〉2 参照)。「弓」に対し「射る」は古来縁語として扱われる。「梓弓(あづさゆみ)春立ちしより年月の射(い)るがごとくもおもほゆるかな」(『古今和歌集』127)。
2. 「アイロン／ブラシ／こてをあてる」というが、「雑巾をあてる」は普通用いられず、「(を)かける」が使われる。
3. 「秤にかける」[(16)]は「比較考量する」、「ふるいにかける」は「選別

する」の意でよく用いられる。「はかりに載せる」もある。
4. 「網」は「針」同様、多様で多目的。「網をひく」といったら地曳網。「網をひろげる」もある。
5. 「罠を／にかける」は「計略によって人をだます」の意でよく用いられる。「罠にはめる／はまる」もある。
6. 「旗をあげる／掲（か）げる」と「旗を振る」では「旗」の用途が異なる。
7. 「包帯を巻く」と「包帯をする」とはほとんど同義。「(を)巻く」が機能発揮動詞であるか、動詞化動詞であるかは「包帯」の意味規定による。「傷口などを保護するために巻く、細長い布」と語釈されたら機能発揮動詞。
8. 「ボタン／ホックをしめる」ともいう。「ファスナー」も通常「しめる」。
9. 「呼び鈴を押す」は「呼び鈴のボタンを押す」の「ボタン」が省略されて成立する。
10. 「縄、ロープ、紐」には多様な使用様態がある。「縄を木に巻く」「ロープを張る」「俵に縄をかける」「縄を引く」…「縄にかける」は「逮捕する」の意で用いられる。「紐」は糸より太く、綱、縄、ロープより細いもの。羽織や靴の紐は着用のため、財布の紐は開閉のためのもの。
11. 「風呂にはいる」が「入浴する」の意なら、「(に)はいる」は動詞化動詞。「シャワーを浴びる」も同様。英語では bath（「風呂」[(34)]）も shower（「シャワー」[(35)]）も have/take を用いる。ロシア語は принимать・принять（プリニマーチ・プリーニチ）。
12. 「椅子、ソファー」には「(に)腰を下ろす／掛ける」もある。このような名詞と結びついた時「座る」には「ひざを折り曲げて、腰を下ろす」〔辞〕の意はない。機能発揮を示すに過ぎない。
13. 「座布団を敷く」には2つの意があり得る。①客を迎えるために、座敷に座布団を置く。②座布団にひざを折げて座るか、ひざをくずして座るかする。②の意味においてこの結合は「座布団に座る」とはほとんど同義となる。しかし、「敷き布団、カーペット、じゅうたん、ござ、たたみ」では「敷く」と「座る」は同義たり得ない。たたみを敷く—たたみに座る。「座布団」では両動詞は機能発揮動詞だが、「敷き布団」などでは「敷く」のみがその役を果す。

これと同様のことは「テーブルクロス」と「掛け布団」でもおこる。前者では「敷く」「掛ける」がともに機能発揮動詞。「テーブルクロスを食卓に敷く」「テーブルクロスを食卓に掛ける」。後者では「掛ける」のみがそれ。「寒いので掛け布団をもう一枚かけた」。「掛け布団を敷いた」では別の意味になる。

14. 「(に)あたる」は主に暖房器具に関し機能発揮動詞として働く。「こたつ、火鉢、ストーブ」。「扇風機、クーラー」などには用いられない。
15. 「(を)使う」は慣用的な結合度が高いものと低いものがある。例えば、「はしを使う」(「はしの使い方も知らない」)「扇子を使う」はよく用いられるが、「風呂を使う」はやゝ古めかしい。「ベッドを使う」などというと異なる用途に用いられた感じになる（用途以外に用いる場合、ニが出現する。「こたつを踏み台に使う」）。

〈参考〉
1. 幾重にも巻く様態を持つ人工物（縄、紐、包帯）の機能発揮にはグルグルというオノマトペが用いられる。「包帯をぐるぐる巻く」「縄でぐるぐる縛る」。巻かれる様態が二重以上であることが示される。
2. 「どかんと」「ぱんと」(〈例文〉(2))など銃火器の機能発揮に随伴するオノマトペについてはⅦ〈注意〉4参照。
3. 「(を)かける」は、例えば「誘い」に結びつく時は動詞化動詞（第4章Ⅶ(vi)〈注意〉1)、「小屋、くもの巣、橋」などと結びつく時は生成動詞（第6章Ⅱ(iii)〈説明〉2)、〈基本事項〉2であげたような場合は機能発揮動詞。

2 デ格で機能発揮を示す動詞

図表91 用具、装置とデ格で機能発揮を示す動詞

	用具、装置	動詞		用具、装置	動詞
(1)	刀、ナイフ	切(斬)る	(18)	はかり	はかる
(2)	包丁	切る、さばく、料理する	(19)	かすがい、くさび、釘、鋲	とめる
(3)	はさみ	切る、裁つ	(20)	網	すくう、捕える、つかまえる
(4)	やり、もり、フォーク	突く、刺す	(21)	罠	捕える、つかまえる
(5)	かんな	削る	(22)	辞書、電話帳	調べる
(6)	のこぎり	切る、ひく	(23)	重石	おさえる
(7)	のみ	削る、彫る	(24)	ホック	留める
(8)	ハンマー、かなづち	叩く、打つ	(25)	縄、ロープ、紐	縛る、くくる
(9)	すき、くわ	耕す、(すき)すく	(26)	切り札	切る
(10)	かま	刈る	(27)	ベッド	寝る
(11)	シャベル、スコップ	掘る、すくう	(28)	かまど	たく
(12)	ほうき	掃く	(29)	オーブン	焼く
(13)	たわし、ブラシ	こする、洗う、磨く	(30)	電燈、明かり	照らす
(14)	ミシン	縫う	(31)	風呂敷	包む
(15)	針	刺す、突く、縫う	(32)	団扇、扇子	あおぐ
(16)	はし	食べる、つかむ、つまむ	(33)	臼	つく
(17)	写真機、カメラ	撮る	(34)	すり鉢	する

〈例文〉

(1) 刀で相手の肩を斬る
　　 ナイフで小枝を切る
(2) 包丁で魚をさばく
　　 包丁で魚を料理する
(3) はさみで色紙を切る
　　 はさみで生地を裁つ
(4) やりで虎の胸を突く
(5) かんなで板を削る
(6) 材木を寸法通りにのこぎりでひく

のこぎりで丸太を切る
(7) のみで板を削る
のみで仏像を彫る
(8) 一句一句をハンマーで棒杭(ぼうぐい)を打つようにたたき込む(徳永直)
金槌か何かでガンと頭を打たれたような気がする(田山花袋)
(9) すきで田をすく
くわで畑を耕す
(10) かまで稲を刈る
(11) シャベルで地面を掘る
(12) ほうきで地面に落ちたいちょうの葉を掃く
(13) たわしでじゃがいもを洗う
たわしで鍋を磨く
(14) ミシンで洋服を縫う
(15) 身体中が針で刺されたように痛い(高橋三千綱)
針で風船を突いたように、気持ちが小さく現実へと萎む(連城三紀彦)
針で子供の服を縫う
(16) 中国人も韓国人もはしで食べる
(17) カメラで現場の惨状を撮る
(18) 魚の重さをはかりではかる
(19) 2本の丸太をかすがいでしっかりとめる
(20) 網でバシャンと掬(すく)うみたいに受話器を取り上げる(尾辻克彦)
網で野鳥を捕える
(21) 罠でいのししをつかまえる
(22) この語の意味を辞書で調べなさい
(23) むしろが風で飛ばないよう重石(おもし)でおさえなさい
(24) このドレスは背中をボタンで留めるようになっている
えりをホックで留める
(25) 縄で罪人の両手を縛る
縄でくくって薪の束を作る
ひもで新聞の束を縛る
ひもで本の束をくくる

(26) 切り札で切る
(27) ベッドで寝るのにようやくなれた
(28) かまどでごはんをたく
(29) オーブンでパンを焼く
(30) 明かりであたりを照らす
(31) 菓子折りを風呂敷で包む
(32) 団扇(うちわ)でたきたてのご飯をあおいで、さます
(33) 臼で米をつく
(34) すり鉢でごまをする

〈説明〉

1. 「はさみ」や「ほうき」の機能発揮を示す動詞は何か、と問われれば、前者では「(で)切る/断(裁)つ」、後者では「(で)掃く」が日常的によく用いられると答えざるを得ない。ただし、これらは純粋の機能発揮動詞、例えば、「弓を射る」「ブラッシュをたく」「辞書をひく」「はかりにかける」「ミシン/ブラシをかける」とは異なり、用具、装置を手段の意にして、動詞はヲ格の目的語をとり得るようになる。その差は次の対比例でも明らかであろう。ミシンをかける―ミシンで(服を)縫う、ブラシをかける―ブラシで(靴を)磨く。デ格と結びつく動詞は名詞に慣用的に付属し、単にその機能発揮を示すというより、動詞として独立性がより高く、自己の語義を十全に発揮しているよう思われる。

   これら動詞は「(用具・装置)を使って」というかたちで用いられる。はさみを使って切る、ほうきを使って掃く、すきを使って耕す、かんなを使って削る。それに対し、Iで扱ったヲ・ニ格機能発揮動詞はそれができない。(*)弓を使って射る、(*)フラッシュを使ってたく、(*)辞書を使ってひく、(*)はかりを使ってかける。ここに両者の大きな相違がある。ただし、日常的に、各名詞に関してデ格のものはよく用いられるので無視して良いというわけにはいかない。ここでは項を改め、これら動詞を表示し、例文を掲げることにする。

2. 「きりをもむ―きりでもむ」「やり/もりをつく―やり/もりでつく」「のこぎりを引く―のこぎりで引く」「本を読む―本で読む」「かまどをたく―かまどでたく」のように、同一の名詞・動詞でもヲ格・デ格の両

格が可能なものがある。「きりを一日中もんでいたので手の平(ひら)がいたくなった」―「ぎゅっと錐(きり)でもむようにお腹が痛む」(有島武郎)

〈注意〉
1. 「刀、ナイフ、包丁」などは刃物として多目的に使用され、「(で)刺す、突く、削る、たたく」などと用いられ得るが、基本的用途は「(で)切る」。
2. 「はさみでたつ」は、通常、「寸法に合わせて切る」の意。「裁つ」という表記がある。
3. この種の結合におけるヲ格は作用を与える対象、時に、生成物であることがある。のこぎりで木を切る(変形される対象)、ほうきで部屋を掃く(作用を受ける対象)、かまどで御飯をたく、オーブンでケーキを焼く、急須で茶をいれる(第6章II(i)〈参考〉)、のみで仏像を彫る、針で着物を縫う、ミシンでスカートを縫う、カメラで写真をとる、チョーク／白墨／鉛筆／ペンで絵を書く／えがく(字を書く)(以上生成物)。

〈参考〉
1. 「はさみ」[(3)]、「針」[(15)]、「うちわ」[(32)]の機能発揮に随伴するオノマトペについてはVII〈説明〉4参照。
2. 「金槌で打つ」[(8)]のオノマトペについてはVII〈説明〉8参照。
3. 「平手で打つ／たたく」、「げんこつで殴る」も機能発揮動詞にはいるか。

(vi) 建物、組織、見せ物、その他

図表92　建物、組織、見せ物、その他のヲ・ニ格機能発揮動詞

	出だし語 (建物、組織、見せ物)	機能発揮動詞	
		ヲ格	ニ格
(1)	家、邸宅		住む
(2)	倉庫		いれる、保管する
(3)	病院		入る、いれる
(4)	旅館、ホテル		泊まる、宿泊する
(5)	お寺、仏閣、神社		お参りする、もうでる、参詣する
(6)	芝居、歌舞伎、映画、 テレビ、ドラマ、オペラ	見(観)る	
(7)	音楽、落語	聞(聴)く	
(8)	(ドイツ語など)外国語	使う、話す	

〈例文〉

(1)　波の音が座敷でも聞こえるほど海に近い家に住む
　　　ヨーロッパの城のような邸宅に住む(小林久三)
(2)　売れ残りの商品を倉庫に入れる
(3)　もう3日も病院にはいっている
(4)　いかにも安宿らしい貧弱なホテルに泊った
(5)　お寺にお参りする
(6)　強烈な映画を観たあとのように、頭の中で場面場面のフラッシュがひらめく(飯田栄彦)
　　　テレビの連続ドラマを何回分かまとめて見たようなだるい印象を残す映画(池澤夏樹)
(7)　女たちの話を音楽を聴くかのように楽しんだ
(8)　太郎はドイツ語を上手に話す

〈基本事項〉

建物、組織、見せ物、(習得)外国語などにも機能があり、その機能発揮動詞に注意を払いたい。

〈説明〉

1.　(1)から(5)まで、目的、機能を持つ建物。
2.　(6)は見(観)るもの、(7)は聞(聴)くもの。

3. 外国語[(8)]を学ぶのは「使う」ためである。「読む、書く、話す」の三技能がまずあげられるが、日常的感覚で最重要なのは「話す」こと。

〈注意〉
1. 「病院」には自動詞「入る」(「入院する」は内包語)、他動詞「いれる」(収容する、担ぎ込む、運び込む、連れていく)が同資格で存在し、両動詞の習得が必要だが、「倉庫」では他動詞「いれる」をおぼえるだけで足りる。「旅館、ホテル」では自動詞「泊まる」で足りる。それぞれの用途・機能に対応してのことと思われる。
2. 「病院」「(に)行く」「(に)連れていく」は「入院」を含意しない。
3. (6)(7)では観賞者の立場での機能発揮動詞を掲げた。上演者・演奏者の立場から見ると「オペラ」「芝居」は「上演」すべきもの、「音楽」は「演奏」すべきものとしてある。「映画」は「上映する」。
4. 「音楽を聞(聴)く」というが「オペラを見(観)る」という。そうでない言語もある。слушать оперу(スルーシチ オーペル)(（*）オペラを聴く)。смотреть оперу(スマトリェーチ オーペル)(オペラを観る)は熟さないロシア語。
5. 外国語には「使う」「話す」が用いられる。「操る」は「上手に」の意が込められる。「ぺらぺら」についてはVII〈参考〉2参照。

VI 消費的機能発揮動詞

(i) 飲食物

図表93 飲食物のヲ格機能発揮動詞

	出だし語(飲食物)	ヲ格機能発揮動詞
(1)	御飯、カレーライス、パン	食べる
(2)	飯(めし)	食う
(3)	水、ジュース、みそ汁、スープ、酒、ビール	飲む
(4)	あめ	なめる、しゃぶる
(5)	たばこ	すう、のむ、ふかす

〈例文〉
(1) 象は鼻を延ばして、ぷうっ、ぷうっと息を吹きかけては、自分の方へ吹寄せて器用にパンを食べてしまった(山本有三)

（2）　駒井先生は此室を本陣として、学生と一緒に飯(めし)も喫(く)い(徳富健次郎)
（3）　茂木夫人は、手づかみで、魚を食べてから、罐詰(かんづめ)のジュースを、大口に飲んだ(獅子文六)
　　　胃潰瘍の予後のことで、ビールを飲んで南京豆を召し上ったと云ひますね(井伏鱒二)
（4）　あめをなめたら咳がとまった
　　　飴玉にチョコレートコーティングしてしゃぶっているような顔(荻野アンナ)
（5）　二階の自分の部屋に戻ると、やみくもに煙草を喫(の)んだ(三島由紀夫)
　　　盃はからのまゝで、信之は例の喫っても喫わないでもいゝ煙草を、ぷかりぷかりふかしながら待ってゐた(里見弴)

〈基本事項〉

1. 固体は「食べる」、液体は「飲む」が用いられる。
2. 「たばこ」は「すう」がよく用いられるが、「のむ、ふかす」もある。

〈説明〉

1. 固体の食物なら何でも「食べる」。
2. 「食う」は現在ややぞんざいないい方。「菓子を食べる」が普通。「食う」を使用する例は現在稀。「それから皆、菓子を食ったり、茶をのんで話をした」(武者小路実篤)。「食う」の位相については第21章IV〈説明〉2参照。「飯」も「ご飯」に対しややぞんざい。そのため「ご飯を食べる」「飯を食う」が文体的統一感がある(「飯を食う」は「生活をする」、従って「飯が食える」は「生活ができる」の意で用いられる)。
3. 「食べる」「飲む」には固体、液体の区別があるが、「食らう」「お上りになる」「召しあがる」「頂く」「平らげる」などはその区別なく用いられる(〈注意〉1、2、3の例文参照)。
4. 「あめだまをなめる」がよく用いられる。「のむ」といったら丸ごと呑み込むことになり、機能発揮を示さなくなる。「しゃぶる」も用いられる。
5. 「ふかす」といったら必ず「たばこ」である。「パイプをふかす」というい方もある。「虎よりは見物人を見乍ら長閑(のどか)にパイプを喫(ふ)かしてゐる」(長与善郎)。「ぷかぷか」「ぷかりぷかり」についてはVII、第20章IV参照。

〈注意〉
1. 「あがる」「おあがりになる」「召しあがる」は主役尊敬動詞（第22章 III (i) 1）。「貴方、御飯をお上ンなさい（お上りなさい）など云う」（二葉亭四迷）「青木さんは先にお茶をお上りになる」（鈴木三重吉）
2. 「頂く」は「食べる」「飲む」の非主役尊敬動詞（第22章 V (i) 1）。「おかみさんのお土産のさくらんぼを戴いてみると」（鈴木三重吉）「弟もお酒をいただきますでせうか」（川端康成）
3. 「平らげる」は「残さず、すっかり食べる／飲む」の意。「二人前の料理を平らげる」「岡部は二本目のウイスキーを殆ど一人で平らげ、足許も大分怪しくなってゐたのだが」（井上靖）
4. 「茶を飲む」でよいが、「喫する」という語もある。「於常の点てた茶を喫しながら、光国は、楽しそうな表情をしている」〔サンデー〕
5. 「すする」は液状のものを吸い込むようにして口の中に入れることを表わす。「かゆをすする」「茶をすする」
6. マリファナなどにも「すう」が用いられる。

〈参考〉
1. 多くの言語で「食べる」「飲む」の区別があるが、機能発揮で結びつく語の範囲は必ずしも一致しない。日本語では「スープをたべる」とはいわないが、英語、ロシア語では eat soup、есть суп が普通である（drink、пить を用いると水のようなスープという意になる恐れがあるときく）。韓国語では먹다（食べる）は술（酒）、담배（たばこ）にも結びつく。
2. 繰り返しになるが、「みそ汁を飲む」が通常のいい方。ただし、「食う」と結合する例がなくはない。実に視点がおかれてのことである。「冷えた味噌汁を食ってみると、輝雄は学校から帰って来て」（阿部知二）

(ⅱ) 薬、化粧品、その他

図表 94　薬、化粧品、その他のヲ格機能発揮動詞

	出だし語 （薬、化粧品、その他）	ヲ格機能発揮動詞
(1)	薬 ｛（のみ薬）	のむ、服用する
(2)	（塗り薬）	塗る、つける、塗布する
(3)	（粉剤、噴霧剤）	まく、散布する
(4)	（注射液）	打つ
(5)	（目薬、座薬）	さす、いれる
(6)	（はり薬）	はる
(7)	香水	つける
(8)	口紅	つける、塗る、さす、引く
(9)	香、蚊取り線香	たく
(10)	マッチ	する
(11)	油	塗る（表面に）、くれる、さす（部分に）、つける
(12)	塗料、ペンキ、漆、ニス	塗る、かける
(13)	肥料	まく、施す、やる、いれる
(14)	燃料、薪、石炭	たく、燃やす、くべる

〈例文〉

（1）　ウイスキーを、薬をのむように舌の先で少しずつなめる
　　　毎日丸薬を一粒ずつ服んでいる
（2）　石膏の型でも作るように、べたべた足いっぱい膏薬を塗り込む（宮本百合子）
（3）　農薬を空から散布する
（4）　冷たい外気が、カンフルを打ったように気持をしゃんとさせる
（5）　目やにがでるので目薬をさした
（6）　肩がこるのでサロンパスをはった
（7）　香水をつける〔新和英大〕
（8）　唇に、赤い口紅が外側にまではみ出るほど一杯に塗られている（獅子文六）
　　　唇に真一文字にぐいと口紅を引く（阿部昭）
　　　ほほにうっすらと紅を差した女
（9）　乾し草のような甘い匂いの香を焚く（久間十義）

蚊取り線香を焚く〔新和英大〕
(10) 嬉しさで火のように熱くなり、体のどこでもマッチを摺ったらパッと火がつくんじゃないかと思うほど(田辺聖子)
(11) 汗が油を塗ったように光る(中上健次)
　　目が油をさしたようにどんよりする
(12) ペンキの白と赤を塗ったような凄い化粧(獅子文六)
　　漆を塗ったような黒い顔(福永武彦)
　　大鷲の鋭い爪、かがやくくちばしが、黒漆をかけて磨いたよう(杉本苑子)
(13) 肥料を施す〔新和英大〕
(14) 薪をもう一本くべる〔新和英大〕

〈基本事項〉
機能発揮動詞には、出だし語を規定し、予測させる力があるものがある。

〈説明〉
1. 「薬をのむ／服用する」というが、その薬は「のみ薬」(内服薬)である。「薬を塗る／塗布する／つける」というが、その薬はルゴールとか軟膏のような塗り薬である。「まく、散布する」も「薬」のヲ格機能発揮動詞であるが、その薬は殺虫剤、防虫剤、農薬などの粉剤、噴霧剤である。「薬をさす」ともいう。「さす」は「目薬」や「座薬」に関して用いられる。「薬を打つ」といえば、「薬」は注射液のかたちをしていなければならない。「薬をはる」といったら、はり薬である。清涼剤であると、「口に含む」、殺鼠剤であると、「置く」も可能かもしれない。このように、機能発揮動詞は出だし語の形状、用途によって使い分けられる。動詞が出だし語を規定し、予測させるように働く。

2. 薬の汎用的機能発揮動詞は「使う」「用いる」「使用する」。このような動詞は薬の形状、用途を規定しない。

3. 1に記したような現象は使用的機能発揮においても広く認められる。「ふとんを敷く」といえば、「ふとん」は「座布団」ないし「敷きぶとん」。「ふとんを掛ける」といえば「掛けぶとん」。「看板をかける」といえば「掛け看板」、「看板を立てる」といえば「立て看板」である。「看板を出す」といったら形状は不明。

〈注意〉
1. 油にはこれ以外に「引く」もある。「油を引いたように光っている顔」（三浦哲郎）
2. 「金」は多機能、多目的であるため、様々な機能発揮動詞を持つ。「新ビルの建設のために多額の金と時間を使う／費やす」「子供の教育費に金を掛ける家庭が多くなった」「こちらから頼んだ仕事なので、少しおおめに金を払った」
3. 「チップ／祝儀を弾む／奮発する」は額が普通より多いことを表わす。

VII　機能発揮のオノマトペ

図表95　機能発揮のオノマトペ

		出だし語	格	オノマトペ	機能発揮動詞
様態	(1)	（自転車の）ベル	ヲ	ちりんちりん（と）	(a)鳴らす
			ガ		(b)鳴る
	(2)	汽車	ガ	しゅっしゅっぽっぽと	走る
	(3)	時計	ガ	ちくたく（と）	動く、時を刻む
	(4)	はさみ	デ	ちょきちょき（と）	切る
強調	(5)	御飯	ヲ	ぱくぱく（と）	食べる
	(6)	鉢巻き	ヲ	きりりと	締める
	(7)	オール	ヲ／デ	ぐいぐい（と）	こぐ
	(8)	たわし	デ	ごしごし（と）	洗う

〈例文〉
（1）　(a)道のまんなかに犬がねそべっているのを見て、太郎は自転車のベルをちりんちりんと鳴らしました
　　　(b)自転車のベルがちりんちりんと鳴ったので、道のまんなかでねそべっていた犬はむっくり起き上りました
（2）　汽車がしゅっしゅっぽっぽと走る
（3）　八角時計が〈略〉チクタク動いてゐるのを見たとき（室生犀星）
（4）　はさみでちょきちょき色紙を切る
（5）　御飯をぱくぱく（と）食べる〔辞〕

（6）　試合を前にして太郎は鉢巻きをきりりと締めた
（7）　水兵はオールをぐいぐいとこぎ沖へ向った
（8）　花子はどろでよごれたジーンズをたわしでごしごし洗った

〈基本事項〉
1.　機能発揮動詞結合に特有のオノマトペが存在する。
2.　オノマトペは単なる様態を示すものと強調を示すものとが区別される。

〈説明〉
1.　自転車のベルは「ちりんちりん」と「鳴る、鳴らす」。「ちりん」は1回様態。「ちりんちりん」は多回様態。多回様態はベルの常態であり、強調はない。「ベル」と「鳴る、鳴らす」に随伴するオトを表わすに過ぎない。「鳴る、鳴らす」は「鐘」になると「かんかん」、「鈴」になると「りんりん」、「半鐘」になると「じゃんじゃん」と変わる。
2.　「自動車」「車」「バス」は「ぶーぶー走る」が、「汽車」は「しゅっしゅっぽっぽと走る」ことにきまっている。ただし、幼児語の傾きがある。「市電はがたごと走り」「飛行機がびゅんびゅん飛ぶ」など、乗り物と機能発揮動詞結合には特有のオノマトペが存在する。
3.　「ちくたく」は「時計」が機能を発揮する時の固有のオト。
4.　「ちょきん」は1回様態。「ちょきちょき」は多回様態。特に強調はない。「はさみ」の機能発揮によく随伴するオノマトペである。「じょっきり」「ちょきんちょきん」「じょきじょき」などバリエーションがある。「団扇であおぐ」には「ぱたぱた」、「針で縫う」には「ちくちく」〔辞〕がある。
5.　「ぱくぱく」は「盛んに物を食べるさま」〔辞〕を表わすオノマトペだが、どんな食べ物にも使えるわけではない。「そば／うどん」を「つるつる食べた」といえるが「ぱくぱく食べた」はすすめられない。よって「ぱくぱく」は「ご飯／飯／まんじゅうなどの食物＋食べる／食う」に随伴する強調のオノマトペとしなければならない。「蕎麦饅頭をぱくばくくってゐた」(中勘助)。1回様態は「ぱくり」。「もぐもぐ」は「口を大きく開かずにかむ」様子。
　「(液体を)飲む」には「ごくり、ごくごく、がぶり、がぶがぶ」がある。「飲み残しの冷たい茶をゴクリと一息に呑むと」(長与善郎)「彼など

は駆けおりて手桶の水をがぶりと飲んで漸(ようや)く胸を落付けた」(長塚節)
「そしてジュースや水ばかり、ガブガブ飲んだ」(獅子文六)
「ごくごく」は勢いよく、「がぶがぶ」はむさぼるようにして飲む様子を表わす。ともに強調であり、ニュアンスは注記するほかない。[強]飲む＝ごくごく(勢いよく)、がぶがぶ(むさぼる様子)。反義をもってこれらに対するのが「ちびりちびり」。[強・反]飲む＝ちびりちびり

6. 「きりり」は「強く締めたり、引き絞ったりするさま」〔辞〕を表わすオノマトペ。「鉢巻き、帯などの着用物＋締める」に随伴する強調語。

7. 「ぐいぐい」は「力を込めて引くさま、または、押すさま」〔辞〕を表わすオノマトペ。「綱で引っ張る」「オールをこぐ」などの結合を強調する。

8. 「ごしごし」は「物を強くこする音、また、そのさまを表わす」〔辞〕。「たわしで洗う」などに用いられる強調のオノマトペ。デ格で機能発揮を示す動詞に関してはⅤ(v)2参照。同様の例は、「金槌でかんかん／がんがん打つ／叩く」がある。「大きな音をたてて、強く」の意。

〈注意〉

1. 〈例文〉(1)から(4)までは様態、(5)から(8)までは強調の例であるが、様態と強調の区別ははっきりしない。例えば、「たばこをすぱすぱすう」では「たくさん、強く」の意はないが、「あまり間をおかずにすう」様子が描出され、強調に近づく。「どっかり(と)椅子に腰掛ける／座る」でも、ガ格登場者は男性、体重があり、勢いよく坐る様子が示される。

2. 強調のオノマトペは本来は強調語の所で記すべきものであるが、機能発揮結合に対する強調である特異性をもとにここで扱うこととした。

3. 楽器、音を出す道具＋機能発揮動詞にも特有のオノマトペが存在する。「風が風鈴をりんりんと鳴らす」「鈴をりんりんと鳴らす」「車がぶうぶう(と)クラクションを鳴らす」「木魚(もくぎょ)をぽくぽく叩きながらお経を唱える」「太鼓をとんとん／どんどん／どんどこと叩く」「おもちゃの笛をぷかぷか鳴らす」「ラッパをぶかぶか／ぶーぶか吹く」「三味線をぺんぺん弾く」

4. 銃火器の機能発揮には特有のオノマトペがある。「ずどん、どかん、ば

んと、ばんばん、ぱん、ぱんぱん」。「ずどん」は銃にも大砲にも用いられ、「どかん」は大砲のみ。「ぱん」「ぱんぱん」は小型の銃。反復形式は「続けざまに」の意で、強調へと傾く。

5. 「じゃんじゃん」は、(1)「半鐘／早鐘をぢゃんぢゃん（と）打ち鳴らす」などの鐘＋機能発揮動詞、(2)「じゃんじゃん抗議の電話をかける／がかかる」などの電話＋機能発揮動詞（或は動詞化動詞）、(3)「じゃんじゃん(酒を)飲む」のような飲食物＋機能発揮動詞に付随するオノマトペ。「半鐘、早鐘」の場合は擬声語、電話、飲食物の場合、強調の擬態語。

〈参考〉
1. 「ちりんちりん」は「ベル」によって予測されるとしても、決定されるわけではないし、「鳴る」によっても決定されるわけでもない。「ベル」を「取り付ける／買う／こわす」時などには出現しない。「鳴る」も「かんかん」とも「りんりん」とも「じゃんじゃん」とも結びつく。「ちりんちりん」を呼び込むのは「ベルを鳴らす／が鳴る」という機能発揮結合である。その様子を図示すると次のようになる。

図表96　機能発揮結合に随伴するオノマトペ

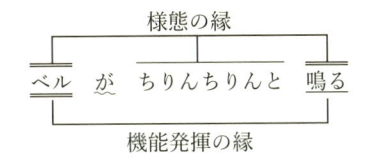

```
        様態の縁
    ┌─────────────┐
  ベル　が　ちりんちりんと　鳴る
    └─────────────┘
        機能発揮の縁
```

もし、「様態の縁」（[様]と略記）を設定するならその関係は次のようになる。[様]([ガ／ヲ発]ベル＝鳴る／鳴らす)＝ちりんちりん

2. 「外国語を／で話す／をしゃべる」も機能発揮結合であるが、それに随伴する「ぺらぺら」は「よどみなく自由に話すさま」〔辞〕を表わす。よって強調語というより称賛語としなければならない。「舟がすいすい川面を走る」において「すいすい」も舟の機能発揮が軽やかに行われることを表わし、称賛語。

3. 「わっしょい、わっしょい」は「みこしなど重いものを大勢で担ぐときに発するかけ声」〔辞〕。機能発揮動詞「担ぐ」のガ格登場者が多数あること、動きが勢いよく行われることを示し、強調に近づく。これは「み

こしを担ぐ」に随伴するオトであり、ここでの記述対象の範囲に本来含めなければならないものと考えられる。

VIII 要求充足動詞

(i) 要求を持つ事柄

図表97　要求を持つ事柄の要求充足動詞

	出だし語(要求を持つ事柄)	要求充足動詞
(1)	夢	(を)かなえる、(が)かなう、(を／が)実現する
(2)	責任	(を)持つ、(を)果す
(3)	頼み	(を)きく
(4)	質問	(に)答える
(5)	条約	(に)従う
(6)	求婚	(に)応じる

〈例文〉

（１）太郎はパイロットとしてA航空会社に正式に採用された。幼い頃からの夢をやっと実現したのである

（２）責任を果たした喜びが油然(ゆうぜん)と湧き起こる(武田泰淳)

（３）あなたの頼みですから、きかざるを得ませんね

（４）あの先生は生徒の質問にていねいに答える

（５）ドイツは条約に従い、ただちに参戦した

（６）花子は太郎の求婚に応じ、2年後に結婚すると約束した。しかし、約束は今もってはたされていない

〈基本事項〉

1. 事柄には要求を持つものがある。
2. 出だし語が示す事柄の要求を／が充たす／されるという意味を表わす語を要求充足語という。
3. 出だし語とそれに結びつく要求充足語の関係を「要求充足の縁」と呼ぶ。出だし語に要求充足語は「要求充足の縁」で結ばれる。
4. 要求充足語が動詞である場合、要求充足動詞、名詞である場合、要求充足名詞という。

〈説明〉
1. 〈例文〉(1)での用法における「夢」は実現されるべきものである。実現を要求しているともいえる。これが「夢」の要求である。この要求は、「(を)実現する、(を)かなえる、(を)果す」(以上他動詞)、「(が)かなう」「(が)実現する」(以上自動詞)によって充たされる。これらは「夢」の要求充足動詞である。
2. 「責任」とは「立場上当然負わなければならない任務や義務」である。「負わなければならない」というのが要求である。その要求は「(を)持つ」ことにより、また、「(を)果す」「(を)担う」ことにより充足される。これらは「責任」の要求充足動詞である。「持つ」「担う」と「果す」の差については(iv)参照。
3. 「頼み」とは「依頼すること」〔辞〕である。依頼は聞き入れられることを予定する。これが「頼み」の要求である。この要求は「(を)きく、(を)聞き入れる、(を)聞き届ける(上位の主役が)」ことによって充足される。
4. 「質問」とは「わからないところや疑わしい点について問いただすこと」〔辞〕である。問われれば答えなければならない。「答える」ことが「質問」の要求である。
5. 「条約」は国家間での合意で、法的拘束力を持つ。その拘束力が要求である。要求の充足は「(に)従う」によって表わされる。
6. 「求婚」は結婚してくれという要求そのものである。この要求の充足は「(に)応じる」によって表わされる。「応じる」は「求婚」の要求充足動詞である。

(ii) ヲ格・ニ格・ガ格要求充足動詞

図表98　ヲ格・ニ格・ガ格要求充足動詞

	種類	格助詞	例	表記
(1)	ヲ格要求充足動詞	ヲ	夢をかなえる	[ヲ充] 夢＝かなえる
(2)	ニ格要求充足動詞	ニ	質問に答える	[ニ充] 質問＝答える
(3)	ガ格要求充足動詞	ガ	夢がかなう	[ガ充] 夢＝かなう

〈基本事項〉

名詞をいかなる格に立てるかにより、要求充足動詞は、(1)ヲ格、(2)ニ格、(3)ガ格要求充足動詞に分かたれる。

〈説明〉

図表98参照。

(iii) 能動化要求充足動詞と受動化要求充足動詞

図表99　ヲ格・ニ格の能動化要求充足動詞と受動化要求充足動詞

ヲ格・ニ格の要求充足動詞	名詞	格	名詞の主役	要求充足動詞	動詞の主役(ガ格登場者)	主役の一致・不一致	能動・受動
(1) ヲ格能動化要求充足動詞	夢	ヲ	持主	実現する	持主	一致	能動
(2) ヲ格受動化要求充足動詞	頼み	ヲ	頼む人	きく	頼まれる人	不一致	受動
(3) ニ格能動化要求充足動詞	条約	ニ	締結国	従う	締結国	一致	能動
(4) ニ格受動化要求充足動詞	求婚	ニ	求婚者	応じる	求婚される人	不一致	受動

〈基本事項〉

1. 出だし語である名詞の示す要求を持つ事柄にも登場者があり、それには主役と非主役(相手役・脇役)があるのは言をまたない。
2. 要求充足動詞には、名詞の示す事柄の主役をガ格に立てるものと非主役をガ格に立てるものとがある。
3. 名詞の示す事柄の主役をガ格に立てるものは、動詞の示す要求充足の主役と名詞の示す事柄の主役が一致するものである。これを能動化要求充足動詞と呼ぶ。
4. 名詞の示す事柄の非主役をガ格に立てるものは、動詞の示す要求充足の主役と名詞の示す事柄の主役が一致せず、相手役ないし脇役に一致するものである。これを受動化要求充足動詞と呼ぶ。
5. とる格と能動化・受動化の区別によって、要求充足動詞を分類すると、ヲ格能動化要求充足動詞(「(夢を)実現する」)、ヲ格受動化要求充足動詞(「(頼みを)きく」)、ニ格能動化要求充足動詞(「(条約に)従う」)、ニ格受

動化要求充足動詞(「(求婚に)応じる」)の区別を得る。
6. 能動化・受動化の区別は、ヲ／ニ格要求充足動詞には重要であるが、ガ格要求充足動詞は出だし語たる名詞そのものをガ格に立てるため、(この区別は)問題とならない(同様の事態は、動詞化動詞にも見られる。第4章Ⅴ〈基本事項〉参照)。
7. 出だし語(名詞)とそれに結びつくヲ格能動化要求充足動詞の関係を「ヲ格能動化要求充足動詞の縁」と呼び、[ヲ充$_{能}$]と略記すると、例えば、「夢」と「(を)実現する」の関係は、次のように表記される。[ヲ充$_{能}$]夢＝実現する
8. 出だし語(名詞)とそれに結びつくヲ格受動化要求充足動詞の関係を「ヲ格受動化要求充足動詞の縁」と呼び、[ヲ充$_{受}$]と略記すると、例えば、「頼み」と「(を)きく」の関係は、次のように表記される。[ヲ充$_{受}$]頼み＝きく
9. 出だし語(名詞)とそれに結びつくニ格能動化要求充足動詞の関係を「ニ格能動化要求充足動詞の縁」と呼び、[ニ充$_{能}$]と略記すると、例えば、「条約」と「(に)従う」の関係は、次のように表記される。[ニ充$_{能}$]条約＝従う
10. 出だし語(名詞)とそれに結びつくニ格受動化要求充足動詞の関係を「ニ格受動化要求充足動詞の縁」と呼び、[ニ充$_{受}$]と略記すると、例えば、「求婚」と「(に)応じる」の関係は、次のように表記される。[ニ充$_{受}$]求婚＝応じる
11. 出だし語(名詞)とそれに結びつくガ格要求充足動詞の関係を「ガ格要求充足動詞の縁」と呼び、[ガ充]と略記すると、例えば、「夢」と「(が)かなう」の関係は、次のように表記される。[ガ充]夢＝かなう

〈説明〉
1. 「夢」の主役はその持主((i)〈例文〉(1)では太郎)。「(を)実現する」「(を)かなえる」の主役(ガ格に立つもの)は「夢」の持主である。名詞、動詞が示す事柄の主役は一致する。「夢」の持主が「夢」を「実現し」「かなえる」のである。「実現する」「かなえる」はヲ格能動化要求充足動詞であり、「夢」と「ヲ格能動化要求充足動詞の縁」で結ばれる。
2. 「頼み」の主役は頼む人である。相手役は頼みの内容。脇役は頼まれる

人である。「(を)きく」の主役は頼まれる人である。頼まれる人が「頼み」を「きく」のである。動詞の主役は名詞のそれに一致せず、脇役に一致する。「きく」はヲ格受動化要求充足動詞であり、「頼み」と「ヲ格受動化要求充足動詞の縁」で結ばれる。

3. 「条約」の主役は締結国である。「(に)従う」の主役も、また、締結国である((i)〈例文〉(5)ではドイツ)。名詞・動詞の示す事柄の主役は一致する。「従う」はニ格能動化要求充足動詞であり、「条約」と「ニ格能動化要求充足動詞の縁」で結ばれる。

4. 「求婚」の主役は、通常、女性に結婚を求める男性である((i)〈例文〉(6)では太郎)。相手役は男性に結婚を求められる女性である((i)〈例文〉(6)では花子)。「求婚に応じる」において「応じる」の主役は女性(花子)であり、「求婚」の主役ではなく、相手役と一致する。求婚された人が求婚に応じるのである。「応じる」はニ格受動化要求充足動詞であり、「求婚」と「ニ格受動化要求充足動詞の縁」で結ばれる。

〈注意〉

動詞化動詞との平行性を考慮して能動化・受動化の区別に言及した。煩雑のきらいもあり、今後の記述では、この区別の表記を省略することがある。

(iv) 充足の段階

〈例文〉

(1) (a)主任として働く限り、責任を持たなければなりません
    (b)主任として働く限り、責任を果さなければなりません
(2) (a)部長は社長の命令に従った
    (b)部長は社長の命令を遂行した
(3) (a)需要に応じて生産する必要がある
    (b)需要に追いつくように生産する必要がある
(4) (a)太郎は必ず約束を守る律気な男である
    (b)花子はいまだ約束を果していない

〈基本事項〉

要求充足動詞には動作・行為そのものを表わすものと結果・限界の達成を表わすものが区別されることがある。

第 5 章　機能発揮語と要求充足語　277

〈説明〉
1. 「責任」には要求があるが、「持つ」「担う」はその充足のための過程ある行為全体を表わす。少なくとも結果の達成の明示はない。「果す」は結果の達成を表現する。過去形にするとその差は明瞭に出ることがある。「責任を持った」「責任を果した」。「責任」には「自分のした事の結果に責めを担う」という意がある。これを「責任₂」と表記する。その要求充足動詞は「(を)とる」である。「社長は事故の責任をとって辞任した」。[ヲ充能] 責任₂ ＝ とる
2. 「命令」の要求の充足を表わす「従う」には結果の達成の明示がなく、過程ある行為を普通表わす。「遂行する」は結果の達成に重心がおかれる表現をつくる。
3. 「応じる」は「需要」が持つ要求に対応する態度を表わすが、「追いつく」は限界点の達成の表示がある((vi)〈説明〉9参照)。
4. 「約束を果す」は結果の達成を示すが、「約束を守る」にはその表示は特にない(「約束」については(v)〈説明〉8参照)。

〈注意〉
ここに記した区別は、アスペクト上の問題で、完成・完了の意の存否として処理できるかもしれない。例えば、「約束を果す」は[ヲ充能・完] 約束＝果す、と表記できるよう思われる((v)〈説明〉8参照)。

(v)　能動化要求充足動詞

図表 100　要求を持つ事柄の能動化要求充足動詞
　　　　(に)を記したもの以外はヲ格をとる

	出だし語(要求を持つ事柄)	要求充足動詞
(1)	意志	貫く、通す
(2)	目的	達成する、遂げる
(3)	影響力	行使する
(4)	強権	発動する
(5)	義務、務め、誓い	果す
(6)	悲願	成就する、達成する
(7)	大役	務める、果す
(8)	約束	守る、果す、履行する
(9)	条約	守る、(に)従う

〈例文〉
（１）　彼は、いかなる状況に置かれても、自分の意志を貫く男である
（２）　当初の目的を達成するために花子達は日夜がんばった
（３）　アメリカは現在に到るまでアジア諸国に対し外交上の影響力を行使し続けている
（４）　非常事態に直面し大統領は遂に強権を発動する決断を下した
（５）　義務を無事に果してほっとした〔新和英大〕
（６）　Ａチームは遂に全国大会で優勝をはたした。これで、長年の悲願を成就したことになる
（７）　私にはこんな大役を務めることはできません
（８）　ディズニーランドに日曜日連れていくという約束を多忙のため果すことができなかった
（９）　日本は条約を守り、アメリカに基地を提供し続けた

〈説明〉
1. 「意志」とは「目的や計画を選択し、それを実現しようとする精神の働き」〔辞〕。「実現」がその要求。主役は持主で、実現しようとする人。〈例文〉(1)では彼。要求は「通す」こと、「貫く」ことによって充たされる。完了的ニュアンスを持つ（(iv)〈注意〉参照)。[ヲ充能・完] 意志＝貫く

2. 「目的」とは「実現しようとしてめざすことがら」〔辞〕。この語釈に従う限り、主役は実現しようとする人である。「目的」は実現を要求する。要求は「達成する、遂げる」によって充たされるが、その主役は当然実現しようとする人である。〈例文〉(2)では花子達。名詞、動詞の主役は一致する。完了のニュアンスがある。[ヲ充能・完] 目的＝達成する、遂げる

3. 「影響力」の主役はその持主。「行使する」の主役は「影響力」の持主。〈例文〉(3)ではアメリカ。名詞、動詞の主役は一致し、能動。完了のニュアンスは特にない。[ヲ充能] 影響力＝行使する

4. 「強権」の主役はその持主。「発動する」のも「強権」の持主。〈例文〉(4)では大統領。[ヲ充能] 強権＝発動する

5. 「義務」とは「人がそれぞれの立場に応じて当然しなければならない務

め」〔辞〕。「しなければならない」に要求がある。要求は「果す」ことによって充たされる。主役は「それぞれの立場」に立つ人。「果す」のも同一人物。完了のニュアンスあり。「務め、誓い」も同様に用いられる。［ヲ充能・完］義務、務め、誓い＝果す

〈例文〉(5)の英訳は Having fulfilled my duty without a hitch, I felt relieved.「誓いを守る」は完了の意はないが、要求充足動詞の1つ。

6. 「悲願」とは「ぜひとも成し遂げたいと思う悲壮な願い」。「成し遂げたい」に要求がある。主役は願いの持主。「(を)成就する、(を)達成する」の主役も同じ持主。完了のニュアンスあり。［ヲ充能・完］悲願＝成就する、達成する。書きことばでややおおげさな表現。

7. 「大役」は「重大な役目」。主役は持主。「(を)務める、(を)果す」の主役も持主。「果す」の方には完了のニュアンスがある。［ヲ充能］大役＝務める、［ヲ充能・完］大役＝果す

8. 「約束」とは「当事者の間で取り決めること」である。双務的な場合(約束しあう)とそうでない場合がある。〈例文〉(8)は片務的。約束した人が主役、取り決め内容が相手役、約束された人が脇役。「(を)守る、(を)果す」の主役は約束した人。［ヲ充能］約束＝守る、［ヲ充能・完］約束＝果す、履行する

9. 「条約」とは「国家間の文書による合意」である。要求は合意を「守る、従う」ことである。「守る、従う」の主役は合意した国。〈例文〉(9)では日本。［ヲ充能］条約＝守る、［ニ充能］条約＝従う。「条約」は通常双務的である。主役と相手役は常に交替できる。「アメリカは条約を守り日本を防衛した」「アメリカは条約に従い日本を防衛した」

(vi) 受動化要求充足動詞

図表101　要求を持つ事柄の受動化要求充足動詞

	出だし語（要求を持つ事柄）	要求充足動詞
(1)	勧告	（を）受け入れる、（に）従う、（に）基づく
(2)	お申し越しの件	（を）承知する
(3)	アンコール、リクエスト、要請	（に）こたえる、（に）応じる
(4)	申し出	（を）了承する、（を）承諾する、（を）承認する
(5)	申請	（を）許可する、（を）認可する
(6)	忠告、指示、仰せ	（に）従う
(7)	期待	（に）添う、（に）こたえる
(8)	求人、募集	（に）応じる
(9)	需要	（に）こたえる、（に）追いつく、（を）満たす
(10)	誘惑	（に）負ける

〈例文〉

（１）　人事院の勧告を受け入れ、政府は公務員の給与体系の見直しを行うことにした

（２）　先般のお申し越しの件承知致しました

（３）　アナスタシアはアンコールにこたえてチゴイネルワイゼンを再度演奏した

　　　県の要請に応じて、会社は直ちに係員を現場に派遣した

（４）　協力の申し出がＡ氏からあったが、社としてはそれを承諾するわけにはいかなかった

　　　本人からの辞任の申し出を理事会は承認することにした

（５）　県は駅前の高層ビル建設計画の申請をろくな審査もせずに許可してしまった

（６）　先輩の忠告に従い、銀行への就職はとりやめることにした

（７）　せっかくですが、御期待に添うことはできません

（８）　食うに困り、Ａ社の求人に応じることにした

（９）　社会の需要を満たすには我が社の生産量ではまだ不十分である

（10）　金銭の誘惑に負け、遂に書類にはんを押してしまった

〈説明〉

1.　「勧告」は「ある行動をとるように説きすすめること」〔辞〕。説きすすめる人が主役、説きすすめられる行動が相手役、説きすすめられる人が

脇役。「受け入れる」の主役は説きすすめられる人。つまり、名詞の脇役が動詞の主役となる。［ヲ充受］勧告＝受け入れる。「(を)受諾する」は文章語。「(に)従う／基づく」も用いられる。「人事院の勧告に従い／基づき、政府は給与体系の見直しを行った」。［ニ充受］勧告＝従う、基づく

2. 「申し越し」は「手紙などでいってよこした事柄」。主役はいってよこした人。相手役は内容。脇役はいってよこされた人。「承知する」の主役はいってよこされた人で、「申し越し」の脇役。名詞の脇役が動詞の主役となる。［ヲ充受］申し越し＝承知する。通常「お申し越しの件承知しました」のように「を」を省略して用いる。

3. 「アンコール、リクエスト、要請」の主役はそれを行う人。脇役はそれを受ける人。「こたえる」「応じる」の主役はその脇役。［ニ充受］アンコール、リクエスト、要請＝こたえる、応じる

4. 「申し出」の主役は申し出る人、相手役はその内容(例えば援助、協力、辞任)、脇役は申し出を受ける人。「承諾する、承認する」の主役は申し出を受ける人で名詞の脇役。［ヲ充受］申し出＝承諾する、承認する、了承する

5. 「申請」は通常国や公共機関などに認可・許可を要求すること。主役は要求する人、相手役は認可、許可の対象、脇役は国や公共機関。「許(認)可する」の主役は国や公共機関で「申請」の脇役。［ヲ充受］申請＝許可する、認可する

6. 「忠告」の主役は忠告する人、相手役はその内容、脇役は忠告される人。「従う」の主役は、名詞の脇役たる忠告される人。［ニ充受］忠告＝従う

7. 「期待」の主役は期待する人、相手役はその内容、脇役は期待をかけられる人。「添う」の主役は期待をかけられる人で名詞の脇役。［ニ充受］期待＝添う

8. 「求人」の主役は人を求める人や組織。［ニ充受］求人＝応じる

9. 「需要」とは「経済主体が市場において購入しようとする欲求」。主役は、欲求の持主たる企業とか家庭とか個人。相手役は購入対象。脇役は購入対象の持主ないし生産者。「満たす」の主役は「需要」の脇役。［ヲ

充受] 需要＝満たす、[ニ充受] 需要＝こたえる、応じる、追いつく
10. 「誘惑」とは「心を迷わせて、さそい込むこと」〔辞〕。「誘惑」はそれが勝ち、人が負けることを要求する。主役は心を迷わせ、さそう人やもの。相手役は心を迷わせ、さそわれる人。「負ける」の主役はさそわれる人で「誘惑」の相手役。[ニ充受] 誘惑＝負ける

〈参考〉
1. 「誘惑が勝つ」はガ格要求充足動詞。[ガ充] 誘惑＝勝つ。ただし、「太郎が誘惑に負ける」というが、「誘惑が太郎に勝つ」とはあまりいわない。
2. 「苦情に対処する」「苦情を処理する」も要求充足の関係での結合と思われる。前者は行為そのもの、後者は充足達成の表示がある。[ニ充受] 苦情＝対処する、[ヲ充受・完] 苦情＝処理する
3. 「難関」とは「打開するのが困難な事態」〔辞〕であるが、「打開」を要求するものである。それとともによく用いられる「突破する」を要求充足動詞の範囲に入れてよいよう思われる。「難問を解決する／解く／に答えを出す」などもそれに準じよう。
4. 「習わし」「しきたり」「決まり」「慣習」「慣行」「習慣」「慣例」「通例」「例」も「（に）従う」「（に）のっとる」「（に）習う」ことを要求する。主役はそれらを持つ集団、相手役は集団に属する人。「不本意だが昔からの決まりに従わざるをえない」「土地の習慣に従い、子供が生れた時に祝宴を開いた」「例にならっていれば、間違いはない」「前例にのっとって処理する」。「法／国際法に照らして／のっとって」もこの類。

(vii) 要求充足動詞による反転
〈例文〉
(a) 労働組合は経営者側につきつけた賃上げの要求をついに貫徹した
(b) 経営者側は労働組合からつきつけられた賃上げの要求をついに受け入れた
〈基本事項〉
同一の名詞に関し、能動化の要求充足動詞と受動化のそれが対応する場合、両者は反転の関係に立つ。

〈説明〉
1. 「要求」とは必要または当然だとしてある事柄の実現を強く求めることである。主役は強く求める人。〈例文〉では労働組合。相手役は事柄。〈例文〉では賃上げ。脇役は実現を強く求められる人。〈例文〉では経営者側。
2. 「要求を貫徹する」(a)において、「貫徹する」の主役は「要求」の主役に一致し、労働組合である。このような場合、［ヲ充能］要求＝貫徹する、と表記する。
3. 「要求を受け入れる」(b)において、「受け入れる」の主役は「要求」の脇役に一致し、経営者側である。このような場合、［ヲ充受］要求＝受け入れる、と表記する。
4. 「要求」という同一の名詞をヲ格に立てながら、「貫徹する」では主役をガ格に立て、能動化の要求充足動詞となり、一方、「受け入れる」では、脇役をガ格に立て、受動化の要求充足動詞となる。
5. かくして、2つの要求充足動詞がつくる結合は反転の関係に立つ（反転に関しては第25章参照）。［反転］要求を貫徹する＝要求を受け入れる

〈注意〉
1. 「貫徹する」には完了の意がある。より正確には、［ヲ充能・完］要求＝貫徹する、と記す必要があろう。
2. ［ヲ充受］要求＝のむ、聞き入れる。［ニ充受］要求＝応ず（じ）る、応える、従う
3. 「捌（さば）く」には「要領よく」の意があり、［賛］がはいる。［ヲ充能・賛］要求＝捌く

〈参考〉
1. 「税金」とは「国または地方公共団体に租税として納付する金銭」〔辞〕である。要求は納付すること。主役は納付する人。要求充足を表わす「納める」の主役も納付する人である。納めるべき人が納めるのである。名詞、動詞の主役は一致する。［ヲ充能］税金＝納める、納付する。「税金」の、同じく要求充足を表わす動詞「徴収する」の主役は「国または地方公共団体」であり、「国民」または「市民」は脇役である。［ヲ充受］税金＝徴収する。かくして、「税金／市民税を納付する」と「税金

／市民税を徴収する」は反転の関係に立つ。
   (a)市民は市当局に住民税を納付する
   (b)市当局は市民から住民税を徴収する
2. 下記のような他動詞・自動詞が対応する場合においても反転がおこる。
   (a)太郎は遂に夢をかなえた(実現した)のである
   (b)太郎の夢が遂にかなった(実現した)のである
3. 「誘惑」に関しても要求充足動詞たる「(に)負ける、(が)勝つ」が反転の関係に立つ可能性がある。
   (a)太郎の薄弱な意志は金銭による誘惑に簡単に負けてしまった
   (b)金銭による誘惑は太郎の薄弱な意志に(対し)簡単に勝ってしまった
   ただし、(b)は「欧文脈」。(vi)〈参考〉1参照。

(viii) 要求充足動詞と機能発揮動詞
〈例文〉
(1) 墓前に供物をそなえる
(2) 神社にお参りする
(3) 授業料を納めた
〈基本事項〉
1. 機能発揮であるのか、要求充足であるのか決めがたい例がある。
2. 人工物の機能を人工物の要求と考えれば、機能発揮と要求充足は同一視することが可能であろう。
3. 本書では、両者を区別した。区別した方が語彙の意味把握が具体的になり、理解がたやすくなるためである。
〈説明〉
1. 「供物」は人工物。「(を)そなえる」はその機能発揮動詞。「そなえる」ことが「供物」の要求であると考えれば、「そなえる」は「供物」の要求充足動詞であるといえる。
2. 「神社」は具体的には建物で、人工物であるが、また、それは心の中に築かれた概念でもある。「(に)お参りする」はその機能発揮動詞とし得るが、また、「神社」の要求に応える充足動詞と考えることもできる。
3. 「金を払う」が機能発揮結合であるなら「授業料を納める」もそうであ

るような気がする。
4. このように、機能発揮なのか、要求充足なのかは重なるところがあり、区別に迷う例がでる。

〈参考〉
〈基本事項〉2で述べた通り、人工物が持つ機能は人工物が持つ要求であると考えれば、機能発揮動詞と要求充足動詞は統合できる。統合されれば、両者の区別の問題はおこらない。

IX 機能発揮のための準備、調整

(i) 準備調整動詞とは

図表102　機能発揮動詞と準備調整動詞

		出だし語	準備調整動詞	機能発揮（要求充足）動詞
(1)	楽器・用具・家屋	ピアノ	（を）調律する	（を）弾く
(2)		弓	（に）矢をつがえる	（を）射る
(3)		ピストル	（に）弾をこめる	（を）撃つ
(4)		座布団	（を）出す	（を）敷く
(5)		包丁	（を）研ぐ	（で）切る、さばく、料理する
(6)		カメラ	（の）ピントをあわせる	（で）とる
(7)		家	（に）引っ越す	（に）住む
(8)	飲食物	ご飯	（を）出す、よそう	（を）食べる
(9)		餅	（を）焼く	（を）食べる
(10)		薬草	（を）煎じる	（を）飲む
(11)		酒	（に）燗をつける	（を）飲む
(12)		たばこ	（に）火をつける	（を）のむ、すう、ふかす
(13)	要求	法律	（を）整備する	（を）執行する、（に）従う
(14)		スケジュール、日程	（を）調整する	（に）従う

〈例文〉
（1）しっかり調律していないピアノを弾かせてしまい申し訳ありません
（2）弓に矢をつがえ、射る
（3）ピストルに弾をこめて、撃つ
（4）座布団が出されたので、敷いた

（5） <u>包丁</u>を<u>研いで</u>、魚をさばく
（6） 人物に<u>ピント</u>を<u>あわせて</u>、建物全体を<u>カメラ</u>でとった
（7） 新しい<u>家</u>に<u>引っ越して</u>、住む
（8） ご<u>飯</u>をお茶碗に<u>よそって</u>、食べる
（9） <u>餅</u>を<u>焼いて</u>、食べる
（10） <u>薬草</u>を<u>煎じて</u>、飲む
（11） <u>酒</u>に<u>燗</u>をつけて、飲む
（12） たばこに<u>火</u>をつけて、すう
（13） <u>法律</u>を<u>整備する</u>〔明〕
（14） <u>調整</u>された<u>日程</u>に従って行動した

〈基本事項〉

1. 人工物の機能が正常に発揮されるように準備・調整するという意味を表わす語が、機能発揮語に備わっている場合がある。
2. 要求の充足が正常に行われるように準備・調整するという意味を表わす語が、要求充足語に備わっている場合がある。
3. それらを準備調整語という。
4. 準備調整語は、機能発揮語・要求充足語に備わっている（対応している）場合のみ準備調整語として認めることにする。
5. 準備調整語が動詞である場合、準備調整動詞という。
6. 準備調整動詞は出だし語（人工物／要求を持つ事柄を示す名詞）をヲ格に立てるものとニ格に立てるものがある。前者をヲ格準備調整動詞、後者をニ格準備調整動詞という。
7. 出だし語（人工物／要求を持つ事柄を示す名詞）とそれに結びつくヲ格準備調整動詞の関係を「ヲ格準備調整動詞の縁」と呼び、［ヲ準］と略記すると、例えば、「薬草」と「（を）煎じる」の関係は、次のように表記される。［ヲ準］薬草＝煎じる（［ヲ発］薬草＝飲む）
8. 出だし語（人工物／要求を持つ事柄を示す名詞）とそれに結びつくニ格準備調整動詞の関係を「ニ格準備調整動詞の縁」と呼び、［ニ準］と略記すると、例えば、「家」と「（に）引っ越す」の関係は、次のように表記される。［ニ準］家＝引っ越す（［ニ発］家＝住む）

第5章　機能発揮語と要求充足語　287

〈説明〉
1. 「ピアノ」［(1)］は「調律していないと」「弾けない」。「調律する」は「ピアノ」のヲ格準備調整動詞である。［ヲ準］ピアノ＝調律する（［ヲ発］ピアノ＝弾く）。弦楽器は一般に「調弦（を）する」が用いられる。［準］バイオリン＝（の）調弦をする（［ヲ発］バイオリン＝弾く）
2. 「矢をつがえる」［(2)］は「矢筈に弓の弦をかける」ことをいう。語より大きな単位であるが、「（弓を）射る」の準備調整動詞に準じるものとして扱う（出だし語をニ格に立てるのでニ格準備調整動詞として扱う）。［ニ準］弓＝矢をつがえる（［ヲ発］弓＝射る）
3. 「餅」［(9)］は普通「焼いて」「食べる」。「焼く」は「餅」のヲ格準備調整動詞である。［ヲ準］餅＝焼く（［ヲ発］餅＝食べる）
4. 「薬草」［(10)］は「煎じなければ」、通常、薬として飲めない。「煎じる」は「薬草」のヲ格準備調整動詞である。［ヲ準］薬草＝煎じる（［ヲ発］薬草＝飲む）
5. 「酒」［(11)］は、少なくとも伝統的には（伝統は失われつつあるとしても）「飲む」状態にするには「燗をつける」。「燗をつける」は「酒」の準備調整語である（語結合であるが、ニ格準備調整動詞に準じるものとして扱う）。［ニ準］酒＝燗をつける（［ヲ発］酒＝飲む）（「酒をつける」ともいう。「酒をおつけしましょうか」）
6. 「法律」［(13)］は要求を持つ事柄であり、「（を）執行する、（に）従う」は、要求充足動詞である。「（を）整える、整備する」はその準備調整動詞である。［ヲ準］法、法律＝整える、整備する（［ヲ発］法、法律＝執行する、［ニ発］法、法律＝従う）
7. 「スケジュール、日程」［(14)］も要求を持つ事柄であり、「（に）従う」は、その要求充足動詞である。「（を）調整する」はその準備調整動詞である。［ヲ準］スケジュール、日程＝調整する（［ニ発］スケジュール、日程＝従う）

〈注意〉
「ピアノを調律する」［(1)］「包丁を研ぐ」［(5)］のと「弓に矢をつがえる」［(2)］「餅を焼く」［(9)］のでは異なるのではないか、なぜなら、(2)(9)では機能発揮（(2)では「射る」、(9)では「食べる」）に際し、前段階として必ず

「矢をつがえる」「焼く」という準備調整の過程を経るが、(1)(5)の場合、機能発揮((1)では「弾く」、(5)では「切る、さばく、料理する」)に当たり、前段階として、必ずしも「調律する」「研ぐ」という過程を経る必要がなく、一度「調律すれば」または「研げば」長い間、それをしないですむからである。同様に考えられるものとして「飛行機」や「法律」に対し「整備する」がある。「飛行機」の機能発揮は「(が)飛ぶ」であるが、「滑走する」「離陸する」は前段階としてあり、これこそ準備調整動詞とし得るが、「整備する」は毎回必要としない。また、「法律」も一度「整備すれば」「執行する」「従う」に当たり、その前段階として行う必要がない。よって、過程的準備調整動詞(「酒に燗をつける」「餅を焼く」「飛行機が滑走する／離陸する」)と本体的準備調整動詞(「ピアノを調律する」「飛行機を整備する」)を区別して扱うべきではないか。このような疑問は当然おこる疑問である。これは言語の問題というより事実の問題、敢ていえば技術水準の問題である。「弦楽器」は「弾く」前に必ず「調弦する」。「ピアノ」が「弾く」前に必ず「調律しなくて」すむのは「ピアノ」という楽器の完成度による。「弾く」前に必ず「調律させた」ピアノの名匠もいたと聞く。飛行機が飛ぶに当たり毎回整備しなくてすむような場合がでてきたのは、ついこの間のことである。「写真機、カメラ」が「ピントを合わせずに」「とる、撮影する」ことができるようになったのもつい近頃のことである。ここでは、「ピアノを調律する」「飛行機を整備する」も等しく、準備調整動詞として扱う。

〈類例〉

(1) 用具。[ヲ準] 車＝準備する(田中1991(1):210)、出す([ヲ発] 車＝運転する、[ニ発] 車＝乗る)、[準] ラジオ＝(の)電波を合わせる、(の)音量を調整する([ヲ発] ラジオ＝聞く)、[ヲ準] ベッド＝整える、ベッド・メーキング(を)する([ニ発] ベッド＝はいる)、[ヲ準] 椅子＝引き寄せる([ニ発] 椅子＝腰掛ける)、[ニ準] 火鉢＝火をいれる([ニ発] 火鉢＝あたる)

(2) 飲食物。[ヲ準] 味噌汁＝装う、装る(「装う」と「盛る」との混交)、注ぐ([ヲ発] 味噌汁＝飲む)、[ヲ準] 飯＝盛る([ヲ発] 飯＝食べる、食う)、[ヲ準] お茶＝注ぐ、出す([ヲ発] お茶＝飲む)

(ii) 準備調整の段階
図表 103　準備調整の段階

	出だし語	準備調整動詞	機能発揮動詞
(1)	酒	（に）燗をつける―（を）出す―（に）注ぐ―	（を）飲む
(2)	弓	（に）矢をつがえる―（を）引き絞る―	（を）射る
(3)	ライフル銃	（に）弾丸を込める―（の）安全装置をはずす― （の）引き金に指をかける―	（を）発射する
(4)	飛行機	（を）整備する―（が）滑走する―（が）離陸する―	（が）飛ぶ
(5)	ピアノ	（を）調律する―	（を）弾く

〈例文〉
（1）　酒に燗をつけて客に出す―客に酒を注ぐ
　　　客にお酌（を）する―客が酒を飲む
　　　ビールを客に出す―ビールを開けてコップに注ぐ―客がビールを飲む
（2）　弓に矢をつがえる―きりりと引き絞る―的にむかって射る
（3）　ライフル銃に弾丸を込める―ライフル銃の安全装置をはずす―ライフル銃の引き金に指をかける―引き金を引く―ライフル銃を撃つ／発射する
（4）　整備士3人が一睡もせずに整備した飛行機は、朝まだき、滑走路に引き出され、パイロットが搭乗するや、ただちに滑走を開始し、軽々と離陸し、敵陣をめざして、大空を飛んでいった
（5）　一年前に調律したピアノを弾いたが、少しのくるいも感じなかった

〈基本事項〉
要求充足に段階がある（VIII（iv））ように、準備調整にも段階がある（図表103）。

〈説明〉
1.　「酒を飲む」［(1)］ためには「酒に燗をつけ」、もし、客が飲むのなら、客の前に「出し」、（盃に）「注ぐ」必要がある（燗の前に徳利に酒を注ぐという準備動作もあり、その前に酒樽・酒びんを開けたりすることも考えられる）。「ビール」になると「燗」はなくなるとともに、「ビールを開ける」という過程は「ビールを出す」後になるか前になるか、もてなす側の判断にかかる。これら動詞の使用には「酒」「ビール」というモノの百科事典的知識、客（相手）がいるか、手酌か、相手ともてなす側と

の関係はどうなっているのか(丁重にもてなすのか、仲間として一緒に飲むのか)など状況の把握が必要で、単なる言語的知識では不足する。
2. 「弓」を「射る」[(2)]ためには、「弓に矢をつがえ」「弓を引き絞り」「的をめがけて」「矢を射る」必要がある。
3. 「ライフル銃を撃つ／発射する」[(3)]ためには、「弾丸を込め」「安全装置をはずす」必要がある。「照準をあわせる／定める、ねらいを定める、標的をねらう」という過程もある。これらは準備調整の各段階としてとらえることができる。
4. 「飛行機が飛ぶ」[(4)]ためには、通常、「滑走し」「離陸する」必要がある。機能発揮に毎回必要としないかもしれない「整備する」も準備調整語と認めたい((i)〈注意〉)。
5. 「ピアノを調律する」[(5)]も「ピアノを弾く」の準備調整語と認めたい((i)〈注意〉)。

(iii)　準備調整語と機能発揮語・要求充足語の関係
〈基本事項〉
準備調整語が示す事柄は、機能発揮語・要求充足語の示す事柄に先行し、それを目的にしてなされる。

〈説明〉
1. 「(餅を)焼く」(準備調整動詞)は「(餅を)食べる」(機能発揮動詞)に先行し、それを目的にしてなされる。「(家に)引っ越す」(準備調整動詞)「(家に)住む」(機能発揮動詞)に関しても同様の説明ができる。
2. 「(法を)整備する」(準備調整動詞)は「(法を)執行する」(要求充足動詞)に先行し、それを目的にしてなされる。「(日程を)調整する」(準備調整動詞)「(日程に)従う」(要求充足動詞)に関しても同様の説明がなされる。

〈注意〉
「目的」に近いものに「結果」がある。ただし、準備調整語(「焼く」「引っ越す」「整備する」「調整する」)を出だし語とすると、機能発揮語(「食べる」「住む」)・要求充足語(「執行する」「従う」)は、それに「結果の縁」(第10章)を結ぶとするには、多少の無理がある。

〈参考〉

「コーヒーを栽培する」といった場合、「コーヒーの木」(アカネ科の常緑低木)を意味する。これを「コーヒー$_1$」と表記する。「(を)栽培する」は「コーヒー$_1$」の生成動詞(第6章)である。

「コーヒーはもう生産過剰で行き詰りましたな」(石川達三)のように用いられた「コーヒー」は、「コーヒー$_1$」が結ぶ実を乾燥または発酵させてとりだした種子のあつまり、つまり、「コーヒー豆」を意味する。これを「コーヒー$_2$」と表記する。「(を)生産する」は「コーヒー$_2$」の生成動詞である。

「コーヒー缶」という場合のコーヒーは「コーヒー$_2$を炒った豆」がはいっている場合もあり、それを粉にひいたもの、つまり、「コーヒーの粉」がはいっている場合もある。「コーヒー$_2$を炒った豆」の場合を「コーヒー$_3$」、「コーヒー$_3$」をひいた粉の場合を「コーヒー$_4$」と表記する。「炒る」は「コーヒー$_3$」の生成動詞、「ひく」は「コーヒー$_4$」の生成動詞である。

「コーヒーを飲む」といった場合の「コーヒー」は「コーヒー$_4$」を煎じた飲物をいう。これを「コーヒー$_5$」と表記する。「(を)煎じる」もそうだが、普通、「(を)いれる」「(を)わかす」が「コーヒー$_5$」の生成動詞として用いられる。「(を)飲む」は「コーヒー$_5$」の機能発揮動詞である。「(を)注ぐ」「(を)出す」は「コーヒー$_5$」の準備調整動詞である。

以上のように「コーヒー」には少なくとも5つの意味があり、それぞれに生成動詞がある。機能発揮動詞「飲む」や準備調整動詞「注ぐ」「出す」は「コーヒー$_5$」に関して通常用いられる。

X 機能発揮結合を含む称賛の強調表現

〈例文〉
（１）　こんな乗心地のよい／立派な車に乗ったことがない
（２）　こんなきれいな／着やすい着物を着たことがない
（３）　こんなおいしい料理を食べたことがない

〈基本事項〉
こんな／あんな＋称賛語＋出だし語＋機能発揮動詞連体・以前形＋ことがない、によって形成される称賛の強調表現がある。

〈説明〉
1. 「乗心地のよい」「立派な」は「車」[(1)]の称賛語。「乗る」は「車」のニ格機能発揮動詞。「乗った」はその連体形で以前(過去)形。「今迄に、このような乗心地のよい／立派な車に乗るという経験をしたことがない」といって、今乗っているか、今乗って降りたばかりの「車」をほめるいい方である。この関係を図示すれば以下のようになる。

   こんな立派な　車　に　乗ったことがない
   　　　└─────┘└──────┘
   　　　　称賛の縁　機能発揮の縁

2. 「きれいな」「着やすい」は「着物」[(2)]の、「おいしい」は「料理」[(3)]の称賛語。「着る」[(2)]は「着物」の、「食べる」[(3)]は「料理」の機能発揮動詞。

〈注意〉
1. 現在出会った事象に対する反応的称賛表現であるため「こんな」がよく用いられる(〈例文〉参照)。
2. 「あんな」は想起となる。「あんな立派な車に乗ったことがない／なかった」
3. 「そんな」は話し手に対する聞き手の反応。「そんな立派な車に乗ったことがない」。「そんな」が用いられると「(を)聞いた／見たこと／ためしがない」のような不在を表わす述語表現(〈参考〉1参照)がよく用いられる。「そんな立派な車は／を聞いたこと(が)ない」

〈参考〉
1. 機能発揮動詞連体・以前形＋ことがない、以外に不在を表わす語や語結合が用いられることがある。「こんな面白い話しはない」「あれだけ腕の立つ大工はいない」「こんなきれいな着物を見たことない」「あんな上品な婦人に会ったためしがない」「そんな便利な機械は聞いたことがない」「あれだけ有能な人材はなかなか見付からない」
2. 称賛の反義語(誹謗語)が用いられれば誹謗の強調表現となる(格助詞がしばしば省略される)。
「こんなおんぼろ車(に)乗ったこと(が)ない」「こんなきたない着物(を)着たこと(が)ない」「こんなまずい料理(を)食べたこと(が)ない」
3. 次のような要求充足動詞(VIII参照)を含む称賛の強調表現にも注目し

てよいであろう。

あんなに約束をきちんと守る人に会ったためしがない

　　　　　　　　　称賛の縁
　　　要求充足の縁

第6章　生成語

I　生成語とは

図表104　つくられるものとつくる動詞（生成動詞）

出だし語（つくられるもの）			生成動詞		
			ヲ格	ニ格	ガ格
人工生成物	飲食物	(1)(2)	かゆ そば	炊く 打つ	炊く	
	製品	(3)(4)	日本髪、丸髷 薪	結う 割る	結う 割る	
	建造物	(5)(6)	家 橋	建てる かける、渡す		建つ かかる
	作品、記録	(7)(8)	本 和歌	書く 詠む		
自然生成物		(9)(10)	子供 芽	生む 出す		生まれる 出る

〈例文〉
（1）　こしひかりでかゆを炊く
　　　こしひかりをかゆに炊く
（2）　そばを打って客にふるまう
（3）　日本髪を結ってみようとお思いですか
　　　たっぷりした癖のない髪を、この頃一番自分に似合ふ丸髷に結って
　　　（徳田秋声）

（4） 薪(まき)を割ったら100円くれた
　　　古材を薪に割って、風呂をわかした
（5） 50歳になってやっと自分の家を建てた
　　　自分の家がやっと建った
（6） 急流に橋をかけて避難民を渡す
　　　2年後にやっと橋がかかった
（7） 本を書くのが商売だ
（8） 和歌を詠(よ)む〔新和英大〕
（9） 母は3人の子を生んだ
　　　最初の妻との間に2人の子供が生まれた
（10） バラがやっと芽を出した
　　　バラにやっと芽が出た

〈基本事項〉
1. 出だし語が示すものや事柄を／があるようにする／なるという意味を表わす語を生成語という。
2. 出だし語とそれに結びつく生成語の関係を「生成の縁」と呼ぶ。出だし語に生成語は「生成の縁」で結ばれる。
3. 生成語が動詞である場合、生成動詞と呼ぶ。
4. 生成動詞には出だし語である名詞をヲ格に立てるもの、ニ格に立てるもの、ガ格に立てるものがある。
5. ヲ格に立てるものをヲ格生成動詞、ニ格に立てるものをニ格生成動詞、ガ格に立てるものをガ格生成動詞と呼ぶ。
6. 汎用的な生成動詞として「(を)つくる」「(が)できる」があるが、全ての生成物に使えるわけではなく、個性的生成動詞の使用が必要なものもある。例えば「日本髪、丸髷」〔(3)〕。

〈説明〉
1. 「かゆを炊く」といった場合、「かゆ」は動作・作用を受ける対象ではなく、動作・作用を受けた結果得られる生成物たる食物である。ヲ格名詞が生成物であることは以前から広く指摘されるところである。「炊く」は「かゆ」のヲ格生成動詞である。出だし語(名詞)とそれに結びつくヲ格生成動詞の関係を「ヲ格生成動詞の縁」と呼び、〔ヲ生〕と略記する

と、「かゆ」と「(を)炊く」の関係は次のように表記される。[ヲ生]かゆ＝炊く。「かゆに炊く」ともいう。「炊く」は「かゆ」のニ格生成動詞としても使える。出だし語(名詞)とそれに結びつくニ格生成動詞の関係を「ニ格生成動詞の縁」と呼び、[ニ生]と略記すると、「かゆ」と「(に)炊く」の関係は、次のように表記される。[ニ生]かゆ＝炊く

2. 「打つ」は、たたいたりのばしたりして製品をつくることを示す。食物では麺類に用いられるが、「太刀を打つ」「箔を打つ」も同様の例。「打つ」はこれら名詞のヲ格生成動詞である。[ヲ生]そば、うどん、太刀、箔＝打つ

3. 「丸髷を結う」「丸髷に結う」は構文的には違うが事柄としては同じ。「丸髷」は「結う」という動作の結果としての作品である。髪の型である。「結う」は「日本髪、丸髷」のヲ格生成動詞である。[ヲ生]日本髪、丸髷＝結う。それはまた、ニ格でも用いられる。[ニ生]日本髪、丸髷＝結う。「丸髷、日本髪を／につくる」とはいえない。生成動詞として「結う」をおぼえる必要がある。「お下げ」は「編む」を用いる。「髪をお下げに編んでいる」

4. 「木の板を割って、燃やす」と「薪を割って、燃やす」では「割る」の表わす動作は同じとしても、機能は異なる。前者は「木をいくつかにわける」、後者は「木をいくつかにわけて、薪をつくる」。「割る」は「薪」のヲ格生成動詞である。[ヲ生]薪＝割る。それはニ格でも用いられる。[ニ生]薪＝割る

5. 「家」は「建てられた」結果、生成されるもの。[ヲ生]家＝建てる

6. 「橋」は「かけられた」結果の生成物。[ヲ生]橋＝かける、渡す

7. 「書いた」結果、得られるものが「本」。[ヲ生]本＝書く

8. 「詠んだ」結果、得られるものが「和歌」。[ヲ生]和歌＝詠む

9. 「生む」は「子供をあるようにする」。[ヲ生]子供＝生む。「生まれる」は「子供があるようになる」の意で、「子供」のガ格生成動詞である。名詞とそれに結びつくガ格生成動詞の関係を「ガ格生成動詞の縁」と呼び、[ガ生]と略記すると、「子供」と「(が)生まれる」の関係は、次のように表記される。[ガ生]子供＝生まれる

10. 「出す」「出る」も同様。「芽をあるようにする」「芽があるようになる」。

［ヲ生］芽＝出す、［ガ生］芽＝出る

〈注意〉
1. ここでは生成動詞を主に扱うが、生成語には名詞もある。［生］家屋＝建築、［生］洋服＝仕立て
2. 多くのヲ格生成動詞は出だし語をニ格に立て、ニ格生成動詞として用いることができる。かゆを炊く―かゆに炊く、丸髷を結う―丸髷に結う、薪を割る―薪に割る、やぐらを組む―やぐらに組む。ニ格生成動詞は出だし語が生成物であることをより明確にし、原料、材料をヲ格に立てることができる。
3. このようなニ格生成動詞は語彙的にはヲ格のそれとおおよそ一致するので、以上の事実を指摘するのみで、一項を設けては扱わない。
4. いうまでもなく、ヲ格生成動詞を受動態化すればガ格で用いることができる。「やぐらが組まれる」

II 例解

(i) 飲食物

図表105　飲食物のヲ格生成動詞

	出だし語（飲食物）	ヲ格生成動詞
(1)	赤飯、御飯	炊く
(2)	すし、お結び、握り飯	握る
(3)	餅	搗く
(4)	テンプラ（天麩羅）	あげる
(5)	ビフテキ、ステーキ、ケーキ	焼く
(6)	刺身	切る、つくる
(7)	そば、うどん	打つ
(8)	ゆで玉子	ゆでる
(9)	饅頭、シューマイ	蒸す
(10)	粉	ひく
(11)	酒	醸造する、醸す
(12)	（お）湯	沸かす

〈例文〉
（1） 私のために赤い飯を炊いて客をするといふ相談が（夏目漱石）
（2） あの男は今魚河岸ですしを握っているよ
（3） 年末に餅を搗く光景も少なくなりました
（4） 天麩羅を揚げて、客をもてなす
（5） 彼はケーキを焼くのが大好きだ
（6） お客さん、刺身をお切りしましょうか。いいカンパチがはいってます
（7） そばを打つ make soba〔新和英大〕
（8） ゆで玉子をゆでる（宮島1972: 158）
（9） 饅頭を蒸して食べる
（10） 良い粉をひくには石臼が一番いい
（11） 酒を醸造するには経験と技術が必要だ
（12） 大きななべにたっぷりと湯を沸かす

〈基本事項〉
ここにまとめる飲食物に関しては、（12）を除くなら汎用的な「つくる」で足りるが、図表105に掲げる個性あるものにも注目したい。

〈説明〉
1. Ⅰの〈説明〉1参照。「炊く」を「煮る」の意で用いる地域がある（主に西日本）。
2. 「すし」の場合、「握る」といったら「握りずし」。
3. 「玄米を搗いて白米にする」の「搗く」と〈例文〉(3)の「搗く」とでは意味が異なる。前者は精米する、後者は単に「餅」の生成動詞。
4. 「コロッケ、トンカツ」など「揚げもの」で総称されるもの（第27章Ⅱ〈類例〉(5)）全てに使える。
5. 「焼く」は「火で人工物をつくる」の意を持ち、生成物の範囲は広い。「樫の木で炭を焼く」「瀬戸の土で茶碗を焼く」
6. 「刺身」はよく「つくる」と結びつく。「お作り」とは「お作り物」の略で、「刺身」のこと。
7. 粉をたたき、のばして、麺類をつくることを「打つ」という。「製麺する」は内包語。Ⅰ〈説明〉2参照。
8. 「みそしるをにる」（宮島1972: 158）もできあがった製品をいう。

9. 「赤飯」は「蒸かす」「炊く」が用いられる。「蒸かす」は蒸気を当てる作り方。「赤飯を蒸かして弟の退院を祝う」
10. 「碾く」と書くことがある。
11. 「酒、ワインを生産する」は商品としての意。「生産する」の結合力は広い。「毛織物、テレビ、飛行機、…を生産する」
12. 「お湯／湯をつくる」は普通いわない。「沸かす」を用いる。

〈注意〉

1. テンプラをあげた―テンプラがあがった
   ゆでたまごをゆでる―ゆでたまごがゆだる〔明〕
   お湯を沸かした―お湯が沸いた
   以上のようにヲ格生成動詞に対応し、自動詞たるガ格生成動詞が存在するが、それには「完成相」(第4章XVI(iii)〈説明〉2、(vi))的意味が前面に出る。［ガ生・完］テンプラ＝あがる
   焼く―焼ける(自発・可能態と同形)も同様。ケーキを焼いた―ケーキが焼けた

2. 御飯を炊いて食べさせた―御飯をつくって食べさせた、そばを打って食べさせた―そばをつくって食べさせた、はほとんど同義。ただし、「御飯をつくる」には「食事をつくる」、「そばをつくる」には、「そばを栽培する」の意もある。

3. 「つくる」は、飲食物(かゆ、料理、酒)、製品(縄、テレビ)、建造物(家、橋)、作品(本、和歌)、自然生成物(子供、雰囲気、家庭)に関し広く用いられる。「作る」「造る」の漢字表記があるが、後者は醸造、建造など手の込んだ仕事による生成を示す気配がある。「拵える」は意図的に手を加える意味があり、結果に対し高い評価がないことが多い。「資金、いい訳、ごちそう、こぶ」などに用いられる。「こさえる(こしゃえる)」はくだけたいい方。

〈参考〉

「ある人が幼稚園で講演したとき、若い母親に「お茶って自分の家で作れるんですか」と聞かれた。「はい」と答えると、彼女はこう言ったそうだ。「私のお母さんがお茶を作っているところを、見たことがない。いつもペットボトルのお茶を飲んできた」。彼女はどうやら、お茶を「いれる」という言い

方も知らないらしい」〔朝日、朝〕。現在、「お茶」の機能発揮動詞「(を)飲む」は使われるのに対し、生成動詞「(を)いれる」は衰退に向かっており、汎用的なもの「作る」が勢力を伸ばしている傾向を見せるが、規範を守ろうとする力も十分あることがうかがわれる。

(ii) 製品

図表106　製品のヲ格生成動詞

	出だし語(製品)	ヲ格生成動詞
(1)	むしろ、布、織物	織る
(2)	糸	縒る、紡ぐ
(3)	こより	縒る
(4)	縄	なう
(5)	薪	割る
(6)	紙	漉く
(7)	着物、服	縫う
(8)	洋服、振り袖	仕立てる
(9)	セーター	編む
(10)	油、ジュース	搾る
(11)	蝋型	とる
(12)	(折紙の)鶴	折る
(13)	釣り鐘、梵鐘	鋳る、鋳造する
(14)	テレビ	生産する、組み立てる
(15)	新製品	生み出す

〈例文〉
（１）　いぐさでむしろを織る
（２）　糸を縒る
　　　糸を紡ぐという作業は見た目よりも難しいものだ
（３）　両親が内職に観世撚を撚るという手紙を覽た時には(二葉亭四迷)
（４）　隣の雇人は夜なべの繩を綯って居た(長塚節)
（５）　Ⅰ〈例文〉(4)
（６）　この中学では伝統的に、卒業生が卒業証書に使う紙を自分で漉くことになっている
（７）　彼女は自分の服を縫っているところです〔日英〕

（8）　成人式を祝って振り袖を仕立てる
（9）　毛糸でセーターを編む
（10）　椿の種子から油を搾る
（11）　…そうした引掻き疵の蝋型をとった〈寺田寅彦〉
（12）　色紙で千羽鶴を折る
（13）　この釣り鐘を鋳るには苦労した
（14）　テレビを生産すればすぐ売れる時代はもう終わった
（15）　新製品を生み出す力をたくわえる必要がある

〈基本事項〉

人の手によってつくられる製品をまとめた。全て「つくる」で足りるとしても、図表106に掲げた程度の個性的なものも使いたい。

〈説明〉

1. 「織る」は糸やわらなどを組み合わせて布様のものをつくる。「絣を織る」
2. 「紡ぐ」は繊維を引き出して、ひねりを加えて糸をつくること。「縒る」はねじって絡ませてつくる。
3. 観世撚り（縒）はこよりのこと。
4. 「縄をなう」は英語では make (twist, strand, lay) a rope という〔新和英大〕。
5. 「薪を割る」は chop wood という〔新和英大〕。
6. 「海苔を漉く」ともいう。
7. 「エプロン、洋服、振り袖」など衣服類のみならず、「カバン、靴」などにも用いられる。「衣服を縫う」〔新和英大〕。「着物を裁つ」もある。
8. よく衣服に関して用いられる。
9. 「セーター」は毛糸でつくるもの。よって「編む」に決まっている。「靴下、襟巻」では「編む」といったら毛糸でつくるの意。「かごを編む」とあったら、竹とか籐が材料。
10. 「ジュースを搾る」「牛乳を搾る」も同様の例。「ぞうきんを搾る」では「強くねじる」の意。extract oil〔新和英大〕
11. 「写真／コピーをとる」も同類と思われる。
12. 折り紙に用いられる。

13. 「貨幣、記念硬貨」などにも用いられる。
14. 「生産する」の結合力は広い。医療用具、マイクロチップ。
15. 新しいものをつくり出すの意で用いられる。

〈参考〉
製、造、作、搾などによって造語され、スルによって動詞化する内包語が多くある。製材（板、角材をつくる）、製茶（お茶をつくる）、製塩、製糖、製粉、製油、製氷、製本、製麺、製図、造材、造本、造幣、造船、造語、作詩、作曲、作劇、作字、作文、作図、搾乳、搾油

（iii） 建造物

図表 107　建造物のヲ格生成動詞

	出だし語（建造物）	ヲ格生成動詞
(1)	家、塔、石碑、墓(はか)	建てる
(2)	小屋	掛ける
(3)	寺、大仏殿	建立(こんりゅう)する（文章語）
(4)	庵	結ぶ
(5)	やぐら、足場、列	組む
(6)	ダム、堤防、城	築く、築造する
(7)	陣地	構築する
(8)	テント、観測基地、イベント会場	設営する
(9)	店、新居、邸宅	構える
(10)	穴、坑道	掘る
(11)	鉄道	敷く、敷設する
(12)	橋	かける、渡す
(13)	祭壇(さいだん)	しつらえる

〈例文〉
（１）　波の音が座敷に響いてくるほど海に近い所に家を建てた
　　　　記念碑のような大きな墓を多摩霊園に建てた
（２）　三郎は三の木戸に小屋をかけさせて、姉と弟といっしょにおいた（森鷗外）
（３）　当初の大仏殿は、752 年に建立(こんりゅう)された
（４）　鴨長明は 50 歳ごろに出家し、日野の外山に庵(いおり)を結(むす)んで隠棲した

（5） 竹でやぐらを組む
　　　鉄材で足場を組む
　　　列を組んで歩く
（6） 川岸に堤防を築く
　　　堅固な城を築く
（7） 川を背にして陣地を構築する
（8） テントを水辺のやや小高いところに設営する
　　　前日からイベント会場を設営する
（9） 彼は今や駅前に大きな店をかまえるほどの大尽(だいじん)になった
（10） 穴を掘って埋めてしまったかのように、話が姿を消す(黒井千次)
（11） ここに鉄道を敷いたのは井上 馨(かおる)です
　　　全国に鉄道を敷設する
（12） 橋をかけて、避難民を対岸に移動させた
　　　湾を横切って橋を渡す
（13） 客間に祭壇(さいだん)をしつらえる

〈基本事項〉

「つくる」もいいが、建造物にはよく「建てる」「築く」というヲ格生成動詞が用いられる。

〈説明〉

1. 「小屋、寺、庵(いおり)、やぐら、テント、店」など建物に類するものには「建てる」を用いることができる。ガ格生成動詞として「建つ」があるが、アルの意でよく用いられる。「家々がくすんだ色でごちゃごちゃ建つ」（中沢けい）

2. 「掛ける」は機能発揮動詞（第5章 V(i)〈説明〉5、(v) 1〈説明〉2）としてのみならず、「橋、小屋」などでは生成動詞として働く。

3. 「寺院、堂、塔」などに使う文章語。「造営する」もある。「皇居新宮殿を造営する」

4. 「庵」「草庵」など。国語辞典は「建物を構える」というの意を「むすぶ」に特別に設定するが、上記2語に類するもの以外に「結ぶ」を使える建物はあるだろうか。

5. 名詞は「材料・部分を順序に従って合わせたり結んだりしてまとめられ

第6章　生成語　305

る全体」の意を共通に持ち、「組む」はその生成動詞。「スケジュール、予算、日程、時間割」にも用いられる((iv)(7)参照)。意味的には名詞と動詞(組む)は相互予定関係にある。

6. 「土台をしっかり固めた上で各工程を経てつくられる建造物」が名詞部分の意。「築く」はその生成動詞。「地位を築く」など建造物以外にも用いられるが、名詞と動詞の意味上の相互予定関係に注意したい。「築造する」はその漢語表現。

7. 「構築する」は「陣地」のみならず、「理論」「学問」などにも用いられる。

8. 「設営」とは「駐軍(ちゅうぐん)の場合の諸施設を前もって準備すること。また、一般に、会場や宿泊・会合などの準備をすること」と〔広〕にある。

9. 「構える」を〔広〕では「建てる」でいいかえている。「店を開く」には開始の意がある。

10. 「掘る」といった場合、「穴」は大きく、普通、たて穴。小さな穴は「あける」を用いる。「機銃掃射が空間に穴をあけながら過ぎる」。「あける」に対しガ格生成動詞「あく」が対応する。「暮らしのどこかに空虚な穴があく」。生成の意で「こたつ／いろりを切る」といういい方もある。「トンネル／溝を掘る」ともいう。「運河、トンネル」の場合「掘削(くっさく)する」という文章語がある。

11. 「座布団」では「敷く」は機能発揮動詞、「鉄道」では生成動詞。「線路」「水道」「厳重な捜査網」「背水の陣」でも同様。「バス路線」「陣」では「敷設(ふせつ)する」は普通用いない。

12. 「橋を架ける」とも書く。ガ格生成動詞として「かかる」があるが、完成の意が加わる。「あの鉄橋は、架かるまでに何人も犠牲者が出た」(〈参考〉参照)。「懸ける／懸かる」という表記もある。「架け渡す」という合成語も用いられる。「谷川に橋を架け渡す」。「架す」は文章語。「流れに橋を架す」。「架橋する」は内包語。

13. 「設(しつら)える」と書く。内部に設けること。

〈参考〉
生成動詞には「完成相」的意味(第4章 XVI (iii)〈説明〉2、(vi)、本章 II (i)〈注意〉1)がはいっているものがある。

［ヲ生・完］作品＝仕上げる（［ガ生・完］作品＝仕上がる）
　　［ヲ生・完］ダム、船、ビルディング＝竣工(しゅんこう)する。「ダムが竣工したのを記念して石碑を建てる」
　　［ガ生・完］校舎、体育館＝落成する

（iv）　作品、記録、組織など

図表108　作品、記録、組織などのヲ格生成動詞

	出だし語（作品、記録、組織など）	ヲ格生成動詞
(1)	文章、エッセー、小説、手紙、本	書く
(2)	歌、和歌、俳句	詠む、つくる、ひねる
(3)	交響曲、主題歌、歌	作曲する
(4)	設計図、図面、罫	引く
(5)	書類、計画、原案、レポート	作成する
(6)	アンソロジー、文集、計画、日程表	編む
(7)	スケジュール、予算	組む、立てる
(8)	新記録、国交	樹立する、打ち立てる
(9)	理論	構築する、立てる、組み立てる
(10)	番組、チーム	編成する
(11)	委員会	設ける、設置する、構成する
(12)	組合	組織する、結成する
(13)	会社、財団、宗教法人	設立する
(14)	託児所、規則	設ける
(15)	目標、基準、文学賞、場	設定する

〈例文〉

（１）　鉛筆でぞんざいに書いた手紙(堀辰雄)
（２）　歌を詠む〔新和英大〕
（３）　映画の主題歌を作曲した人はこの人です
（４）　図面を引く〔新和英大〕、設計図を引く〔辞〕
（５）　明日の会議に提出する原案を作成して下さい
（６）　彼は自分の随筆集を編んだ〔新和英大〕
（７）　予算を組む、　スケジュールを組む〔新和英大〕
（８）　世界新記録を樹立する〔新和英大〕
（９）　新しい理論を構築する
　　　　難解な理論を組み立てる

(10) 番組を編成する責任
　　　優秀な白バイ警官を選抜して特別チームを編成する
(11) 委員会は6人のメンバーで構成されている
(12) (労働者の)組合を組織する〔新和英大〕
(13) 財団を設立する〔辞〕
(14) イベント会場に託児所を設ける
(15) ある目標値を設定して、達成率を管理する
　　　客観的基準を設定する

〈基本事項〉
「つくる」で足りるが、個性的なものにも注意を払いたい。
〈説明〉
1. 「日記、論文、眉、グラフ」など文字のみならず絵、図などの生成動詞は「書く」。「文章を綴る」という表現もある。「グラフ、設計図、図表」では「作製する」が使えるが、「日記、小説、手紙、眉」などではおかしい。「作成する」は「計画、書類、論文」など。
2. 「作る」の意の「詠う」は現在あまり用いられない。ニ格にすれば可。「詩に詠う」「歌に詠う」。「詠む」は詩歌一般。「ひねる」は「苦心して」の意が加わる。「傑作／大作／一句をものする」といういい方もある。「創作する」は独自の発想で新しくつくるの意。「すぐれた作品を数多く創作する」。「作詩する」は内包語。
3. ニ格での使用は稀。(?)「田園の光景を交響曲に作曲する」。しかし、「ゲーテの詩に作曲する」のような用法はある。この時は内包語。
4. 辞書は「引く」を「線状に伸ばし延べる」と語釈する〔辞〕が、図画、設計図、罫は本来線でできているもの。このような語と結びつく時「引く」は生成動詞として働いていると見るのが適当である。
　　「ひく」(碾く)はこれ以外に「粉」などの生成動詞。「ひく」(引く、弾く)は「辞書／電話帳／弓／ピアノ／カーテン／紅／のこ／のこぎり」などと結びつく時、機能発揮動詞。「痛み」と結びつく時、無化動詞。機能が多岐に渡る。
5. 「作成する」は「グラフ、予算案、報告書」にも(6)、(7)に掲げたものにも用いることができる汎用性を持つ。1および〈参考〉4参照。「企

画、計画」には「立案する」という文章語がある。

6. 「編む」は「計画」には用い得るが、「書類、レポート、グラフ」などでは用いにくい。「セーター」などと用いる場合は(ii)〈説明〉9参照。

7. 「徒党を組む」も本来的にはこの類だが、慣用化が進み、「スケジュール／予算を立てる」は可だが、「徒党を立てる」は不可。

8. 「しっかりと立てる」と国語辞典に記載がある。「打ち立てる」も用いられる。「国交／税制／協力関係／新記録を打ち立てる」。

9. 「構築する」は「陣地」など建造物にも用いられる((iii)〈説明〉7)。「立てる」は「新記録／学説／対策／計画／案」などに結びつき生成動詞として働く。

10. 名詞は、個々のものが集められ組織化されたもの。特に警察や軍隊などには「編制する」という同意異字語が用いられる。「大隊／特殊部隊を編制する」

11. 「設置する」は具体的なモノにも用いられる。「交差点に信号機を設置する」

12. 「組織する」は「政党、内閣」にも用いられる。

13. 「設立する」は「開く」と同様開始相的意味が加わる。専ら組織に関して用いる。

14. 「開く」は「託児所」には用いられるが、「規則」には使えない。

15. 「抵当権を設定する」も「あるようにする」の意で、この類にはいる。

〈参考〉

1. 「新設する、創設する、創立する、開設する」は「開く」と同様開始相的意味が加わる。「大学に国際教養学部を新設する」「郷土の作家にちなんだ文学賞を創設する」「県内で最初の女学校を創立する」「外国人専用の窓口を開設する」。「開局する」はガ格でよく用いられ、呼応的な使用もある。「この地方に3つ目のFM局が開局しました」

2. 「作り上げる」「作り出す」の例を掲げる。多少なりとも(特に「作り上げる」には)完成相的意味が加わるよう思われる。「漁夫はスパイの目的を以て区域内に侵入したのだという解釈を作り上げようとする。これまた定石通りの手である」「王仁三郎が作り出し書きまくる神話のかずかずは」「かような経験尊重の生活から、1つの全く新しい思想を創り出

すことに着目した人は絶無であったといってよい」(小林秀雄)「私の会社はどれも終戦後に作り上げたものばかりです」(井上靖)
3. 「でっちあげる」は[生]に[賛・反](第3章XI)ないし[正・反](第2章II)が加わったもの。名詞は「作文、会社、解釈、神話、思想」など。「選挙のときだけ間に合わせの「政策」というシカツメらしい作文をでっちあげるような人間の集団は、政党とはいえない」
4. 「「作製」は物品などの場合、「作成」は書類、計画などの場合といわれるが、使いわけは必ずしも明らかではない」〔日国〕。

(v) 自然生成物

図表109　自然生成物のヲ格・ガ格生成動詞

	出だし語(自然生成物)	生成動詞 ヲ格	生成動詞 ガ格
(1)	子供、卵	生む、つくる	生まれる、できる
(2)	ぼうふら、しらみ、うじ		わく
(3)	害虫		発生する
(4)	草、毛、ひげ、かび、根	生やす	生える
(5)	実、花	つける	つく
(6)	芽、ぽや、うまみ、つや、てり	だす	でる
(7)	こぶ、鍾乳洞	つくる	できる
(8)	物質、火山、宇宙、細胞	生成する	生成する
(9)	風、波、電気、紛争、摩擦	おこす	おこる
(10)	白波、泡、足音	立てる	立つ
(11)	万物、天地	創造する	
(12)	雰囲気	醸す	でる
(13)	気運	おこす	おこる、できる
(14)	人格、性格	形成する	

〈例文〉
(1) 母は3人の子を生んだ
　　 にわとりが卵を生んだ
　　 最初の妻との間に2人の子供が生まれた／できた
(2) ぼうふらがわくのでバケツに水をためておかないで下さい
(3) 害虫が発生し、畑の作物に甚大なる被害がでた
(4) 息子はもうひげをはやしている

　　　　息子も<u>ひげ</u>が<u>はえる</u>ようになった
（5）　今年になってレモンがやっと<u>実をつけた</u>
　　　　今年になってレモンにやっと<u>実がついた</u>
（6）　<u>てりを出す</u>にはやはりミリンを上手に使わなければなりません
　　　　ミリンを上手に使えば自然に<u>てりがでてきます</u>
（7）　ころんで頭に<u>こぶをつくった</u>
　　　　ころんで頭に<u>こぶができた</u>
　　　　長い年月をかけて<u>鍾乳洞</u>が<u>できる</u>
（8）　化学反応を起こして別の<u>物質</u>が<u>生成する</u>
（9）　風力を利用して<u>電気</u>を<u>おこす</u>
　　　　摩擦すると<u>電気がおこる</u>
　　　　二度とこのような悲惨な<u>紛争</u>を<u>おこして</u>はならない
　　　　強い風が高い<u>波</u>を<u>おこし</u>、舟を揺らした
（10）　ヨットが<u>白波</u>を<u>立てて</u>走る
（11）　神が<u>天地</u>、<u>万物</u>を<u>創造した</u>
（12）　古い町並みがいかにも古都らしい<u>雰囲気</u>を<u>醸している</u>
（13）　…の<u>気運</u>が<u>おこる</u>
（14）　<u>人格を形成する</u>〔辞〕
　　　　彼の<u>性格</u>は祖父母によって<u>形成された</u>〔新和英大〕

〈基本事項〉

主に自然につくられるものをまとめたが、これらには当然ながらガ格生成動詞が広くそなわっている。「つくる」を使うとぎこちなくなるものが多い。

〈説明〉

1.　「子供、子、一男一女」などには、ヲ格生成動詞として「生み落とす、作る、拵える（俗語）、生す（文章語）、儲ける」などがある。「もう子供はつくらない予定だ」「彼女は夫との間に5人もの子供を拵えた」「妻との間に一男一女を生した／儲けた」。ガ格生成動詞として「生まれる、できる」がある。「子供が生まれる／できる」。「生む、生まれる」は無生物にも用いられる。「ちょっとしたアイデアが利益／傑作を生む」「利益／傑作／名作／佳作／アイデア／国家／台風が生まれる」。「生じる」は「利益、変化、問題、狂い」などとよく用いられ、生き物

には使いにくい。「ちょっとしたアイデアで利益が生じる」。「できる」は「こぶ、店」にも結びつく。
2. 「わく」は虫のみならず、「温泉、石油、清水」など地中から、「涙」など目から、「疑問、興味、勇気」など心中に「あるようになる」の意で用いられる。「雲、拍手」のような場合、規模の強調とともに「突然に」の意が込められる。「涌く、湧く」の表記がある。
3. 「発生する」は「事件、事故、火災、電気、台風、コレラ、ガス、ダイオキシン、緊急事態、蚊」など広く用いられる。外国語では訳し分けねばならない。an accident occurs; a fire breaks out; electricity is produced; a typhoon forms.
4. 「生やす、生える」は「草木、芽、根、歯、ひげ、かび」などに用いられる。
5. 「実／花ができる」も可。
6. 「死者、犠牲者」など結びつくものが多い。
7. 「にきび、腫れ物」などでは、「でる、できる、生じる」などが用いられる。「にきびをつくる」ともいう。
8. 「生成する」はヲ格でもガ格でも用いられる。「薬品を生成する」「火山が生成する」
9. 「ぼや／火事をおこす」は不注意が原因であっても意図したものではない。「火をおこす」は努力して「あるようにする」の意で「熾す」という漢字を用いることがある。盛んにするの意でも用いられ、「家をおこす」に近づく。「事業をおこす」は「新しく」の意であるが、「国／弓道をおこす」では「再び」の意。「興す」という漢字が用いられることがある。「町の経済を活性化するためには新しい産業を興す必要がある」。「おこす」は「噴火、風、地滑り、事件、トラブル、問題、革命、ブーム、やる気」など広く結びつく。「拍手がおきる」というが、「拍手をおこす」は特殊。「環境問題」のような好ましくなく、かつ、やや硬い語では「おこす」もよいが、「惹起する」のような文章語が使える。「経済優先の政策が、大きな環境問題を惹起した」。「引き起す」も用いられる。「首都圏への人口の集中が様々な問題を引き起す」。「巻き起す」は「急に」の意とともに規模の強調がある。「通過した列車が巻き起した風

が、彼女の髪を千々に乱した」「大ブーム／センセーションを巻き起した」。動詞化動詞との区別がつきにくい場合がある(第4章 VII (V))。

10. 「波をおこす」とも「波を立てる」ともいうが、「白波を立てる」はいいとして、「白波をおこす」はやや特異。「白波／波／足音を立てる」に対し、「白波／泡が立つ」(「足音が立つ」は特異)。動詞化動詞に近づく。
11. この結合の場合、通常、「神」とその類語がガ格。
12. 「雰囲気」は「つくる」「できる」も可。「感動」などでは「呼ぶ」「呼び起す」がよく用いられる。「その映画は人々の胸に深い感動を呼び起した」。「物議を醸す」はいいが、「物議がでる」はすすめられない。
13. 「気運がおこる／できる」は自然に、「気運をおこす／醸成する」は意図的にの意を加えることができる。
14. 「かたちづくる」も使える。

第7章　無化語

I　無化語とは

図表110　ヲ格無化動詞とガ格無化動詞

	出だし語	無化動詞	
		(a)ヲ格無化動詞	(b)ガ格無化動詞
(1)	家庭		崩壊する
(2)	伝統	滅ぼす、絶やす	滅びる、途絶える
(3)	しみ	落とす、抜く、取る	落ちる、抜ける、取れる
(4)	ひげ	そる	
(5)	予約	キャンセルする、取り消す	
(6)	警報	解除する	

〈例文〉
（1）　両親が離婚し、私は祖母のもとにひきとられた。私達の<u>家庭</u>は<u>崩壊した</u>
（2）　(a)良き<u>伝統</u>を<u>滅ぼして</u>はならない
　　　(b)良き<u>伝統</u>が各地で急速に<u>滅びて</u>いくのは嘆かわしいことだ
（3）　(a)中性洗剤でしっかり洗ってズボンの<u>しみ</u>を<u>落としなさい</u>
　　　(b)中性洗剤で洗ったらズボンの<u>しみ</u>が<u>取れた</u>
（4）　太郎は<u>ひげ</u>を<u>そったら</u>別人のように見えた
（5）　旅行に行けなくなり、ホテルの<u>予約</u>を電話で<u>キャンセルした</u>
（6）　気象庁は関東地方に出されていた大雨洪水<u>警報</u>を<u>解除した</u>

〈基本事項〉
1.　出だし語が示すものや事柄を／がないように(ゼロに)する／なるという意味を表わす語を無化語と呼ぶ。

2. 出だし語と無化語の関係を「無化の縁」と呼ぶ。両者は「無化の縁」で結ばれる。[無]と略記する。
3. 無化語が、動詞である場合、無化動詞と呼び、名詞である場合、無化名詞と呼ぶ。
4. 無化動詞には出だし語の名詞をヲ格に立てるものとガ格に立てるものがある。
5. ヲ格に立てるものをヲ格無化動詞と呼ぶ。[ヲ無]と略記。それはモノやコトを「ないように(ゼロに)する」ことを表わす。ガ格に立てるものをガ格無化動詞と呼ぶ。[ガ無]と略記。それはモノやコトが「ないように(ゼロに)なる」ことを表わす。

〈説明〉

1. 「家庭が崩壊する」とは「家庭がないように(ゼロに)なる」ことを表わす。「崩壊する」は「家庭」のガ格無化動詞である。[ガ無] 家庭＝崩壊する
2. (a)「伝統を滅ぼす」とは「伝統をないように(ゼロに)する」ことを表わす。「伝統を絶やす」ともいう。「滅ぼす」「絶やす」は「伝統」のヲ格無化動詞である。[ヲ無] 伝統＝滅ぼす、絶やす
   (b)「伝統が滅びる」とは「伝統がないように(ゼロに)なる」ことを表わす。「伝統が途絶える」ともいう。「滅びる」「途絶える」は「伝統」のガ格無化動詞である。[ガ無] 伝統＝滅びる、途絶える
3. (a)「しみを落とす」とは「しみをないように(ゼロに)する」ことを表わす。「しみを抜く／取る」ともいう。「落とす」「抜く」「取る」は「しみ」のヲ格無化動詞である。[ヲ無] しみ＝落とす、抜く、取る
   (b)「しみが取れる」とは「しみがないように(ゼロに)なる」ことを表わす。「しみが落ちる／抜ける」ともいう。「取れる」「落ちる」「抜ける」は「しみ」のガ格無化動詞である。[ガ無] しみ＝取れる、落ちる、抜ける(「しみを<u>つける</u>」「しみが<u>つく</u>」という生成動詞と「落とす、抜く、取る」「落ちる、抜ける、取れる」という無化動詞との関係についてはIV参照)
4. 「ひげをそる」とは「ひげをないようにする」ことを表わす。「そる」は「ひげ」のヲ格無化動詞である。[ヲ無] ひげ＝そる

5. 「予約をキャンセルする」とは「一度した予約を取り消し、予約をしなかったと同じ状態にする」ことを表わす。「予約を取り消す」ともいう。「キャンセルする」「取り消す」は「予約」のヲ格無化動詞である。［ヲ無］予約＝キャンセルする、取り消す（「予約をする」という動詞化動詞と「キャンセルする」「取り消す」という無化動詞の関係についてはⅤ参照）
6. 「警報を解除する」とは「すでに出した（発令した）警報をゼロにして、警報がなかった状態にする」ことを表わす。「解除する」は「警報」のヲ格無化動詞である。［ヲ無］警報＝解除する（「警報を出す」という動詞化動詞と「解除する」という無化動詞の関係についてはⅤ参照）

〈注意〉
1. ここでは無化動詞を例にとり説明を行ったが、〈基本事項〉3で記した通り、名詞もある。［無］家庭＝崩壊、［無］予約＝キャンセル、取り消し、［無］警報＝解除。繰り返しになるが、無化語は無化動詞、無化名詞の総称語である。
2. 無化名詞は出だし語にノを介して結びつく。家庭の崩壊、予約のキャンセル、警報の解除。ノを介さずに結びつく場合造語要素となる。家庭崩壊、警報解除（Ⅲ(ⅱ)〈参考〉3参照）
3. 無化動詞を名詞化するとヲ／ガ格名詞はノないしゼロをとる。ゼロの場合、複合名詞となる。ストレス／格差を解消する→ストレス／格差の解消→ストレス／格差解消、ストレス／格差が解消する→ストレス／格差の解消→ストレス／格差解消
4. 無化動詞のガ格登場者と出だし語が持つ登場者の関係にも注意を払う必要がある。例えば、「なくす」のガ格登場者は「自信」の主役たるその持主。「キャンセルする」のそれは「予約」の主役たる前もって予約する人。それに対し、「抜く」のそれは「しみ」の何らかのかたちの関与者にすぎない。

〈参考〉
1. 「財布をなくす」とも「財布を落とす」ともいう。前者は無化のみを表わすが（Ⅱ〈注意〉3参照）、後者は持主の「不注意で」の意が加わる。「比較的小さく身につけたり、持っているもの」という意味は出だし語

の特性による。「落とす」は「財布、指輪」など、小さなものに関して用いられる。
2. 「ひげをそる」は刃物を使っての意がある。「撤去する」は比較的大規模な対象を「なくする」の意を持つが、「撤去する」そのものが持つ意でもあるとともに結びつく出だし語(大きな対象)が持つ意でもあり、両者は呼応的である。

II 個性的無化動詞と汎用的無化動詞

〈例文〉
（１） (a)当時日本とアメリカとでは国交が断絶していた
　　　(b)当時日本とアメリカとでは国交がなくなっていた
（２） (a)良き伝統が各地で急速に滅びていくのは嘆かわしいことだ
　　　(b)良き伝統が各地で急速に失なわれていくのは嘆かわしいことだ

〈基本事項〉
1. 無化動詞でも少数の出だし語を持つものと多数の出だし語を持つものがある。前者を個性的無化動詞、後者を汎用的無化動詞と名づける。
2. 最も汎用性に富む無化動詞は恐らく、「(を)なくす」「(を)なくする」「(が)なくなる」であろう。
3. 「(を)失う」「(が)失なわれる」も広汎な出だし語を持つ。

〈説明〉
1. 「国交」がなくなることを「断絶する」というが、この語は「家」「悪弊」など少数の名詞に結びつく個性的無化動詞である。それに対し「なくなる」は多くの名詞に結びつく汎用的無化動詞である。
2. 「滅びる」も結合力に限定があるが、「失なわれる」は限定が少ない。

〈注意〉
1. 「無くする」「無くなる」と記すことがある。「なくする」は意図的、意志的行為。「差別をなくするためにすべきこと」
2. 「亡くす」「亡くなる」と記すと人が死ぬことを表わす。後者は婉曲的ないい方で自分の家族に関してはあまり用いられない。
3. 「なくなる」「なくす」は出だし語によっては「紛れる」「盗まれる」の

ニュアンスが出ることがある。「財布がなくなる」
4. 「なくなす」は古い表現。「シャッポをなくなしてね」
5. 汎用的なものでも結合特性がある。例えば、「国交がなくなる」はよいが、「国交をなくす／なくする」は稀。

III 例解

(i) ヲ格無化動詞
〈例文〉
（1） 男女による賃金の<u>格差を解消</u>しなければ、男女平等の原則を守っているとはいえない
（2） <u>証拠を隠滅</u>する恐れがあったので、特捜部は敢て高官の逮捕に踏み切ったようだ
（3） この食材特有の<u>臭みを抜く</u>ためにはニンニクの使用が不可欠です
（4） <u>障害物を取り除く</u>だけでも時間がかかる
（5） すっかり<u>自信を失う</u>。この原因はよくわからないが（海野十三）

〈説明〉
1. 「格差を解消する」は「格差をなくする」。「解消する」は「ストレス、不満、婚約、契約」などにも用いられる。「この一週間にたまった<u>ストレスを解消</u>するためには一日中遊びほうけるほかなかった」。「ストレス」には「発散する」もある。
2. 「証拠を隠滅する」は「証拠を消してなくする」。
3. 「臭みを抜く」は「臭みをなくする」。「抜く」とならんで、「取る」も用いられる。両者は「灰汁(あく)、しみ、湿気」の無化動詞として働く。生成動詞「つける」「つく」との関係についてはIV〈類例〉(5)参照。
4. 「障害物を取り除く」は「障害物をなくする」。「撤去する」((ii)〈参考〉2(6))「除去する」((ii)〈参考〉2(3))もある。「障害／有害物質を取り除く／除去する」というが「撤去する」は使えない。
5. 「自信を失う」は「自信がなくなる」、「喪失する」ともいう。

〈類例〉
［ヲ無］友人、財産、片足、視力＝失う

［ヲ無］機会、面目、均衡、バランス＝失する（文章語）
［ヲ無］機会＝逃(に)がす、つぶす
［ヲ無］機会、勝機、幸運＝逃(のが)す（「逃(に)がす」よりややフォーマル）
［ヲ無］資格、権威、記憶、主体性＝喪失(そうしつ)する、失う
［ヲ／ガ無］重要書類、入館証、財布＝紛失する
［ヲ無］機会、勝機、好機、チャンス＝逸する
［ヲ無］雑草＝抜く、むしる、除く、刈り取る
［ヲ無］釣り銭、人気商品＝切らす（商店などで）
［ヲ無］アルコール分＝飛ばす
［ヲ無］因習、保守色、旧弊＝払拭(ふっしょく)する（文章語）
［ヲ無］縁、関係＝切る、絶つ、絶ち切る
［ヲ無］交友、消息、国交＝絶つ
［ヲ無］縁談＝壊す、破談にする（内包語）
［ヲ無］誤解＝解く
［ヲ無］契約＝破棄する、解除する、解消する、解約する（「解約する」は「定期預金、保険」にもよく使われる）
［ヲ無］計画＝白紙に戻す
［ヲ無］今までのこと、昔のこと（いざこざなど）＝水に流す

〈注意〉

1. 「解消する」は「ストレス、不満」のような心理的現象や、「婚約、契約」など約束事にも用いられる。「取る」は「痛み、疲れ」のような内的状態や「しみ、そばかす、臭み」など外的状態にも用いられる。

2. 「契約」（2人以上の当事者の意志表示の合致によって成立する法律行為）に関し無化動詞は多数あるが、「破棄する」「解除する」は一方の意志表示によることを明示し、「解消する」はその明示が特にない。ガ格に立つのは一方の当事者。

(ii)　ガ格無化動詞
〈例文〉
（1）　霧が拭うように晴れる(壇一雄)
（2）　耳の痛みがとれてからは、思い出したこともなかった(坂口安吾)
（3）　多年の疑問が解けて、胸がすっきりと軽くなる(藤沢周平)
（4）　人間の身勝手な欲望のために森が滅びる(飯田栄彦)
（5）　会社がつぶれ、職を失い、路頭にまよった
〈説明〉
1. 「霧が晴れる」は「霧がなくなる」。「消える」ともいう。「疑い」にも用いられる。「飛山君のお父さんは疑いが晴れるし、よいことをした」(甲賀三郎)
2. 「痛みが取れる」は「痛みがなくなる」。「熱、疲れ、かゆみ、しみ、汚れ」などにも使える。
3. 「疑問が解ける」は「答えが得られ、疑問がなくなる」。「謎」にも「怒り、緊張、誤解」にも用いられる。
4. 「森が滅びる」は「森がなくなる」ないし「森が死ぬ」の意。「国、国家、民族」などにも用いられる。
5. 「台風で校舎がつぶれる」は「形が崩れる」の意であるが、「不況で会社がつぶれる」は「経営が成り立ってゆかなくなり、会社が破産し、なくなる」の意。「店」にも用いられる。「倒産する」ともいう。
〈類例〉
［ガ無］(積もった)雪＝消える、溶ける(「融雪」は無化名詞で内包語)
［ガ無］疲れ＝取れる(〈説明〉2)
［ガ無］やる気、気分、熱意＝失せる
［ガ無］におい、香り、アルコール分＝消える、飛ぶ
［ガ無］色＝落ちる、消える
［ガ無］腫れ＝ひく、おさまる
［ガ無］傷＝癒える(要治療状態がなくなる)
［ガ無］インフレ、ごたごた、興奮＝おさまる
［ガ無］縁談＝壊れる
［ガ無］橋＝流失する

［ガ無］ガソリン、油＝切れる

［ガ／ヲ無］不安、対立＝解消する

〈注意〉

1. 「熱／腫れ／かゆみがひく」は無化動詞。「熱が下がる」は「平熱まで下がる」の意なら無化動詞。
2. 「おさまる」は争いや動揺が「なくなる」の意なら無化動詞。「終わる」の意なら終結相動詞化動詞。VI参照。
3. ヲ格無化動詞とガ格無化動詞が他・自で対応する場合がある。

    ［ヲ無］―［ガ無］疑い、うらみ、鬱憤＝晴らす―晴れる

    ［ヲ無］―［ガ無］痛み、かゆみ、しみ、疲れ＝取る―取れる

    ［ヲ無］―［ガ無］国、国家、森＝滅ぼす―滅びる

    ［ヲ無］―［ガ無］会社＝つぶす―つぶれる

    ［ヲ無］―［ガ無］アルコール分＝飛ばす―飛ぶ。「熱燗にしすぎてアルコール分が飛んでしまった」〔類大〕

    ［ヲ無］―［ガ無］汚れ、しみ＝落とす―落ちる

    ［ヲ無］―［ガ無］縁談＝壊す―壊れる

4. ヲ格にもガ格にも用いられるものがある。「組織を／が解散する」「財閥を／が解体する」「国交を／が断絶する」

〈参考〉

1. 無化語には、特定の漢字によって造語される2字漢字の語が目立つ。2字漢字は無化名詞ないし造語要素。スルを付すと無化動詞。
2. 目立つ漢字によりその一端に触れる。

    (1) 解

    ［ヲ／ガ無］結社、法人、組織＝解散する(「やめてなくす」「なくなる」〔漢源〕)

    ［ヲ無］注意報、警報＝解除する(「なくして、もとの状態に戻す」〔辞〕)

    ［ヲ／ガ無］関係、約束、不満、疑問、契約、ストレス、格差、婚約＝解消する(III(i)〈説明〉1)

    ［ヲ／ガ無］組織、財閥＝解体する

    ［ヲ無］契約＝解約する(「契約をなくする」。内包語)

［ガ無］政権、党、組織＝瓦解(がかい)する
　　　［ガ無］雪、疑念＝融解する
　　　［ガ無］疑念、疑問、疑惑＝氷解する。「多年の疑問が氷解する」
(2)　滅
　　　［ガ無］罪障(ざいしょう)＝消滅する
　　　［ガ無］組織、党、街、部隊＝壊滅する
　　　［ガ無］ニホンオオカミなど生物の種＝死滅する、絶滅する
　　　［ヲ無］交通事故＝絶滅する
　　　［ヲ無］敵軍、敵＝殲滅(せんめつ)する
　　　［ガ無］人類＝破滅する。「環境汚染が進めば人類は破滅する」
　　　［ガ無］国、平家＝滅亡する
　　　［ヲ無］証拠＝隠滅する（Ⅲ(i)〈説明〉2)
　　　［ヲ無］白アリ、伝染病、暴力団、交通事故、癌＝撲滅(ぼくめつ)する
　　　　　　壊滅、死滅、絶滅、殲滅、撲滅には「すっかり」の意が
　　　　　　あり、［強］が混入する。
(3)　除
　　　［ヲ無］異分子、バリケード、矛盾＝排除する
　　　［ヲ無］注意報、警報、契約、規制＝解除する
　　　［ヲ無］害獣、害虫、寄生虫＝駆除する
　　　［ヲ無］文章＝削除する。「著者の同意なしに文章を削除するなん
　　　　　　て、編集者にあるまじき行為である」
　　　［ヲ無］障害物、有害物質＝除去する
　　　［ヲ無］細菌＝除菌する（内包語）
　　　［ヲ無］湿気＝除湿する（内包語）
(4)　廃
　　　［ヲ無］統制、規則、差別、軍備＝撤廃する
　　　［ヲ無］古い資料、不用なもの、条約＝廃棄する
　　　［ガ無］家系＝廃絶する
　　　［ヲ無］赤字路線、虚礼、制度＝廃止する
　　　［ヲ無］雑誌、新聞＝廃刊する
　　　［ヲ無］学校＝廃校(に)する

(5) 絶
　　　［ヲ／ガ無］国交＝断絶する(II〈説明〉1)
　　　［ガ無］家、血筋＝断絶する
　　　［ガ無］連絡＝途絶する
　　　［ヲ無・強］暴力団、交通事故、癌＝根絶する
　　　「絶縁する」は「関係」を、「絶交する」は「交友」を出だし語にしての内包的無化動詞（「絶滅する」は(2)「滅」の項）

(6) 撤、消、失、散、喪
　　　［ヲ無］意見、前言、発言＝撤回する
　　　［ヲ無］障害物、建造物、施設、足場、鉄道＝撤去する(III(i)〈説明〉4)
　　　［ガ無］（長年の）計画、疑問＝雲散霧消(うんさんむしょう)する
　　　［ヲ無］登録、記載事項、（戸籍などから）名前＝抹消(まっしょう)する
　　　（「解消する」は(1)「解」の項）
　　　［ガ無］権利＝消失する
　　　［ヲ無］自信、戦意、記憶＝喪失(そうしつ)する
　　　［ガ無］収集物、コレクション、研究資料、史料＝散逸する
　　　［ガ無］ストレス＝発散する（「ストレスを発散させる」のかたちでよく用いられる）
　　　［ヲ無］士気＝沮(そ)(阻)喪(そう)する
　　　（「解散する」は(1)「解」の項）

3. かく造語される2字漢字語は出だし語に後接し、その無化を示す4字漢字語を形成する。家庭崩壊、警報解除、格差解消、記憶喪失

IV　生成動詞と無化動詞

図表 111　生成動詞と無化動詞

	出だし語	(a)生成動詞	(b)無化動詞(=反義語)
(1)	鉄道	敷設する、敷く	撤去する
(2)	国交	樹立する、結ぶ	断絶する、断つ
(3)	ひげ	生やす	そる、落とす
(4)	釣り鐘、梵鐘	鋳る、鋳造する	鋳つぶす
(5)	家	建てる	壊す

〈例文〉
（1）　(a)この鉄道は明治時代イギリス人技師の指導のもとに敷設された
　　　(b)この鉄道は、すでに1970年代に採算がとれなくなり、撤去された
（2）　(a)戦後日本は鳩山内閣時代にソ連と国交を樹立した
　　　(b)日本はアメリカと国交を断絶した
（3）　(a)太郎はひげを生やしたら別人のように見えた
　　　(b)太郎はひげをそったら別人のように見えた

〈基本事項〉
1. 同一の出だし語に対し生成動詞（第6章）と無化動詞がそろう場合がある（図表111）。
2. 生成動詞は出だし語が示すものや事柄をあるようにし、無化動詞はその成果をゼロにするという意を表わす。よって、無化動詞は生成動詞の反義語である。それも四類（冷凍解凍類）（第24章V）の反義語である。
3. 生成動詞に反義語として対応する無化動詞の出だし語に対する関係は「無化の縁」であるが、それは「生成の縁」と「反義の縁」の複合としてとらえられる。

〈説明〉
1. (a)「敷設する」は「鉄道」や「ケーブル」などのヲ格生成動詞（第6章 II (iii)〈説明〉11）。(b)「撤去する」は「鉄道（の線路）」などのヲ格無化動詞（III (i)〈説明〉4）。同一の出だし語「鉄道」に関し、(a)生成動詞と(b)無化動詞がそろう。(a)は「あるようにする」、(b)は「その成果

をゼロにする」。よって、(a)(b)は四類の反義語。[ヲ生]鉄道＝敷設する、[ヲ無]鉄道＝撤去する、[反]敷設する＝撤去する(営業体としての鉄道の無化動詞は「廃止する」)。この関係は次のように記すことができる。[ヲ生・反]鉄道＝撤去する(＝[ヲ無])。[ヲ無]鉄道＝撤去する(＝[ヲ生・反])と記しても内容は同じ。

2. (a)「樹立する」は「国交」などのヲ格生成動詞(第6章II(iv)〈説明〉8)。(b)「断絶する」は「国交」などのヲ格無化動詞(II〈説明〉1、III(ii)〈参考〉2(5))。同一の出だし語「国交」が生成動詞(a)と無化動詞(b)を持つ。(a)は「あるようにする」、(b)は「その成果をゼロにする」。よって(a)(b)は四類の反義語。[ヲ生]国交＝樹立する、[ヲ無]国交＝断絶する、[反]樹立する＝断絶する。無化動詞「断絶する」は生成動詞「樹立する」の反義語であるので、この関係は次のように記すことができる。[ヲ生・反]国交＝断絶する(＝[ヲ無])

3. (a)「生やす」は「ひげ」のヲ格生成動詞(第6章II(v)〈説明〉4)。(b)「そる」はヲ格無化動詞(I〈説明〉4)。同一の出だし語「ひげ」に関し、(a)生成動詞と(b)無化動詞がそろう。(a)は「あるようにする」、(b)は「その成果をゼロにする」。(a)(b)は四類の反義語と考えられる。[ヲ生]ひげ＝生やす、[ヲ無]ひげ＝そる、[反]生やす＝そる。無化動詞「そる」は生成動詞「生やす」の反義語であるので、この関係は次のように記すことができる。[ヲ生・反]ひげ＝そる(＝[ヲ無])

〈類例〉

図表 112　生成動詞と無化動詞の類例
　　　　　（が）を記したもの以外はヲ格をとる

	出だし語	生成動詞	無化動詞（＝反義語）
(1)	財産	つくる、築く	失う
(2)	穴	掘る、あける	埋める、塞ぐ
(3)	字	（黒板に）書く	消す
(4)	火	つける、（が）つく	消す
(5)	しみ、臭み	つける、（が）つく	取る、抜く、落とす
(6)	傷跡	つける、（が）つく	取る、消す
(7)	組合、法人	結成する、組織する、設立する	解散する
(8)	基準	設定する	撤廃する
(9)	関係、縁、付き合い	結ぶ	切る、絶つ
(10)	交友、親交	結ぶ	絶つ
(11)	三角関係	（が／を）生じる	清算する
(12)	雇用契約	結ぶ	解消する

〈注意〉

1. 図表111、112ではヲ格生成動詞がヲ格無化動詞と対応する例を掲げたが、ガ格で対応するものがある。子供が生まれる／できる―子供が死ぬ。［ガ生］子供＝生まれる／できる、［ガ無］子供＝死ぬ、［反］生まれる／できる＝死ぬ

2. 「火」に関して「つける」は生成動詞だが、「電気、電燈」などでは機能発揮動詞。「消す」との関係はVII〈説明〉6参照。

3. 図表111、112には内包語を書き入れなかったが、例えば「国交」(111(2))に「断交する」、「財産」(112(1))に「破産する」、「しみ」(112(5))に「しみ抜きする」、「関係、縁、付き合い」(112(9))に「手を切る、袂を分かつ、絶縁する」、「交友、親交」(112(10))に「絶交する」などがある。

〈参考〉

モノに関しては生成動詞が多様であり、無化動詞は多様性を欠く傾向にある。例えば、「家を建てる、城を築く、小屋を掛ける」に対し、「家／城／小屋を壊す」。「足場を組む、鉄道を敷設する、橋をかける」に対し、「足場／鉄道／橋を撤去する」。

一方、関係に関してはその無化に人は腐心するのか、無化動詞が多様であるよう見受けられる。例えば、「関係、縁、交友、親交、国交、雇用契約」に関し、生成動詞は「結ぶ」で足りるが、「切る、絶つ、絶ち切る、手を切る、袂を分かつ、絶縁する、絶交する、断交する、解消する」など出だし語によって無化動詞が使い分けられる傾向が見られる。

V 動詞化動詞と無化動詞

図表113 動詞化動詞と無化動詞

	出だし語	(a)動詞化動詞	(b)無化動詞(＝反義語)
(1)	約束	する	反故(ほご)にする
(2)	婚約	する	破棄する
(3)	発言	する、行う	取り消す、撤回する
(4)	注意報、警報	出す、発令する	解除する
(5)	遅れ	取る	取り戻す

〈例文〉

(1) (a)花子は2年後に結婚するという<u>約束</u>を太郎にすでに<u>していた</u>
    (b)花子はその<u>約束</u>を<u>反故(ほご)にした</u>
(2) (a)花子はすでに太郎と<u>婚約</u>を<u>していた</u>のである
    (b)花子は<u>婚約</u>を<u>破棄した</u>
(3) (a)こんなことはアルツハイマーの人でもわかるという<u>発言</u>を外務大臣が<u>行った</u>。
    (b)外務大臣は翌日になってその<u>発言</u>を<u>取り消した／撤回した</u>
(4) (a)気象庁は関東地方全域に大雨洪水<u>警報</u>を<u>出し</u>、厳重な警戒を呼び掛けた
    (b)気象庁は前日出した<u>注意報</u>を<u>解除した</u>
(5) (a)A社は先端技術の分野で<u>遅れ</u>を<u>取っていた</u>
    (b)A社は優秀な技術者を大量に採用し、先端技術の分野での<u>遅れ</u>を<u>取り戻した</u>

〈基本事項〉

1. 同一の出だし語に対し動詞化動詞(第4章)と無化動詞がそろう場合が

ある(図表113)。
2. 動詞化動詞結合はある動作と成果を表わし、無化動詞結合はその成果をゼロにすることを表わす。よって、無化動詞結合は動詞化動詞結合の反義となる。それも四類(冷凍解凍類)の反義である。

〈説明〉
1. 「約束を反故にする」は「約束を一旦(いったん)するが、それがなかったと同じ状態にする」。それは、「約束をする」の成果をゼロにすることと同じであろう。よって「約束をする」と、「約束を反故にする」とは四類の反義関係に立つ(第24章V)。語の水準でいえば、概略的だが、「反故にする」は「する」の反義語と考えてよいだろう。[ヲ動] 約束＝する、[ヲ無] 約束＝反故にする、[反] (約束を)する＝(約束を)反故にする。「破棄する」「取り消す」もある(Ⅷ(i)〈説明〉1)。
2. 「婚約を破棄する」は「一旦行った婚約を一方的にないものにする」こと。それは「婚約をする」の成果をゼロにすることと同じ。よって「婚約をする」と「婚約を破棄する」は四類の反義関係に立つ(第24章V)。概略的には「破棄する」は「する」の反義語と考えてよいだろう。[ヲ動] 婚約＝する、[ヲ無] 婚約＝破棄する、[反] (婚約を)する＝(婚約を)破棄する
3. 「発言を取り消す、撤回する」は「一度行った発言をなかったことにする」という希望の表明。[ヲ動] 発言＝する、[ヲ無] 発言＝取り消す、[反] (発言を)する＝(発言を)撤回する
4. 「警報を解除する」は「一度出した警報をなかったもとの状態に戻す」こと。[ヲ動] 警報、注意報＝出す、[ヲ無] 警報、注意報＝解除する、[反] (警報、注意報を)出す＝(警報、注意報を)解除する
5. 「遅れを取り戻す」は「一旦形成された遅れをなくする」ことを表わす。[ヲ動] 遅れ＝取る、[ヲ無] 遅れ＝取り戻す、[反] (遅れを)取る＝(遅れを)取り戻す

〈類例〉

図表114　動詞化動詞と無化動詞の類例
(が、に)を記したもの以外はヲ格をとる

	出だし語	(a)動詞化動詞	(b)無化動詞(=反義語)
(1)	指示、許可、命令	出す、与える、(命令)下す	取り消す、撤回する
(2)	任務	(に)つける	解く
(3)	(お)化粧	する	落とす
(4)	自信	持つ	失う、なくす、喪失する
(5)	うらみ	持つ、抱く	水に流す、忘れる、(が)消える
(6)	疑い	かける、持つ	晴らす
(7)	故障	おこす、(が)おこる	なおす、(が)なおる
(8)	痛み	(が)ある	取る、(が)取れる
(9)	影響	及ぼす、与える	取り除く、払拭する

〈類例〉の例文を若干掲げる。

（３）　(a)オフィスのトイレの鍵をなかからかけ、念入りにお<u>化粧をした</u>
　　　　(b)石川君が<u>化粧を落とし</u>ながら、何か私に話しかけました(岸田国士)

（５）　(a)太郎は花子の陰険ないじめに対し深い<u>うらみを抱いて</u>いた
　　　　(b)いつしか太郎はその<u>うらみを忘れた</u>

（６）　(a)外務省機密漏洩事件で捜査当局は当初毎日新聞のＮ記者に<u>疑いをかけて／持って</u>いた
　　　　(b)Ｎ記者は裁判でも<u>疑いを晴らす</u>ことができなかった

（７）　(a)橋の上で車のエンジンに<u>故障がおこった</u>
　　　　(b)ただちに運転手は<u>故障をなおした</u>

（９）　(a)アメリカが日本の外交方針に常に強い<u>影響を及ぼして</u>いることは否定し難い
　　　　(b)日本はその強い<u>影響</u>を長年<u>取り除く／払拭する</u>ことができずにいた

例文の説明を加える。

「化粧」〔（３）〕に関し、「する」はヲ格動詞化動詞。「落とす」は「なくなるようにする」〔辞〕でヲ格無化動詞。ガ格登場者はともに「化粧」の主役たる「美しくみえるようにする」人。

「うらみ」〔（５）〕に関し、「抱く」「持つ」はヲ格動詞化動詞。「水に流す」「忘

れる」「忘れ去る」「忘れ果てる」はヲ格無化動詞。「昔の恨みをさらりと水に流す」(川端康成)「怨みも悲しみも忘れ果てたように清々しい気持」(菊池寛)。「晴らす」も同様だが、なんらかの「報復」によることが含意される。「太郎は次郎に対するうらみをやっと晴らした」。動詞化動詞、無化動詞のガ格登場者は「うらみ」の主役たるうらむ人(うらみの持主)。「消える」「消え去る」「消散する」はガ格無化動詞。「怨みが泡のように消え去る」(菊池寛)「恨みが朝霧のように消散する」(海音寺潮五郎)。うらむ人(持主)はノで表わされる。「太郎のうらみが消えた」

「かける、持つ」のガ格登場者は「疑い」[(6)]の主役たる「疑う人」。それに対し「晴らす」のガ格登場者は通常「疑い」の相手役たる「疑われる人」。「おこす」のガ格登場者は「故障」[(7)]の主役たる機械や身体。「なおす」のガ格登場者は「故障」の主役ではない。

「及ぼす」のガ格登場者は「影響」[(9)]の主役(力を及ぼす人やもの)(第4章 VII (i)〈説明〉2)。「取り除く、払拭する」のガ格登場者は「影響」の主役では普通ない。多く相手役たる「変化・反応をおこす人やもの」。ただし、それに限るわけではない。

VI 終結相動詞化動詞と無化動詞

図表115 動詞化動詞と終結相動詞化動詞
(を)を記したもの以外はガ格をとる

	出だし語	(a)動詞化動詞	(b)終結相動詞化動詞
(1)	雨、雪	降る	やむ
(2)	虹、霧	かかる、でる	消える(=無化動詞)
(3)	風	ある、でる、吹く	やむ、おさまる、とまる
(4)	波、熱	ある、でる	やむ、おさまる、とまる
(5)	涙	こぼれる、流れる、落ちる する	とまる
(6)	頭痛	する	とまる、やむ、おさまる
(7)	痛み	する、ある	とまる、(を)とめる
(8)	努力	(を)する、(を)払う	(を)やめる

〈例文〉
(1) (a)雪が花びらのようにゆっくり降る(谷村志穂)

(b) 霰(あられ)まじりの雪がやむ
（２）(a) 夕立がやみ、虹が大空にかかった
(b) 虹はすぐに消えた
（３）(a) 五月の青い風が吹く(川端康成)
(b) 風がピタリとやみ、ヨットは動かなくなった
（４）(a) 少し波があった
(b) 波がおさまり、絶好の釣り日和(びより)になった
（５）(a) 目から涙がおもしろいようにこぼれる(灰谷健次郎)
(b) 涙を拭いても拭いても止まらない(壺井栄)
（６）(a) 毎日頭痛がする
(b) 頭痛がとまらない
（７）(a) 胸に痛みがある
(b) 胸の痛みがとまる
（８）(a) 今迄ずっと網渡りのような努力をしてきた
(b) 今迄ずっとしてきた網渡りのような努力をふっつりやめてしまった

〈基本事項〉

1. 同一の出だし語に対し、動詞化動詞と終結相動詞化動詞(第4章XVI(v))がそろう場合がある(図表115)。このような終結相動詞化動詞の多くは、続いていたうごきを続かなくする、ないし、続いていたうごきが続かなくなる、という意味を示す。「連絡が途絶える」もこの類。

2. 終結相動詞化動詞と無化動詞は原則的に区別されるべきであるが、区別のはっきりしない場合もあり、また、区別があっても実際の使用に当たっては区別が特に意識されない場合もある。

〈説明〉

1. 「痛みが止まる／を止める」は終結相動詞化動詞。ただし、「停止」の意を持つ(第4章XVI(v)〈注意〉3)。「痛みが取れる／を取る」は無化動詞。痛みが止まった―痛みが取れた。このように語彙がそろえられている場合は、区別が可能だが、「虹が消える」のような場合、終結の意にも無化の意にも使われる。このような場合は、[ガ動・終]≒[無](その逆も可)と便宜的に考えておきたい。「痛みがおさまる」も終結相の意に

も、無化の意にも使われるだろう。
2. 「雪が消える」は積もった雪がなくなる。「雪が融ける」は積もった雪、ないし雪片がなくなるの意で、ともに無化動詞。「雪が止む」の「雪」(雲の中で水蒸気が昇華し、成長した氷が白い結晶となって地面に向っておりてくること)とは意味が異なる。「雪₁」「雪₂」と区別しておきたい。内包語たる「除雪する」も無化動詞。通常、交通確保を目的とする。
3. 「涙が止まる／やむ」は「停止」の意の濃い終結相動詞化動詞。「涙を拭く／拭う」は無化動詞。「永の別れのように大げさに涙を拭く」(壺井栄)

VII 機能発揮動詞の反義語と無化動詞

図表116 機能発揮動詞とその反義語
(に、で、から)を記したもの以外はヲ格をとる

	出だし語	(a)機能発揮動詞	(b)反義語
(1)	帽子、かつら	かぶる	ぬぐ、とる
(2)	着物、洋服、スーツ、セーター	着る	ぬぐ
(3)	ズボン、ジーパン、靴	はく	ぬぐ
(4)	帯、ネクタイ	締める、結ぶ	解く、ほどく
(5)	風呂	(に)はいる	(を／から)出る
(6)	電燈、電気	つける、ともす、点じる	消す
(7)	風呂敷	(で)包む	ほどく

〈例文〉
(1) (a)S氏の邸宅を出てから帽子をかぶった
　　 (b)S氏の邸宅の玄関前で帽子をぬいだ
(2) (a)会社に行くのでスーツを着る
　　 (b)スーツを、ボタンもひきちぎるほどの勢いで脱ぐ
(3) (a)ジーパンをはいてオペラ座に行く
　　 (b)ジーパンを踏みしだくように脱ぐ(落合恵子)
(4) (a)息がつけないように帯をきゅっと締める(永井荷風)
　　 (b)帯が解かれるときの、蛇の威嚇のような鋭い音(三島由紀夫)
(5) (a)疲れたので風呂にはいった
　　 (b)十分温まったので風呂から出た

（6） (a) 部屋にはいり、電燈をつけたことを憶えている
　　　 (b) 部屋を出る時に電燈を消したことを憶えている
（7） (a) 呉服屋の小僧は風呂敷で反物を包んで店を出た
　　　 (b) 呉服屋の小僧は風呂敷をほどき、反物を畳の上に出した

〈基本事項〉
1. 同一の出だし語に対し、機能発揮動詞（第5章）とその反義語がそろう場合がある（図表116）。
2. 機能発揮動詞は出だし語が表わす人工物の機能を発揮させることを示し、その反義語は「積極的に機能を発揮しないことを始める」ないし、「結果をゼロにする」ことを示す。
3. 無化動詞は、ものや事柄をゼロにするという意を示すもので、これら反義語と区別してしかるべきである。
4. これら反義語は、出だし語に対し「機能発揮の縁」と「反義の縁」の複合によって結びつくと解される。

〈説明〉
1. (a)「帽子をかぶる」は「帽子が頭に付着することを始める」、(b)「帽子をぬぐ」は「帽子が頭に付着しないことを始める」と考えるなら三類の反義語。(a)「帽子の機能を発揮する」、(b)「その結果をゼロにする」と考えるなら四類の反義語。いずれにせよ［ヲ発］帽子＝かぶる、［ヲ発・反］帽子＝ぬぐ、［反］かぶる＝ぬぐ
2. (a)「スーツを着る」は「スーツが体に付着することを始める」、(b)「スーツをぬぐ」は「スーツが体に付着しないことを始める」と考えるなら三類の反義語。(a)「スーツの機能を発揮する」、(b)「その結果をゼロにする」と考えるなら四類の反義語。［ヲ発］スーツ＝着る、［ヲ発・反］スーツ＝ぬぐ、［反］着る＝ぬぐ
3. 1、2参照。
4. 1、2参照。
5. (a)「風呂にはいる」は「風呂にいることを始める」、(b)「風呂を／から出る」は「風呂にいないことを始める」と考え、三類の反義語とするのが常識的であろう。［ニ発］風呂＝はいる、［ヲ／カラ発・反］風呂＝出る、［反］はいる＝出る

6. (a)「電燈をつける」は「電燈の機能を発揮するようにする」、(b)「電燈を消す」は「その結果をゼロにする」と考え、四類の反義語としておく。
7. 1、2参照。

〈注意〉
反義語の三類と四類は近い関係にあることについては第24章Ⅴ〈注意〉参照。

〈類例〉

図表117　機能発揮動詞とその反義語の類例

	出だし語	機能発揮動詞	反義語
(1)	手袋、指輪、手錠	はめる	はずす
(2)	眼鏡、たすき	かける	とる、はずす
(3)	バッジ	つける	とる、はずす
(4)	ボタン、ホック	かける、(ボタンを)はめる	はずす
(5)	鍵	かける、しめる	はずす、開ける
(6)	縄	結ぶ、しばる	ほどく
(7)	掛け布団	かける	はぐ
(8)	テーブル、食卓	(に)つく	(から／を)離れる
(9)	戸、カーテン	しめる、引く	開ける
(10)	シャッター	降ろす	あげる
(11)	(額縁にはいった)絵	かける	はずす
(12)	エンジン	まわす	止める
(13)	重石	置く	とる
(14)	ペンキ、塗料	塗る、かける	はがす、とる、ふきとる、落とす
(15)	おしろい	塗る、つける	落とす

〈注意〉
1. 第24章で行った反義語の分類との関連で、三類か四類かというしちめんどくさい話しになったが、この理論上の区別は日本語運用能力に関わりがない。語彙の対応だけをおぼえれば足りる。
2. 図表116、117では主にヲ格動詞を掲げたが、ガ格の反義語もある。可能・自発的意味のものの例。「帽子がぬげる」「眼鏡、ボタンがはずれる」「帯が解ける」。単なる自動詞である例。「鍵のあく音が、氷が寒夜にひび割れしたように響きわたる」(志茂田景樹)

〈参考〉
1. 「帽子」「着物」「靴」の機能発揮動詞はそれぞれ異なるが、その反義語は「ぬぐ」で同一。概して、機能発揮動詞は細かく分かれ、反義語は細分化が少ない。
2. 「手袋」の機能発揮動詞の反義語には「ぬぐ」があり得る。手袋をはめた―手袋をはずした／ぬいだ

VIII　要求充足動詞の反義語と無化動詞

(i)　能動化要求充足動詞の反義語

図表118　能動化要求充足動詞とその反義語及び無化動詞
　　　　（が、に）を記したもの以外はヲ格をとる

	出だし語	(a)要求充足動詞	(b)反義語	(c)無化動詞
(1)	約束	守る、果す	破る、(に)背く、(に)反する	ほごにする、破棄する、取り消す
(2)	条約	守る、(に)従う	破る、(に)違反する	破棄する、廃棄する
(3)	誓い	守る、果す	破る	((?)捨てる)
(4)	責任	持つ、担う、果す	放棄する(果さない)	放棄する(捨ててかえりみない)
(5)	権利	行使する	放棄する(行使しない)	放棄する(捨ててかえりみない)、喪失する、(が)消滅する、(が)消失する
(6)	要求	通す、貫徹する		取り消す、取り下げる、撤回する
(7)	借金	返す	踏み倒す	帳消しにする、棒引き(に)する

〈例文〉

（1）　(a)選挙の時の約束が守られるかどうか国民は監視を続けるべきだ〔新和英大〕
　　　　選挙の時の約束が果たされたかどうか検証する必要がある
　　(b)約束を破る心はみじんもなかった(太宰治)
　　(c)A社は一方的に約束を破棄した
　　　　そう簡単に約束を取消されては困る〔類大〕
（2）　(a)条約に従いA国はB国に2島を返還した

　　　　(b)条約を破りA国はB国に2島を返還しなかった
　　　　(c)A国はB国に条約を破棄すると通告した
（3）　(a)花子は貞節を通すという誓いを守った
　　　　(b)花子は貞節を通すという誓いをいとも簡単に破った
（4）　(a)自分のことばに責任を持つ男の潔癖さ（武田泰淳）
　　　　　責任を果たした喜びが油然と湧き起こる（武田泰淳）
　　　　(b)あの親は保護者としての責任を放棄している。子供はまったく
　　　　　ほっぽらかされている
　　　　(c)(??) 私は無能力です。まず、これを告白し、押しつけられた責任
　　　　　全てをここに放棄すると宣言します
（5）　(a)全ての権利を自由に行使できる社会がはたしてあるだろうか
　　　　(b)投票する権利を毎年放棄している（行使していない）
　　　　(c)全ての権利を放棄し、親の財産は兄嫁にゆずることにしたい
　　　　　申請を長年怠ってきたので権利を喪失してしまった
　　　　　理由ははっきりしないが、権利はすでに消滅しているようだ
（6）　(a)自治労は賃上げ要求を貫徹した
　　　　(c)労組は賃上げの要求を突然取り下げた／撤回した
（7）　(a)太郎は花子に借金を返した
　　　　(b)太郎は花子にした借金を踏み倒した
　　　　(c)太郎は花子に借金を帳消し／棒引きにしてもらった（花子は太郎に
　　　　　貸した金を帳消しにした）

〈基本事項〉
1. 同一の出だし語に対し、能動化要求充足動詞（第5章VIII(v)）とその反義語及び無化動詞がそろう場合がある（図表118）。
2. 要求充足動詞は出だし語が表わすことの要求の充足を示し、その反義語は「充足させない」意を表わす。
3. これら反義語と無化動詞は区別されてしかるべきである。
4. これら反義語は出だし語に対し、「能動化要求充足の縁」と「反義の縁」の複合によって結びつくと解される（[充能・反]と略記する。必要な場合、格助詞を表記する）。

〈説明〉

1. 「約束」の能動化要求充足動詞「守る」「果す」の違いについては第5章 VIII (iv)〈説明〉4参照。「履行する」「(に)縛られる」もある。「約束を<u>破る</u>」は「守る」の反義語。「(に)背く」「(に)反する」もある。「約束を<u>破棄する</u>」は一方の当事者が「一方的に取り消す」〔辞〕ことで無化動詞。「取り消す」「反故にする」(V〈説明〉1)もある。「破る」は要求充足動詞の反義語であり、「破棄する」「反故にする」「取り消す」は無化動詞であることはこの例で了解できると思われる。ただし、実際の使用に当たっては、「約束を破った」のを「破棄した」、「約束を破棄した」のを「破った」と表現することはある。「すっぽかす」は会合の約束を履行しない場合によく用いられる。

2. 「条約を守る／に従う」については第5章 VIII (v)〈説明〉9参照。「破る」「違反する」は「守らない」「従わない」の意でその反義語。それに対し、「廃棄する」(「条約を当事国の一方の意志によって効力を失なわせる」〔辞〕)、「破棄する」(「一方的に取り消す」〔辞〕の意で)は、ともに無化動詞。「条約を<u>結ぶ</u>」という生成動詞の反義語。

3. 「誓いを守る／<u>果す</u>」については第5章 VIII (v)〈説明〉5参照。「破る」は「果さない」「無視する」〔辞〕の意でその反義語。「誓いを捨てる」に類する結合があれば、動詞は無化動詞。「誓いを<u>たてる</u>」という動詞化動詞の反義語となるべきもの。

4. 「責任を持つ／果す」については第5章 VIII (i)〈説明〉2、(iv)〈説明〉1参照。「放棄する」が「責任を果さない」の意で用いられるなら、要求充足動詞の反義語。「投げ捨ててかえりみない」としたら無化動詞。

5. 「権利を<u>行使する</u>」は要求充足動詞。「放棄する」が「行使しない」の意で用いられるならその反義語。「捨てる」の意味で用いられるなら無化動詞。「喪失する」は「うしなうこと」〔辞〕。無意志的な意の無化動詞。以上の動詞のガ格登場者はすべて「権利」の主役(持主)。同じく無化動詞でありながら「奪う／剥奪する」のガ格登場者は「権利」の主役ではない。「消滅する」はガ格無化動詞。「権利が生じる／発生する」(ガ格生成動詞)の反義語。

6. 「要求を<u>通す</u>／<u>貫徹する</u>」は能動化要求充足動詞。「要求を<u>取り消す</u>／撤

回する／取り下げる」は無化動詞。「取り下げる」は「訴訟」や「上告」にも用いることができる。ともにガ格登場者は「要求」の主役たる要求する人。「受け入れる、(に)応じる」(受動化要求充足動詞)には「つっぱねる、ける、拒絶する、はねつける」という反義語があることについては(ii)参照。

7. 「借金」に関し「返す」は要求充足動詞。「きれいにする」が「返す」の意味で用いられることがある(「きれいになる」はガ格無化)。「踏み倒す」は「返さない(でおく)」の意でその反義語。ガ格登場者は「借金」の主役(金を借りる人)。「帳消しにする」「棒引き(に)する」は「なかったことにする」〔類大〕の意で無化動詞とし得るが、ガ格登場者は「借金」の脇役(金を貸した人)とするのが常識的。ただし、「借金を帳消しにする／棒引き(に)する」の実社会での用法は簡単ではない。「花子は太郎の借金を帳消しにしてあげた」「太郎は花子に借金を帳消しにしてもらった」において花子が金を貸した人であるかどうかは不明。無化動詞のガ格登場者と出だし語の主役、相手役、脇役の関係は事実においては複雑。

〈注意〉

1. 要求充足動詞の反義語と無化動詞の区別に言及したが、実際の使用に当たって両者が厳密に使い分けられるということではない。「約束を破った」のを「破棄した」、「約束を破棄した」のを「破った」と表現することはあり得よう。また、例えば、「権利を放棄する」が、無化の意で用いられたり[(5)(c)]、要求充足動詞の反義語として用いられたり[(5)(b)]することもある。辞書でも「権利・資格などを捨てて行使しない」〔辞〕と記される。「捨てて」の部分は無化、「行使しない」は要求充足動詞の反義の意である。「剥奪する」は無化動詞として良いだろうが、「行使させない」の意がでる時は反義語となる。

2. 要求充足動詞の能動化、受動化の区別については第5章VIII(iii)参照、充足の段階については第5章VIII(iv)参照。

〈参考〉

「(予算を)使う」を要求充足動詞とすると「使い切る」は、その完成相動詞(食べル―食ベキル、出ス―出シキルの類)。「予算がなくなる」の意では無

化動詞として使えよう。

(ii) 受動化要求充足動詞の反義語

図表 119　受動化要求充足動詞とその反義語
（(に)を記したもの以外はヲ格をとる）

	出だし語	(a)要求充足動詞	(b)反義語	(c)無化動詞
(1)	命令	遂行する、(に)従う	無視する、(に)違反する	取り消す、撤回する(能動)
(2)	勧告、忠告	受け入れる、(に)従う、(に)基づく	無視する、はねつける	取り消す、撤回する(能動)
(3)	お申し越しの件	承知する	お断りする	撤回する(能動)
(4)	要求	(に)応じる、(に)応える、(に)従う、受け入れる	しりぞける、のける、ける、つっぱねる、謝絶する	取り消す、撤回する(能動)
(5)	要請、求婚	(に)応じる、受け入れる	断る、拒絶する	取り消す、撤回する(能動)
(6)	申し出	承知する、承諾する、承認する	断る、拒絶する	取り消す、撤回する(能動)
(7)	申請	許可する、認可する	却下する	取り下げる(能動)

〈例文〉

（1）　(a)兵卒は指揮官の<u>命令に従わ</u>なければならない

(b)兵卒は指揮官の<u>命令を無視する</u>／<u>に違反する</u>ことはできない

(c)指揮官は<u>命令を取り消した</u>

（2）　(a)政府はILO（国際労働機関）の<u>勧告</u>をただちに<u>受け入れた</u>

(b)政府はILOの<u>勧告</u>をただちに<u>はねつけた</u>

(c)ILOは<u>勧告を撤回した</u>

〈基本事項〉

1. 同一の出だし語に対し受動化要求充足動詞（第5章 VIII(vi)）とその反義語がそろう場合がある（図表119）。

2. これら反義語は出だし語に対し、「受動化要求充足の縁」と「反義の縁」の複合によって結びつくと解される（[充受・反]と略記する。必要な場合、格助詞を表記する）。

3. これら反義語と無化動詞は当然区別される（出だし語の非主役をガ格に

立てる無化動詞の適当な例を今のところあげることができない)。

〈説明〉
1. 「従う」は「命令」の要求充足動詞。ガ格登場者は「命令」の脇役である「命令を受ける人」。よって、受動化要求充足動詞。「無視する」「違反する」はその反義語。ガ格登場者は同じく「命令」の脇役。「取り消す」は無化動詞だが、ガ格登場者は「命令」の主役である「命令する人」。
2. 「受け入れる」は「勧告」の要求充足動詞。ガ格登場者は「勧告」の脇役である「勧告を受ける人」。よって、受動化要求充足動詞。「はねつける」は「受け入れない」ことを表わし、その反義語。ガ格登場者は同じく「勧告」の脇役。「撤回する」は無化動詞であるが、ガ格登場者は「勧告」の主役である「勧告する人」。

〈参考〉
1. ややこしいという感じを与えかねないが、IV以下に記したことの確認のため、同一の出だし語に、動詞化動詞、生成動詞、要求充足動詞、その反義語、無化動詞がそろう場合を表示する(図表120)。

図表120 動詞化動詞、生成動詞、要求充足動詞、その反義語、無化動詞の関係
(に)を記したもの以外はヲ格をとる

	出だし語	(a)動詞化動詞	(b)生成動詞	(c)要求充足動詞	(d) (c)の反義語	(e)無化動詞
(1)	約束	する		守る、果す	破る、(に)背く	ほごにする、破棄する、取り消す
(2)	条約		結ぶ	守る、(に)従う	破る、(に)違反する	破棄する、廃棄する

2. 要求充足動詞の反義語を要求不充足動詞と呼ぶとわかりやすいかもしれない。

第8章　悪化語

I　悪化語とは

図表121　ヲ格・ガ格悪化動詞

	出だし語	悪化動詞	
		ヲ格悪化動詞	ガ格悪化動詞
(1)	（白菜など）野菜、（梨など）果物、肉		腐る、いたむ
(2)	包丁、ナイフ		鈍(なま)る
(3)	声	つぶす、からす	つぶれる、かれる、しゃがれる、かすれる
(4)	自信		ぐらつく、揺らぐ
(5)	ダイヤ、交通	乱す	乱れる
(6)	街、商店街、城下町		寂(さび)れる、すたれる
(7)	土地		やせる
(8)	色		褪(あ)せる

〈例文〉
（1）頭が、腐った野菜のようにあちこちぶよぶよになる（内田春菊）
（2）鈍(なま)った包丁では魚を上手にさばけない
（3）かぜをひいて声をつぶす〔類大〕
　　応援しすぎて声がつぶれる（同上）
　　声が喉にひっついたようにしゃがれる（外村繁）
（4）今迄あった自信が彼の一言で突然ぐらついた
（5）季節はずれの大雪が鉄道のダイヤを著しく乱した
　　季節はずれの大雪で鉄道のダイヤが著しく乱れた
（6）郊外店が増え、駅前の商店街が寂(さび)れる

（7）　化成肥料にばかり頼ると、土地がやせてしまう
（8）　すっかり陽に焼け、カーテンの色が褪せてしまった

〈基本事項〉
1. 出だし語が示すものや事柄が／を普通・平常の状態より悪くなる／するという意味を表わす語を悪化語という。
2. 出だし語と悪化語との関係を「悪化の縁」と呼ぶ。両者は「悪化の縁」で結ばれる。［悪］と略記する。
3. 悪化語が動詞である場合、悪化動詞と呼び、名詞である場合、悪化名詞と呼ぶ。
4. 悪化動詞は出だし語をヲ格に立てるものとガ格に立てるものがある。
5. ヲ格に立てるものをヲ格悪化動詞と呼ぶ。［ヲ悪］と略記する。ガ格に立てるものをガ格悪化動詞と呼ぶ。［ガ悪］と略記する。ガ格悪化動詞が多く見出される。

〈説明〉
1. 「腐る」は微生物の作用で変質し、形、色、味、においに不快な変化がおこることをいう。「なまものがいたむ」は「腐る」の意だが、出だし語によっては「傷がある、打撲を負う」程度の意にも使われる。「このリンゴはいたんでいるが、味は落ちていない」。「腐敗する」は「政治」にも使える。
2. 「鈍る」は「ナイフ、包丁」など刃物の切れ味が悪くなることを表わす。運転などの「腕」や体力の意の「体」などにも使われる。「鈍る」も「刃、勘、腕」に使える（II(ii)参照）。「(の)刃がこぼれる」は刃の部分が欠け損じて悪くなること。「さびる」は表面に錆が出て、悪くなること。「はさみ、ねじ、トタン屋根」など鉄製品に広く用いられる。「腐食する」もある。
3. 「つぶす、つぶれる」は「面目」にも。「音が割れる」は音質の悪化をいう。「声が割れる」もあり得る。
4. 「自信」に関し、「失う」は無化、「ぐらつく、揺らぐ」は悪化。
5. 「ダイヤが乱れる」とは交通機関の運行予定が狂い、通常の状態より悪くなることを表わす。「交通機関が乱れる」ともいう。「交通が麻痺する」は動きが停止状態にもなり、悪化の程度は上がる。「交通が渋滞す

る」〔辞〕ともいう。ヲ格悪化動詞「乱す」の使用は比較的少ないかもしれない。「頻発(ひんぱつ)する人身事故がダイヤを乱している」

6. 町・街の(以前あった)活気が失せることを「寂れる、すたれる」で表わす。これも悪化動詞と考えられる。
7. 「やせる」は「土地」の草木を生長させる力が衰えることを表わす。「汚染される」についてはⅡ(i)〈説明〉12参照。
8. 「褪せる」は「日光にさらされたり、使い古されたりして、もとの色が薄くなり、悪くなる」こと。「色がさめる」「色が落ちる」ともいう。内包語に「色褪せる」「色落ちする」。「西日でカーテンがやける」の「やける」は「色があせる」の意。「白線」などは「ぼやける」。
9. 「悪くなる／する、悪化する」は汎用性を持つが、「自信、ダイヤ、城下町」などには使えない。「下がる、落ちる」は「品質、成績、業績」などには使えるが、「色が落ちる」以外図表121に掲げた出だし語には使えない。「いたむ」も「自信、ダイヤ、城下町、商店街」とは結びつかない。「だめになる／する」は「自信、ダイヤ」には結びつかない。
10. このように、多くの事柄やものに悪化動詞は慣用的に備わる。

〈注意〉
1. 略記に当たり、［ガ悪］［ヲ悪］と格助詞を表記した場合、悪化動詞、［悪］のように格助詞を表記しない場合、悪化名詞を示す。［ガ悪］声＝かれる、［ヲ悪］声＝からす、［悪］声＝かれ（声のかれがひどい）、［ガ悪］髪＝乱れる、［ヲ悪］髪＝乱す、振り乱す、［悪］髪＝乱れ（髪の乱れを整える）
2. 「ビール」の典型的悪化動詞は「の／が気が抜ける」であるが、このような語結合もガ格悪化動詞として扱う。［ガ悪］ビール＝（の／が）気が抜ける。刃がこぼれるも同様。［ガ悪］包丁、ナイフ＝（の／が）刃がこぼれる。「（の／が）調子が悪く／おかしくなる」についてはⅡ(ii)〈説明〉11参照。
3. 以下、出だし語を、(i)飲食物、機器、自然現象(ii)心身(iii)社会現象、に分け、悪化動詞を例示する。

II 例解
(i) 飲食物、機器、自然現象

図表122 飲食物、機器、自然現象の悪化動詞

	出だし語	悪化動詞 ヲ格悪化動詞	悪化動詞 ガ格悪化動詞
(1)	ご飯		すえる
(2)	もち		かびる
(3)	海苔、菓子、せんべい、クッキー		しける
(4)	味、鮮度	落とす	落ちる
(5)	服、靴下、障子	破く、破る	破ける、破れる
(6)	靴底、タイヤ		へる、すりへる
(7)	バッテリー		あがる
(8)	時計	こわす	狂う、進む、遅れる、こわれる
(9)	品質、音質		劣化する、低下する、落ちる
(10)	井戸、泉	涸らす	涸れる
(11)	水、空気	汚す	濁る、汚れる
(12)	自然、大地、土地、土壌	汚染する	汚染する
(13)	資源		枯渇する
(14)	天気、天候	(崩す)	崩れる
(15)	花		しぼむ

〈例文〉

（1） ご飯がすえる〔辞〕
（2） 長い間保存していたもちがかびてしまった〔類大〕
（3） 海苔がしけないように缶に入れる（同上）
（4） あのレストランは最近味を落とした
　　 あのレストランは最近味が落ちた
　　 クーラーに十分氷をいれなかったので魚の鮮度を落としてしまった
　　 鮮度が落ちる（同上）
（5） 子供が客間の障子を破いた
　　 靴下が破れてしまった
　　 破れた障子を張り替える（同上）

（6）　靴底がへるほど長く歩いた
（7）　ライトを消し忘れて、バッテリーがあがってしまった
（8）　時計が狂う〔辞〕
（9）　CDをテープにコピーすると音質が劣化する〔新和英大〕
（10）　半年以上続く日照りで井戸が涸れてしまった
（11）　タバコの煙が室内の空気を汚している
　　　　タバコの煙で室内の空気が濁る〔類大〕
（12）　自然が有毒物質で汚染される
（13）　この海域では乱獲によって漁業資源が枯渇している（同上）
（14）　低気圧の接近により、天気は午後からしだいに崩れていくでしょう
（15）　朝顔の花はもう昼前にはしぼんでいた

〈説明〉
1. 「果物のすえたようなにおい」〔類大〕というが、「果物がすえる」は特殊。「ご飯」とよく結びつく。
2. かびがはえるものならなんに対しても使えるが、「もち」は普通「かびる」が悪化の代表となる。
3. 水分を持ってはいけないものが、持つことによって悪化する。「しっける」ともいう。「火薬」は「湿る」。
4. 「成績、業績、支持率」にも「下がる」とならんで用いられる。「（を）落とす、（を）下げる」もある。
5. 着用物には「いたむ、切れる、破れる、すりへる、穴があく、ほころびる」および、悪化の程度の高い「ボロボロになる」が使えるが、「障子」には「破れる、穴があく、いたむ、ボロボロになる」が結びつく。「破ける」は俗語。「均衡」に結びつく時「破れる」は無化動詞。「（を）切る、（を）破る、（を）ボロボロにする」などヲ格悪化動詞もある。「はたきがすべり、障子を破ってしまった」。「（に）穴をあける」も使われる。
6. 「すりへる」は「ひも、衣服、畳、神経」にも使える。
7. 放電しつくして、充電の必要な状態になることをいう。「バッテリーをあげる」とはいわない。
8. 「時計」の通常の機能は時を示すこと。「狂う」はその機能が正常に働か

ないこと、「進む」は早めに、「遅れる」は遅めに時を示すことを表わす。「こわす、こわれる」は外装ないし機械部分をだめにすること。「落として時計をこわしてしまった」

9. 「絵の具／部品が劣化する」というが「低下する」は使えない。部位、器官を示す修飾語を伴う「機能」に、「低下する」がよく用いられる。「肝機能が低下している」。「雨戸／ドアがきしむ」は「音を立てる」の意であるが、正常の状態より悪くなることを表わし、悪化動詞に入れておく。

10. 「バッテリーがあがる」と「井戸／泉が涸れる」において、出だし語と動詞の意味関係は同じであるが、動詞を相互に入れかえることはできない。このような関係こそ「悪化の縁」であり、これをとらえることが慣用を把握することである。「涸れる」は「財源、才能」にも使える。「枯渇する」(文章語)は 13 参照。

11. 透明であるべきものが、他の物質がまじり、透明さを欠くようになることを「濁る」という。「汚れる」は「きたなくなる」。「空気が汚れているから、窓を開けて入れかえよう」

12. 「汚染する」はよく受動態で「海、(海)水、空気、野山、山河」などに関し広く用いられる。

13. 国語辞典は「物が尽きてなくなること」と語釈して、「資源が枯渇する」「創造力が枯渇する」を例に掲げる。「なくなる」は無化であるが、「漁業資源、才能、井戸」などに結びつく時、悪化を強調的にいっているに過ぎない場合がよくあるように思われる。

14. 「崩れる」は「天気、天候」のみならず、「石垣、人垣、隊形、姿勢、体形、体調、生活態度、信頼関係」に結びつき、悪化を示す。「崩す」もあるが、結合力は劣り、「天気、天候」などにも使いにくい。「体調を崩す」。「海、山」には「荒れる」がある。普通、天候の悪化をいう。「道も谷も見分かちがたいほど山が荒れる」(水上勉)

15. 「しおれる」は「水気を失い張りをなくす」。「花」のみならず草にも用いられる。「なえる」もある。「連日の暑さで、庭の草花がすっかりなえてしまった」。「しぼむ」は主に「花」。「草」にも使える。

第 8 章　悪化語　347

〈注意〉
「タイヤ」に関し「へる」はすりへって薄くなること。使用可能だが通常修復不可能。「パンクする」はチューブに穴があき、使用不可能となるが、修復可能。「モーターがやける」「車／自動車が故障する／エンコする」「ステレオがいかれる」なども常識的には修復可能。機器の悪化には様々な程度、段階、様態があり、どこまでを悪化とするか、明確な答えはない。

(ii) 心身
図表 123　心身の悪化動詞

	出だし語	悪化動詞 ヲ格悪化動詞	悪化動詞 ガ格悪化動詞
(1)	目(視力)		かすむ
(2)	手足、気力、心、勇気		萎える
(3)	腕(腕前)、勘、判断力		鈍る
(4)	神経	いためる	いたむ、ボロボロになる、すりへる
(5)	髪(結ったかたち)	乱す	乱れる、ほつれる
(6)	肌	荒らす	荒れる
(7)	健康	損なう、損ねる、害する	衰える
(8)	心	むしばむ	すさむ
(9)	機嫌	損じる	悪くなる
(10)	自尊心、プライド	傷つける	傷つく
(11)	調子	崩す	狂う、崩れる
(12)	食欲、精力、意欲		衰える、減退する
(13)	化粧		崩れる
(14)	意識		混濁する、もうろうとする
(15)	容色		衰える

〈例文〉
(1)　80 歳にもなると時々目がかすんで物がよく見えなくなる
(2)　寝たきりで、手足が萎えてくる〔辞〕
　　　さんざん脅かされ、勇気が萎えてしまった〔類大〕
(3)　80 歳にもなるんだから、運転の腕もそれは鈍るだろうね
　　　解剖刀(メス)のような日ごろの批判力が鉛のように鈍る(有島武郎)
(4)　極度の不安と緊張とで、神経が放電中の裸電線のようにボロボロにな

　　　　る(小林久三)
（5）　髪が化け物のように乱れる(谷崎潤一郎)
　　　　髪がほつれて肩にかかる
（6）　空気が乾燥しているせいか、のどが痛み、肌が荒れる〔類大〕
（7）　喫煙者のそばにいるだけでも健康が損なわれる(同上)
（8）　テレビの残虐なシーンが少年たちの心をむしばんでいる(同上)
　　　　心が闘牛者の槍を受けた牡牛のように荒む(菊池寛)
（9）　上司の機嫌を損じる
（10）　自尊心を傷つける〔新和英大〕
（11）　調子をくずす〔辞〕
　　　　君にほめられると調子が狂うよ〔新和英大〕
（12）　夏になるととたんに食欲が減退する
　　　　年をとっても創作意欲が衰えない〔類大〕
（13）　汗で化粧がくずれる
（14）　意識が混濁しているので面会は無理です(同上)
（15）　容色が衰える(同上)

〈説明〉

1. 「目がかすむ」は目の物を見る力が、「耳が遠くなる」は耳の音をとらえる力が衰えることをいう。
2. 「萎える」は「草花」にも結びつく。「手がかじかむ」は寒さによってよく動かなくなること。「手、足、ひざ」などの身体部分のヲ格悪化動詞に「いためる」がある。「ひざをいためる」
3. 「鈍る」は主に動きの悪化をいう。「勘が鈍る」は「反応が遅くなる」の意。「勘が狂う」は「正常でなくなる」。「勘が麻痺する」も使える。「鈍る」もある。
4. 「神経」に関してはこれ以外に「麻痺する、鈍麻する、衰弱する、（を）病む」がある。「頭」と同様「いかれる」(俗語)も使える。
5. 「ほつれる」は「髪などの端が乱れる」〔辞〕。「乱れる」より悪化の程度が軽い。「袖口」など縫ったものの悪化にも用いられる。「振り乱す」もある。「髪を振り乱して働く」
6. 〈注意〉1参照。「手が荒れる」は「手の肌が悪くなる」の意。「縄張り

を荒らす」も悪化を伝える。

7. 「損なう」は「景観、美観、名誉」にも結びつく。「A市では古い町並みの美観を損なうような建造物は禁止されている」〔類大〕。よく受動態で用いられる。「景観／美観が損なわれる」。「害する」も使われる。「健康／気分／景観を害する／が害される」「相手の生意気な態度に気分を害した」(同上)。「損ずる」もある。「体、体力」には「鈍る、弱る、衰える、(を)こわす」などなどあるが「衰弱する」の文例を掲げる。「もぐらが天日にさらされたように体が衰弱する」(石坂洋次郎)。「こわす」は「胃、腸」によく使われるが、同じ内臓の「心臓」にはややそぐわない感じがなくはない。

8. ここでの「心」は「神経、心情」(「心がなえる」の「心」は「気力」)。「むしばむ」はよく受動態で用いられる。

9. 「機嫌を損じる」はやや硬いいい方。「健康／気分を害する」というが、「機嫌を害する」とはいいにくい。

10. 広い意味では、人体の一部(例えば、手、足)、物の表面(壁、茶碗)に「傷」ができることも悪化であるが、ここでは、目に見えない「誇り」に「傷」がつき「損なわれる」を例に選ぶ。

11. 「狂う」は「リズム、音程、時計、調子、勘」などに結びつき、「標準的姿(正常)でなくなる」の意を表わす。「崩す」は「姿勢、調子、リズム」などに結びつき、同様の意を示す。「標準的姿ではない」という意味では形容詞「おかしい」がよく用いられる。「調子がおかしい」では「調子」に通常修飾語がともなわれる。「今日は胃の調子がおかしい」〔新和英大〕。「頭がおかしい」は「頭が狂っている」より悪化の程度は軽い。機器にも使われる。「エンジンの調子がおかしい」。「気分／(…の)調子／仲／暮らし向きが悪くなる／おかしくなる」というが、「悪化する」は文体的にそぐわないところがでる。

12. 「衰える」はここに掲げた出だし語のみならず「ブーム、流行、体力、気力、聴力、視力、持久力、士気、健康、容色」などと結びつく。「体力、気力ともに衰え、隠退を決意した」。「減退する」はこのうちの一部にしか結びつかない。「容色が減退する」を許容する人は少ないだろう。「鈍る」も「体力、気力、聴力、視力、士気」などには結びつく

が、「ブーム、流行、健康、容色」との結合は稀である。「減退する」の反義語に「増進する」がある。〔ガ悪・反〕精力、体力、学力、能率＝増進する

13. 「建物、石垣、隊形、姿勢、天候」のみならず、「化粧」にも「崩れる」は悪化動詞として使える。「汗が化粧を崩す」はあまりいわない。「着ている着物」には「着くずれる」がある。

14. 「もうろうとする」は「頭」にも使える。「頭がもうろうとする」〔辞〕。「もうろうとなる」もある。「意識が朦朧となる」〔新和英大〕

15. 12参照。

〈注意〉
1. (a)（私／花子は）海岸で日に焼け、肌を荒らしてしまった
   (b)（私／花子は）海岸で日に焼け、肌が荒れてしまった
   (a)はヲ格、(b)はガ格悪化動詞で自・他で対応する。表わす内容は同じ。出だし語「肌」の主役（持主）は(a)では悪化動詞のガ格登場者に一致。(b)では主役はハでとりたてられる人物に一致。その人物と「肌」は全体と部分の関係に立つ。

2. 「機嫌／健康を損なう／損ねる」「健康／気分を害する」などにおいて、出だし語「機嫌、健康、気分」の主役はその持主である。悪化動詞のガ格登場者がそれに一致する場合(a)もあり、一致しない場合(b)もある。
   (1) (a)川本さんは、無視されたと思い込み、機嫌を著しく損ねた
       (b)川本さんは、軽率なへらずぐちをたたき、社長の機嫌を著しく損ねた
   (2) (a)父は当時健康を害していたので、海外には出掛けられなかった
       (b)たばこをすうとまわりの人の健康をも害する恐れがある
   一致する(a)のような場合、出だし語「機嫌、健康」とヲ格悪化動詞のガ格登場者（ここでは「川本さん、父」）とは部分と全体の関係に立ち、自動詞的な意味を示す。

第8章 悪化語

(iii) 社会現象

図表 124　社会現象の悪化動詞

	出だし語	悪化動詞	
		ヲ格悪化動詞	ガ格悪化動詞
(1)	風紀、秩序、規律	乱す、紊乱(びんらん)する	乱れる、紊乱する
(2)	流行、はやり、伝統		すたれる、衰える
(3)	成績、評判、評価、業績	落とす、下げる	落ちる、下がる、ダウンする
(4)	名誉、信用、権威	失墜(しっつい)する	失墜(しっつい)する
(5)	仲、(人との)感情		こじれる
(6)	(隊)列	崩す、乱す	崩れる、乱れる
(7)	座		白ける
(8)	政局		混迷する
(9)	会社、店、家運		傾く
(10)	国家、国勢、産業		衰退する、衰微する
(11)	勢力		減衰する
(12)	国土、人心		荒廃する
(13)	社会、道徳、道義、政治		退廃する
(14)	政治、精神、人間		堕落する
(15)	貴族、大地主、一族、名家		没落する、零落する、落ちぶれる
(16)	家名	けがす、傷つける	

〈例文〉

(1) あの男には<u>規律を乱す</u>行動が近頃目立つ
　　小中校で最近<u>風紀が乱れて</u>いると聞く
　　校内の<u>風紀が紊乱(びんらん)する</u>

(2) 熱病のような<u>流行</u>もすぐに<u>衰える</u>

(3) 期待されて入社した彼も女の問題で<u>評判をおとして</u>しまった
　　今度の騒動ですっかり<u>評価を下げて</u>しまった
　　<u>業績が下がる</u>〔辞〕
　　あの医者は誤診報道で<u>評判が落ちた</u>〔新和英大〕

(4) 会社の<u>信用が失墜(しっつい)する</u>
　　相次ぐ政治家の逮捕で国会の<u>権威が失墜した</u>

(5) ちょっとしたことで2人の<u>仲はこじれて</u>しまった

（6） 銃声がして、隊列が崩れた〔類大〕
（7） 花子のひとことで突然座が白けてしまった
（8） 政局が混迷してきた〔辞〕
（9） 創業者が亡くなって会社が傾きはじめた〔類大〕
（10） 産業が衰退する〔辞〕
　　　国勢が衰微する〔類大〕
（11） 勢力が減衰する(同上)
（12） 長年の内戦で、国土がすっかり荒廃した
　　　人心が荒廃した社会〔辞〕
（13） 彼は世紀末の退廃した社会に身をもって生きた
（14） 堕落した人間〔新和英大〕
（15） 没落した貴族〔辞〕
（16） 家名をけがすやつは勘当だ

〈説明〉

1. 「紊乱する」(文章語)は自・他両様に用いられる。「規律が緩む」は「乱れる」の意にも、「規律が厳しくなくなる」の意にもなる。「秩序」には「崩れる」も使われる。

2. 「ブーム」には「衰える、下火になる」。「すたれる」は結びつきにくい。「すたれる」は「流行、はやり、はやりもの、習俗、風習、文化、道義心、武士道、商店街、商売」などに広く用いられる。「あんなにもうかっていた商売がすっかりすたれてしまった」〔類大〕。「商売、財政、家業」などには「左前／下向きになる」。「事業、経営」などには「先細りする」もある。「廃る」は「すたれる」の古めかしいいい方。「いつのまにか古い習俗がすたってしまった」〔辞〕。「景気」でよく使われるのは「悪くなる」。「衰える、陰る、陰りがでる、下向く」もある。

3. 「味／腕／名声／支持率が落ちる」「株価が下落する」「名声が地に堕ちる」「人気が下降する／低落する」もある。「衰退の一途をたどる」は強調が加味される表現。

4. 評価、名誉、信用、権威などは空中に浮くが如く存在し、やっとの思いで支えられており、支えがとれるとたちまちのうちに地面に向かうものとして日本語がとらえていることは興味深い。

5. 「仲がこじれる」は「仲が悪くなる」に近い。「感情がこじれる」というが「悪くなる」は使えない。「関係が縺れる」も「関係が悪くなる」。
6. 「隊形／人垣が崩れる」。(i)〈説明〉14参照。「足並み／歩調を乱す／が乱れる」もおぼえておきたい。
7. 「座」とは「人が集まっている席。また、その雰囲気」〔辞〕。「白ける」はその雰囲気の悪化。
8. 「見通しが悪くなる」ことをいう。
9. 「勢いが衰える」〔辞〕の意。
10. 文章語。「文化」にも使える。「衰退する」の反義語に「伸長する」がある。［ガ悪・反］国勢＝伸長する
11. 文章語。「エネルギー」にも使われる。
12. 「田んぼ、果樹園、屋敷」にも使われる〔新和英大〕。
13. 「風紀」にも結びつく〔明〕。
14. 「基準、標準から逸脱して、価値をさげる」の意で、広く用いられる。「小説も堕落したものだ」〔辞〕。「人がぐれる」は「不良化する」〔辞〕こと。青少年に関して普通使われる。
15. 同じく、標準的姿から逸脱して悪くなることで、悪化動詞としてとらえ得る。
16. 「名誉、誇りに傷を与える」の意で悪化動詞。「…に傷をつける／がつく」も使える。「人の誇り／好意を踏みにじる」も悪化動詞に加えてよいかもしれない。

第9章　加害語

I　加害語とは

図表125　ヲ格支配の加害動詞とニ格支配の加害動詞

	出だし語	加害動詞 (a)ヲ格支配	加害動詞 (b)ニ格支配
(1)	人 泥棒	盗む	
(2)	すり	する	
(3)	酔っ払い		からむ
(4)	やくざ	ゆする、脅迫する	たかる、因縁(いんねん)/いいがかりをつける
(5)	動物 犬	噛む	噛みつく、吠える
(6)	ねずみ	かじる、引く	
(7)	虫、蚊	くう、刺す	
(8)	蜂	襲う、刺す	
(9)	自然 津波、台風	襲う、見舞う	襲来する
(10)	濁流	呑み込む	
(11)	酸	侵す、蝕む、腐食する	
(12)	ガン、菌、ウイルス	侵す（蝕む）	
(13)	機械・組織 自動車、車、電車	はねる、ひく	
(14)	機械	巻き込む、はさむ	
(15)	外国軍隊	侵略する	侵攻する
(16)	ゲリラ	襲撃する	

〈例文〉
（1）　泥棒が窓を破って侵入し、金目の品を盗んでいった
（2）　すりに財布をすられた
（3）　終電車の中で酔っ払いが私にからんできた
（4）　ささいなことでやくざが父に因縁(いんねん)をつけてきた

キット顔に傷のある兄さんがイカサマをタネにゆすりに行く。十万円ぐらいとられてヤレヤレと思ったら大間違い〔週サン〕
（5） 犬が人に噛みついても記事にはならないが、人が犬に噛み付いたなら記事になる
（6） 鼠がさっきからがりがりと、どこかそこらの天井の中で何かを齧って（かじ）ゐるのが気になる（鈴木三重吉）
ネズミが餅をひく〔明〕
（7） 虫がキャベツの葉をくう
約束にかがみて居れば蚊に喰れ（曾良）
うつらうつら髪を刈らせて眠り居る足をつれなく蚊の螫しにけり（さ）（長塚節）
（8） 蜂に刺されると命があぶないこともある
（9） 台風9号が東海地方を襲い、甚大な被害をもたらした
（10） 濁流は多くの人を呑み込んでいった
（11） 弗化水素（ふっかすいそ）はガラスを腐食（蝕）する
（12） 癌が全身を侵す〔辞〕
肺が結核菌に侵されていることがわかった
（13） もしも自分が電車にはねられて死にでもしたら（庄野潤三）
だしぬけに横合ひから出て来た自動車に先生は轢（ひ）かれないまでも、跳ね飛ばされたかも知れなかった（長与善郎）
（14） 機械に指をはさまれ、切断された
（15） 外国軍隊に領土を侵略された
（16） 背後からゲリラが襲撃してきた

〈基本事項〉

1. 出だし語が示すものや事柄が持つ典型的な加害行為を表わす語を加害語という。
2. 出だし語と加害語の関係を「加害の縁」と呼ぶ。両者は「加害の縁」で結ばれる。［害］と略記する。
3. 加害語が、動詞である場合、加害動詞と呼び、名詞である場合、加害名詞と呼ぶ。
4. 加害動詞は、通常、出だし語をガ格に立てて用いる。

5. 加害動詞は害を与える対象を示す名詞をヲ格に立てるものとニ格に立てるものがある。

〈説明〉
1. 自分のものでないものを不当な手段で自分のものにする行為を示す動詞は多い。盗む［(1)］、泥棒する、奪う、掠(す)る［(2)］、掠める、くすねる、とる(取／盗る)、盗み取る、掠め取る、抜く、抜き取る、ぱくる、掻っ払う、強奪する
2. 「盗む、泥棒する」の前段階を表わす語として「(家／部屋に、盗み／泥棒に)はいる、侵入する」がある。「加害の縁」における準備調整語と思われる(第5章IX参照)。
3. 「強盗」を出だし語とする加害動詞は「強奪する」であろうが、その前段階を示す語「押し入る」が加害を示す語としてよく用いられる。「強盗が(家／部屋に)押し入る」。2参照。
4. 「する」という動詞があれば、ガ格に立つのは「すり」［(2)］が普通。ヲ格に立つのは身につけられる貴重品(蝦蟇口(がまぐち)、紙入れ、財布、カード、通帳、懐中時計、金)に大体決まっている。「指輪、首飾り」などの例があればすご腕のすり。
5. 「からむ」［(3)］は「無理をいって相手を困らせる」こと。「酔っ払い」の典型的な加害動作とされる。
6. 相手から金やものを要求することを表わす動詞は多い。「ゆする［(4)］、せびる、せがむ、ねだる」。このうち「ゆする」が一番高姿勢で、相手をおどして取ることを表わす。やくざの典型的な加害動作とされる。「顔に傷のある兄さん」［(4)］は「やくざ」のこと。「たかる」は金品をせびること。「いいがかりをつける」は加害動作を表わす動詞化動詞結合。「脅迫する」［(4)］もある。
7. 「引く」「引いていく」［(6)］は「こっそり盗み去る」。猫にも使う。「猫が魚を引いていった」
8. 「くう」［(7)］は「虱(しらみ)、蚤(のみ)、紙魚(しみ)」にも使われる。「蜂」［(8)］が「くう」とは普通いわない。「刺す」は野球でも用いられる。「二塁手が走者を刺す」。「紙魚がくう」場合、対象は紙製品か衣類。「紙魚が古文書をくう」。「すりがする」「二塁手が刺す」同様、ガ格に立つ出だし語と加

害動詞を見れば、対象がおのずと推測される例の1つである。
9. 「津波、台風[(9)]、嵐、地震、冷害、干魃、大雪、雪崩」では「見舞う」も用いられる。「東北地方が冷害に見舞われる恐れがある」。「悪霊、もののけ」では「襲う」[(9)]「取り憑く」が使われ、「見舞う」は典型的ではない。「孤独感、嫌悪感、不安、(大きな)悲しみ」などでは「見舞う、襲う、押し寄せる」が用いられる。「孤独感」や「不安」では「苛む」も使われる。「襲来する」[(9)]は「来襲する」ともいう。「敵機、蒙古」にも使われる。「敵機／蒙古が襲来する」
10. 「菌」[(12)]などでは「侵す」前に「泥棒」と同じく「はいる」。「菌が傷口に(から)はいる」

〈類例〉
[害] 追剥＝身ぐるみ剥ぐ、裸にする
[害] 詐欺師＝だます、引っ掛ける
[害] 万引き＝盗む、万引きする
[害] かっぱらい＝かっぱらう
[害] 猿＝ひっかく、噛みつく
[害] 馬＝(足で)ける
[害] 狐、狸＝ばかす(お話し)
[害] 蝗＝(大群となって)押し寄せる、くいあらす
[害] 鳥＝つっつく、襲う
[害] 暴力団＝殴り込みをかける(相手役は同じく暴力団)。「山口組は敵対する暴力団に組をあげて殴り込みをかけた」
[害] 圧力団体＝圧力／プレッシャーをかける
[害] 当局＝締めつける
[害] 狙撃兵＝狙撃する

〈注意〉
1. 加害動詞は受動態でよく用いられる。「金目のものは泥棒にすべて盗まれて(持っていかれて)しまった」「すりに財布をすられる」「酔っ払いにからまれる」「ささいなことでやくざに因縁をつけられる」「人が犬に噛みつかれる」
2. 「スイカを奪う」などという結合は特異であり、「スイカを盗む」がよく

見られる結びつきである。「掠める」は「金、1万円、饅頭」などはいいが、「田畑」とは結びつきにくい。
3. 「はさむ」[(14)]は出だし語をニ格に立てることがある。「ドアに手をはさむ」。「はさまる」も同様。「手がドアにはさまる」
4. 「刺さる」は自動詞でニ格は加害を受ける場所を示す。「ガラスの破片が指に刺さる」
「刺す」はヲ格を支配する加害動詞。「バラのとげが膚(はだ)を刺す」
5. 「爆撃機が爆撃する」「艦載機が銃撃(かんさいき)する」「狙撃兵が狙撃(そげきへい)する」などは機能発揮動詞の結合でもある。機械と認識される場合、出だし語をデ格に立てて用いることができる。「爆撃機で爆撃／攻撃する」。「針が／で刺す」なども同様である。「突く」は通常出だし語をデ格に立てる。「妻の人差指(ひとさしゆび)には、薔薇の刺(ばらのとげ)で突いたのであらう、血が吹滲(ふきにじ)んで居る」(佐藤春夫)

〈参考〉
1. 出だし語が加害語から派生される場合がある。盗む＞盗人、する＞すり、略奪(する)＞略奪者、簒奪(さんだつ)(する)＞簒奪者、密告(する)＞密告者、横領(する)＞横領犯、狙撃(する)＞狙撃兵、爆撃(する)＞爆撃機、いじめる＞いじめっ子。その逆の関係もある。万引きする＜万引き、置き引きする＜置き引き
2. 「すりがする」「盗人が盗む」「いじめっ子がいじめる」「狙撃兵が狙撃する」などは同語反復(トートロジー)的であるが、厳しく避けられてはいない。

II 加害に敏感な名詞—被攻撃性と攻撃性

〈例文〉
(1) 権利／(基本的)人権／プライバシーを侵す／侵害する
(2) 人権／(弱小国の)領土を蹂躙(じゅうりん)する
(3) 統帥権(とうすいけん)を干犯(かんぱん)する
(4) 国境／領空／領土を犯す／侵犯する／に侵入する
(5) 心を痛める

〈基本事項〉

加害動詞には、ガ格に立つ名詞(出だし語)より、ヲ格に立つ名詞により強い結合特性を示すものがある(被害を受けやすい、ないし、加害に敏感な対象があると考えられる)。

〈説明〉

1. 「権利、人権、プライバシー」[(1)]などはヲ格に立って「侵す、侵害する」とよく結びつくが、この結合においてガ格に立つものの語彙的な限定は少ない。

2. 「国境、領空、領土」[(4)]などはヲ格に立って「犯(侵)す、侵犯する」、ニ格に立って「侵入する」によく結びつく。

3. 「干犯する」は現代語で、「統帥権」[(3)]をヲ格に立てて用いるのが普通である。ヲ格に立つ名詞にはこのような強い限定があるが、ガ格に立つ名詞にはこれほどの厳しい限定は認められない。受動態でよく用いられる。「統帥権が干犯される」。「蹂躙する」[(2)]もこれに近く、通常、「人権」とか「領土」をヲ格に(受動態でガ格に)立てて用いるのが普通の用法である。ここに掲げたような名詞は加害に敏感な名詞、といってよいのではないか。

4. ヲ格に立って「奪う」と結合できる名詞の例を以下に掲げるが、これらはそれなりに加害に敏感な名詞といえよう。金、車、米、田畑、生活の糧、食糧、家畜、財産、小遣い、生命、席、地位、時間、宝石、通帳、カード、女

5. 加害動詞との結合においてガ格に立つ出だし語は、本来、攻撃性 aggressiveness, агрессивность を何らかの程度に持つ名詞である。加害動詞との結合においてヲ・ニ格に立つことの多い名詞は、本来、被害を受けやすい性質(被攻撃性、脆弱性)を何らかの程度持つ名詞である。語の結びつきの秘密を解く手掛かりとしてこの２つの類別を持つことはそれなりに有効と思われる。少なくともこれら意味特徴が加害動詞結合を支えているよう思われる。例えば、①「胡麻の蠅」(盗人のこと)、②「マコオレーの文集と五円」という語が、③「奪る」という動詞の前にある場合、①は攻撃性を持つ名詞としてガ格、②は被害を受けやすい性質(被攻撃性、脆弱性)を持つ名詞としてヲ格に立つことは明示(格助詞

をきちんと確認せずとも自動的に了解され、格助詞は単なる再確認の役をはたすに過ぎないよう思われる（例は受動態）。「マコオレーの文集の端本は已(すで)に挿(はさ)むだ五円なにがしとともに胡麻の蠅に奪われたのである」（徳富健次郎）
6. 「心[(5)]、自尊心、良心」なども加害に敏感な名詞の1つとしてあげておいてよいかもしれない。「自尊心を傷つける」「良心をさいなむ」。これらには自動詞の対応がある。「心が痛む」「自尊心が傷つく」（自尊心に傷がつく）「良心がさいなまれる」（受動態）。悪化語に近づく。

〈参考〉
1. I〈例文〉(5)は、「噛みつく」という動詞を介して、被攻撃性を持つ名詞「人」が常識に反して、ガ格に、攻撃性を持つ名詞「犬」がヲ格に立つことの意外性が「記事になる」ということばで表わされている。
2. 名詞本来が持つ攻撃性・被攻撃性以外に、動詞を介して結びつけられた時の相対関係で生じる攻撃性、被攻撃性もあるかもしれない。例えば、「泥棒、麻薬、暴力、軍隊」（人格的代表例は「サディスト」という外来語）などは本来の攻撃性を持ち、先にあげた「人権、統帥権」（人格的代表例は「マゾヒスト」という外来語）などは本来の被攻撃性を持つ。それに対し、「いびる」を介して「しゅうとめ・よめ」が、「いじめる」を介して「先輩・後輩」が相対した時それぞれが攻撃性・被攻撃性を獲得するかもしれない。「しゅうとめがよめをいびる」「先輩が後輩をいじめる」。「圧迫する」「迫害する」「虐待する」「泣かせる」「悩ませる」などで結びつく時の2語でも同様なことが観察されよう。「多数派／多数者が少数派／少数者を圧迫する」「キリスト教徒が異教徒を迫害した」「親が子供を虐待する」「亭主が女房を泣かせる」「子供が親を悲しませる／困らせる／悩ませる」

III 汎用的加害動詞「やる」

〈例文〉
（1） 泥棒／枕さがしにやられる
（2） すりにやられる

（3）　これが蚊にやられたあとです
（4）　三陸海岸が津波にやられる
（5）　あの人はガンにやられました
（6）　ゲリラにやられる
（7）　女がやられる
（8）　心臓がやられる
（9）　鉄板がやられる
（10）　財布がやられる
（11）　ふすまがねずみにやられる
（12）　戸棚にしまっておいた干物(ひもの)がねずみにやられる

〈基本事項〉

1. 汎用的な加害動詞として「やる」がある。
2. 主に、「やられる」(受動態)のかたちで用いられる。
3. 「やる」(「やられる」)の意味は結びつく名詞によって具体化される。

〈説明〉

1. 動詞化動詞「する」と同じように、「やる」はほとんど意味がなく、加害動作一般を漠然と示すに過ぎない。意味を具体化するのは、結びつく名詞である。
2. 受動態の場合、ニ格に立つ攻撃性を持つ名詞によって具体化されるものがある。「泥棒」[(1)]なら「盗まれる」、「すり」[(2)]なら「すられる」、「蚊」[(3)]なら「刺される、くわれる」、「津波」[(4)]なら「襲われる、見舞われる」、「ガン」[(5)]なら「侵される」、「ゲリラ」[(6)]なら「襲撃される」。このような場合ガ格に立つ名詞は「やる」の意味醸成にあまり影響を与えない。
3. 同じく受動態の場合、ガ格に立つ被攻撃性を持つ名詞によって意味が具体化されるものがある。「女」[(7)]なら「レイプされる」、「心臓」[(8)]など臓器、気管、身体部分なら「侵される、攻撃される」、「鉄板」[(9)]などは「(塩、酸に)腐食される」、「財布」[(10)]なら「すられる、盗まれる」。
4. ガ格、ニ格に立つ名詞2つによって意味が具体化される場合もある。例えば、[(11)]の場合は「かじられる」、[(12)]の場合は(「かじられ

る」の意味にもなるが、まず、）「引かれる」という理解が一般的である。

〈注意〉
1. 「すりにやられる」[(2)] は「すられる」であることほぼ間違いない。「財布がやられる」[(10)] は「すられる」、「盗まれる」と意味に幅が出る。
2. ガ格に立つ名詞の被攻撃性が特定的ではない場合、意味はもっと広い文脈にゆだねられる。例えば、「研究室がやられた」だけでは、「泥棒に荒らされた」のか「砲撃／爆撃／攻撃された」のか「水に漬かった」のかわからない。
3. ニ格に立つ名詞の攻撃性が特定的ではない場合も同様である。例えば、「隣人にやられる」は「刺される、密告される、盗まれる」など多様な意味にとることができる。
4. 〈例文〉(7) は俗語で下品な表現。
5. 「工事／計算をやる」の場合は動詞化動詞、「（ビールより）日本酒をやります」「ピアノ／こまをやる」の場合は機能発揮動詞、「大役をやる」の場合は要求充足動詞。「やる」の用法は多岐にわたる。

〈参考〉
「女がやられる」の意味はある程度明確だが、「女にやられる」の意味ははっきりしない（「だまされる、一杯くわされる、盗まれる、刺される…」など意味は広い）。それに対し、「男がやられる」の意味ははっきりしない（「男性が流感によくかかる」という意味にさえなる）が、「男にやられる」は大体「女が男にやられる」の意味にとられやすい。以上から「女」は被攻撃性をはっきり持ち、攻撃性をはっきり持たない名詞、それに対し、「男」は攻撃性をはっきり持ち、被攻撃性をはっきり持たない名詞、ということになろう。ことばは現実の反映であるが、現実そのものではない。「女」「男」は「人」に次ぐ究極の抽象である。

第10章　結果語

I　結果語とは

図表 126　結果動詞

	出だし語	結果語
(1)	逮捕(する)	拘禁(する)
(2)	(雪が)降る	積もる
(3)	買う、購入する	持つ、所有する

〈例文〉
(1)　4日未明、警察は世田谷で発生した殺人事件の容疑者を逮捕し、ただちに留置場に拘禁した
(2)　一晩中雪が降ったので、玄関先に1メートルも雪が積もった
(3)　皆が買うので私もパソコンを一年前に買ったが、使わずにおり、今も箱づめ状態で持っている

〈基本事項〉
1.　出だし語が示す事柄が遂行された結果生まれる（と常識的に期待される）事態を表わす語を結果語という。
2.　出だし語と結果語との関係を「結果の縁」と呼ぶ。両者は「結果の縁」で結ばれる。[結]と略記する。
3.　結果語が動詞である場合、結果動詞、名詞である場合、結果名詞と呼ぶ。

〈説明〉
1.　「逮捕した」結果発生する典型的事態が「拘禁する、留置する」であ

る。［結］逮捕する＝拘禁する、留置する。［結］逮捕＝拘禁、留置。「4日未明、協議の結果、逮捕の決定が下され、容疑者はただちに拘禁下に置かれた」

2. 「雪が降る」とその結果「雪が積もる」のが普通。［結］(雪が)降る＝(雪が)積もる

3. 何かを「買う、購入する」と主役(買う人)は相手役(商品)を「持つ、所有する」ことになる。［結］買う、購入する＝持つ、所有する、ある

〈注意〉

1. 「結果名詞」と「所産名詞」を区別しておきたい。「買う」の結果動詞は「持つ、所有する」であり、「所有」は結果名詞である。一方、「買う」の所産名詞は「資産、所有物」である(第18章Ⅱ(v))。結果名詞と所産名詞の関係は今後の研究課題としたい。

2. ここでは、結果動詞を主に扱う。

〈類例〉

(1) ［結］(夜が)明ける＝(東の空が)白む、(あたりが)明るくなる
(2) ［結］たそがれる＝暗くなる
(3) ［結］(手を)切る＝(手に)傷がつく
(4) ［結］裁判をする＝判決を下す(動詞化動詞結合)
(5) ［結］休む＝疲れがとれる(無化動詞結合)
(6) ［結］(人が)行く＝着く
(7) ［結］(人が)来る＝いる
(8) ［結］(クラブなどに)入る、入会する＝(クラブなどに)属する、(の)会員／メンバー／一員である
(9) ［結］(店を／が)開く＝(店が)営業する、営業中である

II　能動化結果動詞と受動化結果動詞

図表127　「探す」と「見つける」「見つかる」
　　　　　＝は無転換(一致)、→は転換を示す(以下同様)

出だし語		転換	結果動詞
主役	探す	＝主役	見つける(能動化)
相手役		→主役	見つかる(受動化)

〈例文〉
（1）　花子は財布を長い間探し、やっとカーペットの下で(それを)見つけた
（2）　花子は財布を長い間探した。2日後財布はカーペットの下で見つかった

〈基本事項〉
1.　結果動詞の主役が出だし語の主役と一致する場合、その結果動詞は能動化結果動詞である。出だし語とその能動化結果動詞の関係を「能動化結果動詞の縁」と呼び、[結能]と略記すると、例えば、「探す」と「見つける」の関係は、次のように表記される。[結能] 探す＝見つける
2.　結果動詞の主役が出だし語の相手役ないし脇役に一致する場合、その結果動詞は受動化結果動詞である。出だし語とその受動化結果動詞の関係を「受動化結果動詞の縁」と呼び、[結受]と略記する(相手役に一致するのか脇役に一致するのかを表わす必要がおこった時に「受」の後に( )でくくり、相手役、脇役を書き入れる)と、例えば、「探す」と「見つかる」の関係は、次のように表記される。[結受] 探す＝見つかる。「見つかる」でガ格に立つ主役は「探す」の相手役に一致するので、それを表記すると、次のようになる。[結受(相手役)] 探す＝見つかる

〈説明〉
1.　「見えなくなったもの、ないし、欲しいもの」は通常「探した」結果「見つかる」のである。また、「見つけ出そうと努める人」は通常「探して」「見えなくなったもの、ないし、欲しいもの」を「見つける」のである。「見つける」「見つかる」は「探す」の結果動詞である。
2.　「探す」の主役は「見つけ出そうと努める人」、相手役は「見えなくなっ

たもの、ないし、欲しいもの」である。
3. 「見つける」の主役は「見つけ出そうと努める人」であり、「探す」の主役に一致する。よって、「見つける」は「探す」の能動化結果動詞である。[結能]探す＝見つける
4. 「見つかる」の主役(ガ格に立つもの)は「見えなくなったもの、ないし、欲しいもの」である。それは「探す」の相手役に一致する。よって、「見つかる」は「探す」の受動化結果動詞である。[結受]探す＝見つかる(精密表記すると[結受(相手役)]探す＝見つかる)。「見つかる」は能動化結果動詞「見つける」の受動態形と大約意味が一致する。「財布はカーペットの下で見つかった」≒「財布はカーペットの下で見つけられた」

〈類例〉1

図表128 「追い掛ける」と「捕まえる」「捕まる」

出だし語		転換	結果動詞
主役	追い掛ける	＝主役	捕まえる(能動化)
相手役		→主役	捕まる(受動化)

〈説明〉

1. 「追い掛ける」の主役は「先に行くものに追いつこうとして、あとから追うもの」、相手役は「先に行くもの」である。
2. 「捕まえる」はその結果を示すが、ガ格に立つ主役は「追い掛ける」の主役に一致する。よって、これは能動化結果動詞である。[結能]追い掛ける＝捕まえる
3. 「捕まる」も同じくその結果を示すが、ガ格に立つ主役は「追い掛ける」の相手役「先に行くもの」である。よって、これは受動化結果動詞である。[結受]追い掛ける＝捕まる(詳しくは[結受(相手役)]追い掛ける＝捕まる)。「捕まる」は能動化結果動詞「捕まえる」の受動態形と大約意味が一致する。「犯人は橋の上で警官に捕まった」≒「犯人は橋の上で警官に捕まえられた」

〈類例〉2

図表 129　「研究する」と「解明する」「判明する」

出だし語		転換	結果動詞
主役	研究する	＝主役	解明する（能動化）
相手役		→主役	判明する、わかる（受動化）

〈例文〉
（1）病理学を専門とする学者達が協力して病気の原因を<u>研究し</u>、ついに原因を<u>解明した</u>
（2）病理学を専門とする学者達が協力して病気の原因を<u>研究した</u>結果、原因がやっと<u>判明した</u>

〈説明〉
1. 「研究して」事実や真理を「解明する」。また、「研究して」事実や真理が「判明したり、わかったり」する。よって、「解明する」や「判明する、わかる」は「研究する」の結果動詞である。
2. 「研究する」の主役は「研究する人」、相手役は「研究対象」。
3. 「解明する」の主役は「研究する人」。「研究する」の主役と一致する。よって、「解明する」は「研究する」の能動化結果動詞である。［結能］研究する＝解明する、明らかにする
4. 「判明する、わかる」の主役は事実や真理であり、「研究する」の相手役である。よって、「判明する、わかる」は「研究する」の受動化結果動詞である。［結受］研究する＝判明する、わかる（詳しくは、［結受(相手役)］研究する＝判明する、わかる）。「判明する」は能動化結果動詞「解明する」の受動態形と大約意味が一致する。「原因がやっと判明した／わかった」≒「原因がやっと解明された」

〈類例〉3

図表 130　「約束する」と「しばられる」「当てにする」

出だし語		転換	結果動詞
主役	約束する	＝主役	（約束に）しばられる（能動化）
脇役		→主役	当てにする（受動化）

〈例文〉
（1）　父は日曜日にディズニーランドに連れて行くと子供達に約束した
（2）　父は約束にしばられ、ゴルフに行くのを断った
（3）　子供達は約束を当てにしていた
〈説明〉
1. 「約束すれば」約束した人（主役）はその約束に「しばられる」。「しばる」の受動態形であるが、「約束する」の能動化結果動詞のように働く。［結能］約束する＝しばられる
2. 主役が「約束すれば」脇役は「当てにする」。「当てにする」は脇役を主役とする結果動詞のように働く。［結受(脇役)］約束する＝当てにする

〈類例〉4

図表131　「学ぶ、習う、教わる」と「できる、わかる、おぼえる」

出だし語		転換	結果動詞
主役	学ぶ	＝主役	できる、わかる、おぼえる（能動化）
相手役	習う		
脇役	教わる		

〈例文〉
（1）　太郎は一生懸命九九を学び、たちまちできるようになった
（2）　太郎は花子にフランス語を教わり、なんとか少しわかるようになった
〈説明〉
1. 「できる、わかる、おぼえる」は「学ぶ、習う、教わる」の結果動詞である。
2. 「学ぶ、習う、教わる」の主役は「学ぶ人」である。
3. 「できる、わかる、おぼえる」の主役は「学ぶ人」であり、「学ぶ、習う、教わる」の主役に一致する。よって、「できる、わかる、おぼえる」は「学ぶ、習う、教わる」の能動化結果動詞である。［結能］学ぶ、習う、教わる＝できる、わかる、おぼえる

〈類例〉5

図表132　「教える」と「できる、わかる」と「おぼえる、できる、わかる」

出だし語		転換	結果動詞
主役	教える		
相手役		→主役	できる、わかる（受動化）
脇役		→主役	おぼえる、できる、わかる（受動化）

〈例文〉

（1）花子は太郎に九九を一生懸命<u>教えた</u>。その結果太郎は完全に九九を<u>おぼえた</u>

（2）太郎に英語が<u>できる</u>／<u>わかる</u>なんて夢にも思わなかったが、実は花子が(太郎に)こっそり<u>教えていた</u>のである

（3）太郎が英語が<u>できる</u>／<u>わかる</u>なんて知らなかったが、実は花子が(太郎に)こっそり<u>教えていた</u>のである

（4）太郎が英語を<u>できる</u>／<u>わかる</u>ことはよく知られているが、あの英語は花子が<u>教えた</u>ものである

〈説明〉

1. 「教える」の主役は「教える人」、相手役は「教科」、脇役は「学ぶ人」。「おぼえる」の主役は「学ぶ人」で、「教える」の脇役に一致する[(1)]。よって、「おぼえる」は「教える」の脇役が主役となる受動化結果動詞である。[結_{受(脇役)}]教える＝おぼえる

2. 「できる、わかる」の主役は「教える」の相手役(教科)である。なぜなら教科「英語」がガ格に立つ[(2)]。よって、両動詞は「教える」の相手役が主役となる受動化結果動詞である。[結_{受(相手役)}]教える＝できる、わかる

3. 「できる、わかる」の主役は「教える」の脇役である。なぜなら、「学ぶ人」である太郎がガ格に立つ[(3)]。よって、両動詞は「おぼえる」と同様に、「教える」の脇役が主役となる受動化結果動詞である。[結_{受(脇役)}]教える＝できる、わかる、おぼえる

4. (4)では教科をヲ格に立てる点で(3)とは異なるが、「学ぶ人」(太郎)はやはりガ格に立つので、3と同じである。

〈参考〉

「わかる」に近いものとして「理解する、こなす」がある。「花子は音韻論を長年大学で教えてきたが、音韻論の面白さを理解したのは受講者のうちほんの数人に過ぎなかった」「太郎は数ヶ国語をこなすが、みな花子が教えたものである」

〈類例〉6

図表133　「出す、送る」と「届く、着く」

出だし語		転換	結果動詞
主役	出す、送る		
相手役		→主役	届く、着く（受動化）

〈例文〉

（1）　花子は太郎に手紙を出した

（2）　太郎のもとに手紙が届いた

〈説明〉

1. 「届く、着く」は「出す、送る」の結果動詞である。
2. 「出す、送る」の主役は「出す人、送る人」、相手役は「手紙、小包、願書」などの対象。
3. 「届く、着く」の主役は「出す、送る」の相手役に一致する。よって、「届く、着く」は「出す、送る」の受動化結果動詞である。［結受］出す、送る＝届く、着く（より詳しくは［結受(相手役)］出す、送る＝届く、着く）

〈類例〉7

図表134　「説得する」と「納得する」

出だし語		転換	結果動詞
主役	説得する		
相手役		→主役	納得する（受動化）

〈例文〉

（1）　学長は強硬派を説得した

（2）　強硬派は学長の説明を聞いて納得した

〈説明〉
「納得する」は「説得する」の期待される受動化結果動詞である。
〈参考〉
1語で対応する能動化結果動詞をあげることができない。「説得に成功する」はそれに近い結合である。「納得させる」（受動化結果動詞の使役態形）も意味的に近い。また、出だし語「説得する」の受動態形「説得される」は「納得する」に意味的に近い。
〈類例〉8
〈例文〉
（1）学長は不同意の意向を反対派の旗頭にほのめかした
（2）反対派の旗頭は学長の不同意の意向に気付いた
〈説明〉
［結受(脇役)］ほのめかす＝気付く
〈類例〉9
［結受(相手役)］叱る＝反省する、謝る

III 結果の段階

図表 135　結果の段階

出だし語		転換	結果動詞	
			第1段階	第2段階
主役	追い掛ける	＝主役	追いつく（能動化）	捕まえる（能動化）
相手役		→主役		捕まる（受動化）
主役	放火する	＝主役		
相手役		→主役	炎上する（受動化）	焼失する（受動化）

〈例文〉
（1）たまたま現場に居合わせた警官が犯人を追い掛け、橋の手前で追いつき、橋の上で捕まえた
（2）若い僧が金閣寺に放火するや、金閣寺は炎上し、たちまちのうちに焼失した

〈基本事項〉

結果語には段階をなして並ぶものがある。

〈説明〉

1. 出だし語「追い掛ける」に始まり、「捕まえる」という終結段階に到るまでに「追いつく」という前段階がある。
2. 「放火する」に始まり、「焼失する、焼け失せる、灰燼に帰す／と化す、灰と／になる、烏有に帰す」という終結段階に到るまでに「炎上する」という前段階がある。

〈注意〉

1. 「追いつく」「捕まえる」の主役は出だし語「追い掛ける」の主役に一致するため能動化結果動詞である。受動化結果動詞「捕まる」には、第1段階を表わす適当な語が(受動形態「追い付かれる」以外)見出せない。
2. 「炎上する」「焼失する」の主役は出だし語「放火する」の相手役に一致するため受動化結果動詞である。
3. 播種する(種まきする)―発芽する―成長する―実る―収穫する、妊娠する―分娩する、出産する―成長する―成人する―老いる―死ぬ、というように長い過程がどのような段階に分けられるか基準はない。頼れるのは「ことばの常識」以外にない。

〈参考〉

過程の段階以外に程度の段階を示す結果語が備わっている場合がある。雷撃／攻撃／爆撃する(出だし語)―①大破する―②撃沈する―③轟沈する

　　ゼロ戦がプリンス・オブ・ウェールズを雷撃／攻撃／爆撃した

　　　①プリンス・オブ・ウェールズが／を大破した

　　　②プリンス・オブ・ウェールズを撃沈した

　　　③プリンス・オブ・ウェールズが／を轟沈した

①は戦艦はまだ沈まないが、ひどくこわれ戦闘能力を失い、修復不可能になる。車の事故などでは、車体が大破する―中破する―小破する、などという程度を示す語が用いられる。②は海の底に沈むこと。③は瞬時に海の底へ沈むこと。②の時間的側面に対する強調語である。

IV　結果語をめぐる問題

(i)　認定の基準
〈基本事項〉
結果語の認定の基準は今のところあいまいのまま残さざるを得ない。
〈説明〉
「風が吹けば桶屋が儲かる」のたとえ通り、原因と結果は結びつけようとすると意外な所に結びつく。常識的・典型的なものに限るとしても、常識も典型も人によって異なる。例えば、「食べる」を出だし語にして「ふとる」を結果動詞とするのを常識的とする人もいればしない人もいる。どのようなものを結果語と認定するかの客観的基準を見出すことは今のところできない。
〈参考〉
「放火する」の受動化結果動詞として「炎上する」「焼失する」は大方の賛成が得られるとしても、その能動化結果動詞として「逮捕される」「拘禁される」「取調べられる」「裁判にかけられる」「入牢する」などをあげるのは言語の記述として適当かどうか疑問であろう。ではどこまでを記述すべきであるか問われれば、やはり常識の範囲内で、典型的なものを、と答えるほかない。

(ii)　他動詞に対応する自動詞
〈例文〉
（１）　洗濯物を物干に<u>ほした</u>／<u>乾かした</u>
（２）　洗濯物が<u>乾いた</u>
〈基本事項〉
他動詞に対応する自動詞がその受動化結果動詞であるとすることができる場合がある。
〈説明〉
1. 「ほす」を出だし語にして「乾く」は受動化結果動詞であることに大方の賛成が得られると思われる。
2. 「ほす」は「水分・湿気を取り除くために、日光・風・火気などにあてる。かわかす」と語釈される〔辞〕。つまり「ほす」は「乾かす」と同

義とされる。
3. そうなると、「乾かす」を出だし語にして、「乾く」は受動化結果動詞であるということになる。「乾かす」―「乾く」は他動詞・自動詞で対応する。

〈類例〉
（1） 花子は会社に勤めながら、一人で太郎を育てた
（2） 太郎は立派に成人した
〈説明〉
1. 「育てる」を出だし語にして「成人する」は受動化結果動詞であることに大方の賛成が得られると思われる。
2. 「成人する」と「育つ」は意味が近い。「立派に成人した」≒「立派に育った」
3. そうなると「育てる」を出だし語にして「育つ」が受動化結果動詞であるという結果がもたらされる。「育てる」―「育つ」は他動詞・自動詞で対応する。
4. 以上の例により、他動詞に対応する自動詞は他動詞の受動化結果動詞であると認めてよいだろうか。検討課題として残される。

(iii) ヲ格とガ格の機能発揮動詞・生成動詞
〈例文〉
（1） フラッシュをたいた―フラッシュが光った
（2） 鈴を振った―鈴が鳴った
（3） 旗をあげた―旗がひるがえった／あがった
（4） さいころを振った―さいころがころがった
（5） 凧をあげた―凧があがった
（6） 家を建てた―家が建った
（7） 橋をかけた―橋がかかった
（8） ご飯を炊いた―ご飯が炊けた
（9） 子供を生んだ―子供が生まれた
（10） ひげを生やした―ひげが生えた

第 10 章　結果語　377

〈基本事項〉
1. ヲ格機能発揮動詞に対応するガ格機能発揮動詞が、前者の受動化結果動詞として把握できる場合がある。〈例文〉(1)–(5)。
2. そのうちの一部は他動詞に対応する自動詞である。〈例文〉(3)(5)。
3. 同様に、ヲ格生成動詞に対応するガ格生成動詞が、前者の受動化結果動詞として把握できる場合がある。少なくとも〈例文〉(6)(7)(8)。
4. そのうちの一部は他動詞に対応する自動詞である。〈例文〉(6)(7)。

〈説明〉
1. 写真をとる人がフラッシュを「たいた」から、フラッシュが「光った」と考えれば、「光る」は「たく」の受動化結果動詞といえそうである。同様の関係に〈例文〉(2)から(5)に掲げるものはある。
2. 「あげる」―「あがる」(〈例文〉(3)(5))、「鳴らす」―「鳴る」、「ころがす」―「ころがる」は他動詞―自動詞の対応である。
3. 大工が家を「建てた」から家が「建った」のだといえなくはない。しかし、青年がひげを「はやした」からひげが「はえた」のだろうか。「はやす」の受動化結果動詞として「はえる」をとらえるにはある種の躊躇が感じられる。

(iv) 受動化結果動詞と出だし語の受動態形

図表 136　受動化結果動詞と出だし語の受動態形

	出だし語	受動化結果動詞	出だし語の受動態形
I類	追い掛ける 研究する 約束する 教える (手紙を)出す ほのめかす 叱る 放火する 放火する 雷撃する 雷撃する	捕まる 判明する 当てにする できる 届く 気付く 反省する 炎上する 焼失する 大破する 轟沈する	追い掛けられる 研究される 約束される 教えられる 出される ほのめかされる 叱られる 放火される 放火される 雷撃される 雷撃される
II類	説得する 育てる 殺す (フラッシュを)たく (鈴を)振る／鳴らす (凧を)あげる (ご飯を)炊く (ひげを)生やす	納得する 成人する、育つ 死ぬ (フラッシュが)光る (鈴が)鳴る (凧が)あがる (ご飯が)炊ける (ひげが)生える	説得される 育てられる 殺される (フラッシュが)たかれる (鈴が)振られる／鳴らされる (凧が)あげられる (ご飯が)炊かれる (ひげが)生やされる

〈基本事項〉

1. 出だし語の受動態形が受動化結果動詞と意味上離れるものと近づくものがある。
2. 離れるものをI類、近づくものをII類と呼ぶことにする。
3. (ii)(iii)で扱ったものの多くはII類に属するよう見受けられる。

〈説明〉

1. 「探す」(出だし語)に対し、「見つかる」は受動化結果動詞である(図表127)が、その意味は「探す」の受動態形である「探される」とは程遠い。「見つかる」≠「探される」。同様の関係にI類に属するものは立つ。「捕まる」≠「追い掛けられる」、「判明する」≠「研究される」
2. それに対し、「説得する」(出だし語)に対し、「納得する」は受動化結果動詞であるが、その意味は「説得する」の受動態形である「説得される」に近い。「納得する」≒「説得される」。同様の関係にII類に属す

るものは立つ。「成人する、育つ」≒「育てられる」、「死ぬ」≒「殺される」、「(フラッシュが)光る」≒「(フラッシュが)たかれる」、「(凧が)あがる」≒「(凧が)あげられる」、「(ご飯が)炊ける」≒「(ご飯が)炊かれる」

3. I類、II類の区別が結果語の記述にどのような意味があるのか、これも検討課題であるが、(ⅱ)(ⅲ)で扱ったものの多くがII類であるという指摘は可能であろう。「家が建つ」≒「家が建てられる」

〈参考〉
1. I類のうち能動化・受動化結果動詞がそろっているものは能動化結果動詞の受動態形が受動化結果動詞に意味上近い。「見つかる」≒「見つけられる」、「捕まる」≒「捕まえられる」、「判明する」≒「解明される」(図表137参照)

図表137 受動化結果動詞と能動化結果動詞の受動態形

出だし語	結果動詞		能動化結果動詞の受動態形
	能動化	受動化	
探す	見つける	見つかる	見つけられる
追い掛ける	捕まえる	捕まる	捕まえられる
研究する	解明する	判明する	解明される

2. 準備調整語を出だし語にすると機能発揮語は結果語となると考えてよいかもしれない(第5章Ⅸ参照)。
   [結] (家に)引っ越す=(家に)住む
   [結] (たばこに)火をつける=(たばこを)すう

第11章　集団語

I　集団語とは

図表138　出だし語と造語関係を持たない集団語

	出だし語	集団語
(1)	大臣	内閣
(2)	役者	一座、劇団
(3)	泥棒、盗賊	一味
(4)	絵画、切手、おもちゃ	コレクション
(5)	家具	セット
(6)	紙幣	札束

〈例文〉
（1）　内閣は国務大臣を以て組織す
（2）　北九州をまわっているストリップの一座は八つほどあるが（大宅壮一）或日郁子宛に或劇団の下端の女優である千代子から手紙が来た（志賀直哉）
（3）　泥棒の一味を捕らえる〔類大〕
（4）　頻（しきり）と美人写真の蒐集（コレクション）に熱中している紳士が（永井荷風）
（5）　廊下を、ひろく一杯に取って、来客用のセットを置いた場所もある（永井龍男）
（6）　鼻紙代わりに札束を使っている奴だっているわけさ（加藤道夫）

〈基本事項〉
1.　出だし語が示す個体のまとまりを表わす語を集団語という。
2.　出だし語と集団語の関係を「集団の縁」と呼ぶ。両者は「集団の縁」で

結ばれる。［団］と略記する。［団］大臣＝内閣

3. 集団語は、出だし語と造語関係を持つものと、持たないものがある。

〈説明〉

1. 総理大臣とその他の国務大臣が行政権を担当するためにつくるまとまりが「内閣」［(1)］である。「閣僚、閣員」については第12章Ⅳ〈説明〉参照。

2. 「役者」が機能を発揮するためにまとまってつくる集団が「一座、劇団」［(2)］。このうち「一座」は、歌舞伎など伝統的芸能の興行を目的とする場合に用いられる。

3. 「一味」［(3)］は現在悪事を企てるものに用いられる。よって、「盗賊の一味」のような「集団の縁」の結びつきにおいて、「盗賊」と「一味」は相互予定関係にはいり、強固な結合を形成する。

4. 持主の趣味・方針のもとに、美術品、骨董品、切手、切符、おもちゃがまとまりをなす場合、「コレクション」［(4)］となる。

5. 道具、家具、紅茶の茶碗などが常識的、日常的目的のためにまとまりをなす場合、「セット」［(5)］という。「家具のセット」「紅茶茶碗のセット」

6. 紙幣を重ねて束にしたものを「札束」［(6)］という。同様の例に、花―花束、竹―竹束、矢―矢束がある。

7. 図表138に掲げたのは、出だし語と造語関係を持たず、その集団語であることを予測できないか、しにくいものである。

〈参考〉

1. 出だし語は単に「人」であるが、人数・性別の限定のもとに、何らかの目的のもとに形成される集団語がある（図表139）。

図表139　人数を明示する集団語

	出だし語	集団語
(1)	人（限定2）	コンビ、二人組
(2)	人（限定2、異性）	アベック、カップル、ペア、男女二人組
(3)	人（限定3）	トリオ、三人組

(1) 漫才で幼なじみとコンビを組んだ

　　　　二人組の強盗に入られた
(2)　隅っこのボックスに納まって、ストロオを口にしてゐる、乳くさい学生のアベック(徳田秋声)
　　銀座を菜穂子さんとアベックで歩くなんてちょっと恥ずかしいな
　　アベック強盗にやられた
　　踊りのカップルに見惚れてしまった
　　付近に何組かの若いカップルの影があった(五木寛之)
　　アイス・ダンスは日本のペアが優勝した
　　カップをペアで買う(男女二人用のカップを買う)
(3)　徳川・大辻も出ることになるらしい、向ふでは之(これ)をトリオと心得てるんだから困る(古川ロッパ)
　　『お笑い三人組』は当時NHKの人気番組の１つであった

　三重奏、三重唱の意味でも「トリオ」が用いられる。「三羽烏」は多数の中で特に優れた三人組をいう。「勝川春章の三羽烏のうち春潮は美人絵を継承し春英、春好は肖顔絵(にがほゑ)と武者絵とを伝へた」(矢田挿雲)
　「カルテット」、「クインテット」は通常音楽用語。
　数字と「組」を用いれば自由に集団語をつくることができる。「五人組」(江戸時代の隣保組織(りんぽそしき))、「国民主義音楽を確立した『五人組』」、「黒百人組の組員」(черносотенецの訳語〔岩波〕)。
2.　夫婦と子供、縁者がつくる集団語として「家族、一家、ファミリー」がある。「所帯」は独立した生計を営む集団を意味する。
3.　「木」のまとまりとしての「林、森」、「人家」があつまって「集落」というのも近い関係と思われる。
4.　対象を範疇づけたり分類する語の多くは集団語的用法を持つ。例えば、「皇族」「皇室」(天皇+皇族)「太陽系」。

II 集団語の造語法

〈基本事項〉
1. (1)「隊」、(2)「団」、(3)「群」、(4)「一同」、(5)「全員」を出だし語そのもの、ないし、その一部に後接してつくる集団語がある。
2. かく造語された集団語は何のまとまりであるかがわかる（これら集団語の多くは通常辞書に記載されない）。

〈例〉
（1） 警官―警官隊、軍艦―艦隊、狙撃兵―狙撃隊（小規模になると狙撃班）
（2） 船―船団、秘書―秘書団、弁護士―弁護団
（3） 猿―猿群、魚―魚群、流星―流星群、症候―症候群、古墳―古墳群
（4） 卒業生―卒業生一同、有志―有志一同、職員―職員一同
（5） 生徒―生徒全員、議員―議員全員

〈類例〉
出だし語と造語上の関連を持つ集団語を類例として掲げる。
（1） そのままの合成
父と母―父母、夫と妻―夫妻、親と子―親子、兄と弟―兄弟、姉と妹―姉妹、兄弟と姉妹―兄弟姉妹、師と弟子―師弟
（2） 「脈、座、雲、派、族」などの後接
山―山脈、星―星座・星雲、反対者―反対派、暴走行為を繰り返し行う人―暴走族、団地に住む人―団地族
（3） 「列、群、連」などの前接
島―列島・群島、鳥―群鳥、峰―連峰、雲―連雲、山―連山

〈注意〉
1. 「隊」によって造語されながら、前半部が機能・役割を示すだけで出だし語を明確に指摘できない集団語がある。音楽隊、鼓笛隊、軍楽隊、機動隊（成員は警官であるが機動性を持つことの明示がある）
2. 「団」によって造語されながら、出だし語との関係がはっきりしない集団語がある。院外団、外交団、義勇団、球団

〈参考〉
1. 「界、壇」によって造語される、様々な活動を行う人達の「世界、社

会」を示す語がある。実業界(経済的事業を営む人の)、財界(大規模な経済的事業を営む人の)、経済界(実業界、財界)、政界(政治家の)、政財界(政界と財界)、官界(中央の役人の)、法曹界(法律に関わる人の)、学界(学者の)、文学界(文学に関わる人の)、文壇(文筆活動をする人の)、詩壇(詩人の)、歌壇(和歌を詠む人の)、俳壇(俳人の)、画壇(画家の)、劇界(演劇関係者の)、芸能界(芸能人の)、球界(野球に関わる人の)。以上はいかなる「社会」であるかがわかる手掛かりが前半部に存在するが、「角界」などになるとわかりにくくなる。大相撲に関わる人の社会である。「梨園(りえん)」などとなると手掛かりはなく、知識が要求される。名門歌舞伎役者の世界を意味する。

2. 共通の目的をもって組織されるまとまりを示す語は多い。政治団体、宗教団体、釣愛好会、雑木林を守る会、日本文芸家協会、交通安全協会、従業員組合、農業共同組合

3. 社会的・経済的地位、職業、生活状態、意識、イデオロギーの共有などの観点から、人を範疇づける用語が多くある。学生層、無党派層、サラリーマン層、金持ち階層、知識階層、ブルジョア階級、労働者階級、資本家階級、上流階級

III 集団の表現

〈例文〉

(1) ひつじの群れを追う
　　どこへ行っても人の群ればかりだ
　　無頼の群れに身を投ずる
(2) 暴徒の一群が政府の建物に押しかけた
(3) 敵の大群が押し寄せた
(4) 小学生の一団が通り過ぎる
(5) 不良のグループが盛り場をうろつく

〈基本事項〉

「群れ」［(1)］、「一群」［(2)］、「大群」(+［強］)［(3)］、「一団」［(4)］、「グループ」［(5)］などの語は生きものを示す語と「の」を介して結びつき、集

団的意味を分析的に表わすことができる。

〈注意〉
1. 「群れ」［(1)］は人にも動物にも結びつくが、「一団」［(4)］、「グループ」［(5)］は主に人を示す語とともに用いられる。
2. 図表138で掲げた集団語は(1)を除き、出だし語と「の」を介して結びつき、同様の結合を形成する。旅役者の一座、泥棒の一味、切手のコレクション、家具のセット、一万円札の札束。出だし語は集団の種類を示す修飾語として働く。
3. 「の」が省略され得る。「不良グループ」「泥棒一味」「切手コレクション」

〈参考〉
「やから」はよくない意味の修飾語を伴って用いられる。行儀を知らぬやから、不逞のやから。「一派」もこれに近い。「あの一派のしわざに違いない」

IV 集合を表わす手段（いわゆる「複数」）

図表140　集合を表わす手段

		接辞	例
(1)	接頭	諸	諸方面、諸外国、諸問題、諸悪
(2)		多	多方面、多年
(3)		群	群雄、群豪、群書、群山
(4)		両	両(の)手、両(の)目、両眼、両耳、両足、両親
(5)		双、諸	双親、双(諸)手、諸人、諸神
(6)	接尾	達	人達、猫達、奥様達
(7)		共	犬共、猫共、女共
(8)		等	私等、彼等、君等
(9)		方	あなた方、奥様方
(10)		反復	神々、人々、国々、駅々、窓々

〈例文〉
（1）　諸悪の根元を断つ
（2）　多方面から調査を進める〔辞〕

（3） 群雄が割拠する
（4） 両手で樽をかかえる
（5） 諸手をあげて賛成する
（6） ちいさいひごいはこどもたち(だち)
（7） 信長は激怒のあまり、外出中の女共を皆殺しにしてしまった
（8） 僕等は皆学校に行く
（9） 先生方がいらっしゃいました
（10） 災害地の人々を激励する

〈基本事項〉
いわゆる「複数」を示す造語手段が数々ある（図表140）が、これらによってつくられる複合名詞は、集団語と区別してしかるべきである。

〈説明〉
1. 「複数」とは個体が2つ以上あること。
2. まとまりが同類の個体で形成されている場合、「複数」と同じ意味になる。学生—学生達、人—人々
3. 「(あっ、)お父さん達(だ)」には、「お母さん」もはいる場合がある。father—fathers、отец—отцы とは異なる。「(あそこに、)社長達(がいる)」には「女性秘書」が混ざる場合がある。このような場合は、「複数」ではなく、「社長」を含む集合の意味である。

〈注意〉
1. 「達」は生きものを示す名詞につくのが原則。動物につけると擬人化めいた効果がでる。猫—猫達。生きものではないものにつけると生きもの扱いの効果が著しくでる。呼び合うことば—呼び合うことば達。効果をとるか、幼稚化を避けるか、の判断は文体を考慮して決める必要がある。
2. 「共」は多くの場合卑称的。「豚共」
3. 「方」は「敬意をもって」集合を表わす。
4. 反復が用いられるのは、主に短い和語。

〈参考〉
1. 奥様連、子供連中、芸者衆なども集合を表わす（集合と集団の差ははっきりしない）。

2. 「両」が接頭された複合名詞の一部は「双数」に一致する。ruka「手」、ruce, rukou, rukama「両手」、oko「目」、oči, očima「両目」(以上チェコ語)。
3. 無生物の集合的表現は概して不活溌である。

第 12 章　成員語

I　成員語とは

図表 141　出だし語と造語関係を持たない成員語

	出だし語	成員語
(1)	内閣	閣僚、大臣
(2)	国(際)連(合)	加盟国
(3)	暴力団	組員
(4)	芸術院、学士院	会員
(5)	アパート	住人
(6)	会合、集会	参加者、出席者
(7)	授業	出席者
(8)	式典、葬儀	参列者、列席者

〈例文〉
（1）　彼は吉田内閣の閣僚の一人であった
（2）　日本は国連の加盟国の一つである
（3）　彼は関西で有名な暴力団の組員だ
（4）　彼は芸術院の会員に推挙された
（5）　アパートの住人は仲良くしてもらわなければ困ります
（6）　会合の参加者はまばらであった
　　　会合の出席者は二十人位です
（7）　授業の出席者は出席カードを書いて下さい
（8）　私の知ってゐる限りでは、豪奢な葬儀であった。参列者はそれ程多数
　　　でなかったが（正宗白鳥）

〈基本事項〉
1. 出だし語が示すまとまり、組織や事柄の構成員を表わす語を成員語という。
2. まとまり、組織、事柄を示す語（出だし語）と成員語の関係を「成員の縁」と呼ぶ。両者は「成員の縁」によって結ばれる。［成］と略記する。
   ［成］内閣＝大臣、閣僚
3. 成員語は出だし語と造語関係を持つものと、持たないものとがある。

〈説明〉
1. 「消防組―組員」のような関係において「組員」は出だし語たる集団語「消防組」から派生されており、その成員語であることが推測できる。しかし「暴力団―組員」［(3)］という関係においては推測不可能。
2. ここに例として掲げたものは出だし語と造語関係を持たず、出だし語から予測、推測しにくいか、できない個性的成員語である。

〈類例〉
［成］国会＝国会議員、代議士
［成］チーム＝メンバー

〈注意〉
1. 「授業、式典、会合、葬式」などは事柄である。
2. 「会合、集会」では「参加者」「出席者」ともに可能。「授業」では「出席者」が普通。「式典、葬式」の場合は「参列者」「列席者」が可能だが、「結婚式」では「参列者」とはいいにくい。

〈参考〉
1. 「あいつは暴力団だ」「お前は暴走族だ」「岡田君はサッカー部だ」のように集団語が成員語のように用いられることがある。「兵隊」は本来、集団語として造語されたものであろうが、現在、成員語的意味で広く用いられる。「若い將校が一人の兵隊をつかまへて、何か声高に 罵(ののし)って居た」（寺田寅彦）。成員語が集団語として用いられることもある。例えば「彼はこの会のメンバーである」といった時「メンバー」は成員語であるが、「今度のコンパはいつものメンバーです」といった場合、集団語的意味を獲得する。
2. 船、航空機の運航にたずさわる人を乗組員、搭乗員、乗務員という。

船、航空機の主要構成員を示すことは確かとしても、その成員語とするには疑問が残る。乗組員、搭乗員の集団語としてクルーがある。クルーを集団語とした場合、その成員語は厳密には「一人の乗務員」である。ただし、「その日乗務員は多忙を極めた」といった時はクルーの意にもとれ、「その乗務員は多忙を極めた」といった場合、一人の乗務員の意味になる。
3. 編集部の成員語は「編集部員」である。それをまとめて「スタッフ」ということがある。映画・演劇などでは、俳優以外の製作関係者をまとめて「スタッフ」という。これは成員語的にも用いられる。「彼は我々のスタッフだ」
4. 「相方、相棒、片割れ」は「コンビ」とか「二人組」の一方の構成員を示す。

II 成員語の造語法

〈基本事項〉
1. (1)「員」、(2)「民」を出だし語につけてつくる成員語がある。
2. これら成員語は通常辞書に記載がない。

〈例〉
（１） 会―会員：雑木林を守る会会員、防犯協会会員、釣り愛好会会員
　　　団―団員：消防団―消防団員、合唱団―合唱団員
　　　隊―隊員：鼓笛隊（こてきたい）―鼓笛隊員、探検隊―探検隊員
　　　部―部員：卓球部―卓球部員、野球部―野球部員
　　　座―座員：フランス座―フランス座座員、芸術座―芸術座座員
　　　組合―組合員：労働組合―労働組合員、生活協同組合―生活協同組合員
　　　党―党員：共産党―共産党員、自民党―自民党員
（２） 国―国民：イギリス―イギリス国民、日本―日本国民
　　　（東京）都―都民
　　　（北海）道―道民
　　　（大阪）府―府民

(群馬)県—県民
(横浜)市—市民
(広島)町—町民
(車郷)村—村民

〈説明〉
1. いかなる出だし語に対する成員語であるかがわかる。
2. 店(みせ)—店員(てん)、村(むら)—村民(そん)などでは訓から音に転換される。

〈注意〉
1. 銀行—銀行員の場合、関係は明瞭であるが、行員と略されるとわかりにくくなる。
2. 委員会の成員語は委員。
3. (運動)クラブでは部員、デパートでは店員が普通。

〈参考〉
1. 加盟国／加盟団体／加盟店などは連合、連盟的組織に加わっている一員であることを表わす。
2. 地域・職業・分野などを示す語に「人」をつけると、それに属する人(そこで生まれた人)を示す語ができる。九州—九州人、群馬県—群馬県人、民間—民間人(くだけて、民間の人)、業界—業界人(普通、「業界の人」が使われる)
3. 工場—工員のような成員語もある。

III 成員の表現

〈例文〉
（1） 日本は国際社会の一員としての自覚を持つべきである〔類大〕
オーケストラーの一員となる
（2） この会の成員は地方出身者がほとんどだ〔類大〕
家族の成員〔辞〕
個人として乃至社会の成員として一種教養ある人間としての内生活を送るやうに(本間久雄)
ストライクの総成員三名なんてのは(葉山嘉樹)

（3） 彼は暴力団の構成員だった〔類大〕
　　　大学の構成員の一人として発言させて頂きます
　　　会社の構成員として、これだけはいっておきたい
（4） 家族のメンバー

〈基本事項〉
人によって構成される事柄や組織を表わす名詞に「の」を介し、「一員」［(1)］、「(一)成員」［(2)］、「(一)構成員」［(3)］、「メンバー」［(4)］をつけると、その成員を表わすことができる。

〈注意〉
「の」を省略することができる。「隣組各構成員はそのために一層親密の度を増したのである」（榊山潤）「家族成員間の人格の尊重が新しい家を作る基礎的な条件だと説いて」（大佛次郎）

IV　集団語と成員語の関係

〈例〉
（1）　［団］役者＝一座、［成］一座＝座員、役者
（2）　［団］大臣＝内閣、［成］内閣＝閣僚、閣員、大臣

〈基本事項〉
集団語の出だし語が成員語である場合、その成員語の出だし語は集団語である筈であるが、逆転は単純にはいかないかもしれない。

〈説明〉
集団語、成員語にはそれぞれ有標的なもの無標的なものがあり、単純な逆転とはならない。例えば、(1)「役者」の集団語は「一座」であるが、「一座」の成員語はまず「座員」であり、「役者」はその後に並ぶべきものと考えられる。なぜなら、「一座」の有標成員語（集団の成員であることが明確なもの）は「座員」であり、「役者」は無標的成員語（意味の1つとして成員的意味をとり得るもの）であるからである。また、例えば、(2)「大臣」の集団語は「内閣」であるが、「内閣」の成員語はまず「閣僚、閣員」であり、「大臣」はその次に並ぶべきものと考えられる。「閣僚、閣員」は有標的成員語であり、「大臣」は意味の1つとして成員的意味をとり得る無標的成員語で

あるためである。

〈**注意**〉

一方の語彙関係に重要性があり(アクチュアルであり)、逆転させた他方の関係には重要性がなかったり、少なかったりするものがある。例えば、「東京都」の成員語は「都民」であるが、「都民」の集団語は何かという問はあまり発せられるものではない。

［成］東京都＝都民という関係が重要であり、［団］都民＝東京都という関係は理論的想定となる（派生関係もこれに応じている。都民は東京都から派生され、東京都は都民から派生されるものではない）。

〈**参考**〉

1. 局・部・課・係など組織の構成の階層区分は集団語と成員語の関係になっているものが多い。
2. 類、種、界、門、綱、目、科、属…　地方、県、郡、市、町、村…　曲、楽章、小節…　世紀、年、月、日、時間、分、秒…　組、班なども同様である。

第13章　首長語

I　首長語とは

図表 142　出だし語と造語関係を持たない首長語

	出だし語	首長語
(1)	商工会議所	会頭
(2)	共和国	大統領
(3)	都、道、府、県	知事
(4)	大工	棟梁(とうりょう)、親方
(5)	警視庁、消防庁	総監
(6)	卒業生	総代
(7)	葬式	喪主
(8)	花札、トランプ	親

〈例文〉
(1)　堺市の名望家(めいぼうか)現今堺市商業会議所会頭なる藤本荘太郎氏シカゴ博覧会に赴(おも)むきて在らざりしが(横山源之助)
(2)　昨年の今頃は大統領の選挙年で(原田棟一郎)
(3)　時々県令(未だ知事とは云はなかった)と喧嘩しながら(徳冨蘆花)
(4)　現場で棟梁(とうりょう)が指揮をする〔類大〕
(5)　二日ばかりして総監より使いがあり(松本清張)
(6)　七月十日の卒業証書授与式に僕が卒業生総代として謝辞を述べ(徳冨蘆花)
(7)　葬式の喪主は長男がつとめた
(8)　じゃんけんで親を決める

〈基本事項〉

1. 出だし語が示すまとまり、組織、事柄の最も上位にあるものを表わす語を首長語という。
2. まとまりや事柄を示す語(出だし語)と首長語の関係を「首長の縁」と呼ぶ。両者は「首長の縁」で結ばれる。[首]と略記する。[首]卒業生＝総代
3. 首長語は、出だし語と造語関係を持つものと、持たないものとがある。

〈説明〉

1. 「葬式」[(7)]、「花札」[(8)]は事柄である。
2. ここで例示した首長語は出だし語と造語関係がなく、両者の関係が予測できないか、しにくいものである。
3. 「親」[(8)]とは札などを配り、中心となってゲームを進行させる人のこと。

〈注意〉

1. 「総代」[(6)]は「関係者全員を代表するもの」を表わす。友人総代、壇徒(檀家の人々のこと)総代。「山林事件の総代」(島崎藤村)のような使われ方は現在稀。
2. 「大統領」[(2)]はアメリカ合衆国を含む共和制国家の元首。インド、イタリア、ドイツでは儀礼的な役割しかないか、権限は弱い。
3. 図表142に掲げた首長語は、出だし語と造語関係を持たないが、(3)の「知事」、(4)の「棟梁」を除くと、「頭、統、親、総、主」のような首長を予測させるような漢字を内に含む。これに類する例を〈参考〉2に掲げる。

〈参考〉

1. 出だし語と造語関係を持たない首長語の例を補う。
   [首] 力士＝横綱
   [首] 卒業生、(現在の)民主党＝代表
   [首] ホテル、映画館＝支配人(マネージャーは3参照)
   [首] 茶店、店＝主(あるじ)
2. 出だし語と造語関係を持たないが、首長を予測させるような漢字を持つものの例を掲げる。

[首] 職人、大工、力士＝<u>親方</u>
[首] 不良グループ、盗賊(団)＝<u>親玉</u>
[首] 博徒(ばくと)、暴力団、やくざ＝<u>親分</u>
[首] ラグビー部(などスポーツチーム)＝<u>主将</u>
[首] 売り場、フロア＝<u>主任</u>(チーフは3参照)
[首] 記者＝<u>主筆</u>(デスクは3参照)
[首] 論説委員(室)、辞書編纂グループ＝<u>主幹</u>
[首] 茶店(ちゃみせ)、民宿、店＝<u>主人</u>(あるじは1参照)
[首] 客＝<u>主賓</u>
[首] 悪事＝<u>首魁</u>(しゅかい)
[首] 盗賊、窃盗団＝<u>首領</u>
[首] 公社、日本銀行、自由民主党＝<u>総裁</u>
[首] ナチス・ドイツ＝<u>総統</u>
[首] 鳶職(とびしょく)、大工、左官(などの職人)、盗賊＝<u>頭</u>(かしら)
[首] 銀行＝<u>頭取</u>(とうどり)(首席の取締役)
[首] 窃盗団、馬賊＝<u>頭目</u>
[首] 反対派＝<u>旗頭</u>(はたがしら)
[首] 植民地＝<u>総督</u>
[首] 艦隊＝<u>提督</u>、総司令官
[首] 博徒＝<u>元締め</u>
[首] (能、狂言、舞踊、茶道などの)流派＝<u>家元</u>
[首] ばくち＝<u>胴元</u>
[首] 帝国＝<u>皇帝</u>、<u>帝王</u>

3. 造語関係皆無であるカタカナ書き首長語の例を掲げる。

[首] 野球部(などスポーツチーム)＝キャプテン(主将は2参照)
[首] コック、料理人＝シェフ(料理長)
[首] ホテル＝マネージャー
[首] 取材記者、プロジェクト、グループ＝キャップ、チーフ
[首] プロスポーツの協会＝コミッショナー
[首] オーケストラー＝コンサートマスター
[首] 会社＝ＣＥＯ(シーイーオー)(最高経営責任者)

［首］売り場、プロジェクト、グループ＝チーフ

［首］ボクサー＝チャンピオン

［首］新聞・雑誌・放送などの記事・番組などの製作での取材・編集＝デスク

［首］喫茶店、バー＝マスター

［首］探検隊、登山隊、派閥＝リーダー（「隊長」「領袖(りょうしゅう)」より新鮮味がある語）

II 首長語の造語法

(i) 出だし語＋「長」

図表143 出だし語＋「長」によって造語される首長語

	出だし語	首長語 (a)無省略	首長語 (b)省略
(1)	市	市長	
(2)	幼稚園	幼稚園長	園長
(3)	工場	工場長	
(4)	大学		学長

〈基本事項〉

1. 首長語には、語末に「長」を持って造語されたものが多くある。
2. 造語の基本原則は、出だし語に長をつける［(1)(2)(3)］。かく造語されたものを(a)無省略首長語と仮に呼ぶ。
3. 2漢字以上の出だし語では末尾の漢字＋「長(ちょう)」により(b)省略首長語が形成される［(2)(b)、(4)(b)］。
4. (a)(b)併存するものが多いが、(a)のみのもの［(3)］、(b)のみのもの［(4)］もある。(b)のみのものは、臨時的に造語された複合語の省略というよりは、独立性を保持する一個の語彙としての性格が強い。

〈説明〉

1. 出だし語が1漢字で書かれる語の首長語はその漢字＋「長(ちょう)」である。市(し)―市長、区―区長、塾―塾長。造語された語は音読み。よって、訓読みの出だし語は音(おん)に転換される。(小川(おがわ))町―町(ちょう)長、(車郷(くるまさと))村(むら)―村(そん)長。

かく形成された2字漢字語には無省略・省略の差はない。
2. (a)(b)併存の例を掲げる。(大学の)学部―学部長・部長、会計部―会計部長・部長、学科―学科長・(科長)、会計課―会計課長・課長、(農業)試験場―(農業)試験場長・(場長)、研究所―研究所長・所長、学校―学校長・校長、病院―病院長・院長、観測隊―観測隊長・隊長、小隊―小隊長・(隊長)、警察／消防／税務署―警察／消防／税務署長・署長、生徒会―生徒会長・会長、博物／美術／水族館―博物／美術／水族館長・館長。(　)内に記した省略首長語は比較的使用が少ないと感じられるもの。
3. 農業試験場のような場合、試験場長と場長は(当該試験場の慣例にもよるが)併存する。工場は工場長が通常用いられる。同様に省略首長語が用いられない例を掲げる。師団―師団長、連隊―連隊長
4. 大学に関し、大学長はあまり聞かない。学長が普通である。正式には、X(商科)大学学長というかたちで用いられる(Xは固有名)。同様と思われる例を掲げる。駆逐艦―(駆逐艦)艦長、イージス艦―(イージス艦)艦長、会社―(会社)社長、原生林を守る会―原生林を守る会会長(cf.生徒会長)、動物園―(動物園)園長

面倒な問題をつきつけるのは最後の例である。図表143の(2)を許容しながら、動物園に関し、動物園長に違和感をおぼえ(動物園)園長を使う、また、応援団長、消防団長を許容しながら、サーカス団長を避けてサーカス団団長を選ぶ人がいることである。熟成度の違いがかかる現象を呼ぶものと思われる。

〈注意〉
1. 「店長」は「店の最高責任者」〔広〕。店(みせ)―店長という関係でとらえれば、(1)。百貨店―店長という関係でとらえれば、(4)。
2. 末尾に「長」があるが、出だし語と直接的造語関係がなかったり、意味関係が複雑であったりするものの例をランダムながら掲げる。
    (1) 会長
        会―会長という関係にあり、生徒会―会長はこれにはいるが、会と名がつかなくとも会長が存在する。PTA―会長では背後に父兄会がある(父兄会(ふけいかい)は戦前の名称)。会社の会長は社長より上位にあ

る儀式用名誉職。ただし、代表権のある会長も存在する。会社の首長語は通常社長であるが、執行役員、常務／代表取締役、最高経営責任者を最上位のものとして用いる会社もある。

(2) 委員長
委員―委員長という関係なら看護師―看護師長（普通「婦長」という）と同じだが、委員会―委員長、という関係になることが多い。労働組合やある種の政党のトップにも使う。

(3) 座長
芝居、演芸などの一座の長も「座長」という。「談話会、懇談会、座談会、諮問委員会、研究分科会」の進行をとりしきる人も座長ということがある（両語で「座」の意味が異なることはいうまでもない）。

(4) 総長
大学―学長が正式だが、総長を慣用する大学がある。暴力団も総長を使うことがある。事務総長は、国際連合、日本の衆・参議院などで、事務を統括する最高職。検事総長は最高検察庁、参謀総長は参謀本部の首席。

(5) 事務長
事務―事務長という関係で造語されているが、学校、病院、商船などの事務の首席をいう。旅客機の場合、パーサーと同義なら「首席の旅客係」〔辞〕。

(6) 編集長、検事長
編集―編集長という関係で造語されており、編集作業全てを統轄する責任者をいう。部局がなくとも使われる。検事長は高等検察庁の首席。

(7) 内閣、行政機関、部族―首長

(8) インディアン（など未開の地に住むとされる部族）―酋長(しゅうちょう)

(9) 病院の各科―医長

(10) 楽団、楽隊、宮内庁式部職の楽師―楽長

(11) （旧ソ連）共産党―書記長
書記―書記長で造語。генеральный секретарь「総書記」という不

思議な遜譲的名称の訳語から。

〈参考〉
宮内庁、文化庁、公安調査庁、最高裁判所の首長は長官という。

(ii) 「主」「首」「立」などによるもの

〈基本事項〉
1. 「主」を出だし語に前接する首長語がある。客─主客
2. 「主」を出だし語の中の1漢字に前接する首長語がある。審判─主審、犯罪・犯行─主犯、審査委員─主査
3. 「主」「首」「王」を出だし語に後接する首長語がある。藩─藩主、城─城主、党─党首、国─国王
4. 「立」を出だし語に前接する首長語がある。女形(おやま)─立女形(たておやま)、行司─立行司、役者─立役者

〈参考〉
1. 「主」を訓よみにして用いる例。世帯─世帯主
2. その他、出だし語を保存する首長語の例。大臣─総理大臣；指揮者、(オーケストラの)奏者─首席指揮者、首席奏者；株主、准(助)教授─筆頭(ひっとう)株主、筆頭助教授(ただし、前頭筆頭)
3. 「総書記」は中国共産党の最高指導職名。北朝鮮でも用いられる。

III 集団語と成員語と首長語の関係

図表144　成員語・集団語・首長語の対応

	成員語	集団語	首長語
(1)	閣僚、閣員、大臣	内閣	内閣総理大臣、首班
(2)	座員、役者	一座	座長、座頭
(3)	船	船団	船団長
(4)	(弁護団構成員)、弁護士	弁護団	弁護団長
(5)	(暴力団構成員)、組員	暴力団	親分
(6)	野球部員	野球部	キャプテン・主将
(7)	社員	会社	社長
(8)	都民	東京都	(東京)都知事
(9)	(群馬)県民	(群馬)県	県知事

〈基本事項〉

1. 集団語の出だし語がその成員語、首長語の出だし語がその集団語である場合、三者は整然たる対応を見せる[(1)-(6)]。
2. 会社[(7)]、東京都[(8)]、(群馬)県[(9)]を社員、都民、県民の集団語に準じさせるなら、(7)-(9)も対応は保つといっていいだろう。

〈注意〉

図表145　首長語の出だし語としての組織とその構成員

	A. 組織・事柄の構成員	B. 組織・事柄 (首長語の出だし語)	C. 首長語
(1)		警視庁	警視総監
(2)		商工会議所	会頭
(3)	園児、教職員	幼稚園	園長
(4)	小学生、教職員	小学校	校長
(5)	大学生、教職員	大学	学長
(6)	乗務(搭乗)員	飛行機	機長
(7)	乗客、乗(務)員、搭乗員	旅客機	機長
(8)	乗客、運転手、(車掌)	バス	
(9)	乗組員、船員、船乗り、海員	船	船長

1. 組織・事柄があり、その首長語がはっきりしていても、その構成員は何かということが、ことばの上であまり問題にならなかったり、明確でない場合がある。例えば、警視庁(1)や商工会議所(2)の首長語ははっきりしているが、その構成員は誰かというとただちに答えられない。
2. 組織の構成員は誰を含むかというのは今も議論の対象となり、一義的解決を見ない場合がある。「大学」の構成員に「学生」を含むか、含まないかは、時代によって解釈が異なる。
3. 組織・事柄の首長とその構成員との関係はまちまちであり、語彙の問題というより事実の問題に踏み込まざるを得ない。例えば、社長―社員、学長―学生、(トランプの)親―子。
4. 組織・事柄の構成員が組織・事柄を示す語を出だし語にしての成員語とし得るかどうか、はっきりしないが、語彙として重要であることはいうまでもない。

〈参考〉

1. 「葬式」の首長語は？と問われた時、「喪主」と答えるのは辞書的知識の

上に立つが、「警視庁」「宮内庁」「北海道」の首長語は？と問われた時、それぞれに対し「総監」「長官」「知事」と答えるには、事典的知識も必要となる。首長語の使用は、言語の問題であるとともに事実（伝統、慣行、運用）の問題でもある。時代と場所において変化が著しい領域にある語彙である。

2. 日本語では主要な首長語が「長」によって造語され、出だし語を推測できる場合が多いことを見たが、造語手段で特徴づけられず、出だし語との関係はただ記憶していくほかない首長語の多い言語もある。

　　［首］университет, university（大学）＝ ректор, president（学長）

　　［首］факультет, faculty（学部）＝ декан, dean（学部長）

　　［首］кафедра（講座）＝ заведующий кафедрой（講座長）

　　［首］школа, school（学校）＝ директор, principal, head teacher, head master（学校長、校長）

　　［首］делегация（代表団）＝ глава делегации（代表団長）

　　［首］больница, hospital（病院）＝ главный врач, director（superintendent, head）of a hospital（病院長）

第 14 章　性別語

I　性別語とは

図表 146　性別語（雄性語・雌性語）

		性別語		出だし語
		雄性語	雌性語	
(1)	修飾語	男の	女の	人、先生、案内係
(2)		男性の	女性の	知人、読者
(3)		雄（おす）の	雌（めす）の	馬、猫、ライオン
(4)	内包語	男、男性、男子	女、女性、女子、婦人	人
(5)		雄（おす）	雌（めす）	動物、生物
(6)		父	母	親
(7)		男性客、男性警察官	女性客、女性警察官	客、警察官
(8)			女流作家、女流画家	作家、画家
(9)		男優	女優	俳優
(10)		男子学生、男子生徒	女子学生、女子生徒	学生、生徒
(11)		男親（おとこおや）、男友達（おとこともだち）	女親（おんなおや）、女友達（おんなともだち）	親、友達
(12)			婦人警察官、婦人自衛官	警察官、自衛官
(13)		男神（おがみ）	女神（めがみ）	神
(14)		雄牛（おうし）、雄鶏（おんどり）、雄犬（おすいぬ）	雌牛（めうし）、雌鶏（めんどり）、雌犬（めすいぬ）	牛、鶏、犬
(15)		知人男性、既婚男性	知人女性、既婚女性	知人、既婚者
(16)		長男（ちょうなん）、美男（びなん（だん））	長女（ちょうじょ）、美女（びじょ）、美人（びじん）	長子（ちょうし）、きれいな人
(17)		痴漢、酔漢	痴女〔類大〕	みだらな人、酔っ払い
(18)		好男子（児）、快男子（児）		好感のもてる人
(19)		色男（いろおとこ）、痩せ男（やせおとこ）	色女（いろおんな）、痩せ女（やせおんな）	情人（いろ）、痩せた人
(20)		舅（しゅうと）、小舅（こじゅうと）	姑（しゅうとめ）、小姑（こじゅうとめ）	しゅうと、こじゅうと
(21)		農夫、情夫	農婦、情婦	農民、情人
(22)			職業婦人、既婚婦人	職業人、既婚者

〈基本事項〉

1. 出だし語(名詞)が示す生物(想像上のものを含む)の雄性(男・雄)を表わす語を雄性語、雌性(女・雌)を表わす語を雌性語と呼ぶ。
2. 雄性語・雌性語を合わせて性別語という。
3. 性別語は修飾語[(1)–(3)]もあるが、大部分は内包語[(4)–(22)]である。
4. 出だし語と雄性語との関係を「雄性の縁」と呼び、[雄]と略記すると、例えば、「読者」「親」を出だし語にした場合、両者の関係は、次のように表記される。[雄] 読者＝男の、男性の、男性読者(内包語)[雄] 親＝男親、父、父親、おやじ(以上内包語)
5. 出だし語と雌性語との関係を「雌性の縁」と呼び、[雌]と略記すると、例えば「読者」「親」を出だし語にした場合、両者の関係は、次のように表記される。[雌] 読者＝女の、女性の、女性読者(内包語)[雌] 親＝女親、母、母親、おふくろ(以上内包語)
6. 性別語の多くは、雄性・雌性で対応的に存在する。
7. 性別に関し、もちろん、「雄性の縁」「雌性の縁」に分けて、記述することができるが、不経済、かつ、雌・雄、男・女の対応を見失う恐れがでる。そのため、一括して記述する。

〈説明〉

1. 雄性・雌性を表わす修飾語の代表は「男の」「女の」[(1)]、「男性の」「女性の」[(2)]、「雄の」「雌の」[(3)]である。(1)(2)は人に、(3)は人以外に用いる。区別は厳密である。(3)は主に動物に用い、「雄の／雌の花／蕊(しべ)」などは特殊。「雌の株」は可能。人に関しては「女性の」[(2)]が最も標準的で、難が少ない。「女の」[(1)]は丁寧さを欠く場合がある。「婦人の」もあるが、やや古めかしく、「女性の」に地位を譲る。

    「女性の大臣」「女性の記者」(「記者の女性」)は用いられるが、「男性の大臣」「男性の記者」(「記者の男性」)などは、役職・職業が男に占有されていた(いる)ためか、「女性」と対比される文脈でしか普通用いられず、出現頻度は限られる。

2. 内包語には性別が語義に組み込まれている単純語[(4)–(6)]と性別が造語要素・字素で表示されると現在意識される合成語[(7)–(22)]とがあ

る。

3. (4)は「人」を出だし語にしての根元的内包性別語。「男性・女性」「男子・女子」「婦人」は2字漢字語だが、意味が単純であり、合成語とは意識されない。「おのこ」「男児」、「おなご」「女人（にょにん）」「婦女」「婦女子」のような語もあるが、日常語としてはほとんど使われない。
4. (5)は「動物」「生物」を出だし語にしての根元的内包性別語。けものや鳥には牡・牝を使うことがある。
5. (6)は「人」より意味要素が複雑化した内包性別語の例（「父」「母」は「親」を出だし語にした内包性別語）。性別が語義に組み込まれており、特定の造語要素で表示されていない。親族名称などにこの類の語が多い（〈類例〉(6)参照）。(4)-(6)を併せて単純性別(内包)語と呼ぶ。
6. (7)-(22)は性別を明示する部分を持つ派生語ないし複合語。これを合成性別語と仮に呼ぶ（断わるまでもなく、内包語）。
7. (7)-(14)は性別表示部分を前部にもち、(15)-(22)は後部に持つ。
8. 「女流＿＿」[(8)]は芸術家・技能に秀でる女性に、「閨秀＿＿」は学問・芸術に秀でる女性に用いる。前者は使われるが、後者は日常語として用いられない。「男流＿＿」はない。
9. 現在あまり用いられない「婦人警察官／自衛官」[(12)]に対応する雄性語は「男性警察官／自衛官」[(7)の類]であろう。
10. 好男子(児)、快男子(児)、美男子[(18)]はあるが、これに対応する雌性語を「＿＿女子(児)」ではつくれない。
11. 「＿＿婦人」[(22)]は現在あまり用いられない。「既婚婦人」に対応する雄性語は「既婚男性」。
12. 性別語の一部は対応するものがなく、雄性語のみのもの、雌性語のみのものがある（IV〈参考〉6-9参照）。雌性語のみである「女流作家」[(8)]、雄性語のみである「好男子(児)」「快男子(児)」[(18)]などは性別上の意味が強い。一方、「＿＿漢（かん）」は男を表わすと辞書で記されるが、「門外漢」などでは「男」の意味はそう強くない。「私は経理は門外漢ですが…」と女性がいっても、女性の意図はすんなり受け入れられる場合があろう。「痴漢」に「痴女」を対応させるのは〔類大〕の特色の一つかもしれない。

13. 性別語の出だし語(総称語)は、原則的に、男女、雌雄双方に用いられるが、職種を表わす場合などでは、男である場合が多い。例えば、「記者」「警察官」。しかし、「看護師」の場合、女性である場合が多い。言語の問題でもあるが、社会の通念の変化による所が少なくない。「芸者」は通常女性。

〈類例〉

（１） 男の___・女の___ー
男の子・女の子ー子、子供；男の主(あるじ)・女の主(あるじ)ー主(あるじ)；男の医者・女の医者ー医者

（２） 男性の___・女性の___ー
(男性の)弁護士・女性の弁護士ー弁護士；(男性の)起業家・女性の起業家ー起業家；(男性の)重役・女性の重役ー重役(〈説明〉1)

（３） 雄の___・雌の___ー
雄のインコ・雌のインコーインコ；雄のキリン・雌のキリンーキリン；雄の狼・雌の狼ー狼

（４） おのこ・おなご；男児・女児(〈説明〉3)

（５） 雄性・雌性

（６） 父・母ー親、両親、父母の類
おじいさん・おばあさんーおじいさんおばあさん、祖父母；ひいおじいさん・ひいおばあさんーひいおじいさんひいおばあさん、曾祖父母；兄・姉ー兄姉、きょうだい；弟・妹ー弟妹、きょうだい；息子・娘ー子、子供；叔/伯父(おじ)・叔/伯母(おば)ー叔/伯父叔/伯母；甥・姪ー甥姪；夫・妻ー夫婦、夫妻；婿・嫁ー嫁婿

（７） 男性___・女性___ー
男性会員・女性会員ー会員；男性参加者・女性参加者ー参加者；男性読者・女性読者ー読者；(男性)編集者・女性編集者ー編集者；(男性)管理職・女性管理職ー管理職；(男性)ドライバー・女性ドライバーードライバー；(男性)パイロット・女性パイロットーパイロット；(男性)作家・女性作家ー作家

（８） 女流___ー
女流基督教徒(有島武郎)ー基督教徒；女流棋士ー棋士；女流歌人ー歌

第 14 章　性別語　409

人；女流剣士―剣士
(9) 男○○・女○○―
男囚・女囚―囚人（「女教師」「女教員」「女医」「女工」はあるが、「男教師」「男教員」「男医」「男工」はない。「女中」「女房」なども前部で雌性が表示される）
(10) 男子○○・女子○○―
男子従業員・女子従業員―従業員；男子事務員・女子事務員―事務員
(11) 男○○・女○○―
男主・女主―主；男芸者（幇間）・女芸者―芸者；男主人公・女主人公―主人公；男役・女役―役者
(12) 婦人○○―
婦人下士官兵〔ジーニアス〕―下士官兵；婦人看守―看守；婦人記者―記者
(13) 男○○・女○○―
男神・女神―神；男餓鬼・女餓鬼―餓鬼
(14) 雄○○・雌○○―
雄株・雌株―株；雄蕊・雌蕊―蕊；雄狐・雌狐―狐；雄鹿・雌鹿―鹿；雄獅子・雌獅子―獅子；雄馬・雌馬―馬；雄猫・雌猫―猫；雄鯨・雌鯨―鯨；雄豚・雌豚―豚
(15) ○○男性・○○女性―
知人男性・知人女性―知人；既婚男性・既婚女性―既婚者
(16) ○○男・○○女―
次男・次女―次子；三男・三女―三子（三人目の子）；貴男（手紙文で。辞書に登録なし）・貴女―あなた（さま）；善男・善女―善男善女
(17) ○○漢・○○女―
好漢・(?)；暴漢・(?)；冷血漢・(?)（痴女という語は〔類大〕）
(18) ○○男子（児）
美男子
(19) ○○男・○○女―
年男・年女―その年の干支に当たる人；大男・大女―大きな人；醜男・醜女―醜い人；作男・作女―耕作のための雇人；洒落男・

洒落女─洒落者
(20) ___・___め─
こじゅうと・こじゅうとめ─こじゅうと；わらわ・わらわめ─わらべ（わらわ）
(21) ___夫・___婦─
寡夫(鰥夫と書くことがある)・寡婦─やもめ；主夫・主婦─家事を切り盛りする人

その他、修道士・修道女─修道院の人；王子・王女─王の子；才子・才女(才媛)─才人；彼氏・彼女─恋人；彼・彼女─三人称；少年・少女─少年少女；新郎・新婦─新郎新婦、新婚さん；親王・内親王─天皇の子；紳士・淑女─紳士淑女；居士・大姉─(戒名の下につける称号)；夫君・夫人─夫妻。童貞・処女、令息─令嬢のような対応もある。

〈注意〉
「女性語」は「女性が用いるとされる語」、「男性語」は「男性が用いるとされる語」(第21章Ⅳ〈説明〉1、2)。

〈参考〉
1. 地位や名声のある女性の名前に添えて敬意を表わす語に「女史」がある。岡田女史。使用は活発ではない。
2. ___姫(舞姫、織姫…)や___婆(老婆、産婆、悪婆…)などは現在造語力を持たない。

II 修飾語による性別表示と内包語による性別表示

図表 147　修飾語による性別表示と内包語による性別表示

	修飾語による性別表示		内包語による性別表示
(1)	男(おとこ) の友達 女(おんな) の友達	(11)	男(おとこ) 友達 女(おんな) 友達
(2)	男性の読者 女性の読者	(7)	男性読者 女性読者
(3)	雄(おす)の鹿(しか) 雌(めす)の鹿(しか)	(14)	雄鹿(おじか) 雌鹿(めじか)

〈基本事項〉
1. 修飾語によって性別が表示される結合は当然2語だが、それぞれの「の」を省略すると1語化し、内包語となる。
2. 両者の相違は恐らく文体のみ（1語化すると表現がしまり、書きことば的になる）。
3. 内包語には複合語もあれば、派生語もある。

〈説明〉
1. 修飾語は明らかに語であるが、内包語化の様子は(1)→(11)、(2)→(7)と、(3)→(14)では異なる。(3)→(14)では明らかに接頭辞化し、「おす」は「お／おん／おす」、「めす」は「め／めん／めす」（図表146(14)）の異形態を持ち、形成される語は派生語とみなされる。(1)→(11)、(2)→(7)では接頭辞化は認められず、形成される語は複合語である。
2. 「の」の省略（内包語化）が可能なものと不可能なものは個々に記憶するほかない。
「男／女の案内係／先生／記者／大臣…」などでは不可能に近い。

III 修飾による性別表示の2つの型

図表 148 修飾による性別表示の2つの型

	A 通常型	B 逆転型
(1)	男の案内係 女の案内係	案内係の男 案内係の女
(2)	男性の読者 女性の読者	読者の男性 読者の女性
(3)	雄の鹿 雌の鹿	鹿の雄 鹿の雌

〈基本事項〉

根元的な単純語「男・女」「男性・女性」「雄・雌」その他を、ノを伴う生き物を表わす名詞で修飾して、雄性・雌性を表わす方法もある(図表148)。

〈説明〉

1. BはAを逆転したもの。
2. Aは「雄性／雌性である生き物X」を表わし、Bは「生き物Xのうち雄性／雌性のもの」を表わす。例えば「男の案内係」は「男である案内係」、「案内係の男」は「案内係である男」。
3. 示す対象は同じになる場合も、異なる場合もある(〈参考〉参照)。

〈注意〉

1. 通常型があれば必ず逆転型がつくられると考えてはならない。例えば、「男／女の人／赤ちゃん／先生／記者／大臣／友達」の逆転型は使われない(例えば、「人の男／女」「赤ちゃんの男／女」)か、使われても粗野な表現となる(例えば、「先生／記者／大臣… の男／女」)。
2. 逆転型のノを省略して内包語化できるものは少ない。「知人の男性／女性」「読者の男性／女性」は省略できるが、「記者の男性／女性」「大臣の男性／女性」は省略できない(あるとしたら臨時的な造語)。

〈参考〉

用法によってはA・Bの示す対象が同一になるが、用法によっては表わす内容が異なる。人間と動物を対比しつつ、精査の要がある。

同一になる例。(1) A その男の案内係は乱暴だった―B その案内係の男は乱

暴だった (3) A その雄の鹿は美しかった―B その鹿の雄は美しかった

内容が異なり得る例。(1) A 男の案内係は乱暴だった (当時、案内係が男だと…)―B 案内係の男は乱暴だった (その1人の案内係の男は…) (2) A 女性の読者が怒って、電話をかけてきた (多数の女性読者が…)―B 読者の女性が怒って、電話をかけてきた (1人の女性読者が…) (3) A 今度は雄の鹿をつかまえた (1匹の雄鹿を…)―B 今度は鹿の雄をつかまえた (雌鹿は以前つかまえているが…)

IV 雌雄の対応

〈基本事項〉
1. 性別語の多くは雄性・雌性で対を形成する (I 〈基本事項〉6)。
2. 対の形成に当たり、性別表示を造語法上持たないものと、持つものがある。父・母などは持たないもの、男性客・女性客、知人男性・知人女性などは持つものの例である。
3. 性別表示を持つものは、語の前半に持つものと後半に持つものとがある。男性客・女性客は前半に、知人男性・知人女性は後半に持つものの例である。

〈説明〉
上記〈基本事項〉はⅠの重要事項の一部を再確認したものに過ぎない。

〈注意〉
1. 雄・雌の対を形成する性別語には、出だし語 (総称語) があるものと、ないか、あっても、列挙的、説明的、臨時的なものがある。例えば、男性客・女性客―客；男優・女優―俳優；息子・娘―子、子供 などは出だし語 (総称語) をはっきり持つものの例である。［雄］客=男性客［雌］客=女性客［雄］俳優=男優［雌］俳優=女優［雄］子=息子［雌］子=娘 それに対し、雨男・雨女―雨男雨女 (外出したり何かしようとすると雨降りになるといわれる人) おじ・おば―おじおば 甥・姪―甥姪 などには出だし語 (総称語) がない。あっても列挙総称語 (第27章 I〈参考〉7)、ないし、説明的、臨時的なものである。
2. 雄性語・雌性語・出だし語 (総称語) が同音のものがある (漢字・外国語

で書かれてのみ区別が判明する。図表149)。

図表149　同音で対応する雄性語・雌性語・総称語

	性別語		出だし語
	雄性語	雌性語	（総称語）
(1)	いとこ、従兄弟	いとこ、従姉妹	いとこ
(2)	またいとこ、又従兄弟	またいとこ、又従姉妹	またいとこ
(3)	しゅうと、舅	しゅうと、姑	しゅうと
(4)	こじゅうと、小舅	こじゅうと、小姑	こじゅうと
(5)	やもめ、鰥夫	やもめ、寡婦	やもめ
(6)	いいなずけ、許婚	いいなずけ、許嫁	いいなずけ
(7)	いろ、情夫	いろ、情婦	いろ、情人
(8)	あま、海士	あま、海女	あま、海人
(9)	きょうだい、兄弟	きょうだい、姉妹	きょうだい、兄弟姉妹

「かくしづま、隠夫・かくしづま、隠妻」（古語）もオトでは区別できない。＿＿夫・＿＿婦で造語されるもの（図表146(21)、Ⅰ〈類例〉(21)）も同音となる。外来語フィアンセ fiancé、フィアンセ fiancée も同音。図表149に掲げた語の一部は「性」表示に無関心であった一時期の日本語を伝えるものかもしれない。姑、小姑をしゅうとめ、こじゅうとめとして区別することがある。しゅうと・しゅうとめの対比や大原女(おはらめ)、男神・女神(めがみ)、雄牛・雌牛の対比と漢字表記で「め」が雌性を表わすことに気付くが、娘(むすめ)、乙女(おとめ)、雌(めす)などの「め」にまで注意が及ばないのが、現在、一般の人の語構成意識であろう。「鰥夫(やもめ)・寡婦(やもめ)」では「男(おとこ)」「女(おんな)」を前接して区別することがある。おとこやもめ・おんなやもめ—やもめ

〈参考〉

1. 「女嫌い／好き／狂い／殺し…・男嫌い／好き／狂い／殺し…」では男・女が反対になる（例えば、「女嫌い」は雄性語、「男嫌い」は雌性語）。「女房持ち（妻帯者）・亭主持ち」でも同様（「所帯持ち」が出だし語）。

2. 父・母から派生した対応的性別語が多数ある。養父・養母、保父（さん）・保母（さん）

3. 息子・娘から派生した対応的性別語が多数ある。孫息子・孫娘、一人息

子・一人娘、末息子・末娘、小息子・小娘。生娘、箱入り娘、看板娘…には対応する雄性語はないが、臨時的にはつくれる。

4. 「夫・妻」の同義・類義語が多数ある。亭主、旦那、宿六… 妻、かみさん、女房、内儀…
5. 外来の対応的な性別語の例をあげる。パパ・ママ、サラリーマン・オーエル OL、スチュワード・スチュワーデス、ホスト・ホステス、ジェントルマン(メン)・レディー(ス)、ミスター・ミセス、ミス、ミズ、ヒーロー・ヒロイン、ボーイフレンド・ガールフレンド
6. 理屈の上で雄性語があり得ないものを掲げる。妊婦、産婦、妊産婦、孕み女、石女(うまずめ)、経産婦、乳母、めのと
7. 理屈の上で雌性語があり得ないものがはたしてあり得る(といっていい)だろうか。(??)髭男、(?)すけこまし、(?)ピンプ
8. 理屈の上で雄性があり得るが、表わす語がないか、まだつくられないもの、使われないものの例を掲げる。慰安婦、遊女、娼女、未亡人、後家、恋女房、愛妻、悪妻、巫女、女子大生(「男子大生」はない)、女流画家、閨秀作家、職業婦人
9. 理屈の上で対応する雌性があり得るが、表わす語がないか、まだつくられないもの。愛妻家、恐妻家、フェミニスト(既述のように快男児、好男子、美男子などでは同一造語法で対応する雌性語がない)
10. 理屈は社会の変転に応じて変わる。現在の趨勢は総称語を両性に用いる方向に向う。看護士・看護婦―看護師(I〈説明〉13 参照)

第 15 章　指小語

I　指小語とは

図表 150　指小語

	指小語	出だし語
(1)	小部屋(内包語)	部屋
(2)	小魚(こざかな)、雑魚(ざこ)(以上内包語)	魚(さかな)
(3)	小柄な／の、ちび、小男(こおとこ)、小女(こおんな)(以上 3 語内包語)	人
(4)	小粒の	真珠
(5)	小型の、小型車(内包語)	車(自動車)
(6)	小規模な／の	住宅分譲
(7)	小規模企業、小企業(以上内包語)	企業

〈例文〉

（１）　玄関の脇の小部屋に案内する

（２）　小魚(こざかな)を骨ごと食べる〔広〕。雑魚(ざこ)の魚交(とと)じり（小さな魚が大きな魚の中に交ざっている）〔明〕

（３）　小柄な人が出てきた

（４）　小粒の真珠なら安く買える

（５）　小型の車でやってきた

（６）　住宅大手各社は小規模の住宅分譲を強化する〔経済ビジネス〕

（７）　小規模企業の経営の改善発達に努めるとともに（中小企業基本法（1963）23 条より）

〈基本事項〉

1.　出だし語が示すものや事柄が小さいという意味を表わす語を指小語と

いう。
2. 出だし語とその指小語との関係を「指小の縁」と呼ぶ。両者は「指小の縁」で結ばれる。［小］と略記する。［小］真珠＝小粒の、［小］魚＝小魚（内包語）
3. 「小さい」「小さな」は最も抽象的・汎用的指小語である。

〈説明〉
1. 「小部屋」［(1)］は「小さなへや」〔日国〕。［反］小部屋＝大部屋
2. 「小魚」［(2)］は「小さな魚」。「雑魚」は「いろいろな種類の入りまじっている小ざかな」〔明〕の意にも、「小物」（とるに足らないもの）の意にもなる。［反］小魚＝おおもの、大魚(文章語)
3. 「小柄な／の」［(3)］は人の体格について用いられる。模様の場合、細かな模様。［反］小柄の＝大柄の。「ちび」は蔑称にも愛称にもなる。
4. 「小粒の」［(4)］は粒状のものに関して用いられる（「山椒は小粒でもぴりりと辛い」）が、すでに小さな米、豆、胡麻、芥子、粟粒…に関して使うことはない。「大粒」と対比できるものに関してのみ。［反］小粒の＝大粒の
5. 「小型」［(5)］だけで「小型自動車」を意味することができる。道路運送車両法で自動車の種別の1つとして規定されている。［反］小型(の)＝大型(の)
6. 「小規模(な／の)」［(6)］は、「構成・構造などが小さい」〔辞〕。［反］小規模(な／の)＝大規模(な／の)。噴火、事業、企業、計画、調査、修整、減税、人事異動、被害、金融、ダム、住宅分譲などに結びつく。
7. 「小規模企業」［(7)］は「小企業」ともいわれる。規模の小さい企業。普通、常勤の従業員が20人以下の企業をいう。

〈注意〉
1. 「小さい／な」は図表150に掲げた全ての出だし語に結びつき、小さいことを表わす。「部屋」のような面積で把握できるものは「狭い」も用いられる。「座敷牢のような狭い部屋」（椎名麟三）。「時間」「お金」のような量で計られるものは「少ない」（「小さな金」は「少ない金額の金」）。
2. 「小さい」はイ形容詞。「小さな」はいわゆる連体詞。前者は事実を述

べ、後者は事実に加えて感情が込められることがある。「小さい家」は事実の記述、「小さな家」は感情が込められる。「遠くに<u>小さな</u>明かりが見える」「<u>小さな</u>間違いをいちいちあげつらう」の下線部を「小さい」に書きかえるのは適当とはいえない。

3. 「小さな人」は人格が「小さい」意になる。「お小さい方」は幼年者。
4. 「ちいちゃい／な」「ちっちゃい／な」は幼児語。口頭語的表現としても用いられる。

〈参考〉

1. 「小さい」という意味は、一方で、「かわいい」（[賛]）に、他方で、「幼い」「つたない」「完全でない」「そまつな」（[賛・反]）の意味に転化するのは多くの言語でおこることのように思われる。
2. 「かわいい」は「小さい」の置きかえ的意味（メタファー的意味）であり、「幼い」「つたない」「そまつな」は「小さい」に隣り合う意味（メトニミー的意味）である。
3. 「紅葉のような手」は慣用句。この慣用句において「紅葉のような」は指小語であるとともに「かわいい」を表わして称賛語になる。「2才になる息子が<u>紅葉のような手</u>を振ってくれた」。暫定的処置に過ぎないが、[小]と[賛]の複合ととらえておくことにする。[小・賛] 手＝紅葉のような、かわいい
4. 「<u>掘っ立て小屋</u>でもいいから自分の家が欲しい」〔新和英大〕という例において、「掘っ立て小屋」は「小さな家」であるとともに「そまつな家（あばらや）」を意味する。暫定的に、[小]と[賛・反]の複合としてとらえたい。[小・賛・反] 家＝（掘っ立て）小屋（第24章 VII〈注意〉5参照）。「小屋」が「粗末な造りの小さな建物」〔辞〕と訳釈されるなら、同様である。「掘っ立て」は「小屋」に対し、そまつさの強調の役を担う。
5. 「小1時間」は「だいたい1時間」〔辞〕。接頭される「小」は「完全ではない」ことを表わす。「<u>たっぷり</u>1時間」の「たっぷり」を強調ととらえるなら「小1時間」は[強・反]となる。「小雨」は「<u>少し降る雨</u>」〔辞〕である。「大雨」の反義語であることは確かだが、「少し」をとらえ「雨」の指小語（[小]）とするか、「完全ではない（雨）」と考え、弱め

語（［強・反］）としてとらえるか、問題として残される。

6. 「小高い」「小腹がすく」の「こ」は「少し」、「小当たりに当たってみよう」の「こ」は「試みに」、「こざっぱりした」「こぎれいな」の「こ」は「なんとなく」。これらの意味はすべて「完全でない」という方向への「小さい」の意味的発展・変化である。

7. 「ちょっとしたきっかけ」は「些細なきっかけ」「小さなきっかけ」といいかえてもさほど違和感はないので、「ちょっとした」は指小語としていいかもしれない。しかし、「ちょっとした手違い」は「手違い」の程度が軽いことを表わし、［強・反］手違い＝ちょっとした、でとらえられるような気がする。「軽い食事」「食事を軽くすます」も同様の例であろう。

8. 「薄汚い」「薄暗い」の「薄」、「ほの暗い」「ほの明るい」の「ほの」、「ほろ苦い」「ほろ酔い」の「ほろ」は「少し」を表わし、［強・反］でとらえられよう。

9. 「娘っ子」が「小さな女の子」の意で用いられるなら、「娘」（女の子）の指小語となるが、さげずみを込めて用いられるなら、軽蔑語（第22章II）となる（それを聞き手に対して呼びかけるかたちで用いたら、軽蔑語の乱暴用法となる）。「小僧っ子」などは軽蔑語。

10. オノマトペ（純副詞）にも「小さい」「かわいい」の意味や軽蔑が込められるものがある。例えば、「子供が玄関口に出てきて<u>ちょこんと</u>頭をさげてあいさつする」「もらってきた小犬は部屋の隅に<u>ちょこなんと</u>座ってこちらを見ている」〔類大〕「猫が座布団のうえで<u>ちんまりと</u>丸くなって寝ている」の下線部のオノマトペは「小さく」「かわいい」の意が認められる。「<u>こぢんまりした</u>家」の下線部は「小さいながら程よくまとまり、落ち着きのある」〔辞〕と語釈されるので称賛的意味を認めなければならないだろう。それに対し「<u>ちまちました</u>ことばかり考えないでもっと大きなことを考えたらどうだ」〔類大〕の「ちまちました」は「小さく、つたない」という軽蔑的意味が感じ取られる。

11. 「小説」は「市中で口頭によって語られた話を記述した文章」を表わし、語源的には「価値の欠除」を意味した。しかし、novel の訳語となって文学の一形式に昇格する。

12. 以上のように、「小さい」は[賛]の方へも（例えば、紅葉のような手）、[賛・反]の方へも（掘っ立て小屋）、[強・反]の方へも（<u>小</u>1時間、<u>こ</u><u>ぎ</u>れいな、<u>ちょっとした</u>手違い）にも[同・主敬・反]（娘<u>っ子</u>、小僧<u>っ子</u>）の方にも意味的転化をとげるやっかいな意味要素である。ここでは指小語を「小さい」を表わすものに限定したく考えるが、「かわいい」や「つたない」との区別はそう容易ではない。

13. 小さいことを強調的に表わす漢字語・カタカナ語がある。極小の、微小な、極微な、ミクロの。「電子顕微鏡で<u>極小の</u>世界をのぞく」〔類大〕「顕微鏡で<u>微小な</u>細菌を見る」〔類大〕「人間は地球に比べれば<u>極微な</u>存在だ」〔類大〕「<u>ミクロの</u>世界を電子顕微鏡で見る」

14. 「小さい」ことを形容する常套的・創作的な強調表現が多数ある。米／豆／胡麻／芥子／粟粒のように／ほどに（小さく）見える、蚤のように小さくなる、ほくろのように小さな、マッチ箱のように小さい電車（p.71）。「港を出離れて<u>木の葉のように小さく</u>なった船」（有島武郎）、「暗幕に開いた<u>針の穴くらいの微小な点</u>」（長野まゆみ）

15. 一対の滝のうち、水量が少ない滝を雌滝、多い滝を雄滝という。夫婦茶碗のうち小さい方が女性用、大きい方が男性用。

II　指小語の造語法

〈例〉
（1）　国—小国（しょうこく）、冊子—小冊子（しょうさっし）
（2）　猫—小猫（こねこ）、石—小石（こいし）
（3）　電球—豆電球、台風—豆台風
（4）　トマト—ミニトマト、エフエム局—ミニエフエム局
（5）　小粒の、小型（の）、小規模な／の

〈基本事項〉
1. 小（しょう）（漢語に）、小（こ）（和語に）、豆（まめ）、ミニ（主に外来語に）の接頭によって形成される内包的指小語がある。
2. 修飾語として用いられる指小語には結合するものの形状・類別を表わすものがある。

〈説明〉
1. 漢語には「小」をつける。円―小円（[反] 小円＝大円）、曲―小曲（[反] 小曲＝大曲）、冊子（薄い書物）―小冊子、党―小党（党員の少ない党）、字―小字（[反] 小字＝大字）。出だし語が和語でも漢字を音読みにする。国―小国（[反] 小国＝大国）、刀―小刀（[反] 小刀＝大刀）
2. 「小」（「小」は少ない。川―小川）をつけるのは主に和語。ただし、湯桶読みになるものがある（太鼓―小太鼓）。槌―小槌、太刀―小太刀、匙―小匙（[反] 小匙＝大匙）、瓶―小瓶（[反] 小瓶＝大瓶）、皿―小皿（[反] 小皿＝大皿）、鉢―小鉢、鍋―小鍋（[反] 小鍋＝大鍋）、鼓―小鼓（[反] 小鼓＝大鼓）、見出し―小見出し（[反] 小見出し＝大見出し）、荷物―小荷物（[反] 小荷物＝大荷物）、箱―小箱（[反] 小箱＝大箱）、（魚の）骨―小骨、枝―小枝（[反] 小枝＝大枝）、舟―小舟（[反] 小舟＝大舟）、島―小島。連濁には気をつける必要がある。動物では子供の意の場合「子」「仔」が使われることがある。ほとんど動物に関して用いられるが熟さないものもある（豹―小(子)豹、ライオン―小(子)ライオン？）。犬―小犬、猫―小猫、馬―小馬、牛―小(子/仔)牛、豚―小豚、猿―小猿、ねずみ―小ねずみ、象―小象。小指（いちばん外側の指。the little finger, мизинец）、小刀（細工物などに使う小さな刃物）、小鴨（全長約38センチのカモ科の鳥）、小道具（舞台・映画などで用いられる家具・調度・道具。背景などの大道具と区別して用いられる）は、本来小さいが、特定の意味がある（法規上の「小型自動車」も同様）。
3. 豆ランプ〔広〕、豆自動車〔広〕、豆本〔明〕。人を表わすものにマメがつくと、「子供である」の意になる。豆記者、豆剣士、豆スター〔新和英〕。「姫鏡台」（小さな、かわいい鏡台）「チビ犬」などの例もある。
4. ミニ、プチを接頭するのは主に外来語（ただし、ミニ新幹線、ミニ計算機のような例がある）。ミニカー（模型自動車にも）、ミニ・ゲーム、ミニ・コミ（ミニコミ誌）、ミニ・コン（ピューター）、ミニ・コンポ、ミニ・サイクル、ミニ・サッカー、ミニ・シアター、ミニ・シクラメン、ミニ・スーパー、ミニ・トマト、ミニ・バイク。プチネックレス、プチ・フール（小さな菓子）、プチトマト。小さいという意もあるが種類を示すものもある。ミニチュアカメラ、ミニチュアドッグ、チェリートマ

ト、ポケット戦艦、クリプトン電球、マイクロフィルム、マイクロコンピューター、マイクロバスのような例もある。

5. 「小」という漢字で「小さい」ことを表わし、続く「粒」「型」「柄」「規模」「額」などでいかなる名詞に結びつくかを示す点、助数詞に似る修飾的指小語がある。小粒の(粒状のものに結びつく)―イチゴ、リンゴ、ジャガイモ、ルビー…[反] 小粒の＝大粒の。小型(の)(形状のはっきりしたもの、主に生産物に結びつく)―カメラ、テレビ、電球、空母、軍艦、球形ウィルス…[反] 小型(の)＝大型(の)。小柄な／の(主に人に結びつく)―女、男、生徒、刑事…[反] 小柄な／の＝大柄な／の。小振りな／の(形状のはっきりした身近なものに結びつく)―ハンドバック、茶碗、書類かばん…[反] 小振りな／の＝大振りな／の。小幅な／の(変化し、数量で表わされるものに結びつく)―値上り、変動、値動き…[反] 小幅な／の＝大幅な／の。小規模な／の(構造・内容・仕組みなどを持つものに結びつく)―団地、計画、開発、企業、調査、修整、生産、噴火、ダム、金融…[反] 小規模な／の＝大規模な／の。小額の(金銭を表わすものに結びつく)―金、紙幣…。少額の(金額を表わす)―保証金、月謝、補償金…[反] 少額の＝多額の。小品の(絵画・彫刻・音楽などの作品に結びつく)「小品の仏像ながらじつに美しい作品だ」〔類大〕。[反] 小品の＝大作の

〈参考〉
「小」という字素を、環境(漢語か和語か)によってショウにもコにも(時にはオにも)発現する指小接辞 diminutive affix と考えれば、日本語も指小接辞が活発に活動する言語にかぞえることができるかもしれない。英語はその活動が活発でない言語である(booklet 小冊子、lambkin 子羊)。

多くの言語の diminutive affix の意味上の転化・発展は似通うようだ。dormire「眠る」(イタリア語)から指小接辞で形成される dormicchiare「居眠りする」は「完全ではない」という方向への転化である。casa, дом 家― casetta, домик は英訳すれば nice litte house だという(テイラー 1996: 176)。これは「かわいい」という方向への転化である。

第16章　指大語

I 指大語とは

図表 151　指大語

	指大語	出だし語
(1)	大部屋	部屋
(2)	大蛇(だいじゃ)、大蛇(おろち)、うわばみ（以上内包語）	蛇(へび)
(3)	大柄な／の、大男(おおおとこ)、大女(おおおんな)（以上2語内包語）	人
(4)	大粒の	真珠
(5)	大型の、大型車（内包語）	車(くるま)（自動車）
(6)	大規模な／の	住宅分譲
(7)	大(だい)／大手(おおて)企業、企業大手、マンモス企業（以上内包語）	企業

〈例文〉
（1）　彼は<u>大部屋</u>に入院していた〔新和英大〕
（2）　<u>大蛇(だいじゃ)</u>を見るとも女を見るな〔広〕
（3）　「どっちがこの店のママさんなの」「<u>大柄の</u>ほうだよ」
（4）　産地で<u>大粒の真珠</u>を安く買った
（5）　<u>大型の車(くるま)</u>でやってきた
（6）　住宅大手各社は<u>大規模の住宅分譲</u>を強化する
（7）　資本金10億円以上の<u>大企業</u>〔経済ビジネス〕

〈基本事項〉
1.　出だし語が示すものや事柄が大きいという意味を表わす語を指大語という。
2.　出だし語とその指大語との関係を「指大の縁」と呼ぶ。両者は「指大の

縁」で結ばれる。[大]と略記する。[大]真珠＝大粒の、[大]蛇＝大蛇（内包語）
3. 「大きい」「大きな」は最も抽象的・汎用的指大語である。
4. 指小語・指大語を合わせて大小語という。

〈説明〉
1. 「大部屋」[(1)]は「大きなへや」〔日国〕。「無名の俳優が雑居する部屋」の意もある。
2. 「大蛇」[(2)]は「大きなへび」。「おろち」に関しては「やまたのおろち」(古事記)を辞典は例にする。「うわばみ」は「大酒飲み」の意でも使われる。(2)は「修行の妨げになるから女性を避けよ」という古い戒め。
3. 「大柄な／の」[(3)]は、人の体格と模様に関して用いられる。「のっぽ」は「背が非常に高い」。
4. 「大粒の」[(4)]は粒状のものに関して用いられる。雨、涙、汗、ブドウ、イチゴ、米…
5. 「大型の」[(5)]は「型が大きい」。花、昆虫、魚、車、犬、ノート、封筒、台風、バス、テレビ、新人、… などと結びつく。ノが省略されて造語要素となると、音読になるものがある。大型の車→大型車、大型の犬→大型犬
6. 「大規模な／の」[(6)]は「規模が大きい」。福祉施設、軍事作戦、開発、攻撃、建造物の遺跡… などに結びつく。
7. 「大手」[(7)]は「同業種の中で、特に規模の大きな企業」。前接も後接もする。大手私鉄、私鉄大手。「マンモス」は「巨大な」が本来の意味であるが、デノミをおこし「大型の」の意味でも用いられる。企業、都市、銀行、計画、大学、タンカー、団地、ビル… などに結びつく。

〈注意〉
1. 和語・漢語の指大語は、内包語、修飾語（述語用法を含む）ともに「大」という漢字（主に前接）を持ち、「だい、たい、おお」という音声を内に含む。「うわばみ」などは例外的存在。
2. 問題は、「大」があるからといって、必ずしも指大語ではなく、(1)称賛語であったり、(2)強調語であったりすることである。

(1) 「大きい」は「いい」へメタファー的発展をとげる（大きいことはいいことである）。「大」を含む称賛語（下線）の例を示す。<u>大いなる</u>大地、<u>雄大</u>な自然／景観、<u>壮大</u>な計画、<u>遠大</u>な計画、<u>広大</u>な原野、<u>盛大</u>な拍手（＝［強］）、<u>偉大</u>な業績／政治家

(2) 「大」はまた強調語の中にも見出される。<u>絶大</u>な人気／支援、<u>大</u>問題になる、<u>大</u>接戦を演じる、<u>大</u>活躍を行う、<u>大</u>失態となる

3. 同一の出だし語に指小語・指大語がある場合、両者は「反義の縁」で結ばれ、相互に反義語となる。［小］部屋＝小さい／な、小部屋（内包語）、［大］部屋＝大きい／な、大部屋（内包語）。［反］小さい／な＝大きい／な、［反］小部屋（大部屋）＝大部屋（小部屋）

〈参考〉

1. 「大柄な／の」「大粒の」「大型の」などに超を接頭すると強調的指大語になる。［強］大型の＝超大型の。超弩級の「超」は現在分離できない。超弩級の建造物／軍艦／大台風。「ナ／ノ」を省略し、造語要素にもなる。超大粒真珠、超弩級戦艦、超大型新人

2. 修飾語・述語として用いられる強調的指大語は多数あり、それなりの結合特性を持つ（例参照）。そのうち「ナ／ノ」を省略し、造語要素にもなるものがある。［強］大きい＝特大の、巨大な、厖（膨）大な、莫大な、巨万の、ばかでかい、どでかい（以上2語［俗］）、最大の… 特大の靴／スカート／ピザ／帽子… 新年特大号、特大ホームラン… 巨大な船体／組織／資本／エネルギー／岩／壁画… 巨大組織／資本／エネルギー／壁画／都市（メガロポリス）… 膨大な計画〔広〕／出費／交際費／損害／量… 莫大な遺産／損害（程度が高いの意の場合＝［強］）／損失／借金／費用／金額… 巨万の富（辞書はこの結合のみを記載する）… ばかでかい岩／ホームラン… どでかいビル／岩… 今世紀最大の事件、我が国最大の建築物、世界最大の木造建築、史上最大のイベント…

3. 「巨」の前接によって造語される強調的指大名詞（内包語）がある。巨船（非常に大きな船）、巨像（非常に大きな彫刻の像）、巨体（非常に大きな体）、巨費（巨額の費用）、巨富（非常に多くの財産。「巨富を築く」）、巨編（非常に大きい作品）、巨木（巨樹）、巨利（非常に大きな利益）、巨魚（非常に大きな魚）、巨鳥（非常に大きな鳥）、巨漢（非常に体の大きな男

性)、巨人(非常に体の大きな人)…

4. 「マンモス／ジャイアント／ジャンボ」の前接によって造語される強調的指大名詞(内包語)がある(本来「非常に大きい」を表わすが、明確な規定を持つもの、例えば、「ジャンボジェット機(乗客定員400人以上。ボーイング747型の愛称)」が混ざる)。マンモス企業／団地／都市／銀行／大学／タンカー… ジャイアントパンダ／コーン／スラローム…

5. 量が多いことを強調的に表わす表現が多数ある。枚挙に暇(遑)がない、十指に余る、枡で量るほど、星の数ほど、腐るほど、馬に食わせるほど、掃いて捨てるほど、浴びるほど…

6. 成長するにつれて名が変わる「出世魚」のような一系列の名詞は大・小を表わす機能を持つ。ワカシ(20センチ未満)＜イナダ(20-30センチ)＜ワラサ(60センチ)＜ブリ、セイゴ＜フッコ＜スズキ。「なんだワカシじゃないか。こっちはワラサを三匹釣ったぞ」

7. オノマトペの有声(濁音)と無声(清音)の対が、強さ(オトの大きさ)・弱さ(小ささ)を表わす。これらは強調とその反義としても、また、指大・指小としても把握できるものであろう。このような「縁」が重なり合う領域の精査は今後の課題となろう。「戸をドンドンとたたいた」「戸をトントンとたたいた」。[大]／[強]トントン＝ドンドン、[小]／[強・反]ドンドン＝トントン

II 指大語の造語法

〈例〉
(1) 都市―大都市、国―大国
(2) 鍋―大鍋
(3) 企業―マンモス企業
(4) 大粒の、大型の、大規模な／の

〈基本事項〉
1. 大(漢語に)、大(和語に)、マンモスの接頭によって形成される内包的指大語がある。
2. 修飾語として用いられる指大語には結びつくものの形状・類別を表わす

ものがある。

〈説明〉
1. 漢語には「大(たい)」をつける。大刀(大きい刀。二本差す刀のうち、長い方の刀)、大杯、大円(「大円を描いて回る」)、大作([反]大作＝小品)、大曲([反]大曲＝小曲)、大冊(大きな厚い書物)、大蛇、大木、大国(「経済の潜在的大国として浮上する」)、大都会、大地震(大地震と同じ。専門用語として、マグニチュード7以上を指していうことが多い)、大都市(「若者が大都市に集中する」)、大手術、大事故…
2. 基本的に、和語には「大(おお)」をつける(「大太鼓」など湯桶読みになるものが多数混ざる)。大太刀(大型の刀)、大匙、大瓶、大皿、大鍋、大箱、大穴、大鼓、大風呂敷、大見出し、大文字、大舟、大物(釣りなどで、同類の中で大きな獲物。[反]大物＝小物)、大女、大川(大きな川。[反]大川＝小川)、大株主、大火事、大雪、大雨、大金(「大金を要求する」。「大金をつかむ」)… 大道具(舞台装置の中で、比較的大型のもの。背景・建物・樹木など)、大黒柱(＜大黒。中心にあって、構造を支える大きな柱。家・国の中心・頂点語)など、本来大きなものを表わすが、特定の意味を持つ。
3. 「大」という漢字で「大きい」ことを表わし、続く「粒」「型」「柄」「規模」「作り」「輪」でいかなる名詞に結びつくかを示す点、助数詞に似る修飾的指大語がある。一部は、「ナ／ノ」を省略し、造語要素となる。大粒の(粒状のものに結びつく)―イチゴ、ジャガイモ、ルビー、涙…(涙を除き、「ノ」を省略しても用いられる)。[反]大粒の＝小粒の。大型の(形状のあるものに結びつく)―漁船、犬、新人選手、車…(「大型連休」はノを用いないのが普通)。[反]大型の＝小型の。大柄な／の(人に結びつく)―女、男、生徒、子供、人…(「ナ／ノ」は省略されない)。[反]大柄な＝小柄な。大振りな／の(形状のはっきりした身近な品物に結びつく)―椀、ハンドバック…(「ナ／ノ」は省略されない)。[反]大振りな／の＝小振りな／の。大規模な／の(構造・内容を持つものに結びつく)―福祉施設、軍事作戦、事業、開発、小売店舗、建造物の遺跡、調査…(「大規模開発プロジェクト」のようによく「ナ／ノ」が省略される)。[反]大規模な／の＝小規模な／の。大作りな／の(体

型や体の部分に結びつく)―顔立ち／目鼻立ち／手や足…(「ナ／ノ」は省略されない)。[反] 大作りな／の＝小作りな／の。大輪の(花に結びつく)―花、菊…(ノは省略されない)。大掛かりな(構造・仕組みを持つものに結びつく)―舞台装置、芝居、仕掛け、取り締まり、調査、仕掛け花火…(「ナ」は省略されない)。大仕掛けの(構造・仕組みを持つものに結びつく)―見世物、舞台、実験装置、新作歌舞伎…。大判の(紙製品、布製品に結びつく)―写真集、洋紙、ノート、ハンカチ…。キングサイズの(男性使用の物品、衣類に結びつく)―ベッド、ズボン…　[反] キングサイズ＝スモールサイズ。クイーンサイズの(女性使用の物品、衣類に結びつく)―スカート、セーター…　[反] クイーンサイズ＝スモールサイズ。ジャンボサイズの―ケーキ、ビン、スクリーン、プール…　[反] ジャンボサイズ＝スモールサイズ

第17章　中心・頂点語

I　中心・頂点語とは

図表 152　中心・頂点語

	出だし語	中心・頂点語
(1)	国家	首都、首府、都、中央
(2)	都市	中心、中心街、都心
(3)	会社	本社
(4)	城	本丸(ほんまる)
(5)	曲、演奏、話し	さわり
(6)	山	頂上(ちょうじょう)
(7)	女	女盛り(おんなざかり)
(8)	男	男盛り、脂(あぶら)の乗りきった年齢
(9)	春、宴	たけなわ
(10)	暑さ、ラッシュアワー	ピーク

〈例文〉

（1）　日本の首都は東京〔明〕

（2）　都心まで1時間の距離〔広〕

（3）　来月から本社勤務になる〔類語例解〕

（4）　敵の本丸(ほんまる)を落とす〔新和英大〕

（5）　彼の話の触(さわ)りを聞きのがしてしまった〔PR和英中〕

（6）　岩木山の頂上(ちょうじょう)に立つ〔明〕

（7）　子育てで女盛り(おんなざかり)を棒にふった〔類語例解〕

（8）　35歳といえば、脂(あぶら)の乗りきった年齢だ

（9）　春たけなわの野に遊ぶ〔明〕

(10) この駅の<u>ラッシュ</u>の<u>ピーク</u>は午前8時半頃です〔新和英大〕

〈基本事項〉

1. 出だし語が示すものや事柄の中核、頂点を表わす語を中心・頂点語という。

2. 出だし語と中心・頂点の関係を「中心・頂点の縁」と呼ぶ。両者は「中心・頂点の縁」で結ばれる。[中]と略記する。[中]国＝首都

〈説明〉

1. 「首都」とは国の中央政府のある都市。「首府」は同義語。「都(みやこ)」はその和語。「中央」は「地方」に対して、政府の置かれている土地をいう。省、道、州あるいは植民地、保護国の政庁のある都市に関しては主都という語もある。

2. 「都心」[(2)]は特に東京に関して用いられるが、札幌などでも交通標識などで使われる。

3. 「本社」[(3)]は中心となる事業所。同系の神社の中で、中心となる神を祭るやしろに関しても使われる。

4. 「本丸」[(4)]は中心となる一区画。組織や物事の核心部分にも使われる。

5. 「さわり」[(5)]は義太夫節の一曲の中で、歌謡的、叙情的なリズムにのった部分、いちばんの聞きどころ、聞かせどころ(III〈説明〉2)、とされる部分。転じて、広く芸能で、中心となる見どころ、聞きどころ、感動的、印象的な部分をいう。出だし語は、広く、話しや演奏、芸能の各部門になる。邦楽曲では「くどき」ともいう。歌謡曲で、他より強調された聞かせどころの部分を「さび」という。類語に「壺(つぼ)」(大事な所、要点、急所)がある。「つぼをおさえる／心得ている」のような使い方がなされる。

6. 「頂上」[(6)]は山などでいちばん高い所。いただき。てっぺん。「山頂」は内包語。「暑さ」「寒さ」などにも使われる。「この暑さも今が頂上だ」〔明〕、「この冬の寒さも今が頂上だ」〔広〕

7. 「女盛り」[(7)]は女性が心身とも成熟して最も魅力的な時期にあること。その年頃(III〈説明〉1)。

8. 「脂の乗りきった年齢」[(8)]は、普通、男に用いられるが、仕事関連

では女性(例えば、女優)に関しても使われる。「脂が乗る」は仕事などで調子が出て、はかどることをいう。「男盛り」に関してはⅢ〈説明〉1。

9. 「たけなわ」[(9)]は物事の勢いが最も盛んであること。また、その時期。「宴たけなわのときに…」〔明〕
10. 「ピーク」[(10)]は「いただき」「頂上」「てっぺん」と同じ。最高潮を表わすこともある。「イチゴの出荷がピークを迎えつつある」〔新和英大〕。「イチゴ」「リンゴ」など作物や「…の出荷」には「最盛期」も用いられる。

〈注意〉
1. 「国家」なら「首都」、「都市」なら「中心」「中心街」「都心」、「台風」なら「目」、「釣り場」なら「ポイント」。空間上の真ん中ではなく、何かが凝り固まって、出だし語が示すものの核となる部分である。また、「女」なら「女盛り」、「春」なら「春たけなわ」、「暑さ」なら「ピーク」。これも、時間的中頃ではなく、盛りが極まってそれ以後衰えに向かう時である。単なる中頃ないし途上を示す「山」の「中腹」、「四月」の「中頃、中旬」、「番組」の「途中」、「階段」の「中段」、「関東地方」の「中部」や「中央アジア」と区別すべきかどうか今後検討すべき課題である。
2. 中心、核、芯は空間的認識からくる真ん中、盛り、たけなわ、最盛期は時間的認識からくる真ん中。ここでは両者を統一する概念として中心・頂点語という用語を用いる。

Ⅱ 例解

〈例文〉
(1) 話しの焦点を絞る〔辞〕
(2) チームのかなめとなる〔明〕
(3) 地震の震源地は大島付近の海底とのことである
(4) 彼の野球選手としての全盛期は昭和43年であった〔類大〕

〈説明〉

1. 「焦点」[(1)]とは人々の注意や関心の集まるところ。物事のいちばん重要な点。「ニュースの焦点」〔新和英大〕「注意の焦点」〔夏目漱石〕「物価問題が選挙の焦点となる」〔明〕「議論の焦点」のような使い方がある。

2. 「かなめ」[(2)]は物事の最も大切な部分。「扇のかなめ」「守備のかなめ」「組織のかなめ」〔類大〕など広い用法がある。

3. 「震源地」[(3)]は「震央付近で地震動の著しい地域」〔日国〕。出だし語「地震」は剰余。

4. 「全盛期」[(4)]とはこの上なく盛んな状態にある時期。人気・名声・勢力などに用いる。「最盛期」は、「儒学」「ローマ帝国」「文化」にも使われるが、「リンゴ」や「出荷」にも用いられる。「黄金時代」は「サッカー」「映画」「ゴシック建築」など。「絶頂期」は「人気」「バブル経済」などと結びつく。Ⅰ〈説明〉10。

〈類例〉

[中] 爆撃＝爆心(地)
[中] リンゴ＝芯(しん)
[中] モモ＝核(かく)、種
[中] 鉛筆、ろうそく＝芯(しん)
[中] 骨＝髄(ずい)
[中] 物事、事件、問題、計画＝核心
[中] 団体、組織、企業グループ＝中心、中核、中軸、基軸、本部
[中] 円、組織＝中心。「話題の中心」のような使われ方もある(〈参考〉1)。「都市」に関しては図表152、(2)。
[中] 法案＝骨子、主眼
[中] 日本列島、話し、アンパン＝へそ(前2者では最重要部分、アンパンでは中央表面にあるくぼみ)
[中] 軍隊₁(秩序をもって編成された軍人の集団)＝司令部、総司令部(＋[強])
[中] プロジェクトチーム、集団運動競技＝司令塔

〈参考〉
1. 中心となる重要な場所を「中心(地)」という。政治／経済／工業／ハイテク産業／文化…の中心地。ある分野の中心地の意味で「メッカ」が使われる。ミュージカル／映画／ファッションのメッカはブロードウェー／ハリウッド／パリ
2. 財界の大所(おおどころ)／重鎮(じゅうちん)／主だつ人々、劇／小説／映画の主人公、ヒーロー、ヒロイン、網元、網主、講元(神仏参詣の講中の)などは中心にいる人物であり、首長語(第13章)に近づく。

III 中心・頂点語の造語法

〈例〉
（1）　食べる―食べ盛り(盛んに食べる成長期、その時期の子供)
（2）　聞く／聞かせる―聞き／聞かせどころ
（3）　家―本家(一門・一族・流派の中心となる家筋、家)
（4）　山脈―主脈(中心を形成している山脈)

〈基本事項〉
接辞要素で形成される中心・頂点語がある。

〈説明〉
1. 「盛り」は「勢いが頂点に達している」ことを表わす名詞だが、接尾要素となり、前接要素が表わす人や事柄の勢いが頂点に達している時期、ないし、その時期にきている人や事柄を表わす名詞を形成する。前接要素は、動詞「連用形」(育ち盛り、伸び盛り、働き盛り)、名詞(子供盛り、年増盛り(女として最も成熟した年頃)、分別盛り、血気盛り(若くて活力があふれる年頃)、娘盛り、花盛り、日盛り)、形容動詞語幹(なまいき盛り)。「真っ盛り」は名詞「盛り」の強調語。
2. 「聞き／聞かせどころ」とは、話しや演奏で最ももりあがるところをいう。「研究の押さえどころ」(大切な箇所。要点)。「話の勘どころ」〔新和英大〕のような例がある。
　　接尾要素として「もと(元／本)」をあげてもよいかもしれない。［中］温泉＝湯元／本(温泉の湧き出るおおもと)。［中］流派＝家元(宗家のこと)

3. 「本」の接頭でつくられる中心・頂点語の例をあげる。
    [中] 家、一族、流派＝本家。「観世流(かんぜりゅう)の本家」〔辞〕。「本家本元(ほんけほんもと)」はその強調語。「ナショナルトラストの本家本元はイギリスだ」
    [中] 一宗・一派＝本山。「総本山」はその強調語。「大本山」もある。
    [中] 会社＝本社(業務の本拠)
    [中] 神社＝本宮。「もとみや」とも。
    [中] 陣＝本陣、本営(一軍の大将のいる所)
    [中] 軍隊$_2$(主力と小兵力に分かれて展開する兵士の集団)＝本隊、本軍
    [中] 降雨／雪＝本降り(なかなかやみそうもない勢いで降ること。＝[強])
    [中] 暑さ＝本格的な(修飾語。「本格的な暑さ」〔辞〕。＝[強])
4. 「主」の接頭でつくられる中心・頂点語の例をあげる。
    [中] 山脈・鉱脈＝主脈(中心を形成している部分)
    [中] 山脈＝主峰(最も高い山)
    [中] 川＝主流、本流
    [中] 軸、チーム(などの組織)＝主軸。「チームの主軸をになう打者」〔辞〕(中軸ともいう。「チームの中の中軸選手」〔広〕)
5. 「メーン」の接頭で形成されるカタカナ書き中心・頂点語の例。メーンイベント、メーンゲスト、メーンタイトル、メーンテーブル、メーンマスト
6. 「主力」や「中心」の接頭で形成される中心・頂点語の例。主力(の)選手、主力部隊、主力艦。(チームの)中心選手、中心組織、中心人物

第18章　役柄名詞と状況名詞

I　役柄名詞とは

図表153　役柄名詞と状況名詞
　　　　（出だし語はアイウエオ順）

出だし語	登場者 役柄名詞				舞台だて 状況名詞					所産名詞
^	主役名詞	相手役名詞	脇役₁名詞	脇役₂名詞	場所名詞	手段名詞	様態名詞 方法名詞	様子名詞	^
(1) 遊ぶ		遊び相手、友達			遊び場	遊び道具、おもちゃ	遊び方	遊び振り	
(2) 歩く	歩行者						歩き方	歩きっぷり、足取り、足並み、歩調	
(3) 生きる	生きもの				浮き世、この世	たずき	生き方	生き様	
(4) いじめる	いじめっ子	いじめられっ子					いじめ方		
(5) 売る	売り手、商人	売り物、商品、品物	買い手、お客	値段、価格	売り場、店、商店		売り方、商法		売り上げ
(6) 教える	先生、教師	教科、科目	生徒、学生		教室、学校	教材、教科書	教え方、教授法	教え振り	知識、技能、資格
(7) 会議する	会議参加者、議員	議題			会議室、(会)議場		会議／議事の進め方		議決事項、議事録

(8)	買う	買い手、お客	売り物、商品、品物	売り手、商人	値段、価格	売り場、店、商店		買い方	買いっ振り	資産、所有物
(9)	書く	書き手		読み手		書斎	筆記用具	書き方	(筆蹟)	書きもの
(10)	研究する	研究者	研究対象			研究室、研究所	研究装置	研究(方)法	研究振り	研究結果
(11)	(人を)殺す	殺人者、殺人犯、人殺し	被害者			殺人/犯行現場	兇器	殺し方、手口		死体
(12)	死ぬ	死者、死人				死に場所、死の床		死に方	死に様	死体、死骸、遺体
(13)	招待する	招待者、主人	(被)招待者、客			招待席、会場	招待状			
(14)	証明する	証人					証拠、証明書	証明(方)法		
(15)	相談する	(相談を持ちかける人)	問題、悩み、問題点	相談相手、相談役、カウンセラー		相談室、相談所				
(16)	治療する	医者、医師、先生	患者、病人			病院、医院、診療所、クリニック	治療手段	治療法、療法		
(17)	釣る	釣り人、漁師	魚			釣り場、海、川、渓流、湖、池、沼	釣り道具	釣り方		釣果、漁獲、獲物
(18)	寝る、眠る					寝室、ベッドルーム、寝所	寝具、ベッド、布団	寝方、あおむけ、うつぶせ	寝相、寝様	
(19)	話す	話し手、話者、スピーカー	話題、テーマ	聞き手、リスナー				話し方	口調、話し振り、語り口	話し
(20)	見る						(眼鏡)(裸眼)	見方	まなざし、目付き、目遣い	(所見)

| (21) | 料理する | 料理人 | 食材、材料、素材 | 客、食べる人 | | 台所、お勝手、キッチン、厨房 | 台所道具、台所用品 | 料(調)理法 | 手捌き | 料理 |

〈基本事項〉
1. 自立語は事柄を表わす限り、必ず登場者が存在すること、登場者には主役、相手役、脇役(脇役$_2$がある場合、脇役$_1$)があることはすでに、序論第2章Ⅳ(iv)以下で見た。
2. 出だし語が示す事柄(コト)の典型的登場者を表わす名詞を役柄名詞という。
3. そのうち、典型的主役を表わす名詞を主役名詞、典型的相手役を表わす名詞を相手役名詞、典型的脇役を表わす名詞を脇役名詞という(脇役$_1$、脇役$_2$が登場する場合、脇役$_1$名詞、脇役$_2$名詞が区別される場合がある)。

〈説明〉
1. 「教える」[(6)]を例にして説明する。
   (1) 「教える」の主役は「教え手」であるが、それを典型的に表わす名詞として「教え手、先生、教師、教員、教育者、指導者、指導員、インストラクター」などがある。これらは「教える」の主役名詞である。事柄を示す語(出だし語)とその主役名詞との関係を「主役名詞の縁」と呼び、[主名]と略記すると、「教える」と上記名詞の関係は、[主名]教える＝教え手、先生、教師、教員、教育者…と表記される。
   (2) 相手役は「教科」であるが、それを典型的に示す名詞として「教科、科目、学問、習い事、レッスン、教え」などがある。これらは「教える」の相手役名詞である。事柄を示す語とその相手役名詞との関係を「相手役名詞の縁」と呼び、[相名]と略記すると、「教える」と上記名詞の関係は、[相名]教える＝教科、科目、学問、習い事、レッスン、教え…と表記される。
   (3) 脇役は「学び手」であるが、それを典型的に示す名詞として「学

び手、生徒、学生、学習者、受講者、教え子」などがある。これらは「教える」の脇役名詞である。事柄を示す語とその脇役名詞との関係を「脇役名詞の縁」と呼び、[脇名]と略記すると、「教える」と上記名詞の関係は、[脇名]教える＝学び手、生徒、学生、学習者、受講者、教え子…と表記される。

(4) 「教える」という動詞の使用に当たり、主役名詞はガ格に、相手役名詞はヲ格に、脇役名詞はニ格に通常立って用いられることはいうまでもない。「山間の小さな学校で1人の先生が少数の生徒達に(対して)様々な教科を教えて奮闘している姿を見て、私達は深く感動した」。(「学校(で)」のような場所名詞についてはⅡ(i)参照)。

(5) 「教える」の主役、相手役、脇役の定め方については第25章Ⅰ、図表197参照。

(6) 「教える」の反転語として「教わる」があるが、その主役名詞は「教える」の脇役名詞、その脇役名詞は「教える」の主役名詞であり、相手役名詞は両者で一致する。

(7) 一定の事柄の役柄名詞が複数ある場合、同義・類義の関係に立つ。例えば、主役名詞「指導員」と「インストラクター」は同義であるが、「先生」と「教員」では前者が「学校で教える人」の意で用いられた時のみ同義。一般には「先生」は「教える立場にある人」の意で「教員」より意味が広い(同義語については第21章参照)。

(8) 主役名詞に関し、さらにコメントを付け加える。主役名詞「師」は敬意が込められたやや古めかしい文体。「あの人は私の人生の師というべき存在だ」。「師匠」は伝統的芸能、武芸を相手役名詞としたときの主役名詞。「指導員」はスキーなど技術を相手役名詞とした時の主役名詞。「インストラクター」は同義語。「コーチ」はスポーツを相手役名詞とした時の主役名詞。「教官」は国立の大学・研究所などでの「教える」の主役名詞。私立大学では用いられない。

(9) 脇役名詞「学生」は中・高生までを含み得るが、主に「大学生」

である。この用法はアメリカ英語の student に似る。英語の student は「大学生」。ロシア語 студент、ドイツ語 student も同じく「大学生」に限定される。

2. くどいようだが、「売る」［(5)］を例にして説明する。
   (1) 「売る」の支配図（第 25 章 VII(ii) 2、図表 213 参照。「売る」の主役は「売り手」である。それを典型的に示す名詞として「①売り手、②売り主、③売り子、④商人、⑤あきんど、⑥販売人／者／員、⑦売り方、⑧店員、⑨セールスマン」がある。これらは「売る」の主役名詞である。以下は使用例。
   ① 「売り手が値を下げない」「売り手市場」（「買い手」と対応）
   ② 「その土地の売り主は不明だ」「売り主に値段を掛け合う」（「買い主」に対応）
   ③ 「デパートの売り子として雇われる」（小売店の家族・従業員は売り子とはいわない）
   ④ 「抜け目のない商人(しょうにん)は安い商品を高く売る」
   ⑤ 「立派な商人(あきんど)になる」（古めかしいいい方）
   ⑥ 「外交販売員」
   ⑦ 「売り方に回る」（「買い方」に対応）
   ⑧ 「スーパーの店員として働く」
   ⑨ 「彼はやり手のセールスマンだ」
   (2) 相手役は「売り物」である。それを典型的に示す名詞として「①商品、②売り物、③品物、④グッズ」がある。これらは「売る」の相手役名詞である。以下は使用例。
   ① 「商品だから、汚さないでください」「大量に商品を仕入れる」「キャラクター商品」「人気商品」「新商品」「目玉商品」「金融商品」
   ② 「これは傷があるので売り物にならない」「アフターサービスを売り物にする」（客の関心を呼ぶためのものの意）
   ③ 「売り場では品物の配列を工夫する必要がある」「買った品物を配送してもらう」
   ④ 「キャラクター・グッズ」「ファンシー・グッズ」

(3) 脇役₁は「買い手」である。それを典型的に示す名詞として「①買い手、②買い主、③(お)客(さん)、④買い方(かた)」がある。これらは「売る」の脇役₁名詞である。以下は使用例。

① 「こんなに高くては、買い手がつかない」
② 「買い主の声を聞くことが大切だ」
③ 「客の要求にこたえる」「いい客をつかまえた」「店の客」「お客さんは神様です」
④ 「買い方に回る」

(4) 「売る」にはデ格に立つ第4補語がある。脇役₂で表わす。脇役₂は「値段」である。それを典型的に示す名詞として「①値段、②値(ね)、③価(あたい)／値(あたい)、④価格、⑤代金、⑥代価、⑦対価、⑧売り値、⑨売価、⑩プライス」がある。これらは「売る」の脇役₂名詞である。以下は使用例。

① 「いくら上質の品だといっても、こんなに値段が高くては買えない」「人の命に値段はつけられない」(「飛行機の値段」「原油の値段」とは普通あまりいわない。日常生活に関わりないようなものは、④「価格」が用いられる)
② 「これは珍しい物だから、かなりの値(ね)がつくと思います」(「値」は、「値がつく」「値がはる」「値を呼ぶ」など、慣用的に用いられることが多い)
③ 「価(あたい)が高い」「高い値(あたい)をつける」
④ 「原油の価格が上昇すると、多くの商品に影響が及ぶ」「販売価格」「生産者価格」「適正価格」(「値段」より用いられる範囲が広い。複合語の構成要素として用いられることが多い。話しことばでは、単独で用いにくい)
⑤ 「いい気になって飲み食いしたが、予想外の代金を請求されて青くなった」「代金と引き換えに品物を渡す」
⑥ 「昔は他人の著作物に代価を払うという考えが薄かった」
⑦ 「番組を視聴したことへの対価としての受信料」「労働の対価」
⑧ 「売り値を高めに設定する」
⑨ 「商品棚に売価を表示する」

⑩「独自の流通システムにより、驚異のプライスが実現しました」（主として宣伝・広告などで用いられる。「値段」のしゃれた感じがするいい方）

〈注意〉
1. 「招待する」〔(13)〕では相手役名詞と主役名詞とが一致するという現象が観察されることがある。「ここは招待者のお席です」（正確を期すなら「被招待者のお席」になるであろう）
2. 「あなたにはこのことについて相談する人がいないの？」において下線部の語は脇役に当たるが、「相談する人」が主役を表わす場合もある。「朝から相談する人が窓口に続々おしかけてきた」
3. ここでは、出だし語を動詞としたが、名詞であっても（また、形容詞であっても）事柄を示す限り、登場者がある限り、役柄名詞が存在する。例えば、「研究する」〔(10)〕にも「研究」にも同一の役柄名詞が存在する。

II 状況名詞とは

〈基本事項〉
1. 事柄にはそれに付随する状況（例えば、時間・空間）があることは序論第2章Ⅳ(i)で見た。
2. 登場者は事柄の不可欠の参加者であるが、状況は副次的な参加者である。状況とは、いわば、事柄の舞台だての如きもので、場所・時代設定、時間、大道具、小道具、伴奏音楽、効果音の如きものと考えればよい。
3. 事柄の状況には、場所、手段、様態、所産が区別される。
4. 出だし語が示す事柄（コト）の典型的状況を表わす名詞を状況名詞という。
5. そのうち、典型的場所を表わす名詞を場所名詞、典型的手段を表わす名詞を手段名詞、典型的様態を表わす名詞を様態名詞、様態名詞の中でも典型的方法を示す名詞を方法名詞、典型的様子を示す名詞を様子名詞という。また、典型的所産を表わす名詞を所産名詞という。状況名詞とは

それらを総称する用語である。

〈説明〉

1. 様態名詞の中に、なぜ、方法名詞と様子名詞の区別を設けたかについて、まず述べる。「生きる」[(3)]「死ぬ」[(12)]の典型的様態を示す語に「生き方」「死に方」とともに「生き様(ざま)」「死に様(ざま)」という語がある。「生き方」は「生活の方法。人生に対する態度」、「生き様」は「その人が生きていく態度・ありさま」と〔辞〕は語釈する。つまり、前者は方法、後者は生きていくありさまを示す語であるとする。同様に、「死に方」も「死ぬ方法」、「死に様」は「死ぬときのようす」であると同辞書は語釈する。いわば「生き／死に方」は方法・理念、「生き／死に様」はその実際の様子、つまり、現実、実態であるというのである。ただし、「死に方」を「死にざま」とパラフレーズし、「死ぬときのようす」と解説し、「眠るような死に方」を例に掲げる。「話し方」には「話しをする方法・技術」〔辞〕の意味がある。それに対し「口調」は「もののいい方のようす」(同上)である。これに近い語に「語り口」がある。同辞書は「語るときの口調」と解説する。「話し方」は「話す」という語が示す事柄の方法、技術をいい、「口調、語り口」は実際に現れる様子であると解しているのである。つまり、「話し方」は「話す」の手段名詞、「口調、語り口」は様子名詞としてとらえていると見てよい。ただし、「話し方」にはまた「話しをする態度」(例「おだやかな話し方」)の意味もあり、「口調、語り口」に重なる様子を記述する。「方法名詞」は「様子名詞」の意味もあることは日常的に観察される所である(「様子名詞」は意味に限定がある有標形、「方法名詞」は意味に広がりがある無標形である)。

    以上で、方法名詞と様子名詞の区別があること(ただし、方法名詞が様子の意味でも用いられること)を〔辞〕のような国語辞書も認めていることが理解されると思われる。

2. 「教える」[(6)]を例に状況名詞を説明する。

    (1) 「教える」という事柄は車中であろうと路上であろうと行うことができるが、典型的に行われる場所は「教室、教場、講義室、学校、学園、学院、スクール、アカデミー、大学、塾」などであ

る。これらが「教える」の場所名詞である。
　(2)　手段は、「教材、教科書、教本、テキスト」が現在までよく用いられてきたものの代表であろう。これらを手段名詞の例としたい。「黒板、掛け図」のような「教具」、「テレビ、ビデオ、パソコン」のような「教育機器」などは個別化された手段であり、手段名詞である（通信教育、放送教育、視聴覚教育の前半部分は手段に言及する造語要素）。
　(3)　「教え方、教授法、教育法、指導法、メソッド、教授様式」などは「教える」の方法名詞である。「あの先生の教え方は懇切丁寧だ」といった場合、「教え方」は様子名詞の意となる。「教え振り」という語は様子名詞として使い得る。
　(4)　「知識、技能」ひいては「資格」などは「教わる、習う、学習する、勉強する」の所産名詞であるが、上記動詞の仲間に「教える」も加えてよい。

〈注意〉
1.　ここでは動詞を出だし語にとったが、名詞であっても（形容詞であっても）事柄を示す限り、状況名詞は存在し得る。例えば、「いじめる」〔(4)〕も「いじめ」も「いじめ方」という同一の方法名詞が存在する。「会議する」〔(7)〕も「会議」も「会議室、会議場」という同一の場所名詞を持つ。
2.　「値段」は「売る、買う」において、手段名詞ではなく、役柄名詞であることはすでに述べた。「宿泊する」における「ホテル、旅館、宿泊所」と「宿泊客（者／人）、（お）客（さん）」については(i)1〈注意〉1参照。

(i)　場所名詞
1　事柄の在り処
〈例文〉
(1)　都会では子供達の安全な遊び場が減ってきている〔新和英大〕
　　　茶畑があって子供や鳥の遊び場になってゐる(中勘助)
　　　嘗て野良猫の遊び場であったつつじの根元の少し窪んだ処(寺田寅彦)

（2） 浮き世は所詮苦界だ〔新和英大〕
（3） 彼は売り場に立ったことがない(同上)
　　　この辺の店で売っているような品とは違う(同上)
（4） 太郎は大学で英語を教えている
（5） アジア・太平洋課はいつも2階の会議室で会議を行っています
（6） 私はこのお店で野菜を買うことにしている
（7） 息子は研究室にとまり込み、日夜遺伝子の研究に励んでいる
（8） 通報を聞いて駆けつけた警官によって犯人は犯行現場で逮捕された
（9） あの男は死に場所を探しているような様子だった
　　　臨終の床に立ち合うような敬虔(けいけん)な表情(安部公房)
（10） 明日、児童相談所へ行って、子供のことを相談するつもりだ
（11） 有名な病院で目の治療を受けたようだ
（12） この川では釣りができる
（13） 当時夫は寝室で寝ていた
（14） 主婦がお勝手に立っている時間は長い

〈基本事項〉

1. 事柄の在り処としての場所名詞は、「遊び場で遊ぶ」「店で売る／買う」「学校／教室で教える」「会議室で会議する」「研究室で研究する」のように、デ格に立って出だし語たる動詞に結びつくのが典型的用法である。

2. 一部の出だし語ではニ格に立つこともある。「浮き世に／で生きる」「ベットルームで／に寝る」。「において」は書きことば。「犯行現場において逮捕された」

〈注意〉

1. 明らかに場所を示していても、出だし語によっては役柄名詞であるものがある。例えば、「宿泊する」(出だし語)において、泊る人(ガ格に立ち、主役)、泊る所(ニ／デ格に立ち、相手役)は不可欠の(必須の)登場者である。よって、「ホテル、旅館、はたご」は相手役名詞となる。ある—ありか；居る—居所；置く—置き所、置き場所；隠す—隠し場所、隠し所；隠れる—隠れ処(が)などは上記のような関係にある(このような出だし語にとり、場所は不可欠の登場者)。

2. 出だし語に対し場所名詞としてあるものでも、使い方によっては主役名詞のように働くものがある（場所というより、通常、人の組織の意味になる）。「この研究所はかつて結核菌を研究していた」「博物館が資料を展示する」「警察で調べたところ、狂言であることがわかった」「児童相談所が乗り出してきた」

〈参考〉
1. 場所名詞には、末尾に「室、所、場、館」を持つものが多数ある（図表154）。

図表154　場所名詞の造語法

出だし語	室(しつ)	所(じょ/しょ)	場(じょう)	館(かん)
避難(する)		避難所		
合宿(する)		合宿所		
休憩(する)	休憩室	休憩所		
研究(する)	研究室	研究所		
喫煙(する)	喫煙室	喫煙所		
実験(する)	実験室		実験場	
試験(する)	試験室		試験場	
会議(する)	会議室		会議場、議場	
手術(する)	手術室			
野球(する)			野球場、球場	
演劇・芝居を上演／観賞する			劇場	
映画を上映／観賞する				映画館
読書する、本がある	読書室、図書室			図書館
結婚式を挙げる			結婚式場	
儀式を行う			式場	
戦う、戦闘する			戦場	
農作物をつくる			農場	
パーティー・集会を行う			会場、集会場	
機械・器具で製造する			工場	
現像する	暗室	現像所		
剣道・柔道・弓道・空手を練習する			道場	
眠る、寝る	寝室	寝所		
着替える	更衣室			
待つ、待ち合わせる	待合室			
入院する	病室			

2. 出だし語から直接造語されるもの(研究(する)―研究室、研究所)と直接的関係がないもの(現像する―暗室、着替える―更衣室)が区別される。学習者に予測出来ないか、しにくい後者については教える際特別の配慮があっていい。
3. 直接造語されるものでも語頭の漢字を省略するものがある。野球(する)―野球場、球場；会議(する)―会議場、議場
4. 「室」は「部屋」、時に「部局」の意味を持ち、「所、場」で造語されるものより小さな単位となる。研究室＜研究所、遊技室＜遊技場。ただし、寝室、寝所は同義に使える。喫煙室、喫煙所(駅などの)の大小関係ははっきりしない。
5. 4に掲げたもの以外にも小さな単位＜大きな単位の関係に立つ場所名詞が多くある。買う―売り場＜店；教える、授業する―教室＜学校；治療する―治療室＜病院
6. これ以外に、末尾に「場(ば)」を持つものがある。火葬(する)―火葬場(かそうば)、焼(や)き場；機械・器具で製造する―工場(こうば)(工場(こうじょう)と同義。ただし、工場(こうば)は口語。比較的小規模な工場(こうじょう)という印象がある)。
7. 「場所」「所(ところ)」によって造語される場所名詞があるが、多く臨時的、習慣的な置き所、居所の意で用いられる。休息する、休憩する、休む―休憩場所(休憩所は施設)、休(やす)み所(どころ)(「休息する所、休憩所」〔辞〕)

2 ものの在り処

図表 155　ものの在り処としての場所名詞

	出だし語	場所名詞		出だし語	場所名詞
(1)	車、自動車	車庫、ガレージ	(8)	学長	学長室
(2)	眼鏡	眼鏡ケース	(9)	大使	大使館、大使公邸
(3)	宝石	宝石箱	(10)	首相	(首相)官邸
(4)	はし	はし置き、はし箱	(11)	新聞記者	現場、新聞社
(5)	お金	財布、金庫	(12)	アナウンサー	スタジオ
(6)	本、図書	本箱(棚)、書架、図書館	(13)	(ペットの)小鳥	鳥籠
(7)	社長	社長室	(14)	ライオン	サバンナ、ジャングル

第18章　役柄名詞と状況名詞　449

〈例文〉
（１）　車をガレージに入れる
（２）　眼鏡をメガネケースに仕舞う
（３）　宝石は宝石箱にある
（４）　はしをはし箱に入れ、お弁当と一緒に持たせた
（５）　金庫にお金がうんうんうなっている
（６）　本を整理して、本箱に入れなさい
　　　　この図書館は高価な希覯本(きこうぼん)が多数収蔵されているので有名です
（７）　社長は今社長室で仮眠をとっている
（８）　学長は今学長室で業者と会談している
（９）　英国大使と大使館で会った
（10）　首相はもう官邸にお帰りになりました
（11）　新聞記者は一度は現場(げんば)を踏まなければならない
（12）　アナウンサーはもうスタジオにはいった
（13）　カナリアを金ピカの鳥籠に入れて飼う
（14）　ライオンは、サバンナに10数頭の群れですみ、共同で狩りをする

〈基本事項〉
1.　もの（生きものを含む）が存在する典型的な場所を示す場所名詞がある。
2.　このような場所名詞は、ものを示す出だし語（名詞）をガ格に立て、「ある、いる、住む」と結びついたり、ヲ格に立て、「いれる、置く、仕舞う、保存する」と結びついたりして、よく用いられる。

〈説明〉
事柄の在り処とものの在り処を区別することにより、事柄の場所名詞とものの場所名詞があるかの如き記しかたをし、かつ、両者に用法上の差がある程度存在することを指摘したが、両者には理論上の差は特にない。眼鏡―眼鏡ケース、ライオン―サバンナという関係は「眼鏡をいれる」「ライオンがすむ」という事柄が典型的に成り立つ場所としてとらえ得るからである。図書館も「読書する、図書を収蔵し、閲覧に供する」場所なら、事柄の場所、「図書、本がある」とすればものの場所ということになる。

〈参考〉
ものの場所名詞にも様々な大小、階層関係がある。本―本箱、書棚＜図書室

＜図書館；お金―財布＜金庫＜銀行；ライオン―檻＜動物園＜サバンナ、ジャングル

(ii) 手段名詞

〈例文〉

（1） 子供が大事な玩具(おもちゃ)を取り上げられそうになったように情けなく悲しくなる（原田康子）

　　　お側(そば)の小さな卓子(つくえ)の上に遊道具(あそびどうぐ)が載って有て（若松賤子訳）

（2） 先生がお書きになった教科書で英語を教える学校は全国にたくさんあります

（3） 私立大学に移ったら実験装置が貧弱で全く研究にならず、仕方がないので理論家に転身した

（4） どんな兇器で殺したのかいまのところ不明

（5） 招待状を先生の御自宅にお送りし、披露宴に御招待申し上げた

（6） 相手の無法なやり方をきちんとした証拠で証明しなければ、裁判にはとうてい勝てません

（7） 豪華な釣り道具で釣っているのが社長さん

（8） 空腹を抱えながら、豪華なベッドで寝た

〈基本事項〉

手段名詞は、「おもちゃで遊ぶ」「教科書で教える」「実験装置で実験する」「兇器で殺す」「招待状で招待する」「証拠で証明する」「釣り道具で釣る」「ベッドで寝る」のように、デ格に立って出だし語たる動詞に結びつくのが典型的用法。「…を用いて／使って、…をもって」も使われる。「先生がお書きになった教科書を使って教える」「新たな証拠をもって証明を試みる」

〈説明〉

1. 「遊ぶ」の典型的道具が「おもちゃ」、「教える、学ぶ、教わる、学習する」の典型的手段が「教科書、教材」、「実験（する）」の典型的手段が「装置、器具」（以下同様）である。

2. 目に見えないものでも手段名詞たり得る。へつらう、おもねる―おせじ、おべっか；叱る―小言；さとす―訓戒；騙す(だま)―嘘、いつわり；ほめる―賛辞；慈しむ―愛情；我慢する、耐える、持ちこたえる―忍耐力；続ける、持ちこたえる―持久力（持ちまえの持久力で持ちこたえた）

〈注意〉
1. 「おもちゃ」「実験装置」「治療手段／用具」「釣り道具」「兇器」などはいわば総称語。具体的には個々のものがある。例えば、「治療手段」には「薬、メス、ギプス…」「釣り道具」には「竿、おもり、針、てんびん、…」「兇器」には「ジャックナイフ、包丁、ピストル、ショットガン、…」。このような総称語がないか、あまり使われないかする場合、手段名詞は個々のものをあげるほかない。絵を描く（生成動詞結合）―絵の具、カンバス、筆、鉛筆；見る―（見る手だて）、眼鏡、ルーペ、裸眼（このようなものをかっこでくくって一部図表153に記した）
2. 「飼う」に対し「檻」（危険な動物を）、「かご」（小鳥を）は手段名詞とも場所名詞ともとらえられる。

〈参考〉
機能発揮結合に随伴する手段名詞がある。ご飯を食べる―はし；ビフテキを食べる―ナイフ、フォーク；ペンキを塗る―はけ

(iii) 方法名詞
〈例文〉
（1） このゲーム機には<u>遊び方</u>が色々ある
（2） ぬかるみを踏むような<u>歩き方</u>で帰ってきた
（3） 他人の思惑を気にしないで自分の<u>生き方</u>を貫く（飯田栄彦）
（4） 鬼の生まれ変わりではないかと思えるほど酷い<u>虐め方</u>をする（連城三紀彦）
（5） 薄利多売という<u>売り方</u>で手に入る限りの商品を<u>売り</u>まくった
（6） 最新の<u>教授法</u>で英語を<u>教える</u>学校です
（7） ゆっくりした<u>話し方</u>で<u>話す</u>
（8） あの議長の<u>議事の進め方</u>はへただ
（9） ニュージーランドで憶えた<u>調理法</u>で<u>料理したら</u>、この羊肉案外皆に好評だった

〈基本事項〉
1. 方法名詞は連体修飾語を伴ってよく用いられる。
2. 方法名詞に、登場者を示すもの以外の連体修飾語がない場合、述語の位

置に修飾語がくるという用いられかたがよく見出される。
3. 出だし語との関係でいえば、方法名詞はデ格に立って出だし語たる動詞に結びつくことがしばしばある。

〈説明〉
1. 「歩く」の方法名詞に対する多様な連体修飾の例を文芸作品から掲げる。「背の少し丸まった、だちょうみたいな歩き方」(谷村志穂)「電気仕掛けの人形のようなぎくしゃくとした歩き方」(藤本義一)「なつかしさに体だけが先に出て足がそれにともなわないといった歩き方」(長崎源之助)「酔っ払ったチャップリンのような歩き方」(新田次郎)「長身を少し前屈みにした歩き方」(永井龍男)「陽射しを楽しむかのようにあごを少し上に向け空を仰ぐような歩き方」(中沢けい)「白衣の裾をあおるような歩き方」(円地文子)。「生きる」の方法名詞の修飾例。「家畜のような単純な生き方」(石坂洋次郎)「生活の知恵のない不器用な生き方」(立原正秋)
2. 〈例文〉(1)で、「遊び方」には連体修飾語が全くない。(8)の「議事の進め方」では、主役を示すもの(「あの議長」)以外、連体修飾語は見出されない。修飾語は「色々ある、へただ」のかたちで述語の位置に存在する。方法名詞の一用法としてこのようなものがある(いうまでもないことながら、このような文は1で述べた連体修飾節が文として独立したものである。「背の少し丸まった、だちょうみたいな歩き方」→「歩き方は、背が少し丸まっていて、だちょうみたいだ」「鬼の生まれ変わりではないかと思えるほど酷い虐め方」→「虐め方は、鬼の生まれ変わりではないかと思えるほど酷い」「下手な議事の進め方」→「議事の進め方が下手だ」)
3. 方法名詞がデ格に立ち、出だし語たる動詞に結びつく例は〈例文〉(5)(6)(7)(9)。

〈参考〉
1. 方法名詞には…方(かた)、…法(ほう)で造語されるものが多い(図表153)。ただし、手口(一殺す、盗む、犯行)のような予測できないものもある。
2. 「あおむけ、うつぶせ」は「寝方」の下位的な方法名詞。

(iv) 様子名詞

〈例文〉
（1） くずれるようなあぶなげな足どりで歩く(灰谷健次郎)
（2） だれがＢさんの認識のいい加減さ、歯切れの悪い生きざまをとがめられるか(深田祐介)
（3） どんなにおそろしい死にざまが待ちかまえているのであろう(真継伸彦)
（4） 惣助は母者人の寝相(ねぞう)を見ないやうにして、わざと顔をきつくそむけながら呟いた(太宰治)
　　　この睦(むつま)じい寝態(ねざま)がふいと七八年前の事を思返させた(永井荷風)
（5） 無遠慮に対手を呑んだ口調(たいしゅ)で、ずけずけいう(室生犀星)
　　　「いいよ、別に」と切り落とすような口調で答える(鷺沢萠)
（6） 射るような眼差しで見る(芝木好子)
　　　妖怪に憑かれたようなキョトンとした眼附きで、晴れた大空をあてどもなく見る(菊池寛)

〈基本事項〉
用法は方法名詞とほとんど同じ。

〈説明〉
1. 「歩きざま、歩きっぷり、歩調、足取り」の多様な連体修飾の例をあげる。「チョロチョロと辺りを掠(かす)めるような歩きざま」(壇一雄)「凱旋(がいせん)将軍のような堂々たる歩きっぷり」(里見弴)「地に吸われているように重い歩調」(高井有一)「静かに張りつめた、床を擦(す)るような足取り」(古井由吉)「ナメクジのようにひそやかな足取り」(飯田栄彦)。「寝ざま、寝姿」の連体修飾の例。「強盗にでも辱められたようなあられもない寝ざま」(永井荷風)「何かの健康法の指示に従っているような清潔な寝姿」(中村真一郎)。「口調、話し振り、口振り」の連体修飾の例。「厳しいようで、一脈の温かみも通っているような口調」(石坂洋次郎)「だだっ児のような可愛らしい口調」(谷崎潤一郎)「何年も前からの知り合いのような気さくな口調」「声を張らない話術を多年の間に身につけたといった、ひっそりとした話し振り」(永井龍男)「子供をなだめるような口振り」(山手樹一郎)

2. 連体修飾語がなく、修飾語が述語の位置に来る例。「寝相が悪いから、朝には暴行でも受けたような乱れた姿になってしまう」(北村薫)「口調が他人の耳を気にしているように低い」(藤本義一)「まなざしがナイフのように鋭い」(長野まゆみ)
3. デをとり、出だし語と結びつく例は〈例文〉(1)(5)(6)。

〈注意〉
方法名詞と様子名詞の区別と意味の重なりについてはⅡ〈説明〉1参照。

〈参考〉
1. 「連用形」+「振り／っ振り」で造語される様子名詞がある。遊ぶ―遊び振り、遊びっぷり、歩く―歩き振り、歩きっぷり。生産性を持ち、臨時的にも造語される。教えっぷりがみごとだ、買いっぷりが豪快だ、研究振りは堂に入ったものだ
2. ある―あり様、いう―いい様(人を小ばかにしたいい様)、生きる―生きざま、死ぬ―死にざま、のように「連用形」+「さま／ざま(様)」で造語される様子名詞がある。このうち「生きざま」は1960年代「死にざま」をモデルにして造語されたという〔日国〕。
3. 「筆蹟」は「文字の書きぶり」〔辞〕。「書く」の様子名詞と考えることができよう。「スタイル(文体)」も「文章」の様子名詞と考えたい。

(ⅴ) 所産名詞

〈例文〉
(1) 薄利多売という売り方で売り続けたら売り上げが伸びた
(2) 税理士の資格をとろうと思い、専門学校にはいった
(3) 一旦会議で決定した議決事項をくつがえすことはできない
(4) 株を買ったら資産が増えた
(5) 長年なめくじの生態を研究したが、ろくな研究結果は得られなかった
(6) ビンで撲って夫を殺したが、死体の始末に困り、自首することにした
(7) 死んだ妻のなきがらにほゝをよせ泣き続けた
　　長い歴史を持っている人類は、今はもう因習の縄で木に縛りつけられた死骸になってしまっている(川端康成)
(8) 一日中釣ったが、釣果はさほどのものではなかった

（9） あのグロテスクな魚も、うまく調理すればかかる美味な料理に化けられるのかと驚いた

〈基本事項〉
1. 所産名詞には、①出し語が示す事柄の自然的・必然的・不可避的所産であるものと、②意図的所産(つまり、目的)であるものとがある。
2. 所産名詞は、他の状況名詞とは異なり文中でデ格に立って出だし語たる動詞に結びつくことが普通ない。

〈説明〉
1. ①の例を掲げる。死ぬ―死体、遺体、なきがら；殺す―死体；火事―焼け跡；燃やす、燃える―灰、燃えかす／がら；(日が)暮れる―夕暮れ、日暮；傷つける―傷；割れる―割れ目　②の例。会議する―議決、議決事項；教える、学ぶ、学習する、習う―知識、資格、わざ；釣る―釣果；料理する―料理；要約する―要約；研究する―成果；実験する―実験(の)結果；結ぶ―結び目
2. 「砕く、砕ける、割る、割れる」の典型的結果を表わすのは「破片」であるが、「破片」は、転化の結果を表わすニ格に立って出だし語に結びつくことがある。「立たんとすれど口惜しや、腰は破片に砕かれぬ」(鍵谷徳三郎)「ガラスを小さな破片に割る」。「料理する」の結果できあがるものは「料理」であるが、ニ格に立って出だし語と結びつくことがある。「グロテスクな魚を美味な料理に料理した」。〈例文〉(5)(…研究したが、研究結果は…)、(6)(…殺したが、死体は…)、(8)(…釣ったが、釣果は…)のような用法も目立つところである。

〈注意〉
出だし語の動作性名詞ないしサ変動詞語幹と所産名詞とが一致する場合がある。料理(する)―料理、要約(する)―要約、翻訳(する)―翻訳

III　必要性

〈基本事項〉
役柄名詞(主役名詞、相手役名詞、脇役名詞)と状況名詞(場所名詞、手段名詞、方法名詞、様子名詞、所産名詞)の区別は、教育に際しても、学習に当

たっても便利、有益である。また、この枠組は、類語辞典、シソーラス作製の理論的基礎の一部たり得る。

〈説明〉
事柄を表わす語を提示したら、その役柄名詞、状況名詞をそれにからめて記憶させるという態度は教える者にとり大切である。様々な名詞の関係を明確に把握して授業を行うなら、学習者の信頼感はいや増すであろう。この態度は外国語を学ぶ時にも通じるものがある。類語辞典も漫然と関連する語を羅列せず、統一的、論理的枠組をつくり、どこにどのような類語が並ぶのかを明晰に示してくれると使いやすくなる。

〈注意〉
1. 図表153に掲げたものはほんの一例に過ぎない。例えば、「売る、買う」の場所名詞には表中のもの以外に「ストア、ショップ、売店、店屋、店先、店頭」、「料理／調理／炊事する」の場所名詞には表中のもの以外に「炊事場、調理場、板場」などがある。
2. 図表153には空き間が多くあるが、空き間はそこに語がないということを表わすわけではない。

〈参考〉
例えば、「塩は海岸で(場所)／海水で(原料)／電気で(手段)／半透膜浸透法で(方法)でつくられる」の例により、名詞が場所を示すのか、手段を示すのか、様態を示すのかは、格助詞や後置詞の如き文法手段によるだけでなく、語義によってなされることはすでに明らかにされている。ここでは、一定の語には一定の役柄名詞、状況名詞が備えられており、相互に結び合って用いられることを指摘した。

第19章　助数詞

I　助数詞とは

図表156　助数詞

	出だし語	助数詞	例
(1)	ミカン、ナシ、リンゴ	つ、個	ミカンを9つ(9個)と、ナシを5つ(5個)ください
(2)	鉛筆、ペン、杉の木	本	3本の杉の木が茂っている
(3)	紙、皿、切手、板	枚	紙を2枚使って包む
(4)	女、男、子供、学生、会社員	り、人	子供が3人いる
(5)	犬、猫、子豚	匹	犬が3匹走って行った
(6)	豚、牛、馬、ライオン	頭	10頭の牛を飼っている
(7)	年齢	つ、歳	ボクは5つ。年齢は21歳です
(8)	家屋	軒	家1軒が建つ金額だ
(9)	刀剣	振り	日本刀2振りを展示してある
(10)	俳句、川柳	句	俳句1句を書きとめた

〈基本事項〉

1. 数詞に添えて、どんなものや事柄の数であるかを表わす接尾辞を助数詞という。
2. 助数詞は出だし語によって、基本的に、異なる。
3. 助数詞は強制的に、義務性を帯びて出現する。

〈説明〉

1. 「9つ」［(1)］といったら無生物の個体か年齢である。「3本」［(2)］と数えたら長いものである。「2枚」［(3)］と聞こえたら薄いものである。「2人」「3人」［(4)］とあったら人間である。「3匹」［(5)］と書かれたら生き物。「10頭」［(6)］と述べたら大きなけものである。「21歳」［(7)］は年齢に、「1軒」［(8)］は家屋に、「2振り」［(9)］は（動作の回数の場合を除いて）刀剣に、「1句」［(10)］は俳句か川柳に、関して用いられる。これらはみな助数詞である。助数詞は物体の形状［(1)–(3)］や意味カテゴリーに包含される語［(4)–(6)］に対応して用いられたり、特定の出だし語［(7)–(10)］に大約対応して用いられたりする。

2. 英語やロシア語などでは、four students, четыре студента; five dogs, пять собак; ten lions, десять львов のように名詞に数詞を前接すれば名詞が示すものの数を表すことができる。それに対し、日本語では「4人の学生」「4匹の犬」「10頭のライオン」のように、数えられるものによって助数詞が選択され、かつ、その使用がないと数量を自然に表わすことができず、表現が不適格となる（(*)4学生、(*)5犬、(*)10ライオンは通常用いられない）。この意味で、助数詞の使用は義務的であり、かつ、出だし語によって異なるという不規則性、つまり、語彙的性格を持つ。

3. 出だし語とその数を表すために用いられる助数詞の関係を「助数詞の縁」と呼び、［数］と略記すると、例えば「家屋」と「軒」の関係は、［数］家屋＝軒、と表記される。

〈注意〉

1. 助数詞は数詞と一体化して用いられる接尾辞である。アクセントから見ても独立性を持たない。ひとり、ゴ切れ、はつか（平板式）。「り」とか「か」などは語彙としても独立性を持たない。

2. 「5切れ」の「切れ」は「切り離した部分」「切れ端」の意を持つ名詞としても用いられる。「リンゴ2箱」「100ページの本」「3皿のカレーライス」などの「箱」「ページ」「皿」は独立する名詞としても用いられる。「木で箱をつくる」、「ページの多い本」、「カレーライスを皿に盛る」。このような場合、助数詞と名詞が同形であるが、両者は機能的に異なるものとして扱わねばならない。「リンゴ2箱」の「箱」は助数

詞、「木で箱を作る」の「箱」は名詞である。

〈参考〉
1. 英語やロシア語に助数詞といえるものは、あるにはある。
a pair of shoes（靴 1 足）、two cakes of soap（石けん 2 個）、three sheets of paper（紙 3 枚）、six head of cattle/deer（6 頭の牛／鹿。この場合 head は単複同形）、a fleet of 30 sail（30 隻からなる艦隊。sails ではない）—以上英語
пара чулок（靴下 1 足）、две пары брюк（ズボン 2 着）、пять человек（5 人）、шесть голов（家畜 6 頭）、семь штук（7 個）、восемь голосов（8 票）
—以上ロシア語
2. 上掲の「助数詞」は日本語の助数詞とは異なり、はっきりとした名詞であり、アクセントの上からも独立した語である。これらの言語では「助数詞」を必ず用いなければならないという決まりはない。
3. 数詞が数詞だけで独立する語として用いられることは勿論である。算数などがその好例である。「2 + 3 = 5」「5 対 4 で負けた」

II 個性的助数詞と汎用的助数詞

図表 157　汎用的助数詞

意味カテゴリー			助数詞	例
物	個体		つ（年齢を含む）、個	もう 9 つになった／ミカンを 9 つあげる／ミカン 11 個
	長い物		本	筆は一本、箸は二本
	薄い物		枚	紙 1 枚。厚板 2 枚
生き物	人間		り、人	大人 1 人、子供 3 人
	人以外の生き物	大きくない	匹	猫 1 匹
		大きい	頭	牛 1 頭

〈基本事項〉
1. 助数詞には、数えられるものが限定されているものと、相対的に限定の少ないものとがある。前者を個性的、後者を汎用的助数詞と呼ぶ。
2. 図表156の(1)-(6)および、図表157に掲げたものは汎用的助数詞の例である。それらは広汎な意味カテゴリーに包含される名詞を出だし語とする。
3. 最も汎用的な助数詞は「つ」である。

〈説明〉
1. 1軒、2軒、…とあれば、数えられるものは家屋。1振り、2振り、…とあれば、(動作の回数の場合を除けば)刀剣。1歳、2歳、…とあれば、年齢。このように助数詞によって数えられているものが何であるか、ある程度予想できたり、具体的に確定できたりするものがある。これらは個性的助数詞である。
2. 1つ、2つ、…とあれば数えられるのは生き物以外の個体である。小石、あめ玉、茶碗、コップ、…何でもよい。1本、2本、…とあれば長い(3次元の)物体である。楊枝でも針でも、杉の大木でもよい。1枚、2枚、…とあれば、数えられるものは薄い物である。紙も四分板(厚さ1cm余りに製材した板)も枚で数えられ、形状がある程度わかるとしても、数えられる対象ははっきりしない。
3. 1人、2人、3人、…とあれば、数えられるものは人間である。子供も大人も、男も女も、学生も会社員も、全てこれによって数えられる。1匹、2匹、3匹、…とあれば、数えられるものは人間以外の生き物である。犬、猫、クワガタ、魚もこれで数えられる。1頭、2頭、…とあれば、数えられるものは大きな生き物(主に、けもの)である。ただしその個別は、牛であるか馬であるかライオンであるかはっきりしない。
4. このような、日本語の伝統的・民俗的分類カテゴリーに含まれる名詞に対応する助数詞を、ここでは汎用的助数詞に入れることにする。

〈注意〉
個性的、汎用的助数詞の区別は、動詞化動詞においてもそうであるように(第4章III)、厳密な区別はなく、ただ相対的に定め得るに過ぎない。図表156((1)-(6))、図表157で掲げたものは、広い意味カテゴリーに包含され

る名詞に対応する、日常よく用いられる助数詞である。

〈参考〉

日本語がよくできるという印象を与える要因の1つに、助数詞の適切な使用がある。包丁 2 つ(ふた)、というより包丁 2 丁(ニチョウ)といったほうが、流暢なことば遣いとなる。汎用的助数詞の連発は稚拙な感じを与える。「家が 1 つ(ひと)建つ金額」は許容されるが「家 2 つ(ふた)が焼けた」はつたない日本語と感じられかねない。

III　和語・漢語・外来語助数詞

図表158　3系列の助数詞と選択する数詞

系列	和語助数詞	漢語助数詞	外来語助数詞
例	間	軒	ページ(頁)
数詞 1	ひと間(ま)	イッ軒(ケン)	イチページ
数詞 2	ふた間(ま)	ニ軒(ケン)	ニページ
数詞 3	み間(ま)(？サン間(ま))	サン軒(ゲン)	サンページ
数詞 4	よ間(ま)(？ヨン間(ま))	ヨン軒(ケン)	ヨンページ
数詞 5	ゴ間(ま)	ゴ軒	ゴページ
数詞 6	ロク間(ま)	ロッ軒(ケン)	ロクページ
数詞 7	なな(シチ)間(ま)	なな(シチ)軒(ケン)	なな(シチ)ページ
数詞 8	ハチ間(ま)	ハッ(ハチ)軒(ケン)	ハチページ
数詞 9	キュウ間(ま)	キュウ軒	キュウページ
数詞 10	ジュウ間(ま)	ジュッ軒(ケン)	ジュッページ

〈基本事項〉

1. 助数詞には、和語・漢語・外来語の3系列がある。それぞれを和語助数詞・漢語助数詞・外来語助数詞と呼ぶ。
2. 漢語助数詞、外来語助数詞は、漢数詞に後接する。
3. 和語助数詞は少数の例外(「つ」)を除き普通は 4、5 あたりまで和数詞に後接し、それ以上は漢数詞に後接する。

4. 和数詞が用いられる限界点は人によって異なる。

〈説明〉

1. 数だけを抽象的に表わすのが数詞である。
2. 現在通常用い得る和数詞は10までである。ひと、ふた、み、よ、いつ、む、なな、や、ここの、とお
3. 漢数詞は「イチ」から始まり無限にあり得る。11まで記す。イチ、ニ、サン、シ／よん、ゴ、ロク、シチ／なな、ハチ、キュウ／ク、ジュウ、ジュウイチ、…。数だけを勘定するときは、イチ、ニ、サン、シ、…となるが、助数詞と用いられるとき、4は「よん」がよく用いられる(「よん」は和数詞「よ」の音変化)。1イチとの聞き違いを避けて、7シチを「なな」でいうことが多い。
4. 「部屋」を数えるのには「間(ま)」が用いられるが、これは和語助数詞である。「ふた間(ま)」までは確実であるが、「み(サン)間(ま)」「よ(よん)間(ま)」と、3のところで漢数字の競合を受けている。「(*)いつ間(ま)」はなく、5あたりから漢数詞の独壇場となる。ゴ間、ロク間、…。「組(く)み」「切(き)れ」なども和語助数詞であるが、3あたりから競合がある。ひと組み、ふた組み、み(サン)組み、よん組み、ゴ組み、…なな(シチ)組み、…。ひと切れ、ふた切(き)れ、み(サン)切(き)れ、よ(よん)切(き)れ、ゴ切れ、…なな(シチ)切れ、…
5. 漢語助数詞が圧倒的多数を占める。
6. 外来語助数詞は、メートル、ポンド、グラム、キロなど計量単位であるものを除けば、ページ(頁)、レーンなど少数に過ぎない。

〈注意〉

ここでは、ルビをふる場合、和数詞・和語助数詞にはひらがな、漢数詞・漢語助数詞にはカタカナを用いる。

〈参考〉

1. 和語・漢語数詞以外に英語数詞が一部で用いられる。「1(ワン)(ストライク)・3(スリー)(ボール)」などスポーツなどの用例を見られたい。「2(ツー) おしぼり3番さんへ」などの用法も時に耳にされる。
2. 助数詞とされるものの数は多い。明治初期の新聞の用語では249種、『明解国語辞典』では250種、『大言海』では和語助数詞45、漢語助数

詞78、計123種があげられているという。
3. ただし、日本人の多くがこれらを現在使いこなしているわけではない。IVで扱うもので十分ないし、十分過ぎるくらいである。
4. 和数詞「よ／よん」が漢数詞シとの競合において強いのはシ(死)というオトが忌避されるためか。

IV　例解

(i)　個体・物事

1　［数］ミカン、ナシ(などの個別的物体)＝つ、個

〈例文〉
(1)　ミカンを 8 つとナシを 5 つください
(2)　ミカン 11 個とナシ 20 個を買った

〈注意〉
個々に独立し、他とはっきり区別できる個体を数えるためにいちばんよく用いられるのが「つ」である。「つ」は9までの和数詞と結合して用いられる。10は「とお」で「つ」がつかず、裸となる。3、4、6、8で促音「っ」が挿入される。11以上で個体数の明示が必要な場合、漢数詞＋「個」が用いられる(「個」なしの場合もある)。10までの数詞＋「つ」をローマ字で表記すると図表159のようになる。

図表 159　和数詞と汎用的助数詞「つ」の結合

(1)	ひとつ	hito<u>t</u>u	(6)	むっつ	mu<u>tt</u>u
(2)	ふたつ	huta<u>t</u>u	(7)	ななつ	nana<u>t</u>u
(3)	みっっ	mi<u>tt</u>u	(8)	やっっ	ya<u>tt</u>u
(4)	よっっ	yo<u>tt</u>u	(9)	ここのつ	kokono<u>t</u>u
(5)	いつつ	itu<u>t</u>u	(10)	とお	too

「個」は1(イッコ)、6(ロッコ)、8(ハッコ)、10(ジュッコ)で促音が挿入される。「つ」は「個」よりくだけた調子になる。「キャラメル6つください」―「キャラメル6個ください」。「つ」「個」で生き物は数えることができない。「提燈1張り」「くわ2挺」「箪笥3棹」などという数え方は現在少

なくなりつつある。これらを数える必要がおこる場合、「つ」で済ませる傾向がある。「提燈 1 つ」「くわ 2 つ」「箪笥 3 つ」。「個」は本来小ぶりの具体物に関して用いられるが、「2 個下の学年」「台風 3 個」のような用い方も見られるようになってきた〔類大〕。「台風 3 つ」もくだけた口調では許容されよう。

2 〔数〕衣類、拾得物、作品(などの物品)＝点
〈例文〉
（1） 衣類 5 点が盗難にあった
（2） 拾得物 3 点の届け出があった
（3） 捜査本部は遺留品 4 点を公開した

3 〔数〕火災、問い合わせ(などの出来事)＝件
〈例文〉
3 件の火災が発生した。これに関して問い合わせが 3 0 件あった

(ii)　年齢
〔数〕年齢＝つ、歳
〈例文〉
（1）　「ぼうや、いくつ」「3 つ」
（2）　「おいくつですか」「51 です」
（3）　あの人(の年齢)は今 62 歳です
〈注意〉
年齢は「つ」でも勘定される。ただし、9（ここのつ）まで。10 は「とお」で裸。「とお」の次は、１１、１２、…と漢数詞となる。助数詞が添えられる場合は必ず「歳」。ひとつ―1 歳、ふたつ―2 歳、とお―10 歳のような対比があり、「歳」の系列はやや改まった口調になる。「いくつ？」「おいくつですか」は「何個か」と「何歳か」の意がある。２０は「20 個」と「20 歳」の意がある。ただし、「はたち」（和数詞）は「20 歳」の意のみ。20 を和数詞でいうのは現在、年齢と日数、日付のみ（20 は指で数えられる最大の数。和数詞「はたち」の生命力はこれで説明されるか）。

(iii) 日数、日付け
[数] 日数、日付け＝か、日(ニチ)
〈例文〉
（1） それをやるには1日(イチニチ)かかる
（2） 今日は10月1日(ついたち)です
（3） 20日(はつか)(間(カン))ぶっつづけに働いた
（4） 今日は10月20日(はつか)です
〈注意〉
24時間の意は「イチニチ」、月の1番目の日は「ついたち」。「はつか」には1日(イチニチ)の20倍の期間の意と、月の20番目の日の意がある。ニジュウニチといういい方は、あまりしない。2から10までは日数、日付けともに「か」が用いられる。ふつか、みっか、よっか、いつか、むいか、なのか、ようか、ここのか、とおか。11からは日(ニチ)が用いられるが、20は「はつか」。また、4が末尾にある日は通常「よっか」が用いられる。11日（ジュウイチニチ）、12日（ジュウニニチ）、13日（ジュウサンニチ）、14日（ジュウよっか）、15日（ジュウゴニチ）、…20日（はつか）、…24日（ニジュウよっか）、25日（ニジュウゴニチ）、…

(iv) 長いもの
1 [数] ビールビン、杉の木、鉛筆、線(などの形状の長いもの)＝本(ホン)
〈例文〉
（1） 3本(サンボン)の杉の木が立っている所に、地蔵堂がある
（2） 直線を2本(ニホン)引く
〈注意〉
イッポン、ニホン、サンボン、よんホン、ゴホン、ロッポン、なな（シチ）ホン、ハッポン、キュウホン、ジュッポンと、「ホン」は「ホン、ボン、ポン」と変わるのに注意。「バスの便(びん)が1日3本(イチニチサンボン)ある」のように、交通機関の便数にも用いられる。
〈参考〉
はし2本を一対として数えるための助数詞に「膳」がある。「5膳のはし」

2　［数］道、立ちのぼる煙(などの細長く一続きのもの)＝筋(すじ)
〈例文〉
（1）　一筋(ひとすじ)の道が続いている
（2）　白い煙が一筋立ちのぼっていた

3　［数］刀、剣＝振(ふ)り
〈例文〉
日本刀2振り(ふたふり)(2本(ニホン)も可)を押収した

(v)　薄いもの
1　［数］紙、板、ふとん(などの形状の薄いもの)＝枚(マイ)
〈例文〉
寒かったので、ふとんを2枚(ニマイ)かけて寝た

2　［数］写真＝葉(ヨウ)(文章語)
〈例文〉
古びた写真1葉(イチヨウ)が本の中から出てきた

3　［数］花びら、雲(などの不定形なもの)＝片(ひら)、片(ヘン(ペン))
〈例文〉
（1）　花びらの1片(ひとひら)が水に浮かぶ
（2）　1片(ひとひら)の雲が風に漂う
（3）　2、3片(ペン)の花びら

(vi)　粒状のもの
［数］米、丸薬(などの粒状もの)＝粒(つぶ)
〈例文〉
（1）　1粒(ひとつぶ)の米も無駄にしてはいけない
（2）　食後に丸薬2粒(ふたつぶ)を飲む
〈注意〉
3粒は「みつぶ」と「サンつぶ」、4粒は「よんつぶ」と「よつぶ」で揺れ

る。5粒については、「いつつぶ」より「ゴつぶ」が優勢。「塩ひとつまみを加えます」のように、「つまみ」という助数詞(計量単位)がある。

(vii) 飲食物
1　[数] ビール、ご飯(などの容器に入れられた飲み物・食べ物)＝杯(ハイ)
〈例文〉
(1) ビールを 2 杯(ニハイ)飲んだ
(2) ご飯を 3 杯(サンバイ)食べた
〈注意〉
イッパイ、ニハイ、サンバイ、よん(シ)ハイ、ゴハイ、ロッパイ、なな(シチ)ハイ、ハッパイ、キュウハイ、ジュッパイと、「杯」は「ハイ、バイ、パイ」と変わる。h, b, p の交替の仕方は「本」と同じ。

2　[数] カレーライス、炒め物(などの皿に盛った食べ物)＝皿(さら)
〈例文〉
焼きそば 2 皿(ふたさら)を注文した

3　[数] 豆腐、こんにゃく＝丁(チョウ)
〈例文〉
豆腐を 3 丁(サンチョウ)買ってきた
〈注意〉
「丁」は料理を数えるのにも用いられるが、現在ジャーゴン(職業語)になりつつある。「天丼 1 丁(イッチョウ)上がり」と店の人はいうが、客が「天丼 1 丁(イッチョウ)ください」と注文することは稀。「天丼 1 つ(ひと)ください」という。
〈参考〉
食器に盛った飯を数えるために「膳(ゼン)」がある。「2 膳の御飯」。

（viii）　機械、道具

1　［数］ピアノ、パソコン、車、ベッド、テレビ（などの組み立てた機械類）
　　　　＝台(ダイ)

〈例文〉
（1）　ピアノを1台(イチダイ)購入したい
（2）　車4台(よんダイ)の追突事故が起きた
（3）　パソコンを5台(ゴダイ)並べて仕事している

2　［数］飛行機＝機(キ)

〈例文〉
国籍不明の飛行機が3機(サンキ)、北海道上空に接近した

3　［数］船、貨物船、タンカー（などの大型の船）＝隻(セキ)

〈例文〉
（1）　3隻(サンセキ)の貨物船を建造したが、採算がとれなかった
（2）　軍艦2隻(ニセキ)をハワイに急(きゅう)派した

4　［数］舟＝艘(ソウ)

〈例文〉
舟5艘(ゴソウ)を仕立てて浦賀に急行した

5　［数］のこぎり、砥石(といし)、機関銃、鉄砲、くわ、包丁、三味線（などの手に
　　　　持てるほどの大きさの細長い道具）＝丁(チョウ)（挺・梃とも書く）

〈例文〉
暴力団は機関銃30丁(サンジュッチョウ)を倉庫の床下に隠し持っていた

〈注意〉
輿(こし)、駕籠(かご)、人力車などの乗り物にも用いられた。

6　［数］車両＝両(リョウ)

〈例文〉
貨車3両(サンリョウ)が脱線した

7 ［数］塔、燈籠(とうろう)、原子炉(などの立てて据えておくもの)＝基(キ)
〈例文〉
原子炉 3 基(サンキ)が現在稼動している

8 ［数］机、テーブル、椅子(などの脚の付いた道具)＝脚(キャク)
〈例文〉
（1） テーブルを 1 脚(イッキャク)持ち込む
（2） イスが 2 脚(ニキャク)足りない

（ⅸ） 建物

1 ［数］(人が住んでいるところとしての)家＝軒(ケン)
〈例文〉
火災で家が 6 軒(ロッケン)全焼した

2 ［数］(建物としての)家、建物＝戸(コ)
〈例文〉
（1） 火災で 6 戸(ロッコ)が全焼した
（2） 強風で建物 3 戸(サンコ)が倒壊した
（3） 一度に 5 0 戸(ゴジュッコ)を分譲する

3 ［数］(ひとつながりの)建物＝棟(むね)
〈例文〉
アパート 3 棟(みむね(サンむね))が全焼し、12世帯が焼け出された
〈注意〉
「棟(トウ)」は「棟(むね)」の漢語助数詞。

（ⅹ） 部屋

［数］部屋＝間(ま)
〈例文〉
部屋が 2 間(ふたま)しかないアパートに住んでいる

〈注意〉
比較的大きな建物にある多くの部屋を数える場合には「室」が用いられる。
「500室を超える部屋数を誇る大型ホテルが建つ予定である」

(xi) 書物、手紙など
1 ［数］本、雑誌、ノート＝冊
〈例文〉
（1） あなたの好きな本をこの書棚から10冊選んでください
（2） 記録をノート3冊にまとめた
（3） 雑誌を2冊買ってきた
〈注意〉
出版物などを数えるには「部」。分冊ものは一揃えで1部とする。「この雑誌は100万部出ている」。「巻」はフィルム、テープなどの巻かれたものや、（大型の）書物の順序や全体の数を数えるのに用いる。「磁気テープ5巻」「文学全集の第1巻」

2 ［数］手紙、履歴書（などの文書）＝通
〈例文〉
手紙3通を貰ったが、返事は書かなかった

3 ［数］掛け軸＝幅
〈例文〉
掛け軸2幅を古道具屋で見つけた
〈注意〉
イップク、ニフク、サンブ（プ）ク、よん（シ）フク、ゴフク、ロップク、なな（シチ）フク、ハップク、キュウフク、ジュップクと、「幅」のh, b, pの変わり方は「本」「杯」と同じ。

(xii) 和歌、俳句、川柳

1 ［数］和歌、狂歌＝首(シュ)

〈例文〉
秋を詠んだ和歌5首(ゴシュ)を披露した

2 ［数］俳句、川柳＝句(ク)

〈例文〉
俳句3句(サンク)をものにする

(xiii) ひと

［数］子供、大人、学生、会社員(などの人間)＝り、人(ニン)

〈例文〉
子供が1人(ひとり)、2人(ふたり)、3人(サンニン)、4人(ヨニン)いる

〈注意〉
1、2では「り」(和語数詞)、それ以上では「ニン」(漢語数詞)。4はよ(よニン)。よんニンは誤り。4時(よジ)参照。

(xiv) 動物

1 ［数］犬、猫、金魚、鮭、カブトムシ(などの比較的小さなけもの、魚、虫)＝匹(ヒキ)

〈例文〉
（1） 子供に『3匹(サンビキ)の子豚』の物語を読んで聞かせた
（2） 鮭4匹(よんヒキ)をつかまえた

〈注意〉
イッピキ、ニヒキ、サンビキ、よん(シ)ヒキ、ゴヒキ、ロッピキ、なな(シチ)ヒキ、ハッピキ、キュウヒキ、ジュッピキと、「匹」は「ヒキ、ビキ、ピキ」と変わる。h, b, pの交替の仕方は「本」「杯」と同じ。

2 ［数］牛、馬、熊(などの比較的大きなけもの)＝頭(トウ)

〈例文〉
（1） 2頭(ニトウ)のライオンが相争う

（2） 熊 4 頭をしとめた
（3） 牛 10 頭を飼っている
〈注意〉
「1 頭の犬」といったら、抱いて歩けないくらいの大きさと考えてよい。

3 ［数］鶏(などの鳥)、ウサギ＝羽
〈例文〉
鶏が 3 羽逃げた
〈注意〉
イチわ、ニわ、サンば、よんわ、ゴわ、ロクわ、シチ(なな)わ、ハッぱ、キュウわ、ジュッぱ(ジュウわ／ジッぱ)というように、「羽」は「わ、ば、ぱ」と変わる。

4 ［数］ヒラメ、カツオ、キス(などの魚)＝尾
〈例文〉
1 日でキスが約 50 尾釣れる
〈注意〉
日常多く用いられるのは「匹」。「1 日でキスが約 50 匹釣れる」

5 ［数］タコ、イカ＝杯
〈注意〉
容器に入った飲食物を数える助数詞と同じ。(vii)1 参照。

(xv) 植物
1 ［数］樹木＝本
〈注意〉
樹木は「長い物」として扱われ、通常「本」が用いられる。(iv)1 参照。

2 ［数］苗(などの根付きの植物)、木＝株(かぶ)

〈例文〉
（1）バラの苗(なえ)を 3(サン(み))株 買ってきて庭に植えた
（2）1(ひと)株(かぶ)の苗(なえ)で 5 から 6(ロク)輪(リン)の花が咲く

3 ［数］花＝輪(リン)

〈例文〉
1(ひと)株(かぶ)の苗で 1 から 6(ロク)輪(リン)の花を咲かせる

V 助数詞結合の用法

図表 160　助数詞結合の用法

	用法		例
(1)	連体用法		3匹の犬が走っていった。
(2)	連用用法	(a)出だし語先行型	犬が3匹走っていった。
		(b)出だし語後行型	3匹、犬が走っていった。
(3)	造語用法		犬3匹が走っていった。

〈例文〉
（1）5個のナシを買った(連体用法)
（2）(a)ナシを5個買った(出だし語先行型の連用用法)
　　 (b)5個、ナシを買った(出だし語後行型の連用用法)
（3）ナシ5個を買った(造語用法)

〈基本事項〉
1. 数詞と助数詞の結合には、連体用法、連用用法、造語用法の3つが基本的用法としてある。
2. 連用用法には出だし語先行型と後行型の2用法がある。

〈説明〉
1. 結合が「の」を後接させて出だし語を修飾する場合が、連体用法である。「3匹の犬」「5個のナシ」は連体用法の例である。
2. 結合が何も後接させず裸のままで述語を副詞的に修飾する用法が、連用

用法である(副詞用法と呼んでもよい)。
3. 結合が何もとらず(格助詞などを後接させずに)出だし語の後に立てられる場合を、出だし語先行型の連用用法と呼ぶ。「犬が3匹走っていった」において「3匹」は「犬が」の後に立ち、「走っていった」を副詞的に修飾する。「ナシを5個買った」において「5個」は「ナシを」の後に立ち、「買った」を副詞的に修飾する。
4. 結合が何もとらず(格助詞などを後接させずに)出だし語の前に立てられる場合を、出だし語後行型の連用用法と呼ぶ。「3匹、犬が走っていった」において「3匹」は「犬が」の前に立ち、「走っていった」を副詞的に修飾する。「5個、ナシを買った」において「5個」は「ナシを」の前に立ち、「買った」を副詞的に修飾する。このような語順は、数量を強調する気配がある。
5. 出だし語＋数詞＋助数詞がアクセントによって統一され1語のように扱われる場合を、造語用法と呼ぶ。「犬3匹が」は「いぬさんびきが」と発音され、1語のように扱われる。「ナシ5個を」は「ナシごこを」と発音され、1語のように扱われる。3者の結合が格助詞をとったりして、文の名詞成分として扱われる。

〈注意〉
1. 出だし語後行型の連用用法ではイントネーションに注意する必要がある。「3匹」「5個」は出だし語から離され、ひと呼吸おかれるよう発音しなければならない。「、」はそれを示すが、必ず記さねばならないという規則はない。
2. 「犬の3匹が走っていった」「ナシの5個を買った」のような出だし語先行型の連体用法もあり得る。
3. 造語用法としてあげた例文を「犬、3匹が走っていった」「ナシ、5個を買った」のように、出だし語から離して2語扱いする用法もある。
4. 助数詞結合は出だし語なしでもよく用いられる。「大観を一幅持っている」といった場合、「横山大観の掛け軸を一幅持っている」の意味である。また、「2間しかないアパート」といったら「部屋が2間しかない」の意味であり、部屋が数えられていることがわかる。このように、助数詞は出だし語がなくてもそれを予測させたり、

正確に復元させる機能を持つ。
5. 数詞＋「日」は、日数と日付けを示し、造語用法(例えば「日4日」)は稀。また、「日が4日過ぎる」「4日、日が過ぎる」のような連用用法も典型的ではない。

〈参考〉
1. 助数詞結合は連用用法を持つことにより、時を示す名詞に似る。
   朝の時間(連体用法)。
   父は朝出かけた(連用用法)。
   朝、父は出かけた(連用用法)。
2. 物質名詞や集合名詞において、「1つ」を表わす語が特別に存在する言語がある(例えば、ロシア語。図表161)。

図表161　1つを表わす語(ロシア語)

物質名詞	1つを表わす語
горох　えんどう豆	горошина　えんどう豆1粒
жемчуг　真珠	жемчужина　真珠1粒
мак　けし	зерно мака　けし1粒
солома　わら	соломинка　わら1本
снег　雪	снежинка　1片の雪
капуста　キャベツ	кочан капусты　キャベツ1玉

英語では、不定冠詞aが用いられる。pea(えんどう豆) — a pea(えんどう豆1粒)、pearl(真珠) — a pearl(真珠1粒)、straw(わら) — a straw(わら1本)、snow(雪) — a snow-flake(1片の雪)、cabbage(キャベツ) — a head of cabbage(キャベツ1玉)

日本語では図表161の訳語でわかるように、助数詞に1をつければ「1つ」を示すことができる。これが名詞のみならず動詞にも渡っている点は興味深い。смотреть(見る) — взглянуть(一目見る)、грести(漕ぐ) — гребнуть(一回漕ぐ)、целовать(キスする) — поцеловать(一回キスする)

3. メートル、キロ、グラムなど計量単位も、その接尾辞的性格において、また基本的用法において、助数詞と同じである。「2メートルの長さ」「距離が2キロ離れる」「2キロ、距離が離れる」「長さ2メートルの竹棹」

第20章　様態と鳴き声のオノマトペ

I　オノマトペとは

〈基本事項〉
1. オノマトペは、外界の音や身振り(ジェスチャー)を言語内に取り込み、単語化したものである。
2. オトを模して単語化したものが擬声語、動きや様子の感じを(ジェスチャーではなく)単語化したものが擬態語。両者併せてオノマトペという。
3. 日本語にはオノマトペが多く、話しことばで頻繁に使用される。
4. オノマトペは副詞(形)としての用法が主たるものであるが、述語的にも連体的にも用いられる。また、造語要素にもなる。

〈説明〉
1. オノマトペとジェスチャーの関係を最初に指摘したのはパリヴァーノフであるが、擬態語という語からヒントを受けたかもしれない。Поливанов (1968: 295–305) 参照。
2. がたがた走る(副詞用法)、がたがたする(造語要素)、この自動車はがたがただ(述語用法)、がたがたの自動車(連体用法)。
3. オノマトペの全容にここで取組むわけにはいかない。第1章IVで強調のオノマトペ、第5章VIIで機能発揮に伴うオノマトペ、また第4章XVI(v)〈参考〉6で終結相動詞化動詞結合に随伴する強調のオノマトペ、および、本章で様態と鳴き声のオノマトペに触れる。

II オノマトペが表わすコトの様態

〈例文〉
（１）　小梅瓦町の住居を後にテクテク今戸をさして歩いて行った（永井荷風）
（２）　男も女も素知らぬ顔ですたすたと木影の方へ歩いて行く
（３）　神楽坂の裏道をぶらぶら歩いた
（４）　ロビーを蛾のようにフラフラ歩き回る（島田雅彦）
（５）　大黒傘肩にして少しうつむいて居るらしくとぼとぼ歩む信如の後かげ（樋口一葉）
（６）　夢遊病者のようによろよろ歩く（長与善郎）
（７）　其乗てゐた馬は二頭とも長い頸を麗はしく延ばして、だるそうにヨタヨタと歩いて行く（二葉亭四迷訳）
（８）　よちよち赤子のやうに歩く纏足の婦人などが往ったり来たりした（横光利一）
（９）　はしたないなりで陽の高い昼日中、しゃなりしゃなり石鹸箱を抱いて歩く姿（高見順）
（10）　縁側の障子にのそのそと猫が歩く影がうつった
（11）　半靴もしくば日和下駄にてチョコチョコ歩みくる四十男は（諷誡京わらんべ）

〈基本事項〉
1. オノマトペは、副詞形となって、結びつく動詞の表わす事柄の遂行・実現の様態を様々な側面から示す。
2. 多くのオノマトペは限られた結合特性を持つ。

〈説明〉
1. 「てくてく歩く」［(1)］は「ひたすら歩く」。主役の動作への集中が強化されることを表わす。「すたすた歩く」［(2)］は「脇目もふらず、足早に歩く」の意で、目的への指向性の強化とテンポの強化が表わされる。「ぶらぶら歩く」［(3)］は「方向、目的なくのんびりと」の意で、［強・反］ではあるが、指向性の欠除とのろいテンポが表現される。
2. 「とぼとぼ歩く」［(5)］は主役の全身が力なく、「よろよろ歩く」［(6)］と「よたよた歩く」［(7)］は主役の足もとが力なく、「よちよち歩く」

[(8)]は足もとの力なさは同じとしても主役が幼児であることが表わされる。清音形の「ふらふら歩く」[(4)]は濁音形の「ぶらぶら歩く」[(3)]と同じく、指向性が欠除し、さらに足もとの力なさが加えられる。「のそのそ歩く」[(10)]は動作の鈍さ、「ちょこちょこ歩く」[(11)]は主役が落ち着きなく、小さな歩幅でテンポ早く歩くこと。「しゃなりしゃなり歩く」[(9)]は主役が気取って歩く様子を描出する。(4)–(11)はすべて否定的評価があり、［賛・反］は共通するとしても、主役の成熟・未熟、全身と部分（足もと）の力の有無、指向性の有無、歩幅の大小、遅速、気取りなどの個々の意味要素までとらえこまないと全容の把握は困難。

3. 例文を省略するが、「ぽつんと立つ」は主役が単数で孤立する姿が描出される。「ぽっくり死ぬ」では動作の突発性、「ころりと死ぬ」では主役の意外な脆弱性、「ばたばた死ぬ」では主役の複数性、動作の頻発性が表現される。本書が持つ単純な枠組、［強］［賛］［反］などの組み合わせではとうていおさえきれない動作様態がオノマトペで表現される。オノマトペは一筋縄では対処できない日本語学の難問・難関の1つである。

4. 「てくてく、すたすた、とぼとぼ、よちよち、しゃなりしゃなり」は現代語において歩行を表わす動詞に通常結びつく。「ころり」などは「転がる、倒れる、死ぬ、参る、忘れる」など結びつく動詞の範囲は広がるが、限定されていることは否めない。

〈注意〉
第28章Ⅱで記す通り、本書は副詞という品詞を認めず、副詞とは形容詞の副詞形という語形であると把握する。よって、オノマトペは全て形容詞である。副詞のように見えるのは、連体形、述語形が用いられないものが多数あるため。テクテク歩ク、(??)テクテクノ歩キ振リ、(??)歩キ振リハテクテクダ

〈参考〉
英語は歩行を表わす動詞を多数持つ。plod「とぼとぼ歩く」、waddle「よたよた、よちよち歩く」、strut「しゃなりしゃなり歩く」、shuffle「よろよろ歩く、足をひきずって歩く」、swagger「ふんぞりかえって歩く」。このような動詞による細かな様態表現を、日本語では動詞を単純化し、様態の区別をオ

ノマトペやテ形修飾その他で表わす。びっこを引いて歩く、すり足で歩く

III 典型的様態を表わすオノマトペ

〈例文〉
（1） 子供のように<u>こくりとうなずく</u>（小池真理子）
（2） 娘を見合いに連れだした父様のように、<u>そわそわと落ちつかない</u>（畑正憲）
（3） 木の葉が春のそよ風に吹かれて<u>ゆらゆら揺れている</u>

〈基本事項〉
1. 事柄が成立する典型的様態を表わす名詞を様態名詞とした（第18章 II〈基本事項〉5）のに応じ、典型的様態を表わす副詞を便宜的に様態副詞と呼ぶことにする。
2. そのような様態副詞として働くオノマトペが少数ながら存在する。

〈説明〉
1. 副詞（形）「こくりと」は「首を前に軽く傾けるさま」〔辞〕をいう。動詞「うなずく」は「首を縦に振る」（同上）ことをいう。表わす意味は全くといっていいほど同じである。異なりは品詞にある。「こくりと」は「うなずく」に特別の意味を加えない。ただ、前者は先行して後者を予告し、後者は後行して前者に呼応し、「掛り結び」を形成する。意味的には反復（トートロジー tautology）である。しかし、「こくりと」があると読んだ私達は「うなずく」様子をありありと思いうかべる（時間的余裕が与えられる）。「こくりと」は首を縦に振るジェスチャーを言語音で音声化し、「うなずく」に随伴させ、その典型的ないし標準的様態を表わすに過ぎない（英訳する場合、nod, give a nod で足りる）。意味を統辞的に反復することは呼応一致の本質である。
2. 「落ちつかない」は「落ちつく」の否定形で1語動詞。「そわそわ」はその典型的様態。(2)とそれから「そわそわ」を抜いた文とでは意味にさほどの変更がおこらない。「こくりと」と同じく、意味反復をもって2語の結合を確固たるものにするに過ぎない。
3. (3)とそれから「ゆらゆら」を抜いた文とでは意味にさほどの変更がお

こらないのではないか。「地震で家がぐらぐら揺れる」で「ぐらぐら」は揺れる様態を強調的に示すが、(3)の「ゆらゆら」は揺れる標準的様態を表わしているに過ぎないのではないか。「ゆっくり」という意が込められると感じられる向きもあり、断言できないが、前2例に近いものとして掲げておく。

〈参考〉
「てくてく歩く」の類と「こくりとうなずく」の類の呼応関係（ここでいう「掛け結び」）の差について触れておく。両類とも、オノマトペが後行する動詞を予想させ、後行動詞が先行オノマトペを受け止めて、両者が呼応一致の関係になることは同じである。ただ「てくてく」の類は結びつく動詞に強調という意味を新たに加えるのに対し、「こくりと」は特に新しい意味を加えず、単に呼応するだけである。

IV 典型的機能発揮様態と発声様態

図表162 器機と動物の発生音

			出だし語	格	オノマトペ	動詞
器機	随伴発生音	(1)	小銃	ヲ	ばんと、どかんと、ずどんと	撃つ、発射する
		(2)	大砲	ヲ	どかんと	撃つ、発射する
		(3)	時計	ガ	ちくたく	動く、時を刻む
		(4)	汽車	ガ	しゅっしゅっぽっぽ	走る
		(5)	はさみ	デ	ちょきちょき	切る
	目的発生音	(6)	木魚	ヲ	ぽくぽく	叩く
		(7)	太鼓	ヲ	どんどん	叩く、鳴らす
		(8)	半鐘	ヲ	じゃんじゃん	叩く、鳴らす
		(9)	ラッパ	ヲ	ぶーぶか	吹く、鳴らす
		(10)	自転車のベル	ヲ	ちりんちりんと	鳴らす
動物	鳴き声	(11)	犬	ガ	わんわん	吠える、鳴く
		(12)	猫	ガ	にゃあにゃあ	鳴く
		(13)	馬	ガ	ひひーんと	いななく
		(14)	ライオン	ガ	うおーと	吠える、咆哮する
		(15)	雀	ガ	ちゅんちゅん	さえずる

〈基本事項〉
1. 機能発揮結合には出だし語に応じて特有のオノマトペが存在する（第5

章VII)。

2. 動物名＋吠える／鳴く／いななく／咆哮する／さえずるという敢て名付ければ発声結合にも、出だし語に応じて特有のオノマトペが存在する。

〈説明〉

1. (1)–(5)は音を発することを目的としない人工物。しかし、機能発揮に当たり必ず音が発生する。オノマトペはその標準的様態を表現する。
2. (6)–(10)は音を出すことを目的とする器具。特に楽器には多様なオノマトペが存在する(第5章VII〈注意〉3)。
3. (11)–(15)は動物。オノマトペはその標準的鳴き声。
4. 機能発揮結合と発声結合は様態副詞としての特有のオノマトペを持つ点、相似る。

〈参考〉

1. 「ごま塩を赤飯にぱらぱら振りかける」において「ぱらぱら」は「ごま塩を振りかける」という消費的機能発揮結合の典型的様態を表わしている。これは擬声か擬態か判断に迷う。
2. 「ぴょんとはねる」といえば一回様態、「ぴょんぴょんはねる」といえば多回様態が表現される。オノマトペがアスペクトに深く関わっていることを見逃すわけにはいかない。
3. 「じゃぶじゃぶ／ざぶざぶ洗濯する／浅瀬を渡る／はねかえる」「ざぶんと飛び込む」「がぶがぶ水を飲む」などの例でわかる通り、有声の破擦子音ないし閉鎖子音(弁別要素でいえば非母音性 non-vocalic、有声性 voiced、断音性 discontinuous を有する子音) ＋ a と bu (ブ) が並ぶオノマトペは水の音を表わし、動作が水に関連して勢いよくなされることを表わす。
4. 英語・ロシア語では発声動詞が各動物に備わるのに対し、日本語は発声動詞が少なく、その少なさをオノマトペでおぎなう。歩行の動詞とオノマトペでも同様の現象が観察される(II〈参考〉参照)。

図表 163　日本語・英語・ロシア語の発声表現
　　　　　（動物はアイウエオ順）

動物	日本語	英語	ロシア語
家鴨	があがあ鳴く	quack	крякать
犬	わんわん鳴く／吠える	bark	лаять, выть
牛	もうもう鳴く	low, bellow	мычать
馬	ひひーんといななく	neigh	ржать
雄鶏	こけこっこうと鳴く／時をつくる	crow	кукарекать
蛙	けろけろ鳴く	croak	квакать
からす	かあかあ鳴く	caw, croak	каркать
がん		honk	кричать
狐	こんこん鳴く	bark, yelp	лаять
猿	きゃっきゃ／きっきと鳴く	gibber, chatter	
鹿		bell	мычать
七面鳥		gobble	курлыкать
象	ぱおーと鳴く／吠える	trumpet	реветь
猫	にゃあ（ご）にゃあ（ご）鳴く	mew, meow	мяукать
ねずみ	ちゅうちゅう鳴く	squeak	пищать
鳩	くっくっ／くうくう鳴く	coo	ворковать
羊	めえめえ鳴く	bleat	блеять
ふくろう	ほうほう鳴く	hoot	ухать
豚	ぶうぶう鳴く	grunt	хрюкать
雌鶏	こっこっこと鳴く	cackle	кудахтать
山羊	めえめえ鳴く	bleat	блеять
ライオン	うおーと吠える／咆哮する	roar	реветь, рычать
ろば		bray	кричать

第21章　同義語

I　同義語とは

図表 164　同義語

	異なり	(a)出だし語	(b)同義語
(1) (2)	語種が異なる	名前(和語) 食卓(漢語)	姓名(漢語) テーブル(外来語)
(3) (4)	文体が異なる	疲れる どこ	疲労する(文章語) いずこ、いずく(雅語)
(5) (6)	位相が異なる	母親 デパート	おふくろ(男性語) 百貨店(老人語)
(7) (8)	略称・通称	学生食堂 内閣総理大臣	学食(略称) 首相(通称)
(9) (10)	慣用句	解雇される 怒る	首になる(慣用句) 腹を立てる(慣用句)
(11) (12)	待遇が異なる／尊敬語／主役	する いう	なさる(主役尊敬語) おっしゃる(主役尊敬語)
(13) (14)	待遇が異なる／尊敬語／非主役	いう 見る、読む	申し上げる(脇役尊敬語) 拝見する(相手役尊敬語)
(15) (16)	待遇が異なる／丁寧語	ある どうか	ございます(丁寧語) なにとぞ(丁寧語)

〈例文〉

（1）　(a)色川国士別邸と不恰好な木札に書いて釘附にしてある。妙な<u>名前</u>なので、新聞を読むうちに記憶していた―(b)色川国士別邸と不恰好な木札に書いて釘附にしてある。妙な<u>姓名</u>なので、新聞を読むうちに記憶していた（森鷗外）

（2）(a)父と三人で食卓を囲むことは、その頃殆んどなかった（永井龍男）
—(b)父と三人でテーブルを囲むことは、その頃殆んどなかった
（3）(a)文庫の文字が小さいことで、目が疲れる（小林信彦）—(b)文庫の文字が小さいことで、目が疲労する
（4）(a)きよ彦さんは、今どこへ？ホントどこへ行っちゃったの…—(b)きよ彦さんは、今いずこへ？ホントどこへ行っちゃったの…〔Yahooウェブ検索〕
（5）(a)一番身近な存在は、やはり母親のようです（増田修治）—(b)一番身近な存在は、やはりおふくろのようです
（6）(a)折り紙も日本文化だし、日本のデパートなどは実にきれいに包装してくれる—(b)折り紙も日本文化だし、日本の百貨店などは実にきれいに包装してくれる（山本直人）
（7）(a)明日、学生食堂で会おう—(b)明日、学食で会おう（野沢尚）
（8）(a)内閣総理大臣が一貫して規制を行っている（原子力安全委員会）—(b)首相が一貫して規制を行っている
（9）(a)仕事が一段落をつげたので、六百人の臨時工のうち四百人ほどが解雇されるらしかった—(b)仕事が一段落をつげたので、六百人の臨時工のうち四百人ほどが首になるらしかった（小林多喜二）
（10）(a)きみが怒るのも無理はないさ（和久峻三）—(b)きみが腹を立てるのも無理はないさ
（11）(a)そんなこと奥さんがしなくても私しますよ—(b)そんなこと奥さまがなさらなくても私いたしますわ（森本薫）
（12）(a)英国人の女性教師が、イギリスに帰国するにあたり、十九歳の私にこういったのを覚えています—(b)英人の女教師が、イギリスにお帰りの時、十九の私にこうおっしゃったのを覚えています（太宰治）
（13）(a)照子はもったいないお姉様の犠牲の前に何といってよいかもわからずに居ります—(b)照子は勿体ない御姉様の犠牲の前に何と申し上げて好いかもわからずに居ります（芥川龍之介）
（14）(a)手紙読んだ—(b)お手紙拝見しました〔学研〕
（15）(a)実は今日私達のところにお祭があってね—(b)実は今日手前共にお

祭が御座いましてね(谷崎潤一郎)
(16) (a)どうか許して―(b)なにとぞお許しください〔辞〕

〈基本事項〉
1. 出だし語と異なる外容を持ちながら、語義が同じ語を同義語という。
2. 同義語の外容の異なりは、語種、文体、位相、待遇の違いに通常結びつく。それぞれ、語種が異なる同義語、文体が異なる同義語、位相が異なる同義語、待遇が異なる同義語と呼ぶ。正式名称とその略称・通称も同義語である。1語相当の慣用句も同義語として扱う。
3. 2にあげたような違いに結びつくことなく、全く同義、全く同じ語感で存在する同義語(「おしめ」「おむつ」のようなもの)は存在意義が薄く、数も多くはないと予想される。
4. 同義語は出だし語に置きかえられる。ただし、両語は別の語であり、文体、使用頻度が異なり、使用場面の限定がある以上、語感、ニュアンス、含意に違いが生じ、礼を失したり、場違い感、滑稽感が発生したりする(これらの犠牲を覚悟すれば、置きかえられる。〈例文〉参照)。
5. 同義語は出だし語に「同義の縁」で結ばれる。[同]と略記する。[同(漢)] 名前(和)=姓名、[同・主敬] する=なさる。( )内の語種、文体、位相、略称・通称、慣用句に関する注記についてはⅡ、Ⅲ、Ⅳ、Ⅴ、Ⅵの〈説明〉参照。待遇の表記についてはⅦおよび第22章Ⅰ、第23章Ⅰ参照。
6. 「同義の縁」で結ばれる語と語は相互に同義語である。[同(漢)] 名前(和)=姓名、[同(和)] 姓名(漢)=名前

〈説明〉
1. 〈例文〉(a)(b)のうち著者名が( )内に記されているものは引用文。著者名が記されていないものは同義語で置きかえた文である。
2. (1)(2)(9)(10)の(a)(b)はともに許容されるが、(3)の(b)は話しことばの文に文章語「疲労する」が入っているので、文体上バランスに欠ける。(4)の(b)は引用文であるが、「いずこ」のような雅語を象眼することでふざけた感じを醸す。(5)で(a)の場合、「身近な」のは息子にとってなのか娘にとってなのか不明となるが、(b)の場合、男性語であることによって、息子にとってであることが明確化する、という効果がで

る。(6)(b)は、書かれた時期が古いか、書いたのは世代的に上の人ではないかという予想を読者に与える。(7)(b)は、現実の話しことばをそのまま写した感じを持つ。(8)において、記録や規定の文章なら(a)。(b)は口頭の発話のような感じを受ける。(11)(12)の(a)は「奥さま」や「先生」に対し、尊敬の表現がなく、適切さに欠ける感じを受ける。(13)の(b)は「御姉様」に対する尊敬が表現されており、(a)より奥床しい。(14)の(a)は対等の仲間か目下の人宛の「手紙」。(b)は目上の人宛の「手紙」。(15)(16)の(a)では聞き手は対等か目下、(b)では目上である。

〈注意〉

出だし語と異なる外容を持ちながら、内容(語義)が似かよう語が類義語である。ここでは、語種、文体、位相、待遇でのみ異なるものと、正式名称に対する通称・略称、1語とそれに相当する慣用句のみを同義語とし、認識的意味の差があるもの(例えば、「学校」に対し「大学」)を類義語とする。ただし、同義語か類義語かの厳密な判定はむずかしい場合があることは断るまでもない。

〈参考〉

(1)(a)、(2)(b)、(9)(a)、(10)(b)を「誤り」として訂正することはできない。(11)(12)(13)の(a)は(b)に訂正したい所だが、現実には(a)の如き文は使われている。

II　語種が異なる同義語

図表 165　語種が異なる同義語

	(a)出だし語	(b)同義語
(1)	手紙(和語)	書簡(漢語)
(2)	招き(和語)	招待(漢語)
(3)	機会(漢語)	チャンス(外来語)
(4)	打ち合わせ(和語)	ミーティング(外来語)
(5)	買い物(和語)	ショッピング(外来語)
(6)	アメリカドル(外来語)	米ドル(漢語・外来語)
(7)	エスニックフード(外来語)	エスニック料理(外来語・漢語)
(8)	開店する(漢語・和語)	オープンする(外来語・和語)

〈例文〉

(1)　(a)彼は例の司教の<u>手紙</u>を調べつづけた―(b)彼は例の司教の<u>書簡</u>を調べつづけた(紀田順一郎)

(2)　(a)知人の結婚披露宴に<u>招き</u>を受けて(笠原淳)―(b)知人の結婚披露宴に<u>招待</u>を受けて

(3)　(a)花をよく見るには絶好の<u>機会</u>だ(江尻光一)―(b)花をよく見るには絶好の<u>チャンス</u>だ

(4)　(a)三人による<u>打ち合わせ</u>は、こうした点で大きなメリットがあった―(b)三人による<u>ミーティング</u>は、こうした点で大きなメリットがあった(拓植久慶)

(5)　(a)テナントがいっぱいはいっていて<u>買い物</u>には最適でした―(b)テナントがいっぱいはいっていて<u>ショッピング</u>には最適でした〔Yahooウェブ検索〕

(6)　(a)一泊十五<u>アメリカドル</u>という安ホテルだった―(b)一泊十五<u>米ドル</u>という安ホテルだった(北方謙三)

(7)　(a)かなり早い速度で、<u>エスニックフード</u>に目覚めていった私であった(丘智子)―(b)かなり早い速度で、<u>エスニック料理</u>に目覚めていった私であった

(8)　(a)4軒目のお店は、まもなく<u>開店する</u>予定です―(b)4軒目のお店は、まもなく<u>オープンする</u>予定です(山崎修)

〈基本事項〉
和語・漢語・外来語・混種語という出自（語種）が異なる同義語がある。
〈説明〉
1. 和語とは、日本固有の語。やまとことばと意識されるもの。「手紙」[(1)(a)]、「招き」[(2)(a)]、「打ち合わせ」[(4)(a)]、「買い物」[(5)(a)]は和語である。必要に応じ、(和)と略記する。
2. 漢語とは、字訓ではなく、字音で読まれる語をいう。中国から伝わり、日本語として定着したもののほかに、日本で作られたものも含まれる。字音語と同義。「書簡」[(1)(b)]、「招待」[(2)(b)]、「機会」[(3)(a)]は漢語である。必要に応じ、(漢)と略記する。
3. 外来語とは、他の言語、主として欧米諸国の言語から入ってきて、日本語として使用するようになった語である。現在、一般に片仮名で表記される。「チャンス」[(3)(b)]、「ミーティング」[(4)(b)]、「ショッピング」[(5)(b)]、「アメリカドル」[(6)(a)]、「エスニックフード」[(7)(a)]は外来語である。必要に応じ、(外)と略記する。
4. 混種語とは、「手製」のような和語と漢語、「開店する」[(8)(a)]のような漢語と和語、「オープンする」[(8)(b)]のような外来語と和語、「長ズボン」のような和語と外来語、「米ドル」[(6)(b)]のような漢語と外来語、「エスニック料理」[(7)(b)]のような外来語と漢語、が結合してできた語である。必要に応じ(混)と略記するか、構成要素(和・漢・外)を略記するかする。手製(混)、手製(和・漢)、開店する(混)、開店する(漢・和)
5. 同義関係の表示に語種の異なりを注記すると次のようになる。
(1)[同(漢)] 手紙(和)＝書簡、(2)[同(漢)] 招き(和)＝招待、(3)[同(外)] 機会(漢)＝チャンス、(4)[同(外)] 打ち合わせ(和)＝ミーティング、(5)[同(外)] 買い物(和)＝ショッピング、(6)[同(漢・外)] アメリカドル(外)＝米ドル、(7)[同(外・漢)] エスニックフード(外)＝エスニック料理、(8)[同(外・和)] 開店する(漢・和)＝オープンする
6. （ ）内の語種の異なりの略記を省略すると同義関係の簡略表記になる。
(1)[同] 手紙＝書簡、(2)[同] 招き＝招待。以下同様。

〈注意〉
語種の異なりが文体の異なりに結びつくことがあることについてはⅢ〈注意〉1 参照。

Ⅲ 文体が異なる同義語

図表 166　文体が異なる同義語

	(a)出だし語	(b)同義語
(1)	本	書籍(文章語)
(2)	病気	病(やまい)(文章語)
(3)	まだ	いまだ(文章語)
(4)	休む	憩う(文章語)
(5)	戦争	戦(いくさ)(雅語)
(6)	学校	学びや(雅語)
(7)	自転車	ちゃりんこ(俗語)
(8)	剽窃する(文章語)	パクる(俗語)

〈例文〉
（1）(a)論文を書こうといったときにアカデミックな本が大事になってくる―(b)論文を書こうといったときにアカデミックな書籍が大事になってくる(西山昭彦)
（2）(a)彼女は美人だが人の物を取る病気がある―(b)彼女は美人だが人の物を取る病(やまい)がある〔学研〕
（3）(a)経営側は、対策を講じるというだけで、まだなんの具体的な提案もしてこない―(b)経営側は、対策を講じるというだけで、いまだになんの具体的な提案もしてこない〔類大〕
（4）(a)加療が済むと、私達はこれから休む場所を作らねばならなかった―(b)加療が済むと、私達はこれから憩う場所を作らねばならなかった(原民喜)
（5）(a)長い戦争がようやく終わろうとしていた―(b)長い戦(いくさ)がようやく終わろうとしていた〔類大〕
（6）(a)子等は皆帰りはてたる学校の青柳の糸に春の雨ふる―(b)子等は皆帰りはてたる学びやの青柳の糸に春の雨ふる(太田水穂)

（7） (a) 毎朝、駅まで自転車で車道を飛ばしています―(b) 毎朝、駅までちゃりんこで車道を飛ばしています〔Yahoo ウェブ検索〕
（8） (a) オリジナルを剽窃する、というやましい行為―(b) オリジナルをパクる、というやましい行為(大塚英志)

〈基本事項〉
1. 文体が異なる同義語がある。
2. 文体的区別の全容をある程度の明晰さをもってとらえることはむずかしい。ここでは、同義語に関し、文章語、雅語、俗語という3つの文体を区別しておくことに止める。

〈説明〉
1. 文章語とは、主として文章を書く時に使われ、硬い感じを持つ語である（文章語に書きことば、改まった文体の語を含ませる場合がある）。「書籍」［(1)(b)］、「病」［(2)(b)］、「いまだ」［(3)(b)］、「憩う」［(4)(b)］、「剽窃する」［(8)(a)］は文章語である。必要に応じ、(文)と略記する。
2. 雅語とは、凝った文章や詩や和歌などで使われる。上品・優雅な感じを持つ語である。「戦（いくさ）」［(5)(b)］、「学びや」［(6)(b)］は雅語である。必要に応じ、(雅)と略記する。
3. 俗語とは、日常卑近な話しことばとして使われ、改まった場面では用いにくいか特異な感じを与える語である。「ちゃりんこ」［(7)(b)］、「パクる」［(8)(b)］は俗語である。必要に応じ、(俗)と略記する。
4. 文体的表示をしない同義語の一方は、無標的文体と理解して頂きたい。
5. 無標的文体の語とは、普通の語、日常語、中立的文体の語、話しことば、くだけた文体の語などを含む。
6. 同義関係の表示に、文体の異なりを注記すると次のようになる。
(1)［同(文)］本＝書籍、(2)［同(文)］病気＝病、(3)［同(文)］まだ＝いまだ、(4)［同(文)］休む＝憩う、(5)［同(雅)］戦争＝戦（いくさ）、(6)［同(雅)］学校＝学びや、(7)［同(俗)］自転車＝ちゃりんこ、(8)［同(俗)］剽窃する(文)＝パクる
7. （ ）内の文体の注記を省略すると同義関係の簡略表記になる。
(1)［同］本＝書籍、(2)［同］病気＝病（やまい）。以下同様。

〈注意〉
1. 語種の違いが文体の違いに重なることがある。それを同義関係に反映させると表記はやや複雑になる。
   (1) 漢語名詞は和語名詞に対し、文章語的であることが多い。
       ［同(漢)］手紙(和)＝書簡(文)、［同(漢)］本(和)＝書籍(文)、［同(漢)］きのう(和)＝昨日(文)、［同(漢)］ことば(和)＝言語(文)、［同(漢)］帰り(和)＝帰宅(文)
       ただし、その反対もある。［同(和)］病気(漢)＝病（やまい）(文)
   (2) 漢語＋和語(スル)動詞、漢語＋和語(ナ／ノ)形容詞は和語動詞、和語形容詞に対し、文章語的であることが多々ある。
       ［同(漢・和)］疲れる(和)＝疲労する(文)、［同(漢・和)］決める(和)＝決定する(文)、［同(漢・和)］頼む(和)＝依頼する(文)、［同(漢・和)］始める(和)＝開始する(文)、［同(漢・和)］使う(和)＝使用する(文)、［同(漢・和)］起きる(和)＝起床する(文)、［同(漢・和)］高い(和)＝高価な(文)、［同(漢・和)］寒い(和)＝寒冷な(文)
       ただし、その反対もある。［同(和)］質問する(漢・和)＝問う(文)
   (3) 和語が漢語に対し雅語として用いられることがある。
       ［同(和)］戦争(漢)＝戦（いくさ）(雅)、［同(和)］学校(漢)＝学びや(雅)。「戦（いくさ）」「学びや」が雅語であることについては〔国語学大〕:150参照。
   (4) 和語が漢語に対し、俗語として用いられる例に〈例文〉(7)の語例がある。
       ［同(和)］自転車(漢)＝ちゃりんこ(俗)
   (5) 〈例文〉(8)の語例では、漢語＋和語(スル)動詞が文章語で、和語動詞が俗語。ともに文体的特徴を持つ。
       ［同(和)］剽窃する(漢・和)(文)＝パクる(俗)
   (6) 外来語は、漢語・和語の同義語に比べ、目新しく、新鮮な表現と感じられることが多い。そのため、耳目をひくためによく使われる。
2. 改まった文体(「改まり文体」)についてはⅦ〈注意〉1参照。

〈参考〉

「不足する」(漢・和)と「足りない」(和)は文体で異なる同義語とみなしてよいだろう。「料金が不足する」〔辞〕、「料金が足りない」。[同(文)] 足りない(和)＝不足する(漢・和)

「足りない」は「足りる」の否定形。「不足する」は肯定形。否定形が肯定形と同義になる例である。

IV 位相が異なる同義語

図表167 位相が異なる同義語

	(a)出だし語	(b)同義語
(1)	わたし	あたし(女性語)
(2)	ゼロ	わ(女性語)
(3)	わたし	僕・俺(男性語)
(4)	ゼロ	ぞ(男性語)
(5)	食べる	食う(男性語)
(6)	カメラ	写真機(老人語)
(7)	車	自動車(老人語)
(8)	寝る	ねんねする(幼児語)
(9)	手	お手々(幼児語)
(10)	わさび	さび(職業語)
(11)	犯人、容疑者	ほし(職業語)

〈例文〉

（1） (a)わたしはあんまりあの花が好きじゃない―(b)あたしはあんまりあの花が好きじゃない〔類大〕

（2） (a)もう忘れてしまった―(b)もう忘れてしまったわ〔辞〕

（3） (a)あなたのほうがわたしより若い―(b)あなたのほうが僕より若い〔辞〕

（4） (a)そうはさせない―(b)そうはさせないぞ〔辞〕

（5） (a)マグロを食べたいときは、わたしはマグロを食べるよ―(b)マグロを食いたいときは、わたしはマグロを食うよ(吉村達也)

（6） (a)男は、また笑いながらカメラを構え(久世光彦)―(b)男は、また笑いながら写真機を構え

(7) (a)事務所は山の中腹だから車で行きます―(b)事務所は山の中腹だから自動車で行きます〔類大〕
(8) (a)みんな寝る時間なのよ―(b)みんなねんねする時間なのよ(森崎和江)
(9) (a)手をつないで野道を行けば―(b)お手々つないで野道を行けば(童謡)
(10) (a)わさびをぬきますか―(b)さびをぬきますか
(11) (a)刑事が無駄足をいやがっていては犯人は捕まらない―(b)刑事が無駄足をいやがっていてはホシは捕まらない(森村誠一)

〈基本事項〉
1. 話し手の性別、年齢、職業などで同義ながら異なる語が選択される場合がある。
2. 位相差の全容をとらえることは困難であるが、ここでは、女性語、男性語、老人語、幼児語、職業語を区別しておくことにする。

〈説明〉
1. 女性語とは、主に女性が用いるとされる語をいう。「あたし」〔(1)(b)〕、軽い決意や主張を表わす終助詞「わ」〔(2)(b)〕は女性語である。必要に応じ、(女)と略記する。
2. 男性語とは、主に男性が用いるとされる語をいう。「僕」〔(3)(b)〕、強い主張や、念を押す意を表わす終助詞「ぞ」〔(4)(b)〕、「食う」〔(5)(b)〕は男性語である。必要に応じ、(男)と略記する。
3. 老人語とは、以前は通用されたが、現在は老齢の人に保存されている語をいう。現在の大勢からは古めかしく感じられる語である。「写真機」〔(6)(b)〕、「自動車」〔(7)(b)〕は現在老人語と評価されやすい。必要に応じ、(老)と略記する。
4. 幼児語とは、主に幼児に対して用いるか、幼児が用いる語である。「ねんねする」〔(8)(b)〕、「お手々」〔(9)(b)〕は幼児語である。必要に応じ、(幼)と略記する。
5. 職業語とは、その職業に従事する人が主に用いる語である。「さび」〔(10)(b)〕はすし屋が用いる。客が用いると通ということになる。「ほし」〔(11)(b)〕は、「でか」(刑事)、「がいしゃ」(被害者)、「はじき」(ピ

ストル)などとともに警察の隠語から一般に知られるようになった。必要に応じ、(職)と略記する。
6. 同義関係の表示に、位相の異なりを反映させると次のようになる。
　　(1)[同(女)]わたし＝あたし、(2)[同(女)]終助詞ゼロ＝わ、(3)[同(男)]わたし＝僕、俺、(4)[同(男)]終助詞ゼロ＝ぞ、(5)[同(男)]食べる＝食う、(6)[同(老)]カメラ＝写真機、(7)[同(老)]車＝自動車、(8)[同(幼)]寝る＝ねんねする、(9)[同(幼)]手＝お手々、(10)[同(職)]わさび＝さび、(11)[同(職)]犯人、容疑者＝ほし
7. (　)内の文体の注記を省略すると同義関係の簡略表記となる。
　　(1)[同]わたし＝あたし。以下同様。

〈注意〉
1. 「わ」は軽い主張、「ぞ」は強い主張を表わす。ゼロを出だし語にしておくが、あくまで便宜的処置である。
2. 女性語が丁寧語に、男性語が乱暴語に重なることについてはⅦ〈注意〉2参照。

〈参考〉
話し手の性を表わす語彙の例を参考までに表にまとめる。女性より男性であることをことさら表示する語彙・形態(歪め形)が多いことは注目される。

図表168　男性語・女性語(性差によって独占される語やかたち)

品詞	男性語	女性語
人称を示す名詞	僕・俺、お前・貴様、てめー	あたし、あたい(俗・幼)
終助詞	ぞ、ぜ、な、のだ、かあ	わ、のよ
感動詞	よおっ、ちえっ	あら
罵言	くそっ、畜生	
形容詞の歪め形	きたねー、すげー	

V 略称・通称

図表169 略称・通称

	(a)出だし語	(b)同義語
(1)	就職活動	就活(略語)
(2)	インターネット	ネット(略語)
(3)	衆議院議員	代議士(通称)
(4)	与話情浮名横櫛(よわなさけうきなのよこぐし)	切られ与三(よさ)(通称)

〈例文〉

(1) (a)現在就職活動中なのですが〔Yahoo ウェブ検索〕―(b)現在就活中なのですが

(2) (a)インターネットで検索しているのですが―(b)ネットで検索しているのですが〔Yahoo ウェブ検索〕

(3) (a)わたしは衆議院議員に出馬しようと考えていた―(b)わたしは代議士に出馬しようと考えていた(三橋一夫)

(4) (a)昨日歌舞伎座で「与話情浮名横櫛」をみた―(b)きのう歌舞伎座で「切られ与三」をみた

〈基本事項〉

略称(略語)や通称も同義語である。

〈説明〉

1. 略称(略語)とは、語形の一部を省いて簡略にした語である。ローマ字の頭文字だけを並べたものも含まれる。「就活」〔(1)(b)〕、「ネット」〔(2)(b)〕、「CM」(コマーシャル)などは略称である。必要に応じ、(略)と略記する。

2. 通称とは、正式ではないが世間一般で呼ばれている名称をいう。「代議士」〔(3)(b)〕、「切られ与三」〔(4)(b)〕は通称である。必要に応じ、(通)と略記する。

3. 同義関係の表示に、略称・通称を注記すると次のようになる。
(1)〔同(略)〕就職活動＝就活、(2)〔同(略)〕インターネット＝ネット、(3)〔同(通)〕衆議院議員＝代議士、(4)〔同(通)〕与話情浮名横櫛＝切

られ与三

4. （　）内の略称・通称の注記を省略すると同義関係の簡略表記になる。
   (1)［同］就職活動＝就活。以下同様。

〈注意〉
1. 略称は話しことばでよく用いられる。
2. 略称（略語）にも熟生度のようなものがある。「特急」などは格調高い文章などにも出現し得るが、「就活」（〈例文〉(1)(b)）、「婚活」（〈参考〉2 参照）、「学食」（Ⅰ〈例文〉(7)(b)）などは俗語と評価してもよいかもしれない。

〈参考〉
1. 略称（略語）には、①2つの構成要素の各頭の2拍をつなぎあわせて、他を省略するタイプと②後部ないし前部を省略するタイプのものが目立つ。

   ① アルコール中毒—アル中、連続ドラマ—連ドラ、ゴム長靴—ゴム長、特別急行—特急、デジタルカメラ—デジカメ、パーソナルコンピューター—パソコン（長母音は短母音扱いになる）
   ② 携帯電話—ケータイ、マスコミュニケーション—マスコミ、アルバイト—バイト

2. 現在「婚活」という語が流行しているが、これは「就活」をまねて造語されたもの（「結婚活動」の前半尾部の漢字（婚）が選ばれたのは意味の明確化を求めてのことと思われる）。

Ⅵ　1語相当の慣用句

図表170　1語相当の慣用句

	(a)出だし語	(b)同義の慣用句
(1)	着手する	手をつける
(2)	てこずる	手を焼く
(3)	落胆する	肩を落とす
(4)	ねたむ、嫉妬する	焼き餅を焼く

〈例文〉
（1） (a)行政改革に着手する―(b)行政改革に手をつける〔辞〕
（2） (a)反抗期の子供にてこずる―(b)反抗期の子供に手を焼く〔辞〕
（3） (a)落選が決まって落胆する―(b)落選が決まって肩を落とす〔辞〕
（4） (a)他人の出世を嫉妬する〔辞〕―(b)他人の出世に焼き餅を焼く

〈基本事項〉
1語相当の慣用句も相当する1語の同義語として扱う。

〈説明〉
1. 「手をつける」[(1)(b)]（慣用句）は「着手する」[(a)]と、「手を焼く」[(2)(b)]（慣用句）は「てこずる」[(a)]と、「肩を落とす」[(3)(b)]（慣用句）は「落胆する」[(a)]と、「焼き餅を焼く」[(4)(b)]（慣用句）は「嫉妬する」[(a)]と、同義である。
2. 同義関係の表示に、慣用句であることを注記すると次のようになる。
 (1)［同(慣)］着手する＝手をつける、(2)［同(慣)］てこずる＝手を焼く、(3)［同(慣)］落胆する＝肩を落とす、(4)［同(慣)］嫉妬する＝焼き餅を焼く
3. （ ）内の慣用句であることの注記を省略すると同義関係の簡略表記になる。
 (1)［同］着手する＝手をつける。以下同様。

VII 待遇が異なる同義語（尊敬語・丁寧語）

〈基本事項〉
1. 尊敬語・丁寧語は出だし語の同義語である。
2. 両者は、複雑な用法を持つので本章の枠内で記述するのは困難である。第22章を尊敬語、第23章を丁寧語の記述に当てる。

〈説明〉
1. Ⅰ〈例文〉(11)(12)の(a)(b)は同義。ただし、(b)は主役に対する話し手の尊敬が表わされている。「なさる」[(11)(b)]、「おっしゃる」[(12)(b)]は主役尊敬語である。
2. (13)(14)の(a)(b)は同義。ただし、(13)(b)では主役以外の登場者に対

する話し手の尊敬が表わされている。「申し上げる」〔(13)(b)〕、「拝見する」〔(14)(b)〕は主役以外の尊敬語である。

3. (15)(16)の(a)(b)は同義。ただし、(b)は話し手の聞き手に対する丁寧な物腰が表現されている。「ございます」〔(15)(b)〕、「なにとぞ」〔(16)(b)〕は丁寧語である。

4. 同義関係に、待遇の異なりも加えて表記すると次のようになる。

   〔同・主敬〕する＝なさる
   〔同・主敬〕いう＝おっしゃる
   〔同・非主敬〕いう＝申し上げる
   〔同・非主敬〕読む＝拝見する(以上、詳しくは第22章参照)
   〔同・丁〕ある＝ございます
   〔同・丁〕どうか＝なにとぞ(以上、詳しくは第23章参照)

〈注意〉

1. 以下の3文(a)(b)(c)は(a)＜(b)＜(c)の順で改まった感じになる。(このように高まっていく)「改まった感じ」の文体を今「改まり文体」と呼ぶと、待遇の違い(出だし語―尊敬語、出だし語―丁寧語)は文体の違いに結びつくことになる。

   (a)忙しい時、電話してすいません

   (b)お忙しい(和語の主役尊敬形容詞)時、お電話(丁寧語―いわゆる「美化語」)でお騒がせし(主役以外の登場者に対する尊敬を表わす結合形)、申し訳ありません(アルの丁寧形(マス形)の否定形)

   (c)ご多忙の(漢語の主役尊敬形容詞)ところ、お電話(丁寧語―いわゆる「美化語」)でお騒がせいたし(主役以外の登場者に尊敬を表わす複合動詞)、はなはだ(改まり文体の語)申し訳ございません(アルの丁寧語の否定形)

2. 丁寧語・乱暴語が位相語、特に、女性語、男性語に重なることがある。例えば、「おビール」(丁寧語。いわゆる「美化語」)は女性語である。〔同・丁〕ビール＝おビール(女)。〔同・丁〕腹＝おなか(女)(幼)、〔同・丁〕皿＝お皿(女) に関しては第23章Ⅰ〈説明〉5、6。また、「くそ」「しょんべん」(乱暴語)は男性語であり、かつ俗語である。〔同・丁・反〕ふん＝くそ(男)(俗)、〔同・丁・反〕小便＝しょんべん(男)(俗)

第22章　尊敬語

I　尊敬語とは

図表171　尊敬語

		品詞	(a)出だし語	(b)尊敬語
(1)(2)	主役尊敬語	動詞	する いう	なさる おっしゃる
(3)(4)		形容詞	美しい 立派な	お美しい ご立派な
(5)(6)		名詞	話し 出勤	お話し ご出勤
(7)(8)	主役以外の尊敬語	動詞	会う いう	お目にかかる 申す、申し上げる
(9)(10)		形容詞	可哀そうな なつかしい	お可哀そうな おなつかしい
(11)(12)		名詞	案内 先導	ご案内 ご先導

〈例文〉

（1）　(a)先生はあした何を<u>する</u>のだろうか―(b)先生はあした何を<u>なさる</u>のだろうか

（2）　(a)先生が答を<u>いって</u>しまった―(b)先生が答を<u>おっしゃって</u>しまった

（3）　(a)お嬢様はとても<u>美しい</u>―(b)お嬢様は大変<u>お美しい</u>

（4）　(a)先生の<u>立派な</u>家が焼けてしまった―(b)先生の<u>ご立派な</u>お宅が焼けてしまった

（5）　(a)先生の<u>話し</u>は内容が濃い―(b)先生の<u>お話し</u>は内容が濃い

（6） (a)ご主人の<u>出勤</u>は何時頃なの―(b)ご主人の<u>ご出勤</u>は何時頃なの
（7） (a)きのう先生に渋谷で<u>会った</u>―(b)きのう先生に渋谷で<u>お目にかかった</u>
（8） (a)(私が)きのう先生に<u>いった</u>通りだ―(b)きのう先生に<u>申し上げた</u>通りだ
（9） (a)奥さんが<u>可哀そうだ</u>―(b)奥様が<u>お可哀そうだ</u>
（10） (a)<u>なつかしい母の姿</u>―(b)<u>おなつかしい母上のお姿</u>
（11） (a)館内の<u>案内</u>―(b)館内の<u>ご案内</u>
（12） (a)客の<u>先導</u>をするのは案内係の仕事だ―(b)お客様の<u>ご先導</u>を務めますのは当家の主人の役でございます

〈基本事項〉

1. 出だし語が示す事柄の登場者・参与者に対し、話し手が尊敬を表わす語を尊敬語という。
2. 尊敬語は出だし語の同義語である(異なりは尊敬の有・無)。
3. 尊敬語には主役に対する尊敬を表わすものと、主役以外の役柄を持つ登場者に尊敬を表わすものがある。前者を主役尊敬語、後者を非主役尊敬語(主役以外の尊敬語)と呼ぶ。
4. 尊敬語が、動詞である場合、尊敬動詞と呼び、形容詞、名詞である場合、尊敬形容詞、尊敬名詞と呼ぶ。
5. 尊敬語には語彙的なものと文法的に形成されるものがある。
6. 出だし語と尊敬語は2で記したように「同義の縁」で結ばれるが、同時に「尊敬の縁」によっても結ばれる。
7. 「尊敬の縁」は「同義の縁」との複合として扱う。
8. 「尊敬の縁」は「主役尊敬の縁」と「主役以外の尊敬の縁」に分かたれる。前者は[同・主敬]、後者を[同・非主敬]と略記する(〈説明〉参照)。

〈説明〉

1. 「なさる」[(1)(b)]は「する」[(1)(a)]と、「おっしゃる」[(2)(b)]は「いう」[(2)(a)]と同義である。ただし、両語とも「先生」に対する尊敬を表わす。「先生」は(1)(2)ともガ格に立つ。両者は主役尊敬動詞である。[同・主敬]する＝なさる、[同・主敬]いう＝おっしゃる
2. 「美しい」において、調和がとれて快く感じられるさまを持つ人がガ格

に立ち、主役。(3)(a)において「お嬢様」がそれに当たる。その主役に対する尊敬を表わすのが「お美しい」[(3)(b)]。「立派な」において、威厳があって美しいさまを持つものがガ格に立ち、主役。(4)(a)において「家」がそれに当たる。「ご立派な」[(4)(b)]は「家」の住人である「先生」に対する尊敬を表わす。「お美しい」「ご立派な」は主役尊敬形容詞である。[同・主敬] 美しい＝お美しい、[同・主敬] 立派な＝ご立派な

3. 「話し」の主役は話す人。(5)(a)では「先生」。「お話し」[(5)(b)]はその主役に対する尊敬を表わす。「出勤」の主役は勤めにでかける人。(6)(a)では「ご主人」。「ご出勤」[(6)(b)]はその主役に対する尊敬を表わす。「お話し」「ご出勤」は主役尊敬名詞である。[同・主敬] 話し＝お話し、[同・主敬] 出勤＝ご出勤

4. 「会う」の相手役はニ／ト格に立つ出合う相手。(7)(a)では「先生」。(7)(b)において「お目にかかる」は「会う」と同義であるが、その相手役「先生」に対する尊敬を表出する。「いう」の脇役はニ格に立つ情報の受け手。(8)(a)では「先生」。(8)(b)において「申し上げる」は「いう」と同義であるが、その脇役「先生」に対する尊敬を表出する。よって、主役以外の登場者に尊敬を表わす動詞（非主役尊敬動詞）である。「お目にかかる」は慣用句であるが1語相当なのでここでは非主役尊敬動詞として扱う。[同・非主(相)敬] 会う＝お目にかかる、[同・非主(脇)敬] いう＝申し上げる

5. 「可哀そうな」では、A. 同情の気持を持つ人もガ格、B. 同情をおこさせる人や物事もガ格に立つ。私が奥様が可哀そうだ。Aが主役でBが相手役である。(9)(a)では「奥さん」がBで相手役。よって、主役以外の登場者に尊敬を表わす形容詞（非主役尊敬形容詞）である。「なつかしい」では、A. 思い出す人もガ格、B. 思い出される人もガ格に立つ。私が母がなつかしい。Aが主役、Bが相手役である。(10)(a)では「母」がBで相手役。「おなつかしい」[(10)(b)]ではその相手役の「母上」に対する尊敬が併せ表出される。「お可哀そうな」「おなつかしい」は主役以外の登場者に尊敬を表わす形容詞（非主役尊敬形容詞）である。[同・非主(相)敬] 可哀そうな＝お可哀そうな、[同・非主(相)敬] なつ

かしい＝おなつかしい

6. 「案内」[(11)(a)]では場所を知らない人をそこに導く人やものが主役。知らない人が相手役。(11)では、表現されていないが、明らかに入館者が相手役である。「ご案内」は相手役たる入館者に対する尊敬を表わす。「先導」[(12)(a)]では先に立って導く人が主役、導かれる人が相手役。(12)(a)では「客」。「ご先導」[(12)(b)]はその相手役に尊敬を表出する。「ご案内」「ご先導」は主役以外の登場者に尊敬を表わす名詞（非主役尊敬名詞）である。［同・非主(相)敬］案内＝ご案内、［同・非主(相)敬］先導＝ご先導

〈参考〉

ここでいう主役尊敬語は「尊敬語」、非主役尊敬語（主役以外の尊敬語）は「謙譲語」に当たる。

II 軽蔑語とは

図表172　軽蔑語

	品詞	(a)出だし語	(b)尊敬語	(c)軽蔑語
(1)(2)	動詞	いう　する	おっしゃる　なさる	ぬかす・ほざく　しやがる
(3)(4)	形容詞	下手な　しぶとい	お下手な　おしぶとい	ど下手な　どしぶとい
(5)(6)	名詞	百姓　だれ	お百姓さん　どなた	ど百姓　どいつ

〈例文〉

（1）　(a)一流のホテルだから一日一ポンドは安い方だとその男はいう―(c)一流のホテルだから一日一ポンドは安い方だとその男はぬかす

（2）　(a)名前を言え！　なめた真似をするとぶっ飛ばすぞ。おどしだと思うなよ―(c)名前を言え！　なめた真似をしやがるとぶっ飛ばすぞ。おどしだと思うなよ(五木寛之)

（3）　(a)あいつはへぼ絵を見ちゃいられないほど下手に書く乞食絵書きだ―(c)あいつはへぼ絵を見ちゃいられないほどど下手に書く乞食絵

　　　　書きだ
（4）（a）…熊本城は陥ちなかった。クソ鎮がこれほど<u>しぶとい</u>とは予想もしていなかった西郷軍の大きな誤算であった―（c）…熊本城は陥ちなかった。クソ鎮がこれほど<u>どしぶとい</u>とは予想もしていなかった西郷軍の大きな誤算であった
（5）（a）小癪な<u>百姓</u>め、札附きの謀反人を何のわけがあってかばう―（c）小癪な<u>ど百姓</u>め、札附きの謀反人を何のわけがあってかばう（野島秀勝訳）
（6）（a）そんな無礼をいうのは<u>だれ</u>だ―（c）そんな無礼をいうのはどこの<u>どいつ</u>だ

〈基本事項〉
1. 事柄の登場者に対して話し手が軽蔑を表わす語を軽蔑語という。
2. 軽蔑語は出だし語の同義語である。
3. 出だし語と軽蔑語の関係は「尊敬の縁」に「反義の縁」を加えたものとしてとらえられる。［同・主敬］百姓＝お百姓さん、［同・主敬・反］百姓＝ど百姓（ひゃくしょう）、［同・主敬］いう＝おっしゃる、［同・主敬・反］いう＝ぬかす・ほざく
4. 尊敬語は、語彙的にも文法形態的にも組織化され、体系的な整備が行き届くが、軽蔑語は、整備がやや散漫である。主役軽蔑語はあるが、主役以外の軽蔑語はとりたてて述べるべきものがない。

〈説明〉
1. 「ぬかす」［(1)(c)］は「いう」［(1)(a)］の［同・主敬・反］。主役に対する話し手の軽蔑を表わす。「ほざく」も同じ。「近臣は素浪人が何を<u>ほざく</u>かと気色ばんだ」（森村誠一）。両語ともヤガルとよく結びつき主役軽蔑動詞を形成する。「俺の儲けに、けちをつける、それが利子だと<u>ぬかしやがる</u>…ユダヤ人もおしまひだ…」（福田恒存訳）「何を<u>ほざきやがる</u>」
2. 「連用形」にヤガルを接合すると主役軽蔑動詞が形成される。「する」―「しやがる」［(2)(c)］
3. 「ど」を一部の形容詞に接頭すると主役軽蔑形容詞が形成される。「どしぶとい」［(4)(c)］、「どあつかましい」〔日国〕、「ど下手な」〔辞〕［(3)(c)］

4. 「どしぶとい」[(4)(c)]は「クソ鎮」という軽蔑名詞とともに用いられているが、強調の混入も疑われる(区別がつきにくい例が多い)。
5. 「ど」を一部の名詞に接頭するとその名詞が表わすものに対する軽蔑を込めることができる。「ど百姓」[(5)(c)]は「百姓を卑しめていう語」〔辞〕である。「どけち」なども同様の例。主役軽蔑名詞と呼ぶ。
6. 不定称の人代名詞「だれ」の軽蔑語が「どいつ」[(6)(c)]。

〈注意〉
1. 尊敬語は概して文体的に高い傾向にあり、軽蔑語は文体的に低く、俗語的である。
2. 軽蔑語の一部は親愛表現にも用いられる。「弟はいいやつだ」
3. 軽蔑語はあからさまに相手を攻撃する。「文章のど下手な評論家」。尊敬語が攻撃性を持つのは、皮肉・嘲笑に使われた場合である。「お偉い先生／評論家」「偉いさん達が居並ぶ」
4. ここで掲げたものは主役軽蔑語である。「皮肉をいってやった」などは相手役に対する軽蔑を込めて使うことができる。関西で用いられる「ゆうてこましたった」なども非主役軽蔑動詞(結合形)の例となろう。「そんな仕事はあいつにやらせろ」という使役の命令形にも非主役に対する軽蔑がある。

〈参考〉
軽卑語、軽侮語、罵詈語、卑罵語などの名称があるが、尊敬の一般的な反義語は軽蔑であることから、わかりやすい軽蔑語という用語を用いる。

III　主役尊敬語

(i)　動詞
1　語彙

図表 173　主役尊敬動詞

	(a)出だし語	(b)主役尊敬動詞	表記
(1)	行く、来る、いる	いらっしゃる、おいでになる	［同・主敬］行く＝いらっしゃる
(2)	食べる、飲む	召しあがる、あがる、召す	［同・主敬］食べる＝召しあがる
(3)	着る	召す	［同・主敬］着る＝召す
(4)	くれる	くださる	［同・主敬］くれる＝くださる
(5)	見る	ご覧になる	［同・主敬］見る＝ご覧になる
(6)	死ぬ	お亡くなりになる、亡くなる	［同・主敬］死ぬ＝お亡くなりになる

〈例文〉

（１）　(a)先生は、去年アメリカへ<u>行った</u>―(b)先生は、去年アメリカへ<u>いらっしゃった／おいでになった</u>

　　　(a)先生が<u>来た</u>―(b)先生が<u>いらっしゃった／おいでになった</u>

　　　(a)先生は、今、研究室に<u>いる</u>―(b)先生は、今、研究室に<u>いらっしゃる／おいでになる</u>

（２）　(a)先生は魚を<u>食べる</u>―(b)先生は魚を<u>召しあがる</u>

　　　(a)先生は酒を少しも<u>飲まない</u>―(b)先生は酒を少しも<u>あがらない</u>

（３）　(a)奥さんが和服を<u>着た</u>姿を君に見せたかった―(b)奥様が和服を<u>召した／召された／お召しになった</u>お姿を君に見せたかった

（４）　(a)先生が僕にお菓子を<u>くれた</u>―(b)先生が私にお菓子を<u>くださった</u>

（５）　(a)先生はもうその絵を<u>見た</u>―(b)先生はもうその絵を<u>ご覧になった</u>

（６）　(a)先生は世をはかなんで<u>死んだ</u>―(b)先生は世をはかなんで<u>お亡くなりになった／亡くなられた</u>

〈基本事項〉

少数ながら、主役に対する尊敬を表わす動詞が語彙として存在する（図表171(1)(2)、図表173）。

〈説明〉

1. 「行く」「来る」「いる」[(1)(a)]の主役はガ格に立つ移動する人、存在する人。「いらっしゃる」「おいでになる」[(1)(b)]はその主役に対する尊敬を表わす。

2. 「食べる」[(2)(a)]の主役は食物を噛んで、のみこむ人。「飲む」[(2)(a)]の主役は飲物を口から体内に送りこむ人。「召しあがる」「あがる」[(2)(b)]はその主役に対する尊敬を表わす。

3. 「着る」[(3)(a)]の主役は着用物を身につける人。「召す」[(3)(b)]はその主役に対する尊敬を表わす。現代語では「お召しになる」のかたちでよく用いられる。

4. 外主語内向動詞「くれる」[(4)(a)]の主役はよそもの(「外」)である与える人(城田 1998: 187)。「くださる」[(4)(b)]はその主役に対する尊敬を表わす。

5. 「見る」[(5)(a)]の主役は視覚によって対象をとらえる人。「ご覧になる」[(5)(b)]はその主役に対する尊敬を表わす1語相当の慣用句。

6. 「死ぬ」[(6)(a)]の主役は命を失う人。「亡くなる」は「死ぬ」の「婉曲的な言い方」〔辞〕〔広〕であり、「尊敬表現」として用いることができる〔日国〕。「弟が亡くなる」はよい日本語とは思われない。主役尊敬の明示のある形態「亡くなられる」「お亡くなりになる」「お亡くなりになられる」のかたちでよく用いられる。「先生は世をはかなんで亡くなられた／お亡くなりになった」。「逝去される」も使われる。

〈類例〉

(1) 奥さんは嫌な事はなさらぬ(森鷗外)
(2) 先生がおっしゃる通りです〔類大〕
(3) 先生は来週、沖縄にいらっしゃるそうです〔同上〕
(4) どう、お食事おいしく召上って？(小島信夫)
(5) 寒うございますので、コートをお召しになってください〔類大〕
(6) 先生は私にノートをくださった〔日英〕
(7) 報告書は大臣がご覧になるはずです〔類大〕
(8) 出産でお亡くなりになるかたって、低い確率でしかありませんよね〔Yahooウェブ検索〕

〈注意〉
1. 語幹末に r を持つ主役尊敬動詞「なさる・おっしゃる・いらっしゃる・くださる」は不規則なかたちを持つ。

   命令形―なさい・おっしゃい・いらっしゃい・ください（なされ・おっしゃれ・くだされ、は古めかしい）

   マス形―なさいます・おっしゃいます・いらっしゃいます・くださいます（なさります・おっしゃります・いらっしゃります・くださります、よりなめらか）

   タ／テ／タラ／タリ形―くださって／くだすって・なさって／なすって

2. 「来る」の主役尊敬動詞としては「いらっしゃる」「おいでになる」のみならず「見える」「お見えになる」「お越しになる」も用いられる。(a)「先生が来た」―(b)「先生が見えた／お見えになった／お越しになった」

3. 「召す」は主役尊敬表現に当たり、広汎な働きを持つ。

   ①「風邪をひく」は動詞化動詞結合であるが、「召す」は「ひく」という「風邪」の動詞化動詞の主役尊敬動詞としても働く。「先生がお風邪を召された」

   ② 現代語では雅語として保たれているに過ぎないが、「買う」の主役尊敬動詞として用いられる。「花を召しませ」〔辞〕

   ③「召す」から形成される主役尊敬の文法形態（語幹形）「召される」は「オ／ゴ」を持つ主役尊敬名詞を動詞化する接尾辞として働く。「油断する」―「ご油断する」―「ご油断召される」（「ご油断召されるな」〔辞〕）、「覚悟する」―「ご覚悟する」―「ご覚悟召される」（「ご覚悟召されよ」〔辞〕）

   ④「召す」は「食べる」「飲む」という消費的機能発揮動詞、「着る」「はく」「乗る」「（風呂に）はいる」〔辞〕という使用的機能発揮動詞を併せて、その主役尊敬動詞として働くことは興味深い。食物・飲物、着物・履物・乗物・風呂という人工物の区別を取り去り、消費・使用の区別を乗り越え、ただ機能発揮という抽象的機能発揮動詞として使われる（図表174参照）。機能発揮動詞に関しては第5章参照。

図表174 主役尊敬機能発揮動詞「召す」

人工物	格	機能発揮動詞	消費／使用	主役尊敬機能発揮動詞
食物	ヲ	食べる	消費的	（ヲ）召す
飲物		飲む		
着物		着る	使用的	
履物		はく		
乗物	ニ	乗る		
風呂		はいる		

〈参考〉

1. 主役尊敬動詞の多くは単に語彙として存在するだけではない。図表171(1)「なさる」、図表173(1)「いらっしゃる・おいでになる」、(2)(3)「召す」、(4)「くださる」、(5)「ご覧になる」は次項で詳説するよう、主役尊敬の文法形態の形成に参与する。日本語学習において必修の語である。

2. (a)「死ぬ」―(b)「亡くなる」、(a)「寝る」―(b)「やすむ」のうち(b)を話し手の品格を保つために使われる美化語と見るむきもある（大石 1976: 140）。

2 文法形態

図表175 動詞の主役尊敬形態

(a)出だし語			主役尊敬形		
			(b)語幹形	(c)結合形	(d)複合動詞
和語動詞			（レル／ラレル）	（オ＋連用形＋ニナル）	（オ＋連用形＋ナサル）
	(1)	歌う	歌われる	お歌いになる	お歌いなさる
	(2)	立つ	立たれる	お立ちになる	お立ちなさる
	(3)	教える	教えられる	お教えになる	お教えなさる
漢語サ変動詞			（レル／ラレル）	（ゴ＋語幹＋ニナル）	（ゴ＋語幹＋ナサル）
	(4)	説明する	説明される	ご説明になる	ご説明なさる
	(5)	案内する	案内される	ご案内になる	ご案内なさる
	(6)	研究する	研究される	ご研究になる	ご研究なさる

第 22 章　尊敬語　511

〈例文〉
（１）　(a)先生が流行歌を歌った―(b)先生が流行歌を歌われた―(c)先生が流行歌をお歌いになった―(d)先生が流行歌をお歌いなさった
（２）（３）〈例文〉省略。
（４）　(a)先生が次官に大学の立場を詳しく説明した―(b)先生が次官に大学の立場を詳しく説明された―(c)先生が次官に大学の立場を詳しくご説明になった―(d)先生が次官に大学の立場を詳しく(ご)説明なさった
（５）（６）〈例文〉省略。

〈基本事項〉
1. (b)動詞語幹にレル／ラレル（∅/r）are-ru を融接すると、主役尊敬語幹形が形成される。受動態語幹形とかたちの上で区別がない。
2. (c)「連用形」にオを接頭し、ニを接尾し、補助動詞ナルを後続させると主役尊敬結合形が形成される。漢語サ変動詞の場合、語幹にゴ(御)を接頭するのが通則。オ／ゴ＋「連用形」／語幹＋ニが一単位を形成し、ナルに結びつく。その間にとりたて助詞を入れ込むことができる。「お歌いにはなる」「ご説明にはなる」。
3. (d)「連用形」にオを接頭し、ナサルを接合すると、主役尊敬複合動詞が形成される。漢語サ変動詞の場合、語幹にゴ(御)を接頭するのが通則。文体的にはやや古めかしい。
4. (b)語幹形は、(c)結合形、(d)複合動詞に結びつき、尊敬をさらに上乗せする重複的主役尊敬形態を形成することができる。

〈説明〉
1. これら多様な形態は人を主役に立てられる多くの動詞から規則的に形成され、文法形態と考えられる。
2. このうち(b)は尊敬の程度が最も軽い。
3. (c)は(d)よりよく用いられる。
4. (b)語幹形は、(c)結合形の補助動詞ナルの語幹に、また、(d)複合動詞の語幹終末部…ナサルに融接して、尊敬をさらに上乗せすることができる。
(c)＋(b)先生が流行歌をお歌いになられた。先生が次官に大学の立場を

詳しくご説明になられた
(d)＋(b) 先生が流行歌をお歌いなされた。先生が次官に大学の立場を詳しく(ご)説明なされた。

5. 主役尊敬形は、語彙語幹(例えば「食べ」)が事柄を表わし、文法部分(オ…ニ・ナル)が主役に対する尊敬を表わす。語彙的主役尊敬動詞は、語彙語幹(例えば「召しあが」)が事柄とともに主役に対する尊敬を表わす。前者は分析的形態、後者は融合的形態である。

　　オ　食べ　ニナ(ル)　　　召シアガ(ル)
　　　　└事柄┘　　　　　　　└事柄┘
　　　主役に対する尊敬　　　主役に対する尊敬

6. オ召シアガリニナルは融合的形態の上に分析的形態をかぶせたものとなる。

　　オ　召シアガリ　ニナ(ル)
　　　　└事柄┘
　　　　主役に対する尊敬
　　　主役に対する尊敬

〈語例〉
(a)わかる—(b)わかられる—(c)おわかりになる—(d)おわかりなさる
(a)起きる—(b)起きられる—(c)お起きになる—(d)お起きなさる
(a)歩く　—(b)歩かれる　—(c)お歩きになる　—(d)お歩きなさる
(a)許す　—(b)許される　—(c)お許しになる　—(d)お許しなさる
(a)思う　—(b)思われる　—(c)お思いになる　—(d)お思いなさる
(a)受ける—(b)受けられる—(c)お受けになる　—(d)お受けなさる
(a)聞く　—(b)聞かれる　—(c)お聞きになる　—(d)お聞きなさる

〈注意〉
1. 2字漢字のサ変動詞語幹にはゴ(御)を接頭する[(4)(5)(6)]のが通則であるが、オの例もある。(a)電話する—(c)お電話になる—(d)お電話なさる。1字漢字のサ変動詞語幹(シ・ジで終る)にはオが用いられる。(a)訳す—(c)お訳しになる。(a)略す—(c)お略しになる。(a)信じる—(c)お信じになる

2. 動詞によっては主役尊敬形態が使えないものがある((b)は或程度許容

される)。(a)狂う―(b)狂われる―(c)お狂いになる―(d)(*)お狂いなさる。(a)ぼける―(b)ぼけられる―(c)(*)おぼけになる―(d)(*)おぼけなさる。(a)運転する―(b)運転される―(c)(?)ご運転になる―(d)(?)ご運転なさる。(a)実験する―(b)実験される―(c)(?)ご実験になる―(d)(?)ご実験なさる。「狂う」「ぼける」は内容がよくないため使われないのかもしれない(しかし、(b)は使われる場合があるよう思われる)。「運転する」「実験する」は内容上問題ないが、使われることがあまりないのではないか。「あのかたのお家も<u>お焼けになった</u>そうです」などは使われるという。

3. (b)(c)には命令形が欠ける。(b)(*)歌われろ、(c)(*)お歌いになれ。(b)(*)説明されろ、(c)(*)ご説明になれ。(d)には命令形がある。ただし母親が子供に向かって改まって、厳しく接するような場合に用いられ、先生に対しては用いることはできない。「お座りなさい」。(c)のテ形にクダサルの命令形をつける形態もよく用いられる(お歌いになってください、お立ちになってください)。これは「外主語内向態」(城田 1998: 194)の形態である。

4. 語彙的主役尊敬動詞[図表171(1)(2)、図表173]がある場合、文法的形態は用いられないか、用いにくい((b)の許容度は或程度あるよう見受けられる)。先生の<u>おっしゃった</u>通りにした(語彙的主役尊敬動詞)―先生の<u>いわれた</u>通りにした[(b)]―(*)先生の<u>おいいになった</u>通りにした[(c)]―(*)先生の<u>おいいなさった</u>通りにした[(d)]。先生が私に本を<u>くださった/くだすった</u>(語彙的主役尊敬動詞)―(*)先生が私に本を<u>くれられた</u>[(b)]―(*)先生が私に本を<u>おくれになった</u>[(c)]。先生が納豆を<u>召しあがった</u>(語彙的主役尊敬動詞)―先生が納豆を<u>食べられた</u>[(b)]―先生が納豆を<u>お食べになった</u>[(c)]―(?)先生が納豆を<u>お食べなさった</u>[(d)]。先生が拙宅に<u>おいでになった</u>(語彙的主役尊敬動詞)―先生が拙宅に<u>来られた</u>[(b)](来ルの尊敬汎用形は欠如する。(*)o-ki。よって(c)(d)はない)。

5. イルの主役尊敬動詞イラッシャル[図表173(1)]は能動結果継続相(テ形+イル)の補助動詞イルに主役尊敬の意を加えることができる。話しことばでラッシャルと縮約されることがある。(a)歌う―歌って<u>いる</u>

　　　　　一歌っていらっしゃる（歌ってらっしゃる）。(b) 歌われる―歌われている―歌われていらっしゃる（歌われてらっしゃる）。(c) お歌いになる―お歌いになっている―お歌いになっていらっしゃる（お歌いになってらっしゃる）。(d) お歌いなさる―お歌いなさっている―お歌いなさっていらっしゃる

6. イラッシャルのみならずオイデニナル、オラレルも補助動詞イルに主役尊敬の意を加えて、それにとって代り用いられる。(a) 歌う―歌っている―歌っておいでになる、歌っておられる。(b) 歌われる―歌われている―歌われておいでになる、歌われておられる。(c) お歌いになる―お歌いになっている―お歌いになっておいでになる、お歌いになっておられる。(d) お歌いなさる―お歌いなさっている―お歌いなさっておいでになる、お歌いなさっておられる

7. (c)の能動結果継続相（オ＋「連用形」＋ニナッテ＋イラッシャル）はオ＋「連用形」＋ダで代行できる。お歌いになっていらっしゃる―お歌いだ（「嘆願書は、今、先生がお書きになっていらっしゃる」と「嘆願書は、今、先生がお書きだ」は同義）。

8. 「もうお帰りですか」は「もうお帰りになられるのですか」の意。「先生はもうお帰りですか」は「先生はもうお帰りになられるのですか／なられたのですか」の意。

9. 見ルの主役尊敬動詞ゴ覧ニナル［図表173(5)］は不全展開相（テ形＋ミル）の補助動詞ミルに主役尊敬の意を加え、それにとって代わることができる。教えてみる―教えてご覧になる。「ご自身で絵を書いてご覧になった時、はじめて手が動かないということにお気づきになったのです」

10. クダサルは外主語内向態（テ形＋クレル）の補助動詞クレルに主役尊敬の意を加え、それにとって代わることができる。読んでくれる―読んでくださる。「先生は私に貴重な本をこころよく貸してくださった」

11. 能動結果継続相（テ形＋オク）の補助動詞オクは(b)語幹形になって主役尊敬を表わす。飲んでおく―飲んでおかれる。「おやすみになる前にこの薬を飲んでおかれたほうがいいですよ」

12. 完遂相（テ形＋シマウ）の補助動詞シマウも(b)語幹形になって主役尊敬

を表わすのが基本である。書き上げてしまう─書き上げてしまわれる
13. 「走っていく」「走ってくる」のようなテ形＋イク／クルの補助動詞も主役尊敬を表わす場合、(b)語幹形になるのが基本である。走っていく─走っていかれる、走ってくる─走ってこられる
14. 「見える」(「お見えになる」)は若干の動詞のテ形に結びつき、主役尊敬を示す。「お姉様が帰って見えた／お見えになったので、私はさっそく自慢の腕をふるってごちそうをつくりました」。ただし、「飛んで見える」「書いて見える」などの使用はないか、稀である。
15. 外主語内向態主役尊敬動詞(オクダサル動詞)(城田1998: 158。ただし、そこでは外主語内向態主語尊敬動詞と呼ぶ)も主役に対する尊敬を表わす。「先生が流行歌をお歌い下さった(下すった)」「先生が次官に大学の立場を詳しくご説明下さった」「お務め向きの事などは話してお聞かせ下さるわけには行きますまい」(樋口一葉)。このかたちを使用すると、話し手のへりくだった態度がさらに加味され、(b)(c)(d)より尊敬の程度が高められる表現となる。ただし、形態としては「話場応接態」の内部で記述されるべきものである。「お歌いください」はあるが「歌われください」はない。この複合動詞の語幹終末部…クダサルをさらに(b)語幹形化し、尊敬を上乗せすることができる。「先生が流行歌をお歌いくだされた」「先生が次官に大学の立場を詳しくご説明くだされた」
16. (1)先生がお金がおありになる
    上記(1)の文で主役尊敬形オアリニナルの主役は「先生」。「お金」は相手役である(序論第2章Ⅳ(v)〈基本事項〉4)。オアリニナルは主役に対する尊敬を表わす。
    (2)先生に(は)お金がおありになる
    上記(2)は(1)が持つ二重ガ格を解消する文であるが、(このニはガの位置的バリエーションに過ぎず)「全体・持主」(ここでは「先生」)が主役、「部分・持ちもの」(ここでは「お金」)は相手役であると定めることについて、序論第2章Ⅳ(v)〈注意〉3、〈参考〉3参照。(2)も主役尊敬形態の原則からはずれるものではない。

〈参考〉
1. 〈基本事項〉2で述べた「連用形」にオを接頭し、ニを接尾したかたち

は、「尊敬汎用形」(城田 1998: 106)のダを接尾しての再活用形(ダがニに変化したもの)である(同書: 186)。お歌いだ―お歌いで―お歌いに(ナル)

2. サ変動詞では語幹に「に・なる」「なさる」「くださる」がつくことからみて、和語動詞の「連用形」は語幹の音声形(発音可能なかたち)であることがわかる。

(ii)　形容詞

〈例文〉

(1)　(a)若い先生―(b)お若い先生
(2)　(a)先生は若い―(b)先生はお若い
(3)　(a)大臣、ゆっくり歩いて下さい―(b)大臣、ごゆっくり歩いて下さい
　　　　　(国会会議録より)

〈基本事項〉
1. 一部の形容詞にオ／ゴを接頭すると、主役尊敬形容詞が形成される。
2. 普通の形容詞と同じく連体用法、述語用法、連用用法がある。

〈説明〉
1. 「若い」では「生まれてから多くの年数を経ていない人」が主役。(1)(a)(2)(a)では「先生」。(1)(b)(2)(b)「お若い」は主役である「先生」に対する尊敬が示される。
2. (1)は連体用法。(2)は単純な述語用法。
3. (3)は連用用法。(a)「ゆっくり」は「動作が遅い様子」を表わす。主役は動作の為し手。為し手はここでは呼びかけられる「大臣」。(b)「ごゆっくり」は主役たる「大臣」(聞き手)に対し尊敬を表わす。

〈類例〉

(1)　あの方、おとしのわりにはお綺麗だわ
(2)　奥様はお元気ですか
(3)　先生はおすこやかに夏をお過しのご様子です
(4)　あの方はお忙しい上、野球もよくご存知なので(上山善紀)
(5)　お早い回答有難う御座います〔Yahoo ウェブ検索〕
(6)　通常サイズの棺桶ではちょっとお苦しいかと。それで大きなサイズの

ものとなります(日明恩)
（7）お見事なお腕前、感服いたしました(大栗丹後)
（8）岡田さんがまだお小さいころ、ご両親が離婚なさいました
（9）ご多忙のところ、お電話でお騒がせし、大変申し訳ございません

〈注意〉
1. 原則的に、和語にはオ、漢語にはゴであるが、例外もある。お上品、お元気。ゆれもある。例えば、ご／お立派な態度。
2. オ／ゴが接頭された形容詞が尊敬語であるか、丁寧語であるかは、実例に当たり、意味を把握した上でしか判断できないことについては第23章Ⅰ〈注意〉2参照。
3. 主役尊敬形容詞を述語的に用いる場合、尊敬の意を強めるためにテ形＋イラッシャル／オイデニナルが用いられる。オイデニナルの方が尊敬の程度が高い。先生はお若くていらっしゃる＜先生はお若くておいでになる。ともに主役尊敬形容詞の頭のオを省略することができる。オがある方が尊敬の程度が高い。先生はお若い＜先生は若くていらっしゃる＜先生はお若くていらっしゃる＜先生は若くておいでになる＜先生はお若くておいでになる。奥様はお元気だ＜奥様は元気でいらっしゃる＜奥様はお元気でいらっしゃる＜奥様は元気でおいでになる＜奥様はお元気でおいでになる。ナルを語幹形にすると尊敬がさらに上乗せされる。奥様はお元気でおいでになられる
4. 「あの方は背がお低い」において主役は「あの方」、「背」は相手役。「お低い」は「あの方」(主役)に対する尊敬を表わす。「目がおきれいだ」は「全体・持ち主」が省略された文と考えられ、「目」の持ち主に対する尊敬が示されると解釈する。同様の例として「あの方は歌がお上手だ」があげられる。

〈参考〉
1. 「お書きやすい万年筆」「お求めやすいお値段」などのオを接頭した性向・容易態(ヤスイ)形容詞は「お書きになりやすい」「お求めになりやすい」の略か。「お客様がお求めやすいお値段」のような例で見る限り、主役尊敬を表わす。
2. 「お酸っぱい」「ご寒冷な」などはないか、稀な例となろうが、「お温か

い」「おむずかしい」「ご困難な」は使用されるよう思われる。いかなる形容詞がオ／ゴをとって尊敬形容詞、ないし、丁寧形容詞になり、いかなるものがならないか、筆者は定めることができない。尊敬形容詞・丁寧形容詞は語彙的存在として用例から学んでいくほかないよう思われる。

(iii) 名詞
〈例文〉
（１）　(a)ところでー、おじさんは、どんな職業の人かしらー(b)ところでー、おじさんは、どんなご職業の人かしら(花村萬月)
（２）　(a)この辺について郵政省の考えを聞かせてほしいー(b)この辺について郵政省のお考えをお聞かせいただきたい(国会会議録より)
（３）　(a)旅行の先輩達の意見が聞きたいですー(b)旅行の先輩方のご意見が聞きたいです〔Yahoo ウェブ検索〕
（４）　(a)お嬢様の美しさは、ことばではとてもいい表わすことができませんー(b)お嬢様のお美しさは、ことばではとてもいい表わすことができません
（５）　(a)先生の家はどこですかー(b)先生のお宅はどちらでしょうか
（６）　(a)先生の名前が名簿にありませんー(b)先生のお名前が名簿にありません

〈基本事項〉
一部の名詞にオ(原則的には和語に)・ゴ(漢語に)を接頭すると、主役尊敬名詞が形成される。

〈説明〉
1. 「職業」とは「生計を維持するために人が日常従事する仕事」〔辞〕。「仕事をする人」が主役。(1)では、聞き手である「おじさん」。「ご職業」は「おじさん」に対する尊敬。
2. 「考え」とは「考えること。また、考えて得た結論・判断・予測・決意など」〔辞〕。主役は「考える人や組織」。(2)では、「郵政省」(に関わる人)。「お考え」はその主役に対する尊敬。
3. 「意見」とは「ある問題に対する主張・考え」〔辞〕。主役は主張・考え

の持主。(3)では「先輩方」。「ご意見」はその主役に対する尊敬。
4. 「大家の娘、また、主人の家の娘を敬っていう語」〔辞〕が「お嬢様」。名指された対象そのもの、ないし、その親に対する尊敬が示される。「美しさ」は「美しい」の品詞転換語。「お美しさ」は「美しい」という状態の持主(主役)への尊敬。(4)では「お嬢様」。
5. 「お宅」は、住む人(主役)を敬ってその住居、家をいう名詞。(5)では「先生」。「ご住所」もそこに住む人(住所の持主)を敬って使う。
6. (6)(a)の「お名前」はその名前を持つ人を敬って使う。

〈注意〉
1. 主役尊敬か、主役以外の尊敬かは動詞においては、語彙的にも文法形態的にも明確な区別がある。それに対し形容詞・名詞においては両者の表現手段は基本的にオ／ゴの接頭のみである。主役尊敬か、主役以外の尊敬かは意味分析によってのみ知られる。
2. お声掛かり(「社長のお声掛かりで若手が登用された」)などは、「お」を普通つけて用いる。

〈参考〉
1. 「様」は人を表わす名詞に接尾し、その人に対する尊敬を表わす。大臣様、社長様、○○商店会御一行様、岡田様。「殿」は公用の文書や手紙で用いられる。社長殿、岡田殿。役職名、称号はこれに準じる。岡田社長／部長／課長／教授、チャールズ王子、湯川博士。「氏」もある。岡田氏。「お」を接頭するものもある。ひな人形―おひな様、姫―お姫様、客―お客様、父／母／兄／姉―お父／母／兄／姉様。その他、お大尽様、お天道様(「おてんとうさま」とも)、お月様、お星様、お一人様、お二人様。「お気の毒さま」「おかげさま」のような語もある。「お互いさま」には尊敬の意はない。ご令兄、ご令嬢、ご尊父なども持主を敬うとともに名指される対象へ尊敬が及ぶ。
2. 「さん」は敬意がやや軽くなり、親愛感が出ることがある。社長さん、岡田さん、学生さん、小使い(用務員)さん、うさぎさん
3. 「お」を接頭し、「さん」を接尾するものもある。親愛に強く傾くものと、尊敬を保つものがある。猿―お猿さん、犬―お犬さん、いなり―おいなりさん、かいこ―おかいこさん、いも―おいもさん(関西？)、お母

さん、お父さん、お兄さん(若い男性にも)、お姉さん(若い女性、料理屋などの女性従業員にも)、おむこさん、お姫さん、お弟子さん、お天道さん、お巡りさん、お客さん。お偉いさん、お上りさん(いなか者)は皮肉が混じる。おかみさん(妻および料理屋の女主人)、お手伝いさんもある。

4. 「ちゃん」は親愛の固有名詞をつくる。通常、名につける。姓につけることもある。しんちゃん、岡田ちゃん
5. 「君」は男性で同等か目下のものに使う。通常、姓につける。岡田君。子供に対しては名につけることが多い。太郎君
6. 尊敬語は主役・非主役に話し手が距離をとることを表わし、親愛語は主役に距離をとらないことを表わす。両者は異なるものであるが、親愛語に関しては項を立てて詳説するのをひかえる。
7. 「<u>お世話</u>になります」は「世話する」の文法的尊敬結合ではなく「援助を受ける」の意であり、下線部は主役尊敬名詞である。「ご苦労さま」「お疲れさま」「お世話さま」はあいさつのことば(第23章Ⅵ、図表185 (20) (21) (22) 参照)。「よけいな<u>お世話</u>」は「いらざる口出し」の意。もとはといえば主役尊敬名詞(ただし、皮肉な尊敬)。
8. 「おでまし」は「外出」や「出席」を意味する主役尊敬名詞。「本日は遠路おでましをたまわりました」。よく「おでましになる」のかたちで用いられる。
9. 「御研究所」は異例の現代日本語。研究する主役(昭和天皇)に対する尊敬を表わす固有名詞として用いられたか。生物学御研究所編『相模湾海鞘類図譜』岩波書店 1953

IV 主役軽蔑語

(i) 動詞
1 語彙

図表176　主役軽蔑動詞

	(a)出だし語	(b)主役軽蔑動詞	表記
(1)	食べる、(酒を)飲む	食らう、かっ食らう	［同・主敬・反］食べる＝食らう
(2)	死ぬ	くたばる	［同・主敬・反］死ぬ＝くたばる
(3)	去る、行く	うせる	［同・主敬・反］行く＝うせる
(4)	始める	おっぱじめる	［同・主敬・反］始める＝おっぱじめる
(5)	する、やる	やらかす	［同・主敬・反］する＝やらかす

〈例文〉

（1）　(a)大酒を<u>飲んで</u>正体なく眠りこける―(b)大酒を<u>食らって</u>正体なく眠りこける〔類大〕

（2）　(a)おやじが<u>死ぬ</u>のは、神様のおぼしめしでないのか―(b)先生、おどがくたばるのは、神様のおぼしめしでねえのか(武田泰淳)

（3）　(a)とっとと<u>行け</u>―(b)とっとと<u>うせろ</u>〔辞〕

（4）　(a)二人はさっそくけんかを<u>始めた</u>―(b)二人はさっそくけんかを<u>おっぱじめた</u>

（5）　(a)自分がへまを<u>やった</u>時は、我が身をのろった―(b)自分がへまを<u>やらかした</u>時は、我が身をのろった

〈基本事項〉

僅かであるが、主役に対する軽蔑を表わす動詞が語彙として存在する(図表172(1)(2)、176)。みな俗で乱暴、粗野な語。

〈説明〉

1. 食物・飲物の機能発揮動詞「食べる」「飲む」の主役は食物・飲物をのみこむ人。「食らう」はその主役に対する軽蔑を表わすぞんざいな語。「酒を飲む」に関しては使われるが、「水／ジュース」に関しては普通用いられない。「かっ食らう」もある。「かっ」は強調を示す接頭辞。

2. 「死ぬ」の主役は命を失う人。「くたばる」はその人に対する軽蔑を示

す。(2)(b)の「おど」は「おとう」がなまった語。
3. 「行く」の主役は移動する人。「うせる」は「去る」「行く」の主役に対する軽蔑を表わす。
4. 「おっぱじめる」は「始める」を強調した俗ないい方。軽蔑を込めることができる。
5. 「やらかす」は「やる」「する」の俗語。主役に対する軽蔑を込めることができる。

2　文法形態

〈例文〉

（1）　(a)おまけにこの船は尻をふる―(b)おまけにこの船は尻をふりやがる（北杜夫）

（2）　(a)いつまで人を使う―(b)いつまで人を使いくさる（壺井栄）

〈基本事項〉

1. 「連用形」にヤガルを接合すると、主役軽蔑動詞が形成される。
書く―書きやがる、いう―いいやがる、いばる―いばりやがる、使う―使いやがる
2. 「連用形」にクサルを接合すると、同じく、主役軽蔑動詞が形成される。
いう―いいくさる、いばる―いばりくさる、使う―使いくさる

〈説明〉

クサルは主に関西、関東ではヤガルを多く使う。

〈注意〉

1. 「連用形」(汎用形)末尾がiであるものにヤガル・yagar-u が接合すると、iが脱落するとともに ya によって形成される音節は長音化することが話しことばで見出される。mi-∅・yagar-u 見やがる → mya: garu みゃーがる、kak-i∅・yagar-u 書きやがる → kakya: garu 書きゃーがる、yom-i∅・yagar-u 読みやがる → yomya: garu 読みゃーがる、omo-i∅・yagar-u 思いやがる → omoya: garu おもやーがる、sur-i∅・yagar-u すりやがる → surya: garu すりゃーがる。「当時売出の若手俳優だと思やァがって、嬶め、いやに胡麻をすりゃアがる」（里見弴）〔学研〕。「いる」ではゆれがある。i-∅・yagar-u いやがる → ya: garu やーがる〜yagaru やがる

2. ほとんどの補助動詞(ヤル、モラウ、クレル、イク、クル、イル、オク、ミル、シマウ)にヤガルは接合することができ、主役軽蔑を示す結合形を形成する。「痛い所を突いて<u>くれやがる</u>」「こちらに近づいて<u>来やがる</u>」(近づいてきゃーがる)「うまそうに食べて<u>いやがる</u>」(食べてやがる)「癪なことを書いて<u>おきやがる</u>」(書いておきゃーがる)「食べて<u>みやがる</u>」(食べてみゃーがる)「(合格点を)貰って<u>しまいやがる</u>」(貰ちゃいやがる)。「「固い焼きソバ」というと「うちは固いのはやってません」だなんて。それが上品だなんて<u>思ってやがる</u>」(山口瞳)
3. テイヤガルとテケツカルは同義。
「かかあ奴。平気で寝て<u>けつかる</u>」(森鷗外)「「口だけあお隣りのムク犬よりおごって<u>けつかる</u>」と毒突いたが」(山岡荘八)

〈参考〉
サラスもあるが、主に関西で用いられる。「とっとと消え<u>さらせ</u>」〔辞〕

(ⅱ) 形容詞
〈例文〉
(a)あいつの<u>丁寧な</u>態度が気にくわない―(b)あいつの<u>くそ丁寧な</u>態度が気にくわない
〈基本事項〉
一部の形容詞にクソ／ドを接頭すると、主役軽蔑形容詞が形成される。
〈説明〉
ドの接頭についてはⅡ〈説明〉3参照。
〈注意〉
1. 「ど」と同様「くそ」も強調的意味になる。
2. 接頭される形容詞によっては相手役に対する軽蔑と意味上解釈されるものがある。「あいつのくそ丁寧な物いいが(俺は)<u>くそいまいましい</u>」

(ⅲ) 名詞
〈例文〉
(1) (a)ちえっ、薄情な<u>男</u>だなあ―(b)ちえっ、薄情な<u>野郎</u>だなあ
(a)ちえっ、強情な<u>女</u>だなあ―(b)ちえっ、強情な<u>あま</u>だなあ(田村泰

次郎）
(2) (a)木片を担いでひょろひょろ帰る子供の頃から―(b)木片を担いでひょろひょろ帰る餓鬼の頃から(幸田露伴)
(3) (a)あんたみたいなじいさんにはもったいない若さだわ―(b)あんたみたいなジジイには勿体ない若さだわ(安岡章太郎)
(a)嬶の顔をみながら酒を飲んだって、全く面白くもない―(b)嬶のつらをみながら酒を飲んだって、くそ面白くもない(久保栄)

〈基本事項〉
表わす対象そのものに対する軽蔑を表わす主役軽蔑名詞がある。

〈類語〉
ばばあ、ばか、ばかやろう、やつ、きゃつ、あいつ、こいつ、そいつ、どいつ(II〈説明〉6)、くそたれ、あんちくしょう

〈参考〉
1. 「くそ」の接頭によっても形成される。くそおやじ、くそ坊主、クソ鎮(II〈例文〉(4))。「くそ度胸」などは強調も混入する。「ど」についてはII〈説明〉5参照。
2. 「め」の接尾もある。岡田め、社長め。「ばかめ」「こいつめ」では軽蔑的語義の上に軽蔑を重ねる。「私めにご／お命じ下さい」のような場合、話し手をおとしめ、効果としては「聞き手」の持ち上げとなり、丁寧語の領域へ入る。
3. 「やつ」は形式名詞「こと」「もの」を乱暴に(くだけて)いう場合にも用いられる。「真っ直に東京へ入ればいいやつを」(久保田万太郎)。「きゃつ」という語もある。「これはきゃつの仕業に違いない」

V 非主役尊敬語（主役以外の尊敬語）

(i) 動詞
1 語彙

図表177　非主役尊敬動詞

	(a)出だし語	(b)非主役尊敬動詞	表記
(1)	聞く	拝聴する、伺う	［同・非主敬］聞く＝拝聴する
(2)	見る	拝見する	［同・非主敬］見る＝拝見する
(3)	見せる	お目にかける、ご覧にいれる	［同・非主敬］見せる＝お目にかける
(4)	会う	お目にかかる	［同・非主敬］会う＝お目にかかる
(5)	尋ねる、問う	伺う	［同・非主敬］尋ねる＝伺う
(6)	行く	あがる	［同・非主敬］行く＝あがる
(7)	もらう	頂く、頂載する	［同・非主敬］もらう＝頂く
(8)	やる、あげる	さしあげる	［同・非主敬］やる、あげる＝さしあげる

〈例文〉

（1）（a）息子は尊師の法話をつつしんで聞いた―(b)息子はご尊師のご法話をつつしんで拝聴した

（2）（a）息子は先生の蔵書を見たことがある―(b)息子は先生のご蔵書を拝見したことがある

（3）（a）息子はあのメモを先生に見せてしまった―(b)息子はあのメモを先生にお目にかけてしまった

（4）（a）先生に直接会って、話しをしたいと伝えてくれ―(b)先生に直接お目にかかって、お話しをさせて頂きたいとお伝え下さい

（5）（a）息子が先生の自宅の電話番号を尋ねた―(b)息子が先生のご自宅の電話番号を伺った

（6）（a）息子はあす先生の家に行くようだ―(b)息子は明日先生のお宅にあがるようだ

（7）（a）息子は先生から本をもらった―(b)息子は先生から本を頂いた

（8）（a）息子は先生に蝶の標本をあげた―(b)息子は先生に蝶の標本をさしあげた

〈基本事項〉

少数ながら、主役以外の登場者、関与者に対する尊敬を表わす動詞が語彙として存在する。全て、人の意志的行為を表わす。

〈説明〉

1. 「拝聴する」は「聞く」と同義。ただし、相手役(聞く対象)に対する尊敬を表わす。文法的には尊敬は、(1)(b)で「ご法話」、類例(1)で「御議論」に向けられているが、意味的には「法話」「議論」に主役として関わる法話／議論をする人に及ぶ。「伺う」「うけたまわる」も「聞く」の非主役尊敬動詞(主役以外の登場者に尊敬を表わす動詞)として働く。「ご法話を伺った」「ありがたいお話をうけたまわりました」〔辞〕

2. 「拝見する」は「見る」の意味だが、相手役(見る対象)に対する尊敬を表わす。相手役は(2)(b)では「ご蔵書」、類例(2)では「犯罪白書」。尊敬は文法的には「蔵書」「白書」に向けられるが、意味的にはその持主((2)(b)で「先生」)、作製・配布した人[類例(2)]に及ぶ。

3. 「見せる」は相手役を脇役に「見えるようにする」ことを表わす。「お目にかける」はその脇役に対する尊敬を表わす。(3)(b)では「先生」。類例(3)では「宮様」。ともにニ格に立つ。「ご覧にいれる」も同義。「ご満足の行く演技をご覧にいれましょう」〔辞〕。両者とも1語相当の慣用句。「聞かせる」と同じ意味ながら、脇役に対する尊敬を表わす。「お耳に入れる」もある。「つまらぬことを先生のお耳に入れるな」

4. 「お目にかかる」は「会う」の意味だが、ニ格に立つ相手役に対する尊敬を表わす。(4)(b)では「先生」、類例(4)では「御隠居様」。「拝顔の栄に浴する」といういい方もある。

5. 「伺う」は「尋ねる」「質問する」の意だが、相手役・脇役に対する尊敬を表わす。(5)(b)ではヲ格に立つ相手役「電話番号」、類例(5)ではニ格に立つ脇役「洗濯している人」。尊敬は「電話番号」の持主に及ぶ。

6. 「あがる」は「行く」「訪問する」の意だが、到着地点、おとずれる先、目的とする事柄に対する尊敬を表わす。(6)(b)ではニ／ヘ格に立つ相手役たる「お宅」。尊敬は「家」を介し、「家」の住人に及ぶ。類例(6)では聞くべき「お話し」の主役たる「話す人」へと尊敬が及ぶ。「お話しを伺いにあがります」〔辞〕も同様、尊敬は話す人へと及ぶ。

7. 「頂く」は「もらう」(内主語内向動詞。城田1998:189)の外補語尊敬動詞。カラ／ニ格に立つ脇役に対する尊敬を表わすのが基本。(7)(b)では「先生」、類例(7)では「お殿様」。「拝領する」という語もある。「主君から名刀を拝領する」
8. 「さしあげる」は「やる・あげる」(内主語外向動詞)の外補語尊敬動詞。ニ格に立つ脇役に対する尊敬を表わすのが基本。(8)(b)では「先生」、類例(8)では「王様」。「拝呈する」という語もある。「主君に盆栽を拝呈する」
9. 「いたす」は「する」の非主役尊敬動詞とされる〔辞〕が、用例の多くは丁寧語としてのものである。「それでもたった一つ、善い事を<u>いたした</u>覚えがございます」(芥川龍之介)「いっそうの努力を<u>いたす</u>所存でございます」「これで先礼を<u>いたします</u>」(第23章III参照)

〈類例〉
（1）…今何より重要だ、そのような感じを御議論を<u>拝聴</u>しながら受けておりました(国会会議録より)
（2）先日ちょうだいいたしました犯罪白書を<u>拝見</u>しますと、刑法犯の認知件数が年々ふえ
（3）そのお写しを宮様に<u>お目にかける</u>ようとの仰せで参上いたしました(有吉佐和子)
（4）御隠居様に御伝言は御在ませんが、何れ帰れば<u>御目に掛り</u>ます(福澤諭吉)
（5）川端で洗濯している人々に生活のこまごましたことまで<u>伺う</u>のですから、それは気を使います
（6）少し御話を<u>承り</u>たいと思ってあがったんですが…(夏目漱石)
（7）おじいさんはお殿様からたくさんのごほうびを<u>いただいた</u>
（8）ざんねんながら王様に<u>さしあげる</u>足は、これしかないのですよ(福永令三)

〈注意〉
尊敬が払われる非主役の範囲は非常に広い。2〈注意〉5参照。

〈参考〉
1.「拝」によって造語される主役以外の尊敬名詞は主役以外の尊敬を表わ

すサ変動詞語幹となる。拝謁(スル)—天皇／皇后／国王に拝謁する、拝観(スル)—本殿を拝観する、拝聴(スル)—[例文(1)、類例(1)]、拝見(スル)—[例文(2)、類例(2)]、拝呈(スル)—先生に自著を拝呈した、拝領(スル)—[説明(7)]、拝借(スル)—先生にお知恵を拝借した

2. 「つかまつる」は「する」「行う」と同義。ただし、主役以外の登場者に尊敬を表わす。「私がお相手をつかまつりましょう」〔辞〕。現代語では主に丁寧語として用いられる。「失礼つかまつります」

2 文法形態

図表 178 動詞の非主役尊敬形態

(a)出だし語		非主役尊敬形	
		(b)結合形	(c)複合動詞
和語動詞		(オ＋連用形＋スル)	(オ＋連用形＋申シ上ゲル)
	(1) 呼ぶ	お呼びする	お呼び申し上げる
	(2) 待つ	お待ちする	お待ち申し上げる
	(3) 書く	お書きする	お書き申し上げる
漢語サ変動詞		(ゴ＋語幹＋スル)	(ゴ＋語幹＋申シ上ゲル)
	(4) 招待する	ご招待する	ご招待申し上げる
	(5) 相談する	ご相談する	ご相談申し上げる
	(6) 説明する	ご説明する	ご説明申し上げる

〈例文〉

(1) (a)先生を開会式に呼んだ—(b)先生を開会式にお呼びした—(c)先生を開会式にお呼び申し上げた

(2) (a)先生を2時間も待った—(b)先生を2時間もお待ちした—(c)先生を2時間もお待ち申し上げた

(3) (a)先生に手紙を書いた—(b)先生にお手紙をお書きした—(c)先生にお手紙をお書き申し上げた

(4) (a)先生を開会式に招待した—(b)先生を開会式にご招待した—(c)先生を開会式にご招待申し上げた

(5) (a)このことは先生と相談しなければ決められない—(b)このことは先生とご相談しなければ決められない—(c)このことは先生とご相談申し上げなければ決められない

（6） (a)先生にはこのことを詳しく<u>説明した</u>―(b)先生にはこのことを詳しく<u>ご説明した</u>―(c)先生にはこのことを詳しく<u>ご説明申し上げた</u>

〈基本事項〉
1. (b)「連用形」にオを接頭したかたち（尊敬汎用形）に補助動詞スルを後続させると主役以外の登場者に尊敬を表わす結合形が形成される（オ＋「連用形」とスルの間にとりたて助詞を入れ込むことができる。お呼びはするが、…）。
2. (c)「連用形」にオを接頭したかたち（尊敬汎用形）に申スを接合すると主役以外の登場者に尊敬を表わす複合動詞が形成される。オ呼ビ申ス、ゴ招待申ス。ただし、この複合動詞は古めかしく、時代色を出すための文体的手段に用いる以外現在あまり使用されない。より多く用いられるのは申シ上ゲルを接合する複合動詞である。

〈説明〉
1. (c)の方が(b)より尊敬の程度が高い。
2. (1)(2)(4)は基本的に相手役尊敬。例えば、「先生の研究室に学生をお呼びする」はおかしい。
3. (3)(5)(6)は基本的に脇役尊敬。例えば、「先生のご就職を／について担当者とご相談する」には難がある。

〈類例〉
（1） うちの母があちらに<u>お届けする</u>と言っておりました
（2） あなたのことを<u>お思いして</u>夜も眠れません

〈注意〉
1. 2字漢字のサ変動詞語幹にはゴ（御）を接頭するのが通則であるが、オの例もある。「お電話する」。1字漢字のサ変動詞語幹にはオを接頭する。「お訳しする」「お略しする」
2. 非主役尊敬形態をつくれる動詞は、人の意志的行為を表わすものである（人の行為ではない、例えば、増エル、降ル、仕事ガスムのようなものはこのかたちを使うことがない）。
3. アル、ワカル、デキル、要ル、成ル、死ヌ、生キル、出ル、出カケル、帰ル、ナオル、慣レル、困ル、アキラメル、間違エル、感ジル、苦シム、迷ウ、アワテル、などでこのかたちが形成されることはない（死ヌ

を除き、上掲動詞の主役尊敬形態は使用される)。
4. 非主役尊敬動詞(語彙)は、主役以外に人間である登場者、参与者のある事柄を表わすものである。非主役尊敬形態を持つ動詞も同様である。自動詞的なものはつくれない(歩く―(*)お歩きする、散歩する―(*)ご/(*)お散歩する)のはもちろんであるが、「勉強する」のような相手役が人でないようなものではこの形態をつくることがない((*)ご勉強する)。
5. 主役以外の尊敬には直接的尊敬と間接的尊敬がある。直接的尊敬とは相手役、脇役に直接尊敬が示される場合である。間接的尊敬は相手役、脇役として示されるものやことを介し、ものの持主やことの主役及び関与者に尊敬が及ぶ場合である。

(1) 相手役に対する直接的尊敬の例をあげる。昨日渋谷で先生に/と<u>お会いした</u>(ニ/ト格に立つ相手役たる「先生」に対する尊敬)。先生と<u>お別れした</u>のは4時頃です(ト格に立つ相手役たる「先生」に対する尊敬)。V(i)1〈例文〉(4)、〈類例〉(4)、2〈例文〉(1)(2)(4)も同様の例。

(2) 脇役に対する直接的尊敬の例をあげる。先生に拙著を<u>お見せした</u>(ニ格に立つ脇役たる「先生」に対する尊敬。相手役はヲ格に立つ「拙著」)。先生にお茶を<u>お習いした</u>(ニ/カラ格に立つ脇役たる「先生」に対する尊敬。相手役はヲ格に立つ「お茶」)。先生にお電話を<u>おかけする</u>(ニ格に立つ脇役たる「先生」に対する尊敬)。V(i)1〈例文〉(3)(7)(8)、〈類例〉(3)(5)(7)(8)、2〈例文〉(3)(5)(6)も同様の例。

(3) 相手役、脇役たるものの持主に尊敬が及ぶ間接的尊敬の例をあげる。お車/お体を<u>お洗いした</u>(文法的には相手役「お車/お体」に対する尊敬。意味的には尊敬はその持主に及ぶ)。当方の返事は留守電に<u>お入れして</u>おいた(文法的には脇役「留守電」に対する尊敬。意味的には尊敬はその持主—返事の受け手—に及ぶ)。V(i)1〈例文〉(2)(5)も同様の例。

(4) 相手役となる名詞が表わす事柄の主役に尊敬が及ぶ間接的尊敬の例をあげる。ご質問に<u>お答えする</u>必要がある(文法的には「質問」に対する尊敬。意味的には「質問」の主役たる「質問者」への尊

敬)。先生のご著書をこの店でお売りしている(文法的には「著書」に対する尊敬。意味的には「著者」(著書の主役。ノ格に立つ「先生」)に対する尊敬)。みなさんの歌や踊りを拝見してたくさんのエネルギーをもらった(白井智)(相手役「歌や踊り」の主役たる歌う人、踊る人—ノ格に立つみなさん—に尊敬は及ぶ)。このような観点から御提案の法案を拝見しますと(国会会議録より)(文法的には「法案」に対する尊敬。意味的にはその提案者—主役—に対する尊敬)。岡田さんのお宅にお寄りした(文法的には相手役「お宅」に対する尊敬。意味的には「お宅」の主人—主役—でノ格に立つ岡田さんに及ぶ)。V(i)1〈例文〉(1)(6)、〈類例〉(1)(2)も同様の例。

(5) 表わされる事柄の受益者に対する尊敬が及ぶ間接的尊敬の例をあげる。窓をお開けした。電気をおつけした。昨晩は私がお払いした。肌着を一着余分にお入れしておいた。先生のためを思って、この密書をお書きした(以上5例とも、事柄の遂行によって影響を受ける人に対する尊敬)。

(6) その他の例をあげる。報告書の序章は先生がおっしゃったように／通りにお書きした(尊敬は「序章」の仕上がりの様子を指示した「先生」に及ぶ)。

6. (b) オ+「連用形」+スルのスルをイタスにかえてつくる非主役尊敬形がある。尊敬の程度は(b)より上で、(c)よりは低い。ただし、このかたちはこのままでは述語形として普通用いられない。(?)「先生を開会式にお呼びいたした」。用いられるのは連体形である。「先生を開会式にお呼びいたすつもりでおります」。述語となるためには通常マス形となる。「先生を開会式にお呼びいたしました」。非主役尊敬動詞の丁寧語用法(「一時間もお待ちいたしました」)については第23章Ⅷ(ii)参照。

〈参考〉
1. オ話シスル、オ聞カセスル(以上結合形)はオ耳ニ入レル(慣用句。V(i)1〈説明〉3参照)とほとんど同義。「先生にお話しする」「先生にお聞かせする」「先生のお耳に入れる」

2. 「たてまつる」は「やる」「贈る」の主役以外の尊敬動詞。「貢ぎ物をた

てまつる」。揶揄的にも用いられる。「あだ名をたてまつる」。それは、また、敬意の度の高い複合動詞を形成する接尾辞としても用いられる（「連用形」にオの接頭がない場合もある）。「御神体を移したてまつる」「よろしく（お）願いたてまつります」「池田大作の宸襟(しんきん)をお休めたてまつるために「創価学会を伐る」を出さないことがいい」(Martin 1975: 343)

3. テ形＋サシアゲルは内主語外向態であり、かつ、主役以外に尊敬を表わす結合(城田 1998: 196)である。「サー・ウォーター・ローリーは女王に自分のマントを敷いてさしあげた」

4. 「ご一緒する」「おともする」は、非主役尊敬動詞だが「一緒する」「ともする」はない。

(ii) 形容詞

〈例文〉

（1） (a)気の毒な先生—(b)お気の毒な先生
（2） (a)先生が気の毒だ—(b)先生がお気の毒だ
（3） (a)先生を／が気の毒に思う—(b)先生を／がお気の毒に思う

〈基本事項〉

主役・相手役をともにガ格に立てる一部の形容詞にオを接頭すると主役以外の登場者に尊敬を表わす形容詞(非主役尊敬形容詞)が形成される。

〈説明〉

1. 「気の毒だ／な」は「人の不幸や病苦などに同情して心を痛める」ことを表わす。主役は「同情して心を痛める人」。相手役は「不幸や苦病を味わう人」。述語用法においてともにガ格に立つ。私が(は)先生が気の毒だ。「お気の毒だ／な」は相手役に対する尊敬を表わす。

2. (1)は連体用法、(2)は述語用法、(3)は「思う」と結びついた「汎用形」(城田 1998: 241)。

〈類例〉

（1） (a)うらめしい先生—(b)おうらめしい先生
（2） (a)私は先生がうらめしい—(b)私は先生がおうらめしい
（3） (a)にくらしい先生—(b)おにくらしい先生
（4） (a)私は先生がにくらしい—(b)私は先生がおにくらしい

（5） (a)したわしい先生―(b)おしたわしい先生
（6） (a)私は先生がしたわしい―(b)私は先生がおしたわしい
（7） (a)ねたましい先生―(b)(?)おねたましい先生
（8） (a)私は先生がねたましい―(b)私は先生がおねたましい

その他、お可哀そうな、おなつかしい（図表171(9)(10)）。

(iii) 名詞

〈例文〉
（1） (a)客の世話を命じられたのは新米の岡田君だった―(b)お客様のお世話を命じられたのは新米の岡田君だった
（2） (a)商品の届け先をしっかり聞いておかなければだめだよ―(b)お品物のお届け先をしっかりお聞きしておかなければだめだよ
（3） (a)先生にはまだ招待状を出していない―(b)先生にはまだご招待状をお出ししていない

〈基本事項〉
一部の名詞にオ（原則的には和語に）・ゴ（漢語に）を接頭すると、主役以外の登場者に尊敬を表わす名詞（非主役尊敬名詞）が形成される。

〈説明〉
1. 「世話」は「面倒を見ること」。面倒を見る人が主役。(1)では「岡田君」。面倒を見られる人が相手役。(1)では「客、お客様」。(b)の「お世話」はその相手役に対する尊敬を表わす名詞。
2. 「届け先」とは物を送り届ける宛先。届ける人が主役。届ける対象が相手役。(2)では「商品、お品物」。宛先（受け取る人）が脇役。(b)の「お届け先」はその脇役への尊敬を表わす。
3. 「招待状」は招待する旨を記した書状。招待する人が主役。招待される人が相手役であり、(3)では「先生」。(b)の「ご招待状」はその相手役に対する尊敬を表わす。

〈注意〉
オ・ゴを接頭する名詞が、主役尊敬を表わすのか、主役以外の登場者に尊敬を表わすのか、は用法によってのみ定まる（III(iii)〈注意〉1参照）。
(a)皆様の私共へのご援助に対し深く感謝いたします―(b)私共の皆様へのご

援助は長続きせず、はなはだ申訳なく思う次第です

「援助」の主役は「与える人」ないし「助ける人」である(序論第2章IV (vii) 2、図表21、22)。(a) においてその主役は「皆様」であり、「ご援助」はその主役に対する尊敬を表わす。(b) の「援助」を今「資金援助」の意と解すると、その脇役は「受け取る人」である。(b) では「皆様」。(b) の「ご援助」はその脇役に対する尊敬を表わす。

VI 非主役尊敬動詞の用法

図表179 非主役尊敬動詞の人称上の制限

表中1は一人称(「私」)、2は二人称(「お前」/「あなた」)、3は三人称(例えば「見知らぬ男」「先生」)、3[1]は話し手側の三人称(例えば「うちの妹」)を示す。太字は話し手が尊敬を表わす相手を示す。**2**は、例えば「**あなた**」、**3**は、例えば「**先生**」。

ガ	ニ	非主役尊敬動詞
1	**2**	私は**あなた**に席をお譲りした
1	**3**	私は**先生**に席をお譲りした
2	**3**	あなた/お前は**先生**に席をお譲りした
3[1]	**2**	うちの妹は**あなた**に席をお譲りした
3[1]	**3**	うちの妹は**先生**に席をお譲りした

〈基本事項〉

1. 非主役尊敬動詞において、非ガ格(ヲ、ニ、…)に話し手が立つことはない(非ガ格は非話者人称である)。

2. ガ格に一人称(私)が立つと、非ガ格には尊敬される二人称(あなた)か、三人称(先生)が立つ。図表179、1–2、1–3参照。

3. ガ格に二人称(あなた/お前)が立つと非ガ格には尊敬される三人称(先生)が立つ。2–3参照。2–1という組み合わせはない。

4. ガ格に純粋の三人称が立つことは稀である。通常話し手側の三人称が立つ。
(?)「見知らぬ男があなた/うちのおばあ様に突然席をお譲りした」(3–2/3–3[1])、(?)「英国王がフランス国王に席をお譲りした」(3–3)については後述。

〈説明〉

1. 全ての人称の組み合わせ(〈基本事項〉2、3、4)において、非ガ格に立つものは話し手にとり尊敬されるべきもの(これを「上」と略記する)である。これら(「あなた」「先生」)は話し手側の存在とはいえない(これを「外」と略記する)。
2. 全ての人称上の組み合わせにおいて、ガ格に立つものは話し手側の存在である(これを「内」と略記する)。かつ、「上」「下」(「上」でないもの)を区別しない。「あなた」はガ格に立つ時、「お前」と同資格で並び話し手側(「内」)となり、非ガ格に立つ時、(「お前」とは並び立たず)非話し手側(「外」)になる。ここに「あなた」の二重性がある。
3. 以上をまとめると、非ガ格登場者は「外」であり、かつ、「上」である(この動詞で、非ガ格に立てば必ず「上」となり、かつ、「外」に位置づけられる)。ガ格登場者は基本的に「内」であり、「上」「下」の区別はない)。

以上を図示すれば図表180のようになる。

図表180 非主役尊敬動詞の格・役柄と文法カテゴリー

格		ガ格	非ガ格
役柄		主役	非主役
文法カテゴリー	内・外	内	外
	上・下	上・下区別せず	上

VII 非主役尊敬動詞の本質

〈基本事項〉

1. 非主役尊敬動詞の支配において、ガ格に立つものは話し手側(「内」)であり、それに対立する非ガ格に立つものは非話し手側(「外」)である。
2. 非ガ格に立つものは非話し手側(「外」)であるばかりではなく、話し手にとり尊敬されるべきもの(「上」)であることが同時に示される。
3. このように、「内・外」を格の対立によってまず区別し、非ガ格として区別された「外」において「上・下」を区別し、その「上」を特出させる(そびえ立たせる)のがこの動詞の本性である。

4. 「内・外」の対立において、「外」(非ガ格登場者)は有標項(強いカテゴリー)であり、「内」(ガ格登場者)は無標項(弱いカテゴリー)である。「上・下」の対立において「上」(非ガ格登場者)は有標項(強いカテゴリー)、「下」(非ガ格登場者として表わされないもの。つまり、ゼロ)は無標項(弱いカテゴリー)である。

〈説明〉

1. 一人称(私—絶対的「内」)がガ格に立つと二人称(「外」)と三人称(「外」)の「上」が非ガ格に立つ。「私が(「内」)あなたに(「外」「上」)席をお譲りした」「私が(「内」)先生に(「外」「上」)席をお譲りした」

2. 二人称(あなた／お前—相対的な「内」)がガ格に立つと三人称(「外」)の「上」が非ガ格に立つ。「あなた／お前が(「内」)先生に(「外」「上」)席をお譲りした」

3. 三人称がガ格に立つ場合、通常、話し手側の三人称(3[1])、話し手の共感度の高い三人称である。非ガ格は二人称(「外」「上」)か、三人称(「外」「上」)である。「うちの妹が(「内」)あなた(「外」「上」)に席をお譲りした」「うちの妹が(「内」)先生に(「外」「上」)席をお譲りした」

4. (?)「見知らぬ男があなたに突然席をお譲りした」では、ガ格に、語彙の意味からすれば三人称で「外」性の強いものが立ち、非ガ格に二人称で「上」性のあるものが立つ。筆者は避けたいが、もし、このような文が許容されるなら、「内・外」の対立において、「内」(ガ格登場者)は弱いカテゴリーであり、「外」をも許容することによって説明されよう。非主役尊敬動詞の使用に当たってガ格登場者への話し手の共感度が高いことはつとに指摘されている。共感度が高ければ、話し手は「外」をも許容する、というより、概して「内」が立つ位置に「外」も立ち得るが、立った場合、話し手が共感度を高めるように見えてくる、という文法機構であるととらえる方が、ことに則しているよう思われる。

5. (?)「見知らぬ男がうちのおばあ様に突然席をお譲りした」では、ガ格に三人称で「外」性の強いものが立ち、非ガ格に語彙意味上三人称で「内」性を持ち、かつ、「上」性を持つものが立つ。筆者は避けたい文であるが、もし、このような文が許容されるなら、話し手が「うちのおばあ様」の「上」性に気を取られ、それに注目するあまり「内」性を無視

し、「外」に位置づける(メカニズムとしては「上」であれば必ず「外」となる)結果、生成される文と思われる。ガ格に立つ「見知らぬ男」は4と同様に説明される。

6. (?)「英国王がフランス国王に席をお譲りした」では、ガ格と非ガ格に「外」と「上」性が高いものが立っている。非主役尊敬動詞の用法としては典型的ではないが、場合によっては生成される文かもしれない。話し手は非ガ格に立つ「フランス国王」の「上」性に気を取られ、それに注目するあまり、ガ格に立つ「英国王」の「上」性を無視し、かつ、ガ格登場者の「内」性が文法カテゴリーとして弱いことを受けて、「外」をも許容する例として説明されよう。ガ格登場者は通常「内」であるが、「外」も許容されることがあるのである(それは、あたかも現在形(ル形)が通常「現在」の意味を持つが、「過去」も許容することにパラレルをなす。「明治23年鷗外は『舞姫』を発表する」)。

〈参考〉

1. 「内」性が弱く、「上」性が強い語彙(「うちの先生／社長…」)、「内」性が強く、「上」性も強い語彙(「我が母上／父上／兄上…」)がある。これらが、ガ格／非ガ格に立つ時、相対するものによってどのような扱いを受けるか、別途考察の要があろう。
2. 主役尊敬動詞・形容詞は、主役が尊敬されるべきものである、ということを表わす。それは、一文の中で実際の語彙によって通常受けとめられる。これは助数詞にも認められる「呼応一致」という現象と見て間違いなかろう。

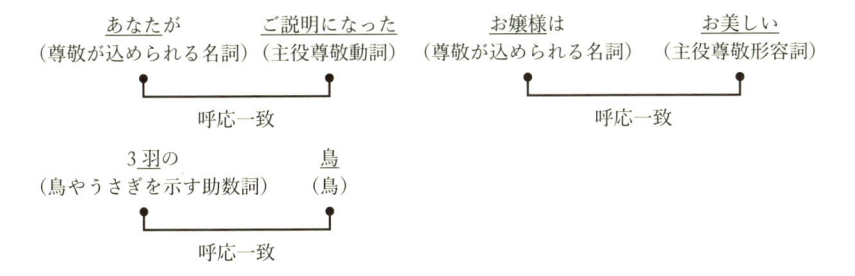

あなたが　　　ご説明になった　　　　　　お嬢様は　　　　お美しい
(尊敬が込められる名詞)(主役尊敬動詞)　(尊敬が込められる名詞)(主役尊敬形容詞)
　　　　　呼応一致　　　　　　　　　　　　　　呼応一致

　　　3羽の　　　　鳥
(鳥やうさぎを示す助数詞)(鳥)
　　　　　呼応一致

3. 非主役尊敬動詞・形容詞は、主役以外の登場者が尊敬されるべきものである、ということを表わす。それは、一文の中で実際の語彙によって通常受けとめられる。これも「呼応一致」と考えてよい。

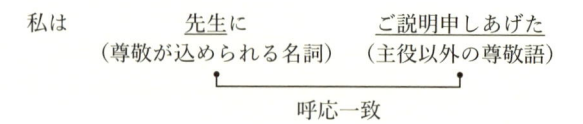

　　私は　　　先生に　　　　　ご説明申しあげた
　　　　（尊敬が込められる名詞）　（主役以外の尊敬語）
　　　　　　　　　　呼応一致

4. 「呼応一致」は「性（ジェンダー）」においても認められる。

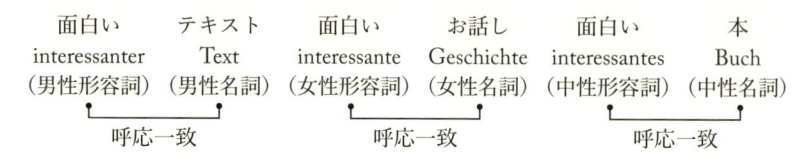

　　面白い　　テキスト　　面白い　　お話し　　面白い　　本
　　interessanter　Text　interessante　Geschichte　interessantes　Buch
　（男性形容詞）（男性名詞）（女性形容詞）（女性名詞）（中性形容詞）（中性名詞）
　　　呼応一致　　　　　　呼応一致　　　　　　呼応一致

ただし、「性」に固有というわけではない。インド・ヨーロッパ諸言語の多くでは、形態論の水準で、動詞・(代)名詞間の人称、数において、形容詞・名詞間の数・格において、日本語では1、2で記したように、語彙の水準で助数詞・名詞間、尊敬語・名詞間において、また、認められる。

第23章　丁寧語

I　丁寧語とは

図表181　丁寧語

	品詞	(a)出だし語	(b)丁寧語
(1)	動詞	ある	ございます
(2)		いる	おる(おります)
(3)	形容詞	うまい	おいしい
(4)		どう	いかが
(5)	名詞	腹	おなか
(6)		皿	お皿
(7)	応答詞	うん、ええ	はい
(8)		いや	いいえ
(9)	終助詞	な	ね
(10)	あいさつ	おはよう	おはようございます
(11)		いってらっしゃい	いってらっしゃいませ

〈例文〉
(1)　(a)表面に傷が<u>ある</u>場合、知らせてほしい―(b)表面に傷が<u>ございます</u>場合、御一報下さい
(2)　(a)5時まで会社に<u>いる</u>予定です―(b)5時まで会社に<u>おる</u>予定でございます
(3)　(a)ここに魚の<u>うまい</u>店がある―(b)ここに魚の<u>おいしい</u>店があります
(4)　(a)気分は<u>どう</u>?―(b)気分は<u>いかが</u>ですか〔学研〕
(5)　(a)きのう<u>腹</u>をこわした―(b)昨日<u>おなか</u>をこわしました

(6) (a)ここにある<u>皿</u>を使ってくれ―(b)こちらにある<u>お皿</u>をお使い下さい
(7) (a)<u>うん</u>、よくわかった―(b)<u>はい</u>、よくわかりました〔辞〕
(8) (a)「食事はすんだ?」「<u>いや</u>、まだだ」―(b)「食事はおすみですか」
　　　「いいえ、まだです」
(9) (a)そうです<u>な</u>―(b)そうです<u>ね</u>
(10) (a)<u>おはよう</u>―(b)<u>おはようございます</u>
(11) (a)<u>いってらっしゃい</u>―(b)<u>いってらっしゃいませ</u>

〈基本事項〉

1. 話し手が聞き手に対し丁寧な態度を表わすために用いる語を丁寧語という。
2. 丁寧語は出だし語と同義語である(異なりは丁寧な態度の有・無)。
3. 丁寧語には、他の語に比較して丁寧な態度がでるもの(単なる丁寧語)、話し手が聞き手に対してことさらの尊敬を表わすもの(持ち上げ語)、話し手を低め、結果的に聞き手を持ち上げるもの(へりくだり語)、を区別することができる。
4. 丁寧語には語彙的なものと文法的に形成されるものがある。
5. 尊敬語は文体的存在ではないが、丁寧語は文体的に存在する(〈説明〉13 参照)。
6. 出だし語と丁寧語は2で記したように「同義の縁」で結ばれるが、同時に「丁寧の縁」によっても結ばれる。
7. 「丁寧の縁」は「同義の縁」との複合として扱う(〈説明〉参照)。

〈説明〉

1. 「ございます」[(1)(b)]は「ある」[(a)]の意の丁寧語。ある＜あります＜ございます＜ござります(古風)の順で丁寧度が上がる。「そこに大きな穴が<u>ございます</u>から、お気をつけ下さい」の例が示すように、主役は話し手側のものである必要はない。[同・丁]ある＝ございます。ゴザイマスは形容詞・名詞のゴザイマス形をつくる際にも(Ⅶ(ii))、また、受動結果相(テ<u>アル</u>)結合のゴザイマス形をつくる際にも用いられる(Ⅶ(ii)〈注意〉5)。
2. 「おる」[(2)(b)]は「いる」[(a)]の意の丁寧語。連体用法以外ではマスを伴って用いられる。「そこには蚊がたくさん<u>おります</u>から、蚊取り

線香をお持ち下さい」の例が示すように、主役は話し手側のものである必要はない。ただし、「社長は5時までおります」といった場合、普通、「うちの社長」である。[同・丁] いる＝おる(おります)。能動結果継続相(テイル)結合の補助動詞イルの丁寧語としてもオリマスは働く(VII(i)〈注意〉9)。

3. 「おいしい」[(3)(b)]は、食べ物の味がよいことを表わすが、「うまい」[(a)]に比べて丁寧・上品な感じが強い〔辞〕。[同・丁] うまい＝おいしい

4. 状態・意見などについてたずねる時「どう」[(4)(a)]。それを丁寧、かつ、改まった感じがするのが「いかが」[(b)]。[同・丁] どう＝いかが

5. 「おなか」[(5)(b)]は「腹[(a)]を丁寧にいう語」〔辞〕なら丁寧語である。一方、「「腹」に比べて柔らかい語感があり、女性や幼児が使うことが多い」〔日国〕という点に注目すれば位相の違いによる同義語となる。[同・丁] 腹＝おなか(女)(幼)

6. 「お皿」は家庭内での日常茶飯の会話では男女を問わず使用されるが、どちらかといえば女性がよく用いる。一方「食物を盛る、浅くて平たい容器」を、発話に柔らかさを込めることをめざさずに中立的に述べようとする場合、「皿」が用いられる。ここに注目するなら「お皿」は「皿」より丁寧な発話に出現する。その点をとらえれば「お皿」は「皿」の丁寧語である。[同・丁] 皿＝お皿(女)

7. 「うん」[(7)(a)]は聞き手に対して肯定する気持を表わすが、「はい」[(b)]に比べぞんざいで、目上には使えない。「はい」は「ええ」より丁寧である。「うん」より「ええ」の方が丁寧である。[同・丁] うん、ええ＝はい

8. 「いいえ」[(8)(b)]は打ち消したり、肯定しない気持を、「いや」[(a)]より丁寧に表わす。「ううん」は親しい間の会話で用いられる。「いや」より俗語的か。「いえ」もある。[同・丁] ううん、いや＝いえ＜いいえ

9. 「そうです<u>な</u>」[(9)(a)]は横柄な感じを与え、「そうです<u>ね</u>」[(b)]の方が丁寧である(金田一他1988: 612)。[同・丁] な＝ね

10. 「ございます」[(1)(b)]がついているだけあって「おはようございま

す」[(10)(b)]は単なる「おはよう」[(a)]より丁寧かつ、他人行儀である。[同・丁] おはよう＝おはようございます

11. 「いってらっしゃいませ」[(11)(b)]（「いっていらっしゃいます」の縮約した上での命令形。「…まし」もある）は「いってらっしゃい」[(a)]（「いっていらっしゃる」の縮約した上での命令形）より丁寧。使用人が主人に向って用いる時や馬鹿丁寧をめざした発話以外現在あまり用いられなくなっている（特別に上品な家庭では主婦が旦那にいうことがあるかもしれないが）。[同・丁] いってらっしゃい＝いってらっしゃいませ

12. 図表181（〈例文〉）に掲げた語はすべて語彙的な丁寧語。文法的な丁寧形態についてはVII参照。

13. 発話の中に丁寧語（文法形態を含む）が出現すると、その発話には次々と丁寧語が現れる。その意味で丁寧語は文体的な存在である（尊敬語はそうではない。「俺達は教室に残ったが、先生はすぐにお帰りになられた」）。その文体は、文法形態から、デス・マス体と呼ばれる。

〈注意〉

1. 「単なる丁寧語」の中にはいわゆる「美化語」が含まれる。「美化語」とは話し手が自分のことば遣いを上品にすると感じるものである。話し手のことばの品格に主にかかわる語といわれる（大石1976: 140）。ただし「上品にする」と話し手が感じるのは聞き手あってのこと。丁寧ないし上品たらんとして用いられる語をここでは丁寧語としてまとめる。〈例文〉(6)でわかるように、丁寧たらんと努める発話には普通の語（出だし語）に代って「美化語」が出現する。

2. オ・ゴが接頭された名詞・形容詞が登場者に対する尊敬を表わすのか、聞き手に対する丁寧な態度を表わすのか、つまり尊敬語であるのか丁寧語であるのかは、実例に当たり、意味を把握した上でしか判断できない（どちらであるか微妙な場合もあるであろう）。「こちらの方(ほう)がお静かです」では「こちらの方」に対する尊敬を表わすわけではなく、単なる丁寧な物いいと思われる。一方「こちらは大変お温かくて、よろしゅうございます」では「こちら」に対する尊敬が表わされているよう感じられる（こちらに住む人に対する配慮というかたちで）。「大変お恥ずかしいのですが、お金が足りません」ではいかなる登場者に対する尊敬も表わ

さず、ただ、聞き手に対する丁寧な態度を表出しているに過ぎない。
3. 聞き手には読み手、受信者も含まれる。
4. 本書では副詞は形容詞の形態であるという立場をとる(第28章II参照)。

〈参考〉
1. 聞き手に対して丁寧たらんとして、第三者に対して尊敬語を用いるのをさしひかえるという現象がある。
2. 文体的に高い語を用いる方が丁寧な感じを与える。<u>いくら</u>ですか―<u>いかほど</u>ですか
3. 漢語の多くは文体的に高いため、丁寧体によく出現する。<u>きのう</u>いった通りです―<u>昨日</u>申した通りでございます。<u>あした</u>返事をします―<u>明日</u>ご返事申し上げます。ただし、漢語でも文体的に中立的なものも、低いものもあるので一般化は無理。<u>元気</u>にくらしていると思います―おすこやかにお過しのことと拝察いたします。<u>便所</u>はどこですか―<u>はばかり</u>はどちらでしょうか
4. 称賛語を聞き手に関し、誹謗語([賛・反]、第3章XI参照)を話し手に関し用いると、持ち上げ・へりくだり効果がでる。(　)内はへりくだり名詞(IV(iii)参照)。わぁっ、玉のような赤ちゃん―どら息子(豚児)。立派なお宅―むさくるしいところ(拙宅)。立派な品々―つまらぬもの(粗品)。みごとなご文章―へたな文章(拙文)。

II 乱暴語

図表182　乱暴語

	品詞	(a)出だし語	(b)乱暴語
(1)	名詞	君、あなた	お前、貴様、てめえ
(2)		私、僕、自分	俺
(3)	応答詞・呼びかけ	もし、もし	おい、やい、こら
(4)		はい	うん
(5)	終助詞	よ、(ゼロ)	ぞ

〈例文〉

（1）（a)あなたの顔なんか二度と見たくない—(b)貴様の顔なんか二度と見たくない

（2）（a)私(僕)は私(僕)だ—(b)犬死と知って切腹するか、浪人して熊本を去るかの外、為方(しかた)があるまい。だが俺(おれ)は俺(おれ)だ(森鷗外)

（3）（a)もし、もしと声を掛けたが返事がない—(b)おい、と声を掛けたが返事がない(夏目漱石)

（4）（a)「いっしょについてきて下さい」「はい」—(b)「いっしょについてきてね」「うん」

（5）（a)静かにしなさい、夜なかですよ—(b)静かにしろ、夜なかだぞ(夏目漱石)

〈基本事項〉

1. 話し手が聞き手に対し乱暴な態度を表わすために用いる語を乱暴語という
2. 乱暴語は語彙として存在し、文法的形態はない。名詞・応答詞・終助詞に例があり、品詞にも限定があるよう見受けられる。
3. 出だし語と乱暴語の関係は「丁寧の縁」に「反義の縁」を加えたものとしてとらえられる。[同・丁・反] 私、僕、自分＝俺

〈説明〉

1. ここを二人称の人代名詞について述べる場として用いたい。「あなた」[(1)(a)]は対等または目下である聞き手を丁寧に遇する場合に用いる。

親しみが込められることも、また、よそよそしい感じになることもある。妻が夫に対しても使う。目上の人に対して用いる(例えば、学生が先生に、平(ひら)の社員が課長に)と失礼に当たるとされ、使用されない。その意味では sie(ドイツ語)、vous(フランス語)、вы(ロシア語)、…の訳語として不適切な場合がある。「あんた」はくだけた感じで、丁寧度はさがる。「君」は男性が同等または同等以下に対して使うのが基本。「お前」は同等以下。親しみを込めても使えるが、「君」より丁寧度はさがる。両語とも du(ドイツ語)、tu(フランス語)、ты(ロシア語)、…の訳語としてよく用いられるが、必ずしも適切とはいえない場合もでる。「貴様」[(b)]「てめえ」が乱暴語であることは間違いないが、「お前」は「君」「あなた」に比して乱暴になることがあるというに過ぎない。貴様、てめえ＜お前＜君＜あんた＜あなた、の順で丁寧度は上がる。

2. ここで一人称の人代名詞について述べる。「私(わたし)」[(2)(a)]は現代語では最も一般的な一人称の人代名詞である。目上の聞き手を持つ時やや改まった感じで、男・女とも用いる。「僕」[(2)(a)]は男性が、対等またはそれ以下の聞き手を持つ時に用いる。「わし」もあるが、現在使用は稀。「自分」はやや改まった調子で、若者が年長者に対して使う。「自分がべんとうを買いに行きます」。「俺(おれ)」[(b)]は男性が同輩または目下に対して用いる。丁寧度は「貴様」と同じ場合がある。「俺と貴様の仲」。俺＜僕、自分＜私(わたし)、の順で丁寧度は上がる。「あたい」は主に東京下町の婦女、少女が用いる〔辞〕。

3. 「おい」[(3)(b)]は心やすく呼びかける時にも乱暴に呼びかける時にも用いられる。「やい」は乱暴な呼びかけ。「こら」はとがめる時の乱暴な呼びかけ。

4. 「うん」[(4)(b)]は目下の人または同等の人の質問に対し肯定したり、依頼に対し承諾することを表わす。

5. 「ぞ」[(5)(b)]は聞き手に有無をいわせず、一方通告的に提示し、念を押すのに用いられる終助詞。女性語では「よ」[(a)]。

〈注意〉
1. 尊敬語・軽蔑語は中立的な対応語を持つが、丁寧語・乱暴語は中立的な対応語を持たず、ともに積極(有標)的なものが対立的に存在することが

多い。[同・主敬]いう=おっしゃる、[同・主敬・反]いう=ほざく。[同・丁]うん=はい、[同・丁・反]はい=うん。
2. 丁寧を積極的に示すデス・マス形に対応するその不在形(ダ・デアル・ル形)は、中立的というより、[同・丁・反]を積極的に表わしているよう感じられることがある。(私は)行きます(丁寧)—(俺は)行く(乱暴)。学校です(丁寧)—学校だ(乱暴)

〈参考〉

話し手の聞き手に対する丁寧/乱暴な態度は、ドイツ語・フランス語・ロシア語などでは、呼びかけ的挿入語(例えば、ロシア語の名と父称による呼びかけ、сударь、слушаю-с)を除けば、二人称代名詞の複数(sie、vous、вы)・単数(du、tu、ты)とそれに応じた動詞の変化形の使用で主に表わされる(英語では you だけで、sir などの呼びかけ的挿入語に強く頼られる)。日本語では二人称のみならず一人称の人名詞で表わされるが、「貴様・俺」から始まって「あなた様・わたくし」に至るまでの乱暴/丁寧、親/疎のニュアンスには微妙なものがある。その上、丁寧さの表現には多くの語彙(特に所有代名詞を内包する名詞、例えば、拙著—私の著書、貴信—あなたの手紙)がそなえられ、文法形態(デス・マス)さえ存在する。一方、ドイツ語、フランス語、英語、ロシア語などでは丁寧さの表現として、「どうぞ」に当たる語(please、пожалуйста、…)の多用とともに仮定法が駆使される。

III 丁寧動詞

図表 183　丁寧動詞

	(a)出だし語	(b)丁寧動詞
(1)	行く、来る	参る(参ります)
(2)	いう	申す(申します)
(3)	する	いたす(いたします)
(4)	知る、考える、思う	存ずる(存じます)

〈例文〉

(1)　(a)そういうわけには行かないのです—(b)そういうわけには参らないのです

(2) (a)一口に日本一と<u>いって</u>も…—(b)一口に日本一と<u>申して</u>も…
(3) (a)時々変な音が<u>する</u>ことがある—(b)時々変な音が<u>いたす</u>ことがございます
(4) (a)そんなことは<u>知らない</u>—(b)そんなことは<u>存じません</u>

〈基本事項〉
話し手が聞き手に丁寧な態度を表わす動詞として「ございます」[Ⅰ(1)]、「おる」[Ⅰ(2)]、「参る」[(1)]、「申す」[(2)]、「いたす」[(3)]、「存ずる」[(4)]をあげることができる(連体用法以外ではマスを伴って用いられる)。

〈説明〉
1. 「そうすることはできない」を意味する「わけには行かない」[(1)(a)]は慣用句といってもよいきまりきった表現。このような結合の中の「行く」を(b)では「参る」でいいかえ、丁寧さを加えている。(a)「列車は三番線に<u>来る</u>筈だ」—(b)「列車は三番線に<u>参る</u>筈でございます」のような例で「参る」は「来る」を丁寧にいいかえたもの。補助動詞として単なる丁寧さを表わす場合がある。(a)雨が降って<u>来る</u>かもしれない—(b)雨が降って<u>参る</u>かもしれません。主役として話し手側の人物を立てて用いられることについては〈注意〉1参照。
2. (2)(b)のような例では「申す」は「いう」を単に丁寧に表現するに過ぎない。同様の例に、(a)カメルーンと<u>いう</u>国がある—(b)カメルーンと<u>申す</u>国がございます。主役として話し手側の人物を立てる場合が多々あることについては〈注意〉2参照。
3. (3)(b)のような例では「いたします」は動詞化動詞「する」を単に丁寧にいうに過ぎない。同様の例に、(a)あと数分<u>する</u>と重大発表がある—(b)あと数分<u>いたします</u>と重大発表が行われます〔辞〕。主役として話し手側の人物を立てる場合がよくあることについては〈注意〉3参照。
4. 「存ずる」[(4)(b)](存じる)は主役に話し手を立て、マスを伴って文末でよく用いられるが、「知る」「考える」「思う」に丁寧な態度を加えるに過ぎない。「私の<u>存じる</u>ところを申し上げます」〔辞〕「お変わりなくお過ごしのことと<u>存じます</u>」〔辞〕

〈注意〉
1. 「参る」は主役として話し手、ないし、話し手側の人物を立てて用いる

場合がよくある。「あたしこちらへ参ってからいつも鬱いでばかりいて、何一つ碌にお手伝いした事もないんでしょう」(鈴木三重吉)「去年、北海道に参った折、父は北大に立ち寄ったそうです」「私の家に弟が参るはずです」。このような場合、へりくだりの効果が認められるといわれる。補助動詞としても同様の例がある。「兄がすべてを始末して参ります」。(?)「あなたは今年の夏北海道へ参りますか」(?)「先生も北海道に参ったことがありますか」などは適切ないい方ではないとされる。

2. 「申す」は主役として話し手、ないし、話し手側の人物を立てて用いる場合がよくある。「私は嘘は申しません」「父がそのように申しております」。このような場合、へりくだりの効果が認められるといわれる。(?)「あなたが昨日そう申しました」(?)「先生が昨日そう申されました」のようないい方は適切でないとされる。

3. 「いたす」は主役に話し手、ないし、話し手側の人物を立てて用いる場合がよくある。「(私は)ご指示通りにいたします」「後始末は妹がいたします」「うちの父からお話をいたすようとりはからいます」。このような場合、へりくだりの効果が認められるという。「私からお話をいたします」はいいが、(?)「先生からお話をいたします」は適切でないとされる。

〈参考〉

1. 〈注意〉1、2、3で(?)をつけた文を「適切でない」と即断できる感覚の持主は少なくなってきているよう思われる。厳しい禁制ではなく、これら動詞が完全な丁寧動詞に移行しつつあるしるしと見てよいかもしれない。

2. 「かしこまりました」は命令や依頼などを受け入れることを丁寧に表現する。「ハイハイ畏まりました。今直にさがしますから、マア奥へいらっしゃって」(坪内逍遥)

3. 「相成る」は「なる」の丁寧動詞。(a)どうなるだろう—(b)いかが相成りましょうか

IV 丁寧名詞

図表 184　丁寧名詞

	類別	(a)出だし語	(b)丁寧名詞
(1)	(i) 単なる丁寧名詞	（二人称の人代名詞）	あなた
(2)		（一人称の人代名詞）	私
(3)		腹	おなか
(4)		餅	お餅
(5)	(ii) 持ち上げ名詞	あなた(二人称の人代名詞)	貴下、貴殿、貴兄、大兄
(6)		あなたの家族／家	貴家
(7)		あなたの手紙	尊書、尊翰(そうかん)
(8)		あなたの名前	(ご)芳名
(9)		あなたの著書	(ご)高著
(10)		あなた(方)の会社	貴社、御社(おんしゃ)
(11)	(iii) へりくだり名詞	私(一人称の人代名詞)	小生、てまえ
(12)		私の妻	愚妻、荊妻(けいさい)
(13)		私の息子	豚児(とんじ)、愚息、せがれ
(14)		私の家	拙宅
(15)		私の著書	拙著
(16)		私(ども)の会社	弊社(へいしゃ)、小社

〈基本事項〉

1. 持ち上げ語、へりくだり語がはっきりと見て取れ、その結果、単なる丁寧語が浮き出るのは基本的に名詞である（以下、持ち上げ名詞、へりくだり名詞、単なる丁寧名詞と呼ぶ）。
2. 持ち上げ名詞は聞き手に属するもの、へりくだり名詞は話し手に属するものを表わす。
3. 持ち上げ名詞・へりくだり名詞は、現在、主として手紙文で用いられ、狭い文体の中で（すたれつつあるとしても）存続する。単なる丁寧名詞（例えば、「あなた」「私」「おなか」「お皿」）は狭い文体に閉じ込められているわけではなく、日常的に広く使われる。

(i) 単なる丁寧名詞

〈例文〉

（1）　(b)あなたの考えを教えてください〔辞〕

（2）　(b)私の家はこの近くです〔辞〕
（3）　Ⅰ〈例文〉（5）
（4）　(a)正月は餅ばかり食べている―(b)お正月はお餅ばかり食べています

〈基本事項〉

単なる丁寧名詞の大部分はいわゆる美化語である（「あなた」「私」についてはⅡ〈説明〉1、2参照）。

〈語例〉

茶―お茶、菓子―お菓子、団子―お団子、かゆ―おかゆ、しるこ―おしるこ、酒―お酒、湯―お湯、さしみ―おさしみ、燗(かん)―お燗、鮨(すし)―お鮨、米―お米、昼ご飯―お昼ご飯、そうざい―おそうざい、赤飯―お赤飯、料理―お料理、醤油―お醤油、塩―お塩、砂糖―お砂糖、みそ―おみそ、肉―お肉、魚―お魚、いも―おいも、皿―お皿、茶碗―お茶碗、（ひつ）―おひつ、（膳）―お膳、なべ―おなべ、はし―おはし、盆―お盆、さじ―おさじ、座敷―お座敷、茶の間―お茶の間、風呂場―お風呂場、手洗い―お手洗い、ふとん―おふとん、(古(ふる))―お古、金―お金、札―お札、つり―おつり、祭り―お祭り、みこし―おみこし、土産(みやげ)―お土産、風呂―お風呂、正月―お正月、彼岸―お彼岸、天気―お天気、昼頃―お昼頃、花見―お花見、灸(きゅう)―お灸、こづかい―おこづかい、寺―お寺、（堂）―お堂、経―お経、線香[seŋkoː]―おせんこ[oseŋko]、琴―お琴、そば屋―おそば屋（さん）、いくつ（来年いくつになるの？）―おいくつ（来年おいくつになりますか？）、いくら―おいくら、互い―お互い

〈説明〉

1. 丁寧にしようとする発話で美化語が現れる傾向を持つことは〈例文〉(4)でもわかる（Ⅰ〈注意〉1参照）。

2. 〈語例〉として掲げた語は、家庭内では通常美化語のかたちで用いられる。オ・ゴをつけなくてもよいが、雑な発話になる恐れがある（同等の男性間ではつけなくても用いられる）。これらの多くは衣食住など日常生活関連の語彙である。

3. オ（・ゴ）をつけると甘ったるくなったり、女性的な感じを伴ったりすると本章の筆者（城田）に思われるものの例をあげる（目上の人に、丁寧にしようとした発話や子供とのやりとりでは許容される。また、商店・旅

館などでは客に対して用いられる)。鼻―お鼻、口―お口、顔―お顔、ひげ―おひげ、どんぶり―おどんぶり、うどん―おうどん、にしめ―おにしめ、みかん―おみかん、りんご―おりんご、野菜―お野菜、帽子―お帽子、洋服―お洋服、羽織―お羽織、障子―お障子、人形―お人形、手拭き―お手拭、舟―お舟、ひばち―おひばち、鏡―お鏡、庭―お庭、花―お花、部屋―お部屋、玄関―お玄関、二階―お二階。以上は、筆者の「感じ」を述べたものである。性別・年齢および使用環境によってこの「感じ」は異なると思われる。

4. 「マヨネーズ」のような外来語、「絵はがき」のような長い語、「あばた」のような好ましくないことを表わす語、「鯉」「桜」のような魚・植物名にはオはつきにくい。おナイフ、おビール、おチョーク、おてぬぐい、などを使う人(特に女性)もいるが、違和感が持たれる場合がある(〈注意〉3参照)。「お手々」「おしっこ」などは幼児語。

〈注意〉
1. オ・ゴが名詞に接頭していても、全てが美化語であるわけではない。主役尊敬名詞の場合もあれば(第22章Ⅲ(iii))、非主役尊敬名詞の場合もある(第22章Ⅴ(iii))。区別は意味分析によってのみ可能である。
2. オ・ゴが形容詞に接頭していても、主役尊敬形容詞として用いられる(第22章Ⅲ(ii))こともあれば、非主役尊敬形容詞として用いられる(第22章Ⅴ(ii))こともあれば、単なる丁寧形容詞として用いられる(第23章Ⅰ〈注意〉2)こともある。
3. 〈説明〉3、4で掲げたオ・ゴを持つ語の多用は女性のことば遣いに見られる。美化語の一部は位相の異なりによる同義語と重なる。[同・丁]
ビール=おビール(女)

〈参考〉
1. 語頭にオ・ゴを持つが、オ・ゴのない語と対応しないもの、しにくいもの、意味が異なるものがある。(めし)―ごはん、おこわ、おかず、おやつ、お三時、おこげ、おせち、おから、おかわり(重ねてとる同一飲食物)、おまる、おかみ(為政者、宿屋などの女主人)、おとり(「おきとり(招き鳥)」の音変化?)、おくるみ、おしゃぶり、おすそわけ、おあまり、おながれ、お七夜(生れて7日目の祝い)、お宝(秘蔵の品)、お守

り、お代、お二方、お三方、おてだま、おはじき、おしゃれ（なお店）、ひや（冷たい飲み水、冷や酒）―おひや（冷たい飲み水、冷や飯）、握り（握り鮨）―お握り（握り飯）、つゆ（つけ汁）―おつゆ（吸い物。すまし汁。関西では味噌汁を含めていう）

2. 美化語が出だし語に対し、省略形になるものがある（出だし語との関係が切れて、独立する語彙となるもの、位相の違いによる同義語となるものが多くある）。できもの―おでき、化け物―お化け、こたつ―おこた、さつまいも―おさつ、じゃがいも―おじゃが、すまし汁―おすまし、すべり台―おすべり、せんべい―おせん（にキャラメル）、握り飯―お握り、寝小便―おねしょ、（萩の餅）―おはぎ、（田楽）―おでん

(ii) 持ち上げ名詞

〈例文〉

(5) (a)あなたの意見を聞かせてほしい―(b)貴下のご意見お聞かせ願いたく存じます

(6) (a)ご家族の皆様お元気のことと思います―(b)貴家益々御隆盛の段〔辞〕

(7) (a)あなたの手紙を読みました―(b)尊翰拝誦いたしました〔類大〕

(8) (a)あなたの名前は以前から知っています―(b)御芳名はかねてより承知いたしております〔辞〕

(9) (a)あなたの著書を読みました―(b)御高著拝読いたしました〔辞〕

(10) (a)あなた（そちら）の会社の新製品の資料を送ってほしい―(b)貴社の新製品の資料を送っていただきたい〔類大〕

〈説明〉

1. 「あなた」〔(5)(a)〕自身、丁寧な二人称の人代名詞である（II〈説明〉1）。「貴下」〔(5)(b)〕は同等またはそれ以下の、「貴殿」は同等またはそれ以上の聞き手にことさらの敬意を示すため用いる。「貴兄」は同等または先輩に対し、軽い敬意や親しみを込めて使う。「大兄」は少し年上または同等に対して用いる。「学兄」は学問上の先輩の意であるが、同等またはそれ以下に対して使う。「貴台」「高台」「尊台」などの使用は現在稀。

2. 「貴家」[(6)(b)]は聞き手の家族／家をことさら持ち上げていう語。
3. 「尊翰」[(7)(b)]は聞き手を尊ってその手紙をいう語。「尊書」も同じ。これら語の機能発揮動詞は「拝唱する、拝読する」。
4. 「芳名」[(8)(b)]は聞き手を尊ってその姓名をいう語。手紙ではよくゴ(御)を伴って用いられる。
5. 「高著」[(9)(b)]は聞き手を尊ってその著書をいう語。手紙ではよくゴ(御)を伴って用いられる。
6. 「貴社」[(10)(b)]は聞き手を尊って所属する会社などをいう語。

〈注意〉
辞典などでは尊敬語と記されるものもあるが、通常、聞き手に属するものをいい、現在、丁寧語として使われる。

〈参考〉
1. 持ち上げ名詞をつくる接頭的漢字造語要素には「貴・尊・芳・高」などがある。
  貴―貴国、貴社、貴研究所、貴信／書／翰、貴意(あなたの意見、意向)。尊―尊顔(あなたの顔)、尊容(あなたの容姿)、尊父(あなたの父)、尊母(あなたの母)。芳―芳翰／札／墨／書／信(あなたの手紙)、芳恩(あなたから受けた恩)、芳顔、芳旨／情／心／意(あなたの私に対する心遣い)、芳命(あなたの命令)。高―高訓(あなたから受けた教訓)、高旨(あなたの意見)、高見(あなたの意見)、高情(あなたの気持・情け)、高説(あなたの説)、高文(あなたの文章)。これらにゴ(御)をつけるとより丁寧になる。ただし、つくものとつかないものがある。「芳」「高」で造語されたものにはよくつく。しかし、御貴社、御研究所などは一般には用いない(第22章 III (iii)〈参考〉9 参照)。
2. 丁寧さにも程度がある。名前＜お名前＜芳名＜ご芳名

(iii) へりくだり名詞

〈例文〉
(11) (a)私も平穏無事に日々を過ごしています―(b)小生もつつがなく日々を過ごしております〔辞〕
(12) (a)ふだん私の妻(女房・かみさん)がとても(あなたの)世話になって

いる―(b)日ごろは<u>愚妻</u>が一方(ひとかた)ならずお世話になっております〔類大〕
(13) (a)<u>私達の子供</u>も、もう5歳になった―(b)私どもの<u>豚児(とんじ)</u>も、はや5歳になりました〔辞〕
(14) (a)<u>私の家</u>に寄って下さい―(b)<u>拙宅</u>にお寄り下さい〔辞〕
(15) (a)世の読者がもし幸いに<u>私の著書</u>の題名を忘れないでいてくれたら―(b)四方の読者もし幸ひに<u>拙著</u>の題目を忘れたまはずは (坪内逍遥)
(16) (a)<u>私(ども)の会社</u>の製品にはすべて無期限の保証がついている―(b)<u>弊社</u>の製品にはすべて無期限の保証がついております〔類大〕

〈説明〉

1. 「私」〔(11)(a)〕自身、丁寧な一人称の人代名詞である(II〈説明〉2)。「小生」〔(11)(b)〕は男性がへりくだっていう語。「てまえ」もある。「てまえの生まれは信州です」〔辞〕。「てめえ」は一人称にも二人称にもなる。二人称の場合は乱暴語。
2. 「愚妻」〔(12)(b)〕は話し手が自分の妻をへりくだっていう語。「荊妻」ともいう。
3. 「豚児」〔(13)(b)〕は話し手が自分の息子をへりくだっていう語。「愚息」ともいう。「せがれ」も使われる。「愚女」は自分の娘をいうこともあれば、女性の話し手自身を表わす場合もある。「たれを友と談ずる方もござなく、愚女ひとりの分別」(大原富枝)
4. 「拙宅」〔(14)(b)〕は話し手が自分の家をへりくだっていう語。
5. 「拙著」〔(15)(b)〕は話し手が自分の著作をへりくだっていう語。「小著」ともいう。
6. 「弊社」〔(16)(b)〕は話し手の所有する、ないし、話し手が勤める会社をへりくだっていう語。「小社」ともいう。

〈参考〉

1. へりくだり名詞をつくる接頭的漢字造語要素には「拙・小・愚・弊・粗」などがある。
   拙―拙吟(私の詩歌)、拙荊(私の妻)、拙作(私の作品)、拙者(江戸時代、武士が用いた「私」)、拙僧(僧侶が用いる「私」。愚僧)、拙謀(私の

はかりごと)。小―小官(役人が用いる「私」)、小子(「私」)、小職(官職・役職についている者が用いる「私」)、小弟(私の弟。兄に対して弟が用いる「私」)。愚―愚見／考(私の意見)、愚兄、愚弟、愚息、愚策／計(私の計画)、愚生(私)、愚僧(僧侶が使う「私」)、愚論(私の論文、議論)。弊―弊国(私の国)、弊宅／屋／家／居／廬(私の住宅)、弊社(私の勤める会社)。粗―粗餐(そさん)(私があなたに出す食事)、粗品(そしな)(私があなたに贈る品物。「そひん」ともいう。景品の意にもなる)。

2. へりくだり名詞・持ち上げ名詞の機能を「所有代名詞」のやや風変わりな内包と見る見方も成り立つかもしれない。愚妻(my wife, моя жена)、豚児(my son, мой сын)、弊社(our company, наша фирма)、貴社(your company, ваша фирма)、貴翰(your letter, ваше письмо)

V 丁寧応答詞・終助詞・前置き

〈例文〉
（１） (a)うん、そうだ―(b)ええ、そうです―(c)はい、そうでございます
（２） (a)ううん、違う―(b)いえ、違います―(c)いいえ、違います
（３） (a)そうですな―(b)そうですね
（４） (a)少し前につめて下さい―(b)すいませんが、少し前におつめ下さい
（５） (a)あしたにして下さい―(b)申し訳ありませんが、あしたにして頂けないでしょうか
（６） (a)乗車券を見せて頂きます―(b)恐れいりますが、乗車券を拝見させていただきます〔類大〕

〈基本事項〉
1. 応答詞は発話を開始する語の１つであり、発話の文体を決定する位置にある。日本語では、丁寧な文体を導くか、そうでないかにより、応答詞を選択できる。(a)うん＜(b)ええ＜(c)はい―肯定、(a)ううん、いや＜(b)いえ＜(c)いいえ―否定
2. 終助詞は文を閉じる語で、ここも丁寧度の高低の選択が可能である。(a)な＜(b)ね
3. 命令・依頼・質問には、聞き手の準備を促す前置きのことばが付随する

ことがある。依頼・質問に際してよく用いられる丁寧な前置きとして、「すいませんが」「申し訳ありませんが」「恐れ入りますが」がある。

〈説明〉
1. うん＜ええ＜はい　についてはⅠ〈説明〉7参照。
2. ううん、いや＜いえ＜いいえ　についてはⅠ〈説明〉8参照。
3. 終助詞、な＜ね　についてはⅠ〈説明〉9参照。
4. 「すいません」[(4)(b)]は「すみません」の口頭語の縮約形([m']の脱落)。「すみません」は「すむ」のマス形の否定形。「申し訳ありません」[(5)(b)]は「申し訳ない」という形容詞から派生したものか「申し訳」という名詞をもとにつくられた結合であるか議論の余地があろう。「恐れ入ります」[(6)(b)]は「恐れ入る」のマス形。すいませんが＜すみませんが＜申し訳ありませんが＜申し訳ございませんが＜恐れ入りますが

〈注意〉
1. 「すみ／いません」「申し訳ありません」「恐れ入ります」が文末で述語として用いられると謝罪か感謝の意になる。「連絡が遅れて<u>すいません</u>」(謝罪)、「お見舞いをいただいて<u>すいませんでした</u>」(感謝)、「ご心配をおかけして<u>恐れいります</u>」(謝罪)、「ご厚情のほど<u>恐れいります</u>」(感謝)
2. 強調語を前に置くとより丁寧になる。本当に／甚だ／大変／誠に申し訳ありませんが、少しつめていただけないでしょうか。甚だ／誠に恐れ入りますが、少しつめていただけないでしょうか。「非常に」「とても」「すこぶる」「全く」「大いに」などはなめらかさを欠く。「すいません」には「ちょっと」が使われるが、聞き手の注意をひくとともにやわらげることが意図されるか。
3. 日本語では「はい、はい(はい)」のような「重ね返事」は失礼とされる(ロシア語ではДa、дa、дa、…のような反復は返事の誠実さや賛同の程度の高さを表わす手段である)。

〈参考〉
1. 「拝啓」「謹啓」は手紙の開始を示し、「敬具」「敬白」「謹言」は手紙の終了を表示するあいさつことば。「拝啓」は「敬具」を、「謹啓」は「敬

白」「謹言」を予定し、呼応関係になる。「謹啓」の方が「拝啓」より丁寧度が高いが、使用頻度は劣る。

2. 手紙文ではあて名の脇・横に添えて書く受信者に対する丁寧なあいさつのことばがある。「脇付(わきづけ)」と総称される。「尊下」(男性が同等のものに)、「机下(きか)」(机の下に差し出す。目上のものに用いる。山崎太郎先生机下)、「案下(あんか)」(机下と同じ)、「侍史(じし)」(貴人の傍につき従う書記を経ての意で、直接さしあげるのをはばかるの意)、「御許(おんもと)に／へ」(出信者が女性であることを示す。「みもと」とも)

3. 日本語は応答詞が多様にそろえられ、その選択によって丁寧度の高低を表現するが、応答詞のスタッフが単純であり、丁寧度はそれに添える語によって表現される言語もあろう。Yes/No, sir ; Да-с ; Нет, Анна Ивановна(名と父称で丁寧さを表わす); Точно так-с

4. 依頼・質問の前置きのことばの習得は外国語の会話作法を心得る重要ポイントの1つである。

Можно вас спросить? Скажите, пожалуйста, ... Can/May I ask you a question? Do you mind if I ask you a question?(質問の前置きの1つ); У меня к вам (большая) просьба. I'm sorry to trouble you, but could/would you tell/give/direct...(依頼の前置きの1つ)

VI あいさつ

図表185　あいさつ

	場面		普通	丁寧	ご丁寧
(1)	出会う	朝	おはよう	おはようございます	
(2)		昼	こんにちは		
(3)		晩	こんばんは		
(4)		初対面	どうも、…	はじめまして	お初にお目にかかります
(5)			よろしく	よろしくお願いします	よろしくお願いいたします
(6)		再会	(お)久しぶり	(お)久しぶりです	お久しぶりでございます
(7)			変わりない？	お変わりありませんか	お変わりございませんか
(8)			この間はどうも	この間はお世話になりました	
(9)	別れる		さようなら、ごきげんよう(よろしゅう)		
(10)	立ち去る		失礼	失礼します	失礼いたします
(11)	玄関を開ける		ご免下さい	ご免下さいませ(まし)	
(12)	家にあがる、入室する		お邪魔します	お邪魔いたします	
(13)	退去する		お邪魔しました	お邪魔いたしました	
(14)	歓迎する		いらっしゃい	いらっしゃいませ(まし)	
(15)	見送る		いってらっしゃい	いってらっしゃいませ(まし)	
(16)	出立する		いってきます	いってまいります	
(17)	帰宅する		ただいま	ただいま帰りました	
(18)	祝う		おめでとう	おめでとうございます	
(19)	感謝する		有難とう	有難とうございます	
(20)	ねぎらう	仕事が終わる	ご苦労さま	ご苦労さまです	ご苦労さまでございます
(21)			お疲れさま	お疲れさまです	お疲れさまでございます
(22)		尽力	お世話さま	お世話さまです	お世話さまでございます
(23)	食事	始める	いただきます		
(24)		終る	ごちそうさま	ごちそうさまです	ごちそうさまでございます
(25)	天気	良い	いい天気(だ)ね	いい天気ですね	よい天気でございます
(26)		寒い	寒い(わ)ね	(お)寒いですね	お寒うございます
(27)		暑い	暑い(わ)ね	(お)暑いですね	お暑うございます

〈基本事項〉

1. あいさつのことばにも、普通(出だし語)、丁寧、ご丁寧が区別されるものがある。ごちそうさま(普通)—ごちそうさまです(丁寧)—ごちそうさまでございます(ご丁寧)、よろしく(普通)—よろしくお願いします(丁寧)—よろしくお願いいたします(ご丁寧)

2. 上記3つの区別のない丁寧なあいさつのことばもある。こんにちは、こんばんは、いただきます
3. かたちの上で、ご丁寧なものとそれ以外という対立を持つ類がある。それ以外のかたちは丁寧なものとしても普通なものとしても用いられる。いってきます（普通・丁寧）—いって参ります（ご丁寧）、おめでとう（普通・丁寧）—おめでとうございます（ご丁寧）

〈説明〉
1. 「おはようございます」［(1)］はかたちからすればご丁寧だが、丁寧なものとしても用いられる。
2. 「おはよう」は家族間では用いられるが「こんにちは」［(2)］「こんばんは」［(3)］は他人とのあいさつ（家族間では朝のあいさつしかない）。
3. (1)(2)(3)とも他家の訪問の際にも用いられる。
4. 紹介者がいる場合でも、自己紹介を受ける時でも「どうも」［(4)］というあいまいなあいさつがある。
5. 「どうも」［(4)］より「よろしく」［(5)］の方が丁寧。強調語は「どうぞ」。どうぞよろしく＜どうぞよろしくお願いします＜どうぞよろしくお願いいたします＜どうぞよろしくお願い申し上げます
6. 「お初にお目にかかります」［(4)］の「お」は通常省略できないが、「お久しぶり」［(6)］の「お」は省略できる。
7. 「変わりない？」［(7)］は単なるあいさつの場合もあるが踏み込んだ質問にもなる。
8. 「お世話になります」は軽いあいさつとしても用いられる。過去形にすると［(8)］何らかの事実が踏まえられ、感謝が表わされる。「昨日は大変お世話になりました」
9. 「さようなら」［(9)］は「さようならば、これで別れましょう」の意で別れのあいさつとして用いられる。「ごきげんよう」は健康を祈る気持が込められ、より改まったいい方。「ごきげんよろしゅう」もある。
10. 「失礼します」［(10)］は入室時、やや事務的な他家の訪問時にも、（「お先に」をつけて）退去時にも、また、人の前を横切る時にも用いられる。「失礼しました」は詫びや謝罪になる。
11. 「ご免下さい」［(11)］は他人の家の玄関を開けて、家の人を呼ぶ時に用

いる。

12. 「お邪魔します」［(12)］は部屋にはいったり、家にあがったりする場合に用いられる。
13. 退出・退去時は「お邪魔しました」［(13)］。「失礼しました」も使える。
14. 「いらっしゃい」［(14)］は来た人を歓迎することば。店頭での呼び込みにも使われる。強調語は「どうぞ」。「どうぞ、いらっしゃい」。「どうぞ」だけの場合もある。勧めたり、許可したりする感じになる。「よくいらっしゃいました」も使われる。
15. 「いってらっしゃい」［(15)］と見送られたら「いってきます」「いってまいります」［(16)］と応じる。「いってらっしゃいませ（まし）」は使用人が主人に向って使う（この時主人は無言）。
16. 「いってきます」「いってまいります」［(16)］といって出発する人に対して「いってらっしゃい」［(15)］と見送る。
17. 「ただいま」［(17)］は帰宅時のあいさつ。
18. 何を祝うのかを明示する場合はそれを表わす名詞を裸のままつける（より丁寧にするためにご／おがよくつく）。入学／入選／卒業／新年おめでとう。ご入学／ご入選／ご卒業／新年おめでとうございます［(18)］。「新年」の場合「あけまして」がよくつく。「新年あけましておめでとうございます」
19. 「有難う」［(19)］の強調語は「どうも」。つけるとより丁寧になる。有難とう＜どうも有難う、有難うございます＜どうも有難うございます。関西地方では「おおきに」が用いられる。
20. 「ご苦労さま」［(20)］は仕事を頼んだ人がその仕事の遂行者に終了時にいう。
21. 「お疲れさま」［(21)］は「ご苦労さま」［(20)］とともに同等以下のものに対して使うのが伝統的用法。現在、(21)は別れ際の漠然としたねぎらいの意が込められるあいさつとしてよく用いられる。「お疲れさまでございます」が用いられる状況は、伝統に従うなら、稀。
22. 「お世話さま」［(22)］は尽力に対する感謝・ねぎらいとしていう。
23. 「いただきます」［(23)］は食事開始のあいさつ。一緒に始める場合、もてなす・もてなされるの区別はない。

24. 「ごちそうさま」[(24)]の強調語は「どうも」。丁寧・ご丁寧なものは過去形にできる。「ごちそうさまでした」「ごちそうさまでございました」。「おいしく頂きました」も使われる。食事提供者(主に主婦)は「おそまつさま」「おそまつさまでした」で応じる。関西では「よろしゅうおあがり」。
25. 「いい天気だね」[(25)]「寒いね」[(26)]「暑いね」[(27)]は男性。「いい天気(だわ)ね」「寒いわね」「暑いわね」は女性。
26. 前置き(V)もそうだが、あいさつは語というより文である。ただし、自由につくられるものではない。きまったかたちを持ち、ひと続きとしておぼえる必要がある。

〈注意〉
1. あいさつのことばの不在は、微笑などで補わない限り、原則として粗野、乱暴と評価される場面が多い。
    [同・丁・反]　こんにちは＝∅
    [同・丁・反]　ありがとう＝∅
2. 話しことばではよく縮約される(くだけた感じになる)。
    (1) 長母音の短母音化
        おはよう[ohajo:]→おはよ[ohajo]、おめでとう[omedeto:]→おめでと[omedeto]、有難う[aɾ'iŋato:]→ありがと[aɾ'iŋato]、さようなら[sajo:naɾa]→さよなら[sajonaɾa]
    (2) マの撥音化
        ご苦労さま[gokɯɾo: sama]→ご苦労さん[gokɯɾo: saɴ](その他「お世話さん」「お疲れさん」)
    (3) (撥音後の)ニの省略
        こんにちは[kon'n'itʃ'iwa]→こんちは[kon'tʃ'iwa]
    (4) 末尾イ音の省略(ないし[ʔ]との交替)
        しつれい[ʃ'itsɯɾei]→しつれ[ʃ'itsɯɾeʔ]
    (5) 頭音節の省略
        いらっしゃい[iɾaʃ'ʃ'ai]→らっしゃい[ʔɾaʃ'ʃ'ai](店頭など)、いってらっしゃい[itteɾaʃ'ʃ'ai]→てらっしゃい[ʔtteɾaʃ'ʃ'ai]
    (6) [m']の省略

すみません[sɯmʼimaseN]→すいません[sɯimaseN]
3. 相手の注意を引くための母音長音化が認められる。
　（1）　最終音節の長音化
　　　　さようならー、ただいまー、ごちそうさまー、こんにちはー
　（2）　最終から2音節目の長音化
　　　　いってきまーす、いただきまーす、ご免下さーい、いってらっしゃーい
4. 形態論的可能性がある場合、過去形にできるものがある。過去形にすると、事柄がすでに成立したことを話し手が確認した、という意味がでて、感謝や祝意が特定化され、具体性を帯び、より丁寧になることがある。どうもありがとうございます―どうもありがとうございました、ご入学おめでとうございます―ご入学おめでとうございました、お世話さまです―お世話さまでした、ご苦労さまです―ご苦労さまでした
5. 朝の出会い、初対面や出立時のあいさつなどは過去形にしない。
　(*)おはようございました。(??)お初にお目にかかりました。(*)よろしくお願いしました。(*)よい天気でした
6. 現在形・過去形で意味が異なるあいさつがある。
　お邪魔します(家にあがる時や入室時)―お邪魔しました(退出・退去時)
7. あいさつ程度のちょっとした詫びは「失礼」「すいません」「ご免なさい」。「失礼しました」「すいませんでした」と過去形にすると具体性を帯び、謝罪になったり近づいたりする。「すいません」「申し訳ありません」は感謝にも使える。「申し訳ありませんでした」「お許し下さい」などは本格的謝罪になる(V〈注意〉1参照)。

〈参考〉
出会った時の天気を常時話題にするのを避ける言語・文化もある(例えば、チェコ語)が、日本語は避けない。

VII 文法形態

(i) デス・マス形

図表 186　デス・マス形

品詞	形態	時制	出だし形(基本形)	デス・マス形
動詞	語幹形	現在	書く	書きます
		過去	書いた	書きました
イ形容詞	文形	現在	美しい	美しいです
		過去	美しかった	美しかったです((?)美しいでした)
ナ形容詞		現在	静かだ	静かです
		過去	静かだった	静かでした(静かだったです)
名詞		現在	学校だ	学校です
		過去	学校だった	学校でした(学校だったです)

〈基本事項〉
1. 動詞のマス形は「連用形」(汎用形)にマスを接合することによって形成され、語幹形の水準にある(語尾のみが変化する)。
　書キ+マス→書キマス(書キマシタ、書キマセン、書キマショウ、…)、
　食ベ+マス→食ベマス(食ベマシタ、食ベマセン、食ベマショウ、…)
2. 非動詞品詞のデス形は文にデスを付加することによって形成され、文形変化の水準にある(形容詞もデスも変化できる)。
　美シイ(イ形容詞)+デス→美シイデス(美シカッタデス、(?)美シイデシタ、…)、静カダ(ナ形容詞)+デス→静カ[ダ]デス→静カデス(静カダッタデス、静カデシタ)、本ダ(名詞)+デス→本[ダ]デス→本デス(本ダッタデス、本デシタ)
　[ ]内は強制消去。

〈説明〉
1. 「丁寧」の基本的あり方は、「尊敬」のあり方と同様、語彙ではなく、文法形態である。尊敬の形態的整備は主に動詞に集中するのに対し、丁寧の形態的整備は自立的品詞全てに渡って行き届く。
2. ただし、動詞と他の品詞では、「丁寧」の形態的整備方法が異なる。動詞では語幹形(マス形)として現れるのに対し、他の品詞では文+デスと

いう文形のかたちで現れる。
3. 丁寧を示すかたちには必ずデス・マスが出現するが、デス・マスのみで丁寧の表現がつくされるわけではない。語彙的な丁寧語も丁寧な文体の構成員である。「どうしようか」「いかがいたしましょうか」。

〈注意〉
1. クダサル、ナサル、オッシャル、イラッシャルなど主役尊敬動詞にマスが付される場合、これら動詞の語幹末子音 r は通常脱落する。クダサル＋マス→クダサイマス、ナサル＋マス→ナサイマス
2. マスは語幹部最後尾に位置する。書カセマス kak・ase・mas-u、食ベサセラレマス tabe・sase・rare・mas-u
3. 最後尾に位置するためナイの後接を許さない。よって、否定形語尾が用いられる。(*)書キマサナイ―書キマセン
4. マショーという口蓋化子音を持つ特別の語尾がある。命令形(マシ)も変則的な形態である。「連用形」(汎用形)を欠く。
5. 動詞現在形＋デス(書クデス)というようないい方は現在使われない。行クッスヨ(行クデスヨ)などは特殊な文体か方言。
6. 動詞過去形＋デスとなると許容度が少し上がる。「ごはんたべましたか」「たべたでーす」
7. タデスとデシタについては城田(1998: 307)、ナイデスとマセンについては同書: 308 参照。
8. 美化語がある場合、名詞文の丁寧形で美化語が使われる方がより丁寧となる。これは本です＜これはご本です、これは酒／醤油です＜これはお酒／お醤油です、これは学校です＜(*)これはご学校です。ただし、男・女ではその感覚が異なる。これは大根です＜これはお大根です(女性)
9. 能動結果継続相(テイル)結合に丁寧の意を加えるためには、補助動詞イルを丁寧形にするオリマスを用いるとさらに丁寧になる。書イテイル―書イテイマス＜書イテオリマス

(ii) ゴザイマス・イタシマス形

図表187　結合形とゴザイマス・イタシマス形

品詞		出だし形(基本形)	結合形		ゴザイマス・イタシマス形	
			間隙非充填形	間隙充填形	間隙非充填形	間隙充填形
動詞	和語	書く		書きはする		書きはいたします
	サ変	はらはらする		はらはら(し)はする	はらはらいたします	はらはら(し)はいたします
		援助する		援助(し)はする	援助いたします	援助(し)はいたします
イ形容詞		美しい	美しくある	美しくはある	美しゅうございます	美しくはございます
ナ形容詞		静かだ	静かである	静かではある	静かでございます	静かではございます
名詞		学校だ	学校である	学校ではある	学校でございます	学校ではございます

〈基本事項〉

1. 形容詞・名詞のゴザイマス形は、「連用形」(汎用形)にゴザイマスという補助動詞を後続させることによって形成され、結合形(汎用形結合)の水準にある(両者の間にとりたて助詞を入れることができる。ゴザイマスのみがマスの形態的可能性に従って変化する)。美シク＋ゴザイマス→美シク(ハ)ゴザイマス→美シュウゴザイマス(美シュウゴザイマシタ、美シュウゴザイマセン、美シュウゴザイマショウ、…〈注意〉1参照)。静カデ＋ゴザイマス→静カデ(ハ)ゴザイマス(静カデゴザイマシタ、静カデゴザイマセン、静カデゴザイマショウ、…)。学校デ＋ゴザイマス→学校デ(ハ)ゴザイマス(学校デゴザイマシタ、学校デゴザイマセン、学校デゴザイマショウ、…)

2. サ変動詞を除く動詞には形容詞・名詞のゴザイマス形に対応できる形態はない(図表187参照)。

3. サ変動詞のゴザイマス形に対応するかたちは語幹にイタシマスという丁寧の補助動詞を後続させることによって形成される。同じく結合形(汎用形結合)の水準にある(両者の間にとりたて助詞を入れることができる。イタシマスのみがマスの形態的可能性に従って変化する)。
ドキドキ＋イタシマス→ドキドキ(ハ)イタシマス(ドキドキイタシマシタ、ドキドキイタシマセン、ドキドキイタシマショウ、…)

〈説明〉

1. 〈基本事項〉1は次のようにいいかえることができる。形容詞・名詞のゴザイマス形は、代行結合形(「連用形」(汎用形)＋アル)の補助動詞ア

ルを、対応する丁寧動詞ゴザイマス（図表181（1））にかえることによって形成される（代行結合形については城田（1998: 183–184, 284–285) 参照）。
2. 形容詞・名詞の代行結合形の動詞での形態上の対応形は「連用形」（汎用形）＋スルによって形成される。書キ＋スル→書キハスル、タベ＋スル→タベハスル
3. 形容詞・名詞の代行結合形と動詞の代行結合形は次の点で同一である。
   ①「連用形」（汎用形）＋補助動詞（アル／スル）という構成をとり、両者の間の間隙にとりたて助詞を入れることができる。
   ②出だし形—基本形(美シイ・静カダ・学校ダ、書ク・タベル)と代行結合形(美シクアル・静カデアル・学校デアル、書キハスル・タベハスル)の内容(表わす意味)は同じである。
4. 同者は次の点で相違がある。
   形容詞・名詞の代行結合形はとりたて助詞を入れなくても使えるが、動詞の代行結合形はとりたて助詞を入れなければ使えない（とりたて助詞を入れるかたちを間隙充填形、入れないかたちを間隙非充填形と呼ぶ。図表187参照）。非充填形は完全な代行結合となる（静カダと静カデアルは意味は全く同じである。ことなりは外容と文体だけ）が、充填形は完全な代行結合とはならない（書クと書キハスルは意味は同じとしても、語幹をとりたてないか、とりたてるかで違いがでる。外容のみならず、機能でことなる）。
5. 形容詞・名詞では出だし形（基本形）と代行結合形はただ文体だけで異なる（出だし形は普通体、代行結合形は改まり体）。それに対し、非サ変動詞の代行結合形は語幹とりたて形となり、出だし形と文体的な差を形成しない。
6. 非サ変動詞の代行結合形の補助動詞スルを対応する丁寧動詞イタシマスにかえても間隙充填形という性質を払拭できずにいるため、形容詞・名詞のゴザイマス形、とは完全に対応することはできない。美シュウゴザイマス—秀デハイタシマス、キレイデゴザイマス—目ヲ引キハイタシマス
7. 非サ変動詞の代行結合形にある制限はサ変動詞にはない（とりたて助詞

は省略できる)。書キハスル—ドキドキ(ハ)スル。書キハイタシマス—ドキドキ(ハ)イタシマス
8. サ変動詞語幹＋イタシマスは形容詞・名詞の「連用形」(汎用形)＋ゴザイマスに文体的にも丁寧度においても対応する存在である。景色は美しいです＜景色は美しゅうございます、景色はきれいです＜景色はきれいでございます、絶景です＜絶景でございます、胸がどきどきします＜胸がどきどきいたします

〈注意〉
1. ゴザイマス形を形成するゴザイマスはイ形容詞と結びつく時、「連用形」(汎用形)の語尾 ku の頭の子音を脱落させ、次のような音声現象が出現する(上品な年輩女性の発話や関西方言に目立つが、男性でもおこり得る。鼻濁音なしの表記をとる)。
    (1) 語幹末が狭母音(i・u)の場合、u の長音となる(前狭母音 i の前の口蓋化子音は保存される)。
        美シクゴザイマス utukusi-ku gozaimas-u (k → ∅、i → u。先行する母音 i が後行する母音 u に同化する) → 美シュウゴザイマス [ɯtsɯ̥kɥɯʃɯ: godzaimasɯ̥]
        寒クゴザイマス samu-ku gozaimas-u (k → ∅) → 寒ウゴザイマス [samɯ: godzaimasɯ̥]
    (2) 語幹末が非狭母音(o・a)の場合、o の長音となる(先行子音が w の場合でも w は保存される)。
        黒クゴザイマス kuro-ku gozaimas-u (k → ∅、u → o。先行する母音 o が後行する母音 u を同化する) → 黒ウゴザイマス [kɯro: godzaimasɯ̥]
        赤クゴザイマス aka-ku gozaimas-u (k → ∅、a → o、u → o。先行する広母音 a も後行する狭母音 u も中開き母音 o に異化する) → 赤コウゴザイマス [ako: godzaimasɯ̥]
        恐クゴザイマス kowa-ku gozaimas-u (k → ∅、a → o、u → o) → 恐オウゴザイマス [kowo: godzaimasɯ̥]
        和語・漢語の語幹には出現しない wo という音節が語尾部分に出現するだけでも特異な音声現象である。形容詞の語幹と語尾に変

容がおこる点でも注目される(ただし、wを保たない話者も存在する。[koʔo: godzaimasɯ])のように[ʔ]が出現したり[ko: godzaimasɯ]と単なる長母音[o:]が出現したりする)。

(3) 性向・容易態(ヤスイ)形容詞、願望態(タイ)形容詞にゴザイマスが後行する場合でも、この音声現象は変わらない。
飲ミヤスクゴザイマス nom-iØ・yasu-ku gozaimasu (k→Ø) →飲ミヤスウゴザイマス[nom'ijasɯ: godzaimasɯ]
帰リタクゴザイマス kaer-iØ・ta-ku gozaimasu (k→Ø、a→o、u→o) →帰リトウゴザイマス[kaeɾ'ito: godzaimasɯ]

2. 否定形は、動詞基本形ではナイ、結合形ではシナイ、マス形・イタシマス形ではセンによってつくられる。書ク—書カナイ、書キハスル—書キハシナイ、書キマス—書キマセン、書キハイタシマス—書キハイタシマセン。ハラハラスル—ハラハラシナイ、ハラハラ(ハ)スル—ハラハラ(ハ)シナイ、ハラハラシマス—ハラハラシマセン、ハラハライタシマス—ハラハライタシマセン。

3. 形容詞・名詞のデス形・ゴザイマス形の否定はマセンによってつくられる点動詞と同じであるが、基本形は「連用形」(汎用形)＋ナイ、結合形はアルの否定の対ナイによってつくられる。ただし、外容は同じである(美シクナイ、静カデナイ、学校デナイという否定形は基本形の否定形でもあり、結合形の否定形でもある。この否定形において基本形(普通形)、結合形(改まり体)の対立は「中和」される)。静カダ—静カデナイ、静カデ(ハ)アル—静カデ(ハ)ナイ、静カデアリマス—静カデアリマセン、静カデゴザイマス—静カデゴザイマセン。ナイの諸相については城田(1998: 279–283)参照。

4. イ形容詞(美シイ)の代行結合形(美シクアル)とナ形容詞(静カダ)・名詞(学校ダ)の代行結合形(静カデアル・学校デアル)とではなめらかさ(熟成度)が異なるような気がする。美シクアル(美シクアレ)などは文体的に堅く、文語調であるが、静カデアル・学校デアルは、改まり体であるとしても堅さはない。

5. ゴザイマスは受動結果相(テアル)結合の補助動詞アルのゴザイマス形でもある(マス形はアリマス)。炉に炭火をいれてある(基本形)—炉に炭火

をいれてあります(マス形)―炉に炭火をいれてございます(ゴザイマス形)
6. オ寒イデス、オ寒ウゴザイマス、オ暑イデス、オ暑ウゴザイマス、オ静カデス、オ静カデゴザイマス、などオが接頭されたかたちがあるが、登場者への尊敬を表わすわけではなく、丁寧さを表わすものである。

VIII　尊敬語の丁寧用法

(i)　主役尊敬語
1　動詞
〈例文〉
（１）　(a)君はもうその絵を見た―(b)あなたはもうその絵を見ました―(c)あなたはもうその絵をご覧になりました
（２）　(a)君はその時流行歌を歌った―(b)あなたはその時流行歌を歌いました―(c)あなたはその時流行歌を歌われました―(d)あなたはその時流行歌をお歌いになりました―(e)あなたはその時流行歌をお歌いなさいました

〈基本事項〉
聞き手を主役に立てて主役尊敬動詞を用いると、話し手の聞き手に対する非常に丁寧な態度が表現される。

〈説明〉
1. 下線部(a)は出だし形(基本形)、(b)はそのマス形、(c)(d)(e)は主役尊敬動詞。そのうち(1)(c)は語彙的な主役尊敬動詞、(2)(c)(d)(e)は文法的な主役尊敬動詞((c)は語幹形、(d)は結合形、(e)は複合動詞)。
2. 文法的な主役尊敬動詞も文末では、通常、マス形となって用いられる。よって、主役である聞き手に尊敬が示されるとともに、丁寧が累加されるかたちになる。
3. (1)(b)より(1)(c)が、(2)(b)より(2)(c)(d)(e)が遙かに丁寧である((2)(c)＜(2)(d)＜(2)(e)の順で丁寧度は上がる。合成的なかたちもある。流行歌をお歌いになられました((d)＋(c))。流行歌をお歌いなされました((e)＋(c))。合成については第22章III(i)2〈基本事項〉4、〈説

明〉4参照。

〈類例〉

（１）　(a)君はその時うなぎを二串食べた—(b)あなたはその時うなぎを二串食べました—(c)あなたはその時うなぎを二串召しあがりました

（２）　(a)君は大臣に事情を詳しく説明した—(b)あなたは大臣に事情を詳しく説明しました—(c)あなたは大臣に事情を詳しく説明されました—(d)あなたは大臣に事情を詳しくご説明になりました—(e)あなたは大臣に事情を詳しく(ご)説明なさいました

（３）　(a)君がそういった—(b)あなたがそういいました—(c)あなたがそうおっしゃいました

（４）　(a)君がそう書いた—(b)あなたがそう書きました—(c)あなたがそう書かれました—(d)あなたがそうお書きになりました—(e)あなたがそうお書きなさいました

〈注意〉

1. 〈例文〉(1) (b) (c)、(2) (b) (c) (d) (e)、〈類例〉(1) (b) (c)、(2) (b) (c) (d) (e)、(3) (b) (c)、(4) (b) (c) (d) (e)のように聞き手をアナタでいい表わすとよそよそしい感じになる。先生、部長、岡田さんのような名詞を使うか、何もつけず、言外に含ませるのが普通である。「(先生／部長／岡田さんは)もうその絵をご覧になりましたよ」

2. 主役の関係者が聞き手の場合でも、主役尊敬動詞の使用は聞き手に対する丁寧な態度の表明となる。「まあ、おきれいにおなりだこと」(聞き手に対し直接に)。「お嬢様は大変おきれいにおなりですね」「お宅のおぼっちゃまは大変お利口ですから、…」(親を聞き手にして)

〈参考〉

「…におかれましては」「…には」は、現在、手紙文などで丁寧さを表わす手段に用いられる。「先生におかれましては益々ご清栄にお過しのこととお喜び申し上げます」「皆様にはますますご活躍のことと存じます」

2 形容詞

〈例文〉
（１）　(a)元気だね―(b)元気ですね―(c)お元気ですね
（２）　(a)寒いね―(b)寒いですね―(c)お寒いですね

〈基本事項〉
1. 聞き手を主役にして主役尊敬形容詞を用いると、話し手の聞き手に対する丁寧な態度が表現される。
2. 一部の主役尊敬形容詞は単に丁寧なことば遣いをめざして用いられる。

〈説明〉
1. (a)は基本のかたち、(b)(c)はデス形。(c)はオが接頭された形容詞である。(a)＜(b)＜(c)の順で丁寧度は上がる。以上は(1)(2)に共通する。
2. (1)(c)において「お元気(だ)」は主役に対する尊敬を表わす。主役は聞き手に一致する。
3. 「オーバーを着ていらっしゃらないから、先生はお寒いに違いない」というような文において、「お寒い」は主役(先生)に対し、尊敬を表わす。よって、「お寒い」は尊敬形容詞と考えていい。ただし、(2)(c)のような文で「お寒い」は主役に対しする尊敬を表わすわけではない。ただ、丁寧なことば遣いをめざして用いられている。このような場合、オが接頭された形容詞は丁寧形容詞であると考えた方が現実的であろう。

〈類例〉
（１）　(a)きれいだね―(b)きれいですね―(c)おきれいですね
（２）　(a)暑いね―(b)暑いですね―(c)お暑いですね

〈参考〉
1. 〈例文〉(1)(c)より「お元気でございますね」、(2)(c)より「お寒うございます」、〈類例〉(1)(c)より「おきれいでございますね」、(2)(c)より「お暑うございます」が丁寧。
2. 「お元気ですか」より「お元気でしょうか」の方が丁寧である(元気ダロウのダロウは形容詞元気ダの推量形とも、形容詞文元気ダに推量の文尾助辞がついたかたち(ダは強制消去される)とも解釈されることについては城田(1998: 260)参照。元気デショウは元気デスの推量形とも、また、形容詞文元気ダに推量の文尾助辞ダロウの丁寧形デショウがついたかた

ちとも解釈されることについては城田(同書: 262, 338)参照)。
2. 主役を聞き手にすれば主役尊敬名詞も聞き手に対する丁寧な態度を表わすことができるが、一例を掲げるにとどめ、別項を設けて詳説しない。「お利口(さん)にしているのですよ」

(ii) 非主役尊敬語
〈例文〉
（1）（a）僕は君にこの本を<u>やる／あげる</u>―（b）僕はあなたにこの本を<u>あげます</u>―（c）僕はあなたにこの(ご)本を<u>さしあげます</u>
（2）（a）僕が君を<u>案内しよう</u>―（b）私があなたを<u>案内しましょう</u>―（c）私があなたを<u>ご案内しましょう</u>―（d）私があなたを<u>ご案内いたしましょう</u>―（e）私があなたを<u>ご案内申し上げましょう</u>
（3）（a）まあ、<u>なつかしい</u>―（b）まあ、<u>おなつかしい</u>

〈基本事項〉
聞き手を相手役・脇役に立て、非主役尊敬動詞・形容詞を用いると、話し手の聞き手に対する非常に丁寧な態度が表現される。

〈説明〉
1. (1)(2)の下線部(a)は動詞の出だし形(基本形)、(b)はマス形、(c)(d)(e)は主役以外の登場者に尊敬を表わす動詞。そのうち(1)(c)は語彙的なもの。(2)(c)(d)(e)は文法形態((c)は結合形、(d)はゴ＋語幹＋イタスのかたち(第22章Ⅴ(i)2〈注意〉6)、(e)はゴ＋語幹＋申シ上ゲルのかたち(第22章Ⅴ(i)2〈基本事項〉2)。
2. 文法形態でも丁寧(マス)形となって用いられる。よって、聞き手に尊敬が示されるにとともに、丁寧が累加される。
3. (1)(b)より(1)(c)が、(2)(b)より(2)(c)(d)(e)が遙かに丁寧である((2)(c)＜(2)(d)＜(2)(e)の順で丁寧度が上がる)。
4. (3)の下線部(a)は形容詞の出だし形(基本形)、(b)はオが接頭されたもの。尊敬が向けられるのは聞き手。

〈類例〉
（1）（a）僕は君の蔵書を<u>見た</u>ことがある―（c）私はあなたのご蔵書を<u>拝見した</u>ことがございます

（２）　(a)僕は君をここで一時間も<u>待った</u>―(b)私はあなたをここで一時間も<u>待ちました</u>―(c)私は(あなたを)ここで一時間も<u>お待ちしました</u>―(d)私は(あなたを)ここで一時間も<u>お待ちいたしました</u>―(e)私は(あなたを)ここで一時間も<u>お待ち申し上げました</u>

（３）　(a)まあ、<u>うらやましい</u>―(b)まあ、<u>おうらやましい</u>

〈注意〉
1. 私ガアナタニ／ヲのような人称代名詞の明示はよそよそしい感じになる。それらを発話の場の状況(文脈)にゆだねる方がよりなめらかになる。「この本さしあげます」「ご案内しましょう／ご案内いたしましょう／ご案内申し上げましょう」「ご蔵書を拝見したことがございます」「ここで一時間もお待ちしました／お待ちいたしました／お待ち申し上げました」

2. 相手役・脇役の関係者(事柄の受益者を含む)が聞き手である場合も、このような動詞の使用は聞き手に対する丁寧な態度の表明となる。「お体をお流ししましょうか」(体の持主が聞き手)「ご質問にお答えいたします」(質問者が聞き手)「窓をお開けしました」(受益者が聞き手)。

3. 手紙文には特別の丁寧語がある。「御芳書拝誦いたしました」

〈参考〉
1. 「ご案内いたしましょう」「拝見いたします」「お待ちいたします」は話し手が自主的にするという表現である。それに対し、「ご案内させていただきます」「拝見させていただきます」「待たせていただきます」は聞き手の許可・承認を得てするという表現である。「したがってへりくだった表現となり、前者に比べて敬意の高いもの」(大石1968: 170)、より丁寧なものとなる。

2. 「お名前はかねがね<u>お聞きしております</u>」より「<u>うけたまわっております</u>」の方が丁寧。

第 24 章　反義語

1　反義語とは

図表 188　反義語

		(a)出だし語	(b)反義語
一類 (有無類)	(1)	ある	ない
	(2)	出席する	欠席する
二類 (大小類)	(1)	多い	少ない
	(2)	増大する	減少する
三類 (乗降類)	(1)	乗る	降りる
	(2)	はいる	出る
四類 (冷凍解凍類)	(1)	冷凍する	解凍する
	(2)	はりつける	はがす

〈例文〉

1. 一類(有無類)
（1）　(a)机の上に本が<u>ある</u>
　　　(b)机の上に本が<u>ない</u>
（2）　(a)外務大臣は会談に<u>出席した</u>
　　　(b)外務大臣は会談に<u>欠席した</u>
2. 二類(大小類)
（1）　(a)ここは交通事故の<u>多い</u>所です
　　　(b)ここは交通事故の<u>少ない</u>所です
（2）　(a)製造工程に自動制御装置を導入したので経費が<u>増大した</u>
　　　(b)製造工程に自動制御装置を導入したので経費が<u>減少した</u>

3. 三類(乗降類)
（１）　(a)花子は電車に乗った
　　　　(b)花子は電車を(から)降りた
（２）　(a)太郎は洞穴にはいって、珍しい蛾を見付けた
　　　　(b)太郎は洞穴を出て、珍しい蝶を見付けた
4. 四類(冷凍解凍類)
（１）　(a)アジがたくさんとれたので冷凍した
　　　　(b)半月前に冷凍したアジを冷凍庫から出し、ゆっくり解凍した
（２）　(a)太郎は学園祭のポスターを部屋の壁にはりつけた
　　　　(b)太郎は学園祭のポスターを部屋の壁からはがした

〈基本事項〉
1. 出だし語の正反対の意味を持つ語を反義語という。
2. 正反対の意味とは、何らかのかたちで否定の要素を内に含むものである。
3. 反義語は出だし語に「反義の縁」で結ばれる。[反]と略記する。
4. 「反義の縁」で結ばれる語と語は相互に反義語である。

〈説明〉
1. 典型的な反義語は、(a)出だし語がPであるという意を表わすのに対し、(b)反義語は非Pという意を表わす。(a)＝P、(b)＝非P
2. (a)＝P、(b)＝非Pには次の四類がある。
　（１）　(a)＝Pがある(Pである)、(b)＝Pがない(Pでない)。この類を一類(有無類)と呼ぶ。
　（２）　(a)＝Pがより大である、(b)＝Pがより小である。この類を二類(大小類)と呼ぶ。
　（３）　(a)＝Pし始める、(b)＝(積極的に)Pしないことを始める。この類を三類(乗降類)と呼ぶ。
　（４）　(a)＝Pする(Pになる)、(b)＝Pの結果をゼロにする(ゼロになる)。この類を四類(冷凍解凍類)と呼ぶ。
3. 以上の分類により、〈例文〉を解説する。
　一類(有無類)
　（１）　(a)「ある」、(b)「ない」。これは否定の基本で説明の要はない。敢

えていえば「ある」は「存在する」、「ない」は「存在しない」。
(2) (a)「出席する」は「(会合などに)ある、いる、存在する」、(b)「欠席する」は「ない、いない、存在しない」。

二類(大小類)
(1) (a)「多い」は「数が普通よりも大」、(b)「少ない」は「普通よりも小」。
(2) (a)「増大する」は「数がより大になる」、(b)「減少する」は「数がより小になる」。

三類(乗降類)
(1) (a)「乗る」は「乗り物の内部ないし上にいることを始める」、(b)「降りる」は「いないことを始める」。
(2) (a)「洞穴にはいる」は「洞穴にいることを始める」、(b)「洞穴を出る」は「洞穴にいないことを始める」。

四類(冷凍解凍類)
(1) (a)「冷凍する」は「腐敗を防ぎ、長期保存するために、人工的に凍りついた状態にする」、(b)「解凍する」は「その成果(凍りついた状態)をゼロにする(無化する)」。
(2) (a)「はりつける」は「ポスターを壁の表面に密着した状態にする」、(b)「はがす」は「その成果をゼロにする」。

4. (b)は(a)の反義語であるが、(a)もまた(b)の反義語である。[反]出席する＝欠席する—[反]欠席する＝出席する、[反]減少する＝増大する—[反]増大する＝減少する、[反]はいる＝出る—[反]出る＝はいる、[反]はりつける＝はがす—[反]はがす＝はりつける

相互に同様の関係に立つものの例として「同義の縁」「反転の縁」「品詞転換の縁」がある。[同]おしめ＝おむつ—[同]おむつ＝おしめ、[反転]売る＝買う—[反転]買う＝売る、[品転]暑い＝暑さ—[品転]暑さ＝暑い

〈注意〉
1. 反義語は、理想的には、同一の品詞に属し、同じか類似の登場者と支配構造を持つことが望ましいが、そうでない場合もある。異なる品詞間で認められる反義語の例。ある(動詞)—ない(形容詞)、結婚している(動

詞）—未婚だ／独身だ（ノ形容詞）。格助詞がことなる反義語の例。（風呂に）はいる—（風呂から）出る（第7章VII〈説明〉5参照）
2. 反対の意味が認められるとしても、登場者と支配構造が著しく異なるものは反義語の対としないのが常識的であろう。例えば、「（親猫が仔猫を）生む—（仔猫が）死ぬ」とか「（バラが芽を）出す—（人がバラの芽を）つむ」「害虫が発生する—（人が）害虫を駆除する」などには反対の意味が認められるが、登場者とその支配の仕方が著しく異なるので反義語としない方がすっきりし、わかりやすくなる。

II 一類（有無類）

図表189　反義語一類（有無類）

	(a)出だし語	(b)反義語
(1)	保つ	失う
(2)	湿る	乾く
(3)	同じだ	違う、異なる
(4)	可決する	否決する
(5)	許可する	禁止する

〈例文〉
(1) (a) ひどいことをいわれても、花子は冷静さを保った
　　(b) ひどいことをいわれて、花子は冷静さを失った
(2) (a) 大地は湿っていた
　　(b) 大地は乾いていた
(3) (a) あやめとしょうぶは実は同じだ
　　(b) あやめとしょうぶは実は違う
(4) (a) 会議は動議を万場一致で可決した
　　(b) 会議は動議を万場一致で否決した
(5) (a) 市当局は河川での砂利の採取を全面的に許可した
　　(b) 市当局は河川での砂利の採取を全面的に禁止した

〈基本事項〉
否定すると相互にほとんど同じかだいたい同じ意味になる。図表190参照。

図表190 「保つ」「失う」と否定

（冷静さを）保つ	（冷静さを）保たない
（冷静さを）失わない	（冷静さを）失う

〈説明〉

1. （現実におこる微妙な場合を脇に置いて、ことばの意味に問題をしぼるなら）、「冷静さを保たなかった」は(b)「冷静さを失った」とほとんど同じ意味。反対に「冷静さを失わなかった」は(a)「冷静さを保った」とほとんど同じ意味。
2. 「湿っていない」は(b)「乾いている」、「乾いていない」は(a)「湿っている」といって良いだろう。中間項（III〈基本事項〉〈注意〉1参照）を認める考え方もある。
3. 「同じでない」は(b)「違う」、「違わない」は(a)「同じだ」。
4. 「可決しなかった」は(b)「否決した」、「否決しなかった」は(a)「可決した」。
5. 「許可しなかった」は(b)「禁止した」、「禁止しなかった」は「許可した」と事実上同じ（官庁のいいわけでは異なるかもしれないが）。

〈類例〉

（1） (a)貞節な妻
　　　(b)不貞の妻〔PR 和英中〕
（2） (a)これは正解(正答)だ
　　　(b)これは誤答だ
（3） (a)静止状態
　　　(b)運動状態
（4） (a)出された解答は同一だった
　　　(b)出された解答は異なっていた
（5） (a)太郎は結婚している
　　　(b)太郎は独身だ(未婚だ)
（6） (a)この虫は生きている
　　　(b)この虫は死んでいる
（7） (a)数学は必修科目だ

(b)数学は選択科目だ
（8） (a)大学入学試験に受かる
　　　(b)大学入学試験に落ちる
（9） (a)花子の傷つきやすさを考慮する(考慮に入れる)
　　　(b)花子の傷つきやすさを無視する
（10） (a)入場は有料です
　　　 (b)入場は無料です

〈参考〉
1. 「不」で造語される3字漢字語がある。必要だ―不必要だ、一致―不一致、誠実だ―不誠実だ、健康だ―不健康だ、健全だ―不健全だ
2. 「非」で造語される漢字語がある。民主的だ―非民主的だ、科学的だ―非科学的だ、常勤で働く―非常勤で働く、ピリン系感冒薬―非ピリン系感冒薬、人道的な行為―非人道的な行為、論理的な態度を持する―非論理的な態度を持する
3. 「ノン」「ノー」で造語される外来語がある。あの人はキャリアの外交官―あの人はノン・キャリアの外交官、コンプライアンス―ノン・コンプライアンス、バーバル・コミュニケーション―ノン・バーバル・コミュニケーション、レム睡眠―ノン・レム睡眠、パーキング・ゾーン―ノー・パーキング・ゾーン

III 二類(大小類)

図表191　反義語二類(大小類)

	(a)出だし語	(b)反義語
(1)	濃い	薄い
(2)	むずかしい	やさしい
(3)	深い	浅い
(4)	高い	低い
(5)	厚い	薄い
(6)	金持ちだ	貧乏だ

〈例文〉
（1）　(a)あー、あの髪の毛の濃い人？
　　　(b)あー、あの髪の毛の薄い人？
（2）　(a)むずかしい問題から始めましょう
　　　(b)やさしい問題から始めましょう
（3）　(a)昔はもっと深い川だった
　　　(b)昔はもっと浅い川だった
（4）　(a)花子は背が高い
　　　(b)花子は背が低い
（5）　(a)花子は厚い本を脇にかかえていた
　　　(b)花子は薄い本を脇にかかえていた
（6）　(a)太郎は金持ちだ
　　　(b)太郎は貧乏だ

〈基本事項〉
一類（「ある―ない」の類）は一方を否定すると他方になるが、二類は一方を否定すると他方になるわけではない。中間項があり得る。図表192参照。

図表192　「むずかしい」「やさしい」と否定

むずかしい	むずかしくない
やさしくない	やさしい

〈説明〉
1. (a)「(髪が)濃い」は、「単位面積に対し、髪の本数が普通より大」、(b)「薄い」は「普通より小」。
2. (a)「むずかしい」は、「解決するに当たり困難が普通より大」、(b)「やさしい」は「普通より小」。
3. (a)「深い」は「川面から川底までの距離が普通より大」、(b)「浅い」は「普通より小」。
4. (a)「高い」は「垂直方向への伸び具合が普通より大」、(b)「低い」は「普通より小」。
5. (a)「厚い」は「(本の)両面の隔たりが普通より大」、(b)「薄い」は「普通より小」。

6. (a)「金持ちだ(裕福だ)」は「財貨の存在量が普通より大」、(b)「貧乏だ」は「普通より小」。

〈類例〉
（１） 悪貨は良貨を駆逐する
（２） (a)駅から遠い所に住むと不便だ
　　　 (b)駅から近い所に住むと便利だ
（３） (a)危険区域だと知らずに子供は近寄った
　　　 (b)危険区域だと知らされて子供は遠ざかった
（４） (a)水は油より重い
　　　 (b)油は水より軽い
（５） 善人猶以て往生を遂ぐ、況んや悪人をや(『歎異抄』)
（６） (a)今度の校長さんは話し上手だ
　　　 (b)今度の校長さんは話し下手だ
（７） (a)彼女はお延の指輪をほめた。ほめついでにそれを買った時と所を突留めようとした(夏目漱石)
　　　 (b)ちょっとほめてちょっとけなす
（８） (a)花子は厚着をしすぎたので風邪をひいた
　　　 (b)花子は薄着をしすぎたので風邪をひいた
（９） (a)歩く速度を落としたので一時間後には追いつけないだろう
　　　 (b)歩く速度を早めたので一時間後には追いつけるだろう
（10） (a)前車との間隔をもっと狭めなさい
　　　 (b)前車との間隔をもっと広げなさい

〈注意〉
1. 二類には中間項を示す語があり得る。
　　寒い―涼しい―(普通だ)―暖かい―暑い
2. 否定の場合のとりたて助詞や「あまり」の使い方は研究課題である。
　　寒い―寒くない―寒くはない
　　暖かい―暖かくない―暖かくはない
　　あまり寒くない―あまりは寒くない―あまり寒くはない
　　あまり暖かくない―あまりは暖かくない―あまり暖かくはない
　　暑くもなければ寒くもない

IV 三類(乗降類)

図表193　反義語三類(乗降類)

	(a)出だし語	(b)反義語
(1)	飛び込む	飛び出す
(2)	到着する	出発する
(3)	くっつく	離れる
(4)	背負う	おろす
(5)	加盟する	脱退する

〈例文〉
(1) (a)窓を開けたら部屋にスズメバチが飛び込んできた
　　(b)窓を開けたら部屋からスズメバチが飛び出していった
(2) (a)17時に成田空港に到着する予定だ
　　(b)17時に成田空港から出発する予定だ
(3) (a)あの男は今度は反対陣営の実力者にくっついて市長選に出るらしい
　　(b)あの男は今度は党の実力者から離れて自力で市長選に出るらしい
(4) (a)重いリュックサックを背中に背負う
　　(b)重いリュックサックを背中からおろす
(5) (a)日本は国際連盟に加盟した
　　(b)日本は国際連盟から脱退した

〈説明〉
1. (a)は「飛びながら勢いよく移動し、ある場所の内部にいることを始める」、(b)は「飛びながら勢いよく移動し、ある場所の内部にいないことを始める」。
2. (a)は「出発地から移動し、目的地にいることを始める」、(b)は「目的地に向って移動し、出発地にいないことを始める」。
3. (a)は「あるものに身を寄せ、その勢力範囲にいることを始める」、(b)は「勢力範囲にいないことを始める」。
4. (a)は「(荷物などを)持ち上げ、背中の上にあるようにする」、(b)は「(荷物などを)背中の上から下へおろし、背中の上にないようにし始め

る」。
5. (a)は「団体・組織の一員であることを始める」、(b)は「一員でないことを始める」。

〈類例〉
（１）　(a)悪友たちが彼を行きつけの店の娘と<u>くっつけよう</u>と画策した
　　　　(b)親友たちが彼を行きつけの店の娘から<u>引き離そう</u>と画策した
（２）　(a)妹を箱根温泉に<u>連れていった</u>
　　　　(b)妹を箱根温泉から<u>連れて帰った</u>
（３）　(a)花子は太郎が<u>好きになった</u>
　　　　(b)花子は太郎が<u>嫌いになった</u>

〈注意〉
「おろす」は「背負う」のみならず、「抱える」「提げる」「抱く」とも反義関係に立つ。「赤ん坊を抱える―赤ん坊をおろす」「荷物を提げる―荷物をおろす」。否定の要素を持たない方は多様であるのに対し、否定の要素を持つ方は多様性を欠く傾向がある。

V　四類（冷凍解凍類）

図表194　反義語四類（冷凍解凍類）

	(a)出だし語	(b)反義語
(1)	もつれる	ほぐれる
(2)	けんかする	仲直りする
(3)	こわす	なおす
(4)	入学する	退学(中退)する
(5)	売り渡す	買い戻す

〈例文〉
（１）　(a)糸が<u>もつれた</u>
　　　　(b)もつれた糸がやっと<u>ほぐれた</u>
（２）　(a)親子はついに<u>けんかした</u>
　　　　(b)親子はついに<u>仲直りした</u>
（３）　(a)時計を落として<u>こわした</u>

　　　　(b)こわれた時計をなおした
（４）　(a)息子が無事大学に入学した
　　　　(b)残念なことに息子は大学を退学(中退)した
（５）　(a)親から貰った書画骨董を古道具屋に売り渡した
　　　　(b)一度売り払った書画骨董を古道具屋のおやじから買い戻した

〈説明〉
1. (a)「もつれる」は「からまり合って解けない状態になる」、(b)「ほぐれる」は「その状態がゼロに(なく)なる」。
2. (a)「けんかする」は「両者があらそう状態になる」、(b)「仲直りする」は「その状態をなくする」。
3. (a)「こわす」は「本来の機能を発揮できない状態にする」、(b)「なおす」は「その状態をなくする」。
4. (a)「入学する」は「学校の生徒・学生になる」、(b)「退学する」は「その状態をなくする」。
5. (a)「売り渡す」は「自分の所有物を売って他の人の所有物にする」、(b)「買い戻す」は「その結果をゼロにする」。

〈類例〉
（１）　(a)糸がこんがらかった
　　　　(b)こんがらかった糸をほどいた(ほぐした)
（２）　(a)花子は腕に包帯をまいた
　　　　(b)花子は腕の包帯をほどいた
（３）　(a)仔猫が５匹生まれた
　　　　(b)仔猫が５匹共死んだ
（４）　(a)肩がこった
　　　　(b)肩のこりがほぐれた
（５）　(a)送電線が切れた
　　　　(b)送電線がつながった

〈注意〉
三類と四類は近い関係にあり、三類とも四類とも解されるものが多くある。例えば、「はりつける」は「表面に密着した状態にし始める」、「はがす」は「表面に密着した状態にしないことを始める」と解せば三類、I〈説明〉3で

記したように考えれば四類。「入学する」を「教育機関にいることを始める」、「退学する」を「いないことを始める」と考えるなら三類。「脱退する」を「加盟した結果をゼロにする」と考えるなら、「加盟する・脱退する」は四類、Ⅳ〈説明〉5で記したように考えるなら三類。

Ⅵ 方位・位置の反義語

図表195 方位・位置の反義語

	(a)出だし語	(b)反義語
(1)	東	西
(2)	追い風	向かい風
(3)	上	下
(4)	前	後
(5)	船首	船尾
(6)	内	外

〈例文〉
（1）（a)北米大陸の東部海岸にヨーロッパ人の入植が始まった
　　（b)西部地方にはアメリカインディアンが誇り高く居住していた
（2）（a)追い風に乗り、船は順調に大海原を航行していく
　　（b)向かい風のため、船は航行に難渋した
（3）（a)上の方から人声が聞こえてきた
　　（b)下の方から人声が聞こえてきた
（4）（a)あの人は列車の前の方にいる
　　（b)あの人は列車の後の方にいる
（5）（a)船首を前にして横付けして下さい
　　（b)船尾を前にして横付けして下さい
（6）　建物の内部から外部にどう連絡をとったらいいか教えて下さい

〈基本事項〉
1. 反対の位置にある方位、方向に関する語も伝統的に反義語として認められている。
2. 方位、方向の反義語は二類と三類でだいたい説明できるよう思われる。

〈説明〉

1. 「東」とは「太陽が昇り始める方向」、「西」とは「太陽が昇らないことを始める方向」。
2. 「追い風」とは「何かが動く方向に吹くことを始める風」、「向かい風」とは「何かが動く方向に吹かないことを始める風」。以上のように考えれば、「東・西」、「追い風・向かい風」は三類(乗降類)。
3. 「上」とは「普通の状態で地面より遠い(より多くの距離を持つ)」、「下」とは「地面に近い(より少ない距離を持つ)」。
4. 「前」とは「連続するものの初めの部分〔辞〕により近い」、「後」とは「初めの部分により遠い」。
5. 「船首」とは「船の前により近い」、「船尾」とは「より遠い」。以上のように考えれば、「上・下」、「前・後」、「船首・船尾」は二類(大小類)。
6. 「内」とは「仕切られた内側にある」、「外」とは「内側にない」と考えれば一類。「内側に存在することを始める」「内側に存在しないことを始める」と考えれば三類(この論議はあまり意味がない。いずれにせよ反義語とされる)。

VII その他の対比的反義語

図表 196 その他の対比的反義語

		(a)出だし語	(b)反義語
(I)縦横	(1)	水平	垂直
	(2)	平行	交差
(II)色	(1)	黒い	紅(赤)い
	(2)	黒い	白い
(III)味	(1)	甘い	辛い
	(2)	甘い	渋い
(IV)男女	(1)	男	女
	(2)	おじいさん	おばあさん

〈例文〉

(I) 縦横、水平・交差の対比

（1） (a)煙突の煙が水平に流れている〔類大〕
　　　(b)地球の自転軸が公転面に対して垂直でないために季節が生じる〔新和英大〕
（2） (a)二本の道路が平行して走っている
　　　(b)道路が交差している
(II) 色の対比
（1） (a)夜がインキをぶちまけたように黒く染まる
　　　(b)皮膚が泣いたように紅く染まる(芝木好子)
（2） (a)漆を塗ったような黒い顔(福永武彦)
　　　(b)粉を吹いたような白い顔面(森瑤子)
(III) 味の対比
（1） (a)舌がとろけるような甘い味をつけた肉
　　　(b)ひりひりするように辛く味をつけた肉(佐々木直次郎訳)
（2） (a)甘い柿をたくさんくれた
　　　(b)渋い柿をたくさんくれた
(IV) 男女の対比
（1） 女から身をひきたくなるような輝かしさを具えている男(瀬戸内寂聴)
（2） (a)まだ白髪もなく腰もしゃんとした大柄なおじいさん
　　　(b)まだ白髪もなく腰もしゃんとした大柄なおばあさん(壺井栄)

〈基本事項〉
(I)縦横、水平・交差の対比、(II)色の対比、(III)味の対比、(IV)男女の対比、による対も伝統的に反義語とされている。

〈説明〉
(I) (1)(a)「水平だ」は「静かな水面のように平らである」、(b)「垂直だ」は「平らな面に対し直角に交わる」〔反対語対照〕。(2)(a)「平行する」は「ふたつの直線が交わらない」、(b)「交差する」は「道路などが十文字に交わる」〔同上〕。
(II) (1)(a)(b)は「黒」と「赤」との対比。(2)(a)(b)は「黒白」での対比。「紅白」の対比もある。赤組・白組、紅白試合／歌合戦
(III) (1)(a)(b)は「甘い」と「辛い」との対比。(2)(a)(b)は「甘い」と「渋い」の対比。「甘い」と「苦い」の対比もある。この薬は甘い―こ

の薬は苦い
(IV) (1)(2)とも、男女の対比。おじいさん・おばあさんも男・女の対比。その他、おじ・おば、兄・姉、弟・妹、雄犬・雌犬、雄株・雌株も同様(第14章参照)。

〈注意〉
1. 反義語と反転語とは交差するところがある。詳しくは第25章Ⅴ参照。
母は父よりふとっている―父は母よりやせている
2. 「反義の縁」はここで記したように独立しても存在するが、他の縁と複合しても存在する。
    (1) 「強調の縁」と「反義の縁」の複合―弱め語。［強・反］拍手＝まばらな、［強・反］病気＝軽い、［強・反］笑う＝かすかに、微笑する(内包語)。第1章XV参照。
    (2) 「真正の縁」と「反義の縁」の複合―非真正語。［正・反］妻＝内縁の、二号さん(内包語)、［正・反］紙幣＝偽の、偽札(内包語)、偽造紙幣(内包語)、［正・反］子＝ままこ(内包語)、貰い子(内包語)、［正・反］受験生＝替え玉(受験生)。第2章Ⅱ参照。
    (3) 「称賛の縁」と「反義の縁」の複合―誹謗語。［賛・反］医者＝ヤブ医者(内包語)、［賛・反］品物＝粗悪な、［賛・反］態度＝不謹慎な、なっていない。第3章XI参照。
    (4) 「機能発揮の縁」と「反義の縁」の複合―機能不発揮語。［ヲ発・反］帽子＝ぬぐ、［ヲ／カラ発・反］風呂＝出る、［ヲ発・反］電気＝消す。第7章Ⅶ参照。
    (5) 「要求充足の縁」と「反義の縁」の複合―要求不充足語。［ヲ充能・反］約束＝破る、［ヲ充能・反］借金＝踏み倒す、［ニ充能・反］条約＝違反する、［ヲ充受・反］命令＝無視する、［ヲ充受・反］要求＝つっぱねる、［ヲ充受・反］求婚＝断る。これら要求不充足動詞と無化語との差については第7章Ⅷ参照。
    (6) 「生成の縁」と「反義の縁」の複合―無化語。［ヲ生・反］鉄道＝撤去する(＝[無])、［ヲ生・反］国交＝断絶する(＝[無])、［ヲ生・反］ひげ＝そる(＝[無])。第7章Ⅳ参照。
    (7) 「尊敬の縁」と「反義の縁」の複合―軽蔑語。［同・主敬・反］百

性＝ど百姓、［同・主敬・反］いう＝ぬかす、ほざく。第22章 II、IV 参照。
- (8) 「丁寧の縁」と「反義の縁」の複合―乱暴語。［同・丁・反］君、あなた＝お前、貴様、てめえ、［同・丁・反］はい＝うん。第23章 II 参照。
3. 他の縁と「反義の縁」との複合は、単なる複合ではなく、融合といっていいような渾然一体化がなされるように見受けられる。2で列挙した、弱め語、非真正語、誹謗語、機能不発揮語、要求不充足語、無化語、軽蔑語、乱暴語の存在はそれを側面から証するように思われる。
4. 「反義の縁」と他の縁との複合（融合）を表記する場合、［反］という略記を、必ず、複合していく縁の後に記すことにする。
5. 3つ以上の縁の複合を表記する場合、最後に記される［反］はその直前の縁に融合ともいえる強い結合を行う。それを特別の記号で表現しないが、［反］の存在位置によって判断して頂きたい。例を掲げる。［小・賛・反］家＝（掘っ立て）小屋（第15章 I〈参考〉4）、［同・主敬・反］娘＝娘っ子（第15章 I〈参考〉9）、［同・丁・反］ふん＝くそ（男）（俗）（第21章 VII〈注意〉2）、［同・丁・反］君＝お前（第23章 II）。

第 25 章　反転語

I　反転語とは

図表 197　「教える」「教わる」の登場者と役柄

動詞	登場者	A. 教え手	B. 教科	C. 学び手
(a) 教える	格助詞	ガ	ヲ	ニ
	文での役割	第1補語	第2補語	第3補語
	役柄	主役	相手役	脇役
(b) 教わる	格助詞	ニ／カラ	ヲ	ガ
	文での役割	第3補語	第2補語	第1補語
	役柄	脇役	相手役	主役

〈例文〉
(a)　あの看護師が日々の手当ての仕方を私に教えた
(b)　私が日々の手当ての仕方をあの看護師に教わった

〈基本事項〉
出だし語と同じ事柄を表わすが、登場者の役柄に転換がおこる語を反転語という。

〈説明〉
1. (a)(b)ともに、知識や技術(教科)が学び手の身に付くように教え手から学び手へ移されることを表わす(知識や技術は教え手から移されても教え手の中で減少しない)。事柄は、A.「教え手」、B.「教科」、C.「学び手」という3者が揃った時はじめて成立する。この3者が(a)(b)の表わす事柄の登場者である。ただし、(a)ではAがガ格(主題化してハで表わされることがよくある。〈注意〉2参照)、Bがヲ格、Cがニ格に

立つが、(b)ではＣがガ格、Ｂがヲ格、Ａがニ格ないしカラ格に立つ。
2. (a)(b)は一見意味内容が違うように感じられるが、登場者が立つ格座の違いによってそれは醸成される。
3. ガ格、ヲ格、ニ格ないしカラ格を支配する動詞において、ガ格に立つ語を第１補語、ヲ格に立つ語を第２補語、ニ格ないしカラ格に立つ語を第３補語と定め、第１補語になるものを主役として第１位、第２補語になるものを相手役として第２位、第３補語になるものを脇役として第３位を与える(序論第２章Ⅳ(iv)参照)と、(a)「教える」の登場者の格付けは左から右への並びでＡＢＣとなり、(b)「教わる」のそれはＣＢＡとなる。Ｂが第２補語であることは変わらないが、Ａは第１補語から第３補語に、Ｃは第３補語から第１補語に転換する。記号を用いて書けばＡＢＣ→ＣＢＡ、１２３→３２１となる。かくして(a)「教える」(b)「教わる」は反転語である。

〈注意〉

1. (b)においてＡがカラ格に立つことがある。
私は日々の手当ての仕方をあの看護師から教わった
2. (a)(b)ともガ格は主題化されてハで表わされることがよくある。
(a)あの看護師は日々の手当ての仕方を私に教えた
(b)私は日々の手当ての仕方をあの看護師に／から教わった
このことは以下同様なのでいちいち注記しないが、ガでは不自然と感じられる時、ハで置きかえて頂きたい。
3. (a)花子がフランス語を読む(ことは…)
(b)花子にフランス語が読める(ことは…)
上記のような対応における格助詞の異なりは反転とはかけ離れる。(b)は(a)に可能という意が付け加わり、事柄が異なる。

II 反転の縁―簡略・細密・精密表記

図表198 反転の簡略・細密・精密表記

(1)簡略表記	［反転］教える＝教わる
(2)細密表記	［反転ＣＢＡ］教える（ＡＢＣ）＝教わる
(3)精密表記	［反転Ｃ_ガＢ_ヲＡ_{ニ／カラ}］教える（Ａ_ガＢ_ヲＣ_ニ）＝教わる

〈基本事項〉
1. 反転語は出だし語に「反転の縁」で結ばれる。
2. 「反転の縁」を［反転］と略記すると、(a)「教える」を出だし語にしての(b)「教わる」の関係は、［反転］教える＝教わる、と表記される。
3. 「反転の縁」で結ばれる語と語は相互に反転語である。［反転］教わる＝教える
4. 「反転の縁」の表記には(1)簡略表記、(2)細密表記、(3)精密表記がある（図表198）。

〈説明〉
1. ［反転］教える＝教わる（〈基本事項〉2)は(1)簡略表記である。
2. 登場者の格付けは、(a)「教える」でＡＢＣ、(b)「教わる」でＣＢＡであり、役柄がＡＣで転換することを記した（I〈説明〉3)。それを「反転の縁」の表記に反映させると、［反転ＣＢＡ］教える（ＡＢＣ）＝教わる、となる。これは、「教える」という語において登場者はＡＢＣという格付けを持つが、「教わる」という語においてはＣＢＡという格付けへ転換することを表わす（ＡＢＣと格付けられる(a)「教える」という語があるが、それと同じ事柄を示しながら、ＣＢＡと格付けが転換する語は(b)「教わる」であると、読んでもよい）。これが、(2)細密表記である。
3. いかなる登場者がいかなる格助詞をとり、いかなる役柄を務めるかまで表記すると両語の関係は次のように記される。［反転Ｃ_ガＢ_ヲＡ_{ニ／カラ}］教える（Ａ_ガＢ_ヲＣ_ニ）＝教わる。これは、「教える」が登場者Ａ・Ｂ・Ｃを持ち、Ａをガ格に、Ｂをヲ格に、Ｃをニ格に立て、それぞれ第1補語（主役）、第2補語（相手役）、第3補語（脇役）とするが、それと「反転

の縁」で結ばれる「教わる」はＣをガ格に、Ｂをヲ格に、Ａをニ／カラ格に立て、それぞれを第１補語(主役)、第２補語(相手役)、第３補語(脇役)にかえることを表わす(登場者ＡＢＣがＡ_ガ Ｂ_ヲ Ｃ_ニ というかたちで格助詞をとる(a)「教える」という語があるが、それと同じ事柄を示しながら、Ｃ_ガ Ｂ_ヲ Ａ_ニ (ないし、Ａ_カラ)というかたちで格助詞をとり、登場者の格付けを転換させる語は、(b)「教わる」である、と読んでもよい)。これが(3)精密表記である。

〈注意〉

いうまでもないが、「反転の縁」で結ばれる２語の登場者は同一でなければならない。

〈参考〉

「習う」「学ぶ」は「教わる」に同義の縁を結ぶ([同] 教わる＝習う、学ぶ)。よって、「習う」「学ぶ」は「教える」の反転語となる。[反転ＣＢＡ] 教える(ＡＢＣ)＝教わる、習う、学ぶ

(b′) 私はあの看護師に日々の手当ての仕方を習った／学んだ

III 反転の種類(1)―主・相転換、主・脇転換、相・脇転換

図表199 「支配する」「従属する」の登場者と役柄―主・相転換の例

動詞	登場者	A. 支配者	B. 従属者
(a)支配する	格助詞	ガ	ヲ
	文での役割	第１補語	第２補語
	役柄	主役	相手役
(b)従属する	格助詞	ニ	ガ
	文での役割	第２補語	第１補語
	役柄	相手役	主役

図表200　「預ける」「預かる」の登場者と役柄—主・脇転換の例

動詞	登場者	A. 依頼者	B. 保管対象	C. 保管者
(a)預ける	格助詞	ガ	ヲ	ニ
	文での役割	第1補語	第2補語	第3補語
	役柄	主役	相手役	脇役
(b)預かる	格助詞	カラ	ヲ	ガ
	文での役割	第3補語	第2補語	第1補語
	役柄	脇役	相手役	主役

図表201　「掛ける」「覆う」の登場者と役柄—相・脇転換

動詞	登場者	A. 置く人	B. 上／外にあるもの	C. 下／内にあるもの
(a)掛ける	格助詞	ガ	ヲ	ニ
	文での役割	第1補語	第2補語	第3補語
	役柄	主役	相手役	脇役
(b)覆う	格助詞	ガ	デ	ヲ
	文での役割	第1補語	第3補語	第2補語
	役柄	主役	脇役	相手役

図表202　主・相転換、主・脇転換、相・脇転換

	主・相転換		主・脇転換		相・脇転換	
(a)	支配する	A_ガ B_ヲ	預ける	A_ガ B_ヲ C_ニ	掛ける	A_ガ B_ヲ C_ニ
(b)	従属する	B_ガ A_ニ	預かる	C_ガ B_ヲ A_カラ	覆う	A_ガ C_ヲ B_デ

〈例文〉
（1）　(a)アメリカが日本を経済的に<u>支配した</u>
　　　 (b)日本がアメリカに経済的に<u>従属した</u>
（2）　(a)花子が太郎に子供を<u>預けた</u>
　　　 (b)太郎が花子から子供を<u>預かった</u>
（3）　(a)犯人がシーツを死体に<u>掛けた</u>ことは確かだ
　　　 (b)犯人が死体をシーツで<u>覆った</u>ことは確かだ

〈基本事項〉

1. 反転には、主・相転換と主・脇転換と相・脇転換がある。
2. 主・相転換とは、(a)（出だし語）の主役が(b)の相手役に、(a)の相手役が(b)の主役に転換するものをいう。ＡＢがＢＡに転換するのでＡＢ・ＢＡ転換と呼んでもよい。１２・２１転換という名付けもあり得る。純粋な反転である。ＡＢ→ＢＡ、１２→２１
3. 主・脇転換とは、(a)（出だし語）の主役が(b)の脇役に、(a)の脇役が(b)の主役に転換するものをいう。ＡＢＣがＣＢＡに転換するのでＡＢＣ・ＣＢＡ転換と呼んでもよい。１２３・３２１転換という名づけもあり得る。相手役(b)は役柄を変えず、それを軸にして主役(A)・脇役(C)が相互に入れかわる。よって、相手役不動反転と呼んでもよい。ＡＢＣ→ＣＢＡ、１２３→３２１
4. 相・脇転換とは、(a)（出だし語）の相手役が(b)の脇役に、(a)の脇役が(b)の相手役に転換するものをいう。ＡＢＣがＡＣＢに転換するのでＡＢＣ・ＡＣＢ転換と呼んでもよい。１２３・１３２転換という名づけもあり得る。主役(A)は役柄を変えず、相手役(B)・脇役(C)が相互に入れかわる。よって、主役不動反転と呼んでもよい。ＡＢＣ→ＡＣＢ、１２３→１３２

〈説明〉

1. (a)「支配する」(b)「従属する」はともに、A.「強力なるもの（支配者）」とB.「それに支配されるもの（従属者）」という２登場者を持つ。(a)はAをガ格に、Bをヲ格に立て、AがBを勢力下に置き、治めることを示し、(b)はBをガ格に、Aをニ格に立て、BがAの勢力下に置かれ、治められることを示す。表わす事柄は同じであるが、登場者の役柄が(a)(b)で異なる。(a)ではAが主役、Bが相手役。登場者の格付けはＡＢ（１２）。それに対し、(b)ではBが主役、A相手役。格付けはＢＡ（２１）。ＡＢ→ＢＡの反転となり、主・相転換を示す。
2. (a)「預ける」(b)「預かる」はともに、A.「依頼者」、B.「保管対象」、C.「保管者」の３登場者を持つ。(a)はAをガ格に、Bをヲ格に、Cをニ格に立て、AがBをCに保管するよう依頼することを表わし、(b)はCをガ格に、Bをヲ格に、Aをカラ格に立て、CがBをAから保管す

るように依頼されることを表わす（ともに所有権の移動は伴わず、使用権に関しては明示がない）。(a)ではAが主役、Bが相手役、Cが脇役であり、登場者の格付けはABC（123）となる。それに対し、(b)ではBは変らず相手役であるが、Cが主役、Aが脇役となり、格付けはCBA（321）となる。両者の反転の様子はBが不変でそれを軸にACが入れかわり、ABC（123）→CBA（321）となり、主・脇転換の様相を呈する。Ⅰで述べた(a)「教える」(b)「教わる」の反転も主・脇転換の例となる。

3. (a)「掛ける」(b)「覆う」はともに、A「置く人」、B「上／外にあるもの」、C「下／内にあるもの」、という3登場者を持つ。(a)はAをガ格に、Bをヲ格に、Cをニ格に立て、AがBをCの上に置き、かぶせることを表わし、(b)はAをガ格に、Cをヲ格に、Bをデ格に立て、同じく、AがBをCの上に置き、かぶせることを表わす。(a)(b)ともにAが主役。ただし、(a)ではBが相手役、Cが脇役。登場者の格付けはABC（123）。それに対し、(b)ではCが相手役、Bが脇役。登場者の格付けはACB（132）。反転の様子はA（主役）が不変で、BCがCBにかわり、相・脇転換する。

Ⅳ　反転の種類（2）―対称型と非対称型

図表203　「上まわる」「下まわる」の登場者と役柄―対称型の例

動詞	登場者	A. 多いもの	B. 少ないもの
(a)上まわる	格助詞	ガ	ヲ
	文での役割	第1補語	第2補語
	役柄	主役	相手役
(b)下まわる	格助詞	ヲ	ガ
	文での役割	第2補語	第1補語
	役柄	相手役	主役

図表 204　対称型と非対称型

対称型		非対称型	
上まわる	$A_ガ\ B_ヲ$	支配する	$A_ガ\ B_ヲ$
下まわる	$B_ガ\ A_ヲ$	従属する	$B_ガ\ A_ニ$

〈例文〉

（1）　(a) 欲望の増大が経済力の増大を上まわった
　　　(b) 経済力の増大が欲望の増大を下まわった
（2）　(a) アメリカが日本を経済的に支配した
　　　(b) 日本がアメリカに経済的に従属した

〈基本事項〉

1. 反転の縁で結ばれる2語がともに同一の格助詞をとる場合、その反転を対称型と呼ぶ。例えば、$A_ガ B_ヲ$ が $B_ガ A_ヲ$ に変わる場合、この反転は対称型である。
2. 反転の縁で結ばれる2語が一部で異なる格助詞をとる場合、その反転を非対称型と呼ぶ。例えば、$A_ガ B_ヲ$ が $B_ガ A_ニ$ に変わる場合、この反転は非対称型である。

〈説明〉

1. (a)「上まわる」では $A_ガ B_ヲ$、(b)「下まわる」では $B_ガ A_ヲ$ となる（図表203）。同一の格助詞が反復的に出現する。このような反転のタイプを対称型と呼ぶ。
2. (a)「支配する」では $A_ガ B_ヲ$、(b)「従属する」では $B_ガ A_ニ$ となる（図表199）。格助詞はガヲ・ガニとなり一部で異なる。このような反転のタイプが非対称型である。「預ける」「預かる」（図表200）もガヲニ・ガヲカラとなり、「掛ける」「覆う」（図表201）もガヲニ・ガヲデとなり、同じく非対称型である。

〈注意〉

1. (a)「教える」は $A_ガ B_ヲ C_ニ$、(b)「教わる」は $C_ガ B_ヲ A_{ニ/カラ}$ となる。このように一部で格助詞にバリエーションがあるものの存在は対称・非対

称という格助詞の反復・非反復による分類を複雑化させる恐れがある。このような場合、バリエーションを分解し、1つに固定して考えれば分類はしやすくなる。例えば、「教わる」の場合（イ）C_ガ B_ヲ A_ニ と（ロ）C_ガ B_ヲ A_カラ と2語に分解し、（イ）の場合(a)(b)の反転はガヲニ・ガヲニで対称型に属し、（ロ）の場合はガヲニ・ガヲカラで非対称型に属すると考えることにすれば、分類は整然と行うことができる。

2. (1)(a)「上まわる」ではA_ガ B_ヲ、(b)「下まわる」ではB_ガ A_ヲとなるので、この反転の具体的タイプはガヲ・ガヲ型と呼ぶことにする。(2)(a)「支配する」ではA_ガ B_ヲ、(b)「従属する」ではB_ガ A_ニとなるので、この反転の具体的タイプはガヲ・ガニ型と呼ぶことにする。(3)(a)「預ける」ではA_ガ B_ヲ C_ニ、(b)「預かる」ではC_ガ B_ヲ A_カラとなるので、この反転のタイプをガヲニ・ガヲカラ型と呼ぶことにする。このように、登場者の格付けの並び方に従っての格助詞の列により、反転の具体的タイプを記述し、名付けることができる（図表214）。

3. 繰返すが、格助詞の並びが反復されている場合（例えば、ガヲ・ガヲ）対称型であり、一部が異なる場合（例えば、ガヲ・ガニ）非対称型である。

〈参考〉
主・相、主・脇、相・脇転換という分類は登場者の役柄の変化から見ての反転の分類であり、内容的分類である。それに対し、対称型（具体的にはガヲ・ガヲ型、ガヲニ・ガヲニ型など）というのは出現する格助詞の列から見た反転の分類であり、外容的分類である。

V 動詞以外の反転語

〈例文〉
（1） (a)花子が太郎の妻になる
　　　(b)太郎が花子の夫になる
（2） (a)花子が太郎より若い
　　　(b)太郎が花子より年上だ

〈基本事項〉
1. 反転語は動詞に限らない。

2. 名詞、イ形容詞、ナ形容詞も用い方により反転語たり得る。

〈説明〉

1. 〈例文〉(1)の(a)(b)とも表わす事柄は同一である。しかし、(a)ではAガB ノ…、(b)ではBガA ノ…のかたちで用いられる。
2. 〈例文〉(2)の(a)(b)とも事柄は同一。(a)ではAガBヨリ…、(b)ではBガAヨリ…のかたちで用いられる。

〈類例〉

（１） (a)龍之介がやすしの父に当たる
　　　(b)やすしが龍之介の息子に当たる
（２） (a)太郎が次郎の親分だ
　　　(b)次郎が太郎の子分だ
（３） (a)食事の後にけんかをした
　　　(b)けんかの前に食事をした
（４） (a)無残な敗北の原因は無茶な作戦であった
　　　(b)無茶な作戦の結果は無残な敗北であった
（５） (a)マグロはブリよりも高い
　　　(b)ブリはマグロよりも安い
（６） (a)花子は太郎より早く寝る
　　　(b)太郎は花子より遅く寝る

〈注意〉

1. 兄・弟、姉・妹、おじ・おば、おい・めいなどの親族名称、前・後、左・右などの関係名称はみな反転の関係に立つ。
2. 反転関係は必ずしも同一の品詞内でおこるわけではない。〈例文〉(2)の(a)「若い」はイ形容詞、(b)「年上（だ）」は通常名詞として理解されている。
3. 反義語も用い方により反転語たり得、反転語と反義語は一部で重なる。〈例文〉(2)、〈類例〉(5)(6)。
4. 興味深いのは動詞の反転語である。以下、動詞の反転語の記述を行う。

VI 主・相転換

(i) 対称型

1 ガヲ・ガヲ型($A_ガB_ヲ → B_ガA_ヲ$)

図表205 「覆う」「被る」の支配図

動詞	A. 重ねられるもの	B. 上面・外側を持つもの
(a)覆う	ガ	ヲ
(b)被る	ヲ	ガ

〈例文〉
(a)深い雪が畑を覆っていた
(b)畑が深い雪を被っていた

〈基本事項〉
$A_ガB_ヲ → B_ガA_ヲ$ という反転のタイプがある。「覆う」「被る」は「上まわる」「下まわる」(図表203)と同様にこのタイプに属する。

〈説明〉
ガ格に立つものが第1補語(主役、第1位)、ヲ格に立つものが第2補語(相手役、第2位)であり、(a)では $A_ガB_ヲ$、(b)では $B_ガA_ヲ$ と並び、対称的反転を示す。

〈注意〉
1. このような対称性を持つ反転関係を示す2対の動詞の例はあまり見あたらない。
2. [反転]覆う＝被るの使用範囲には限定があるよう見受けられる。白髪が皺だらけの額を覆っていた→(?)皺だらけの額は白髪を被っていた

2 ガニ・ガニ型($A_ガB_ニ → B_ガA_ニ$)

図表206 「先立つ」「遅れる」の支配図

動詞	A. 先行者	B. 後行者
(a)先立つ	ガ	ニ
(b)遅れる	ニ	ガ

〈例文〉
(a) 少女は少年に少し先立って歩いた
(b) 少年は少女に少し遅れて歩いた

〈基本事項〉
AガBニ→BガAニという反転のタイプがある。「先立つ」「遅れる」はこのタイプに属する。

〈説明〉
(a)(b)とも、移動におけるA・Bの先行・後行関係を表わすが、(a)ではAがガ格、Bがニ格、(b)ではBがガ格、Aがニ格となり、対称的である。

〈注意〉
1. ニはヨリと交替できる。ニでもヨリでも時間的・空間的意味があり得る。「匈奴の侵略に先立って弐師将軍が三万騎の将として酒泉を出た」(中島敦)「墓へ行くにも人よりも先立って非常に急いだのであったが、…」(長塚節)。「遅れる」の場合、ニでは空間的な位置関係、ヨリでは時間的関係が強く感じられるという観察がある。「蓮太郎と丑松の二人はすこし連に後れた」(島崎藤村)「だれよりも遅れて一条先生が煙草のけむりをなびかせながら、肩にレーンコートをかけてはいって来た」(石川達三)

2. ニ／ヨリは、また、カラと交替できる。
   (a)少女が少年から少し先立って歩いた
   (b)少年が少女から少し遅れて歩いた

〈参考〉
1. ニとヨリの交替は次の3タイプの反転型を作り出す。
   (1) AガBヨリ→BガAヨリ(対称型)
       (a)少女が少年より少し先立って歩いた
       (b)少年が少女より少し遅れて歩いた
   (2) AガBニ→BガAヨリ(非対称型)
       (a)少女が少年に少し先立って歩いた
       (b)少年が少女より少し遅れて歩いた
   (3) AガBヨリ→BガAニ(非対称型)
       (a)少女が少年より少し先立って歩いた

(b)少年が少女に少し遅れて歩いた
2. ニ／ヨリとカラの交替は当然反転のタイプを複雑に作り出す。

3 ガニデ・ガニデ型($A_ガ B_ニ C_デ → B_ガ A_ニ C_デ$)

図表207　「勝る／すぐれる」「劣る」の支配図

動詞	A. 優越者	B. 劣等者	C. 比較側面
(a)勝る／すぐれる	ガ	ニ	デ
(b)劣る	ニ	ガ	

〈例文〉
(a)天然の調味料は化学調味料に風味で勝る／すぐれる
(b)化学調味料は天然の調味料に風味で劣る

〈基本事項〉
1. $A_ガ B_ニ C_デ → B_ガ A_ニ C_デ$という反転がある。基本的には$A_ガ B_ニ → B_ガ A_ニ$という反転であり、$C_デ$は付加されたものに過ぎない。
2. このように、脇役が役柄をかえずに(当然格助詞も変えずに)反転に参与するものを付加反転型と呼ぶ。不変の脇役を持たない反転(例えば$A_ガ B_ニ → B_ガ A_ニ$)は純粋反転型と呼ぶ(図表214)。

〈説明〉
1. (a)(b)ともに、比較される2者(A・B)と比較の側面C(特質、所有物)を登場者に持つ。Aを「優越者」、Bを「劣等者」とすると、(a)ではAがガ格、Bがニ格、(b)ではBがガ格、Aがニ格に立つ。Cはともにデ格。
2. ガ格、ニ格、デ格を支配する動詞において、ガ格に立つ語を第1補語、ニ格に立つ語を第2補語、デ格に立つ語を第3補語と定め、第1補語になるものは主役として第1位、第2補語になるものは相手役として第2位、第3補語になるものは脇役として第3位を与えると、(a)の登場者の格付けは$A_ガ B_ニ C_デ$となり、(b)のそれは$B_ガ A_ニ C_デ$となり、ABでは格助詞が変わり、役柄も変化するが、Cは(a)(b)ともにデのまま、役柄(脇役)をかえない。このような反転は、基本的には$A_ガ B_ニ → B_ガ A_ニ$という主・相転換であり、$C_デ$は単に付加されたものと解釈さ

れる。

〈注意〉
1. デはニオイテと交替し得る。デは話しことば的、ニオイテは書きことば的。
   (a)天然の調味料は風味において化学調味料に／よりすぐれる
   (b)化学調味料は風味において天然の調味料に／より劣る
2. ニはヨリと交替し得る。「詩人と名が附きや、皆普通の人より勝っているように思ってゐた」(二葉亭四迷)「人より優れていることを示すために反対する人がいる」(武谷三男)
3. ニはニ比べ(テ)、ニ比シ(テ)、ニ比較シ(テ)で置きかえられる。
   (a)天然の調味料は化学調味料に比べて風味で勝る
   (b)化学調味料は天然の調味料に比し風味で劣る
4. Ｃの実現がないことが多々ある。
   (a)西洋の詩人は東洋の詩人にすぐれる／勝るように私は思っていた
   (b)東洋の詩人は西洋の詩人に劣るように私は思っていた

〈類例〉　［反転 Ｂガ Ａニ Ｃデ］勝つ(Ａガ Ｂニ Ｃデ)＝負ける
(a)川田氏は飯田氏に大事な選挙で勝った
(b)飯田氏は川田氏に大事な選挙で負けた
［反転］勝る、すぐれる＝劣ると同じく、Ｃの実現がない場合が多々ある。「誘惑」などがＡとなる場合、(b)は用いられるが、(a)の使用は避けられる傾向にある。
(b)太郎は誘惑に負けた　(a)(*)誘惑が太郎に勝った
(b)彼女は彼の強引さに負けた　(a)(?)彼の強引さが彼女に勝った

〈参考〉
1. ［同］すぐれる＝勝る
2. ［強］勝つ＝大勝する、［強］負ける＝大敗する、［反転 Ｂガ Ａニ Ｃデ］大勝する(Ａガ Ｂニ Ｃデ)＝大敗する。
   (a)獨協大はサッカーで法政大に大勝した
   (b)法政大はサッカーで獨協大に大敗した
3. 「勝る・すぐれる」「劣る」はＣの比較の側面をガ格に立てる支配の仕方をとることができる。この時二重ガ格文が構成される。今、このような支配を行う語を(a₂)(b₂)と記し、このような支配を行わない(a₁)(b₁)

と区別する。

図表208　「勝る／すぐれる₁」「劣る₁」と「勝る／すぐれる₂」「劣る₂」の支配図

動詞	A. 優越者 (Cを含む全体)	B. 劣等者 (Cを含む全体)	C. 比較の側面 (A・Bの部分)
(a₁)勝る／すぐれる₁	ガ	ニ	デ
(a₂)勝る／すぐれる₂	ガ	ニ	ガ
(b₁)劣る₁	ニ	ガ	デ
(b₂)劣る₂	ニ	ガ	ガ

(a₁)天然の調味料は(が)化学調味料に風味で勝る
(a₂)天然の調味料は(が)化学調味料に風味が勝る
(b₁)化学調味料は(が)天然の調味料に風味で劣る
(b₂)化学調味料は(が)天然の調味料に風味が劣る

(a₂)(b₂)のような支配は、A・BがCを含む全体、CがA・Bの「部分」と解釈される場合、可能である。よって、(a₁)(a₂)、(b₁)(b₂)は、厳密にいえば、それぞれ意味が異なり、異なる語彙であるということになる。(a₂)(b₂)の「部分」としてのCがとるガは第1補語(主役)をマークするのではなく、デやカラ同様に第3補語(脇役)をマークするものであると解釈されるなら、ことは簡単である。(a₂)(b₂)ともCは第3補語で、単に格助詞にバリエーション(デ／ガ)を持つだけとなる。それは、「教わる」の第3補語がニで示されたり、カラで示されたりする現象と同じとなる。

ただし、この解釈は格助詞ガの機能の通常の理解に重大な変更をもたらす側面を持つ。もし、ガ格の機能の通常の理解を尊重し、それに変更をもたらさず、「部分」を示すガが「全体」を示すガに後行して並び二重ガ格となる場合「部分」を示すガは第2補語(伝統的には「小主語」)であると解釈すると、次のような結果がもたらされる。まず、(a₁)と(a₂)、(b₁)と(b₂)はそのものがそれぞれ反転語であるという結果になる。まず、(a₁)について見ると、(a₁)ではA_ガ B_ニ C_デ と並ぶのに対し、(a₂)ではA_ガ C_ガ B_ニ となるからである。つまり、これは相・脇の反転ということになる。A_ガ B_ニ C_デ →A_ガ C_ガ B_ニ となり、A_ガ が不動でB_ニ C_デ がC_ガ

Bニと転換する。相・脇の反転の例は、「掛ける」「覆う」に見出される。「犯人ガシーツヲ死体ニ掛けた」「犯人ガ死体ヲシーツデ覆った」。ここでもAガBヲCニ→AガCヲBデとAが不動でBCがCBへと転換する。「掛ける」「覆う」ではこの転換に語彙の変更がおこるが、(a₁)(a₂)では語彙の外容上の変更が見られない点が特異である。(b₁)(b₂)に関しても同様で、BガAニCデがBガCガAニとなり、主役(B)は不動でAニCデがCガAニと転換する。よって(b₁)(b₂)も語彙の変更を伴わない反転語ということになる。問題として検討されねばならないのは、(a₂)と(b₂)の反転である。登場者の格付けは、(a₂)ではAガCガBニ、(b₂)ではBガCガAニとなり、相手役(Cガ)は不動。主役と脇役の転換がおこり、主・脇転換のタイプとなり、ガガニ・ガガニという格助詞の列が認められ対称型の例となる。

(a₂)によって作られる文は「象が鼻が長い」と同じになる。「お師匠様は御器量や芸能が諸人にすぐれておられたばかりに」(谷崎潤一郎)

4. (a₂)(b₂)においてニはニ比べ(テ)、ニ比シ(テ)、ニ比較シ(テ)と交替できる。
   (a)天然の調味料は化学調味料に比べて、風味が勝る
   (b)化学調味料は天然の調味料に比較し、風味が劣る

5. (a₁)(b₁)においてCデが、また、(a₂)(b₂)においてCガが、文中で実現しない場合がある。Cの実現がない場合、(a₁)(b₁)なのか(a₂)(b₂)なのか決定しがたい。例えば、「天然の調味料は化学調味料に勝る」は「天然の調味料は(風味で)化学調味料に勝る」(a₁)のCの未実現なのか、「天然の調味料は(風味が)化学調味料に勝る」(a₂)のCの未実現なのか、決定に困難が感じられる。「化学調味料は天然の調味料に(風味で／風味が)劣る」も同様である。

4　ガヨリ・ガヨリ型(AガBヨリ→BガAヨリ)

図表209 「ふとる」「やせる」の支配図

動詞	A	B
(a)ふとる	ガ	ヨリ
(b)やせる	ヨリ	ガ

〈例文〉
(a) 花子が太郎よりふとっている
(b) 太郎が花子よりやせている

〈基本事項〉
A ガ B ヨリ → B ガ A ヨリ という対称的反転がある。

〈説明〉
1. (a)「ふとる」は、A（主に人・動物）がB（主に人・動物）に比較して、体の肉づきが良くなることを表わす。(b)「やせる」はその反義語であるが、反転語でもある。
2. 通常、(a)(b)とも、テ形＋イルのかたちで用いられる。

〈類例〉
（1）［反転 B ガ A ヨリ］濁る（A ガ B ヨリ）＝澄む
　　(a) この井戸水があの井戸水より濁っている
　　(b) あの井戸水がこの井戸水より澄んでいる
（2）［反転 B ガ A ヨリ］乾く（A ガ B ヨリ）＝湿る
　　(a) このシーツがあのシーツより乾いている
　　(b) あのシーツがこのシーツより湿っている

〈注意〉
性状を表わす形容詞もこのタイプの反転を行う（V参照）。

(ii) 非対称型

1 ガヲ・ガニ型（A ガ B ヲ → B ガ A ニ）

図表210 「つかまえる」「つかまる」の支配図

動詞	A. とりおさえる人	B. とりおさえる対象
(a) つかまえる	ガ	ヲ
(b) つかまる	ニ	ガ

〈例文〉
(a) 警察が誘拐犯人を事件後ただちにつかまえた
(b) 誘拐犯人が警察に事件後ただちにつかまった

〈基本事項〉

A$_ガ$B$_ヲ$ → B$_ガ$A$_ニ$という反転のタイプがある。「つかまえる」「つかまる」は、「支配する」「従属する」(図表199)と同様、このタイプに属する。

〈説明〉

1. (a)の登場者の並びはA$_ガ$B$_ヲ$、(b)のそれはB$_ガ$A$_ニ$。「支配する」「従属する」の反転と全く同じであり、非対称型の純粋反転を示す。

2. 「つかまえる」(日常語)の同義語に「逮捕する」(文章語)がある。この語を反転させるには文法的手段(後述)を用いるほかない。「警察が誘拐犯人を逮捕した(つかまえた)」「誘拐犯人が警察に逮捕された(つかまった)」

〈注意〉

このタイプは比較的によく見出される。

〈類例〉

(1) [反転B$_ガ$A$_ニ$] めとる(A$_ガ$B$_ヲ$)＝とつぐ

　　(a) 太郎が花子をめとった

　　(b) 花子が太郎にとついだ

　　主役は(a)では男性、(b)では女性。相手役は(a)では女性、(b)では男性。(a)(b)ともに古めかしく、現在文体を考慮せずには用いられない。よく用いられるのは「結婚する」でA$_ガ$B$_ト$の支配を持ち、男女の別はなく用いられ、反転しない。英語も同様。Mary married Bill.「メアリーはビルと結婚した」、Bill married Mary.「ビルはメアリーと結婚した」。反転する例はロシア語の жениться「(男が)結婚する」・выйти замуж за …「(女が)結婚する」に見出される。Иван женился на Анне.「イヴァンはアンナと結婚した」Анна вышла замуж за Ивана.「アンナはイヴァンと結婚した」。Они поженились. は通常「2人(男女)は結婚した」の意であり、Они вышли замуж. は「2人の女はそれぞれ結婚した」の意となる。жениться「(男が)結婚する」が無標形であることがわかる。「とつぐ」「めとる」はともに有標で、「二人はめとった」は「2人の男はそれぞれ結婚した」「二人はとついだ」は「2人の女はそれぞれ結婚した」の意となる。

(2) [反転B$_ガ$A$_ニ$] 含む(A$_ガ$B$_ヲ$)＝属する／はいる

(a)哺乳類はかものはしを含みます
　　　　(b)かものはしは哺乳類に属し／はいります
（3）［反転 B$_ガ$ A$_ニ$］負かす（A$_ガ$ B$_ヲ$）＝負ける
　　　　(a)我が村のチームは隣村のチームを一点差で負かした
　　　　(b)隣村のチームは我が村のチームに一点差で負けた
　　　　「負ける」は「勝つ」とも反転関係を結ぶ（［反転 B$_ガ$ A$_ニ$ C$_デ$］勝つ（A$_ガ$ B$_ニ$ C$_デ$）＝負ける）。VI(i)3〈類例〉参照。
（4）［反転 B$_ガ$ A$_ニ$］導く（A$_ガ$ B$_ヲ$）＝従う
　　　　(a)モーゼが人々を導いて歩んだ
　　　　(b)人々がモーゼに従って歩んだ
（5）［反転 B$_ガ$ A$_ニ$］教える（A$_ガ$ B$_ヲ$）＝教わる
　　　　(a)而も佐助は春琴の相手をする余暇を割いて多くの子女を教へてゐた（谷崎潤一郎）
　　　　(b)多くの子女は佐助に教わっていた
　　　　(b)のニ格はカラ格に交替しにくい。
　　　　［反転 C$_ガ$ B$_ヲ$ A$_ニ$］教える（A$_ガ$ B$_ヲ$ C$_ニ$）＝教わる、ではニ格はカラ格に交替する。

2　ガヲ・ガデ型（A$_ガ$ B$_ヲ$ → B$_ガ$ A$_デ$）

図表 211 「構成する」「成り立つ」の支配図

動詞	A. 要素	B. 全体
(a)構成する	ガ	ヲ
(b)成り立つ	デ／カラ	ガ

〈例文〉
(a)その物質はタバコモザイクヴィルスを構成する
(b)タバコモザイクヴィルスはその物質で成り立つ
〈基本事項〉
1.　A$_ガ$ B$_ヲ$ → B$_ガ$ A$_デ$ という反転のタイプがある。
2.　B$_ガ$ A$_デ$ は B$_ガ$ A$_カラ$ と交替できる（次項参照）。

〈説明〉
非対称型反転である。

3　ガヲ・ガカラ型（A_ガB_ヲ→B_ガA_カラ）
〈例文〉
(a)その物質はタバコモザイクヴィールスを構成する
(b)タバコモザイクヴィールスはその物質から成り立つ
〈基本事項〉
1.　A_ガB_ヲ→B_ガA_カラという反転のタイプがある。
2.　B_ガA_カラはB_ガA_デと交替できる（前項参照）。
〈説明〉
図表211で記した(b)におけるAの表現のバリエーションを分解して得られる反転のタイプ。つまりA_デ/カラのカラを取り上げて1タイプとしたもの。

VII　主・脇転換

(i)　対称型

ガヲニ・ガヲニ型（A_ガB_ヲC_ニ→C_ガB_ヲA_ニ）

図表212　「貸す」「借りる」の支配図

動詞	A. 貸し手	B. 貸借対象	C. 借り手
(a)貸す	ガ	ヲ	ニ
(b)借りる	ニ／カラ	ヲ	ガ

〈例文〉
(a)花子は太郎に本を貸した
(b)太郎は花子に本を借りた
〈基本事項〉
A_ガB_ヲC_ニ→C_ガB_ヲA_ニという反転のタイプがある。(b)「借りる」がC_ガB_ヲA_ニという支配を行う時、(a)「貸す」を出だし語にしての反転はこのタイプとなる。

〈説明〉
1. (a)(b)とも、A.「貸し手」が後に返却を受けるという約束のもとに、B.「貸借対象」をC.「借り手」に一時的に渡し、使わせることを表わす。Bの使用権がCに渡るのみで、所有権はAにあり、そこに移動はない。事柄はA・B・Cの3者が揃った時に成立し、この3者が(a)(b)の登場者である。(a)ではAがガ格、Bがヲ格、Cがニ格(ないしカラ格)に立つ。(a)では登場者の序列(格付け)はＡＢＣ、(b)ではＣＢＡ。(a)(b)で、Bは不動で、ヲ格を保持し、それを軸にしてＡＣが入れかわり、Aがガ格からニ格(ないしカラ格)へ、Cがニ格からガ格へ変わる。これは「教える・教わる」(図表197)の反転と全く同じでＡガＢヲＣニ→ＣガＢヲＡニ／カラと表記できる。
2. これをガヲニ・ガヲニ型として整理したのは、(b)のＡニのみを取り上げて単純化したためである。格助詞は反復され、対称型を示すことになる。
3. 前記の通り、(b)のＡニのニはカラと交替できる。
   太郎が花子から本を借りた
4. カラをとった場合、反転は非対称型。

〈注意〉
1. (a)(b)ともに無償の場合と有償の場合がある。先に掲げた〈例文〉は常識的には無償。次の例は有償。
   (a)花子が太郎に一か月10万円で部屋を貸した
   (b)太郎が花子に一か月10万円で部屋を借りた
2. 有償の場合、D.「値段」、E.「期間」が必須の登場者となると考えておきたい。Dは、よく、「金額＋デ」「…ノ(トイウ)値デ」「…ノ(トイウ)値段デ」で表わされ、Eは副詞的に表現される。
3. D・Eが表現されず、文脈でその存在が予測されないと、無償・有償の判断はつかない。「十年ほど前交渉のあった女から三千円の金を借りて、伊予の郷里をとび出すと、トラックの運転手をしてゐる兵隊時代の友達をたよって神戸に出てきた」(井上靖)。以下の例は有償が含意される。「小金を貸して今ではなかなかの財産家になってゐる」(中山義秀)
4. 有償の意味での反転関係を表記するなら、[反転ＣＢＡＤＥ]貸す(ＡＢ

ＣＤＥ）＝借りる、となる。ＤＥは(a)(b)ともに付加されたものに過ぎず、反転の基本は、無償の意味の反転と同じく、Ｂを軸にしてのＡＣの入れかえである。Ａ_ガＢ_ヲＣ_ニＤ_デＥ_ゼロ→Ｃ_ガＢ_ヲＡ_ニＤ_デＥ_ゼロ

〈類例〉

(1) ［反転Ｃ_ガＢ_ヲＡ_ニ／カラ］やる(あげる)／くれる(Ａ_ガＢ_ヲＣ_ニ)＝もらう
  花子は太郎に本をやった(あげた)
  花子は太郎に本をくれた
  太郎は花子に／から本をもらった
  この3動詞は原則として無料での品物の所有権の移動を表わす。しかし、「もらう」には有料の場合も話しことばではあり得る。
  そんなら両方(魚と豆腐汁)貰ひませう。それで一杯飲まして下さい(島崎藤村)

(2) ［反転Ｃ_ガＢ_ヲＡ_ニ／カラ］テ形＋ヤル(アゲル)／テ形＋クレル(Ａ_ガＢ_ヲＣ_ニ)＝テ形＋モラウ
  父は赤い硝子玉のはいった指輪を私に買ってくれた(林芙美子)
  私は父に赤い硝子玉のはいった指輪を買ってもらった
  花子は太郎に漫画の本を読んでやった
  太郎は花子に漫画の本を読んでもらった
  「やる(あげる)」「くれる」「もらう」および「テヤル(アゲル)」「テクレル」「テモラウ」には人称上の制限があり、反転できない組み合わせがある。(この3動詞、3結合形の人称上の制限については、城田1998: 187–196)

(ii) **非対称型**

1 ガヲニ・ガヲカラ型(Ａ_ガＢ_ヲＣ_ニ→Ｃ_ガＢ_ヲＡ_カラ)

〈例文〉

(a)花子は太郎に金を与えた
(b)太郎は花子から金を受け取った

〈基本事項〉

1. Ａ_ガＢ_ヲＣ_ニ→Ｃ_ガＢ_ヲＡ_カラという非対称型の反転タイプがある。(a)「預ける」(b)「預かる」はこのタイプに属する。

2. このタイプは A_ガ B_ヲ C_ニ → C_ガ B_ヲ A_ニ/カラ という反転（貸ス—借リル）のバリエーションとしても存在する。

〈説明〉
1. (a)「預ける」(b)「預かる」や(a)「与える」(b)「受け取る」において、(b)A_カラ は A_ニ と通常交替しない。
2. 交替するもの（貸ス—借リル）の A_カラ を取り上げれば、このタイプとなる。

〈注意〉
1. (a)「預ける」(b)「預かる」はともに、無償の場合と有償の場合がある。III〈例文〉(2)は常識的には無償と理解されるが、定かではない。以下の例は有償。「女生徒を預る素人下宿を開いたり」（鈴木三重吉）。以下の例は無償。「彼は帳場へ伸子の鍵をあづけるついでにノートを置いて来た」（宮本百合子）
2. 有償の場合、「貸す・借りる」と同様 D.「値段」と E.「期間」が必須の登場者となると考えておきたい。「花子は子供を1日1,000円で私設託児所に(へ)預けた」。預金、貯金の場合、利子というものがある。「花子は100万円を年利0.1％で銀行に(へ)預けた」
3. (a)において C が へ によって表わされることがある。上記〈注意〉1、2の例文参照。C が場所ないし組織の場合にそのような例が見られる。
4. 下記の〈類例〉を含め、ここで記したものについては通常、(b)の A_カラ は A_ニ に交替しないか、しにくい。ただし「交替する・しない」には個人差があり、例えば、〈類例〉(5)(6)(7)などで許容する人は多い。

〈類例〉
(1) ［反転 C_ガ B_ヲ A_カラ］売り渡す（A_ガ B_ヲ C_ニ）＝買い取る、買い受ける
父は竹田氏に工場を売り渡した
竹田氏は父から工場を買い取った
(2) ［反転 C_ガ B_ヲ A_カラ］出す（A_ガ B_ヲ C_ニ）、（支）払う（A_ガ B_ヲ C_ニ）＝受け取る
花子は太郎に手紙を出した
太郎は花子から手紙を受け取った
客は花子に金を払った

　　　　花子は客から金を受け取った
（３）［反転 C_ガB_ヲA_{カラ}］ゆずり渡す(A_ガB_ヲC_ニ)＝ゆずり受ける
　　　　父は竹田氏に工場をゆずり渡した
　　　　竹田氏は父から工場をゆずり受けた
（４）［反転 C_ガB_ヲA_{カラ}］引き渡す(A_ガB_ヲC_ニ)＝引き取る
　　　　父は竹田氏に営業権を引き渡した
　　　　竹田氏は父から営業権を引き取った
（５）［反転 C_ガB_ヲA_{カラ}］いいつける(A_ガB_ヲC_ニ)＝いいつかる
　　　　主人が使用人に用事をいいつけた
　　　　使用人が主人から用事をいいつかった
（６）［反転 C_ガB_ヲA_{カラ}］言付ける(A_ガB_ヲC_ニ)＝言付かる
　　　　父が弟に土産を言付けた
　　　　弟が父から土産を言付かった
（７）［反転 C_ガB_ヲA_{カラ}］授ける(A_ガB_ヲC_ニ)＝授かる
　　　　老師が弟子に秘伝を授けた
　　　　弟子が老師から秘伝を授かった

2　ガヲニデ・ガヲカラデ型(A_ガB_ヲC_ニD_デ→C_ガB_ヲA_{カラ}D_デ)

図表213　「売る」「買う」の支配図

動詞	A.売り手	B.売り物	C.買い手	D.値段
(a)売る	ガ	ヲ	ニ	デ
(b)買う	カラ	ヲ	ガ	デ

〈例文〉
(a)花子が太郎に 1,000 円で時計を売った
(b)太郎が花子から 1,000 円で時計を買った

〈説明〉
1.　(a)(b)ともに売り手が買い手から代価を得て商品の所有権を移動させることを表わす。事柄は、A.「売り手」、B.「売り物」、C.「買い手」、D.「値段」によって成り立つ。値段も必須の登場者である。なぜなら、値段がない場合、(a)(b)の事柄は成立しないからである。(a)ではAが

ガ格、Ｂがヲ格、Ｃがニ格、Ｄがデ格に立つが、(b)ではＣがガ格、Ｂがヲ格、Ａがカラ格、Ｄがデ格に立つ。

2. ガ格・ヲ格・ニ格ないしカラ格・デ格を支配する動詞において、ガ格に立つ語を第１補語、ヲ格に立つ語を第２補語、ニ格ないしカラ格に立つ語を第３補語、デ格に立つ語を第４補語と定め、第１補語になるものは主役として第１位、第２補語になるものは相手役として第２位、第３補語になるものは脇役₁として第３位、第４補語となるものを脇役₂として第４位を与えると、(a)の登場者の格付けはＡＢＣＤとなり、(b)のそれはＣＢＡＤとなる。
3. 「反転の縁」の表記に反映させると、「売る・買う」の反転は［反転ＣＢＡＤ］売る(ＡＢＣＤ)＝買う、と表現される。
4. 登場者は４項あるが、反転の様子はＢを軸にしてのＡＣの転換であり、今まで検討してきたものと類型は同じである。Ｄは(a)(b)に単に付加されるものに過ぎない。付加反転型に分類される(図表214参照)。

〈注意〉
Ｄは「…ノ値デ、…ノ値段デ」などによっても表わし得る。

〈参考〉
1. 「卸す」は「売る」の類義語。同じく、Ａ.「売り手」、Ｂ.「売り物」、Ｃ.「買い手」、Ｄ.「値段」という４登場者を持つが、Ａは「問屋」、Ｃは「小売り商(小商人)」であり、Ｂは再度売られることが予定される。
2. 「商う」も「売る」の類義語。ただし、Ａは「商人」、Ｂは「商品」である。「売る」にはこのような限定はなく、素人もＡたり得、商品たり得ないものもＢたり得る。「商う」では、例えば「子供」とか「原稿」はＢたり得ないが、「売る」ではいかなるものもＢたり得る。「農民は、まことにお恥ずかしい次第だが、子供、とくに娘を売りつつある…」(中野重治)
3. 「仕入れる」は「買う」の類義語であるが、再度「売る」ためにＢを「買う」ことを表わす。Ａ(売り手)の限定はないが、Ｃは商人か、何かをつくる人。

VIII 相・脇転換

ガヲニ・ガヲデ型（A$_ガ$B$_ヲ$C$_ニ$→A$_ガ$C$_ヲ$B$_デ$）（非対称型）

〈例文〉
(a) 花子が太郎に酒を振舞った
(b) 花子が太郎を酒でもてなした

〈基本事項〉
A$_ガ$B$_ヲ$C$_ニ$→A$_ガ$C$_ヲ$B$_デ$という反転のタイプを認めておきたい。「振舞う」「もてなす」は、「掛ける」「覆う」（図表201）と同様このタイプに属すると思われる。

〈説明〉
1. 「覆う」はA.「置く人」が、B.「上にあるもの」を用いて、C.「下にあるもの」に露出する部分がないようにかぶせることを表わし、「掛ける」もそれに近い意味を表わす。ただし、「掛ける」には「露出する部分がないように」という意味は特に表出されていない。この点をとらえるなら、両語の表わす事柄は異なるということになる。ここで、両語に反転関係を認めるためには、「同じ事柄」にややゆるい解釈を下す必要がある。

2. 「振舞う」は「飲食物を提供する」の意を持ち、「もてなす」は「客を心をこめて接待する」の意がある。前者には少なくとも「心をこめて」の意が特に表出されていない。ただし、事柄としては非常に似通うことは〈例文〉で見られる通りである。類例として「つめる」「ふさぐ」がある。
   (a) 誘拐犯が布を子供の口につめた
   (b) 誘拐犯が布で子供の口をふさいだ
   「ふさぐ」は「開口部をなくす」の意があるが、「つめる」は「すきまなく一杯入れる」の意であり、事柄として多少のずれが認められよう。

IX 動詞による反転―まとめ

図表214　反転のタイプ

		型		純粋反転	型		付加反転
主・相転換	対称型	ガヲ	上まわる	$A_ガ \; B_ヲ$ ✕ $B_ガ \; A_ヲ$			
		ガヲ	下まわる				
		ガニ	先立つ	$A_ガ \; B_ニ$ ✕ $B_ガ \; A_ニ$	ガニデ	勝つ	$A_ガ \; B_ニ \; C_デ$ ✕ $B_ガ \; A_ニ \; C_デ$
		ガニ	遅れる		ガニデ	負ける	
		ガヨリ	太る	$A_ガ \; B_{ヨリ}$ ✕ $B_ガ \; A_{ヨリ}$			
		ガヨリ	痩せる				
	非対称型	ガヲ	支配する	$A_ガ \; B_ヲ$ ✕ $B_ガ \; A_ニ$			
		ガニ	従属する				
		ガヲ	構成する	$A_ガ \; B_ヲ$ ✕ $B_ガ \; A_デ$			
		ガデ	成り立つ				
		ガヲ	構成する	$A_ガ \; B_ヲ$ ✕ $B_ガ \; A_{カラ}$			
		ガカラ	成り立つ				
主・脇転換	対称型	ガヲニ	教える	$A_ガ \; B_ヲ \; C_ニ$ ✕ $C_ガ \; B_ヲ \; A_ニ$			
		ガヲニ	教わる				
	非対称型	ガヲニ	預ける	$A_ガ \; B_ヲ \; C_ニ$ ✕ $C_ガ \; B_ヲ \; A_{カラ}$	ガヲニデ	売る	$A_ガ \; B_ヲ \; C_ニ \; D_デ$ ✕ $C_ガ \; B_ヲ \; A_{カラ} \; D_デ$
		ガヲカラ	預かる		ガヲカラデ	買う	
相・脇転換		ガヲニ	掛ける	$A_ガ \; B_ヲ \; C_ニ$ ↓ $A_ガ \; C_ヲ \; B_デ$			
		ガヲデ	覆う				

〈基本事項〉

動詞による反転のタイプを一覧にすると図表214のようになる。

〈注意〉

気付いたものを分類したに過ぎず、調査が深められれば、さらに多様なタイ

プが見出されるかもしれない。

〈参考〉
1. 多くの言語で反転語が見出されると思われる。
2. ドイツ語で「売る」は verkaufen。「買う」は kaufen。接頭辞 ver- の存否によって区別されるに過ぎない。verkaufen が派生語であることは興味を引く。「売」は正字で「賣」。「買」の上に士が付されているに過ぎない。古代中国人が「売る」「買う」の同一性に気付いていた証拠となろう。ここでも「買」が出発点であり、「賣」はその派生的文字であることは、独・中両言語で「買う」が基底にある（出だし語である）ことを伺わせる。

日本語でも「反転の縁」で結びつく両語が音相において似るものがある。osie-ru ― osowar-u、azuke-ru ― azukar-u。共通性が意識された痕跡かもしれない。

X 文法的手段による反転―受動態

図表215 「いじめる」「いじめられる」の登場者と役柄

動詞	登場者	A. 苦しめる強者	B. 苦しめる対象たる弱者
(a)いじめる―能動態形―	格助詞	ガ	ヲ
	文での役割	第1補語	第2補語
	役柄	主役	相手役
(b)いじめられる―受動態形―	格助詞	ニ	ガ
	文での役割	第2補語	第1補語
	役柄	相手役	主役

〈例文〉
(a) 花子が太郎をいじめた
(b) 太郎が花子にいじめられた

〈基本事項〉
受動態は、文法的に、つまり規則的に反転語を作り出す。

〈説明〉
(a)「いじめる」は A_ガ B_ヲ、(b)「いじめられる」は B_ガ A_ニ という反転を示

す。主・相転換の非対称的反転である。

〈注意〉
日本語の受動態のすべてが反転であるというわけではない。例えば、「私は雨に降られる」は「雨」という事柄に巻き込まれることを示すが、反転ではない。これは「雨が私に降る」から転換するものとは考えにくい。

〈参考〉
1. 出だし語たる他動詞(a)が、主・相転換型の反転語(b)を持つ場合、出だし語の受動態形(a′)による反転と反転語による反転は、型の上で同じである(図表216)。

図表216 「つかまえる」「つかまえられる」「つかまる」の登場者と役柄

動詞	登場者	A. とりおさえる人	B. とりおさえる対象	
(a)つかまえる —能動態形—	格助詞	ガ	ヲ	転換型
	文での役割	第1補語	第2補語	
	役柄	主役	相手役	
(a′)つかまえられる —受動態形—	格助詞	ニ	ガ	A B
	文での役割	第2補語	第1補語	✕
	役柄	相手役	主役	B A
(b)つかまる —反転語—	格助詞	ニ	ガ	
	文での役割	第2補語	第1補語	
	役柄	相手役	主役	

（1） (a)警官が犯人をつかまえた—他動詞能動態形
　　　(a′)犯人が警官につかまえられた—(a)の受動態形
　　　(b)犯人が警官につかまった—(a)の反転語
（2） (a)深い雪が畑を覆っていた—他動詞能動態形
　　　(a′)畑が深い雪に覆われていた—(a)の受動態形
　　　(b)畑が深い雪を被っていた—(a)の反転語
（3） (a)少女は少年に先立って歩いた—他動詞能動態形
　　　(a′)少年は少女に先立たれて歩いた—(a)の受動態形
　　　(b)少年は少女に遅れて歩いた—(a)の反転語
（4） (a)獨協大はサッカーで法政大に大勝した—他動詞能動態形
　　　(a′)法政大はサッカーで獨協大に大勝された—(a)の受動態形

(b)法政大はサッカーで獨協大に大敗した―(a)の反転語

(5)　(a)アメリカが日本を支配した―他動詞能動態形
　　　(a′)日本がアメリカに支配された―(a)の受動態形
　　　(b)日本がアメリカに従属した―(a)の反転語

(6)　(a)哺乳類はかものはしを含む―他動詞能動態形
　　　(a′)かものはしは哺乳類に含まれる―(a)の受動態形
　　　(b)かものはしは哺乳類に属する／はいる―(a)の反転語

2.　出だし語たる他動詞(a)が、主・脇転換型の反転語(b)を持つ場合、出だし語の受動態形のうち、主・相転換のもの(a′)による反転と反転語による反転は、同じにならない。ただし、主・脇転換のもの(a″)による反転とは一致する(図表217)。

図表217　「預ける」「預けられる」「預かる」の登場者と役柄

動詞	登場者	A. 依頼者	B. 保管対象	C. 保管者	転換型	
(a)預ける―能動態形―	格助詞	ガ	ヲ	ニ／ヘ		
	文での役割	第1補語	第2補語	第3補語		
	役柄	主役	相手役	脇役		
(a′)預けられる―相手役ガ格の受動態形―	格助詞	ニヨッテ／カラ	ガ	ニ／ヘ	A B C ╳ B A C	主・相転換
	文での役割	第2補語	第1補語	第3補語		
	役柄	相手役	主役	脇役		
(a″)預けられる―脇役ガ格の受動態形―	格助詞	カラ	ヲ	ガ	A B C ╳ C B A	主・脇転換
	文での役割	第3補語	第2補語	第1補語		
	役柄	脇役	相手役	主役		
(b)預かる―反転語―	格助詞	カラ	ヲ	ガ	A B C ╳ C B A	主・脇転換
	文での役割	第3補語	第2補語	第1補語		
	役柄	脇役	相手役	主役		

(1)　(a)花子が太郎に子供を預けた―3登場者(主・相・脇)を持つ他動詞の出だし語(能動態形)
　　　(a′)子供が(花子によって／から)太郎に預けられた―(a)の相手役ガ格の受動態形
　　　(a″)太郎が花子から／に子供を預けられた―(a)の脇役ガ格の受動態形
　　　(b)太郎が花子から子供を預かった―(a)の反転語

（2）（a）花子が太郎に金を与えた—3登場者（主・相・脇）を持つ他動詞の出だし語（能動態形）
　　（a'）金が（花子によって／から）太郎に与えられた—(a)の相手役ガ格の受動態形
　　（a"）太郎が花子によって／から金を与えられた—(a)の脇役ガ格の受動態形
　　（b）太郎が花子から金を受け取った—(a)の反転語
（3）（a）花子が太郎に本を貸した—3登場者（主・相・脇）を持つ他動詞の出だし語（能動態形）
　　（a'）本が（花子によって／から）太郎に貸された—(a)の相手役ガ格の受動態形
　　（a"）太郎が花子によって／から本を貸された—(a)の脇役ガ格の受動態形
　　（b）太郎が花子に／から本を借りた—(a)の反転語
（4）（a）主人が使用人に用事をいいつけた—3登場者（主・相・脇）を持つ他動詞の出だし語（能動態形）
　　（a'）用事が（主人によって／から）使用人にいいつけられた—(a)の相手役ガ格の受動態形
　　（a"）使用人が主人に用事をいいつけられた—(a)の脇役ガ格の受動態形
　　（b）使用人が主人に用事をいいつかった—(a)の反転語
　　反転語による文の使用に問題は出ないが、受動態形（例えば、(3)(a')(a")）はぎこちないので、通常使われない。

3. 受動態は「反転」を規則的に行う文法形態である。
（1）（a）Mary gave a book to John.
　　　　メアリーはジョンに本をあげた（与えた）
　　（b）John was given a book by Mary.
　　　　ジョンはメアリーに本をもらった（与えられた）
（2）（a）Плотник строит дом.
　　　　大工が家を建てる
　　（b）Дом строится плотником.

　　　　家は大工によって建てられる
4. 「態」（ボイス）は、文法形態によっても反転語のような語彙によっても表現される。文法形態と語彙の重なり、すみわけの様相は「尊敬」にある程度似る（序論第2章II〈参考〉2、第22章参照）。

XI　動詞化動詞による反転

図表218　「援助」のヲ格能動化動詞とヲ格受動化動詞の支配図

動　詞	A. 与える人	援助	C. 受け取る人
(a)ヲ格能動化動詞　与える	ガ	ヲ	ニ
(b)ヲ格受動化動詞　受ける	カラ	ヲ	ガ

図表219　「質問攻め」のニ格能動化動詞とニ格受動化動詞の支配図

動　詞	A. 質問者	質問攻め	B. 回答者
(a)ニ格能動化動詞　する	ガ	ニ	ヲ
(b)ニ格受動化動詞　あう	カラ	ニ	ガ

図表220　「伝授」のヲ格能動化動詞とニ格受動化動詞の支配図

動　詞	A. 伝え授ける人	伝授	C. 授けられる人
(a)ヲ格能動化動詞　する	ガ	ヲ	ニ
(b)ニ格受動化動詞　あずかる	(?)カラ	ニ	ガ

〈例文〉
（1）(a)日本政府がアフガニスタンに経済援助を長期に渡って与えた
　　　(b)アフガニスタンが日本政府から経済援助を長期に渡って受けた
（2）(a)グリーンピースの代表者たちが首相を質問攻めにした
　　　(b)首相がグリーンピースの代表者たちから質問攻めにあった
（3）(a)隣の隠居が僕に菊作りの秘訣の伝授をしたという話しは近隣に

　　　　ぱっとひろまった
　　(b) 僕が隣の隠居から菊作りの秘訣の伝授にあずかったという話は近
　　　　隣にぱっとひろまった

〈基本事項〉
同一の名詞に結びつく2つの動詞化動詞がその名詞の異なる登場者をそれぞれガ格に立てる時、2つの動詞化動詞がつくる結合は反転の関係に立つ。
〈説明〉
1. 「援助」の主役はA.「与える人」、相手役はB.「与えるもの」、脇役はC.「受け取る人」である（図表22）。「援助」のヲ格動詞化動詞(a)「与える」は、主役をガ格に、名詞をヲ格に、脇役をニ格に立てる（相手役は通常名詞の連体修飾語で表わされる。「資金の援助」「資材の援助」）。よって、ヲ格能動化動詞である。「援助」のヲ格動詞化動詞(b)「受ける」は、脇役をガ格に、名詞をヲ格に、主役をカラ格に立てる（他の手段もある）。よって、（脇役ガ格の）ヲ格受動化動詞である。かくして、(a)と(b)は同一の名詞「援助」をヲ格に立てながら、(a)は主役を、(b)は脇役をガ格に立てる。したがって(a)(b)は反転の関係に立つ。[反転] 援助を与える＝援助を受ける。図表218参照。
2. 「質問攻め」の主役はA.「立て続けに質問する人」、相手役はB.「質問を受ける人」（第4章XI(i)〈説明〉3）。「質問攻め」のニ格動詞化動詞(a)「する」は、主役をガ格に、名詞をニ格に立てる。よって、ニ格能動化動詞である。もう一方のニ格動詞化動詞(b)「あう」は、相手役をガ格に、名詞をニ格に立てる。よって、ニ格受動化動詞である。かくして、(a)と(b)は同一の名詞「質問攻め」をニ格に立てる。(a)(b)は反転の関係に立つ。[反転] 質問攻めにする＝質問攻めにあう。図表219参照。
3. 「伝授」の主役はA.「伝え授ける人」、相手役はB.「伝えられ、授けられる事柄」、脇役はC.「事柄を授けられる人」である（第4章XI(ii)〈説明〉1)。「伝授」のヲ格動詞化動詞(a)「する」は、主役をガ格に、脇役をニ格に、名詞そのものをヲ格に立てる。よって、ヲ格能動化動詞である。ニ格動詞化動詞(b)「あずかる」は、脇役をガ格に、主役をカラ格に立て、名詞をニ格に立てる。よって、ニ格受動化動詞である。かくし

て、(a)と(b)は同一の名詞「伝授」をヲ格・ニ格に立てつつ、(a)は主役を、(b)は脇役を、ガ格に立てる。(a)(b)は反転の関係に立つ。〔反転〕伝授をする＝伝授にあずかる。図表220参照。

〈注意〉
1. 〈例文〉(1)では(a)(b)とも、ヲ格動詞化動詞、〈例文〉(2)では(a)(b)とも、ニ格動詞化動詞であるが、反転の関係に立つのは必ずしも同一格をとる動詞化動詞でないことは(3)の例でわかる。(3)では(a)はヲ格動詞化動詞、(b)はニ格動詞化動詞である。
2. 「伝授にあずかる」において、主役の表現を文脈にゆだねるのがなめらかな表現と思われる。「菊作りの秘訣の伝授にあずかりたいという下心が…」(中山義秀)
3. 「秘訣の伝授をした」より「秘訣を伝授した」のほうが簡潔な表現である。サ変動詞と動詞化動詞結合が反転の関係に立つことがしばしばある。〔反転〕伝授する＝伝授にあずかる

〈参考〉
能動化動詞(a)の受動態形(a′)は受動化動詞(b)と基本的に同じ内容を持つ。
(1) (a′)アフガニスタンが日本政府から経済援助を長期にわたって与えられた
(2) (a′)首相がグリーンピースの代表者たちから質問攻めにされた
(3) (a′)僕が隣の隠居から菊作りの秘訣を伝授されたという話しは近隣にぱっとひろまった(サ変動詞については、〈注意〉3参照)

第 26 章　自動詞・他動詞

I　自動詞と他動詞

〈例文〉
（1）　花が<u>咲く</u>
（2）　太郎が本を<u>読む</u>

〈基本事項〉
1. ものや事柄への働きかけを表わし、ものや事柄を表わす名詞をヲ格に立てる動詞は一般に他動詞と呼ばれる。
2. ものや事柄への働きかけを特に表わさず、それらをヲ格に立てない動詞は一般に自動詞と呼ばれる。

〈説明〉
「咲く」は自動詞、「読む」は他動詞。

〈注意〉
1. 「山道を歩く」のような場合、ヲ格名詞は移動の道筋を示す状況語。「歩く」は他動詞とされない。
2. 語は多義である。意味によって他動詞になったり、自動詞になったりするものがある。例えば、「食う」（第 5 章 VI（i）〈説明〉2 参照）は「暮らしを立てる」の意では自動詞とされる（「飯を食う」の「飯を」を内包したかたちと考えれば自動詞化が理解できる）。

II 自・他の対応(1)―意味

図表221 「鳴る」「鳴らす」の登場者と役柄

動詞	登場者	A. 音の発生源	B. 音があるようにするもの
(a)鳴る	格助詞	ガ	
	文での役割	第1補語	
	役柄	主役	
(b)鳴らす	格助詞	ヲ	ガ
	文での役割	第2補語	第1補語
	役柄	相手役	主役

図表222 「落ちる」「落とす」の登場者と役柄

動詞	登場者	A. 移動するもの	B. 起点	C. 着点	D. 移動があるようにするもの
(a)落ちる	格助詞	ガ	カラ	ヘ／ニ	
	文での役割	第1補語	第2補語	第3補語	
	役柄	主役	相手役	脇役	
(b)落とす	格助詞	ヲ	カラ	ヘ／ニ	ガ
	文での役割	第2補語	第3補語	第4補語	第1補語
	役柄	相手役	脇役$_1$	脇役$_2$	主役

〈例文〉

（1） (a)山のお寺の鐘が<u>鳴る</u>
　　　(b)和尚（おしょう）さんが山の寺の鐘を<u>鳴らす</u>

（2） (a)猿が木から地面に<u>落ちる</u>
　　　(b)太郎が猿を木から地面に<u>落とす</u>

〈基本事項〉

1. 動詞の中には、意味も外容も相似点を持ちつつ、自動詞と他動詞が対をなしているものがある。

2. 自動詞が表わす意味をSとすると、他動詞が表わす意味はS＋Kである。自動詞＝S、他動詞＝S＋K。KとはSが「あるようにする」という意味である。

3. Sは両者が共有する意味、Kは他動詞にのみある意味である。つまり、他動詞が表わす意味は自動詞が表わす意味より常に大きく、濃い。Kがあるからである。
4. Kの付加は、Sに登場する主役を相手役に転換し、新たな主役を導入することによって達成される(図表221、222)。

〈説明〉
1. 「鳴る」「鳴らす」が表わす事柄は似ている。「音がある」という点において共通する。これがSである。しかし、「鳴らす」には「音がある」という以上に(音がある)「ようにする」という内容が加わっている。「鳴る」＝「音がある」、「鳴らす」＝「音がある」「ようにする」。「ようにする」がKである。
2. 「落ちる」「落とす」は「ものが上から下へ急に移動する」という点において共通する。これがSである。しかし、「落とす」には(ものが上から下へ急に移動する)「ようにする」という内容が加わっている。「落ちる」＝「ものが上から下へ急に移動する」、「落とす」＝「ものが上から下へ急に移動する」「ようにする」。「ようにする」がKである。
3. 「鳴る」の登場者はA.「音の発生源」だけである。それがガ格に立つ。「鳴らす」には登場者が2名。「鳴る」の主役が相手役にかわり、新たな主役(B.「音があるようにするもの」)が導入される(図表221)。
4. 「落ちる」には3人の登場者がある。A.「移動するもの」(主役)、B.「起点」(相手役)、C.「着点」(脇役)。「落とす」にはそれ以外にD.「移動があるようにするもの」が登場する。Dは必ずガ格をとって登場し、主役の座を占める。Aはそれに応じてヲ格に移り、相手役の座を占める。B、Cの格はかわらないが、相対的に役柄が1位ずつ落ちる(図表222)。

III 自・他の対応(2)―かたち

図表 223　自・他の外容上の対応
→は「派生」の方向(少ないものから多いもの)を示す
⇔は双方に分化することを示す
下線部分は、音相の、(1)(2)に関しては増大部分、(3)に関しては相違部分

例		(1)自動詞がもと(他動化)	(2)他動詞がもと(自動化)	(3)不明(双方化)
	(a)	ugok-u → ugok<u>as</u>-u	husag<u>ar</u>-u ← husag-u	nok<u>or</u>-u ⇔ nok<u>os</u>-u
	(b)	same-ru → sam<u>as</u>-u	kak<u>ar</u>-u ← kake-ru	nag<u>are</u>-ru ⇔ nag<u>as</u>-u

〈例文〉

（１）　(a)人形が動く
　　　　(b)太郎は人形を動かす
（２）　(a)お茶がさめた
　　　　(b)太郎はフーフーと息を吹き掛け、お茶をさました
（３）　(a)土砂で排水口がふさがる
　　　　(b)太郎はセメントで排水口をふさぐ
（４）　(a)橋がかかった
　　　　(b)村人は橋をかけた
（５）　(a)太郎は一人家に残った
　　　　(b)母は太郎を一人家に残して出かけた
（６）　(a)水が川をゆっくり流れる
　　　　(b)花子は水をどぶに流した

〈基本事項〉

1. 対応の成立に当たり、(1)自動詞がもとで、それから他動詞がつくられた、(2)他動詞がもとで、それから自動詞がつくられた、(3)どちらがもとになっているとはいえず、１つのもとから自動詞・他動詞が分化した、と思われる３類がある。
2. (1)の他動詞の語幹は自動詞のそれに比べ、(2)の自動詞の語幹は他動詞のそれに比し、子音の数が多い。(3)では共通部分から自・他がそれぞれ異なる音相をとって分化している。
3. 以上から、自・他の対応には、派生の方向は基本的にないことが判明

する。

〈説明〉

1. (1)の(a) ugok-u → ugokas-u において、自動詞の語幹に as が付加されて、他動詞の語幹が形成されている。もとは ugok であり、「派生」されたものが ugokas である。その方向を示すのが →。(b) の same-ru → samas-u において自動詞の語幹は母音語幹。末尾の e を消去し、as が付加されて、他動詞の語幹が形成されている。もとは same であり、「派生」されたものが samas である。その方向を示すのが →。

2. (2)の(a) husagar-u ← husag-u において、他動詞の語幹に ar が付加されて、自動詞の語幹が形成されている。もとは husag であり、「派生」されたものが husagar である。その方向を示すのが ←。(b) の kakar-u ← kake-ru において、他動詞の語幹は母音語幹。末尾の e を消去し、ar が付加されて、自動詞の語幹が形成されている。もとは kake であり、「派生」されたものが kakar である。その方向を示すのが ←。

3. (3)の(a) nokor-u ⇔ nokos-u において、共通するのは noko。それに r がついて自動詞語幹、s がついて他動詞語幹が分化する。その分化を示すのが ⇔。(b) nagare-ru ⇔ nagas-u において、共通するのは naga。それに r がつき、かつ e をとって母音語幹化したのが自動詞の語幹 nagare。naga に s がついたものが他動詞語幹。それぞれ re と s をとって分化したと見られる。その分化を示すのが ⇔。

4. 以上の例だけでもわかるように、(1)の自動化、(2)の他動化、(3)の双方化にも、定常的関係はない。つまり、文法形態的な関係はない。このことは、自・他の対応が文法形態ではなく、語彙的なものであることを示す。ということは、語彙として対応を1つ1つ記憶していくほかないということである。本書で自他対応語(対応する自動詞・他動詞をこう呼ぶことにする。V〈基本事項〉1)を扱うゆえんはここにある。意味の変更は定常的であるが、かたちの変更は定常的でないという性質こそ本書で扱う全ての「縁」に共通する。

〈注意〉

1. かたちの区別のない自動詞・他動詞の対がある。格助詞のつきかたによっていずれであるかが判定される。「ドアが開く」—「太郎がドアを

開く」、「扉がとじる」―「太郎が扉をとじる」、「効力が発するのは1年後である」―「効力を発するのは1年後である」。動作性名詞が動詞化したものにこのタイプが多い。「解散する」「再開する」。その他、「生じる」。

2. 使役態は語幹に(∅/s)ase-ruを接合することによって形成される。kak・ase-ru 書カセル、tabe・sase-ru 食べサセル。形成された形態は語幹末をeとする母音語幹動詞である。ただし、このeはよく脱落して子音語幹に転化することがある。話しことばではこの現象が顕著である。

kak・ase-ru → kak・as-u (「このペンで書かしてやるか」などはこのe脱落形である)

tabe・sase-ru → tabe・sas-u (「ビフテキ食べさしてやった」などはこのe脱落形である)

…as-uで終るものが、自動詞に対応する他動詞であるのか、自動詞から形成される使役態のe脱落形であるか見分ける必要がある。

〈参考〉

1. 以上少ない例であるが、自動詞化にはr、他動詞化にはsがよく活躍することを見た。このrは受動態をつくるのに用いられる文法形態素(∅/r)are-ruで認められるrを、使役態形成に用いられる文法形態素(∅/s)ase-ruのsを、想起させる。

2. 自・他の対応に定常的関係(つまり、文法形態的関係)を見出そうとする先人の苦闘のあとは、例えば、林大の自動詞・他動詞の対応の表〔(国語学旧): 505〕や佐久間鼎(佐久間1955: 137)の図式化に見ることができる。これら図表は対応が語彙的であることをいみじくも示している。

IV 「他動化の縁」と「自動化の縁」

〈基本事項〉

1. 自動詞を出だし語にして他動詞が対応する関係を「他動化の縁」と呼び、[他化]と略記する。[他化] 鳴る＝鳴らす、[他化] 落ちる＝落とす、[他化] 残る＝残す

2. 他動詞を出だし語にして自動詞が対応する関係を「自動化の縁」と呼

び、[自化]と略記する。[自化]鳴らす＝鳴る、[自化]落とす＝落ちる、[自化]残す＝残る

〈説明〉
1. かたちから見る限り、自・他の対応には基本的に「派生」の方向はないことはⅢで見た。
2. 日本語力としては、自動詞が出てきたらそれを他動詞に、他動詞が出現したら自動詞に、転換する能力が問われる。

〈注意〉
繰り返しになるが、他動詞には自動詞にないKという意があり、そのKは他動詞の登場者数を必然的に自動詞のそれより1名増大させる。つまり、内容的(意味的)には他動詞の方が常に豊富である。しかし、外容的には(かたちの上では)他動詞の方が常に長い(音相が豊富である)わけではない。ここに、自他対応の内容と外容のアンバランスがある。

〈参考〉
「他動化の縁」で自動詞に対応する他動詞を対他動詞、「自動化の縁」で他動詞に対応する自動詞を対自動詞と呼ぶなら、対応のない自動詞、他動詞はやもめ自動詞、やもめ他動詞と呼ぶことができる。寺村は絶対的自動詞、絶対的他動詞という名で区別する(寺村 1982: 307)。

Ⅴ 反転語と自他対応語

〈例文〉
（１） (a)誘拐犯が子供の口を布でふさいでいる
　　　 (b)誘拐犯が子供の口に布をつめている
（２） (a)実行犯が家の出口を家具でふさいでいる
　　　 (b)家の出口が家具でふさがっている

〈基本事項〉
1. 対をなす自動詞・他動詞を自他対応語と呼ぶ。
2. 反転語の対と自他対応語の対は相互に意味が似ており、登場者の格の変更があるので、近似的存在である。
3. 両者の異なりは次の諸点にある。(1)反転語の対が表わす事柄は同一で

あるが、自他対応語の対が表わす事柄は同一でなく、自動詞がSを表わすなら、他動詞はS+Kを表わす（II参照）。(2)反転語の対が持つ登場者スタッフは同一であるが、自他対応語の対が持つ登場者スタッフは同一でなく、常に他動詞の方が1人多い（n+1である）。ただし、共通する同一登場者があり、それは自動詞ではガ格に立ち主役、他動詞ではヲ格に立ち相手役となる。(3)反転語の登場者の格の変更には様々なタイプがあるが、自他対応語では他動詞の主役は自動詞で退場（ゼロに交替）し、ヲ格に立つ相手役が主役に立つ（自動詞の主役は他動詞でヲ格に立ち、新主役が導入される―ゼロから交替する）という1タイプしかない。(4)反転語の対には音相の相似点はほんの一部にしか見出されない（azuke-ru―azukar-u、osie-ru―osowar-u）が、自他対応語の対は必ず音相の相似点を持つ。

〈説明〉
1. 〈例文〉(1)(a)(b)は反転語の対で、表わす事柄が同じ。登場者は、誘拐犯・口・布の3者で共通。ただし、誘拐犯はガ格で不動、口はヲ格からニ格へ、布はデ格からヲ格にかわる。音相は(a)(b)共通点なし。
2. 〈例文〉(2)(a)(b)は自他対応語の対で、表わす事柄は異なる。登場者は(a)では実行犯、出口、家具の3者、(b)では出口、家具の2者。(a)では実行犯がガ格に立ち、出口がヲ格、家具がデ格。(b)では実行犯が退場（ゼロに交替）し、ヲ格に立つ出口がガ格となる。家具はデ格で不動。husag-u―husagar-u で、husag という共通の音相を持つ。
3. 〈例文〉(1)(a)(b)はともにテイルで進行的意味。〈例文〉(2)(a)では進行的意味、(b)では（結果の）状態的意味。意味の異なりが顕著に認められる。

〈注意〉
1. 他動化とは、新主役登場（ゼロからの交替）、旧主役の相手役化（ヲ格就位）である。図式化すれば図表224のようになる。

図表 224　他動化による主(しゅ)・相(あい)転換

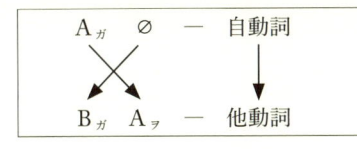

```
A_ガ    ∅       ― 自動詞
    ╲ ╱
    ╱ ╲
B_ガ    A_ヲ    ― 他動詞
```

図表 225　自動化による相(あい)・主(しゅ)転換

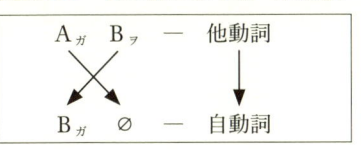

```
A_ガ    B_ヲ    ― 他動詞
    ╲ ╱
    ╱ ╲
B_ガ    ∅       ― 自動詞
```

2. 自動化とは、主役退場(ゼロへの交替)、旧相手役の主役化(ガ格就位)である。図式化すれば図表 225 のようになる。

3. 自他の対応の例は多くの文法書に掲げられている(例えば、寺村(1982: 306–317)、高橋他(2005: 69)、鈴木(1972: 273–275))ので再録をひかえる。

第 27 章　総称語

I　総称語とは

図表 226　総称語

	出だし語	総称語
(1)	ワシ、カラス、ハト、スズメ、文鳥	トリ
(2)	スズメ、文鳥、カナリヤ	小鳥
(3)	カケス、オナガ、ムクドリ、ワシ	野鳥
(4)	ヤマイモ、サトイモ、サツマイモ、ジャガイモ	芋
(5)	チャーハン、ラーメン、酢豚、餃子	中華料理
(6)	ステーキ、しゃぶしゃぶ、串カツ、バーベキュー	肉料理
(7)	天丼、鰻丼、鉄火丼、牛丼	丼物
(8)	狭心症、肺炎、結核、胃炎、肝硬変、腎不全	病気
(9)	吠える、さえずる、いななく	なく
(10)	(楽器を)弾く、叩く、吹く	演奏する、奏でる
(11)	甘い、辛い、塩辛い、苦い、酸っぱい	味
(12)	赤い、白い、黒い、青い、黄色い、オレンジ色の	色

〈基本事項〉
1. 出だし語の意味をより抽象化・総体化する語を総称語という。
2. 出だし語とその総称語の関係を「総称の縁」と呼ぶ。[総]と略記する。
3. 「総称の縁」は異なる品詞間でも成立する。

〈説明〉
1. トリは(1)に例として掲げた出だし語全てを含み、それらを抽象し、総称することができる。
2. 例えば、(11)の出だし語はイ形容詞であるが、総称語「味」は名詞である。また、(12)の出だし語はイ形容詞か、ノによる形容詞的語(ノ形

容詞)であるが、総称語「色」は名詞である。
3. 動詞にも総称語がある([(9)(10)])。

〈参考〉
1. 具体名詞は抽象名詞より階層性がはっきり認められ、総称語を選び出すことが容易である。動植物([(1)–(4)])、食物([(5)–(7)])、病気[(8)]などが例としてあげられる。
2. 名詞に比べ、動詞、形容詞では階層性があまり目立たなくなるが、あることはある。([(9)–(12)])。
3. 分類(例えば図書の分類)に用いられる用語はなんらかの語の総称語である。[総]日本文学＝文学、[総]フランス語＝外国語、言語
4. 総称語は、日本文学、フランス文学、英文学—文学；言語学者、漢学者、物理学者—学者；国立大学、公立大学、私立大学—大学；軽工業、重工業—工業；常緑樹、落葉樹—木、樹木のように、修飾要素を取り除くと総称語そのものや関連する要素が見えてくるものと、口紅、おしろい—化粧品のように、総称語が別個にあるものが区別される。
5. 「もの」で造語される総称語がある。[総]酢味噌あえ、ごまあえ、からしあえ＝あえもの、[総]人間、動物、昆虫＝生きもの、[総]陶器、磁器、土器＝焼きもの
6. 「類」で造語される総称語には分類学上の用語のみならず日常的に用いられるものもある。[総]そば、うどん、ラーメン、スパゲッティ＝麺類、[総]着物、洋服、コート、下着、靴下＝衣類、[総]ライム、シトロン、ザボン、ダイダイ、オレンジ、ポンカン、ユズ、ミカン、夏ミカン、ハッサク＝柑橘類、[総]エビ、カニ、ヤドカリ＝甲殻類
7. 出だし語を列挙する総称語がある(列挙総称語と呼ぶ)。[総]甥、姪＝甥姪、[総]おじ、おば＝おじおば、[総]父、母＝父母、父母(親、両親)、[総]兄、弟、姉、妹＝兄弟姉妹。反義で対応する語を並列するものもあるが、列挙総称語の一類としておく。[総]暑さ、寒さ＝暑さ寒さ、[総]寒さ、暖かさ＝寒暖、[総]生、死＝生死、[総]前、後、左、右＝前後左右、[総]賛成、反対＝賛否
8. 商店を表わす複合名詞の前接部分も一種の総称語である。<u>雑貨屋</u>、<u>小間物屋</u>、<u>荒物屋</u>、<u>金物屋</u>、<u>瀬戸物屋</u>、<u>文房具屋</u>、<u>薬屋</u>、<u>ペット</u>ショップ

（扱う商品は時代や国の内外で異なる。drug store（米）、chemist's shop（英）、薬屋、ファーマシーを比較されたい）。

II　総称語の用法と例解

〈例文〉
（1）　鷗外・漱石などの<u>作家</u>
（2）　モーツァルト、ベートーベンのような<u>作曲家</u>
（3）　金銀プラチナなどの<u>貴金属</u>
（4）　例えば、ライオン・虎などの<u>野獣</u>
（5）　人間という<u>生きもの</u>
（6）　ウランは原子炉燃料や核兵器原料となり、現在非常に重要性を増してきた<u>元素</u>である
（7）　石油は日本がどうしても輸入しなければならない<u>原料</u>だ
（8）　鯨はかたちから見れば<u>魚類</u>ですが、母乳で子を育て肺で呼吸する<u>哺乳類</u>なのです
（9）　(a)あの人は<u>ガン</u>です
　　　(b)あの人は<u>病気</u>です

〈基本事項〉
総称語は、まとめや抽象を行う上でも、文をつくる上でも重要な役をはたす。

〈説明〉
1.　(1)から(5)まではまとめや抽象の用法、(6)から(8)までは文での用いられかたの例。(9)(a)はどぎつい直接的表現。(b)はどぎつさを避けた婉曲な表現。
2.　以下語例を〈類例〉として掲げる。

〈類例〉
（1）　［総］田、畑＝田畑、農地、耕地
（2）　［総］芳香、臭気、汚臭、体臭＝匂い
（3）　［総］白雪、粉雪、牡丹雪＝雪
（4）　［総］飲み薬、塗り薬、軟膏＝薬

（5）［総］てんぷら、コロッケ、トンカツ、エビフライ、カキフライ＝揚げもの（I〈参考〉5）

（6）［総］ダイヤモンド、ルビー、琥珀、真珠＝宝石

（7）［総］肺、胃、心臓、ぼうこう＝内臓、五臓六腑

（8）［総］山羊、羊、牛、馬、豚＝家畜

（9）［総］鶏肉、牛肉、豚肉、馬肉、羊肉＝肉

（10）［総］馬、牛、鹿、ライオン＝けもの、けだもの

（11）［総］ライオン、虎、熊＝猛獣

（12）［総］ライオン、野ウサギ、山猫＝野獣

（13）［総］牛、馬＝牛馬

（14）［総］人、馬＝人馬

（15）［総］人、家畜＝人畜

（16）［総］ピアノ、バイオリン、琴、フルート、トランペット、ドラム＝楽器

（17）［総］バイオリン、ビオラ、コントラバス、三味線、琵琶＝弦楽器

〈参考〉

1. 英語で clock は掛け時計・置き時計、watch は腕時計・懐中時計を意味し、日本語の「時計」に相当する総称的な語はない。

2. 一方、英語では、strawberry「イチゴ」、blackberry「クロイチゴ」、blueberry「ブルーベリー」、cranberry「クランベリー」、dewberry「デューベリー」、gooseberry「グーズベリー」、loganberry（dewberry と raspberry の交配による雑種）、raspberry「キイチゴ」などは berry で総称されるが、日本語ではこれに相当する適当な語は見出しがたい。キイチゴも適当でなく、イチゴ類では熟さずピンとこない。しかしロシア語にはある。berry には ягода が対応する。клубника, малина и другие ягоды「イチゴやラズベリーのようないちご類」

3. 英語では lion, tiger and other cats という。cat はライオン、タイガーなどの総称語として用いられる。しかし、日本語の「猫」、ロシア語の кошка, кот はこのように用いることはできない。

4. 日本語では、図表226（4）にあげた出だし語が全て「芋」で総称されるが、英語にもロシア語にもこれに当たる総称語はない。potatoes,

картофель は「ジャガイモ」、sweet potatoes, сладкий картофель, батат は「サツマイモ」に対応してしまう。
5. Caucasian「「白人」といわれる人種」Asian「アジア人種」のような総称語がアメリカの入国管理制度の中に存在し、アンケートで実際に使用される。区別は皮膚の色ではなく伝統である。Asian は英語ではインド出身者、米語では主に東アジア人。
6. 以上でわかるよう総称語は各言語で固有のものがあり、なめらかな翻訳が困難な場合がある。
7. 総称語は、「上位語・下位語」というかたちで、語彙をピラミッド型の階層構造としてとられる視点から研究されてきた。語彙の階層化は、基本語彙の選定、情報検索、類語辞典、シソーラス作成に有用である。ここでは、日本語学習者の作文能力向上の視点から事柄を述べた。

第 28 章　品詞転換語

I 品詞転換語とは

図表 227　品詞転換語

	(a)出だし語	(b)品詞転換語
(1)	もりたてる(動詞)	もりたて(名詞)
(2)	持ち込む(動詞)	持ち込み(名詞)
(3)	やさしい(イ形容詞)	やさしさ(名詞)
(4)	大胆な(ナ形容詞)	大胆さ(名詞)
(5)	立候補(名詞)	立候補する(動詞)
(6)	把握(名詞)	把握する(動詞)
(7)	この頃(副詞)	この頃(名詞)

〈例文〉

（１）　(a)目下あの手この手で憲法改正反対のムードを一生懸命もりたてている

　　　(b)目下あの手この手で憲法改正反対のムードのもりたてに一生懸命だ

（２）　(a)当時アメリカは日本に核兵器を持ち込む計画を持っていたが、日本政府は断固拒否したらしい

　　　(b)日本政府はアメリカの核兵器持ち込みを断固拒否したらしい

（３）　お母さんはとてもやさしい人です。そのやさしさが家族全員の活力の種になっています

（４）　先代の社長は事に当っていつも大胆でした。その大胆さこそこの会社の現在の繁栄をもたらしたものです

（５）　(a)この激戦の選挙区でのさらなる新人の立候補は相当の困難が伴わ

　　　　れるに相違ない
　　　(b)この激戦の選挙区でもう一人新人を立候補させるなんてとうてい
　　　　できることじゃない
（6）　(a)研究に当り、人口動態の正確な把握が不可欠である
　　　(b)研究に当り、人口動態を正確に把握する努力は不可欠である
（7）　(a)この頃、私はいつも窓辺に立って富士のかなたに沈み行く夕日を
　　　　ながめています
　　　(b)いつも窓辺に立って富士のかなたに沈み行く夕日をながめるこの
　　　　頃です
　　　(c)いつも窓辺に立って富士のかなたに沈み行く夕日をながめるこの
　　　　頃の私です

〈基本事項〉
1. 出だし語と意味はだいたい同じながら品詞が異なる語を品詞転換語という。
2. 品詞転換語は出だし語に「品詞転換の縁」で結ばれる。［品転］と略記する。
3. 品詞転換語は、語の意味を特に変えず、連なり方を変えるため、新たな構文的可能性を話し手・書き手に与える。
4. 何がもとで何が派生するかという、起点・着点の関係が文法上では認められるが、作文に当たっては、起点・着点の関係は問われず、方向はどちらでもよく、ただ正確に転換できるかという能力のみが必要である。
5. 「品詞転換の縁」で結ばれる語は相互に品詞転換語である。

〈説明〉
1. 動詞「連用形」はそのままで名詞になることがある（アクセントが変わる場合がある）。
2. イ形容詞の語尾（イ、イ、ク）をとり、サをつけると名詞になる。暖かい→暖かさ、暑い→暑さ、小さい→小ささ
3. ナ形容詞の語尾（ダ、ナ、ニ）をとり、サをつけると名詞になる。みごとな→みごとさ、華やかな→華やかさ、きれいな→きれいさ
4. 多くの動作性・状態性名詞にスルをつけると動詞になる。船出→船出する、スケッチ→スケッチする、研究→研究する、集中→集中する

第28章　品詞転換語　643

5. このような場合、意味の変化は非常に少ないか、かなり形式的である。例えば、「ひどく暑くて、体力を消耗する」と「ひどい暑さで、体力を消耗する」のような例文において、「暑い」と「暑さ」では、状態そのものに対し、状態の程度という語彙上の意味の違いは確かにあるが、かなり形式的なものといってよい。次のような品詞の変化による意味の差に比べれば微々たるものに過ぎない。つきそう(動作)―つきそい(人)、はかる(動作)―はかり(器具)、通る(動作)―通り(場所)。意味がほとんど変らないか、変ってもわずかで形式的な場合、品詞転換語と考える。
6. 図表227の(1)から(6)に掲げたもののうち、(a)は出発点(派生するもの)、(b)は到達点(派生されたもの)であり、そこには方向性がある。しかし、日本語の使用に当たっては、動詞、形容詞、名詞から他の品詞へ転換する能力と作業が大切である。もりたてる⇄もりたて、やさしい⇄やさしさ、立候補⇄立候補する
7. 「もりたてる」を「もりたて」に品詞転換すると「一生懸命」という副詞(形)を述語(形)として使うことができる(一方、「もりたて」を「もりたてる」に品詞転換すると「一生懸命だ」という述語(形)を副詞(形)として使うことができる)。〈例文〉(1)。
8. 「持ち込む」を「持ち込み」に変えると、文はより短く、ひきしまった感じになる。〈例文〉(2)。概して名詞化は文をひきしめる。〈例文〉(5)(6)の(a)(b)を比較されたい。一方、「持ち込む」は「計画」のような名詞に結びつき、文に、より複雑な内容を盛り込む可能性を開く。
9. 「…はやさしい。そのやさしさが…」(〈例文〉(3))、「…は大胆だ。その大胆さこそ…」(〈例文〉(4))のような品詞転換は文の中にある種の流れとリズムをつくりだすてだてとして使える。
10. 「把握」を「把握する」に変え、その連体形を用いると、形式名詞、ノやコトのみならず、「努力」「試み」「態度」などの名詞に結びつけることができ、文の内容を複雑にすることができる。〈例文〉(6)。形式名詞コトやノについては〈注意〉5参照。
11. 図表227(7)の「この頃」は、副詞としてまず存在し、それが名詞として用いられるのか、名詞として先に存在し、それが副詞として用いられるのかを問う必要はない。学習者にとり必要な知識は、時の名詞は副詞

としても用い得る(その逆も可)というに過ぎない。
12. 〈例文〉(7)の(a)は「この頃」を副詞として用いる動詞文。(b)(c)は長い連体修飾を持つ名詞文。(b)では「この頃」が名詞として長い連体修飾を受けて述語となる。(a)で格助詞ガをとり(表面上はとりたて助詞ハをとり)いわゆる「主語」として用いられている「私」が(c)では長い連体修飾を受けて述語となる。「この頃」もノをとって連体修飾の一端を担う。(a)は普通よく用いられる文。(b)(c)は随想などにしばしば顔を出す文。(b)(c)のような文が好まれる文体があることに学習者の注意をうながしてよいだろう。

〈注意〉
1. 「連用形」による名詞化は語結合の複合名詞化においても認められる。人を減らす(名詞+動詞)→人減らし(複合名詞)。経営を立て直すためには人を減らす必要がある→…人減らしが必要である
2. 名詞と形容詞の間に品詞転換の関係にあるものがあることを認めると名詞と形容詞語幹+サが同義語であるという結果をもたらすことになる。意味の近い類義語として処置しておきたい。安全(ガ、ヲ、ヘ)(名詞)→安全ダ・安全ナ、安全ニ(ナ形容詞)→安全サ(名詞)。仕事場に必要なのはまず安全を保つことだ。仕事場に必要なのはまず安全さを保つことだ
3. メは主にイ形容詞の語幹につき、そのような性質・傾向を持つ、という意の名詞を形成する。ヤサシイ―ヤサシメ、アタタカイ―アタタカメ。動詞「連用形」+ギミなども同様。疲れる―疲れぎみ。これらは、意味に著しい相違がでるので品詞転換語とされない。
4. 「行くがいい」「ひとこといったに過ぎない」「ひとこというに決まっている」「こういう場合は逃げるに限る」「いうにこと欠いて…」のような結合において下線部の動詞は「格助詞」と結びつき名詞扱いとなる。限られた環境であるが、動詞の現在形、過去形(連体形?)は「即身名詞化」する。
5. ノやコトのような形式名詞は文によって修飾されるかたちをとって文全体を名詞化する。君はそう考える―君がそう考えるのは当然だ。多くの人があの人は立派な人だといっている―多くの人があの人は立派な人だ

といっている<u>こと</u>を僕も知っている

〈参考〉
1. スルは多くの動作性・状態性名詞を動詞化する。語種(第21章II)でざっと分類すると次のようになる。
   (1) 漢語名詞＋スル。旅行スル、研究スル、独立スル、努力スル、建築スル、信頼スル、安心スル
   (2) 外来語名詞＋スル。ジャンプスル、ドライブスル、ノックスル、タッチスル
   (3) 混種語名詞＋スル。指図(さしズ)スル、両替(リョウがえ)スル
   (4) 和語名詞＋スル。噂(うわさ)スル、真似スル、船出スル
   長い語もある。年中行事化―年中行事化スル
2. 皮肉(名詞)→皮肉る(動詞)のようなものも品詞転換とここでは考える。
3. 「的」はある種の名詞に後接し、ナ形容詞の語幹を形成する。語幹は造語要素として働くが、新しい品詞の資格を獲得したわけではないので、以下のような例は品詞転換とは考えない。政治(名詞)―政治的(造語要素)、教育(名詞)―教育的(造語要素)。ただし、政治の力学―政治的力学、教育の効果―教育的効果において、「政治の」「教育の」(名詞＋ノ)と「政治的」「教育的」の意味の差は或程度形式的なものと思われる。このような「転換」も日本語において重要な技法であり、習得すべきであるが、文法から考えられた品詞転換の問題の枠外に立つ。品詞と造語要素の転換の問題は後考を待ちたい。
4. アクティブ、タイムリー、ファッショナブルなども造語要素として存在する。「タイムリーヒットを打った」。これらも、語の資格を獲得するのは通常ナ形容詞となった時である。「とてもファッショナブルだ」(述語形)、「ファッショナブルな服装」(連体形)、「ファッショナブルによそおう」(副詞形)。「<u>タイムリー</u>ヒット」と「<u>タイムリーな</u>ヒット」の下線部の意味の差はほとんどないか、あっても形式的なものに過ぎない。このような「転換」も習得の要がある(3参照)。
5. 動詞の否定形は形態的にはイ形容詞である。kak・ana-i 書カナイ、tabe・na-i 食ベナイ。ただし、これを形容詞に品詞転換していると見る文法家はいない。あくまで、動詞の否定形である。ただし、この否定形

は形容詞と同じくサによって名詞化、ないし、造語要素化する可能性はなくはない。食ベナイ→食ベナサ（この子の食べなさかげんは尋常ではない）

II 品詞分類

図表228　自立語の3品詞

	品詞	例
自立語	動詞	書ク、食ベル
	名詞	手紙、学校
	形容詞	美シイ、キレイダ(ナ、ニ)、本当ダ(ノ、ニ)、タビタビダ(ノ、∅)

〈例文〉

（1）　私は昨日父に手紙を<u>書いた</u>　　　—動詞文
（2）　これは私が昨日父に書いた<u>手紙</u>だ　—名詞文
（3）　父の筆跡は<u>美しい</u>　　　　　　　—イ形容詞文
　　　父の筆跡は<u>きれいだ</u>　　　　　　—ナ形容詞文
　　　父のいうことは<u>本当だ</u>　　　　　—ノ形容詞文（1）
　　　（父に会うことはめったにありませんが）
　　　手紙がくるのは<u>たびたび</u>です　　—ノ形容詞文（2）

〈基本事項〉

1. 本書では、自立語には、動詞・名詞・形容詞の3品詞しかないという立場をとる（図表228）。純副詞（ホボ、極ク）、連体詞（ソノ、アノ、小サナ）は形容詞の語形（純副詞は副詞形しかない、連体詞は連体形しかない形容詞である）と考える。
2. 形容詞は、少なくとも、述語形・連体形・副詞形の3語形を持つ。
   (1) 末尾にそれぞれ、イ・イ・クを持つものがイ形容詞である。美シイ・美シイ(人)・美シク(踊る)
   (2) 末尾にそれぞれ、ダ・ナ・ニを持つものがナ形容詞である。キレイダ・キレイナ(人)・キレイニ(光る)
   (3) 末尾にそれぞれ、ダ・ノ・ニを持つものがノ（ニ）形容詞である。

本当ダ・本当ノ(事)・本当ニ(美しい)

(4) 末尾にそれぞれ、ダ・ノ・∅(ゼロ)を持つものがノ(ゼロ)形容詞である。(嘘をつくのは)タビタビダ・タビタビノ(来訪)・タビタビ(来る)

3. 形容詞には、副詞形や述語形を欠くものがある。これらをそれぞれ、副詞欠け形容詞(嫌イナ、特殊ナ)、述語欠け形容詞(ロクナ、格段ノ、従来ノ、サッソウタル)と呼ぶ。

4. 形容詞には述語形、連体形を欠くものがある。これは「純副詞」と呼んでいいものである。正ニ、特ニ、暗ニ、直チニ、極、ホボ、寒々ト、トント

5. 形容詞には述語形、副詞形を欠くものがある。これは「連体詞」と呼ばれているものである。イロンナ、ヒョンナ、大キナ、小サナ、オカシナ、コノ、ソノ、アノ、カノ、ドノ、ホンノ、当ノ、例ノ、最愛ノ、イクタノ、クダンノ、モヨリノ、赤ノ、ズブノ、屈指ノ、生粋ノ、生ミノ(母)、一掬ノ(涙)、チョットヤソットノ、サル、アル、コウイウ、ドウイウ、タイシタ、チョットシタ、ダイソレタ、我ガ、大イナル

以上を表示すると図表229のようになる。

図表229 形容詞の体系

完全・不完全			名称	例	述語形	連体形	副詞形
完全形容詞			イ形容詞 ナ形容詞 ノ(ニ)形容詞 ノ(ゼロ)形容詞	美しい きれいな 本当の たびたびの	イ ダ ダ ダ	イ ナノ ノ ノ	ク ニ ニ ∅(ゼロ)
不完全形容詞	一形欠け	副詞形欠け	ナ形容詞 ノ形容詞	嫌いな うってつけの	ダ ダ	ナ ノ	
		述語形欠け	ナ形容詞 ノ(ニ)形容詞 ノ(ゼロ)形容詞 タル(ト)形容詞	ろくな 格段の 従来の さっそうたる		ナ ノ ノ タル	ニ ニ ∅(ゼロ) ト
	二形欠け	述語連体形欠け	純副詞的形容詞	ごく			(ク)
		述語副詞形欠け	連体詞的形容詞	大きな		(ナ)	

〈説明〉
1. この枠組にはまらないものは「分解」という作業が必要である。正常ナ体温、正常ノ体温のように連体形が2つある場合、ナ形容詞とノ（ニ）形容詞に分解して考える。「夜ガふける」「夜働く」のような場合、名詞（夜₁）とノ（ゼロ）形容詞（夜₂）に分解する。「夜ガふける」の「夜」は「夜₁」である。「夜働く」の「夜」は「夜₂」の副詞形である。「コノ頃」も同様である。名詞（この頃₁）とノ（ゼロ）形容詞（この頃₂）に分解し、「コノ頃富士を眺メル」は「この頃₂」の副詞形と考える。図表227でこの語を名詞と副詞に所属させたのはこの処置の結果である（名詞とノ（ゼロ）形容詞の副詞形に分けた、というのがより正確な表現である。名詞と純副詞に分解するという考え方もある）。分解の作業について詳しくは、城田（1998: 233）及び城田（1982）参照。
2. 以上でわかるよう、マズマズは副詞であり、マズマズノは形容詞である、とか、タマノ（休み）は形容詞、タマニは副詞である、というような品詞転換の考えをとらない（同一の語幹を共有しての連体用法、副詞用法、述語用法に立つかたちは形容詞の各語形と考える）。

〈注意〉
1. 本書で「品詞転換」と考えるのは語の転換で語形の転換ではない。
2. 動詞の述語形と連体形も品詞転換ではない。私ハ魚ヲタベル（述語叙述形の現在形）→私ガタベル魚（連体形）、私ハ魚ヲタベタ（述語叙述形の過去形）→私ガタベタ魚（連体形）
3. 述語によって分類すると日本語の文は、動詞文、名詞文、形容詞文の3類に分かたれる。〈例文〉参照。

〈参考〉
1. 「研究」は名詞であり、「研究する」は動詞であり、両者は既述のように名詞→動詞という品詞転換の関係に立つが、これは形態の差ではなく、語が異なるという立場に立つ。「美しい」→「美しさ」、「もりたてる」→「もりたて」も同様である。
2. 「夜が好きだ」の「夜」は「夜₁」という名詞、「夜働く」の「夜」は「夜₂」で、それは副詞形と本書では考える。これは同一の語が語形を転換したのではなく、2つの異なる語と考える（「夜₂」は「夜ダ／夜ノ

／夜」という語形を持つノ(ゼロ)形容詞の副詞形であるというのが本書の立場である。
3. 「美しい踊り」は形容詞連体形、「美しく踊る」は形容詞副詞形。両者は品詞転換ではなく、語形の変化である。
4. かたちの上で語形変化とし得るものでも意味が相当離れる場合がある。よい人―よく働く、よく見かける(このような場合、異なる語とする立場もある)

主な記号・略記一覧

I. ［　］：「縁」の略記である（「縁」については p.9、10 参照）。
1. ［　］内の漢字・かな・アルファベットは、大字・小字・（・）ナカグロ・（（　））カッコ、（／）スラッシュを無視して、左から右へと順に読む。例えば、［強］はキョウ、［ヲ充愛］はヲジュウジュ、［同・非主敬］はドウヒシュケイ、［同（漢・和）］はドウカンワ、［反転Ｃガ Ｂヲ Ａニ／カラ］はハンテンシーガビーヲエーニカラと読む。読みに従い、アイウエオ順に並べる。
2. 漢字の読みは常識的な音読みに統一（［相名］はソウメイ、［脇名］はキョウメイと読む）。アルファベットも常識的なものとする（Ａエー、Ｂビー、Ｃシー、Ｄディー…）。
3. ①は当該縁の主要参照箇所、②は当該縁による語彙名称と主要参照箇所（①②ともページ（p.）で表示）、③は使用例（1 例ないし 2 例）である。

ア

［悪］—悪化の縁（① p.342　② 悪化語 p.342　③［悪］髪＝乱れ　［ガ悪］［ヲ悪］のように格助詞が前に記されない場合（例えば、上記［悪］髪＝乱れ）、悪化名詞を示す。p.343）

カ

［ガ悪］—ガ格悪化動詞の縁（① p.342　② ガ格悪化動詞 p.342　③［ガ悪］声＝つぶれる、かれる、しゃがれる、かすれる）

［ガ悪・反］—ガ格悪化動詞の縁と反義の縁の複合（① p.350　② 語彙名称なし　③［ガ悪・反］精力、体力、学力、能率＝増進する）

［害］—加害の縁（① p.356　② 加害語 p.356　③［害］泥棒＝盗む）

［ガ生］—ガ格生成動詞の縁（① p.297　② ガ格生成動詞 p.296、297　③［ガ生］子供＝生まれる　［ガ生］芽＝出る）

［ガ生・完］—完成相も示すガ格生成動詞の縁（① p.300　② ガ格完成相生成動詞 p.300　③［ガ生・完］テンプラ＝揚がる）

［ガ生・反］—ガ格生成動詞の縁と反義の縁の複合（① p.323、325、589　② ガ格無化動詞 p.325　③［ガ生・反］子供＝死ぬ（＝［ガ無］））

［ガ動］—ガ格動詞化動詞の縁（① p.168　② ガ格動詞化動詞 p.167、168、202–219　③［ガ動］納得＝いく　［ガ動］雨＝降る）

［ガ動・始］—開始相も示すガ格動詞化動詞の縁（① p.224　② ガ格開始相動詞化動詞 p.224–226　③［ガ動・始］けんか＝始まる）

［ガ動・終］—終結相も示すガ格動詞化動詞の縁（① p.227　② ガ格終結相動詞化動詞 p.226–229　③［ガ動・終］芝居＝跳ねる）

［ガ動・続］―継続相も示すガ格動詞化動詞の縁（①p.230　②ガ格継続相動詞化動詞p.230、231　③［ガ動・続］沈黙＝続く）

［ガ動・復］―反復相も示すガ格動詞化動詞の縁（①p.232　②ガ格反復相動詞化動詞p.231　③［ガ動・復］失敗＝重なる）

［ガ発］―ガ格機能発揮動詞の縁（①p.237　②ガ格機能発揮動詞p.236、237　③［ガ発］車＝走る　［ガ発］凧＝揚がる）

［ガ無］―ガ格無化動詞の縁（①p.314　②ガ格無化動詞p.314、319、320　③［ガ無］伝統＝滅びる）

キ

［強］―強調の縁（①p.40　②強調語p.40　③［強］ほれこむ＝ぞっこん　［強］警戒＝厳重な）

［強・反］―強調の縁と反義の縁の複合（①p.102、589　②弱め語p.102、103、589　③［強・反］傷＝浅い　［強・反］拍手＝まばらな）

［脇 名］―脇役名詞の縁（①p.440　②脇役名詞p.439、440　③［脇名］教える＝学び手、学習者、生徒、学生、受講者、教え子）

ケ

［結］―結果の縁（①p.365　②結果語p.365　③［結］逮捕（する）＝拘禁（する）　［結］（雪が）降る＝積もる）

［結受］―受動化結果動詞の縁（①p.367　②受動化結果動詞p.367–373　③［結受］探す＝見つかる）

［結受(相手役)］―受動化結果動詞の縁（結果動詞の主役が出だし語の相手役に一致することを示す精密表記　①p.367　②受動化結果動詞p.367–373　③［結受(相手役)］探す＝見つかる）

［結受(脇役)］―受動化結果動詞の縁（結果動詞の主役が出だし語の脇役に一致することを示す精密表記　①p.370　②受動化結果動詞p.367–373　③［結受(脇役)］約束する＝当てにする）

［結能］―能動化結果動詞の縁（①p.367　②能動化結果動詞p.367–370　③［結能］探す＝見つける）

サ

［賛］―称賛の縁（①p.114　②称賛語p.114　③［賛］（外国語を）話す＝流暢に）

［賛・強］―称賛の縁と強調の縁の複合（①p.144　②強調的称賛語p.144　③［賛・強］つわもの＝一騎当千の）

［賛脇役・益］―称賛の縁（脇役の利益への称賛を表わす仮の表記　①p.118、120　②脇役の利益の称賛語p.118、120　③［賛脇役・益］返事＝色好い。この表記は第3章Ⅱのみで

主な記号・略記一覧　653

用いる)

[賛_(主役・美しさ)]―称賛の縁(主役の美しさへの称賛を表わす仮の表記　① p.118、119　②主役の美しさの称賛語 p.118、119　③[賛_(主役・美しさ)] 黒髪＝緑の。この表記は第3章Ⅱのみで用いる)

[賛_(主役・円滑さ)]―称賛の縁(主役のコトの遂行の円滑さへの称賛を表わす仮の表記　① p.117、118　②主役のコトの遂行の円滑さの称賛語　p.118 ③[賛_(主役・円滑さ)] 泳ぐ＝すいすい(と)。この表記は第3章Ⅱのみで用いる)

[賛_(主役・強さ)]―称賛の縁(主役のコトの遂行の力強さへの称賛を表わす仮の表記　① p.118、119　②主役のコトの遂行の力強さの称賛語 p.118、119　③[賛_(主役・強さ)] 筆致、筆使い、文章＝雄渾な。この表記は第3章Ⅱのみで用いる)

[賛_(主役・喜び)]―称賛の縁(主役の喜びへの称賛を表わす仮の表記　① p.118、119　②主役の喜びの称賛語 p.118、119　③[賛_(主役・喜び)] 笑う＝にっこり)

[賛_(相手役・美しさ(結果))]―称賛の縁(相手役に結果的に現れる美しさへの称賛を表わす仮の表記　① p.118、119　②相手役に結果的に現れる美しさの称賛語 p.118、119　③[賛_(相手役・美しさ(結果))] (パン・菓子を)焼く＝こんがり。この表記は第3章Ⅱのみで用いる)

[賛・反]―称賛の縁と反義の縁の複合(① p.160、589　②誹謗語 p.159、160、589　③[賛・反] 役者＝大根役者(内包語))

シ

[雌]―雌性の縁(① p.406　②雌性語 p.406　③[雌] 親＝女親、母、母親、おふくろ(以上内包語))

[自化]―自動化の縁(① p.630、631　②自動詞 p.625-633　③[自化] 落とす＝落ちる)

[首]―首長の縁(① p.396　②首長語 p.396　③[首] 葬式＝喪主　[首] 卒業生＝総代)

[充_受・反]―受動化要求充足の縁と反義の縁の複合(① p.338、339、589　②受動化要求充足動詞の反義語 p.338、339　③[充_受・反] 命令＝無視する。[ヲ充_受・反] 命令＝無視する、と表記されるべきだが、第7章では格助詞まで表記していない)

[充_能・反]―能動化要求充足の縁と反義の縁の複合(① p.335-337、589　②能動化要求充足動詞の反義語 p.335-337　③[充_能・反] 約束＝破る　[充_能・反] 条約＝違反する。[ヲ充_能・反]約束＝破る　[ニ充_能・反] 条約＝違反する、と表記されるべきだが、第7章では格助詞まで表記していない)

[主名]―主役名詞の縁(① p.439　②主役名詞 p.439　③[主名] 教える＝教え手、先生、教師、教員、教育者)

[準]―準備調整の縁(① p.286-290　②準備調整語 p.286　③[準] バイオリン＝(の)調弦をする)

[小]―指小の縁(① p.418　②指小語 p.417　③[小] 真珠＝小粒の　[小] 部屋＝小部屋(内

包語))

[小・賛]―指小の縁と称賛の縁の複合(①p.419　②語彙名称なし　③[小・賛] 手＝紅葉のような、かわいい

[小・賛・反]―指小の縁と称賛の縁と反義の縁の複合(①p.419　②語彙名称なし　③[小・賛・反] 家＝(掘っ立て)小屋)

ス

[数]―助数詞の縁(①p.458　②助数詞 p.457–475　③[数] 家屋＝軒　[数] 本＝冊)

セ

[正]―真正の縁(①p.105　②真正語 p.105　③[正] 手続き＝正式の)

[正・反]―真正の縁と反義の縁の複合(①p.107、589　②非真正語 p.108、589　③[正・反] 紙幣＝偽の、偽札(内包語)、偽造紙幣(内包語))

[成]―成員の縁(①p.390　②成員語 p.390　③[成] 内閣＝大臣、閣僚　[成] チーム＝メンバー)

ソ

[総]―総称の縁(①p.635　②総称語 p.635、636　③[総] ヤマイモ、サトイモ、サツマイモ、ジャガイモ＝芋)

[相名]―相手役名詞の縁(①p.439　②相手役名詞 p.439　③[相名] 教える＝教科、科目、学問、習い事、レッスン、教え)

タ

[大]―指大の縁(①p.425　②指大語 p.425　③[大] 真珠＝大粒の　[大] 部屋＝大部屋(内包語))

[他化]―他動化の縁(①p.630　②他動詞 p.625–633　③[他化] 落ちる＝落とす)

[団]―集団の縁(①p.381　②集団語 p.381　③[団] 大臣＝内閣　[団] 家具＝セット)

チ

[中]―中心・頂点の縁(①p.432　②中心・頂点語 p.432　③[中] 国＝首都)

ト

[同]―同義の縁(同義の縁の簡略表記　①p.487、490、492、496、498　②同義語 p.487–500　③[同] 手紙＝書簡　[同] 本＝書籍　[同] わたし＝あたし　[同] 就職活動＝就活　[同] 嫉妬する＝焼き餅を焼く)

[同(雅)]―同義の縁(文体の異なりを表記した同義の縁　①p.492、493　②雅語である同義語 p.492、493　③[同(雅)] 戦争＝戦(いくさ))

[同(外)]―同義の縁(語種の異なりを表記した同義の縁　①p.490　②外来語である同義語 p.490　③[同(外)]打ち合わせ(和)＝ミーティング)

[同(外・漢)]―同義の縁(語種の異なりを表記した同義の縁　①p.490　②混種語(外来語

＋漢語)である同義語 p.490　③[同(外・漢)]エスニックフード(外)＝エスニック料理)

[同(外・和)]―同義の縁(語種の異なりを表記した同義の縁　① p.490　②混種語(外来語＋和語)である同義語 p.490　③[同(外・和)]開店する＝オープンする)

[同(慣)]―同義の縁(慣用句であることを表記した同義の縁　① p.499　②同義である慣用句 p.499　③[同(慣)]嫉妬する＝焼き餅を焼く)

[同(漢)]―同義の縁(語種の異なりを表記した同義の縁　① p.490　②漢語である同義語 p.490　③[同(漢)]手紙＝書簡)

[同(漢・外)]―同義の縁(語種の異なりを表記した同義の縁　① p.490　②混種語(漢語＋外来語)である同義語 p.490　③[同(漢・外)]アメリカドル(外)＝米ドル)

[同(漢・和)]―同義の縁(語種の異なりを表記した同義の縁　① p.490　②混種語(漢語＋和語)である同義語 p.490　③[同(漢・和)]オープンする(外・和)＝開店する)

[同・主敬]―同義の縁と主役尊敬の縁の複合(① p.502、505　②主役尊敬語 p.502 主役尊敬動詞 p.502、507–516 主役尊敬形容詞 p.503、516–518 主役尊敬名詞 p.503、518–520　③[同・主敬]食べる＝召しあがる　[同・主敬]若い＝お若い　[同・主敬]名前＝お名前)

[同・主敬・反]―同義の縁と(主役)尊敬の縁と反義の縁の複合(① p.505、589、590　②軽蔑語 p.505 主役軽蔑語 p.521–524 主役軽蔑動詞 p.521–523 主役軽蔑形容詞 p.523 主役軽蔑名詞 p.524　③[同・主敬・反]食べる＝食らう　[同・主敬・反]丁寧な＝くそ丁寧な　[同・主敬・反]百姓＝ど百姓)

[同(女)]―同義の縁(位層の異なりを表記した同義の縁　① p.495、496　②女性語である同義語 p.495、496　③[同(女)]わたし＝あたし)

[同(職)]―同義の縁(位層の異なりを表記した同義の縁　① p.495、496　②職業語である同義語 p.495、496　③[同(職)]犯人、容疑者＝ほし)

[同(俗)]―同義の縁(文体の異なりを表記した同義の縁　① p.492、493　②俗語である同義語 p.492、493　③[同(俗)]自転車＝ちゃりんこ)

[同(男)]―同義の縁(位層の異なりを表記した同義の縁　① p.495、496　②男性語である同義語 p.495、496　③[同(男)]わたし＝僕、俺)

[同(通)]―同義の縁(通称であることを表記した同義の縁　① p.497、498　②同義である通称 p.497、498　③[同(通)]与話情浮名横櫛＝切られ与三)

[同・丁]―同義の縁と丁寧の縁の複合(① p.540　②丁寧語 p.540　③[同・丁]ある＝ございます　[同・丁]うまい＝おいしい　[同・丁]皿＝お皿)

[同・丁・反]―同義の縁と丁寧の縁と反義の縁の複合(① p.544、546、590　②乱暴語 p.544、546、590　③[同・丁・反]君、あなた＝お前、貴様、てめえ)

［同・非主敬］─同義の縁と非主役尊敬の縁（主役以外の尊敬の縁）の複合（① p.502　②非主役尊敬語 p.502　非主役尊敬動詞 p.503、525–532、534–537　非主役尊敬形容詞 p.503、532　非主役尊敬名詞 p.504、533　③［同・非主敬］聞く＝拝聴する　［同・非主敬］気の毒な＝お気の毒な　［同・非主敬］世話＝お世話）

［同（文）］─同義の縁（文体の異なりを表記した同義の縁　① p.492、493　②文章語である同義語 p.492、493　③［同（文）］本＝書籍）

［同（幼）］─同義の縁（位層の異なりを表記した同義の縁　① p.495、496　②幼児語である同義語 p.495、496　③［同（幼）］寝る＝ねんねする）

［同（略）］─同義の縁（略称であることを表記した同義の縁　① p.497、498　②同義である略称・略語 p.497、498　③［同（略）］インターネット＝ネット）

［同（老）］─同義の縁（位層の異なりを表記した同義の縁　① p.495、496　②老人語である同義語 p.495、496　③［同（老）］車＝自動車）

［同（和）］─同義の縁（語種の異なりを表記した同義の縁　① p.489、490　②和語である同義語 p.489、490　③［同（和）］戦争＝戦（いくさ））

ニ

［ニ充受］─ニ格受動化要求充足動詞の縁（① p.275　②ニ格受動化要求充足動詞 p.275、280–282　③［ニ充受］求婚＝応じる）

［ニ充能］─ニ格能動化要求充足動詞の縁（① p.275　②ニ格能動化要求充足動詞 p.274、279　③［ニ充能］条約＝従う）

［ニ準］─ニ格準備調整動詞の縁（① p.286　②ニ格準備調整動詞 p.286　③［ニ準］家＝引っ越す（［ヲ発］家＝住む）　［ニ準］弓＝矢をつがえる（［ヲ発］弓＝射る））

［ニ生］─ニ格生成動詞の縁（① p.297　②ニ格生成動詞 p.296、297　③［ニ生］日本髪＝結う　［ニ生］かゆ＝炊く）

［ニ動］─ニ格動詞化動詞の縁（① p.168　②ニ格動詞化動詞 p.167、168、194–201　③［ニ動］消火＝当たる）

［ニ／ト動］─（②ニ／ト格動詞化動詞 p.168　③［ニ／ト動］誇り、目的＝する）

［ニ／ト動能］─（②ニ／ト格能動化動詞 p.195、196　③［ニ／ト動能］誇り＝する）

［ニ動・完］─完成相も示すニ格動詞化動詞の縁（① p.229　②ニ格完成相動詞化動詞 p.229　③［ニ動・完］結論＝達する）

［ニ動・始］─開始相も示すニ格動詞化動詞の縁（① p.224　②ニ格開始相動詞化動詞 p.224、225　③［ニ動・始］開発＝着手する、とりかかる）

［ニ動受］─ニ格受動化動詞の縁（① p.195　②ニ格受動化動詞─非主役ガ格のニ格動詞化動詞 p.195、200、201　③［ニ動受］袋叩き＝あう）

［ニ動・終］─終結相も示すニ格動詞化動詞の縁（① p.227　②ニ格終結相動詞化動詞 p.226–

主な記号・略記一覧　657

　　　229　③［ニ動・終］懸案＝かたをつける）
［ニ動・続］──継続相も示すニ格動詞化動詞の縁（①p.230　②ニ格継続相動詞化動詞p.230、
　　　231　③［ニ動・続］守り＝終止する）
［ニ動能］──ニ格能動化動詞の縁（①p.195　②ニ格能動化動詞──主役ガ格のニ格動詞化動詞
　　　p.195–199　③［ニ動能］消火＝当たる）
［ニ発］──ニ格機能発揮動詞の縁（①p.236、237　②ニ格機能発揮動詞p.236　③［ニ発］車
　　　＝乗る　［ニ発］座布団＝座る）

　　　　　　　　　　　　　　　　　　ハ

［反］──反義の縁（①p.576　②反義語p.576　③［反］出席する＝欠席する）
［反転］──反転の縁（反転の縁の簡略表記　①p.593　②反転語p.591　③［反転］教える＝教
　　　わる）
［反転ＡガＣヲＢデ］──反転の縁（反転の縁の精密表記。登場者ＡＢＣを持つ事柄において、
　　　Ａがガをとって主役、Ｃがヲをとって相手役、Ｂがデをとって脇役にかわる反転
　　　①p.616　②相・脇転換ガヲニ・ガヲデ型反転語p.616　③［反転ＡガＣヲＢデ］振舞
　　　う＝もてなす）
［反転ＣガＢヲＡカラ］──反転の縁（反転の縁の精密表記。登場者ＡＢＣを持つ事柄において、
　　　Ｃがガをとって主役、Ｂがヲをとって相手役、Ａがカラをとって脇役にかわる反転
　　　①p.612–614　②主・脇転換ガヲニ・ガヲカラ型反転語p.612–614　③［反転ＣガＢヲ
　　　Ａカラ］与える＝受け取る）
［反転ＣガＢヲＡカラＤデ］──反転の縁（反転の縁の精密表記。登場者ＡＢＣＤを持つ事柄にお
　　　いて、Ｃがガをとって主役、Ｂがヲをとって相手役、Ａがカラをとって脇役₁、Ｄ
　　　がデをとって脇役₂にかわる反転　①p.614、615　②主・脇転換ガヲニデ・ガヲカ
　　　ラデ型反転語p.614、615　③［反転ＣガＢヲＡカラＤデ］売る＝買う）
［反転ＣＢＡＤ］──反転の縁（反転の縁の細密表記。登場者ＡＢＣＤを持つ事柄において、Ｃ
　　　が主役、Ｂが相手役、Ａが脇役₁、Ｄが脇役₂にかわる反転　①p.615　②主・脇転
　　　換型反転語p.615　③［反転ＣＢＡＤ］売る＝買う）
［反転ＣガＢヲＡニ］──反転の縁（反転の縁の精密表記。登場者ＡＢＣを持つ事柄において、
　　　Ｃがガをとって主役、Ｂがヲをとって相手役、Ａがニをとって脇役にかわる反転
　　　①p.610–612　②主・脇転換ガヲニ・ガヲニ型反転語p.610–612　③［反転ＣガＢヲＡ
　　　ニ］貸す＝借りる）
［反転ＣガＢヲＡニ／カラ］──反転の縁（反転の縁の精密表記。登場者ＡＢＣを持つ事柄におい
　　　て、Ｃがガをとって主役、Ｂがヲをとって相手役、Ａがニないしカラをとって脇役
　　　にかわる反転　①p.593、594　②主・脇転換型反転語p.598、599、610–614　③［反
　　　転ＣガＢヲＡニ／カラ］教える＝教わる）

〔反転ＣＢＡ〕―反転の縁(反転の縁の細密表記。登場者ＡＢＣを持つ事柄において、Ｃが主役、Ｂが相手役、Ａが脇役にかわる反転　①p.593　②主・脇転換型反転語p.598、599、610–614　③〔反転ＣＢＡ〕教える＝教わる)

〔反転CBADE〕―反転の縁(反転の縁の細密表記。登場者ABCDEを持つ事柄において、Ｃが主役、Ｂが相手役、Ａが脇役$_1$、Ｄが脇役$_2$、Ｅが脇役$_3$にかわる反転　①p.611、612　②主・脇転換型反転語p.611、612　③〔反転CBADE〕貸す＝借りる)

〔反転Ｂ$_{ガ}$Ａ$_{カラ}$〕―反転の縁(反転の縁の精密表記。登場者ＡＢを持つ事柄において、Ｂがガをとって主役、Ａがカラをとって相手役にかわる反転　①p.610　②主・相転換ガヲ・ガカラ型反転語p.610　③〔反転Ｂ$_{ガ}$Ａ$_{カラ}$〕構成する＝成り立つ)

〔反転Ｂ$_{ガ}$Ａ$_{デ}$〕―反転の縁(反転の縁の精密表記。登場者ＡＢを持つ事柄において、Ｂがガをとって主役、Ａがデをとって相手役にかわる反転　①p.609　②主・相転換ガヲ・ガデ型反転語p.609　③〔反転Ｂ$_{ガ}$Ａ$_{デ}$〕構成する＝成り立つ)

〔反転Ｂ$_{ガ}$Ａ$_{ニ}$〕―反転の縁(反転の縁の精密表記。登場者ＡＢを持つ事柄において、Ｂがガをとって主役、Ａがニをとって相手役にかわる反転。この反転は、出だし語の支配がＡ$_{ガ}$Ｂ$_{ニ}$のもの(p.601)とＡ$_{ガ}$Ｂ$_{ヲ}$のもの(p.607)により対称型(ガニ・ガニ型)と非対称型(ガヲ・ガニ型)に分かたれる　①対称型p.601　非対称型p.607　②対称型―主・相転換ガニ・ガニ型反転語p.601　非対称型―主・相転換ガヲ・ガニ型反転語p.607　③対称型〔反転Ｂ$_{ガ}$Ａ$_{ニ}$〕先立つ＝遅れる　非対称〔反転Ｂ$_{ガ}$Ａ$_{ニ}$〕つかまえる＝つかまる)

〔反転Ｂ$_{ガ}$Ａ$_{ニ}$Ｃ$_{デ}$〕―反転の縁(反転の縁の精密表記。登場者ＡＢＣを持つ事柄において、Ｂがガをとって主役、Ａがニをとって相手役、Ｃがデをとって脇役にかわる反転　①p.603、604　②主・相転換ガニデ・ガニデ型反転語p.603、604　③〔反転Ｂ$_{ガ}$Ａ$_{ニ}$Ｃ$_{デ}$〕勝る、すぐれる＝劣る　〔反転Ｂ$_{ガ}$Ａ$_{ニ}$Ｃ$_{デ}$〕勝つ＝負ける)

〔反転Ｂ$_{ガ}$Ａ$_{ヨリ}$〕―反転の縁(反転の縁の精密表記。登場者ＡＢを持つ事柄において、Ｂがガをとって主役、Ａがヨリをとって相手役にかわる反転　①p.606　②主・相転換ガヨリ・ガヨリ型反転語p.606　③〔反転Ｂ$_{ガ}$Ａ$_{ヨリ}$〕太る＝痩せる)

〔反転Ｂ$_{ガ}$Ａ$_{ヲ}$〕―反転の縁(反転の縁の精密表記。登場者ＡＢを持つ事柄において、Ｂがガをとって主役、Ａがヲをとって相手役にかわる反転　①p.601　②主・相転換ガヲ・ガヲ型反転語p.601　③〔反転Ｂ$_{ガ}$Ａ$_{ヲ}$〕覆う＝被る　〔反転Ｂ$_{ガ}$Ａ$_{ヲ}$〕上まわる＝下まわる)

ヒ

〔品転〕―品詞転換の縁(①p.642　②品詞転換語p.642　③〔品転〕持ち込む＝持ち込み)

ム

〔無〕―無化の縁(①p.314　②無化語p.313、314　③〔無〕予約＝キャンセル　無化名詞に

　　　　ついては p.315)

　　　　　　　　　　　　　ユ

［雄］―雄性の縁（① p.406　②雄性語 p.406　③［雄］親＝男親、父、父親、おやじ（以上内包語））

　　　　　　　　　　　　　ヨ

［様］―様態の縁① p.271　②語彙名称なし　③［様］（［ガ／ヲ発］）ベル＝鳴る／鳴らす）＝ちりんちりん

　　　　　　　　　　　　　ヲ

［ヲ悪］―ヲ格悪化動詞の縁（① p.342　②ヲ格悪化動詞 p.342　③［ヲ悪］声＝つぶす、からす）

［ヲ／カラ発・反］―機能発揮動詞の縁と反義の縁の複合（① p.332、333　②機能発揮動詞のヲ／カラ格をとる反義語 p.332、333　③［ヲ／カラ発・反］風呂＝出る）

［ヲ充・完］―完成相も示すヲ格要求充足動詞の縁（① p.277–279　②語彙名称なし　③［ヲ充・完］任務＝遣り遂げる、遣り抜く　［ヲ充・完］職務、使命＝全うする）

［ヲ充受］―ヲ格受動化要求充足動詞の縁（① p.275、276　②ヲ格受動化要求充足動詞 p.274–276　③［ヲ充受］頼み＝きく　［ヲ充受］勧告＝受け入れる）

［ヲ充受・完］―完成相を示すヲ格受動化要求充足動詞の縁（① p.282　②語彙名称なし　③［ヲ充受・完］苦情＝処理する）

［ヲ充受・反］―ヲ格受動化要求充足動詞の縁と反義の縁の複合（① p.338、339　②ヲ格受動化要求不充足動詞 p.339、589　③［ヲ充受・反］求婚＝断る）

［ヲ充能］―ヲ格能動化要求充足動詞の縁（① p.275　②ヲ格能動化要求充足動詞 p.274、275、277、278　③［ヲ充能］夢＝実現する　［ヲ充能］責任＝はたす）

［ヲ充能・完］―完成相も示すヲ格能動化要求充足動詞の縁（① p.277–279　②語彙名称なし　③［ヲ充能・完］意志＝貫く　［ヲ充能・完］目的＝達成する）

［ヲ充能・賛］―ヲ格能動化要求充足動詞の縁と称賛の縁の複合（① p.283　②語彙名称なし　③［ヲ充能・賛］要求＝捌く）

［ヲ充能・反］―ヲ格能動化要求充足動詞の縁と反義の縁の複合（① p.335、337、589　②ヲ格能動化要求不充足動詞 p.589　③［ヲ充能・反］借金＝踏み倒す）

［ヲ準］―ヲ格準備調整動詞の縁（① p.286　②ヲ格準備調整動詞 p.286　③［ヲ準］薬草＝煎じる（［ヲ発］薬草＝飲む）　［ヲ準］ピアノ＝調律する（［ヲ発］ピアノ＝弾く））

［ヲ生］―ヲ格生成動詞の縁（① p.296、297　②ヲ格生成動詞 p.296、297　③［ヲ生］かゆ＝炊く）

［ヲ生・完］―完成相も示すヲ格生成動詞の縁（① p.305、306　②ヲ格完成相生成動詞 p.305、306　③［ヲ生・完］作品＝仕上げる）

［ヲ生・反］―ヲ格生成動詞の縁と反義の縁の複合（① p.323、589　②ヲ格無化動詞 p.324　③［ヲ生・反］鉄道＝撤去する（＝［ヲ無］））

［ヲ動］―ヲ格動詞化動詞の縁（① p.168　②ヲ格動詞化動詞 p.167、168、171-194　③［ヲ動］連絡＝とる）

［ヲ動・完］―完成相も示すヲ格動詞化動詞の縁（① p.229　②ヲ格完成相動詞化動詞 p.229、230　③［ヲ動・完］カムバック＝はたす）

［ヲ動・始］―開始相も示すヲ格動詞化動詞の縁（① p.224　②ヲ格開始相動詞化動詞 p.224-226　③［ヲ動・始］ダンス＝始める）

［ヲ動受］―ヲ格受動化動詞の縁（① p.173　②ヲ格受動化動詞―非主役ガ格のヲ格受動化動詞 p.186-194　③［ヲ動受］保護＝受ける）

［ヲ動受(相)］―ヲ格受動化動詞の縁（① p.174　②ヲ格受動化動詞―相手役ガ格のヲ格受動化動詞 p.174　③［ヲ動受(相)］支持＝集める）

［ヲ動受(脇)］―ヲ格受動化動詞の縁（① p.174　②ヲ格受動化動詞―脇役ガ格のヲ格受動化動詞 p.174　③［ヲ動受(脇)］期待＝集める）

［ヲ動・終］―終結相も示すヲ格動詞化動詞の縁（① p.227　②ヲ格終結相動詞化動詞 p.227-229　③［ヲ動・終］作業＝終了する）

［ヲ動・続］―継続相も示すヲ格動詞化動詞の縁（① p.230　②ヲ格継続相動詞化動詞 p.230、231　③［ヲ動・続］接触＝保つ）

［ヲ動能］―ヲ格能動化動詞の縁（① p.172　②ヲ格能動化動詞―主役ガ格のヲ格動詞化動詞 p.175-185　③［ヲ動能］保護＝与える）

［ヲ動・復］―反復相も示すヲ格動詞化動詞の縁（① p.232　②ヲ格反復相動詞化動詞 p.231、232　③［ヲ動・復］過ち＝繰り返す）

［ヲ動・復・強］―反復相も示すヲ格動詞化動詞の縁と強調の縁の複合（① p.232　②語彙名称なし　③［ヲ動・復・強］苦闘＝苦闘に苦闘を重ねる）

［ヲ発］―ヲ格機能発揮動詞の縁（① p.236　②ヲ格機能発揮動詞 p.236　③［ヲ発］車＝運転する　［ヲ発］薬＝飲む）

［ヲ発・反］―ヲ格機能発揮動詞の縁と反義の縁の複合（① p.332　②ヲ格機能発揮動詞の反義語 p.332、333　③［ヲ発・反］帽子＝ぬぐ）

［ヲ無］―ヲ格無化動詞の縁（① p.314　②ヲ格無化動詞 p.314、317、318　③［ヲ無］しみ＝落とす）

［ヲ無・強］―ヲ格無化動詞の縁と強調の縁の複合（① p.321、322　②語彙名称なし　③［ヲ無・強］暴力団、交通事故、癌＝根絶する）

II.　＝（イコール）：等しい／同価である／…でもあり、また…でもある

［強］＝［賛］―強調の縁でもあり、称賛の縁でもある（① p.128　②強調語でもあり、称賛語でもある p.128　③［強］団結する＝固く（＝［賛］））※［賛］＝［強］との区別はここでは立てられていない。

［賛］＝［強］―称賛の縁でもあり、強調の縁でもある（① p.128　②称賛語でもあり、強調語でもある p.128　③［賛］眠る＝ぐっすり（＝［強］））※［強］＝［賛］との区別はここでは立てられていない。

［賛］＝［正］―称賛の縁でもあり、真正の縁でもある（① p.124　②称賛語でもあり、真正語でもある p.124　③［賛］夫婦になる＝晴れて（＝［正］））※［正］＝［賛］との区別はここでは立てられていない。

［正］＝［賛］―真正の縁でもあり、称賛の縁でもある（① p.124　②真正語でもあり、称賛語でもある p.124　③［正］（外国語を）話す＝正確に、正しく（＝［賛］））※［賛］＝［正］との区別はここでは立てられていない。

III. ≒：大約同義である（③「フラッシュが光る」≒「（フラッシュが）たかれる」、「成人する、育つ」≒「育てられる」）

IV. ≠：等しくない（③「見付かる」≠「探される」、「判明する」≠「研究される」）

V. ┊▲：修飾、被修飾関係を示す。矢印の先は被修飾語
（③　<u>3</u> 匹の 犬　　　　　p.148　図表 55 c.)
　　数詞 助数詞 名詞
　　　　修飾▲

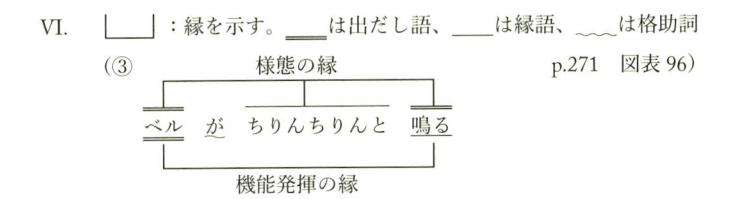

VI. └─┘：縁を示す。──は出だし語、──は縁語、～～は格助詞
（③　　　　様態の縁　　　　　p.271　図表 96)
　　ベル が ちりんちりんと 鳴る
　　　　機能発揮の縁

VII. └─┘：呼応一致を示す。
（③　3羽の　　　　　鳥　　　p.537)
　　（鳥やうさぎを示す助数詞）(鳥)
　　　　呼応一致

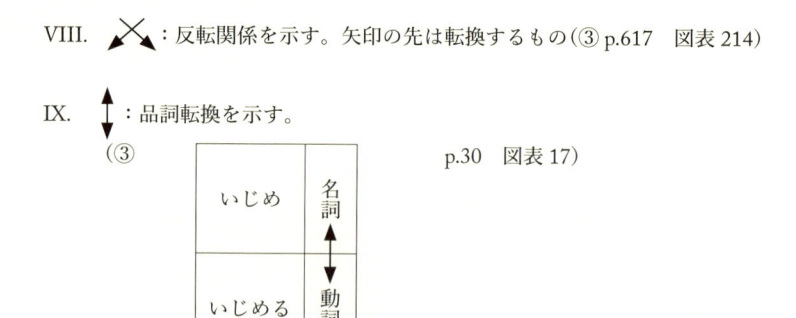

VIII. ✕ ：反転関係を示す。矢印の先は転換するもの（③ p.617　図表 214）

IX. ↕ ：品詞転換を示す。
　　（③　　　　　　　　　　　　　p.30　図表 17）

いじめ	名詞
いじめる	動詞

（名詞 ↕ 動詞）

X. ↰ ：役柄を移すことを示す。矢印の先は転換した品詞での同一の役柄（③ p.30　図表 17）

引用辞書、新聞、雑誌の略記表

〔朝日、朝〕『朝日新聞』朝刊
〔岩波〕『岩波国語辞典』
〔岩波ロ〕『岩波ロシア語辞典』
〔Ex〕Explanatory Combinatorial Dictionary of Modern Russian
〔エコ〕『エコノミスト』
〔学研〕『学研国語大辞典』
〔漢源〕『漢字源』
〔基礎〕『基礎日本語辞典』
〔経済ビジネス〕『経済ビジネス英語表現辞典』
〔広〕『広辞苑』
〔国語学旧〕『国語学辞典』
〔国語学大〕『国語学大辞典』
〔ことわざ成〕『明鏡ことわざ成句使い方辞典』
〔サンデー〕『サンデー毎日』
〔辞〕『大辞泉』
〔ジーニアス〕『ジーニアス英和大辞典』
〔シソ〕『日本語大シソーラス』
〔週サン〕『週刊サンケイ』
〔週文〕『週刊文春』
〔新漢〕『新漢語林』
〔新和英大〕『新和英大辞典』
〔難読〕『常用漢字の難読辞典』
〔日英〕『日英辞典』
〔日国〕『日本国語大辞典』
〔反対語対照〕『反対語対照語辞典』
〔反対語大〕『反対語大辞典』
〔表現大〕『日本語表現大辞典』
〔表現類〕『表現類語辞典』
〔PR和英中〕『プログレッシブ和英中辞典』
〔文春〕『文芸春秋』
〔文法事〕『日本文法事典』

〔毎日、朝〕『毎日新聞』朝刊
〔毎日、夕〕『毎日新聞』夕刊
〔明〕『明鏡国語辞典』
〔Yahoo ウェブ検索〕Yahoo のウェブ検索で見出された例(Yahoo! 知恵袋、ブログを含む)
〔類語新〕『類語新辞典』
〔類語例解〕『類語例解辞典』
〔類大〕『類語大辞典』

参考文献

イェスペルセン O., 半田一郎訳(1958)『文法の原理』岩波書店
大石初太郎(1968)「敬意の度合いの測定」『月刊文法』1巻2号(『論集日本語研究』9「敬語」166-173　有精堂　所収)
大石初太郎(1976)「待遇語の体系」『佐伯梅友博士喜寿記念国語学論集』表現社(『論集日本語研究』9「敬語」129-142　有精堂　所収)
奥津敬一郎(1967)「自動化・他動化および両極化転形―自・他動詞の対応」『国語学』70　国語学会
北原保雄他(1981)『日本文法事典』有精堂
金田一春彦他(1988)『日本語百科大事典』大修館書店
『古今和歌集』(日本古典文学全集7) 小学館　1971
佐久間鼎(1955)『現代日本語の表現と語法』恒星社厚生閣
城田俊(1982)「体言の体系」『国語国文』51巻12　京都大学国語国文学会
城田俊(1983)「文と語構成―二重不定格と複合語」『国語国文』52巻7　京都大学国語国文学会
城田俊(1991)『ことばの縁』リベルタ出版
城田俊(1992)「新しい日本語辞書を」『辞書を語る』(岩波新書211) 岩波書店
城田俊(1998)『日本語形態論』ひつじ書房
城田俊(2011)「新しい日本語辞典の構想」『日本言語文化』18　韓国日本言語文化学会
鈴木重幸(1972)『日本語文法　形態論』むぎ書房
髙橋太郎他(2005)『日本語の文法』ひつじ書房
田中康仁(1987)「語と語の関係解析用資料」『朝日新聞記事データ分析―"を"を中心とした』文部省科学研究費特定研究「言語情報処理の高度化」総括班
田中康仁(1991)「語と語の関係解析用資料」『朝日新聞記事データ(84日分)―"の"を中心とした』愛知淑徳大学
テイラー J., 辻幸夫他訳(1996)『認知言語学のための14章』紀伊國屋書店
寺村秀夫(1982)『日本語のシンタクスと意味』I　くろしお出版
寺村秀夫(1984)『日本語のシンタクスと意味』II　くろしお出版
寺村秀夫(1991)『日本語のシンタクスと意味』III　くろしお出版
Tesnière L., (1959) Éléments de Syntaxe Structurale. Librairie C. klincksieck 1959(1976)
　　(Теньер Л., (1988)Основы структурного синтаксиса. Москва 1988)
西尾寅弥(1972)「形容詞の意味・用法の記述的研究」『国立国語研究所報告』44　秀英出版

Поливанов Е. Д., (1968)Статьи по общему языкознанию. Москва 1968

Martin S., (1975)*A Reference Grammar of Japanese*. Yale University Press 1975

南不二男(1974)『現代日本語の構造』大修館書店

宮島達夫(1972)「動詞の意味・用法の記述的研究」『国立国語研究所報告』43　秀英出版

村木新次郎(1980)「日本語の機能動詞表現をめぐって」『国立国語研究所報告』65　秀英出版

森田良行(1977)『基礎日本語』角川書店

Jakobson R., (1956) Shifters, Verbal Categories, and the Russian Verb. *Selected Writings* II, Mouton 1971

Якобсон Р., (1931) К характеристике евразийского языкового союза. *Selected Writings* I, Mouton 1971

尹相實・城田俊(2008)「日本語の「反義語」考」『日語日文学研究』67-1　韓国日語日文学会

尹相實・城田俊(2009(a))「韓日両語の「反転語」考」『日本語学研究』24　韓国日本語学会

尹相實・城田俊(2009(b))「韓日両国語の「強調語」考」『日本研究』42　韓国外国語大学校日本研究所

尹相實・城田俊(2010)「韓日両国語の「機能発揮語」考」『日本研究』46　韓国外国語大学校日本研究所

尹相實・城田俊(2011)「韓日両国語の「無化語」考」『日語日文学研究』79-1　韓国日語日文学会

尹相實(2010)「韓日 양국어의 「生成語」 고찰―生成動詞를 중심으로―」『日本言語文化』16　韓国日本言語文化学会

尹相實(2012)「日韓両国語の「悪化語」考」『日本研究』54　韓国外国語大学校日本研究所

引用辞書、新聞、雑誌

〔　〕内は略記

『朝日新聞』朝刊　朝日新聞社(例文の一部は村木 1980 より借用)〔朝日、朝〕
『岩波国語辞典』(西尾実・岩淵悦太郎・水谷静夫編)第 2 版　岩波書店 1971〔岩波〕
『岩波ロシア語辞典』(和久利誓一・飯田規和・新田実編)岩波書店 1992〔岩波ロ〕
Explanatory Combinatorial Dictionary of Modern Russian (Mel'chuk, L. A. Zholkovsky, A. K 編)
　　　Wiener Slawistischer Almanach, Sonderband 14, Vienna 1984〔Ex〕
『エコノミスト』毎日新聞社〔エコ〕
『学研国語大辞典』(金田一春彦・池田弥三郎編)第 2 版　学習研究社 1990〔学研〕
『漢字源』学習研究社 2003〔漢源〕
『基礎日本語辞典』(森田良行著)角川書店 1992〔基礎〕
『経済ビジネス英語表現辞典』大修館書店 2007・2009〔経済ビジネス〕
『広辞苑』第 6 版　岩波書店 2008–2009〔広〕
『国語学辞典』(国語学会編)東京堂出版 1955〔国語学旧〕
『国語学大辞典』(国語学会編)東京堂出版 1988(6 版)〔国語学大〕
『サンデー毎日』毎日新聞社(例文は村木 1980 より借用)〔サンデー〕
『ジーニアス英和大辞典』(小西友七・南出康世編集主幹)大修館書店 2001–2008〔ジーニアス〕
『週刊サンケイ』産業経済新聞社〔週サン〕
『週刊文春』文芸春秋社〔週文〕
『常用漢字の難読辞典』学習研究社 2004〔難読〕
『新漢語林』大修館書店 2004–2008〔新漢〕
『新和英大辞典』第 5 版　研究社 2003–2008〔新和英大〕
『大辞泉』小学館(デジタル)〔辞〕
『日英辞典』(編集代表　竹林滋)研究社 1992〔日英〕
『日本国語大辞典』第 2 版　小学館 2000〔日国〕
『日本語大シソーラス』(山口翼編)大修館書店 2003〔シソ〕
『日本語表現大辞典』(小内一著)講談社 2005(例文を引用する場合、著者名のみを掲げる)〔表現大〕
『日本文法事典』(北原保雄・鈴木丹士郎・その他 3 名編)有精堂 1981〔文法事〕
『反対語対照語辞典』(北原保雄・東郷吉男編)東京堂出版 1989〔反対語対照〕
『反対語大辞典』(中村一男編)東京堂出版 1965〔反対語大〕
『表現類語辞典』(藤原与一・磯貝英夫・室山敏昭編)東京堂出版 1989〔表現類〕

『プログレッシブ和英中辞典』第3版　小学館 1986–1993–2002〔PR和英中〕

『文芸春秋』文芸春秋社(例文は村木(1980)より借用)〔文春〕

『毎日新聞』朝刊　毎日新聞社(例文は村木(1980)より借用)〔毎日、朝〕

『毎日新聞』夕刊　毎日新聞社(例文は村木(1980)より借用)〔毎日、夕〕

『明鏡国語辞典』大修館書店 2002〔明〕

『明鏡ことわざ成句使い方辞典』大修館書店 2007–2009〔ことわざ成〕

『類語新辞典』(大野晋・浜西正人著)角川書店 1981〔類語新〕

『類語大辞典』(柴田武・山田進編)講談社 2002〔類大〕

『類語例解辞典』小学館 1994–2003〔類語例解〕

あとがき

　各国から研修に到来した現職日本語教師に語彙を教えたことがある。「「ご飯」をつくることを何といいますか」「炊く」。「「すし」は?」「握る」。「「テンプラ」は?」「揚げる」。「「セーター」は?」「編む」。「「井戸」は?」「ほる」。「では「入れ墨」は?」「?」。「同じく「ほる」です。井戸では「掘る」、「入れ墨」では「彫る」と書きます」。「先生、「タトゥー」も「彫る」ですか」「先生、「タトゥー」と「入れ墨」とは違いますか」…以上は、その時の一齣であるが、にぎやかで活気のある楽しい授業であったことを今思いだす。
　言語の豊かな習得は、母国語を含め、最終的には、発音でもない。文法でもない。語彙の習得、語彙の豊富化とその正確な運用にある。語彙の学問 Lexicology 語彙論は、その意味で言語に関する学問分野で最も重要な地位を占めるべきであるが、現実にはそれ相当の地位を与えられていない。語種・語源、文体、方言を含めての位相、慣用句などそれぞれ興味深い切り口を備えていながらも、統一的理論がなく、雑多な知識の集成と感じられるためであろうか。音声学・音韻論の論理の網の目の確固さや、文法論が持つ深みに欠けると思われるためであろうか。日本語学、日本語教育学においてもこの分野の確立は急務の筈だが、語彙論を正面から見据えた書物はまだつくられていないよう思われる。とりあえず、この程度…という扱いになっている感否めずにある。
　先の一齣は、旧来の切り口では、すでに研鑽を積んできたベテラン教師にはわかりきったものと思われ、退屈になるのではないかと恐れて、のちに本書の下書きとなる原稿（第6章「生成語」にあたる）を携えて臨んだ授業での一場面である。それは、また、教える側にも、学ぶ側にも興味がもてる、

教科としての語彙論が新しく書けるのではないかという思いが胸中去来する一時でもあった。

本書は、この思いを出発点とし、意味と慣用的結びつきかた（「スープ」を「飲む」という言語もあれば、「食べる」という言語もあることから見れば、それは「文法」というより「文化」に近いかもしれない）という視点から、28 種の語彙群を導き出し、例示し、記述を試みた。第 21 章「同義語」では伝統的語彙論の視座にも触れた。かくして、旧来の語彙論を含みつつ、新しい語彙論が展望できる地平へと出ることができたのではないかと感じている。タイトルの一部に「新」を冠したのはかかる理由による。

本書は語彙の教授法を説くものではない。理論的考察に傾くきらいがある。しかし、新しい教え方、学び方のヒントが各所にちりばめられているよう思われる。教育面だけではない。日本語辞典の新しい編纂方法に多大の寄与をもたらし得ると信じられる（詳しくは、城田(1992)、城田(2011)を参照していただきたい）。

本書は、城田俊と城田(1991)の韓国語訳者尹相實との協同作業によって書き上げられた。構想は訳書出版時(2001 年)に遡るが、作業が実を結び、論文のかたちで発表され始めたのは 2008 年のことである（尹・城田(2008)など。「参考文献」参照）。その間、協同作業に井上知子・川崎洋子氏の参加があったが、原稿の取りまとめ、各章の整合・調整、原稿入力に関する障害を乗り越えられず、また、城田の体調の問題もあって協同作業は解消せざるを得なかった。そのため執筆中断が長期に渡った。ただし、その間の二氏との討論を含む経験は本書に生かされていることを明記したい。

その後、原稿入力に関し李芝賢氏の協力が得られるようになり、執筆が再開され、原稿作製作業は長足の進展を遂げた。李氏は著者の手書き原稿を手早く入力し、すでに書かれた章と照合し、表記の統一に心をくだいてくれただけではない。内容の重複と矛盾点の指摘を行ってくれた。氏の無私な献身的協力がなかったなら、本書は完成に持ち込むことができなかったであろう。原稿の段階で高田静枝氏に目を通していただき貴重な指摘を、上梓にあたり清瀬義三郎則府先生の有益な助言を受けた。編集に際しては松本功・板東詩おり両氏の合力を得、語彙索引作成および全体の総仕上げにあたっては

森脇尊志氏の尽力を受けた。以上記して厚い感謝をささげたい。

　執筆が長期に渡ったため、また、本書が多目的であるため、章によって記述にむらがでたきらいがある。また、日本語表記の現実の反映なのだが、同一の語彙に対し漢字表記(例えば、眼鏡を掛ける)と仮名表記(眼鏡をかける)がなされている個所がある。最終稿で統一を極力はかったが、李氏の努力にも拘らず、不統一を取り切れなかったところが一部にでてしまった。繰り返しになるが、本書は語彙論体系化の新しい試みである。不測の誤りが多々あるに違いない。記述のむら・表記の不統一に関しては、読者の寛恕を、誤りに関しては叱正を請う次第である。

2013 年 7 月

著者

事項索引

あ

あいさつ 558
相手役 22
相手役ガ格の受動態 174
相手役尊敬 529
相手役不動反転 596
相手役名詞 439, 441
相手役名詞の縁 439
相・脇転換 594–596, 616
味の対比 588
アスペクト 221, 482
アスペクトも示す動詞化動詞 220, 221
悪化語 342
悪化動詞 341–343
悪化の縁 342
悪化名詞 342, 343
「あなた」の二重性 535
改まり文体 500

い

イ形容詞 646, 647
イ形容詞文 646
位相が異なる同義語 487, 494
イタシマス形 565
1語相当の慣用句 487, 499
一人称の人代名詞 545
1回様態 269
一形欠け 647
色の対比 588
飲食物、機器、自然現象の悪化動詞 344

飲食物のヲ格機能発揮動詞 263
飲食物のヲ格生成動詞 298

え

英語数詞 462
縁 9, 13, 629
縁語 9–11, 13, 255

お

旺盛・強化相動詞 43
旺盛・強化相動詞と強調語との「相性」 40
応答詞 557
大きな縁 9, 10
オノマトペ 48, 115, 116, 477, 482

か

下位語 639
開始相動詞 220
開始相動詞化動詞 222, 224, 225
外来語 490, 493
外来語助数詞 461, 462
会話作法 557
加害語 356
加害動詞 356, 360
加害に敏感な名詞 360
加害の縁 356
「加害の縁」における準備調整語 357
加害名詞 356
ガ格悪化動詞 341, 342
ガ格開始相動詞化動詞 224
ガ格機能発揮動詞 236
ガ格機能発揮動詞の縁 237
ガ格継続相動詞化動詞 230
ガ格終結相動詞化動詞 223, 227
ガ格生成動詞 296, 297
ガ格生成動詞の縁 297
ガ格動詞化動詞 167, 202

ガ格動詞化動詞の縁 168
ガ格反復相動詞化動詞 231
ガ格無化動詞 313, 314, 319
ガ格要求充足動詞 273, 275
ガ格要求充足動詞の縁 275
掛り結び 480, 481
格座 18, 19, 22
雅語 492
重ね返事 556
過剰相動詞 43
かたちの区別のない自動詞・他動詞 629
楽器、音を出す道具のヲ格機能発揮動詞 246
過程的準備調整動詞 288
仮定法 546
ガニ・ガニ型 601
ガニデ・ガニデ型 603
ガヨリ・ガヨリ型 606
ガヲ・ガデ型 609
ガヲ・ガニ型 599, 607
ガヲ・ガヲ型 599, 601
ガヲニ・ガヲカラ型 599, 612
ガヲニ・ガヲデ型 616
ガヲニ・ガヲニ型 599, 610
ガヲニデ・ガヲカラデ型 614
感覚的現象を表わす名詞と結びつくガ格動詞化動詞 211
間隙充填形 566
間隙非充填形 566
漢語 490
漢語助数詞 461, 462
漢数詞 461, 462
完成相動詞 43
完成相動詞化動詞 222, 229
間接的尊敬 530, 531
完全形容詞 647
慣用 12
慣用的な結合規制 5
簡略表記 490, 492, 496, 498, 499, 593

き

聞き手に対する非常に丁寧な態度　569, 572
器機と動物の発生音　481
擬声語　477
擬態語　477
喜怒哀楽の強調語　58
機能動詞　164
機能発揮結合を含む称賛の強調表現　291
機能発揮語　233, 286
機能発揮動詞　234
機能発揮動詞の反義語　331
機能発揮に随伴するオノマトペ　261, 268, 477
機能発揮の縁　233, 292
「機能発揮の縁」と「反義の縁」の複合　589
機能発揮のオノマトペ　268
機能発揮名詞　234
機能不発揮語　589
逆転型　412
共感度　536
強制消去　4, 19
強調語　40
強調手段　43
強調的指大語　427
強調的称賛語　144, 147
強調的称賛内包語　150
強調の縁　40
「強調の縁」と「反義の縁」の複合　589
強調のオノマトペ　48, 477
強調の度合　57
強調表現　44, 46
強調表現の主な構成手段　46

く

空間的認識からくる真ん中　433
薬、化粧品、その他のヲ格機能発揮動詞　266

け

継続相動詞化動詞　222, 230
形態的否定形　88, 90
軽卑語　506
軽侮語　506
軽蔑語　505, 506, 589
形容詞　646
形容詞(アーウ)にかかる強調語　69
形容詞(オーサ)にかかる強調語　70
形容詞(シーニ)にかかる強調語　71
形容詞(ハーラ)にかかる強調語　72
結縁語　9
結果語　365
結果語の認定の基準　375
結果動詞　365
結果の縁　365
結果の段階　373
結果名詞　365, 366
謙譲語　504
建造物のヲ格生成動詞　303

こ

語　3
語彙的意味関係　11–13
語彙的主役尊敬動詞　512, 513
語彙的な丁寧語　542
語彙の階層化　639
行為・状態(自動詞)の強調語　63
行為(他動詞)の強調語　66
攻撃性　360, 362, 363
合成語　406
合成性別語　407
呼応　481
呼応一致　116, 149, 208, 481, 537, 538
語感　3
語幹末にrを持つ主役尊敬動詞　509

ゴザイマス形　540, 565
語種が異なる同義語　487, 489
個性の強調語　49
個性的称賛語　114, 115
個性的助数詞　460
個性的生成動詞　296
個性的動詞化動詞　166
個性的無化動詞　316
ご丁寧　558
コト(事柄)　16
根元的内包性別語　407
混種語　490

さ

最上級　12, 42
細密表記　120, 593
作品、記録、組織などのヲ格生成動詞　306
作文能力向上の視点　639

し

自・他の外容上の対応　628
ジェンダー(性)　149
時間的認識からくる真ん中　433
思考・知覚の強調語　61
指小語　417, 418
指小接辞　423
指小の縁　418
雌性語　406
雌性の縁　406
自然・身体現象の強調語　74
自然言語　12
自然現象を表わす名詞と結びつくガ格動詞化動詞　204
自然生成物のヲ格・ガ格生成動詞　309
シソーラス　639
指大語　425
指大の縁　425
自他対応語　629, 631, 632

事項索引――せ　675

自他対応の内容と外容のアンバランス　631
自動化　629, 633
自動化の縁　630
自動詞　375, 625
支配　19
支配・役柄図　22
支配図　20
指標　49
社会現象の悪化動詞　351
写像　48, 49
主・相転換　594–596, 601
主・脇転換　594–596, 610
銃火器の機能発揮に随伴するオノマトペ　257, 270, 271
終結相動詞化動詞　222, 226, 227
終結相動詞化動詞結合に随伴する強調のオノマトペ　229
修飾語による性別表示　411
従属　19
充足の段階　276
集団語　381, 382, 390, 393, 401, 402
集団の縁　381
重複的主役尊敬形態　511
主格主語　20
主題　19
手段名詞　443, 445, 450
首長語　396, 401, 402
首長の縁　396
述語欠け形容詞　647
述語形欠け　647
述語形で用いられる強調表現　44, 86
述語副詞形欠け　647
述語連体形欠け　647
受動化結果動詞　367–369, 371–378
受動化結果動詞の縁　367
受動化動詞　170
受動化要求充足動詞　274, 280
受動態　619, 621

主役　22
主役以外の尊敬語　502, 525
主役以外の尊敬の縁　502
主役以外の登場者に尊敬を表わす形容詞　503
主役以外の登場者に尊敬を表わす結合形　529
主役以外の登場者に尊敬を表わす動詞　503
主役以外の登場者に尊敬を表わす複合動詞　529
主役以外の登場者に尊敬を表わす名詞　504
主役ガ格のニ格動詞化動詞　195
主役ガ格のヲ格動詞化動詞　172
主役軽蔑形容詞　505, 523
主役軽蔑語　505, 506, 521
主役軽蔑動詞　505, 521
主役軽蔑名詞　506, 524
主役尊敬形態　510
主役尊敬形容詞　503, 516, 517
主役尊敬結合形　511
主役尊敬語　502
主役尊敬語幹形　511
主役尊敬動詞　502, 507
主役尊敬の縁　502
主役尊敬複合動詞　511
主役尊敬名詞　503, 518
主役不動反転　596
主役名詞　246, 247, 439, 441
主役名詞の縁　439
純粋な反転　596
準備調整動詞　285
準備調整の段階　289
純副詞　646, 647
「純副詞」的強調語　44
純副詞的形容詞　647
上位語　639
状況　17
状況名詞　443–455
称賛語　114, 124, 126, 543
称賛語として用いられるオノマトペ　116

称賛内包語　127, 130, 132, 147
称賛内包動詞　130, 131
称賛内包名詞　130
称賛の縁　114, 292, 293
「称賛の縁」と「反義の縁」の複合　589
称賛連語　150
状態相　221
象徴　48, 49
使用的機能発揮　239
使用的機能発揮動詞　240
常套的強調語　83
常套的強調語と創作的強調表現　82
消費的機能発揮　239
消費的機能発揮動詞　263
情報検索　639
職業語　495
所産名詞　366, 443, 445, 455
叙述的強調語　42
助数詞　457
助数詞の縁　458
女性語　495
「所有代名詞」のやや風変わりな内包　555
親愛語　520
人工言語　12
人工物　233
心身の悪化動詞　347
真正語　105
真正の縁　105
「真正の縁」と「反義の縁」の複合　589
身体的現象を表わす名詞と結びつくガ格動詞化動詞　208
心的現象・抽象概念の強調語　76
心的現象を表わす名詞と結びつくガ格動詞化動詞　213

せ

性　538

成員語　390, 393, 401, 402
成員の縁　390
贅語　147
性差によって独占される語　496
脆弱性　360
生成語　296
生成動詞　296
生成の縁　296
「生成の縁」と「反義の縁」の複合　589
正当語　107
製品のヲ格生成動詞　301
性別語　406
精密表記　119, 593
絶対的自動詞　631
絶対的他動詞　631
接頭手段　42
選項的縁　13
選項的縁語　13

そ

象眼　487
造語法によらない称賛内包動詞　132
創作的強調表現　83
総称語　635
総称の縁　635
双数　388
双方化　629
促音化　43
俗語　492
即身名詞化　644
その他の対比的反義語　587
尊敬　12, 502
尊敬形容詞　502
尊敬語　499, 502, 504, 506
尊敬語の丁寧用法　569
尊敬動詞　502
尊敬の縁　502
「尊敬の縁」と「反義の縁」の複合　505, 589
尊敬汎用形　516, 529
尊敬名詞　502

た

態　622
第1補語　22
第2補語　22
第3補語　22
第4補語　22
待遇が異なる同義語　487, 499
対称型　597, 598, 601, 610
多回様態　269
多義性　28
濁音化　43
建物、組織、見せ物、その他のヲ・ニ格機能発揮動詞　262
縦横、水平・交差の対比　588
他動化　629, 632
他動化の縁　630
他動詞　375, 625
他動詞に対応する自動詞　376
タル(ト)形容詞　647
段階相　221
単語　3
単純語　406
単純性別(内包)語　407
男女の対比　588
男性語　495
単なる丁寧語　540, 542, 549
単なる丁寧名詞　549, 550
単なるモノ(物体)　16

ち

小さな縁　9, 10
着用物のヲ格機能発揮動詞　240
中心・頂点語　432
中心・頂点の縁　432
長音化　43
直接的尊敬　530

つ

対自動詞　631
対他動詞　631
通称　497
通常型　412

て

定冠詞　19
提題のハ　19
程度の段階を示す結果語　374
丁寧　558
丁寧応答詞　555
丁寧語　499, 540
丁寧動詞　546
丁寧の縁　540
「丁寧の縁」と「反義の縁」の複合　590
丁寧名詞　549
デス・マス体　542
デス形　563
出だし語　9, 15
出だし語後行型　473
出だし語先行型　473

と

同音で対応する雄性語・雌性語　414
同義語　487
同義の縁　487
動作相　221
動作相動詞化動詞　221
動作を表わす名詞と結びつくガ格動詞化動詞　215
動詞以外の反転語　599
動詞化動詞　164
動詞化動詞による反転　622
動詞文　646
登場者　18, 16, 20, 21
とりたて助詞　19

な

内包語　15
内包語による性別表示　411
内包性別語　407
内包的機能発揮動詞　245
内包的真正語　111
ナ形容詞　646, 647
ナ形容詞文　646

に

ニ格開始相動詞化動詞　223, 224
ニ格完成相動詞化動詞　229
ニ格機能発揮動詞　236
ニ格機能発揮動詞の縁　236
ニ格継続相動詞化動詞　230
ニ格支配の加害動詞　355
ニ格終結相動詞化動詞　227
ニ格受動化動詞　171, 195, 200
ニ格受動化動詞の縁　195
ニ格受動化要求充足動詞　274
ニ格受動化要求充足動詞の縁　275, 276
ニ格準備調整動詞　286
ニ格準備調整動詞の縁　286
ニ格生成動詞　296, 297
ニ格生成動詞の縁　297
ニ格動詞化動詞　167, 195
ニ格動詞化動詞の縁　168
ニ格能動化動詞　171, 195, 196
ニ格能動化動詞の縁　195
ニ格能動化要求充足動詞　274
ニ格能動化要求充足動詞の縁　275, 276
ニ格要求充足動詞　273
二形欠け　647
二重ガ格　25, 26
二重ガ格文　26
二人称の人代名詞　544
人称代名詞の明示　573

人数を明示する集団語　382

ね

「熱心な」強調　48

の

能動化結果動詞　367-370, 373-375, 379
能動化結果動詞の縁　367
能動化動詞　170
能動化要求充足動詞　274, 277
ノ形容詞文(1)　646
ノ形容詞文(2)　646
ノ(ゼロ)形容詞　647
ノ(ニ)形容詞　646, 647
乗り物のヲ格機能発揮動詞　243

は

バーチャル・リアリティー　17
場所名詞　443, 445, 446, 449
発声結合　482
発声動詞　482
発声表現　483
話し手の性を表わす語彙　496
罵詈語　506
反義語　575, 576
反義語一類(有無類)　578
反義語三類(乗降類)　583
反義語二類(大小類)　580
反義語四類(冷凍解凍類)　584
反義の縁　576
反転語　591, 631, 632
反転語と反義語　600
反転の縁　593
反転の簡略・細密・精密表記　593
反転の種類(1)　594
反転の種類(2)　597

反転のタイプ　617
反復　42, 149
反復相動詞化動詞　222, 231
汎用的強調語　49
汎用的称賛語　114, 115
汎用的助数詞　460
汎用的動詞化動詞　166
汎用的な加害動詞　362
汎用的無化動詞　316
汎用的ヲ格動詞化動詞　180

ひ

被害を受けやすい性質　360
美化語　542, 550, 551, 564
非口蓋化子音・口蓋化子音の対立　207
被攻撃性　360, 362, 363
非主役ガ格のニ格動詞化動詞　195
非主役ガ格のヲ格動詞化動詞　172
非主役軽蔑動詞　506
非主役尊敬形態　528-530
非主役尊敬形容詞　503, 532
非主役尊敬語　502, 504, 525
非主役尊敬動詞　503, 525, 530
非主役尊敬動詞の人称上の制限　534
非主役尊敬動詞の本質　535
非主役尊敬名詞　504, 533
非真正語　107, 108, 589
非対称型　597, 598, 607, 612
否定・肯定　92
否定意強調語　89, 90
否定強調語　88, 91, 93, 101
否定形強調語　89, 90
否定内包語　88, 90
1つを表わす語　475
人の特質の強調語　81
卑罵語　506
誹謗語　160, 543, 589
誹謗内包語　161
品詞転換語　642
品詞転換の縁　642

ふ

部位、部品のヲ格機能発揮動詞　245
不完全形容詞　647
副詞欠け形容詞　647
副詞形欠け　647
複数　387
父称　546, 557
藤原為家　11
不定冠詞　19
不等号　57
古い情報　19
プロミネンス　42, 43
分解　648
文章語　492
文体　5
文体が異なる同義語　487, 491
文法的意味関係　11
文法の手段による反転　618
文法的な丁寧形態　542, 563–569

へ

へりくだり語　540, 549
へりくだり名詞　543, 549, 554, 555

ほ

ボイス　622
方位・位置の反義語　586
方法名詞　443–445, 451, 453
補語　20
補充機能　20
本体的準備調整動詞　288

ま

前置きのことば　555, 557
枕詞　149
マス形　563

む

無化語　313, 589
無化動詞　314, 315
無化の縁　314
無化名詞　314, 315
無標的文体の語　492

め

名詞文　646
メタファー的意味　419
メトニミー的意味　419
綿密さを必要とする行為の強調語　78

も

持ち上げ語　540, 549
持ち上げ名詞　549, 552, 553, 555

や

役柄図　22
役柄名詞　439, 445, 455
やもめ自動詞　631
やもめ他動詞　631

ゆ

遊具のヲ格機能発揮動詞　248
融合　590
雄性語　406
雄性の縁　406

よ

要求充足語　272
要求充足動詞　272
要求充足動詞による反転　282
要求充足動詞の反義語　334
要求充足の縁　272, 293
「要求充足の縁」と「反義の縁」の複合　589
要求充足名詞　272
要求不充足語　589
要求不充足動詞　339
要求を持つ事柄の受動化要求充足動詞　280
要求を持つ事柄の能動化要求充足動詞　277
要求を持つ事柄の要求充足動詞　272
用具、装置とデ格で機能発揮を示す動詞　258
用具、装置のヲ・ニ格機能発揮動詞　250
幼児語　495
様子名詞　443–445, 453
様態と鳴き声のオノマトペ　477
様態名詞　443, 444
よせ　11
呼びかけ的挿入語　546
弱め語　102, 589

ら

乱暴語　544, 590

り

略語　487, 497, 498
略称　487, 497, 498
量や規模が目安となるものなどの強調語　79

る

類義語　488
類語辞典　639

れ

「冷静な」強調　48
列挙総称語　636
連項的縁　13
連項的縁語　13

事項索引——を　679

連語にかかる強調語　84
連体強調語　39, 43, 44
連体詞　646, 647
「連体詞」的強調語　44
連体詞的形容詞　647
連用強調語　39, 43, 44

ろ

老人語　495

わ

脇付　557
脇役　22
脇役₁　22
脇役₁名詞　439, 442
脇役₂　22
脇役₂名詞　439, 442
脇役ガ格の受動態　174
脇役尊敬　529
脇役名詞　439
脇役名詞の縁　440
和語　490
和語助数詞　461, 462
和数詞　461, 462
和数詞が用いられる限界点　462
話法的強調　92
話法的強調語　42, 92

を

ヲ格悪化動詞　341, 342
ヲ格開始相動詞化動詞　223, 224
ヲ格完成相動詞化動詞　229
ヲ格機能発揮動詞　236
ヲ格機能発揮動詞の縁　236
ヲ格継続相動詞化動詞　230
ヲ格支配の加害動詞　355
ヲ格終結相動詞化動詞　227, 228
ヲ格受動化動詞　170, 172, 186
ヲ格受動化動詞の縁　173
ヲ格受動化要求充足動詞　274
ヲ格受動化要求充足動詞の縁　275, 276
ヲ格準備調整動詞　286
ヲ格準備調整動詞の縁　286
ヲ格生成動詞　296, 297
ヲ格生成動詞の縁　296
ヲ格動詞化動詞　167
ヲ格動詞化動詞に対応するガ格動詞化動詞　216
ヲ格動詞化動詞の縁　168
ヲ格能動化動詞　170, 172, 175, 176, 180
ヲ格能動化動詞の縁　172
ヲ格能動化要求充足動詞　274, 275
ヲ格能動化要求充足動詞の縁　275
ヲ格反復相動詞化動詞　231
ヲ格無化動詞　313, 314, 317
ヲ格要求充足動詞　273

語彙索引

あ

愛　76
相方　391
哀願　232
愛くるしい　124, 156
愛妻；愛妻家　415
挨拶　153
愛情　76, 110, 185, 450
愛人　108
愛する　58
愛想がつきる　84
愛想よく　159
間柄　153
開いた口がふさがらない　44, 60
あいつ　524
アイデア　144, 153, 310
相成る　548
相棒　391
アイロン　250, 254, 255
あう(動詞化動詞)　171, 194, 196, 200, 622
会う　501, 503, 525, 526
あえもの　636
青い　47, 635
あおぐ　258, 269
青さ　47
青空　47, 74
あおむけ　438, 452
あおり　189
垢　210
赤　43, 588
赤(紅)い　47, 69, 587, 635
赤子の手をひねるよりも　47, 71

赤字路線　321
赤ちゃん　151
アカデミー　444
垢抜けた　152
赤ノ　647
明かり　251, 258
あがる(動詞化動詞)　218
あがる(機能発揮語)　235, 237, 249, 376, 377, 378, 379
あがる(生成語)　300
あがる(悪化語)　344, 345, 346
あがる(尊敬語)　507, 508, 525, 526
明るい／く　69, 155, 156, 157, 159
明るくなる　366
飽き　213
商う　615
明らかな　69
明らかにする　369
あきらめる　66
呆れ返る；呆れ果てる　60
呆れて開いた口がふさがらない；呆れて二の句がつげない　58, 60
呆れてものがいえない　44, 60
呆れる　58
あきんど　441
あく　305, 333
灰汁　317
悪影響　160
悪妻　161, 415
悪事　397
悪女；悪政；悪天候；悪筆　161
悪声　160, 161
アクセル　245
悪党　56, 81
悪人　81, 582
悪婆　410
あくび　166, 208
悪弊　316
悪霊　358

揚げもの　299, 638
あける(生成語)　305, 325
開ける　333
明ける(終結相動詞化動詞)　227, 228, 366
あげる(動詞化動詞)　218
あげる(機能発揮語)　235, 236, 245, 248, 249, 250, 256, 377, 378
あげる(機能発揮語の反義語)　333
あげる(生成語)　298, 300
あげる(内主語外向動詞, 反転語)　525, 527, 612
—あげる　43
顎が外れるほど　59
浅い　102, 103, 580, 581
鮮やかな／に　69, 116, 122, 154, 155
足　161, 348, 349
味　116, 145, 151, 153, 344, 352, 635
足／体がすくむほど／くらい　70
アジア人種　639
足音　309, 312
足が棒になるほど　63
味気ない　161
足蹴り　196
足取り　437, 453
足並み　353, 437
脚の付いた道具　469
足の踏み場もないほど　47, 72
足場　303, 322
あしひきの山／岩　149
味わいのある　158
味わい深い　153, 158, 159
足を棒にする；足を棒のように　46, 63, 64
あずかる(動詞化動詞)　196, 201, 622
預かる(反転語)　595, 596, 612, 613, 617, 620
預けられる　620

682 ── あ

預ける（反転語） 595, 596, 612, 613, 617, 620
汗 43, 47, 74, 75, 181, 208, 210, 426
褪せる 341, 343
遊び相手 437
遊び方 437, 451
遊びっぷり／遊び振り 437, 454
遊び道具／遊道具 437, 450
遊び場 437, 445, 446
遊ぶ 249, 437, 446, 450, 454
あたい 496, 545
価／値 442
与えて／与えられて 218
与える 164, 166, 168, 170, 175, 328, 613, 622
あたし 494, 496
暖かい 642, 644
温かく 159
暖かさ 642
アタタカメ 644
頭 348, 349, 350
頭のてっぺんからつまさきまで 47
新しい 43
あたる（機能発揮語） 251, 257, 288
当たる（動詞化動詞） 164, 167, 168, 194, 195, 198
暑い 47, 53, 54, 55, 69, 642, 643
熱い 69
厚い 76, 580, 581
暑い（わ）ね 558, 561
悪貨 582
扱い 189
扱う 131
悪化する 343
悪漢 148
厚着 582
厚く 127
呆気にとられたように 65
暑さ 47, 50, 54, 74, 75, 431, 432, 433, 436, 642, 643
暑さ寒さ 636

圧勝 77
圧倒的な 76
圧迫 190
圧迫する 361
集まる 216, 218
集める 171, 173, 186, 216, 217, 218
圧力／プレッシャーをかける；圧力団体 358
あて 196, 197
当て字 112
あですがた 130
当てにする 370, 378
あてはまる 48
あでやかな 154
あてる 250, 255
後 600
跡片づけ 225
アドバイス 127
穴 303, 305, 325
アナウンサー 448
穴があく 345
穴があくほど 47
穴蔵のように 71
あなた 409, 535, 544, 545, 549
あなた（方）の会社／家族／家／著書／名前 549
あなた方 386
あなた様 546
あなたの手紙 546, 549
穴のあくほど 61
穴をあける 345
兄；姉 408, 589, 600
兄と弟；姉と妹 384
アノ 647
アノラック 241
アパート 139, 389
あばた 551
浴びせる 250
家鴨 483
浴びる 188, 251, 256
浴びるほど 47, 428
油 266, 268, 301, 320
脂の乗った 154, 156

脂の乗りきった年齢 431, 432
アベック 382
阿呆 81
あま／海女／海士／海人 414, 523
甘い 69, 120, 155, 587, 588, 635
雨戸 346
網 250, 254, 256, 258
編笠 240
網主；網元 435
編む 297, 301, 302, 306, 308
あめ 263
雨 35, 47, 75, 76, 84, 85, 110, 154, 166, 168, 202, 204, 205, 206, 208, 223, 232, 329, 419, 426
雨男；雨女；雨男雨女 413
あめだま 264
アメリカドル 489
操る 117, 245, 263
過ち 76, 178, 232
誤った 107
謝る 373
あら 496
洗う 258, 268, 270
嵐 74, 358
嵐のような 79
荒らす 347, 349
争い 320
荒物屋 636
ありありと 128
ありか 446
有難い 69, 127, 153, 154, 155, 158
ありがと；有難う 53, 558, 560, 561
有難うございます 558
有り様 454
ありふれた 52
あります 540
アル（連体詞） 647
ある（存在する） 14, 25, 27, 366, 446, 449, 454, 485, 500, 539, 540, 575, 576

ある（動詞化動詞） 202, 205, 206, 208, 211, 212, 213, 214, 215, 216, 328, 329
歩き方 437, 451, 452
歩きざま 453
歩きっぷり 437, 453, 454
歩く 46, 63, 437, 452, 454, 478, 479, 625
歩けない 99
アルコール中毒；アル中 498
アルコール分 318, 319, 320
主 396, 408, 409
アルデンテに 122
アルバイト 108, 498
荒れ狂う 74
荒れる 346, 347, 348
泡 309, 312
あわせ 241
あわれみ 192
案 308
案下 557
アンコール 280, 281
暗示 166, 176
暗室 447, 448
安全装置をはずす 289, 290
アンソロジー 306
あんた 545
案内 501, 504
案内係 405
案内係の男；案内係の女 412
案内される／案内する 510
暗ニ 647
アンパン 434

い

胃 349
慰安婦 415
いい 51, 54, 155, 157
いいえ 539, 541, 555
いい男／女 147
いいがかりをつける 355, 357
いい様 454

いいつかる／いいつける 614
いい天気（だ）ね；いい天気ですね 558, 561
いいなずけ；許婚；許嫁 414
いい訳 300
医院 225, 438
委員 392, 400
委員会 306, 392, 400
委員長 400
いう 14, 66, 454, 485, 500, 501, 502, 503, 504, 505, 546, 547
いう通りだ 52
いえ（応答詞） 541, 555
家 144, 154, 161, 262, 285, 286, 290, 295, 297, 303, 311, 316, 322, 323, 419, 435, 436, 469
言えない 99
家元 397, 435
癒える 319
胃炎 635
庵 303, 304
イカ 472
いかが 14, 539, 541
いかす 159
行かない 90, 99
如何にも 93
怒り 46, 56, 193, 319
怒り狂う 60
怒る 45, 46, 60
いかれる 347, 348
如何せん 91, 93
如何とも 93
遺憾無く 61
遺憾に 51
息 103
生き生きと 155
勢い 53
生き方 437, 444, 451, 452
息がつまるような；息苦しいほどの 75
生きざま／生き様 437, 444, 453, 454

息づかい 154
生きている 579
粋な 113, 118, 120
生きもの 437, 636, 637
偉業 229
生きる 437, 444, 446, 452, 454
息をする 103
息をのむほど（に） 69
いく（動詞化動詞） 164, 167, 168, 213
行く 263, 366, 507, 508, 521, 522, 525, 526, 546
戦 491, 493
イクタノ 647
いくつ 550
行クッスヨ／行クデスヨ 564
行くものか 95
いくら 550
池 438
いけない 95
いける 154
意見 127, 154, 322, 518
威厳 76
意見をいう 117
憩う 491
偉才；異才 135
いさぎよい 152
いささかも 90, 93
石 16, 421
医師 438
意志 154, 277, 278
石／鋼／鉄（板）／ダイヤモンドのように 70
石垣 346, 350
意識 347, 350
石のように 47, 65, 70
いじめ 16, 18, 30, 55, 445
いじめ／虐め方 437, 445, 451
いじめっ子 359, 437
いじめられた 55
いじめられっ子 437
いじめられる 618

いじめる　16, 21, 23, 30, 359, 361, 437, 445, 618
医者　109, 160, 408, 438
衣裳　154
意匠を凝らした　151
偉人　123
椅子　235, 236, 251, 256, 288, 469
いずく；いずこ　485
泉　344, 346
忙しい　46, 47, 69
忙しさ　47, 76
板　457, 466
遺体　438, 455
痛い　16, 18, 20, 25, 27, 48
偉大な　427
痛いほど　47, 61
いたく　44, 52
抱く　328
痛くてたまらない　44
痛くも痒くもない　101
いたします　546, 547
いたす　527, 531, 546, 547, 548
いただき　433
いただきまーす　562
いただきます　558, 560
頂く　264, 525, 527
至って　52
板場　456
痛み　50, 55, 74, 76, 103, 212, 307, 318, 319, 320, 328, 329, 330
いたむ（悪化語）　341, 342, 343, 345, 347
痛む　55, 63, 361
炒め物　467
いためる　347, 348
至る　230
一員　393
一群　385
イチゴ　423, 426, 429, 638
イチゴ類　638
一座　381, 382, 386, 393, 400, 401
著しく・著しい・著しい　55

一族　351, 436
一団　385, 386
一男一女　310
1日　144
一番　42
一瞥　176
1万円　359
一味　381, 382, 386
医長　400
一流（の）　139, 155
一流品　139
一を聞いて十を知る　151
一家　383
一回キスする；一回漕ぐ　475
いっかな　93
一巻の終わりとなる／になる／だ　228
一掬ノ（涙）　647
一騎当千の　144
一句　307
慈しむ　450
いっこうに　88, 94
一切　91, 92, 94
逸才　135
一糸乱れぬ　125
一宗・一派　436
一生かかっても返しきれないほどの　80
一生懸命（に）　63, 66, 129, 146, 158
一緒になりたい　84
一心不乱に　65, 66, 158
逸する　318
一致　580
いってきまーす　562
いってきます；いってまいります　558, 560
いってやった　506
いってらっしゃーい　562
いってらっしゃい；いってらっしゃいませ（まし）　539, 542, 558, 560
一票　154
鋳つぶす　323
一方的な　76

いつわり　450
居ても立っても居られない　102
糸　301
意図　184, 185
井戸　344, 346
いとこ；従兄弟；従姉妹　414
居所　446
蝗　358
イナダ　428
いななく　481, 482, 635
いなり　519
犬　355, 361, 405, 422, 426, 429, 457, 471, 481, 483, 519
犬共　386
命懸けで　65
祈る　154
違反する　334, 336, 338, 339
いびき　182, 210
いびる　361
衣服　302, 345
異分子　321
イベント会場　303
いまだ　491
いまだかつて　94
今までにない　47, 70
今までのこと　318
忌み嫌う　58, 60
イミテーションの／偽の　108
いも／芋　519, 550, 635, 638
妹　408, 589, 600
芋を洗う　81
芋を洗うような　79, 80
いや　539, 541, 555
いやがる　58, 60
いや気　212, 213, 214
いやというほど　47, 61, 62
意欲　347
依頼　190
依頼する　493
いらっしゃい；いらっしゃいませ（まし）　509, 558, 560

語彙索引——う

いらっしゃいます　509
いらっしゃる　507, 508, 509, 510, 513, 517, 564
医療用具　303
威力　144
イル（補助動詞）　513, 514, 564
いる／居る　366, 446, 449, 507, 508, 539, 541
射る　233, 234, 250, 255, 285, 287, 289, 290
鋳る　301, 323
衣類　464, 636
いれる（機能発揮語）　250, 251, 262, 263, 266, 449
いれる（生成語）　300, 301
入れる（動詞化動詞）　164, 176, 199
いろ；情夫；情婦；情人　405, 414
色　103, 319, 341, 343, 635
色褪せる；色落ちする　343
色男；色女　405
色艶　144
色好い　113, 118, 120
いろり　305
…色をする　168
イロンナ　647
言わない　95
員　391
陰影に富む／富んだ　151, 152
院外団　384
インコ　408
因習　318
インストラクター　439, 440
インターネット　497
院長　399
インディアン　400
インド出身者　639
因縁をつける　355
インフレ　319
隠滅する　317, 321

う

ウィスキー　154
ウイルス　355
ううん　541, 555
上　586, 587
上を下への　79, 80
うおーっと吠える／咆哮する　481, 483
魚が水に遭ったような　83
伺い　182
伺う　13, 14, 525, 526
浮かぶ　116, 209, 210
受かる　580
浮かんでくる　128
浮き世　437, 446
受け入れない　95
受け入れる　280, 281, 283, 337, 338, 339
受け答え　154
うけたまわっております　573
受け取らない　94
受け取る　111, 613
受ける　170, 189, 622
動かす　236, 628
動き回る　116
動く　103, 236, 237, 244, 268, 481, 628
ウサギ　472
うさぎ小屋　161
うさぎさん　519
牛　405, 422, 457, 471, 483
うじ　309
失う　316, 317, 318, 325, 328, 342, 578, 579
失わない　579
失なわれる　316
後　586, 587
臼　258
薄—；薄汚い；薄暗い　420
薄い　580, 581
薄いもの　466
薄着　582
うせる（軽蔑語）　521, 522
失せる（無化語）　319

嘘　15, 41, 49, 50, 168, 450
嘘っぱち；嘘の皮；嘘八百　41
歌　306, 307
歌う　154, 510
詠う（生成語）　307
疑い　176, 179, 184, 185, 189, 218, 319, 320, 328
うたかた／夢のように　72
疑わない　90, 95
歌のうまさ　125
うだるような／に　47, 75
打たれ強い　158
歌われる　510
内　586, 587
打ち合わせ　489
打ち立てる　306, 308
打ち鳴らす　271
打ち（たたき）のめす　66
宇宙　309
団扇　258, 260, 269
撃つ　250, 285, 290, 481
打つ　177, 238, 242, 246, 247, 248, 249, 250, 258, 261, 266, 267, 270, 295, 297, 298, 299
美しい　46, 47, 69, 149, 155, 156, 157, 158, 501, 503, 646, 647
美しい歌声　151
美しい声　147
美しく　122, 154, 155
美しさ　47, 519
映す　235, 236
移す　225
鬱蒼と　39, 40
うっちゃり　193
うっとり（と）　116
うっとりとして　159
うつぶせ　438, 452
鬱憤　320
映る　235, 236
移る　225
腕　125, 342, 347, 352
腕ききの；腕の立つ　121
腕時計　241, 638

腕によりをかけて 122, 151, 159
打てば響く 154
腕前 125, 145, 154, 347
腕を上げる 84
うどん 154, 269, 297, 298, 551
うなずく 63, 119, 480
鰻丼 635
乳母 415
奪う 336, 357, 358, 360
馬 160, 244, 245, 246, 358, 405, 409, 422, 457, 471, 481, 483
うまい 39, 45, 69, 102, 153, 156, 158, 159, 539, 541
うまく 116, 159
うまくない 96
倦まず弛まず 47, 63
石女 415
うまそうな／に 52, 159
馬に食わせるほど 428
うまみ 309
生まれる 295, 297, 309, 310, 325, 376, 585
海 346, 438
生み落とす 310
生み出す 301
生みの 108, 109, 647
海のように 47
生む 295, 297, 309, 310, 376
埋める 325
烏有に帰す 374
裏づけ 166, 176
(裏の)裏まで 47, 61
うらみ／恨み 185, 190, 320, 328
恨む；恨み骨髄に徹する 58
うらやましい 127, 158
売り 31
売り上げ 437, 454
売り方 437, 441, 451
売り子；売り主 441
売り手 437, 438, 441
売り値 442

売り場 397, 398, 437, 438, 446, 448
売り物 437, 438, 441
売り渡す 584, 585, 613
売る 24, 437, 441, 445, 446, 466, 614, 615, 617, 618
漆 266
漆を塗ったように 70
うれしい／嬉しい 69, 155
嬉しかった 51
うれしく 52, 127
うれしそうに 159
うわばみ 425, 426
上まわる 597, 617
うん 539, 541, 544, 545, 546, 555
運河 305
雲散霧消する 322
運チャン 246
雲泥の差 80
運転 232
運転手 246, 402
運転する 122, 235, 236, 243, 245, 246, 288
うんと 44, 51
運動 579
うんともすんともいわない 63, 65

え

絵 251, 254, 333
営々として 65
映画 262, 263, 434
映画館 396, 447
映画を上映／観賞する 447
影響 114, 160, 166, 168, 175, 185, 190, 219, 328
営業する；営業中である 366
影響力 277, 278
影響を与えた／受けた 190
英傑；英姿；英資；英主；英俊；英断；英知；英図 133
英才 135

鋭敏な 142, 155
英邁な；英明な 121, 140
英明 121
英雄 123, 131, 133, 138, 148
ええ 539, 541, 555
得難い 122, 155
駅々 386
エスニックフード；エスニック料理 489
枝 422
エッセー 306
江戸っ子 48, 81
エネルギー 154, 353
絵の具 346
絵はがき 551
エフエム局 421
エプロン 242, 302
えもいわれぬ 148
獲物 438
偉いさん 506
偉く・偉い 53
襟巻 302
得る 191
エレベーター 244
円 422, 434
宴 431, 433
縁 318, 325
演技 111, 125, 154
演劇・芝居を上演／観賞する 447
エンコする 347
園児 402
円熟した 154, 158
演出 155
援助 33, 34, 164, 166, 176, 190, 192, 216, 622
炎上する 374, 375, 378
援助する 27, 28, 29
援助を与える／受ける 623
エンジン 245, 333
婉然と 158
演奏 263, 431, 432
演奏家；演奏者 247
演奏する 247, 635
遠大な 427
縁談 318, 319, 320

語彙索引——お　687

園長　398, 399, 402
えんどう豆1粒　475
鉛筆　434, 457, 465
円満な　121
縁もゆかりもない　101

お

お／おん／おす　411
オ＋「連用形」＋ニナッテ＋イラッシャル　514
(お)暑いですね；お暑うございます　558
おあまり　551
おありになる　515
おい(呼びかけ)　544, 545
おい／甥　408, 413, 600
追い討ち　179, 200, 218
追い掛ける　368, 374, 378, 379
追い風　586, 587
おいくつ；おいくら　550
老い込む　40
おいしい／く　45, 47, 69, 153, 154, 156, 157, 158, 159, 539, 541
おいしく頂きました　561
生い茂る　39, 40
おいしさ　47, 52
おいしそうな　156, 159
追いつく　277, 280, 282, 374
おいでになる　507, 508, 509, 510, 514, 517
おいなりさん；お犬さん　519
追剥　358
おい／甥　408, 413, 600, 636
甥姪　408, 413, 636
おいも　550
おいもさん　519
老いる　40, 374
応援　216
応援団長　399
王冠　240
扇　434
黄金時代　434

雄牛　405, 414
王子；王女　410, 519
応ず(じ)る　272, 273, 275, 276, 277, 280, 281, 282, 283, 337, 338
旺盛な　156
応対する　116
お歌いなさる；お歌いになる　510
お美しい　501, 503
お美しさ　519
応答　227
おうどん　551
王の子　410
横領(する)；横領犯　183, 359
お偉い　506
お偉いさん　520
終える　219, 221, 227
おおー　43, 426
大一　426
大汗　75
大穴　429
大雨　75, 419, 429
多い　575, 577
大いなる　44, 56, 157, 427, 647
大いに　52
覆う　595, 597, 601, 616, 617
大嘘　15, 41
大海原　155
オーエル　415
大男；大女　409, 425, 429
大掛かりな　430
大火事　429
大型　418
大型犬　426
大型車　425, 426
大型の　425, 426, 428, 429
大型の船　468
大金；大株主；大匙；大皿；大地震；大太鼓；大太刀；大鼓；大道具；大箱；大瓶；大舟；大風呂敷；大見出し；大文字　429

狼　408
大柄な／の　418, 425, 426, 429
大川　429
大きい　128, 427
大きく　63
大きな　41, 54, 79, 80, 82, 647
大きなけもの　471
大きな人　409
おおきに　560
大口の　79
大けが　57
大げさな　51
オーケストラー　397
大酒飲み　54, 81
大騒ぎ　80
お教えなさる；お教えになる　510
大仕掛けの　430
雄々しく　157
大地主　351
仰せ　280
大先生　136
大台風　427
大違い　80
大作りな／の　429
大粒の　418, 425, 426, 428, 429
大手；大手私鉄　426
大所　435
オートバイ　243, 245
大鍋　428, 429
大幅な　79
大判の　430
大盤振る舞い　201
大振りな／の　429
オーブン　258
オープンする　225, 489
大部屋　418, 425, 426
おおもの／大物　418, 429
大雪　358, 429
大喜び　82
大喜びする；大喜びだ　59
オール　245, 268, 270
オールをこぐ　84

大笑い 46
大笑いする 59
お母さん；おかいこさん 519
お顔；お鏡 551
男餓鬼 409
お書きする；お書き申し上げる 528
お書きやすい 517
おかげさま 519
侵される 362
お菓子；おかゆ 550
犯し／近寄り難い 76
おかしい 70, 349
おかしくなる 343, 349
オカシナ 647
犯(侵)す 355, 358, 360
犯す(動詞化動詞) 178
おかず 551
岡田君；岡田ちゃん 520
お勝手 439, 446
お金 418, 448, 450, 550
雄株 409, 589
おかみ 551
男神 405, 409, 414
おかみさん 520
おから；おかわり 551
おかれる 514
小川 422
お可哀そうな 501, 503
お変りありませんか；お変りございませんか 558
お燗 550
悪寒 211, 212
お考え 518
オ聞カセル 531
雄狐 409
置き時計 638
置き所 446
お気の毒さま 519
お気の毒だ／な 52, 532
置き場所 446
置き引き；置き引きする 359
お客 437, 438
お客様 519

お客さん 442, 520
お灸；お経 550
起きる 16, 18, 20, 21, 23, 493
置く 250, 267, 333, 446, 449
奥様連 387
お口 551
おくびにも出さない；おくびにも見せない 101
贈物 151, 152
送る 372
贈る 531
おくるみ 551
遅れ 183, 326, 327
遅れる 344, 601, 617
お玄関 551
おこげ 551
お越しになる 509
おこす(動詞化動詞) 178, 214, 218, 328
おこす(生成語) 309, 311, 312
おこた 552
おこづかい；お琴；お米；お魚；お酒；おさじ；お座敷；おさしみ；お札；お砂糖；お塩 550
怒った 54
お断りする 338
行い 125
行う 326
おこる(動詞化動詞) 218, 328
おこる(生成語) 309, 312
怒る 60, 485
おこわ；お三時 551
押さえどころ 435
おさえる 258
お先に 559
お下げ 297
おさつ 552
お察し 127
幼い 419
おさまる 84, 228, 229, 319, 320, 329, 330
(お)寒いですね 558, 569

お寒うございます 558, 569
おさめる(動詞化動詞) 185
納める(機能発揮語) 283, 284
お皿 500, 539, 541, 550
お猿さん 519
お三方 552
押し― 43
おじ／叔父／伯父 408, 413, 589, 600
おじいさん 408, 587
おじいさんおばあさん 408
押し入る 357
教え 439
教え方 437, 445
教え子 440
教え手 439
教え振り 437, 445
教えられる 510
教える 14, 151, 371, 378, 437, 439, 440, 444, 445, 446, 448, 450, 455, 510, 591, 593, 594, 598, 609, 617
おじおば 408, 413, 636
雄鹿 409, 411
雄獅子 409
押し黙る 65
お七夜；おしっこ；おしゃぶり；お障子；おすそわけ 551
おしぶとい 504
雄蕊 409
おしめ 14, 487
おじゃが 552
お邪魔いたしました；お邪魔いたします 558
お邪魔しました；お邪魔します 558, 560, 562
おしゃれ 552
お正月；お醤油；おしるこ；お鮨；お赤飯；お膳；おせんこ；おそうざい；おそば屋(さん) 550
お嬢様 519
押し寄せる 358

語彙索引――お

おしろい 333
牡 407
押す 246, 250, 256
雄 405
雄犬 405, 589
雄鯨；雄猫；雄豚 409
雄の 405, 406
雄のインコ；雄の狼；雄のキリン 408
雄の鹿 412
おすべり；おすまし 552
おせじ 450
おせち 551
お世話 520, 533
お世話さま 558, 560
お世話さまでございます；お世話さまです 558
お世話さん 561
お世話になりました 53
お世話になります 559
おせん 552
汚染される 343
汚染する 344, 346
襲う 213, 355, 358
遅く 600
おそまつさま 561
恐れ 185
恐れ入りますが 556
恐れ多い 127
恐ろしく・恐ろしい 54
恐ろしさ 76
教わる 14, 370, 440, 445, 450, 591, 593, 594, 598, 609, 617
襲われる 362
お代；おつゆ；おでき；おてだま；おでん 552
お互い；お団子；お茶の間；お茶碗；おつり；お手洗；お天気；お堂 550
お宝 551
雄滝 421
お宅 519
お尋ね 196, 201
お立ちなさる；お立ちになる 510

おだやかな 154, 155
お小さい方 419
落ちつかない 480
落ちぶれる 351
お茶 139, 288, 300, 301, 550
おチョーク；おてぬぐい；お手拭 551
落ちる 210, 313, 314, 319, 320, 329, 343, 344, 351, 352, 580, 626, 627, 630, 631
お疲れさま 558, 560
お疲れさまでございます；お疲れさまです 558
お疲れさん 561
お月様 519
お月様／(お)盆のように 72
お作り 299
おっしゃい；おっしゃいます 509
おっしゃる 14, 485, 499, 500, 501, 502, 504, 505, 509, 546, 564
夫 408, 415, 599
夫と妻 384
おっぱじめる 226, 521, 522
お弟子さん；お手伝いさん；おでまし；お天道さん 520
お手伝いします 126
お手々 494, 496, 551
お寺 262, 550
お天道様 519
お電話する 529
音 165, 168, 182, 202, 211, 212, 342
お父さん 520
お父さん達 387
弟 408, 589, 600
おとがめ 193
男 151, 363, 405, 423, 429, 431, 432, 457, 523, 587
男主 409
男親 405, 406

男嫌い／好き／狂い／殺し 414
男芸者 409
男盛り 431, 433
男主人公 409
男友達 405, 411
男の 405, 406
男の主 408
男の案内係 412
男の医者；男の子 408
男役 409
おとこやもめ 414
おどし 179, 218
落とす 313, 314, 315, 316, 320, 323, 325, 328, 333, 344, 345, 351, 582, 626, 627, 630, 631
お届け先 533
おとなしい 70
乙女 152, 414
お伴いたします 126
おともする 532
おとり 551
躍り上がって 46, 59
劣る 603, 605
驚いた 52, 53
驚いたように 65
衰える 347, 349, 351, 352
驚き 214
驚くべき 157
おどんぶり；おナイフ；おながれ；お二階；おにしめ；お庭；お人形 551
おなか 500, 539, 541, 549
オナガ 635
おなかが痛くなるほど 47, 58
おなかを抱える 59
お亡くなりになられる 508
お亡くなりになる 13, 507, 508
おなご 407, 408
同じだ 578, 579
おなつかしい 501, 503, 504
おなべ；お肉 550
お名前 519, 553

690 ──お

お兄さん；お姉さん；お上り
    さん 520
お握り；おねしょ 552
鬼の首でも取ったように
    69, 84
おのこ 407, 408
おののくように 65
お上りになる 264
おば／叔母／伯母 408, 413,
    589, 600
おばあさん 408, 587
お羽織；お鼻；お花；おひ
    げ；おひばち；お舟；お
    部屋；お帽子；お守り；
    おまる；おみかん；お野
    菜；おやつ；お洋服
    551
おはぎ；お化け；おはじき；
    おひや；お二方 552
お箸；お花見；お彼岸；おひ
    つ；お昼ご飯；お昼頃；
    おふとん；お古；お風
    呂；お風呂場；お盆；お
    祭り；おみこし；おみ
    そ；お土産 550
お初にお目にかかります
    558, 559
お話し 501, 503
オ話シスル 531
お話しにならないくらい
    72
おはよ 561
おはよう；おはようございま
    す 539, 542, 558, 559
大原女 414
帯 240, 242, 270, 331, 333
おビール 500, 551
おびえたように 65
お低い 517
（お）久しぶり；お久しぶりで
    ございます；(お)久しぶ
    りです 558, 559
おびただしい 56
お人好し 81
お一人様；おひな様 519
お姫様 519

お姫さん 520
お百姓さん 504, 505
おふくろ 406, 485
お二人様 519
お下手な 504
おべっか 450
オペラ 262, 263
覚えていない 98
おぼえる 102, 155, 370, 371
お星様 519
お参りする 262, 284
お前 496, 544, 545
お待ちする；お待ち申し上げ
    る 528
お招き 196, 201
お巡りさん 520
お見えになる 509, 515
お店 446
お耳に入れる 526, 531
おむこさん 520
おむずかしい 518
お結び 298
おむつ 14, 487
お召しになる 508
おめでとう；おめでとうござ
    います 558, 560
お目にかかる 501, 503, 525,
    526
お目にかける 13, 525, 526
重い 39, 40, 41, 50, 57, 75,
    76, 582
…思いがする 168
思い切り 61
思い知らされる 47, 61
思いすごし 178
思い出す 155
思いつき 130
思う 61, 546, 547
お申し越しの件 280, 338
重石 250, 258, 333
面白い 149, 153, 157, 158
おもしろくない／面白くない
    90, 94, 95, 96
主だつ人々 435
お餅 549

おもちゃ／玩具 381, 382,
    437, 450, 451
御許に／へ 557
お求めやすい 517
おもねる 450
おもり 451
思わない 95
思わなかった 100
親 109, 395, 396, 402, 405,
    406, 408, 636
親方 395, 397
お訳しする 529
親子 109, 384
おやじ 406
親玉 397
親と子 384
親分 397, 401, 600
女形 401
（お）湯 298, 300, 550
泳ぐ 113, 116, 117, 118
およそ 94
お呼びする；お呼び申し上げ
    る 528
及びもつかない 101
及ぶ 218
及ぼす 185, 218, 328
オラレル 514
檻 450, 451
折り紙 302
折り紙つき（の） 82, 125
織姫 410
おります 539, 541, 564
折り目正しい 125
織物 301
お略しする 529
お料理 550
降りる 204, 205, 575, 577
おりんご 551
おる（丁寧語） 539, 540, 541,
    547
折る 301
織る 301, 302
オルガン 247
オルゴール 246
俺 494, 496, 544, 545, 546
お礼申し上げます 127

オレンジ色の　635
おろす(反義語)　583
降ろす(機能発揮語)　251, 254, 333
卸す　615
大蛇　425, 426
お若い　516
終わり／お仕舞／閉会にする　228
終わる　227
雄馬　409
音楽　262, 263
音楽隊　384
音質　344
御社　549
温泉　311, 435
音程　349
雄鶏　405, 483
女　360, 362, 363, 405, 423, 429, 431, 433, 457, 523, 587
女主；女芸者；女主人公　409
女親　405, 406
女嫌い／好き／狂い／殺し　414
女盛り　431, 432, 433
女友達　405, 411
女の　405, 406
女の主；女の医者　408
女の案内係　412
女の子　117, 408
女役　409
おんなやもめ　414
温良な　143
音量を調整する　288

か

科；課　394
蚊　311, 355, 362
—か(助数詞)　465
—かあ(終助詞)　496
があがあ鳴く　483
カーテン　251, 307, 333, 343
カード　357, 360
カーブ　185
カーペット　251, 256
ガールフレンド　415
界　394
会　391, 399
開院　225
海員　402
会員　112, 366, 389, 391, 408
会員／メンバー／一員である　366
買い受ける　613
開園　225
絵画　381
甲斐甲斐しい　124
買い方　438, 442
快活な　140
快感　133, 144
会議　111, 445, 447, 448
会議／議事の進め方；会議参加者　437
会議室；(会)議場　437, 445, 446, 447, 448
会議する　437, 445, 446, 447, 448, 455
快挙　133, 151
開業する　225
開局する　308
会計課；会計課長；会計部；会計部長　399
解決　166, 176, 182
解決する　152, 282
かいこ　519
介護　122, 155
会合　389, 390
外交団　384
外国軍隊　355
外国語　262, 263, 271, 636
解雇される　485
快哉　133
解散(する)　320, 325, 630
快事　133
開始する　225, 493
会社　155, 225, 306, 309, 320, 351, 397, 399, 401, 431, 436
がいしや　495

会社員　457
解釈　180, 308, 309
害獣　321
外出しない　100
会場　305, 438, 447
解消する　315, 317, 318, 320, 325
甲斐性のない　161
解除(する)　313, 315, 318, 320, 321, 326, 327
灰燼に帰す／と化す　374
快心の　140, 152
会心の笑み　159
害する　347, 349
改正　79
快晴　75
懐石料理　109
解説　151
開設する　225, 308
解体する　320
快諾　192
快諾する　131, 133, 156
階段　433
快男子；快男児　133, 405, 407, 415
害虫　309, 321
懐中時計　357, 638
会長　399
買いっ振り　438
買い手　437, 438, 442
開廷；開店　225
快適な　140, 154
開店する　489
解答　176, 181
回答　185
会頭　395, 402
外套　240, 241
解凍する　575, 577
快刀乱麻を断つごとく　152
買い取る　613
買い主　442
貝のように　47, 63
開発　224, 423, 426, 429
快報　133
快眠　129
解明する　369, 379

か

壊滅する 321
皆目 88, 94
買い戻す 584, 585
買い物 489
解約する 318, 321
快癒する 132
回覧板 251
買う 190, 365, 366, 438, 445, 446, 448, 509, 614, 615, 617, 618
飼う 451
家運 351
カウンセラー 438
返す 334, 337
かえすがえすも 39, 40, 70
替え玉 108
買えない 97
帰り 493
変える 66
蛙 483
―かえる 43
帰れない 97
顔 524, 551
家屋 298, 457, 458
顔立ち 155, 430
香り 131, 144, 155, 165, 319
香る 103, 132
…顔をする 168
画家 152, 405
瓦解する 321
価格 437, 438, 442
科学的だ 580
掲げる 250, 256
呵々大笑する 59
鏡 235, 236, 551
輝かしい 77, 156, 159
輝く 116, 208
輝くばかりの 74
輝くように 70
係 394
かかる(動詞化動詞) 204, 205, 216, 217, 218, 271, 329
かかる(機能発揮語) 250, 271
かかる(生成語) 295, 305

関わり 185
鍵 250, 254, 333
餓鬼 409, 524
書き方；書き手 438
カキのようにだまりこむ 65
書きもの 438
佳境 133
家業 352
課業 112
架橋する 305
書く 116, 160, 263, 295, 297, 306, 307, 325, 438, 454
核 434
家具 381, 382
閣員 382, 393, 401
学院；学園 444
角界 385
かくかくたる 77
覚悟 181
格差 315, 317, 320
格差解消 322
楽師 400
学士院 389
確実な 109
かくしづま；隠夫；隠妻 414
隠し所；隠し場所 446
学者 139, 145, 636
矍鑠たる／とした 113, 118, 119, 123
学習者 440
学習する 445, 450, 455
楽章 394
学食 485
核心 434
革新的な 127
核心をつく 126
隠す 446
学生 107, 125, 387, 402, 405, 437, 440, 457
学生さん 519
学生食堂 485
学生層 385
学生達 387
学説 308

楽隊；楽団；楽長 400
格段ノ 647
学長 398, 399, 400, 402, 403, 448
学長室 448
格調(の)高い 126, 158
学部；学部長 399, 403
革命 311
学問 305, 439
学らん 234
閣僚 382, 389, 390, 393, 401
学力 350
隠れ処；隠れる 446
香しい 155
家系 321
掛け看板 267
駆けさせる 246
掛(け)軸 251, 254, 470
カケス 635
掛け図 445
可決する 578, 579
掛け時計 638
掛け値なしの 110
掛けぶとん／布団 251, 257, 267, 333
影も形もない 101
陰りがでる 352
かける(動詞化動詞) 179, 216, 217, 218, 328
かける／掛ける(機能発揮語) 4, 122, 125, 238, 240, 241, 242, 245, 250, 251, 254, 255, 256, 257, 260, 266, 267, 268, 271, 333
かける／掛ける／架ける(生成語) 295, 297, 303, 304, 305
掛ける(反転語) 595, 597, 616, 617
駆ける 246
陰る 352
架け渡す 305
佳言 133
かご 243, 244, 302, 451
囲い者 108
佳肴 133

語彙索引――か 693

下降する 352
かごかき 246
傘 250
火災 311, 464
佳作 133, 160, 310
重なる；重ねる 223, 232
飾る 251
火山 309, 311
菓子 264, 344, 550
貸し 31
舵 245
火事 311, 455
かじかむ 348
下士官兵 409
かしこまりました 548
佳日 133
歌手 152
果樹園 353
歌唱力 110
歌唱力抜群の 152
頭 397
かじられる 362
かじる 355
家事を切り盛りする人 410
佳人 123, 133
歌人 408-409
架す 305
貸す 14, 21, 23, 610, 611, 613
ガス 311
かすがい 250, 258
かすかに 102, 103
霞 204
かすむ 347, 348
掠め取る 357
掠める 357, 359
かすりきず 103
かすれる 341
風 57, 103, 155, 166, 204, 206, 228, 229, 309, 311, 329
風邪 509
画聖 136
風が納まる 84
風が吹く 85
仮葬 111

画像 116
火葬(する)；火葬場 448
家族 383
ガソリン 320
一方 386, 387
片足 317
固い 47, 70, 76
課題 79
カタがつく 227
固く 66
がたごと 269
かたじけない 127
かたちづくる 312
…形をする 168
片づける 117
刀 254, 258, 261, 422
固まる 63
傾く 351
語り合う 117
語り口 438, 444
片割れ 391
肩を落とす 498
かたをつける 227
歌壇；画壇 385
勝ち 186
家畜 360, 638
科長 399
課長 399, 519
かちんかちんに 49, 63, 65
勝つ 282, 604, 617
カツオ 472
学科；学科長 399
学界 385
かっかと 58
楽器 238, 247, 638
担ぎ込む 263
担ぐ 243, 244, 246, 271
かっ食らう 521
学兄 552
学校 322, 399, 400, 403, 437, 444, 446, 448, 491, 493
学校長 399, 403
格好の良い 154
喝采 189
合宿所；合宿(する) 447
滑走する 288, 289, 290

活動 232
活動家 118, 119
かっぱらい 358
かっぱらう／掻っ払う 357, 358
カップル 382
がっぽり 66
活躍(する) 155
かつら 240, 331
課程 111
家庭 155, 313, 314, 315
家庭崩壊 322
家電メーカー 139
門松 251
蚊取り線香 266
かないません 97
かなう；かなえる 272, 273, 275
金釘流で 160
かなしい／悲しい 70, 210
悲しませる 361
悲しみ 76, 358
悲しみに打ちのめされる／ひしがれる 60
悲しむ 58
かなづち／金槌 258, 270
奏でる 247, 635
かなめ 434
金物屋 636
必ずしも 89
カナリヤ 635
金 268, 284, 357, 359, 360, 423, 550
鐘 247, 269
鐘と太鼓で 47, 66
金持ち階層 385
金持ちだ 580, 582
カノ 647
彼女 410
カバン 302
かび 309, 311
かびる 344, 345
寡夫；寡婦 410, 414
株 140, 155, 406, 409
一株(助数詞) 473
株価 352

がぶがぶ 269, 270, 482
歌舞伎 262
かぶと 240
カブトムシ 471
株主 401
がぶり 269
かぶる(機能発揮語) 4, 240, 242, 331, 332
被る(反転語) 601
花粉症 55
貨幣 303
かま 258
かまえている 117
構える 303, 305
蝦蟇口 357
かまど 251, 258, 260
かまわない 94
我慢する 450
髪 343, 347, 348
神 122, 312, 405, 409
紙 301, 457, 466
紙入れ 357
神々 386
噛み砕いた 157
かみさん 415
噛みつき 31
噛みつく 21, 23, 355, 358, 361
雷 208
雷に打たれたように 63
髪を振り乱して 65
噛む 355
家名 351
仮名 111
加盟国 389, 392
加盟する 583, 586
加盟団体；加盟店 392
カメラ 258, 285, 423, 494, 496
カメレオンのように 66
科目 437, 439
課目 112
醸す 298, 309, 312
貨物船 468
蚊帳 251
火薬 345

カヤック 243, 245
かゆ 265, 295, 296, 297, 298, 550
かゆいところに手が届く(ような) 151, 152
かゆみ 319, 320
歌謡曲 432
辛い 587, 635
からから(と) 59, 159
からからに 49, 63, 66
からきし＜からっきし、からきり 92, 94
カラス／からす 483, 635
からす／涸らす(悪化語) 341, 343, 344
体 342, 349
からむ 355, 357
からり／からっと 122
がらりと 65
仮親 109
がりがり(に) 63, 65
仮契約；仮決定；仮縫い 111
仮(の)採用 109, 111
借りてきた猫／羊のように 70
刈り取る 318
仮に 110
借りる 14, 610, 612, 613
刈る 258
軽い 102, 103, 582
軽々と；軽く 122, 159
カルテット 383
かれ(悪化語) 343
彼 410
華麗な／に 154, 155
ガレージ 448
カレーライス 263, 467
彼氏 410
彼等 386
かれる／涸れる(悪化語) 341, 343, 344, 346
軽やかに 116
川(河) 166, 204, 206, 436, 438, 446
佳話 133

かわいい／可愛い 47, 419
可愛がる 58
可哀そうな 501, 503
乾いている 579
乾かす 375, 376
渇き 74
渇く 52
乾く 49, 63, 375, 376, 578, 607
変わりない？ 558, 559
変わる 63
勘 155, 342, 347, 348, 349
燗 550
完— 43
—館 447
ガン／癌 321, 322, 355, 362, 637
がん 483
感化 166, 176, 190
官界 385
考え 196, 199, 518
考え方 106, 155
考えていなかった 90
考えない 95, 96
考えなかった 100
考える 61, 62, 546, 547
管楽器 246
かんかん 269, 270, 271
がんがん 48, 63, 270
かんかん照り 49
かんかんに 48, 58
歓喜する 14, 59
柑橘類 636
肝機能 346
頑強に 66
環境問題 311
関係 318, 320, 325, 353
歓迎 190
看護 122
慣行 282
肝硬変 635
勧告 184, 189-190, 280, 281, 338, 339
看護師 112, 400, 408, 415
看護師長 400
看護婦；看護士 415

頑固者 81
艦載機 359
観察 78, 184
贋札 108
監視 41
がんじがらめ(に) 39, 40, 50
感じない 95
感謝 128
患者 438
感謝いたします 127
看守 409
慣習 282
完勝 77
感情 351, 353
干渉しない 94
頑丈な 154
感触 144
感じられる 103
感じる 61
関心 213
感性 155
閑静な 156
完全な 41, 76
贋造紙幣 107
観測基地 303
観測隊；観測隊長 399
艦隊 384, 397
寒暖 636
歓談する 132
館長；艦長 399
官邸 448
貫徹する 283, 334, 336
噛んで含めるように 151
感動 178, 312
感動した 52
関東地方 433
勘どころ／勘所 126, 435
頑として 91, 94
かんな 250, 254, 258
簡にして要を得た 157
寒波 55
芳しい 155
干魃 358
早魃に滋雨を得た百姓のような 83-84

看板 254, 267
干犯する 360
看板娘 415
甘美な 142
看病 122, 155
鰥夫 410, 414
感銘 41, 128
簡明な 142
丸薬 466
勧誘 190
管理職 408
感涙に噎ぶ 59
慣例 282
寒冷な 493
燗をつける 285, 287, 289

き

木 383, 473, 636
—機(助数詞) 468
—基(助数詞) 469
貴意 553
聞いたことがない 96
キイチゴ 638
黄色い 635
議員 384, 437
議員全員 384
気運 309, 312
消える 319, 328, 329, 330, 331
記憶 103, 213, 318, 322
記憶喪失 322
机下 557
貴家 549, 553
貴下 549, 552
機会 146, 147, 318, 489
機械 355
機械・器具で製造する 447, 448
着替える 447, 448
企画 307-308
着飾る 155
聞かされた 62
聞かされる 47
聞かせどころ 432, 435
気がつかない；聞かない 96

気が抜ける 343
貴翰 555
機関銃 468
聞き入れない 95
聞き入れる 273
聞き手 438
聞きどころ 432, 435
聞き届ける 273
聞きほれる／聞き惚れる 116, 132
企業 139, 140, 155, 417, 418, 423, 425, 426, 428
企業大手 425
起業家 408
企業グループ 434
貴金属 637
菊 430
きく(要求充足語) 122, 272, 273, 275, 276
聞く／聴く 14, 46, 61, 62, 250, 262, 288, 525, 526
聞く／聞かせる 435
効く 122
器具 450
着くずれる 350
貴兄 549, 552
議決 455
議決事項 437, 454, 455
危険 178
機嫌 347, 349
機嫌がいい 52
危険がせまる 84
貴研究所 553
技巧 146
起工する 225
貴国 553
着こなす 243
既婚者；既婚女性；既婚男性；既婚婦人 405, 407, 409
鬼才；機才 135
記載事項 322
貴様 496, 544, 545, 546
棋士 408
儀式を行う 447
基軸 434

議事の進め方 451
きしむ 346
貴社 549, 553, 555
汽車 243, 268, 269, 481
記者 397, 408, 409
記者の女性 406
技術 146
基準 306, 325
貴女 409
議場 437, 447, 448
起床する 493
騎乗する 245
議事録 437
貴信／書／翰 546, 553
キス 155, 427
傷 53, 102, 103, 319, 349, 455
傷跡 325
傷がつく 353, 361, 366
築く 122, 303, 304, 305, 325
傷つく；傷つける 347, 351, 361, 455
傷をつける 353
規制 321
犠牲者 311
寄生虫 321
偽造／贋造紙幣 107
規則 306, 308, 321
貴族 351
北 43
ギター 246
期待 171, 173, 179, 185, 187, 218, 280, 281
貴台 552
議題 437
希代の 148
帰宅 493
きたねー 496
義太夫節 432
ギタリスト 248
貴男 409
機長 402
貴重な 122, 127, 154, 155, 158
きちんと 122, 125
きちんとした 159

吉事；吉日；吉夢；吉例 134
喫煙室；喫煙所 447, 448
喫煙(する) 447
きつく 41
気付く 373, 378
喫茶店 398
吉祥；吉兆 134
生粋の 48, 81, 82, 647
喫する 265
キッチン 439
切手 381, 382, 457
切手コレクション 386
狐 358, 409, 483
きつね色に 116, 119
きっぱりと 66
切符 382
吉報 130, 134
詰問 189
気強い 157
貴殿 549, 552
機動隊 384
気に入った 52
気にしてない 96-97
絹 111
絹のような 158
絹をさくような 47, 74
疑念 321
記念硬貨 303
きのう 493
機能 346
技能 146, 437, 445
気の置けない 153
気の利いた 152
気の毒だ／な 532
きびきび(と) 116
厳しい 74, 75, 78
気品 76
機敏な 142
寄付 79
義父 109
ギプス 451
気分 144, 151, 155, 319, 349
義母 108
希望 103, 128
きまっている 117

決まり 282
君 544
気味(が)悪い 70
義務 277, 279
生娘 415
偽名 111
きめ細かな 158
決める 493
気持ちよく 129, 156
肝っ玉 122
着物 233, 234, 236, 240, 241, 301, 331, 334
疑問 311, 319, 320, 321, 322
ぎゃーぎゃー 60
客 397, 401, 405, 413, 438, 439, 442, 445, 519
—脚(助数詞) 469
虐待 190
虐待する 361
きゃつ 524
却下する 338
きゃっきゃ／きっきと鳴く 483
キャップ 397
キャプテン 397, 401
キャベツ1玉 475
キャリア 580
キャンセル(する) 313, 315
灸 550
休暇 155
球界 385
球形ウィルス 423
休憩室；休憩所；休憩場所 447, 448
休憩(する) 447, 448
求婚 272, 273, 275, 276, 338
九州人 392
球場 447, 448
求人 280, 281
急成長 229
休息 183
休息する 448
球団 384
義勇団 384
弓道 311
牛丼 635

牛乳　302
牛馬　638
旧弊　318
休養　183
きゅっと（きゅんと）　84
経　550
教育　645
教育機器；教育法　445
教育者　439
教育的　645
教員　439, 440
狂歌　471
教科　437, 439
業界人；業界の人　392
教科書　437, 445, 450
教官　440
兇器　438, 450, 451
教具　445
教訓　155
強権　277, 278
強豪チーム　148
強硬に　66
強固な　154
餃子　635
教材　437, 445, 450
恐妻家　415
共産党　400
教師　437, 439
行司　401
凝視する　62, 132
教室　437, 444, 446, 448
—教授　519
恐縮です　51
教授法　437, 445, 451
教授様式　445
教場　444
教職員　402
狭心症　635
行政機関　400
業績　114, 156, 343, 345, 351, 427
強壮な　141
きょうだい／兄弟　384, 408, 414, 636
脅迫する　355, 357
恐怖　76, 213

強風　57
教本　445
興味　213, 311
興味深い　158
侠勇；驍勇；驍雄　138
協力　192
協力関係　308
共和国　395
共和制国家　396
許可　166, 175, 181, 192, 328
漁獲　438
巨額の　57, 80
許可する　280, 281, 338, 578, 579
巨漢；巨魚；巨船；巨像；巨体；巨鳥；巨費；巨富；巨編；巨木；巨利　427
清き　154
漁業資源　346
曲　394, 422, 431
局　394
極小の　421
極端に　58, 60
極度に／の　54
巨勲　134
魚群　384
許婚　414
巨材；巨匠；巨星　134
巨人　428
拒絶する　337, 338
漁船　429
巨大な　427
ぎょっと　65
巨歩　134
巨万　79, 427
清らかな　157, 158
魚類　637
虚礼　321
嫌イナ　647
嫌いになった　584
嫌う　58, 60
きらきら（と）　116
切らす　318
切られ与三　497
きり　250, 260
霧　204, 319, 329

きりきり　63
基督教徒　408
規律　351, 352
きりっとひきしまった　155
切り札　251, 258
気力　347, 349
きりり（と）　122, 242, 268, 270
キリン　408
切る　185, 258, 260, 261, 268, 285, 298, 305, 318, 325, 345, 366, 481
着る　4, 122, 233, 234, 235, 236, 240, 241, 242, 243, 331, 332, 507, 508, 509, 510
—きる　43
—切れ（助数詞）　458
きれい　70
きれいさ　642
きれいだ　16, 18, 20, 51, 149, 646
きれいな　157, 158, 642, 647
きれいな人　405
きれいにする　337
切れ者　123
切れる　320, 345, 585
キロ　475
議論　232, 434
疑惑　321
極めつき（の）　81, 125, 154
きわめて／極めて　51, 70
菌　355, 358
金；銀　112
欣快の　140
欣喜雀躍する　59
緊急事態　311
金魚　471
キングサイズの　430
謹啓；謹言　556, 557
金庫　448, 450
均衡　318, 345
銀行　392, 397, 426, 450
銀行員　392
筋骨たくましい　152
近視　103

禁止する　578, 579
金城鉄壁の　145
緊張　54, 212, 319
緊張する　54, 63
金融　418, 423

く

区　398
一句(助数詞)　457, 471
くいあらす　358
食い入るように　61
クイーンサイズの　430
ぐいぐい(と)　84, 268, 270
食い下がる　66
クインテット　383
くう／食う　263, 264, 265, 269, 288, 355, 357, 494, 496, 625
空気　344, 346
ぐうぐう(と)　129
グーズベリー　638
ぐうたら亭主　161
空母　423
釘　250, 258
愚挙；愚行；愚作　160, 161
くくる　258
愚兄；愚見；愚考；愚策／計；愚生　555
草　309, 346
愚妻　549, 554, 555
草木　311
草花　346, 348
くさび　250, 258
臭み　317, 318, 325
一クサル　522
腐る　341, 342
腐るほど　428
串　235, 236
串カツ　635
くしゃみ　208
愚女　554
苦情　282
苦笑／非難／…(を)買う／する　191
駆除する　321

鯨　409
くすくす　59
崩す　344, 346, 347, 349, 350, 351
くすねる　357
薬　234, 242, 266, 267, 451, 637
薬屋　636, 637
崩れる　344, 346, 347, 350, 351, 352, 353
くそー　42, 43, 523, 524
くそ(乱暴語)　500
くそいまいましい　523
愚僧　554, 555
愚息　549, 554, 555
クソ鎮　506
くそっ　496
砕く；砕ける　455
くたくたに　65
ください；くださいます　509
くださる　507, 508, 509, 510, 514, 564
下す(動詞化動詞)　168, 179, 216, 218, 328
くたばる　521
果物　156, 341
下る(動詞化動詞)　216, 218
クダンノ　647
口　551
愚痴　232
口当たりが／のいい　154, 156, 158
口が腐っても／裂けても　95
口が曲がりそうなほど　71
口から出まかせの　76
駆逐艦　399
口にあう　154
口火を切る　223
口笛　238
口振り　453
口紅　233, 334, 266
区長　398
口調　118, 438, 444, 453, 454
口をすっぱくして　66

靴　240, 241, 302, 331, 334
クッキー　344
くっきり(と)　116, 159
くっくっ／くーくー鳴く　483
掘削する　305
靴下　240, 241, 302, 344
屈指の　145, 148, 647
ぐっしょり　49, 63, 66
グッズ　441
ぐっすり(と)　63, 64, 128, 129
靴底　344
ぐったり　63
くっつく　583
くっつける　584
くつろぐ　117
愚弟　555
ぐでんぐでん(に)　63, 66
くどき　432
宮内庁　401, 403
国　311, 319, 320, 321, 391, 401, 421, 422, 428, 432
国々　386
首が回らない(ほど)　66, 80
首になる　485
首輪　240, 241
颶風　57
区別　182
くべる　266
熊　471
組　394
組合　306, 325, 391
組合員　391
組員　389, 390, 401
組み立てた機械類　468
組み立てる　301, 306
愚民　161
組む　298, 303, 305, 306, 308
雲　311, 384, 466
供物　284
くもの巣　257
雲一つない　74
悔やむ　58
悔やんでも悔やみきれない　58, 60

語彙索引――け　699

グライダー　243, 245
くらう(動詞化動詞)　192
食らう　264, 521
暗くなる　366
ぐらぐら　481
暮らし　110, 182
暮らし向き　349
暮らす　111, 127, 156
ぐらつく　341, 342
クラブ　139, 392
グラフ　307, 308
グラム　475
クランベリー　638
クリーンな　154, 157
繰り返す　232
クリスチャン　125
クリニック　438
クリプトン電球　423
くる(動詞化動詞)　213
来る　366, 507, 508, 509, 546
狂い　310
狂う　344, 345, 347, 348, 349
クルー　391
グループ　385, 386, 397, 398
くるくる　63, 65
ぐるぐる　257
苦しみ　53
狂っている　349
車　139, 235, 236, 237, 243, 269, 270, 288, 347, 355, 360, 417, 425, 426, 429, 448, 468, 494, 496
くれる　266, 507, 508, 612
暮れる　228, 229, 455
ぐれる　353
黒　588
黒い　47, 70, 75, 587, 635
クロイチゴ　638
苦労　179
グローブ　241
黒髪　113, 118, 119
黒白　588
クロノメーター　109
愚論　555
くわ　250, 258, 468
詳しい／く　45, 61, 78, 157

くわれる　362
一君　520, 545
群一　386
郡　394
訓戒　450
軍楽隊　384
軍艦　245, 384, 423, 427
薫香　131, 134
軍事作戦　426, 429
君主　121
軍隊　361, 434, 436
群鳥　384
薫陶　190
群島　384
軍備　321
薫風　134, 155
群馬県人　392
群雄　386

け

毛　309
罪　306, 307
経営　352
経過　156
警戒　39, 78
警戒態勢　41
軽快な　140
計画　78, 306, 307, 308, 309, 318, 322, 418, 423, 426, 427, 434
景観　349, 427
警官；警官隊　384
景気　352
敬具　556
経験　103
敬虔な／に　125, 154
警護　198
警告　184
掲載　231
荊妻　549, 554
経済界　385
警察　399, 447
警察／消防／税務署長　399
警察官　405, 408
計算　199

経産婦　415
兄姉　408
啓示　192
刑事　423
警視総監　402
警視庁　395, 402, 403
芸者　408, 409
芸者衆　387
閨秀作家　415
芸術　110
芸術院　389
軽傷　103
形成する　309
継続する　231
携帯電話　498
兄弟姉妹　384, 414, 636
芸能　432
芸能界　385
敬白　556-557
刑罰　103
継父；継母　108, 109
軽侮　193
警報　313, 315, 320, 321, 326, 327
警報解除　322
軽妙な　142
芸名　111
契約　111, 317, 318, 320, 321
渓流　438
ケーキ　298, 300, 430
ケータイ　498
ケーブル　323
毛織物　300
けが　57
けがす　351
劇界　385
劇場　447
劇団　381, 382
撃沈する　374
激痛　76, 212
激怒する　60
激励　185
けしからん　52
景色　114
芥子粒ほど　71
けし1粒　475

化粧 328, 347, 350
化粧品 636
消す 325, 331, 333
削る 258, 260, 261
下駄 241
けだもの 638
けちょんけちょんに 49, 66
決意 76
結果 600
結核 635
血気盛り 435
結婚 156
結婚式 390
結婚式場；結婚式を挙げる 447
結婚している 579
傑作 160, 307, 310
決して 91, 92, 93, 95
結社 320
月謝 423
傑出した 145
欠如する 56
決心 166, 202, 213, 214
決心する 213, 214
結成する 306, 325
欠席する 575, 577
決然たる 78
げっそり 49, 63, 65
決断 179
決着 182, 216
決定 111, 168, 180
決定する 493
血統書付きの 105, 106
げっぷ 208
結末 156
結論 180, 181, 223, 229, 230
けなす 49, 582
気配 103
煙 204, 466
けもの 407, 638
下落する 352
けらけら；げらげら 59
ゲリラ 355, 362
ける 248, 249, 337, 338, 358
けろけろ鳴く 483
県 392, 394, 395, 401

一件（助数詞） 464
一剣（助数詞） 466
一軒（助数詞） 457, 458, 461, 469
懸案 227
原案 306
権威 318, 351
原因 600
現役 48, 81
賢媛；賢王 134
嫌悪感 358
けんか 224
けんかする 584, 585
弦楽器 246, 638
玄関 551
元気です 52
元気に 156
研究 166, 232, 443, 447, 448, 642
研究（方）法 438
研究結果 438, 454
研究される 510
研究室 438, 446, 447, 448
研究者 438
研究所 399, 438, 447, 448
研究所長 399
研究資料 322
研究する 369, 378, 379, 438, 443, 446, 447, 448, 510, 642
研究装置；研究対象；研究振り 438
研究分科会 400
賢君 121
言語 493, 636
健康 74, 347, 349, 350
剣豪 135
健康だ／に 51, 156, 580
健康優良児 140
げんこつ 261
堅固な／に 57, 122
検査 78
検査する 125
賢察；賢士；賢人；賢聖 134
剣士 409

見識 130
検事総長；検事長 400
現実に即した 155
賢者 131, 134
賢主 121, 134
厳重な／に 39, 41, 78
厳重な捜査網 305
減少する 575, 577
原生林を守る会会長 399
原子炉 469
減衰する 351
減税 418
建設的な 127, 154
健全だ／な 156, 580
元素 637
現像する；現像所 447, 448
建造物 322, 427
建造物の遺跡 426, 429
減退する 347, 349, 350
建築 298
県知事 401
賢哲 134
剣道・柔道・弓道・空手を練習する 447
見当がつかない 94
厳とした気迫 46
現場 448
賢婦 123, 134
賢夫人；賢母 134
玄米 299
研磨技術 125
厳密な 78
県民 392, 401
賢明な 140, 142
懸命の 77
原野 427
賢友 134
絢爛たる 158
権利 109, 322, 334, 336, 337, 360
賢慮 134
原料 637

こ

小一 419

語彙索引――こ

子　109, 310, 402, 408, 413
一個(助数詞)　457, 459, 463
一戸(助数詞)　469
碁　249
ご案内　501, 504
ご案内なさる；ご案内になる　510
濃い　74, 75, 580, 581
鯉　551
ご意見　519
小石　421
こいつ　524
ご一緒します；ご一緒する　126, 532
恋女房　415
小犬　422
恋人　410
香　266
小馬　422
好意　134, 353
厚意　135
合意　229, 230
コウイウ　647
更衣室　447, 448
工員；行員　392
降雨　436
好雨　134
豪雨　76
幸運　135, 318
幸運な　141
好影響　160
講演　126, 144
豪華(客)船／本／版　139
後悔する　60
豪快な　141
甲殻類　636
高価な　154, 493
豪華(な)　139, 141, 154, 159
豪華版　51, 139
好感　134
好漢　134, 409
好感のもてる人　405
香気　131
好機　147, 318
抗議　78
厚誼　135

講義室　444
豪(剛)毅な；豪気な；豪儀な　141
高級　139, 156
高級牛肉；高級魚；高級車；高級店；高級品　139
号泣する　60
高級な　139, 154
工業　636
交響曲　306
皇居新宮殿　304
拘禁(する)　365, 366
航空機　390, 391
厚遇(する)　131, 135, 189
高訓　553
後継者　105
攻撃　179, 189, 190, 200, 218, 232, 374, 426
攻撃される　362
豪傑　135
高見　553
皇后　528
講座；講座長　403
耕作のための雇人　409
交差(する)　587, 588
高旨　553
小(子／仔)牛　422
厚志　135
工事　225
好事　134
公式戦　110
公式な／に／の　109, 110, 111
行使する　277, 278, 334, 336
皇室　383
公社　397
校舎　306
交渉　182, 185, 232
高情　553
工場　392, 398, 447, 448
口上　118
厚情　135
豪商；豪族；豪農　135
好条件　134
向上心　128
交渉する　156

工場長　398
香水　266
構成員　393
構成する　306, 609, 617
公正な／に　109, 110, 155, 157
高説　553
高層　43
豪壮な　141, 158
皇族　383
高速度　43
高台　552
広大な　427
強奪する　357
好男子(児)　134, 405, 407, 415
耕地　637
構築する　303, 305, 306, 308
紅茶茶碗　382
高著　549, 553
校長　399, 402, 403
轟沈する　374, 378
交通　341
交通安全協会　385
交通機関　342
交通事故　321, 322
交通渋滞　50
皇帝　397
豪邸　154
坑道　303
強盗　183, 357
高等検察庁　400
好取組　134
購入する　365, 366
高熱　76
工場　448
後輩　361
荒廃する　351
紅白　588
好評　135
好評な　140
幸便；幸福　135
幸福な／に　141, 156
興奮　319
高文　553
公文書の謄本　112

公平な／に 110, 111
豪放な 141
高邁な 159
鉱脈 436
巧妙な 143
こうむる 193
公明正大な 110, 142
毫も 88, 90, 95
講元 435
拷問 189
交友 318, 325
豪勇 135
豪勇の 141
小売店舗 429
考慮 164, 184, 199
考慮する 580
号令 179, 190
声 15, 56, 103, 130, 144, 151, 156, 160, 182, 219, 341, 342, 343
小枝；小刀；小鴨 422
声をあげて 60
コーチ 440
小男 417
コーヒー 139, 291
氷のように 41, 46, 71
凍る 49, 63
小女 410, 417
誤解 53, 193, 318, 319
ご覚悟召される 509
小型；小型自動車；小型車 417, 418, 421, 423
小型の 417, 421, 423
小型の銃 271
枯渇する 344, 346
小柄な／の 417, 418, 423
ごきげんよう；ごきげんよろしゅう 558, 559
小気味よい 158
こぐ 84, 243, 245, 268, 270
国(際)連(合) 389, 400
極＜極極 52, 647
極悪人 81, 82
国王 401, 528
ごくごく；ごくり 269, 270
国勢 351, 353

国土 351
こくのある 153, 154, 158
黒板 445
極微な 421
国民 391
こくりと 480, 481
—こくる 43
ご苦労さま；ご苦労さまでございます；ご苦労さます；ご苦労さん 558, 560, 561
後家 415
こけこっこーと鳴く 483
御研究所 520
ご研究なさる；ご研究になる 510
ご賢察；ご賢慮；ご厚誼；ご高察；ご厚志；ご好評 127
ご厚情 56
凍えそうな／に 46, 75
心地よく 129, 155
小言 450
心 347, 349, 361
心温まる 158
心奪われて 159
心が／のこもった；心が洗われるような；心が晴れやかになるような 151, 152
心から(の) 58, 66, 77, 110, 128
志 182
心強い 157
心憎い 154, 155
心の底から 60
心もとない 51
心安い 153
心行くまで 58
快い 155
こころよく／快く 122, 156
心より 127
心を清める 162
心をひらいて 158
ご困難な 518
ござ 251, 256

ございます 14, 485, 500, 539, 540, 547
こさえる／拵える 300, 310
小魚 417, 418
小匙；小皿；小猿 422
小雨 419
ございます 540
居士 410
腰掛ける 235, 236, 251, 270, 288
乞食小屋 161
ごしごし(と) 84, 268, 270
ゴシック建築 434
こしのある 154
腰の線 144
小島 422
ご住所 519
こじゅうと／小舅／小姑 405, 410, 414
こじゅうとめ／小姑 405, 410, 414
ご出勤 501, 503
故障 178, 328
故障する 347
ご招待状 533
ご招待する；ご招待申し上げる 528
ご職業 518
拵える；こしゃえる 300
こじれる 351, 353
腰をおろす 256
誤診 178
こする 258
ご清栄に；ご清聴 127
ご説明する；ご説明申し上げる 528
ご説明なさる；ご説明になる 510
ご先導 501, 504
小象；小太鼓；小太刀；小槌；小鼓 422
ご壮健に 127
ご相談する；ご相談申し上げる 528
小僧っ子 420
五臓六腑 638

語彙索引——こ   703

ご尊父 519
答／答え 105, 106, 107, 109, 112, 166, 176, 181
答える 116, 117, 122, 272, 273
こたえる／応える 280, 281, 282, 283, 338
答えを出す 282
小高い；こぢんまりした 420
ごたごた 319
こたつ 251, 257, 305, 552
ごちそう／ご馳走 131, 300
ごちそうさま；ごちそうさまー；ごちそうさまでございます；ごちそうさまでした；ごちそうさまです 558, 561, 562
ご馳走する 132
国家 310, 319, 320, 351, 431, 433
国会 232, 390
こづかい／小遣 360, 550
国会議員 390
国境 360
コック 397
国交 306, 308, 316, 317, 318, 320, 322, 323, 324, 325
こつこつ 66
こっこっこと鳴く 483
骨子 434
骨董品 382
こっぴどく 55
小粒の 417, 418, 421, 423
こて 250, 255
鼓笛隊 384
こてんぱんに 66
コト／こと（形式名詞） 524, 644
琴 158, 246, 247, 550
誤答 107, 112, 579
小道具 422
コトオビタダシイ 86
ことが運ぶ 116
事柄の在り処 445
孤独感 358

言付かる／言付ける 614
異なる 578, 579
ことば 493
子供 117, 295, 297, 309, 310, 325, 408, 413, 429, 457, 524
子供盛り 435
子供連中 387
小鳥 448, 635
断り 176
断る 66, 338
粉 298, 307
こない 93
こなす 372
小鍋；小荷物；小箱；小鉢；小（子）豹；小瓶；小舟；小骨 422
こなれた 154, 158
小猫；小ねずみ 421, 422
コノ 647
この間はお世話になりました；この間はどうも 558
この上なく 42
この頃 641, 643, 644
この世 437
この世のものと思えないほど（に） 69
小幅な／の 423
小腹がすく 420
ごはん／ご飯／御飯 117, 234, 263, 264, 268, 269, 285, 298, 344, 345, 467, 551
ご飯を食べる 84, 451
コピー 302
子羊 423
こぶ 300, 309, 311
ご無沙汰しています 98
小豚／子豚 422, 457
小振りな／の 423
古墳；古墳群 384
子分 600
小部屋 417, 418
ご芳名 553
こぼす 232

こぼれる 202, 209, 329
こま 248, 249
細かい 78
ごま塩 482
困った 52
こまねずみのように 47, 65
胡麻の蠅 360
小間物屋 636
困らせる 361
こみいった 54
小見出し；小指；小（子）ライオン 422
コミッショナー 397
ご身分 127
—こむ／—込む 40, 43
小麦色に 119
小息子／小娘 415
ゴム長／ゴム長靴 498
米 360, 426, 466, 550
米／豆／胡麻／芥子／粟粒のように／ほどに（小さく）見える 421
ご明察；ご名答 127
ご免下さーい；ご免下さい；ご免下さいませ（まし） 558, 559, 562
ごもっともな 52
小物 418
小屋 257, 303, 304, 419
小止みになる 232
ご雄姿 127
ご油断召される 509
ごゆっくり 516
雇用契約 325
こよなく 58
こより 301
こら（呼びかけ） 544, 545
こられる 515
ご覧 199
ご覧にいれる 199, 525, 526
ご覧になる 507, 508, 510, 514
こりこり（と）した 116, 157
ご立派な 501, 503
コルセット 241
ご令兄；ご令嬢 519

これから伸びる 155
コレクション 322, 381, 382, 386
コレラ 110, 311
ころがす 248, 249, 377
ころがった 376
ころがる／転がる 249, 377, 479
殺し方 438
殺しても飽き足りないほど 71
殺す 378, 438, 450, 452, 455
コロッケ 299
ころりと 479
怖い 70
こわす／壊す 318, 320, 323, 344, 346, 349, 584, 585
こわれる／壊れる 319, 320, 344, 346
公安調査庁 401
こんがらかる 585
こんがり(と) 113, 116, 118, 119
根拠 109, 198
こんこん 85
こんこんと／懇々と 48, 66
昏々と 44, 48, 63, 64, 129
こんこん鳴く 483
コンサートマスター 397
権妻 108
混雑 56, 79
混雑する 55
根絶する 322
懇切な／に 157
混濁する 347
懇談会 400
こんちは；こんにちは；こんにちはー 558, 559, 561, 562
昆虫 426
困難な 51
こんにゃく 467
こんばんは 558, 559
コンビ 382, 391
コンプライアンス 580
混迷する 351

婚約 317, 318, 320, 326, 327
混乱 178
建立する 303
困惑する 53

さ

座 351, 353, 391
サーカス団団長；サーカス団長 399
ざあざあ(と) 84, 85, 103, 206
サービス 190
差違 80
一歳(助数詞) 457, 464
最愛ノ 647
才媛 135
再開 232
財界 385
再開する 630
才気 135
才気煥発な 154
細菌 321
財源 346
最高級ホテル 150
最高経営責任者 397, 400
最高検察庁 400
最高裁判所 401
最高の 146
さいころ 248, 249
財産 79, 317, 325, 360
才士；才俊；才女；才色；才人 135
才子 135, 148
罪障 321
最新の 146
財政 156, 352
最盛期 433, 434
催促 50, 189
妻帯者 414
最大の 427
祭壇 303
財団 306
裁定 180, 216, 217
さいなむ／苛む 358, 361
才能 346

才能豊かな 152
財閥 320
裁判(する) 109, 110
裁判をする 366
才筆；才腕 135
財布 315, 316, 317, 318, 357, 362, 363, 448, 450
細胞 309
採用(する) 109, 110, 111
材料 439
幸い(する) 131, 132
サイン 181
座員 391, 393, 401
さえずる 481, 482, 635
冴える 158
冴え渡る 157
竿 451
座頭 401
探す 46, 47, 66, 367, 378, 379
魚 139, 156, 384, 417, 418, 426, 438, 471, 472, 550
盛り 435
ーさかる 43
下がる 343, 345, 351
左官 397
詐欺師 358
先立つ 601, 617
先細りする 352
作業 225, 232
咲く 625
作男；作女 409
作劇；作詩；作字；作図 303
作詩する 307
昨日 493
削除する 321
作成；作製 309
作成する；作製する 306, 307
搾乳；搾油 303
作品 145, 160, 306, 307, 464
作文 303, 309
桜 551
探り 176

語彙索引――し　705

酒　156, 263, 265, 285, 287, 289, 298, 300, 550
鮭　471
叫び出したくなるほど／くらい　70
下げる　345, 351
酒を飲まされる　62
雑魚　417, 418
刺さる　359
刺される　362
さじ／匙　422, 550
さしあげる　525, 527, 532
座敷　550
さしみ／刺身　298, 299, 550
さす　213, 214, 249, 250, 266, 267
刺す　235, 236, 250, 258, 261, 355, 357, 359
授かる／授ける　614
刺すような　74
――させていただきます　573
誘い　179, 217, 257
座談会；座長　400, 401
札　550
一冊（助数詞）　470
撮影　111
作家　139, 405, 408, 637
サッカー　434
サッカー部　390
錯覚　166, 178, 219
雑貨屋　636
作曲　303
作曲家　637
作曲する　306, 307
冊子　421, 422
雑誌　321, 470
殺人　178
殺人／犯行現場　438
殺人者；殺人犯　438
雑草　318
サッソウタル　647
殺鼠剤　267
札束　381, 382, 386
さっぱり（と）　95, 116
札幌　432

サツマイモ／さつまいも　552, 635, 639
サディスト　361
サトイモ　635
砂糖　550
さとす　48, 66, 450
裁き　189
さばく（機能発揮語）　258, 285
裁く　110
捌く　283
サバンナ　448, 449, 450
さび　206, 432, 494, 496
さびる　342
寂れる　341, 343
ざぶざぶ；ざぶんと　482
座布団　235, 236, 251, 256, 267, 285, 305
差別　321
一様　519
寒い　46, 51, 52, 53, 54, 493
寒い（わ）ね　558, 561
寒くない　96
寒気　212
寒さ　47, 52, 55, 74, 75, 432
寒々と　647
さめる　343, 628
座薬　267
作用　190
さようなら；さようならー；さよなら　558, 559, 561, 562
サヨナラ勝ち　185
皿　422, 457, 500, 539, 541, 550
一皿（助数詞）　458, 467
さらさら／更々　95, 96
さらさら（と）　116
一サラス　523
皿に盛った食べ物　467
サラリーマン　415
サラリーマン層　385
さらりと　116
サル　647
去る　521, 522
猿　358, 384, 422, 483, 519

さるまた　241
騒ぎ　43, 79, 80, 228, 229
さわやかな　120, 155, 158
さわやかに／清く澄んだ　157
さわり　431, 432
酸　355
惨――　43
――さん　519
散逸する　322
山河　346
山海の珍味　150
三角関係　325
参加者　389, 390, 408
産業　311, 351
参詣する　262
三国一　144, 148
さんざん　52
三子；三女；三男　409
賛辞　450
斬新な　47, 70, 153, 157
賛成　191
山積する　79
簒奪（する）；簒奪者　359
山頂　432
三人組　382
三人称　410
残念　52
残念だ／な　39, 40, 70
産婆　109, 410
三羽烏　383
賛否　636
産婦　415
散布する　266, 267
参謀総長；参謀本部　400
山脈　384, 435, 436
参列者　389, 390

し

師　440
市　392, 394, 398
詩　307
一氏　519
字　325, 422
試合　110, 144, 145

仕上がる；仕上げる 306
幸せ 131
幸せに 156
幸せ者 148
CEO 397
じいさん 524
ジーパン 331
仕入れる 615
寺院 304
慈雨 136, 154
自衛官 405
シェフ 397
支援 166, 185, 190, 216, 427
ジェントルマン 415
塩 550
塩辛い 635
しおり 250
しおれる 346
鹿 409, 483
死骸 438, 454
仕返し 189
資格 318, 437, 445, 454, 455
仕掛け；仕掛け花火 430
しかける 226
しがたい 93
歯牙にも掛けない 101
鹿の雄 412
しかる／叱る 51, 55, 373, 378, 450
時間 360, 394
時間割 305
士気 322, 349
指揮 183
色彩 144
指揮者 401
式場 447
しきたり 282
式典 389, 390
敷き布団 251, 256
指揮棒 248
持久力 349, 450
事業 311, 352, 418, 429
事業所 432
資金 79, 80, 300
敷く 235, 236, 251, 256, 257, 267, 285, 303, 305, 323

軸 436
しぐさ 156
慈訓 136
刺激 175, 190
しげしげ（と） 47, 61
しける 344
試験 111
資源 344, 346
事件 311, 434
試験（する）；試験室 447
試験場 399, 447
試験場長 399
事故 311
至極 52
地獄に仏の 84
しこしこした 154
しこたま 66
仕事ができる；仕事する 118
仕事をこなす 117
仕事をする 118, 151
示唆 166, 176
示唆に富む 127
資産 366, 438, 454
資産家 145
獅子 409
指示 166, 176, 180, 202, 219, 280, 328
支持 171, 173, 187, 192, 218
侍史 557
次子；次女；次男 409
ジジイ 524
孜孜として 65
死者 311
辞書 250, 255, 258, 307
師匠 440
辞書編纂グループ 397
支持率 345, 352
指示を出す 117
自信 46, 315, 317, 322, 328, 341, 342, 343
地震 358, 434
静かだ；静けさ 47
静かな／に 71, 154, 155
地滑り 311

静まる；静まりかえる 63, 64
詩聖 136
雌性 408
姿勢 106, 346, 349, 350
…姿勢をとる 168
施設 225, 322
視線 218
自然 344, 427
至善至良の 146
思想 308, 309
自尊心 347, 361
下 586, 587
死体 438, 454, 455
死体のように 71
従う 272, 273, 275, 276, 277, 279, 280, 281, 282, 283, 285, 287, 290, 334, 336, 338, 339, 609
舌がとろけるような；舌触りのよい 151, 154
下着 241
親しい 153
舌鼓を打つ 157
仕立て 111, 298
仕立てる 301
下縫い 111
下火になる 352
下まわる 597, 617
下向きになる；下向く 352
師団；師団長 399
詩壇 385
地団駄踏んで／踏むばかりに 60
七面鳥 483
市長 398
一室 447
しっかり 122, 128
しっかりした 110, 155, 156
実業界 385
じっくり（と） 61, 158
湿気 317, 321
しっける 345
実験室；実験場 447
実験（する） 447, 450, 455
実現する 272, 273, 275, 450

実験装置　430, 450, 451
実験(の)結果　455
実行　225
執行する　285, 287, 290
執行役員　400
漆黒の　75
昵懇な／の　153
実子　109
十指に余る　428
失する　318
失墜する　351
じっと　61, 62, 63, 65, 157
嫉妬する　498
実に　52
実の　108, 109
失敗　178, 178, 232
疾風　57
実母　108
質問　126, 184, 189, 272, 273
質問する　493, 526
質問攻め　171, 200, 622
質問攻めにあう／する　200, 623
執拗に　66
しつらえる／設える　303, 305
実力　110
実力を発揮する　61
しつれ　561
失礼；失礼いたします；失礼しました；失礼します　558, 559, 560
師弟　384
指摘　126, 216
私鉄大手　426
しても…し切れない　87
市電　243, 269
自転車　243, 245, 491, 493
自転車のベル　481
指導　191, 196, 198, 232
指導／理解／賛成／…(を)得る／する　192
指導員；指導者　439, 440
自動車　235, 237, 243, 269, 347, 355, 448, 494, 496
至当な／の　146

指導法　445
しとしと　102, 103, 207
淑やかな　123
品　114, 139, 140, 146
品物　437, 438, 441
しなやかだ／な　71, 149, 155
死に方；死にざま／様　438, 444, 453, 454
死に場所；死の床　438, 446
死にもの狂いで／になって　65
死人　438
死ぬ　319, 325, 374, 378, 438, 444, 454, 455, 479, 507, 508, 510, 521
死ぬ方法　444
死ぬほど　47, 58, 69
死ぬより　71
支配　185
芝居　177, 227, 262, 263, 430
支配する　594, 595, 596, 598, 617
支配人　396
しばられる／縛られる　336, 370
しばる／縛る　39, 40, 41, 50, 333
地曳網　256
しびれるように　71
慈父　135
渋い　587, 588
至福の　145
しぶとい　504
自分　544, 545
蕊　406, 409
紙幣　107, 381, 382, 423
慈母　131, 136
しぼむ　344, 346
搾る　301, 302
資本家階級　385
島　384, 422
姉妹　384, 414
仕舞う　449
字幕　250
始末　182

しまわれる　515
しみ　313, 314, 315, 317, 318, 319, 320, 325
紙魚　357
滋味／風味豊かな　153-154, 159
しみじみ(と)　61, 62, 117
清水　311
しみ抜きする　325
市民　392
事務；事務総長；事務長　400
事務員　409
指名　201
しめくくり　182, 219
締めつける　358
死滅する　321
湿っている　579
しめる(機能発揮語)　250, 251, 256, 333
湿る　345, 578, 607
占める(動詞化動詞)　186
締める(機能発揮語)　122, 240, 241, 242, 268, 270, 331
霜　166, 202, 204, 208
霜柱　204
諮問委員会　400
ジャイアントパンダ／コーン／スラローム　428
社員　105, 107, 401, 402
社会　351
ジャガイモ／じゃがいも　423, 429, 552, 635, 639
しゃかりきで／になって　65
しゃがる　504
しゃがれる　341
しゃきしゃき(と)；しゃきっと　117
しゃくにさわるといったらありゃしない　45
射撃　125
車庫　448
車掌　402
写真　302, 466

─ し

写真機　258, 494, 496
写真集　430
謝絶する　338
社長　399, 401, 402, 448, 519
社長室　448
社長達　387
シャツ　241
惹起する　311
借金　46, 57, 79, 80, 334, 337
借金する　66
ジャックナイフ　451
しゃっくり　208
シャッター　250, 251, 333
シャッポ　317
しゃなりしゃなり　479
しゃにむに　65
しゃぶしゃぶ　635
じゃぶじゃぶ　482
しゃぶる　263, 264
シャベル　258
しゃべる　118, 271
シャボン玉　248, 249
三味線　246, 270, 468
三味線弾　248
車両　468
洒落男；洒落女；洒落者　409, 410
しゃれた　152, 158
シャワー　251, 256
シャン　123
シャングリラ　131
ジャングル　448, 450
じゃんじゃん　269, 271, 481
しゃんしゃん(と)する　124
ジャンパー　241
ジャンボサイズの　430
ジャンボジェット機　428
種　140, 394
一首(助数詞)　471
銃　271
秀歌　136
集会　389
集会場　447
銃火器　270
収穫する　374
就活　497, 498

習慣　282
祝儀　268
衆議院議員　497
修業　232
従業員　409
従業員組合　385
宗教団体　385
宗教法人　306
秀吟　136
襲撃　200
襲撃される　362
襲撃する　355
銃撃する　359
秀才　123, 135, 136
秀作　136, 160
終止する　230, 231
収集物　322
重傷　57
就職活動　497
囚人　409
ジュース　263, 270, 301, 302
修整　418, 423
秋霜　77
習俗　352
終息する　227
従属する　594, 595, 596, 598, 617
渋滞(する)　55, 342-343
重大な　76
住宅地　139, 156
住宅分譲　417, 418, 425
じゅうたん／絨緞　145, 251, 256
銃弾　250
集団運動競技　434
執着　185
集中(する)　642
酋長　400
重鎮　435
しゅうと；舅；姑　405, 414
修道院の人；修道士；修道女　410
拾得物　464
しゅうとめ／姑　361, 405, 414
柔軟性のある　155

柔軟な　157
住人　389
秀眉；秀峰　136
重病　15
十分(に)　129, 146, 158
シューマイ　298
自由民主党　397
重役　408
重要書類　318
収容する　263
襲来する　355, 358
従来ノ　647
集落　383
蹂躙する　360
首魁　397
儒学　434
主幹　397
主眼　434
…主義者　119
主客　401
授業　389, 390
授業する　448
授業料　284
塾　398, 444
熟視する　132
淑女　410
熟睡(する)　128, 129, 132
熟知する　62, 132
塾長　398
熟読する　131
宿泊客(者／人)；宿泊所　445
宿泊する　262, 445, 446
宿泊設備　140
祝福　190
熟慮のすえ；熟練した　132
受講者　440
主査　401
取材・編集　398
取材記者　397
主軸　436
手術(する)；手術室　447
首相　448, 485
主將　397, 401
主審　401
主人　397, 438

主人公　409, 435
首席指揮者；首席奏者　401
主題歌　306
主体性　318
受諾する　281
首長　400
主張　110
主張する　111
出荷　433, 434
出勤　501, 503
熟考した　132
出産する　374
しゅっしゅっぽっぽ（と）　268, 269, 481
出色の　145
出世魚　428
出席者　389, 390
出席する　575, 577
出発する　583
首都　431, 432, 433
主任　397
首班；主犯　401
守備　434
主筆；主賓　397
首府　431, 432
主婦；主夫　410
主峰；主脈　435, 436
樹木　472, 636
需要　277, 280, 281, 282
樹立する　306, 323, 324
主流　436
首領　397
受領する　111
主力；主力艦；主力部隊　436
朱を注いだように　69
準（助）教授　401
瞬間　144
純金；純銀　112
純絹　111
竣工する　306
俊秀　136
純粋の　106
潤沢な；潤沢にある　79, 80
順調に　116
準備　223, 225

準備する　288
俊敏な　142
駿馬　160, 161
純綿　112
淳良な；純良な　143
諸―　386
―所；―場　447
女医　409
小―　422
乗(務)員　402
上医　136
上映　231
上映する　263, 447
小円　422
上演　231, 263
消火　164, 167, 168, 194, 195, 196
障害物　317, 321, 322
小学生　402
小額の　423
浄化する　162
正月　550
小学校　402
城下町　341, 343
小官；小子；小職　555
乗艦する　245
勝機　318
将棋　161, 249
小企業；小規模企業　417, 418
小規模（な／の）　417, 418, 421, 423
上客　136
乗客　402
小曲　422
常勤で働く　580
正絹　111
証拠　125, 317, 321, 438,
症候；症候群　384
商工会議所　395, 402
小国　421, 422
上告　337
城塞　145
詳細な；詳細にわたる　78
上策　136
小冊子　421, 422, 423

賞讃　192
小字　422
障子　251, 344, 345, 551
正直　43
消失する　322, 334
焼失する　374, 375, 378
上質な／の　141
商社　139
小社　549, 554
しょうしゃな　154, 158, 159
城主　401
小銃　481
成就する　277, 279
照準をあわせる／定める　290
娼女　415
症状　103
上昇　79
上々の　141, 155
生じる　310, 311, 325, 336, 630
正真正銘の　106
上手　136
上手だ／に　116, 122, 154, 156, 582
使用する　254, 267, 493
小生　549, 554
醸成する　312
小説　144, 306, 307
小節　394
商船　400
醸造する　298
消息　90, 318
小隊　399
招待　110, 190, 489
招待者　438, 443
招待状　438, 450, 533
招待する　111, 438, 443, 450
招待席　438
小隊長　399
正体なく　63
承諾　166, 176, 192
承諾する　131, 156, 280, 281, 338
上達する　117
承知する　280, 281, 338

小著 554	女教員；女教師 409	処置 146
小弟 555	除去する 317, 321	処置する 131
商店 437, 438	除菌する 321	女中 409
焦点 434	職員；職員一同 384	署長；所長 399
上田 136	職業 111, 518	じょっきり 269
商店街 341, 343, 352	職業人 405	ショットガン 451
小党；小刀 422	職業婦人 405, 415	しょっぱい 71
上等な 141	食材 439	ショッピング 489
鍾乳洞 309	食事 110, 165, 183	ショップ 456
商人 437, 438, 441	食卓 251, 333, 485	処分 103
承認 192	職人 121, 397	諸方面 386
証人 438	職場 156	しょぼしょぼ 102, 103
承認する 280, 281, 338	食品 140	女優 405, 413, 433
少年；少年少女 410	植民地 397	所有する 365, 366
商売 352	食欲 156, 347	所有物 366, 438
小破する 374	食糧 360	処理する 282
乗馬する 245	所見 438	女流画家 405, 415
商品 437, 438, 441	助言 216	女流歌人；女流棋士；女流基
上品な 141, 155	女工 409	督教徒 408
小品の 423	書斎 438	女流剣士 409
情夫；情婦 405, 414	女史；処女 410	女流作家 405, 407
勝負する 111	女子 405, 407	書類 306, 307, 308, 309
小便 500	女児 408	書類かばん 423
商法 437	女子学生；女子生徒；女性警	しょんべん 500
消防；消防団長 399	察官 405	白魚のような 151
消防組 390	女子事務員；女子従業員；女	白ける 351, 353
消防庁 395	囚 409	知らず 97
正本 112	女子大生 415	知らせ 130
乗務(搭乗)員 390, 402	除湿する 321	知らない 96
常務／代表取締役 400	女性 405, 407, 432	白波 309, 312
証明(方)法；証明書；証明す	女性会員；女性管理職；女性	調べ 156, 228
る 438	作家；女性参加者；女性	調べあげる 49, 66
消滅する 321, 334, 336	ドライバー；女性の起業	調べる 258
条約 272, 273, 275, 276, 277,	家；女性の重役；女性の	しらみ／虱 309, 357
279, 321, 334, 336, 339	弁護士；女性パイロッ	しらみつぶしの 78
醤油 550	ト；女性編集者 408	白む 366
将来性のある 155	女性客 405, 413	しりぞける 338
勝利 76, 77, 185, 186	女性読者 406, 408, 411	知りつくす 47, 62
上流階級 385	女性の 405, 406	知り抜く 62
少量 52	女性の記者 406, 412	知りません 94
ショーツ 241	女性の大臣；女性の読者 406	史料 322
書架 448	書籍 491, 493	視力 317, 347, 349
書簡 489, 493	所帯 383	知る 61, 131, 546, 547
書記 400	所帯持ち 414	しるこ 550
じょきじょき 269	書棚 449	指令 181, 184
書記長 400		司令塔；司令部 434

語彙索引——す　711

知れない　100
城　145, 303, 401, 431
白アリ　321
白い　49, 71, 587, 635
素人　43, 81, 82
素人産婆　109
じろじろ見る　47
シロフォン　247
芯　434
陣　305, 436
人家　383
侵害する　360
人格　309
人格者　123
新居　303
新記録　306, 308
寝具　438
神経　345, 347, 348, 349
人絹　111
人権　360, 361
震源地　434
親交　325
信号機　308
侵攻する　355
新婚さん　410
審査　109
人材　122
審査委員　401
新作歌舞伎　430
診察　196, 198
紳士；紳士淑女　410
人事異動　418
寝室　438, 446, 447
真摯な　157, 160
神社　262, 284, 432, 436
真珠　109, 417, 418, 425, 426
真珠1粒　475
寝所　438, 447
心情　349
寝食を忘れて　151
信じる　57
新人　122, 426
人心　351
新人選手　429
しんしんと／深々と　84, 85, 207

申請　280, 281, 338
人生　156
真正の　106, 110
新製品　301
新設する　308
新鮮な　141, 156
心臓　349, 362
心底　41, 58
死んだ　585
甚大な　79, 80
死んだように　47, 129
診断　180
陣地　303, 305, 308
人畜　638
しんちゃん　520
伸長する　353
死んでいる　579
しんと　63, 65
信徒　125
侵入する　357, 360
新年あけましておめでとうございます　560
真の　109, 110
親王　410
人馬　638
心配　179
心配していない　96
審判　401
侵犯する　360
新婦　410
腎不全　635
人物　139, 145
新聞　250, 321
新聞記者；新聞社　448
進歩・進歩する　55
親身になって　151
親身も及ばない　155
しんみりと　117
尋問　189
親友　148
信用　351
信用しない　97
信頼　32, 76, 77, 167, 168, 185, 186, 190, 218
信頼関係　346
侵略する　355

診療所　438
人類　321
新郎；新郎新婦　410
神話　308, 309

す

髄　434
スイカ　358
酔漢　405
随喜の涙をこぼす　59
遂行する　277, 338
炊事場　456
衰弱する　348, 349
すいすい(と)　113, 116, 117, 118, 271
推薦　192
水族館；水族館長　399
衰退する　351, 353
衰退の一途をたどる　352
垂直；垂直だ　587, 588
スイッチ　250
水道　305
衰微する　351
随分(と)　51
水平；水平だ　587, 588
すいません　562
すいませんが　556
睡眠　183
すう　263, 264, 265, 270, 285, 379
崇高な　159
スーツ　240, 241, 331, 332
スープ　233, 234, 263, 265
据えておくもの　469
末息子；末娘　415
すえる　344, 345
図画　307
スカート　241, 430
すき　250, 258
スキー　244
ずきずき　48, 63
好きだ　52
透き通った　156
好きになった　584
杉の木　457, 465

712 ── す

―すぎる 43
数奇を凝らした 151, 157
頭巾 240
すく（機能発揮語） 258
漉く 301, 302
救いようのない 81
すくう 258
スクーター 243, 245
スクール 444
すくすく 116
すくっと 117
少ない 418, 575, 577
少なからず 52
すくむ 63
スクリーン 430
すぐれた 156
すぐれる（反転語） 603, 604, 605
すげー 496
スケート 244
すげ笠 240
すけこまし 415
スケジュール 285, 287, 305, 306, 308
スケッチ（する） 642
すごい 42, 43, 49, 50, 155
凄腕の 121
すごーい 43
すごく・すごい・すごい＜すっごく・すっごい・すっごい 49, 50, 54
少し 102
少しも 90, 96
過ごす 127
スコップ 258
頗る 51
すさまじい 56, 74, 75
すさむ 347
すし／鮨 298, 299, 550
―筋（助数詞） 466
筋金入りの 113, 118, 119
鈴 246, 248, 269, 270
スズキ 428
涼しい 120
進む 344, 346
スズメ／雀 481, 635

すする 265
鈴を転がすような；鈴を張ったような 151, 154
スター 139
スタート 185
スタイル（文体） 454
スタジオ 448
すたすた 478, 479
スタッフ 391
廃る 352
すだれ 254
すたれる 341, 343, 351, 352
スチュワーデス；スチュワード 415
頭痛 103, 168, 202, 211, 329
頭突き／平手打ち／反撃／…（を）くらう／する 193
すっきりした喉越しの 158
すっごい 43
酸っぱい 635
すっぽかす 336
ステーキ 298, 635
すてきな／素敵な 144, 145
捨てる 334, 336
ステレオ 347
ストア 456
ストーブ 257
ストッキング 240, 241
ストレス 315, 317, 318, 320, 322
ずどん（と） 270, 271, 481
スパート 218
すばすば 270
素早い 71
すばらしい／素晴らしい／く 144, 145, 147, 149, 153, 154, 155, 156, 157, 158, 159
スピーカー 438
スピード 55
図表 307
ずぶ― 43
ずぶずぶに 63, 66
ずぶの 81, 82, 647
すべすべの 158

すべり台 552
滑る 118
スポーツチーム 397
ズボン 241, 331, 430
ズボン下 241
住まい 154
すまし汁 552
澄みきった／わたった 157
墨のように 47
すみません 556
住みよい 154
墨を流したような 47, 75
澄む 607
住む 262, 285, 286, 290, 379, 449
図面 306
スモールサイズ 430
すやすや 64, 129
すらすら（と） 116, 117, 122
すられる 362, 363
すり 355, 357, 359, 362, 363
スリッパ 241
すり鉢 258
すりへる 344, 345, 347
する 164, 165, 166, 165, 168, 171, 180, 194, 196, 197, 198, 202, 209, 211, 212, 220, 240, 241, 242, 249, 266, 326, 327, 328, 329, 339, 485, 487, 500, 501, 502, 504, 521, 522, 527, 546, 547, 622, 645
する／掏る（加害語） 355, 357, 359, 362
するする（と） 117
鋭い 76, 155
ズロース 241
スロットル 245
座る 235, 236, 251, 256, 270
澄んだ 156, 157, 158

せ

背 517
―ぜ（終助詞） 496
成員 393

語彙索引——せ

星雲 384
清影；清栄 136
声援 176
製塩；製材 303
成果 145
正価 110
正課；正会員；正看護師；正字；正選手；正装 112
政界 385
正解 106, 579
性格 117, 309
正確な／に 48, 71, 106, 109, 110, 111, 124, 125
生活態度 346
生活の糧 360
世紀 394
正(規)社員 105, 106
正規の 105, 106
政局 351
逝去される 13, 508
税金 283
税金／市民税を徴収する／納付する 283, 284
清潔な 141, 157
政権 321
聖賢 134
制限 190
セイゴ 428
成功 185
正鵠を射た 126
星座 384
正妻 111
製材；製図 303
政財界 385
制作に励む 151
生産 423
生産する 300, 301, 303
清算する 325
生死 636
静止 579
政治 157, 342, 351, 645
正式(な)採用 109
正式契約 111
正式な／に／の 105, 106, 109, 110, 111
政治団体 385

誠実だ 580
政治的 645
正社員 106
清純な 141
正常な 110
精神 351
成人する 374, 376, 378
税制 308
生成する 309, 311
正々堂々と 111
成績 144, 145, 157, 343, 345, 351
成績優良者 140
生鮮食料品 136
整然たる 125
清楚な 141, 159
盛大な 427
精緻な 78
製茶；製糖；製氷；製粉；製本；製麺；製油 303
清聴 136
成長(する) 55, 374
成長ぶり 151, 152
精通する 131
晴天 74
生徒 384, 405, 423, 429, 437, 440
制度 321
正答 105, 106, 112
政党 308, 400
正当な／に 109, 110, 111
正統な 105, 106
生徒会；生徒会長 399
生徒全員 384
青年 125, 152
整備する 285, 287, 288, 289, 290
生物 405, 407
生物の種 321
生母 108
精密な／に 78, 125
税務署；税務署長 399
姓名 485, 487
声明 181, 184
生命 360
生命力 157

製麺する 299
勢力 351, 434
精力 347, 350
セーター 241, 301, 302, 308, 331, 430
セーラー服 241
セールスマン 441
背負う 583
せがむ 357
せがれ 549, 554
席 360
咳 208
一隻(助数詞) 468
石炭 266
責任 50, 76, 103, 272, 273, 277, 334, 336
赤飯 298, 300, 550
石碑 303
石油 311
世帯；世帯主 401
設営(する) 303, 305
絶縁する 325
説教する 66
拙吟；拙荊 554
絶景 136, 149
設計図 306, 307
絶交する 325
絶好の 140, 146, 148
絶才 136, 150
拙作；拙者；拙僧；拙謀 554
絶賛する 146
絶勝 150
絶唱 136, 149
絶勝の 145
接触(する) 219, 220, 230
絶世の 148
絶対 41, 92
絶対的な 76
絶大な 76, 427
拙宅 543, 549, 554
設置する 306, 308
拙著 546, 549, 554
絶頂期 434
設定する 306, 308, 325
セット 381, 382, 386

— せ

窃盗団　397
説得する　373, 378
折半　196, 197
絶品　150
拙文　543
絶望　39, 41, 45, 76
絶妙な／の　143, 146
説明　45, 78, 151, 157, 166, 176, 216
説明する　118, 152, 157, 510
絶滅する　321
設立する　306, 308, 325
瀬戸物屋　636
背伸び　180
狭める　582
せびる　357
背広　241
狭い　71, 418
狭さ　47
せまる　43
せりふ　152
世話　151, 152, 533
世話になった　53
世話をする　151
線　103, 465
戦意　322
善意；善言；善行　136
船員　402
専科　111
千客万来の大繁盛　152
選挙　106, 157, 434
鮮魚　136
千軍万馬の　144
宣言　181
前言　322
線香　550
宣告　180, 190
全国制覇　229
前後左右　636
前後不覚に　63, 66
千載一遇の　144, 147
船首　586, 587
選手　112, 139, 152
戦場　447
善処する　131, 136
煎じる　285, 286, 287

全身を耳にして　46, 61
扇子　257, 258
先生　145, 405, 437, 438, 439, 440
善政；善戦する；善知識　136
全盛期　434
センセーション　312
ぜんぜん／全然　52, 88, 90, 96
戦争　227, 491, 493
選択　580
洗濯(する)　226, 482
船団；船団長　384, 401
全知全能の神　122
船長　402
前提　196, 198
鮮度　344
先導　501, 504
戦闘する　447
前途有望な／洋々たる／有為な　152, 159
善男；善男善女；善女　409
善人　131, 136, 582
先輩　361
船尾　586, 587
全幅の　76
せんべい　344, 552
羨望　187
鮮明な　141
殲滅する　321
川柳　457, 471
善良な　141
千両役者　160
線路　305

そ

―ぞ(終助詞)　494, 496, 544, 545
そいつ　524
添う　280, 281
一艘(助数詞)　468
象　422, 483
草庵　304
相違　79, 80

造営する　304
憎悪する　60
爽快な　140
総監　395, 403
葬儀　111
雑木林を守る会　385
雑巾　255
宗家　435
倉庫　234, 262, 263
造語　303
総攻撃　225
捜査　78
総裁　397
そうざい　550
造材；造船；造幣；造本　303
創作する　307
葬式　111, 390, 395, 396, 402
喪失する　317, 318, 322, 328, 334, 336
奏者　247, 401
操縦桿　245
操縦士；操縦者　246
操縦する　243, 245, 246
総書記　400, 401
総司令官　397
総司令部　434
増進する　350
創設する　308
操船する　245
想像(する)　214
創造する　309
創造力　346
曾祖父母　408
総代　395, 396
増大する　575, 577
壮大な　427
操舵する　245
相談相手；相談室；相談所　438, 446
相談(する)　226, 438, 443, 446
相談する人　443
相談役；相談を持ちかける人　438
総長　400

総統；総督　397
騒動　79, 81
総本山　436
聡明な　142
ぞうり　241
総理大臣　401
創立する　308
属　394
続映する；続演する；続載する　231
俗字　112
俗書；俗人；俗物　161
属する　366, 608
狙撃（する）　358, 359
狙撃隊；狙撃班　384
狙撃兵　358, 359, 384
底知れぬ　75
損なう　347, 349
底無しの；底抜けの／に　81, 82
損ねる　347
底冷えする　75
素材　439
粗餐　555
組織　320, 321, 434
組織する　306, 308, 325
粗品　543, 555
訴訟　337
沮（阻）喪する　322
注ぐ　288, 289
育ち盛り　435
育つ　113, 116, 118, 376, 378
育てる　376, 378
卒業生　384, 395, 396
卒業生一同　384
ソックス　241
続行する　231
ぞっこん　39, 40, 50
ぞっとするくらい／ほど　46, 47, 69, 70
袖口　348
外　586, 587
そなえる　284
ソノ　647
その年の干支に当たる人　409

そば　269, 295, 297, 298
そばかす　318
そば屋　550
ソファー　251, 256
祖父母　408
そまつな　419
背く　334, 336, 339
そよ風　155
そよそよ（と）　102, 103, 155
空　157
空が晴れる　162
そり　244
そる　313, 314, 316, 323, 324
それほど　89
そわそわ　480
損　53
村　394
尊下　557
損害　80
尊翰　549, 553
尊顔　553
尊敬　32, 184, 186, 190
尊敬を集める／払う　188
損失　79, 80
存じます　546
存じません　94
尊書　549, 553
損じる／損ずる　347, 349
存ずる　546, 547
尊台　552
村長　398
尊父；尊母；尊容　553
存分に　58
村民　392

た

多―　386
隊　391
大―　43, 426
一台（助数詞）　468
大／大手企業　425
体育館　306
第一人者　123
隊員　391

大円；大曲；大金；大冊；大事故；大地震；大手術　429
ダイオキシン　311
対価；代価　442
大学　139, 398, 400, 402, 403, 426, 444, 446
退学（中退）する　584, 585, 586
大学学長　399
大学生　402, 440
大歌手；大監督　136
大活躍　151, 427
代議士　390, 497
大規模（な／の）　418, 421, 425, 426, 428, 429
大魚　418
代金　442
大工　121, 395, 397
待遇　189, 218
待遇を与えていた／受けていた　190
大群　385
大兄　549, 552
隊形　346, 350, 353
体形　346
太鼓　246, 247, 270, 422, 481
大国　428, 429
大根足　161
大根役者　160
大差　80
対策　308
大作　136, 307, 429
大作家；大作曲家　136
大使；大使館；大使公邸　448
大姉　410
大した　56, 647
大失態　427
たいして　89
大蛇　425, 426, 429
大車輪で　65
大勝　77
大笑する　59
大勝する　604

大小説家；大先生；大先輩 136
対処する 282
大臣 381, 382, 389, 390, 393, 401
大接戦 427
大切な 122
大層・大層な 53
ダイソレタ 647
大隊 308
大胆さ 641, 643
大胆だ／な 641, 643
大地 157, 344, 427
隊長 398, 399
体調 346
態度 110, 117, 157, 160
大刀；大都会；大杯；大木 429
大統領 395, 396
台所；台所道具；台所用品 439
大都市 428, 429
…態度をとる 168
大の 44, 56
大敗する 604
退廃する 351
大破する 374, 378
代表 396
代表団；代表団長 403
タイプ 177, 238
台風 310, 311, 355, 358, 421, 426, 433
大ブーム 312
大仏殿 303
大変 49
大変(に)・大変な／だ 49, 53, 156
逮捕 366
大砲 250, 271, 481
逮捕された 446
逮捕(する) 365, 366, 608
大本山 436
タイミング 146, 148
大問題 427
タイヤ 344, 347

ダイヤ(モンド) 105, 107, 341, 342, 343
大役 277, 279
太陽系 383
平らげる 264, 265
対立 320
体力 349, 350
大輪の 430
ダウンする 351
絶えて 96
妙なる 156
耐える 157, 450
倒れる 479
高い 45, 54, 71, 74, 158, 493, 580, 581, 600
互い 550
多角経営 225
多額の 57, 80
打楽器 246
蛇蝎のごとく；蛇蝎のように 46, 58, 60
高値 54
耕す 258, 260
たかる 355, 357
炊き上がった 117
滝のような 46-47, 74, 75
たく／炊く 250, 251, 258, 260, 266, 295, 296, 297, 298, 299, 300, 376, 377, 378
沢庵 116, 157
類いまれな 158
卓越する／卓越した 146, 158
託児所 306, 308
卓出した；卓絶した 146
卓抜な 145, 153
たくましい 128, 157
たくみに 122
濁流 355
竹；竹束 382
竹馬 244
たけなわ 431, 433
たける／炊ける 376, 378
タコ 472
凧 235, 236, 237, 248, 249

駄作 160, 161
確かな 125
確かに 111
だす／出す 180, 202, 209, 218, 251, 267, 285, 288, 289, 295, 297, 298, 309, 326, 327, 328, 372, 378, 613
たすき 122, 240, 241, 254, 333
たずき 437
尋ねる 525, 526
たそがれる 366
多大な 79
ただいま；ただいまー；ただいま帰りました 558, 560, 562
戦う 447
たたく／叩く 246, 247, 249, 258, 261, 270, 481, 635
正しい／く 105, 106, 109, 110, 111, 124, 125, 157
直チニ 647
たたみ／畳 251, 256, 345
漂う 103
立たれる 510
太刀 297, 422
一達 386, 387
絶ち切る 318
たちすくむ 63
立ちのぼる煙 466
立つ(動詞化動詞) 204, 205
立つ(生成語) 309, 312
裁つ(生成語) 261, 302
断つ／裁つ(機能発揮語) 258, 260, 261
断つ／絶つ(無化語) 318, 323, 325
建つ(生成語) 295, 304, 376
一たつ 43
達意の 158
達見；達識；達弁 137
卓見 130
達者に 156
達人 123
達する 223, 229

達成する　277, 278, 279
脱退する　583, 586
達筆；達筆で　137, 160
たっぷり　61
立て板に水の如き　158
立女形；立行司；立役者　401
立て看板　267
だてすがた　131
たてば芍薬すわれば牡丹、歩く姿は百合の花　148
たてまつる　531
建物　350, 469
たてる　122, 336
立てる（動詞化動詞）　181
立てる（機能発揮語）　251, 267
立てる（生成語）　306, 308, 309, 312
建てる（生成語）　295, 297, 303, 304, 323, 376
—たてる　43
妥当な　155
たどたどしく　160
他人のように　72
狸　358
種　434
楽しい　155, 156
楽しむ　58
頼み　272, 273, 275, 276
頼む　493
駄馬　160, 161
たばこ　263, 264, 265, 270, 285
田畑　360, 637
たび／足袋　240, 241
タビタビ　647
多分の　79
食べ盛り　435
食べられない　51
食べる　117, 157, 233, 234, 238, 258, 263, 264, 265, 268, 269, 285, 287, 288, 290, 375, 435, 494, 496, 507, 508, 509, 510, 521
食べる人　439

駄弁　161
多方面　386
弾　250
卵　309
だます／騙す　358, 450
玉のすがた　131
玉の肌　158
玉のような（赤ちゃん）　151, 543
たまらなく　52
黙り込む；黙る　40, 43, 47, 63
弾をこめる　285
玉を転がす　144, 147
ダム　303, 306, 418, 423
溜息　202, 210
だめだ；だめです　94, 96, 99
だめになる／する　343
保つ　219, 220, 230, 231, 578, 579
袂を分かつ　325
絶やす　313, 314
たやすい　47, 71
たゆまず　65
たゆみない　76
堕落する　351
たらす（動詞化動詞）　209
たらちねの母／親　149
足りない　494
だれ　504, 506
誰一人；誰も　96
たれる（動詞化動詞）　208, 209
太郎君　520
たわし　84, 250, 258, 268, 270
団；団員　391
担架　243, 244
啖呵　151
タンカー　426, 468
弾丸　250
弾丸を込める　289, 290
団結する　128
探検隊　398
団子　550

断交する　325
断固たる　76
男子　405, 407
男児　407, 408
男子学生；男子生徒　405
男子事務員；男子従業員；男囚　409
断じて　92
男女二人組　382
弾じる　246, 247
ダンス（する）　219, 220, 223, 224
男性　405, 407
男性会員；男性参加者　408
男性客　405, 413
男性警察官　405
男性読者　406, 408, 411
端正な　155
男性の　405, 406
男性の読者　412
断絶する　316, 320, 322, 323, 324
丹前　241
団体　434
団地　423, 426
団地族　384
断定　180
旦那　415
堪能する　61
田んぼ　353
たんまり　66
男優　405, 413
談話会　400

ち

血　208, 210
血／りんご／火のように　47
地位　305, 360
小さい　71, 418, 419, 421, 642
小ささ　642
小さな　418, 647
小さなけもの　471

ちいちゃい／な；ちっちゃい
　　／な　419
チーフ　397, 398
チーム　145, 306, 390, 436
ちえっ　496
チェリートマト　422-423
チェリスト　248
近い　582
誓い　181, 277, 279, 334, 336
違い　79, 80
違いがない　90
違う　578, 579
近寄った　582
力　43, 54
力のある　121
痴漢　405, 407
畜生　496
築造する　303, 305
ちくたく（と）　268, 269, 481
ちくちく　269
知事　395, 396, 403
知識　103, 437, 445, 455
知識階層　385
痴女　405, 407, 409
知人；知人女性；知人男性
　　405, 409, 413
血筋　322
父；父親　109, 405, 406, 407,
　　408, 413, 414, 600
父母　384, 408, 636
秩序　125, 351, 352
ちっとも　96, 97
チップ　268
地に堕ちる　352
血の滲むような　77
ちび　417, 418
チビ犬　422
ちびりちびり　270
地方　394, 432
ちまちました　420
血眼で；血眼になって　46,
　　66
地味豊かな　157
血も涙もない　101
茶　265, 550
チャーハン　635

チャイム　246
ちゃきちゃき（の）　48, 81,
　　82
着手する　224, 498
着想　157
着用　234
茶室　157
茶の間　550
茶店　396, 397
茶屋　151
ちゃりんこ　491, 493
茶碗　423, 550
ーちゃん　520
チャンス　147, 318, 489
ちゃんちゃんこ　241
チャンピオン　398
注意　166, 176, 184, 189, 193
注意書き　151
注意報　320, 321, 326, 327
中央　431, 432
中央アジア　433
中核　434
中華料理　635
忠告　280, 281, 338
中国共産党　401
注視　188
中軸　434
注射　177
注射液　267
中旬　433
中心　431, 433, 434, 436
中心街　431, 433
中心人物；中心選手　436
鋳造する　301, 323
中段　433
ちゅーちゅー鳴く　483
中破する　374
中部；中腹　433
厨房　439
注目　31, 32, 186, 189, 193,
　　217
注目を集める／する　188
注文　180, 182, 190
忠勇無双　144-145
ちゅんちゅん　481
腸　349

一長　398
一丁（助数詞）　467, 468
超一　43
超一流演奏家　150
超大型新人；超大型の；超大
　　粒真珠　427
釣果　438, 454, 455
長官　401, 403
帳消しにする　334, 337
調弦（を）する　287
超高感度の；超高級の　146
調査　78, 418, 423, 429, 430
長子；長女；長男　405
調子　347, 349
調子が悪く／おかしくなる
　　343
徴収する　283
長寿番組　140
頂上　431, 432, 433
朝食　165
調整する　285, 287, 290
超絶技巧　150
超絶した　146
長足の進歩　229
長打　188, 192
頂載する　525
町長　398
提灯に釣鐘　80
超弩級戦艦；超弩級の　427
調度品　151
懲罰　192
町民　392
超愉快な　146
調律する　285, 287, 289, 290
調理場　456
調理法　451
聴力　349
ちょきちょき（と）；ちょきん
　　268, 269, 481
ちょこちょこ　479
ちょこなんと；ちょこんと
　　420
ちょっと　102
ちょっとした　420, 647
ち（ょ）っとも　90
チョットヤソットノ　647

ちらかる　47
治療；治療室；治療手段；治療する；治療法；治療用具　438, 446, 448, 451
ちりん／ちりんちりん（と）　268, 269, 271, 481
血を分けた　109
珍獣　148
ちんまりと　420
沈黙（する）　47, 223, 230

つ

一つ（助数詞）　457, 459, 463, 464
追求する　66
追撃　200
費やす　268
一通（助数詞）　470
痛快な　140
通暁する　132
通じない／通じなかった　96, 97
通称　111
痛打／攻撃／批判／…（を）浴びせる／浴びる　189
通達；通知　181
通帳　357, 360
通例　282
杖　250
使い切る　337
使う　118, 254, 257, 260, 262, 263, 267, 268, 337, 493
つがえる　255
つかまえる／捕まえる　258, 368, 374, 379, 607, 608, 619
つかまつる　528
つかまる／捕まる　368, 378, 379, 607, 608, 619
つかむ　66, 258
疲れ　318, 319, 320
疲れがとれる　366
疲れぎみ　644
疲れ切る；疲れ果てる　63, 65

疲れる　49, 50, 63, 485, 493, 644
月　206, 394
付き合い　325
つきそい；つきそう　643
つきつめる　66
月とすっぽんの（ような）　79, 80
月の光　157
つく　168, 202, 213, 214, 218, 238, 239, 248, 250, 251, 258, 260, 309, 325, 333
搗く　298, 299
突く　258, 261, 359
着く　366, 372
机　469
つくづく（と）　61, 62
つぐない　182
作り上げる　308, 309
作り出す　308
作り話し　52
つくる／作る　296, 298, 299, 300, 304, 306, 307, 309, 310, 311, 312, 325
作れる　300
つけぼくろ　108
つける　182, 218, 233, 240, 241, 242, 251, 266, 309, 325, 328, 331, 333
一ッコナイ　101
つたない　419
つたなく　160
槌　422
恙無く　156
続く；続ける　230, 231, 450
つっつく　358
つっぱねる　337, 338
鼓　246, 422
包む　331
綴る　307
務め　277, 279
務める　277
努める　65
綱　270, 394
つながる　585
津波　355, 358, 362

一粒（助数詞）　466
つぶす　318, 320, 341, 342
つぶらな　158
つぶれる　319, 320, 341, 342
つぼ／壺　125, 126, 432
つぼをおさえた／おさえる／心得ている　126, 432
妻　107, 111, 408, 415, 579, 599
つまむ　258
つまらぬもの　543
罪　50, 76, 103, 178
積む　47, 232
紡ぐ　301, 302
冷たい　41, 42, 46, 71
つめる　616
積もり積もった　46, 79
積もる　365, 366
つや　309
つやのある　158
つゆ　552
梅雨　227, 228
露＜露程も　97
強い／く　58, 61, 66, 76, 82, 102, 103
強める　232
つら　524
つらい／辛い　47, 48, 71
つらさ　47
貫く　277, 278
つり　550
釣り　180, 446
釣愛好会　385
釣り方　438
釣り鐘　301, 323
釣ざお　145
釣り銭　318
釣り道具　438, 451
釣り場　433, 438
釣り人　438
つる　251
釣る　438, 455
鶴　301
つるす　251
つるつる（と）　117, 269
連れていく　263

連れていった；連れて帰った 584
つわもの 144

て

手 348, 349, 388, 419, 494, 496
手足 347
手厚い／く 122, 155, 158, 159
手当て 189
手洗 550
提案 127
帝王 397
低下する 344, 346
定期預貯金 318
提言 127
抵抗する 66
帝国 397
亭主 161, 415
貞淑な 124
亭主持ち 414
貞節な 124, 579
邸宅 262, 303
抵当権 308
提督 397
ていねいな／に，丁寧な／に 122, 157
堤防 303
弟妹 408
テイヤガル 523
低落する 352
データ 109
テーブル 251, 333, 469, 485
テーブルクロス 251, 254, 257
テーマ 438
でか 495
手が／のつけられない 81
手がかり 157
手紙 250, 306, 307, 470, 489, 493
敵 321
一的 645
的確に 124

敵軍 321
出来事 464
テキスト 445
適切な 106, 110, 124
できたてのほやほや 87
できない／出来ない；できっこない 97, 98
できない相談だ 51
できなかった 93
出来映え 144, 145
てきぱき(と) 117
適評；適訳 126
できもの 552
できる 296, 309, 310, 311, 312, 370, 371, 378
適例 126
手口 438, 452
てくてく 63, 64, 478, 479, 481
テクレル 612
テ形＋ナラナイ／タマラナイ／仕方ガナイ 86
テケツカル 523
てこずる 498
手捌き 439
デジカメ；デジタルカメラ 498
手錠 240, 241, 333
です 580
デスク 398
テスト 111
でたらめ 76
手違い 420
でっかい 128
撤回する 322, 326, 327, 328, 334, 336-337, 338, 339
鉄火丼 635
敵機 358
撤去する 316, 317, 322, 323, 324
鉄人 123
でっちあげる 309
手続き 105, 106
徹底的な／に 66, 78
鉄道 303, 305, 322, 323, 324
撤廃する 321, 325

鉄板 362
てっぺん 433
鉄砲 250, 468
手とり足とりで 152
手鍋提げても 84
手に負えない；手のつけられない 82
手にとるように 69
手の平を返したように；手の平を返す 63, 65
デパート 392, 485
手拭き 551
手袋 240, 241, 243, 333, 334
てまえ 549, 554
手まり 248
てめえ 544, 545, 554
てめー 496
デモ行進 125
テモラウ 612
手や足 430
テヤル 612
デューベリー 638
寺 303, 304, 550
照らす 258
てらっしゃい 561
てり 309
でる／出る 202, 205, 206, 208, 209, 210, 211, 212, 218, 225, 295, 297, 298, 309, 311, 329, 331, 332, 575, 577, 578
照る照る坊主 251
テレビ 262, 300, 301, 423, 426, 445, 468
手を切る 325
手をつける 498
手を取って 151
手を焼く 498
一点(助数詞) 464
店員 392, 441
天下一品の 145
てんから 97
天気 344, 346, 550
電気 309, 311, 331
電球 421, 423
天候 344, 346, 350

天才バレリーナ 148
電車 245, 355
伝授 201, 622
伝授する；伝授にあずかる／
　をする 624
点じる 251, 331
伝染病 227, 321
天地 309
店長 399
てんで 97
テント 303, 304
店頭 456
電燈 251, 258, 331, 333
伝統 313, 314, 316, 351
天と地ほどの 79, 80
天丼 635
天にも昇る気持だ 59
天皇 528
天皇の子 410
電波を合わせる 288
てんびん 451
天秤棒 244
テンプラ（天麩羅）／てんぷら
　122, 298, 300
てんやわんやの 79
電話 176, 238, 271
電話する 238
電話帳 250, 255, 258, 307

と

都 391, 395
戸 251, 333
どー 43, 505, 506, 523
ドア 346, 359
どあつかましい 505
問い 184
問い合せ 464
砥石 468
どいつ 504, 506, 524
トイッタラアリャシナイ
　86
党 321, 391, 401, 422
塔 303, 304, 469
問う 493, 525
一棟（助数詞） 469

一頭（助数詞） 457, 459, 471
どう 14, 539, 541
堂 304
道 391, 395
ドウイウ 647
当意即妙な／の 143, 154
同一 579
党員 113, 118, 119, 391
どうか 485, 500
討議 232
道義 351
道義心 352
東京 432
東京都 394, 401
当局 358
刀剣 457
桃源郷 131
慟哭する 60
動作 117
倒産する 319
動じない 95
党首 401
道場 447
同情 185
搭乗員 390, 391, 402
統帥権 360, 361
統制 321
当然 52
どうぞ 559, 560
盗賊 381, 382, 397
どうぞよろしく（お願い申し
　上げます） 559
到達する 230
到着する 583
とうてい 98
童貞 410
尊い 154, 155
道徳 351
頭取 397
当ノ 647
豆腐 467
動物 405, 407
動物園 399, 450
動物園長 399
道民 391
どうも 558, 559, 560, 561

頭目；胴元 397
動揺 320
棟梁 395, 396
燈籠 469
登録 322
当を得た 155
ど偉く・ど偉い 53
遠い；遠ざかった 582
遠くなる 348
通す 277, 278, 334, 336
通り；通る 643
どかん（と） 257, 270, 271,
　481
どぎつい 43
時を刻む 268, 481
時をつくる 483
解く 282, 318, 328, 331
研ぐ 285, 287
特一 43
毒牙 161
読者 405, 406, 408
読者の女性；読者の男性
　412
特殊ナ 647
特殊部隊 308
読書室；読書する 447
独身だ 579
独創的な 153
特大の 427
毒婦 161
特別急行 498
時計 109, 268, 269, 344, 345,
　346, 349, 481
時計（の針）／機械のように
　71
どけち 506
溶ける／融ける 319, 331
解ける 319, 333
遂げる 229, 277, 278
どこ 485
とことん 49, 66, 158
ドコロ（ノ騒ギ）デハナイ
　（ジャナイ） 100
登山隊 398
年 227, 228, 394
都市 426, 428, 431, 433

年上だ 599
年男；年女 409
度し難い 81
どしぶとい 504, 505, 506
年増盛り 435
戸締り 41
どしゃぶり 75-76
図書 140, 448
土壌 344
図書館；図書室 447, 448, 449, 450
とじる 630
都心 431, 432, 433
途絶える 313, 314, 322
トタン屋根 342
土地 341, 343, 344
都知事 401
途中 433
どっかり 270
特急 498
とつぐ 608
とっくり（と） 62
どっしり（と） 117
取っておきの 154, 158
とっても 51
どっと 59
突破する 282
とっぷり（と） 84, 229
どでかい 427
途轍もなく 54
とても＜とっても 41, 49, 50, 51, 88, 97
とてもじゃないが 91, 97
徒党 308
届く 372, 378
届け先 533
整える 287, 288
轟く 208
どなた 504
ドノ 647
一殿 519
飛ばす 248, 249, 318, 320
飛ばせる 245
飛び上がって；飛び上らんばかりに 58, 59
とびきり 39, 40, 45, 69

飛び込む 482, 583
鳶職 397
飛び出す 583
ど百姓；ど下手な 504, 505, 506
飛ぶ 244, 245, 249, 269, 289, 290, 319, 320
塗布する 266, 267
途方もない 54
とぼとぼ 478, 479
トマト 421
とまる／止まる（終結相動詞化動詞） 329, 330, 331
泊まる 262, 263
富 79
都民 391, 394, 401
弔う 157
とめる／留める 258, 329
一共 386, 387
ともす 251, 331
友達 405, 437
ドライバー 246, 408
とらえた 214
トラブル 311
ドラマ 262
ドラマー；トランペッター 248
ドラム 247
どら息子 543
トランプ 249, 395
トランペット 246
トリ／鳥 358, 384, 407, 472, 635
トリオ 382, 383
取り返しのつかない 76
鳥籠 448
取り消し 315
取り消す 313, 315, 326, 327, 328, 334, 336, 338, 339
取り下げる 334, 337, 338
取り締まり 430
取調べ 189
取り憑く 358
取り付く島もない 101
取り除く 317, 328
鳥肌だつほど 70

取引 109
取り戻す 326, 327
塗料 266, 333
努力 53, 56, 76, 77, 184, 329
努力する 66
とる（動詞化動詞） 164, 165, 167, 168, 183
とる（機能発揮・要求充足語） 245, 277, 285
とる（生成語） 301, 302
とる（機能発揮語の反義語） 331, 333
とる（取る／盗る／奪る）（加害語） 357, 360
取る（無化語） 313, 314, 317, 318, 320, 325, 326, 327, 328, 330
撮る 258
とれたての 156
とれる／取れる 313, 314, 319, 320, 328, 330
泥のように 47, 63, 64, 129
泥棒 183, 355, 358, 361, 362, 381
泥棒一味 386
泥棒する 357
トンカツ 299
豚児 543, 549, 554, 555
とんと 90, 98, 647
どんどこ 270
とんとん 270, 428
どんどん 270, 428, 481
とんとん拍子で 116
トンネル 305
どんぶり 551
丼物 635
鈍麻する 348

な

一な（終助詞） 496, 539, 541, 555
ない 93, 94, 95, 96, 99, 100, 575, 576
内縁の；内縁の妻 107, 108

語彙索引――に 723

内閣 308, 381, 382, 389, 390, 393, 400, 401
内閣総理大臣 401, 485
内儀 415
内妻 108
内親王 410
内臓 638
内定 111
ナイフ 258, 261, 341, 342, 343, 451
内容 145
なう 301, 302
苗 473
なえる／萎える 346, 347, 348, 349
なおす；なおる 328, 584, 585
仲 349, 351, 353
仲がよい 121
中頃 433
泣かせる 361
なかった 97
仲直りする 584, 585
仲の良い；仲間 157
仲睦まじい 121
長持ちする 154
仲よし 56
流れる 116, 166, 204, 205, 206, 208, 209, 329, 628
なきがら 454, 455
泣きじゃくる；泣きわめく 60
なく／鳴く 481, 482, 635
泣く 45, 48, 58
なくす 315, 316, 317, 328
亡くす 316
なくする／無くする；なくなる／無くなる 316, 317
なくなす 317
亡くなられる 508
亡くなる 316, 507, 508, 510
殴り込みをかける 358
殴る 261
投げ 177
嘆き悲しむ 60
投げる 248, 249

なごやかに 158
なさい；なさいます 509
情け容赦のない 74, 75
なさる 485, 487, 499, 500, 501, 502, 504, 509, 510, 564
ナシ 457, 463
成し遂げる 229
生す 310
謎 319
雪崩 358
ナチス・ドイツ 397
なつかしい 25, 27, 501, 503
なってない 99, 160
納得 164, 167, 168, 192, 213
納得する 373, 378
何；何一つ 98
なにとぞ 485, 500
浪速っ子 81
なべ／鍋 422, 428, 550
鍋底のように 70
名前 111, 322, 485, 487, 553
訛った 110, 111
なまもの 342
訛りなく；訛りのない 110, 111
鉛のように 47
鈍る 341, 342, 348
波 202, 206, 228, 309, 312, 329
涙 35, 36, 181, 202, 208, 209, 210, 311, 329, 331, 426, 429
涙がこぼれるほど 69
涙が出るほど 47, 59, 69
涙ぐましい 77
涙する 209
並々ならぬ 44, 56, 76
滑らかな 158
なめる 263, 264
悩ませる 361
悩み 438
習い事 439
習う 282, 370, 445, 455, 594

鳴らす 246, 247, 268, 269, 270, 377, 378, 481, 626, 627, 630, 631
ならない 97, 98
習わし 282
成り立つ 609, 617
なりふり構わず 65
鳴りやまぬ 79
なる 548
鳴る 208, 247, 268, 269, 271, 376, 377, 378, 626, 627, 630, 631
縄 250, 256, 257, 258, 301, 302, 333
縄張り 348
難攻不落の 57, 145
何とも 98, 99
難なく 159
難関 282

に

――におあつらえ向きの 152
におい／匂い 103, 164, 202, 211, 212, 319, 637
におう 103, 211
――におかれましては 570
二階 551
苦い 588, 635
逃がす 318
苦手 56
にきび 311
握り 552
握り飯 298, 552
握る 245, 245, 298, 299
肉 341, 550, 638
憎い 71
憎しみ 76, 185
憎む 46, 58
肉料理 635
逃げ 177
逃げおおせる 117
二号 108
――に好都合な 152
にこにこ；にこやかに 60, 159

濁る 344, 346, 607
西 586, 587
虹 204, 329, 330
にしめ 551
西も東も分からない 101
ニス 266
偽医者 108, 109
偽金；偽札 108
偽の；偽物の 107
偽(の)学生 107, 108
にたにた；にたり 60
一日(助数詞) 465
日記 307
にっこり(と) 60, 113, 118, 119, 158, 159
日数 465
にっちもさっちも 90, 99
日程 285, 287, 290, 305
日程表 306
似ていない 90, 93
担う 273, 277, 334
二人組 382, 391
一には 570
一には過ぎた女房だ 157
鈍る 342, 347, 348, 349
日本髪 295, 297
日本銀行 397
日本犬 105
日本晴れ 75
日本文芸家協会 385
日本列島 434
荷物 422
にゃあ(ご)にゃあ(ご) 481, 483
にやにや；にやり 60
にゃんにゃん 481
入院する 263, 447
入会する 366
入学する 584, 585, 586
入館証 318
ニュース 434
入梅 228
女房 157, 409, 415
女房持ち 414
女人 407
にる／煮る 299

二塁手 357
庭 144, 551
庭師 121
鶏 405, 472
一人(助数詞) 457, 459
認可する 280, 281, 338
人気 352, 427, 434
人気商品 318
人気抜群の 152
人形 551
人形よりも 71
人間 109, 351
妊産婦；妊婦 415
妊娠する 374
忍耐力 450
任務 328

ぬ

縫う 258, 260, 269, 301, 302
ぬかす 504, 505
抜き取る 357
抜く 313, 314, 315, 317, 318, 325, 357
ぬぐ 331, 332, 334
拭う 331
抜ける 313, 314
ぬげる 333
抜けるような 47, 74
盗人 359
盗まれる 316, 362, 363
盗み 166, 168, 171, 172, 183
盗み取る 357
盗む 355, 357, 358, 359, 452
布 301, 302
沼 438
塗り薬 267
塗る 233, 234, 266, 267, 333
濡れ 43
濡れる 49, 63

ね

根 309, 311
音 158
値 442

一ね(終助詞) 539, 541, 555
値上り 423
値上りが期待できる 155
値上げ 79
音色 144
値動き 423
寝返り 177
寝方 438, 452
願ってもない 147
ネクタイ 240, 241, 242, 331
猫 357, 405, 409, 421, 422, 457, 481, 483, 638
猫達 387
猫の子一匹いない 101
猫の手も借りたいほど(の) 46, 76
猫の額のように；猫の額ほどの 47, 71
猫の目のように 63, 65
寝ざま／寝様／寝態；寝相 438, 453, 454
ねじ 342
寝小便 552
寝姿 453
ねずみ 355, 422, 483
ねたむ 498
ねだる 357
値段 110, 437, 438, 442, 445
熱 35, 36, 74, 180, 181, 202, 208, 209, 319, 320, 329
熱意 319
根付きの植物 473
ネックレス 240, 241
熱心に 158
ネット 497
粘り強く 156
眠り 103
眠る 44, 47, 48, 63, 64, 128, 129, 438, 447
根も葉もない 76, 101
ねらい 182
ねらいを定める 290
寝る 63, 64, 438, 446, 447, 494, 496, 510
年季 227
懇ろな／に 153, 157, 159

語彙索引――は

ねんねする　494, 496
燃料　266
年齢　457, 464

の

一ノ(形式名詞)　644
一ノ至リダ　86
農業共同組合　385
農場　447
農地　637
農夫；農婦；農民　405
納付する　283
能率　350
能力　145, 158
ノート　426, 430, 470
逃す　318
一ノ極ニ達スル；一ノ極ミダ　86
のける　338
のこ　307
のこぎり　250, 254, 258, 260, 307, 468
残す　628, 630, 631
残っていない　98
残る　628, 630, 631
一ノ最タルモノダ　86
乗せる　236, 245
載せる　250
除く　318
のそのそ　479
望み　185
一のだ(終助詞)　496
乗っかる　245
のっとる　282
のっぽ　426
のどが渇く　53
のどかに　156
喉から手が出るほど　72
喉越しのいい／よい　154, 156, 158
伸び・伸びる　55
伸び盛り　435
伸びない　95
伸び伸び(と)　113, 116, 118
述べる　118
登る　117
飲まない　52
のみ　250, 258
蚤　357
のみ薬　267
呑み込む　355
蚤のように小さく　421
のむ　263, 264, 266, 267, 285
飲む　47, 233, 234, 242, 263, 264, 265, 269, 271, 285, 286, 287, 288, 289, 482, 507, 508, 509, 510, 521
飲めない　94
飲もう　52
野山　346
一のよ(終助詞)　496
海苔　302, 344
乗組員　390, 391, 402
乗り出そう　225
乗る　235, 236, 244, 245, 246, 288, 509, 510, 575, 577
ノン・キャリア；ノン・コンプライアンス；ノン・バーバル・コミュニケーション　580
のんびり　156
飲兵衛　81

は

ハ(とりたて助詞)　19
刃　342
歯　311
バー　398
把握(する)　641, 643
パーサー　400
パーソナルコンピューター　498
パーティー・集会を行う　447
バーバル・コミュニケーション　580
バーベキュー　635
はい　539, 541, 544, 546, 555
灰　455
一杯(助数詞)　467, 472

賣／売　618
はい、はい(はい)　556
梅雨　228
拝謁　528
肺炎　635
バイオリニスト　248
バイオリン　246, 287
売価　442
拝観　528
廃刊する　321
廃棄する　321, 334, 336
俳句　306, 457, 471
バイク　243, 245
ハイクラスの；ハイグレードな　140
拝啓　556, 557
拝見させて／読ませて頂きました　127
拝見(する)　485, 500, 525, 526, 528
廃校(に)する　322
廃止する；排除する；廃絶する　321
拝借　528
背水の陣　305
俳壇　385
拝聴(する)　13, 525, 526, 528
拝呈(する)　527, 528
掃いて捨てる程　428
売店　456
バイト　498
灰と／になる　374
パイプ　264
肺腑を抉られるように　71
敗北　166
俳優　405, 413
配慮　151, 184
拝領　528
はいる／入る　223, 225, 235, 236, 251, 256, 262, 263, 288, 331, 332, 357, 358, 366, 509, 510, 575, 577, 578, 608
パイロット　246, 408

生える 206, 309, 311, 376, 378
ばおーと鳴く／吠える 483
羽織 241, 551
墓 303
ばか— 42, 43
ばか／馬鹿 81, 524
破格な／に 39, 40, 72
刃がこぼれる 342, 343
はがす 333, 575, 577, 585
ばかす 358
一博士 519
博多帯 242
馬鹿高い 71
歯が立たない 101
ばかでかい 427
はかない 72
鋼／獣のように 71
鋼のごとき 46
墓場のように 71
はかま／袴 112, 241
ばかめ；ばかやろう 524
計らい 113, 118, 120
はかり 250, 258, 643
はかる 258, 643
吐き気 212
歯ぎしりして 60
破棄する 318, 326, 327, 334, 336, 337, 339
はきはき(と) 117
箔 297
はく 4, 240, 241, 242, 243, 331, 509, 510
掃く 258, 260
はぐ 333
迫害 189
迫害する 361
爆撃 359, 374, 434
爆撃機 243, 359
爆撃する 359
白紙に戻す 318
拍手 47, 79, 102, 189, 192, 311, 427
爆笑する 59
白人 639
爆心(地) 434

爆睡する 129
白線 343
莫大な 79, 80, 427
剥奪する 336, 337
ばくち；博徒 397
ばくばく(と) 84, 268, 269
爆発 178
博物／美術／水族館；博物／美術／水族館長 399
博物館 447
ぱくり(と) 269
迫力 54, 144
ぱくる／パクる 357, 491, 493
はけ 451
はげしい／烈しい 50, 82
激しく・激しい・激しい 45, 55, 58, 60, 61, 74, 76, 84
バケツをひっくりかえしたような 47, 75
励まし 176
励む 65-66
化け物 552
派遣社員 107, 108
箱 422
一箱(助数詞) 458
箱入り娘 415
歯ごたえ 117
運び込む 263
はさまる 359
はさみ 258, 260, 261, 268, 269, 342, 481
はさむ 250, 355, 359
破産する 325
はし 254, 257, 258, 448, 451, 550
橋 233, 234, 257, 295, 297, 303, 304, 305, 319
はし置き；はし箱 448
はじき 495
箸にも棒にも掛からない 101
始まる 224
はじめまして 558

始める 219, 220, 223, 224, 493, 521, 522
馬車馬のように 47, 65
播種する 374
場所 152
走らせる 245-246
走る 212, 235, 236, 237, 244, 245, 268, 269, 271, 481
バス 269, 402, 426
はずかしい 210
はずす；はずれる 333
弾む 249, 268
バス路線 305
弾んだ 156
馬賊 397
パソコン 445, 468, 498
旗 250, 256
肌 158, 347
旗頭 397
裸にする 358
はたご 446
果す 272, 273, 277, 279, 334, 336, 339
ばたばた 479
ばたばた 269
働き 145, 180
働き盛り 435
働き振り 46
働きやすい 156
働く 46, 47, 63, 151, 168, 171, 172, 183
肌を刺す；肌を刺すような／に 47, 71, 75
肌を磨く 162
破談にする 318
蜂 355, 357
鉢 422
はちまき／鉢巻き 122, 242, 268, 270
発育 110
発音 110, 118, 125
発音する 111
発芽する 374
はっきり(と) 155, 159
抜群の 145, 156, 157, 158
発見 43

発言　322, 326, 327
発散する　317, 322
バッジ　240, 241, 333
発射する　250, 289, 290, 481
発する　184
発生する　309, 311, 336
発想　185
ばっち　241
ぱっちり（と）　117
抜擢　190
バッテリー　344, 345, 346
発展した　55
発動する　277, 278
発表する　110
はつらつたる／とした　154
発令する　326
はてしなく；はてもないほど　72
ハト／鳩　483, 635
鼻　551
花　309, 311, 344, 346, 382, 406, 426, 430, 473, 551
花形役者／選手／産業／輸出品／株　139
花盛り　435
離さなかった　93
話し　127, 158, 232, 431, 432, 434, 438, 501, 503
話し合う　158
話し方　438, 444, 451
話し手　438
話し振り　438, 453
話す　66, 113, 117, 124, 160, 262, 263, 271, 438, 444
花束　382
鼻血　181
花の顔　155
花のすがた　131, 152
はなはだ／甚だ　51, 57, 72
甚だしく・甚だしい・甚だしい　56
華々しい／く　155, 156
花火　248, 249
花びら　466
花札　395, 396
花見　550

鼻水　208, 210
洟も引っ掛けない　101
花屋　225
華やかさ　642
華やかな／に　155, 642
花嫁　144
離れる　333, 583
鼻をつままれても分からない　102
羽根　238
はねかえる　482
はねつける　337, 338, 339
はねる　355, 482
跳ねる　227
母　108, 405, 406, 407, 408, 413, 414
パパ　415
ばばあ　524
母親　406, 485
派閥　398
母なる　157
バブル経済　434
破片　359, 455
はまる　250, 256
破滅する　321
はめる　240, 241, 242, 250, 256, 333
速い　47, 72, 149
早い　46, 54
早鐘　271
早く　600
林　383
生やす　309, 311, 323, 324, 376, 378
早める　582
はやり（もの）　351, 352
早業　74, 76
腹　500, 539, 541, 549
バラ色の　156
払う　184, 268, 284, 329
腹が／のすわった　151
腹がへる　52, 84
晴らす　320, 328
腹の皮がよじれるほど　47, 59, 70
バラのとげ　359

ばらばら　103, 207
ばらばら　103, 482
孕み女　415
はらわたが煮えくりかえる　60
腹を抱えて　46, 58
腹を立てる　485
バランス　318
針　250, 256, 258, 269, 359, 451
針一本落としても聞こえるほど　71
はり薬　267
バリケード　321
はりつける　575, 577, 585
張りのある　158
針の先ほど　71
ばりばり（と）　65
ばりばりの　48, 81
はる／張る　245, 250, 256, 266, 267
春　431, 433
春たけなわ　433
腫れ　319, 320
晴れ着　241
晴れすがた　131
晴れて　125
晴れの　158
晴れ晴れ（と）した；晴れやかな　155
腫れ物　311
晴れる　319, 320
晴れわたった　157
パワー全開で　65
班　394
藩　401
パン　263
ばん　271
ハンカチ　430
反感　191
パンクする　347
番組　306, 433
反撃　190, 193, 225
判決を下す　366
はんこ　250
犯行　223, 401, 452

犯行現場　446
犯罪　178
犯罪・犯行　401
ハンサムだ　149
反射　178
藩主　401
半鐘　269, 271, 481
反する　334, 336
反省する　373, 378
反対者　384
反対する　66
反対派　384, 397
判断　124, 180
判断する　124
判断力　347
ハンチング　240
パンツ　241
ばんと　270-271, 481
ばんと　257
ハンドバック　423, 429
ハンドル　245
はんなり（と）した　154
犯人　494, 496
反応　178
販売　225
販売人／者／員　441
反発　190, 193
半幅帯　242
ばんばん；ぱんぱん　271
万物　309
ハンマー　258
判明する　369, 378, 379

ひ

日　228, 229, 394
火　208, 311, 325
一尾（助数詞）　472
ピアニスト　248
ピアノ　246, 285, 287, 289, 290, 307, 468
ひいおじいさん；ひいおじいさんひいおばあさん；ひいおばあさん　408
ピーク　431, 433
ビー玉　248, 249

引いていく　357
ビール　158, 263, 289, 343, 467, 500
ビールビン　465
ヒーロー　415, 435
美音　147
火が／のついたように　45, 58
被害　56, 79, 80, 103, 418
被害者　438
非科学的だ　580
日が暮れる　84
東　586, 587
東アジア人　639
干からびる　49
光　208
光がさす　103
光る　376, 377, 378
引かれる　363
悲願　277, 279
彼岸　550
美観　137, 349
美顔；美挙；美景；美辞；美質；美称　137
悲願の優勝　229
一匹（助数詞）　457, 459, 471
引き受ける　131
引き起す　311
引き金に指をかける　289
引き絞る　289, 290
引き取る　614
引き離す　584
引き寄せる　288
引き渡す　614
ひく（動詞化動詞）　509
ひく（無化語）　319, 320
ひく／引く（加害語）　355, 357
ひく／引く（機能発揮語）　250, 251, 255, 256, 258, 260, 266, 268, 333
ひく／引く／碾く（生成語）　298, 300, 306, 307
弾く　246, 247, 248, 270, 285, 287, 289, 290, 635
低い　580, 581

びくともしない　101
日暮　455
ひげ　114, 309, 311, 313, 314, 316, 323, 324, 551
髭男　415
否決する　578, 579
庇護　190, 192
飛行機　243, 244, 245, 269, 288, 289, 290, 300, 402, 468
ひざ　348
ひさかたの天／空　149
日盛り　435
日差し　74
久しぶり　558, 559
ひしひし（と）　61, 62, 84
美酒　137, 156
美術　399
美術品　382
秘書　122, 384
美女　123, 137, 148, 405
微笑　103, 232
非常勤で働く　580
非常識／失礼も甚だしい　87
被招待者　438, 443
非常な／に　49, 50, 53
微小な　421
美少年；美丈夫；美食；美髯；美談；美田；美徳　137
秘書団　384
美人　54, 123, 131, 137, 147, 148, 405
ピストル　250, 285, 451
美声　15, 130, 137, 147, 160
非正規（の）　107
ひたすら　61, 65
左　600
ぴたりと／ぴたっと　84, 229
左前　352
美男子　137, 407, 409, 415
ひっかく；引っ掛ける　358
筆記用具　438
日付け　465

語彙索引——ひ 729

引っ越す 285, 286, 290, 379
羊 483
必死で／になって／の 63, 65, 77
必修 579
びっしょり；びしょ濡れ 49, 63, 66
筆蹟 438, 454
ぴったり 48
筆致 118, 119
筆頭株主；筆頭助教授 401
引っ張る 270
筆名 111
必要だ 580
否定する 95
ビデオ 445
人 109, 114, 146, 152, 353, 361, 387, 405, 407, 417, 425, 429
人（限定2）／（限定2、異性）／（限定3） 382
ひどい／ひどく 54, 55
ひとえ 241
人垣 346, 353
一方ならぬ 56
人殺し 438
人達；人々 386, 387
人出 53, 54, 56, 79, 80
人の出入り 50
人減らし 644
人任せ 196, 197, 212
ひとみ 116, 158
一目見る 475
一人息子；一人娘 414-415
ひな人形 519
非難 188, 190, 191, 193
美男 137, 405
避難（する）；避難所 447
微に入り細を穿った 45, 78
ひねる 306, 307
火のように 69
非の打ち所のない 154
火のついたように 48, 60
ひばち／火鉢 251, 257, 288, 551
批判 189, 190, 216

ひひーんと（いななく） 481, 483
響き 181
美々しく 155
霏々として 48, 85, 207
批評 110, 124, 126, 129
批評家 139
皮膚 119
美風；美服 137
火蓋を切る 223
ビフテキ 298
ビフテキを食べる 451
美貌 137, 147, 148
美味（な） 148, 156, 159
非民主的だ 580
姫 519
悲鳴 47, 74, 76
姫鏡台 422
ひも／紐 250, 256, 257, 258, 345
眉目秀麗な 152
ひや 552
百姓 504, 505
百戦錬磨の 144
百貨店 399, 485
びゅうびゅう 85
ぴゅうぴゅう 85, 207
びゅんびゅん 269
豹 422
費用 79
鋲 250, 258
秒 394
病院 225, 262, 263, 399, 400, 403, 438, 446, 448
病院長 399, 403
病院の各科 400
評価 109, 179, 187, 190, 192, 216, 351
氷解する 321
評価する 110
病気 14, 15, 39, 40, 41, 50, 102, 491, 493, 635, 637
表現 124, 183
病室 447
標準的（な） 110
標準的に 111

剽窃する 491, 493
標的をねらう 290
病人 438
評判 351
屏風 251
ひょろー 42
ぴょんと；ぴょんぴょん 482
ヒョンナ 647
一片（助数詞） 466
開く 305, 308, 366, 629
平手 261
平手打ち 193
ヒラメ 472
ひりひり（と） 48, 63
肥料 266
ビル 426
ひるがえる 376
昼ご飯；昼頃 550
ビルディング 306
美麗な 142
広い 72
ヒロイン 415, 435
疲労困憊する 65
疲労する 485, 493
ひろがり 184, 185
ひろげる（機能発揮語） 256
広げる（反義語） 582
美話 137
琵琶 246, 247
火をいれる 288
火をつける 285, 379
火を見るよりも 69
ビン／瓶 422, 430
品行方正な 125
品質 343, 344
瀕死の重傷 57
顰蹙 190
ピントをあわせる 285
ピンプ 415
貧乏だ 580, 582
紊乱する 351, 352
敏腕刑事 121
敏腕な 142

ふ

府；部 391, 394, 395
ファーマシー 637
ファスナー 256
ファミリー 383
ファン 43
不安 103, 213, 320, 358
フィアンセ 414
不一致 580
フィルム 146
部員 391, 392
風紀 351, 353
風習 352
封筒 426
夫婦 121, 408
ぶうぶう；ぶーぶー 269, 270
ぶうぶう鳴く 483
ぶかぶか 270, 481
夫婦と子供、縁者 383
夫婦仲 121
夫婦になる 125
ブーム 311, 349, 350, 352
風鈴 270
プール 430
笛 246, 247, 270
フェアな／に 110, 111
笛吹き 248
フェミニスト 415
フォーク 258, 451
醜男；醜女 409
深い 39, 41, 45, 75, 76, 82, 128, 153, 580, 581
深い味の 154
深く 58, 60, 61, 63, 66, 127, 129
ふかし芋 117
ふかす／蒸かす 263, 264, 285, 300
不可能だ 98
ぶかぶか 270
ぷかぷか；ぷかりぷかり 264, 270
深める 232
ふきとる 333

不興 191
不謹慎な 160
服 301, 344
拭く 331
吹く 102, 166, 204, 205, 206, 238, 246, 247, 248, 270, 329, 481, 635
一幅（助数詞） 470
腹（頭）痛 212
馥郁たる 155
副業；副職 111
福祉施設 426, 429
服装 110, 112, 117, 152
腹痛 211
不屈な 154
ぶくぶく 65
副本 112
含む 267, 608
服用 234
服用する 266, 267
ふくろう 483
袋叩き 194, 196
袋叩きにあう／する 196
夫君 410
父兄会 399
不景気 227
老けて見える 51
不健康だ；不健全だ 580
ブザー 246
夫妻 384, 408, 410
ふさがる 628
ふさぐ／塞ぐ 325, 616, 628
不思議な 42
武士道 352
不治の 57
不自由なく 98
婦女 407
侮辱 176, 190
腐食される 362
腐食する 342, 355
婦女子 407
夫人 410
婦人；婦人警察官；婦人自衛官 405, 407
婦人下士官兵；婦人看守；婦人記者 409

婦人の 406
不正確な／に 110, 111
不誠実だ 580
不世出の 148
敷設する 303, 305, 323, 324
部族 400
不足する 494
豚 409, 422, 457, 483
部隊 321
舞台 158, 430
舞台装置 430
札つきの 81
二つ返事で 156
豚共 387
負担 179
プチ・フール；プチトマト；プチネックレス 422
婦長 400
部長 399, 519
仏閣 262
物議 312
ふっくら（と） 117, 122
物件 140
フッコ 428
物質 309
払拭する 318, 328
ぶっ倒れそうに 63
ふっとうする 55
物品 309, 464
不貞の 579
筆使い 113, 118, 119
ふとい 122
ブドウ 426
太っ腹 123
ふとる／太る 63, 65, 375, 606, 617
ふとん／布団 254, 267, 438, 466, 550
船乗り 402
船 243, 245, 306, 384, 390, 391, 401, 402, 468
舟 243, 245, 271, 422, 468, 551
腐敗する 342
不必要だ 580
部品 346

父母 109, 408
ふまじめな 160
不満 213, 317, 318, 320
踏み台 257
踏み倒す 334, 337
踏み出す 225
踏みにじる 353
府民 391
不眠不休で／の 65, 76
踏む 245, 250
不明だ 94
不用なもの 321
プライス 442
プライド 347
プライバシー 360
ブラウス 240
ブラシ 250, 254, 255, 258, 260
ブラジャー 241
フラッシュ 250
降らない 94
ふらふら 479
ぶらぶら 478, 479
ブランコ 244, 245
―振り(助数詞) 457, 466
ブリ 428
振りかける 482
振り袖 301, 302
振り乱す 343, 348
不良 81
不良グループ 386, 397
…ふりをする 168
降る 48, 85, 102, 166, 168, 202, 204, 205, 207, 208, 209, 329, 365, 366
振る 246, 248, 250, 256, 376, 378
ふるい 250
古い資料 321
フルート 246
ブルーベリー 638
ブルジョア階級 385
フルに 61
振舞う 616
無礼／迷惑千万 87
ブレーキ 245, 254

プレーする 111
プレーヤー 247
風呂 251, 256, 257, 331, 332, 550
フロア 397
プロジェクト 397, 398
プロジェクトチーム 434
風呂敷 251, 258, 331
プロスポーツの協会 397
風呂場 550
プロペラ 245
プロポーズ 215
ふん 500
分 394
雰囲気 144, 309, 312
噴火 311, 418, 423
文化 352, 353, 434
文学 636
文学界 385
文学賞 306
文化水準 158
文化庁 401
文豪 135
粉剤 267
紛失する 318
文集 306
文書 109
文章 118, 119, 151, 152, 158, 306, 307, 321, 454
紛争 227, 228, 309
ふんぞりかえって歩く 479
文壇 385
文鳥 635
分配(する) 110, 111
奮発する 268
ぶんぶん 60
分別盛り 435
分娩する 374
文房具屋 636
噴霧剤 267

へ

ペア 382
平気だ 94
平家 321

平行(する) 587, 588
弊国；弊宅／屋／家／居／廬 555
併殺 193
弊社 549, 554, 555
兵隊 390
米ドル 489
―ページ(助数詞) 458, 461
ベーシスト 248
ぺこぺこに 84
へそ 434
下手だ 582
下手な 504, 506
へたな文章 543
ペダル 245
別科 111
別世界；別天地 131
別荘 154, 158
ベッド 235, 236, 251, 258, 288, 430, 438, 450, 468
ベッド・メーキング(を)する 288
ペットショップ 636
ベッドルーム 438, 446
別嬪 123
別名 111
へつらう 450
へとへとに 50, 63
紅 307
蛇 425, 426
蛇ににらまれた蛙のように；蛇に見込まれた蛙のように；蛇に見すくめられた蛙のように 65
へべれけ(に) 63, 66
へぼ将棋 161
部屋 417, 418, 425, 469, 551
ぺらぺら 263, 271
べらぼうに 45, 71
へる 344, 347
ベル 246, 268, 269, 271
ベルト；ヘルメット；ベレー 240
べろ(ん)べろ(ん)(に) 63, 66
―片(助数詞) 466

ペン　457
変化　50, 310
ペンキ　266, 333
勉強する　66, 158, 445
ペンキを塗る　451
弁護士　121, 384, 401, 408
弁護団　384, 401
弁護団長　401
返事　113, 118, 120, 181
編集　398, 400
編集者　408
編集長　400
編集部；編集部員　391
編成する　306
編制する　308
弁舌　120, 158
返答　232
変動　423
ペンネーム；変名　111
ぺんぺん　270
便利だ　52

ほ

帆　245, 254
ポイント　433
法　287, 290
法案　434
芳恩；芳顔；芳旨／情／心／意　553
妨害　190
崩壊(する)　313, 314, 315
放火する　374, 375, 378
幇間　409
暴漢　409
芳翰／札／簡／墨／書／信　553
ほうき　258, 260
芳紀　124
芳気；芳香　131
放棄する　334, 336, 337
豊頬の美女　152
砲撃　190
暴行　183, 190
咆哮する　481, 482
報告　202, 215

報告書　307
帽子　240, 241, 331, 332, 333, 334, 551
報酬　109
芳醇な；芳潤な；豊潤な　142, 153, 154, 156
豊潤な味の　158, 159
豊饒な；豊穣の　137, 142, 157
法人　320, 325
縫製　111
宝石　360, 448, 638
宝石箱　448
豊膳　137
放送　111
法曹界　385
暴走族　384, 390
包帯　250, 256, 257
厖(膨)大な　79, 80, 427
包丁　254, 258, 261, 285, 287, 341, 342, 343, 451, 468
包丁さばき　122
包丁の音　158
暴動　178
棒のように　63
棒引き(に)する　334, 337
暴風　57
報復　190
抱腹絶倒する　59
ぼうふら　309
ほうほう鳴く　483
葬る　158
芳名；芳命　549, 553
訪問着　241
訪問(する)　110, 111, 526
豊沃な；豊麗な　142
法律　285, 287
暴力　361
暴力団　321, 322, 358, 389, 390, 397, 400, 401
放る　249
吠える　355, 481, 482, 635
ボーイフレンド　415
頬が落ちそうな　154
ボート　243, 245
ホームラン　151, 193

ボール　248
ほかほか(と)／に　117, 122
保管(する)　234, 262
僕　494, 496, 544, 545
ボクサー　158, 398
ほぐす　585
ぽくぽく　270, 481
撲滅する　321
ほぐれる　584, 585
ほくろのように小さな　421
ポケット戦艦　423
保険　318
保護　166, 170, 176
歩行者　437
ほごにする／反故にする　326, 327, 334, 336, 339
誇り　168, 185, 194, 196, 198, 349, 353
ほころびる　345
ほざく　504, 505, 546
ほし　494, 496
星　384
欲しい　72
星の数程　428
母子の情愛　117
募集　280
保守色　318
保証　176
補償金；保証金　423
ほす　375
ホステス；ホスト　415
細長い道具　468
細長く一続きのもの　466
保存する　449
ボタン　250, 254, 256, 333
歩調　353, 437, 453
北海道　403
ホック　250, 254, 256, 258, 333
ぼっくり　479
掘っ立て小屋　161, 419
ほっぺたが落ちそうに(なるくらい)　45, 47, 69
ぽつぽつ　103
没落する　351
ほつれる　347, 348

語彙索引——ま 733

ぽつんと 479
ホテル 139, 139, 140, 262, 263, 396, 397, 445, 446
ほどく 331, 333, 585
施す 266
ほとほと 84
程よい 122
哺乳類 637
骨 422, 434
骨身を惜しまず 151
ほの—；ほの明るい；ほの暗い 420
ほのぼのと 117
ほのめかす 373, 378
保父；保母 414
ホボ 647
ほほえむ／微笑む 103, 119, 158
ほめられた 53
ほめる 450, 582
ぼや 309, 311
ぼやける 343
彫りの深い 155
彫る 258
掘る 258, 303, 305, 325
ほれ込む 39, 40, 49, 50
ほれぼれするような 154
ほれる 40
ほろ—；ほろ苦い；ほろ酔 420
ぼろ— 42, 43
滅びる／滅ぼす 313, 314, 316, 319, 320
ボロボロにする；ボロボロになる 345, 347
本 250, 260, 295, 297, 306, 448, 449, 470, 491, 493
一本（助数詞） 457, 459, 465, 472
盆 550
本営；本宮；本軍；本家；本家本元；本山；本陣；本隊；本流 435, 436

本科；本会議；本決まり；本業；本契約；本絹；本妻；本採用；本試験；本職；本葬；本縫い；本番；本放送；本名 111
本格的な 110, 436
凡才；凡作 160, 161
本式の／な 109
本社；本丸 431, 432, 436
梵鐘 301, 323
本当ダ 647
本当に 52
本当の 106, 108, 109, 110
ホンノ 647
本箱（棚） 448, 449
本部 434
本降り（の） 110, 436
本物の 105, 109, 110
翻訳（する） 455
ぼんやり 102

ま

ま— 43
一間（助数詞） 461, 469
まあまあ 102, 103
一枚（助数詞） 457, 459, 466
枚挙に暇（違）がない 428
マイクロコンピューター；マイクロバス；マイクロフィルム 423
マイクロチップ 303
毎日 161
舞姫 410
参る 479, 546, 547
マイルドな 154
前 586, 586, 587, 600
前頭筆頭 401
前向きな／の 154
摩訶 42
紛いの 109
負かす 609
薪 266, 295, 297, 298, 301, 302
巻き上げ式の扉 251
巻き起す 311, 312

巻き込む 355
紛れる 316
まく／巻く 250, 256, 266, 267, 585
幕切れと／になる 228
負け 43
負ける 280, 282, 604, 609, 617
孫息子；孫娘 414
摩擦 309
正に 111, 647
勝る 603, 605
まじまじ（と） 61, 62
真面目／まじめ（な） 43, 157, 160
猿／リスのように 71
マスク 120, 240, 241
マスゲーム 125
マスコミ；マスコミュニケーション 498
マスター 398
枡で量る程 428
マゾヒスト 361
まだ 491
またいとこ；又従兄弟；又従姉妹 414
またがる 245
待たされた 51
町／街 321, 341, 343, 392, 398
待合室；待ち合せる 447
間違い 43, 178
間違った 107
待つ 447
まっかっか；真っ赤な 41, 42, 50
真っ黒な 75
真っ盛り 435
抹消する 322
全く＜全く以て＞の 41, 52, 76, 81, 90, 99
まったりとした 154
マッチ 266
マッチ箱のように（小さい） 71, 421

ま

まっとうな／に 109, 110, 111
祭り 550
的；的を射た 126
窓々 386
まともな 109, 110
まなざし／眼差し 438, 453, 454
学び手 439
学びや 491, 493
学ぶ 370, 450, 455, 594
マネージャー 397
招き 489
招く 193
まばらな 102
麻痺する 342, 348
真昼のように 69
まぶしい；眩しいくらい(に)／ほど 71, 72
ママ 415
ままおや；まま子；ままちち 109
豆記者；豆剣士；豆自動車；豆スター；豆台風；豆電球；豆本；豆ランプ 421, 422
守り 230
守る 223, 231, 277, 279, 334, 336, 339
麻薬 361
眉 307
迷い 213
マヨネーズ 551
まり 248, 249
マリファナ 265
丸 43
丸い 72
まるきり＜まるっきり(の) 41, 99
まるで 99
丸髷 295, 297, 298
まるまる(と) 63, 65
まるみのある 154
まれに 52
まろやかな(味の) 154, 156, 158

まわす／廻す 245, 248, 249, 251, 333
まわる／廻る 249
満喫する 61
まんじゅう／饅頭 269, 298, 359
マンション 139
満足して 51
真ん中 43
万引き；万引きする 358, 359
まんまと 117
マンモス；マンモス企業／団地／都市／銀行／大学／タンカー 425, 426, 428

み

実 309, 311
ミーティング 489
見入る 131
身動きできぬように 41
見えない 93
見える 103, 116, 159, 509, 515
磨かれた；磨きのかかった 154
磨き 179
磨く 258, 260
見方 438
ミカン／みかん 457, 463, 551
右 600
見切り 182
身綺麗な 152
身ぐるみ剥ぐ 358
ミクロの 421
巫女 415
みこし 243, 244, 550
みごとさ 642
みごとな／に 153, 154, 155, 157, 642
みごとなご文章 543
未婚だ 579
ミシン 250, 254, 258, 260
みじんも／微塵も 90, 99

ミス 178
ミス；ミズ；ミスター；ミセス 415
水 263, 270, 344, 346
湖 438
水が澄む 162
水際立った 154
水に流す 318, 328
みずみずしい 156, 158
水も滴る 144, 147, 151
水も漏らさぬ 78
水を打ったように 47, 63, 64, 71
水を得た魚のように 151
店 139, 225, 303, 304, 305, 311, 319, 351, 392, 396, 397, 399, 437, 438, 446, 448
店先 456
見せない 100
見世物 430
店屋 456
見せる 525, 526,
みそ 550
溝 305
みそしる／みそ汁／味噌汁 263, 265, 288, 299
みぞれ 166
見出し 422
満たす 280, 281, 282
乱す 341, 343, 347, 351, 353
みだらな人 405
乱れ 343
乱れる 341, 342, 343, 347, 348, 351, 353
道 466
満ちたりた 155
導く 609
見つかる；見つける 367, 378, 379
密告(する)；密告者 359
密葬 111
みっちり 66
蜜のように 69
見つめる 61, 62
見通し 159, 182

緑の(黒髪) 113, 118, 119, 152
みなぎる 46
みなり 159
ミニ・ゲーム；ミニ・コミ；ミニ・コン；ミニ・コンポ；ミニ・サイクル；ミニ・サッカー；ミニ・シアター；ミニ・シクラメン；ミニ・スーパー；ミニ・トマト；ミニ・バイク；ミニエフエム局；ミニカー；ミニ計算機；ミニ新幹線；ミニチュアカメラ；ミニチュアドッグ；ミニトマト 421, 422
身に余る 56
醜い人 409
身にしみて 61
身につける 241, 242
峰 384
身の毛も／がよだつ 70, 76
身のひきかた 152
実り豊かな 157
実る 374
身振り 477
身ぶるいするほど 70
未亡人 415
見惚れる 131, 159
見舞う 355, 358
見舞われる 362
耳 348
耳にしない 96
耳寄りな 158
耳をすます；耳をそばだてる 62
耳をすませる 46, 61
耳をつんざく 76
見目麗わしい；見目良い 152
みもと 557
土産 550
都 431, 432
ミュージカル／映画／ファッション 435

妙案；妙計；妙策；妙味；妙薬；妙略 137
明王 138
妙技 130, 137
妙齢 124
未来 159
みる／見る／観る 61, 62, 159, 216, 235, 236, 262, 438, 485, 507, 508, 525, 526
身をかわす 116
身を切られるより 71
身を切るような 47, 74
身を粉にして 46, 63
身を焼くような 74
民 391, 392
民間；民間人 392
民宿 397
民主的だ 580
民主党 396
民族 319

む

向かい風 586, 587
昔のこと 318
無関係です 99
麦わら帽 240
ムクドリ 635
無限に 72
婿 408
むさくるしいところ 543
虫 311, 355, 471
むし暑い／さ 55
蒸し返す 232
無視する 338, 339, 580
むしばむ／蝕む 347, 349, 355
蒸し風呂みたいに／のように 69
矛盾 178, 321
むしる 318
むしろ 301
蒸す 122, 298
むずかしい 55, 580, 581
むずかしくない 581

息子 408, 413, 414, 600
結び目 455
むすぶ／結ぶ 122, 242, 250, 303, 304, 323, 325, 331, 333, 336, 339, 455
娘 408, 413, 414, 420
娘盛り 435
娘っ子 420
夢中になって 159
むっつり 65
無党派層 385
無二の 148
一棟(助数詞) 469
胸が締めつけられる(ように) 71, 84
胸がすくような 151
胸が張り裂けるほど／んばかりの 70, 76
胸のすくほど 71
胸の底から湧いてくる 76
無味乾燥な 161
無理だ 97, 98
無料 580
村 392, 398
群れ 56, 385
むんずと 66

め

芽 295, 297, 298, 309, 311
—メ 644
—め 524
目 120, 168, 348, 388, 394, 433
目／ひとみ 151
目(視力) 347
目(玉)が飛び出るほど 71
目(の中)に入れても痛くないほど 58
め／めん／めす 411
めい／姪 408, 413, 600, 636
名案 130, 137
名医 137, 160
名演；名園 137
名演技 151

名菓；名画；名器；明鏡；名曲；名言；名山；明主；名所；名勝；名説；名川；明窓浄机 138
名家 137, 351
名花 123
明快な／に 140, 157
明鏡止水の 142
明君 121, 138
名君 137, 148
名犬；名工；名コンビ；名手；名主；名相；名匠；名将；名人；名僧 137
名作 138, 310
名(銘)酒；銘酒 126, 156
名勝負 148
名声 138, 352, 434
明晰な 142
明断；名著；名調子；名答；名刀；名湯；名盤；名品；名物；名文；名宝；名峰；明眸皓歯；名木；名文句；名門校；名薬；名訳；名論 138
銘茶 126
名馬 137, 160, 161
名筆；名望家；名門；名優 137
明敏な／明眸皓歯の 142
名誉 349, 351, 353
命令 166, 176, 179, 181, 184, 190, 202, 277, 328, 338, 339
明朗な 142, 157
迷惑 185
迷惑千万な；迷惑な 57, 72
迷惑をかける／こうむる 194
雌牛 405, 414
メートル 475
めーめー鳴く 483
メーン；メーンイベント；メーンゲスト；メーンタイトル；メーンテーブル；メーンマスト 436
夫婦茶碗 421

目が／のくらむほど 69, 72
目が痛いほど；目が痛くなるように 69, 72
女餓鬼；雌狐 409
めかけ 108
目がさめるほど；目がさめるように 69, 70
眼鏡 240, 241, 254, 333, 438, 448, 449
眼鏡ケース 448, 449
雌株 409, 589
目が回るほど；目が回るように 47, 69
女神 405, 409, 414
目から鼻に抜ける 151
めきめき(と) 84, 117
目薬 267
恵みの 154
めぐらす 231
目覚まし 254
目覚ましい／く 155, 156
召される 509
飯 234, 263, 264, 269, 288
召しあがる 13, 264, 507, 508
雌鹿 409, 411
雌獅子；雌蕊；雌鯨；雌猫；雌豚 409
メス 451
牝 407
召す 507, 508, 509, 510
雌 405, 414
雌犬 405, 589
雌の 405, 406
雌のインコ；雌の狼；雌のキリン 408
雌の鹿 412
メソッド 445
雌滝 421
目立つ／目立った 155, 156
目玉が飛び出るように 45
メッカ 435
目遣い 438
目付き／眼付き 438, 453
めった打ち 192
めったに 100

滅多にお目にかかれない 148
滅亡する 321
めとる 608
目に痛いくらい(に)／ほど 71
目に入れても痛くないほど；目の中へ入れても痛くない 47, 61
目にも留まらぬ／ほど 72, 74, 76
目の覚めるように 69
目のつけどころ 144
眼の前が真っ暗になるほどの 45, 76
目のまわるような 76
目鼻立ち 430
めまい 103
メモ 167, 183
目もと 120
めりはりのきいた 158
目を皿(のよう)にして 46, 66
目を三角にして 60
目をみはるほどの；目をみはるような 151, 152
雌馬 409
雌鶏 405, 483
メンバー 390, 393
面目 318, 342
綿密な／に 78, 122
麺類 299, 636

も

もうけ 43
もうける／儲ける 66, 310
設ける 306
蒙古 358
申し上げる 485, 500, 501, 503
申し越し 281
申し出 280, 281, 338
申します 546
猛獣 638
申し訳ありませんが 556

申す　501, 546, 547, 548
もうでる　262
毛頭　100
猛烈に　48, 58
もうろうとする／なる　347, 350
燃えかす／がら　455
萌える　118
燃える　208, 455
燃え（てい）るように　69
モーター　347
モーターボート　243
もーもー鳴く　483
模擬試験　111
木魚　246, 270, 481
目的　196, 198, 277, 278
目標　306
もぐもぐ　269
目論見　185
文字（漢字）　112
もし、もし　544
喪主　395, 402
模造真珠　109
もち／餅　285, 287, 290, 298, 299, 344, 345, 549
持ち上げる　122, 159
用いる　254, 267
持ちこたえる　450
持ち込み；持ち込む　641, 643
もち肌　158
持ちません　100
持つ　184, 272, 273, 277, 328, 334, 336, 365, 366
木琴　247
もったいない　127, 153
最も　42
もつれる／縺れる　353, 584, 585
もてなし　122, 151, 189
もてなす　131, 159, 616
持てません　96
元締め　397
基づく　280, 281, 338
もとみや　436
もの　524, 636

物事　434
ものすごく・ものすごい・ものすごい　49, 54
ものする　307
もののけ　358
もののみごとに　159
紅葉のような　419
もむ　250, 260
モモ　434
ももひき　241
靄　204
燃やす　266, 455
モヨリノ　647
貰いっ子　109
もらう　525, 527, 612
漏らさない　95
もらす／漏らす　232
もり　258, 260
森　319, 320, 383
もりたて；もりたてる　641, 643
盛る　288
双一；諸一　386
双親　386
双（諸）手　386
門　394
門外漢　407
門がまえ　114
問題　79, 196, 198, 232, 310, 311, 434, 438
問題点　438
紋付き　112
もんぺ　241, 243

や

矢　250, 382
やい（呼びかけ）　544, 545
やから　386
―ヤガル　522, 523
山羊　483
やき芋　117
焼き場　448
焼き餅を焼く　498
焼きもの　636

野球（する）；野球場　447, 448
野球部　397, 401
野球部員　401
焼く　113, 116, 118, 119, 122, 285, 287, 290, 298, 299, 300
訳　125
やくざ　355, 357, 397
役者　160, 381, 382, 393, 401, 409
薬草　285, 286, 287
約束　277, 279, 320, 326, 327, 334, 336, 337, 339
約束する　66, 370, 378
薬品　311
やぐら　298, 303, 304
焼け跡　455
焼け失せる　374
やけに　52
やける／焼ける　119, 300, 343, 347
焼けるような／に；焼けつくような　69, 74
野菜　341, 551
やさしい／く　157, 580, 581, 641, 643, 644
やさしくない　581
やさしさ　641, 643
ヤサシメ　644
屋敷　353
夜襲　179
野獣　637, 638
安い　39, 72, 600
安値　40
やすみ　183
休み所　448
やすむ／休む　126, 366, 448, 491, 510
やすやすと　159
やすらかに　129
痩せ男；痩せ女；痩せた人　405
やせる／痩せる　49, 63, 341, 343, 606, 617
矢束　382

やたら　53
野鳥　635
やつ　506, 524
やっかみ　191
やっつける　66
やってのける　159
宿六　415
矢の　50
矢のごとく；矢のように；矢
　　よりも　46, 47, 72
やぶ医者　160
破く　344
破ける　344, 345
破る　334, 334, 336, 337, 339,
　　344, 345
破れる　344, 345
山　346, 384, 431, 433
やまい／病　14, 491, 493
ヤマイモ　635
山のような／に　47, 79
闇　47, 74
闇値　110
やむ／止む　223, 329, 331
病む　348
やめる／止める　329, 330,
　　333
矢も盾もたまらない　101
やもめ；鰥夫；寡婦　410,
　　414
やや　102
やや強く　103
やらかす　521, 522
やらせろ　506
やられる　362, 363
やり　258, 260
やり／し直す　232
やり方　110
やり遂げる；やり抜く　229
やりません　94
やる　266, 362, 521, 522, 525,
　　527, 531, 612
やる気　311, 319
野郎　523
矢をつがえる　285, 287, 289,
　　290

ゆ

湯　300, 550
結う　295, 297, 298
有意義な　155
有益な　127
融解する　321
有害物質　321
優雅に　156
勇敢な　143
勇気　110, 311, 347
遊技室；遊技場　448
勇侠　138
夕暮れ　455
雄勁な　143
雄傑　138
雄渾な　113, 118, 119, 143
勇士；勇姿；雄姿；雄志；勇
　　者；雄将；勇将；勇断；
　　雄断；雄図；勇名　138
有志；有志一同　384
遊女　415
友情　76
友人　15, 109, 130, 317
雄性　408
融雪　319
勇壮な　143
雄大な　143, 427
ゆうてこましたった　506
雄途；雄篇；雄弁；有名人／
　　選手／大学／校／有名
　　（な）　139
有能な　122
優美な　142
裕福だ／に　156, 582
有望（な）　122, 155
有料　580
優良（な）　139, 155
優良児／優良ドライバー
　　140
有力な　157
幽霊でも見たように　65
誘惑　280, 282
愉快だ／な　52, 140
湯加減　122

雪　84, 85, 166, 202, 204, 319,
　　321, 329, 331, 436, 637
雪の／透き通るように　71
行方　90
ゆさぶり　179, 218
ゆずり受ける／渡す　614
ゆする　355, 357
豊かな　155
ゆだる　300
ゆっくり　126, 516
ゆったり（と）　117, 156
ゆでたまご／ゆで玉子
　　298, 300
ゆでる　122, 298, 300
指　151
指折りの　145
指輪　240, 241, 361, 333
弓　233, 234, 250, 255, 285,
　　287, 289, 290, 307
夢　272, 273, 275
夢がかなう／をかなえる
　　284
夢にも　90, 100
ゆめゆめ　100
湯元／本　435
揺らぐ　341, 342
ゆらゆら　480, 481
搖るがぬ　76
許し　181, 192
緩む　352
ゆれる／揺れる　103, 481

よ

―よ（終助詞）　544, 545
よい　114, 125, 154, 155, 160
酔い　43
酔い心地のよい　156
よい天気でございます　558
酔う　63, 66
―葉（助数詞）　466
洋館　154
容疑者　494, 496
容器に入れられた飲み物・食
　　べ物　467
要求　283, 334, 338

要求を受け入れる／貫徹する　283
要塞　57, 145
養子；養女　109
洋紙　430
容色　347, 349, 350
要請　190, 280, 281, 338
幼稚園；幼稚園長　398, 402
杳として　90, 92, 100
用品　439
養父；養母；養父母　108, 109, 414
洋服　240, 298, 301, 302, 331, 551
洋服店　139
要約（する）　455
洋々たる　155
よおっ　496
予科　111
よく　52, 61, 122, 128, 129, 146, 155
よくいらっしゃいました　560
よく気の利く　152
よくできました　53
よくよく　62
よくわかる／感じる　47
汚す　344
横綱　396
横の物を縦にもしない　102
汚れ　319, 320
汚れる　344, 346
予算　305, 306, 308, 337
予算案　307
よせる／寄せる　167, 168, 185
よそう／装う　285, 286
装る　288
よそよそしい　72
よたよた　478
よだれ　181, 208, 210
よちよち　478, 479
酔っ払い　355, 357, 405
酔っ払う　63
よどみなく　116
夜の目も寝ずに　65

呼び起す　312
予備試験　111
呼び出し　189
呼びリン／呼び鈴　246, 256
呼ぶ　193, 312
読み手　438
読む　131, 250, 260, 263, 485, 500, 625
詠む　295, 297, 306, 307
よめ／嫁　361, 408
嫁婿　408
予約　313, 315
夜　228
縒る　301, 302
よろこび／喜び　41, 56, 82
喜ぶ　46, 52, 58
喜んで　126
よろしくお願いいたします；よろしくお願いします　558, 559
よろよろ　478
与話情浮名横櫛　497
弱る　349

ら

一等　386
ラーメン　635
ライオン　405, 422, 448, 449, 450, 457, 481, 483
雷撃する　374, 378
来襲する　358
ライダー　246
ライフル銃　289, 290
雷鳴　208
裸眼　438
烙印　250
楽園　131
落語　262
落成する　306
落胆する　498
ラグビー部　397
ラジオ　250, 288
らっしゃい　561
ラッシャル　513
ラッシュアワー　431

ラッパ　238, 246, 270, 481
乱雑な　72
ランチ　238
乱暴　183

り

―り（助数詞）　457, 459
リーダー　398
リード　183
利益　310, 311
梨園　385
理解　185, 191
理解する　125, 372
理解できなかった　98
力士　396, 397
力量十分な　121
リクエスト　280, 281
履行する　277, 279, 336
リスナー　438
リズム　349
理想郷　131
理想的な　156
リゾート地　140
立案する　308
立候補（する）　641, 643
りっぱな／立派な　114, 115, 153, 154, 155, 156, 157, 158, 159, 501, 503
立派なお宅／品々　543
理念　159
リハーサル　111
略装　112
略奪者；略奪（する）　359
留学（する）　219, 220, 221, 227
流行　349, 350, 351, 352
流産　178
流失する　319
流星；流星群　384
留置（する）　365, 366
流暢に　113, 117, 118, 160
りゅうと（した）　117, 159
流派　397, 435, 436
流麗な　158
両―　386

り

- ―両(助数詞)　468
- 料(調)理法　439
- 良医；良縁；良家　139
- 良貨　139, 582
- 両眼　386
- 領空　360
- 良計；良工；良材；良識；良書；良将；良田；良風；良兵；良民；良薬　139
- 良好な　156, 157
- 良妻　131, 139
- 漁師　438
- 良酒　156
- 領袖　398
- 了承　192
- 了承する　280, 281
- 良心　361
- 両親　408, 636
- 両手　388
- 領土　360
- 涼風　155
- 療法　438
- 両目　388
- 良友　15, 130
- 料理　144, 159, 439, 455, 550
- 料理／調理／炊事する　456
- 料理する　258, 285, 439, 455, 456
- 料理長　397
- 料理人　397, 439
- 料理をつくる　122, 151
- 旅客係　400
- 旅客機　402
- 旅館　262, 263, 445, 446
- 離陸する　288, 289, 290
- 凛々しい　155, 156
- 履歴書　470
- 理論　305, 306
- ―輪(助数詞)　473
- リンゴ／りんご　342, 423, 434, 457, 551
- りんごのほっぺ　152
- 臨終の床　446
- 凛とした　155, 156
- りんりん　269, 270, 271

る

- 類　394, 636
- 類似　103
- ルビー　423, 429

れ

- 例　282
- 冷害　358
- 冷血漢　409
- 霊験あらたかな神　122
- 令嬢　410
- 冷水を浴びたように　63
- 令息　411
- 冷凍する　575, 577
- 例ノ　647
- レイプされる　362
- 零落する　351
- レーンコート　241
- レコード　250, 254
- レストラン　139, 140
- 列　303, 351
- 劣化する　344
- 烈火のごとく　45, 46, 58
- 列車　243
- レッスン　439
- 列席者　389, 390
- 列島　384
- 烈風　57
- レディー　415
- レポート　306, 308
- 連雲；連山；連峰　384
- 連合、連盟的組織　392
- 練習　111
- 練習試合　110
- 練習する　129, 146
- 連続ドラマ　498
- 連隊；連隊長　399
- 連ドラ　498
- 連絡　164, 167, 168, 176, 182, 183, 190, 202, 215, 322

ろ

- 陋屋　161
- 蝋型　301
- 老人　113, 118, 119
- ろうそく　434
- 労働組合　400
- 労働者階級　385
- 老婆　410
- 朗々と／たる　154, 156
- ロープ　250, 256, 258
- ロープウェイ　244
- ローマ帝国　434
- ロクナ　647
- ろば　483
- 論説委員　397
- 論評　126
- 論文　144, 307

わ

- ―わ(終助詞)　494, 496
- ―羽(助数詞)　472
- ワープロ　177
- ワイン　139, 300
- 和歌　295, 297, 306, 471
- 我ガ　647
- 若い　516, 599
- ワカシ　428
- 若衆姿　144
- 沸かす；沸く　298, 300
- わからずや　81
- わからない　94, 95, 96, 98
- わかる　128, 369, 370, 371, 372
- 和気藹々と　158
- 脇付　557
- 脇目もふらず　65
- わく　309, 311
- 話芸　145
- わざ　130, 455
- わさび　494, 496
- ワシ　635
- わし　545
- 話者　438
- 忘れる　328, 479
- 忘れるな　100
- 綿　112
- 話題　232, 434, 438

わたくし 546
私(ども)の会社；私の家；私の妻；私の息子 549
わたし／私 494, 496, 544, 545, 549, 554
私の著書 546, 549
私め 524
渡す 245, 295, 297, 303
綿のように 63
渡る 233, 234, 245, 482
わっしょい、わっしょい 271
わっはっは；わはは(と) 58, 59
罠 250, 254, 256, 258
詫び 176
詫びる 66
和服 241
笑いこける；笑い転げる 59
わら1本 475
笑う 46, 47, 58, 113, 118, 119, 159
ワラサ 428
わらじ 241
わらべ；わらわ；わらわめ 410
割る 295, 297, 298, 301, 302, 455
悪い 52, 160
悪くする；悪くなる 343, 347, 349, 352
割れ目 455
割れる 342, 455
割れるような；割れんばかりの 47
椀 429
わんわん(と) 48, 58, 60, 481
わんわん泣き 49
わんわん鳴く／吠える 483

【著者紹介】

城田俊（しろた しゅん）

〈略歴〉

1936年生まれ。1959年東京外国語大学卒業。1964年モスクワ大学大学院終了。北海道大学・広島大学・獨協大学教授を経て、現在、獨協大学名誉教授。

〈主な著書〉

『ロシア語の音声―音声学と音韻論』(風間書房、1979)、『中古漢語音韻論』(風間書房、1981)、『ことばの道―もう一つのシルクロード』(大修館書店、1987)、『ロシア語発音の基礎』(研究社、1988)、『ことばの縁―構造語彙論の試み』(リベルタ出版、1991)(韓国語訳 2001)、『日本語の音―音声学と音韻論』(ひつじ書房、1993)、『日本語形態論』(ひつじ書房、1998)(韓国語訳 2003)、『現代ロシア語文法』(改訂新版)(東洋書店、2010)、『明快ロシア語入門』((共著)東洋書店、2012)、『現代ロシア語文法　中・上級編』(改訂新版)((共著)東洋書店、2013)

尹相實（ゆん さんしる）

〈略歴〉

1956年生まれ。1978年韓国外国語大学校卒業。1990年北海道大学大学院終了。現在、明知大学校教授。

〈主な著書〉

『중급일본어활용 II (中級日本語活用 II)』((共著) 韓国放送通信大学校出版部、2002)、『키워드로 읽는 일본 어학 2 일본어는 뱀장어 한국어는 자장 (キーワードで読む日本語学 2 日本語はウナギ、韓国語はチャジャン)』((共著) グルロセウム、2003)、『現代日本語のモダリティ』(J&C、2005)、『차근차근 베이직 일본어문법 (基礎日本語文法)』(明知大学校出版部、2006)、『일본어의 언어표현과 커뮤니케이션 연구 (日本語の言語表現とコミュニケーション研究)』((共著) J&C、2008)、『신일본어학개설 (新日本語学概説)』((共著) J&C、2012)

ことばの結びつきかた—新日本語語彙論
A New Approach to Japanese Lexicology
Shun Shirota and Sang-sil Yoon

発行	2015 年 10 月 26 日　初版 1 刷
定価	13000 円＋税
著者	ⓒ 城田俊・尹相實
発行者	松本功
装丁者	大崎善治
印刷所	三美印刷株式会社
製本所	株式会社 星共社
発行所	株式会社 ひつじ書房
	〒 112-0011 東京都文京区千石 2-1-2　大和ビル 2 階
	Tel.03-5319-4916　Fax.03-5319-4917
	郵便振替 00120-8-142852
	toiawase@hituzi.co.jp　http://www.hituzi.co.jp/

ISBN978-4-89476-723-2

造本には充分注意しておりますが、落丁・乱丁などがございましたら、小社かお買上げ書店にておとりかえいたします。ご意見、ご感想など、小社までお寄せ下されば幸いです。

［刊行物のご案内］

これからの語彙論

斎藤倫明・石井正彦編　定価 3200 円＋税

語彙論の基礎と、これまでの成果の概説をふまえ、フェミニズム、認知言語学、日本語教育、民俗学、情報学などの立場からの語彙研究を紹介していく新しい概説書。語彙研究の今後の可能性を展望する。

これからのコロケーション研究

堀正広編　定価 3800 円＋税

英語教育・日本語教育・英語史・辞書学・文体等の各分野におけるコロケーション研究の第一人者が、これまでのコロケーション研究を概観・整理し、これからの研究の可能性を様々な面から提示する。